एक फक्कड़ मसीहा : ओशो

भाग-चार

(ओशो की जीवनी पर आधारित उपन्यास :
1967 से जून 70 तक)

एक फक्कड़ मसीहा : ओशो

भाग-चार

(ओशो की जीवनी पर आधारित उपन्यास :
1967 से जून 70 तक)

स्वामी ज्ञानभेद

डायमंड बुक्स

प्रकाशक : डायमंड पॉकेट बुक्स (प्रा.) लि.
X-30 ओखला इंडस्ट्रियल एरिया, फेज-II
नई दिल्ली-110020
फोन : 011-40712200
ई-मेल : sales@dpb.in
वेबसाइट : www.diamondbook.in

Ek Fakker Masiha : Osho Part - 4

By : Swami Gyan Bhed

भूमिका

हृदय प्रमुदित होता है—स्वामी ज्ञानभेद द्वारा प्रणीत ''एक फक्कड़ मसीहा : ओशो'' का भाग-4 अवलोकित कर। यह उनके हृदय सरोवर में खिला ओशो प्रेम का अपूर्व कमल है। यह उनके हृदय का ओशो के प्रति अनुगृहीत उच्छ्वास है। स्वामी ज्ञानभेद प्रेम की मस्ती में विभोर हो मुग्धभाव से परम सद्गुरु ओशो की जीवनगाथा गाये जा रहे हैं। उनमें धुन है, दीवानगी है।

यह दुर्गम दु:साध्य साधना है। केवल प्रेम ही दुर्गम में गमन और दु:साध्य को साधने का साहस कर सकता है। पाठकों में सहज जिज्ञासा हो सकती है कि सद्गुरु ओशो की जीवन गाथा लिखना दुरूह कार्य क्यों कह रहा हूँ।

वस्तुत: किसी की जीवनी लिखने के लिए उसके जीवन वृत (Bio-data) के पंजर पर उसके कर्तृत्व-भोक्तृत्व को आरोपित करना अनिवार्य एवं अपरिहार्य होता है।

इसी ढंग से जीवनियाँ लिखी जाती रही हैं—महत्वाकांक्षी महापुरुषों की, सफलता के शिखरों पर आरूढ़ व्यक्तियों की, विशिष्टता अर्जित किये हुए व्यक्तियों की, सत्ता के नियंताओं की और व्यवस्था संचालकों की, जो सामान्य व्यक्तियों में महत्त्वाकांक्षा का ज्वार उत्पन्न कर कठोरता पूर्वक परिस्थितियों से संघर्ष कर जीवन के शिखरों पर अपनी सफलाता की विजय पताका फहराने को उकसा सकें, प्रेरित कर सकें। जो कुछ होने, बनने, पाने की इच्छा-शक्ति को जगा सकें, संकल्प को बलवान कर सामान्यजन को प्रतिस्पर्द्धा में नियोजित कर सकें। काल्पनिक अप्राकृतिक आदर्शों के साँचे में जीवन की स्वभाविकता को ढाल सकने को प्रेरित कर सकें।

इन जीवनियों के माध्यम से पाठकों की मानसिकता का अनुगमन, अनुसरण हेतु प्रमुखता से संक्रमित किया जाता रहा है। जीवन चरित्र के माध्यम से करणीय, अकरणीय अनुकरणीय की शिक्षा दी जाती रही है।

इस प्रकार की जीवनी लिखा जाना सुगम हैं, सुविधाजनक है, इनकी सामाजिक उपयोगिता है। इनके लिखने में लेखक की कल्पना उन्मुक्त है, भाषा की अनुकूलता उपलब्ध है। साहित्य में, इतिहास में इनका स्थान सुरक्षित है। ये मनुष्य के कर्म और भोग के जाल को पुष्ट करने वाली हैं।

किन्तु ओशो को जीवन प्रकीर्तित कोटि के व्यक्तियों में नहीं हैं। वे सामाजिक एवं राजनीतिज्ञ व्यक्ति नहीं हैं। उनमें कर्ता, भोक्ता, अहंता की कोई रेखा नहीं है।

वे आशा, वासना, तृष्णा से शून्य जागृत परम पुरुष हैं। कुछ भी होने, बनने एवं पाने की महत्वाकांक्षा से मुक्त साक्षी चिन्मात्र हैं। परम आनन्द-उत्सव-महोत्सव स्वरूप हैं। उनका उद्घोष है—''समस्त आदर्श, पाखंड के जन्मदाता हैं, महत्त्वाकांक्षा विष है। मनुष्यता को स्वस्थ्य होने के लिए अनुकरण, अनुगमन एवं सभी प्रकार के प्रभावों से मुक्त होना है। वे मनुष्य को कर्ता-भोक्ता की भ्रांति-कारा से मुक्त कर साक्षी चैतन्य में प्रतिष्ठित करना चाहते हैं। वे कुछ होने, बनने, पाने और दिखाने की पागल दौड़ से मनुष्य को

मुक्त कर सरल, सहज, प्रमाणिक जीवन जीने का संदेश देते हैं। परात्पर परमात्मा ही उनका एक मात्र संदेश है। वे सभी कोटियों एवं उपाधियों से परे हैं। वह सामान्य जीवन को असाधारण गौरवपूर्ण ढंग से होश में खिलखिलाता देखना चाहते हैं। वे अपूर्व बुद्ध पुरुष हैं।

बुद्ध पुरुषों की, सद्‌गुरुओं की, संतों की महिमापूर्ण पावन जीवनगाथा ही लिखने योग्य है, पढ़ने योग्य है, सुनने योग्य है। किन्तु उनकी जीवनगाथा न तो वे साहित्यकार लिखते हैं, न लिख सकते हैं जिनमें रहस्यमय परात्पर को जानने की आकुलता, व्याकुलता नहीं होती। इतिहासकारों की उनमें कोई रुचि नहीं होती क्योंकि वे सत्ता-व्यवस्था के संचालक नियामक नहीं होते। विरोधी, आलोचकों के लिए उनका कोई महत्त्व नहीं है। वे क्यों लिखेंगें? ऐसे में आखिर उनके अस्तित्व के अलौकिक प्रकाश को कौन धरा पर विकीर्ण करेगा? एक मात्र यह गुरुतर सौभाग्यपूर्ण दायित्व आता है उनके प्रेमियों, शिष्यों और भक्तों पर। यही कारण है—आज तक बुद्ध पुरुषों का जो भी जीवन-वृतान्त मानव जाति के संज्ञान में आया है वह उनके शिष्यों-भक्तों के द्वारा ही आया है। और मूढ़ व्यक्तियों द्वारा उन पर चमत्कारपूर्ण, अतिशयोक्ति का मिथ्या आरोप लगाया जाता रहा है। पांडित्य के दर्प में चूर व्यक्तियों ने उनके उल्लेखों के प्रति क्रूरतापूर्ण अन्याय किया है।

बुद्ध पुरुषों की जीवन-गाथा कहने में भाषा असहयोग करती है, क्योंकि उनका जीवन अगम में वास करता है। भाषा बुद्धि के पार का वर्णन करने में असमर्थ होती है। उनके कर्म और भोग का वर्णन इस कुशलता और सर्तकता के साथ करना होता है कि संसारिक प्राणियों में कर्म और भोग का बन्धन शिथिल हो और जीवन भगवत चेतना की ओर उन्मुख हो। स्वामी ज्ञानभेद की कल्पना भी प्रमाणिकता से मर्यादित है। इसलिए यह निश्चित ही दुरूह कार्य है।

शिष्य को तो अपने गुरु में सब मिल जाता है। उसे तो अपने गुरु में सारे बुद्धपुरुषों का दर्शन होता है—अतीत के, वर्तमान के, भविष्य के। वह सद्‌गुरु के चरण स्पर्श में अस्तित्व की परम सार्थकता का स्पर्श करता है। वह प्रेम की विलक्षणता में अह्लादित होता है।

जो दूर खड़ा है, जिसके लगाव कहीं और हैं, उसे शिष्य द्वारा अपने गुरु का उल्लेख चमत्कारिक, अतिरंजित और अविश्वसनीय अन्धविश्वास को फैलाने वाला लगता है। और जो प्रेम में पड़ा है, उसे भगवान कह कर भी अतिशयोक्ति मालूम नहीं पड़ती। उसे लगता है—भगवान शब्द भी छोटा है क्योंकि वह अपने सद्‌गुरु में शाश्वत की ज्योति देखता है। वह बुद्ध की देह को भगवान नहीं कह रहा है, वह दीये में जो चिन्मय ज्योति है उसको भगवान कर रहा है। जो सर्वतन्त्र स्वतन्त्र सर्वसमर्थ है।

वह अतिशयोक्ति 'दूसरों' को मालूम होती है। और 'दूसरों' को मालूम हो, यह स्वभाविक है, लेकिन जिन्होंने प्रेम किया है वे अतिशयोक्ति नहीं करते। उनकी तो अड़चन दूसरी है। उनकी तो अड़चन यह है कि कोई शब्द योग्य नहीं मालूम होता जिससे वे अपने गुरु की चर्चा कर सकें। सब शब्द छोटे मालूम पड़ते हैं।

शिष्यों द्वारा सद्‌गुरुओं के सम्बन्ध में किये गये उल्लेखों को समझने के लिए, प्रेमियों द्वारा अपने प्रेमास्पद के उल्लेख को समझने की न्यूनतम संवेदना अनिवार्य है। लैला के सौन्दर्य-दर्शन के लिए मंजनू की आँखें चाहिए। प्रेम की आँखें जो देख सकती हैं उसे विद्वता का थोथा दम्भ नहीं देख सकता।

ओशो का जीवन बुद्धों का जलसा है-जश्न है, वहाँ बुद्धों का अन्तहीन जुलूस निरन्तर प्राणीमात्र को अपने में सम्मिलित करने को उल्लसित है।

उनके प्रबोधिनी मार्मिक वचन चिर स्मरणीय हैं—''जिन्होंने मुझ में अपने को जोड़ा है, मेरी अभीप्सा है—वे सभी इसी जीवन में जागकर विदा हों।''

''मैं तुम्हारी जुम्मेदारी लेता हूँ।.... मैं तटस्थ नहीं हूँ। मैं तुमसे प्रतिबद्ध हूँ। तुम्हारे भीतर मैंने अपने को नियोजित किया है। मैंने अपने को तुम्हारे भीतर साथ दांव पर लगाया है। चलना हो, चलो। न चलना हो, न चलो। मैं तुम्हारा हाथ पकड़कर चल रहा हूँ। मैं तुम्हारे साथ तुम्हारी यात्रा के सारे कष्ट उठा रहा हूँ।''

ओशो के साथ रहने का अर्थ है—होशियार होना। होश से यारी करना, होश को अपना यार बनाना।

सर्तक रहना, सजग रहना, सावधान रहना।

''मुझे खबर है : कौन क्या कर रहा है यहाँ! कौन कैसे चल रहा है।''

''ध्यान रखना, अनजान भला मैं बना रहूँ, तुम से कुछ कहूँ भी न—तुम्हें पता भी नहीं चलेगा कि तुमने कब मुझे खो दिया। तुम्हें पता भी नहीं होने दूँगा, क्योंकि तुम्हें कोई अकारण कष्ट थोड़े ही देने हैं। चुपचाप हाथ सरका लूँगा।''

ओशो के साथ ध्यानपूर्ण, प्रेमपूर्ण, प्रार्थनापूर्ण भक्तिमय जीवन अनिवार्य है। वे सतत् सचेत करते हैं—

''जीवन को जो महान अवसर मिला है, उसका उपयोग करो! काटो मत समय! यह बहुमूल्य समय काटने को नहीं है। यह बहुमूल्य समय जीवन निर्मित करने को है। यह जीवन संवारने को है। जीवन को शृंगार दो, जीवन को सौंदर्य दो, जीवन को सत्य दो।''

''सदियों-सदियों से धर्म उदासी, दुःख, निराशा, हताशा, निषेध और नकार का पर्यायवाची हो गया है; उस कारागृह से धर्म को मुक्त करना है। धर्म पृथ्वी-विरोधी हो गया है। धर्म उस सबके विरोध में हो गया है—जो है। और धर्म ने ऐसे सपने संजोये हैं स्वर्ग के, परलोक के, जो कि मात्र सपने हैं, जो सिर्फ प्रलोभन हैं, जो सरासर झूठे हैं। जो है उसका इनकार जो नहीं है उसका सत्कार—ऐसे अब तक धर्म की तर्कसारणी रही है। मैं पूरी तर्कसरणी को तोड़ देना चाहता हूँ। मैं चाहता हूँ कि धर्म पृथ्वी के प्रेम में पड़े। देह आत्मा-विरोधी नहीं है; देह आत्मा का मंदिर है। सम्मान दो उसे, सत्कार दो उसे, क्योंकि देह के मंदिर में परमात्मा विराजमान है।''

''यही एक मात्र अस्तित्व है; दूसरा कोई अस्तित्व है ही नहीं। दूसरे अस्तित्व की ईजाद पंडित-पुरोहितों ने की है। और क्योंकि, उसके कारण को समझ लेना चाहिए। इस जगत में तो मनुष्य को सुखी वे नहीं कर पाए। इस जगत में तो मनुष्य के जीवन के लिए गौरव और गरिमा न दे पाए। इस जगत में तो मनुष्य के जीवन को अर्थ और काव्य न दे पाए। तो एक ही उपाय था—इस जगत की अंधेरी रात को झेलने के लिए किसी भविष्य के सवेरे की प्रशंसा की जाए। मनुष्य को परलोकवाद दिया जाए।

और जो मर गया वह लौटकर कहता तो नहीं कि क्या हुआ; इसलिए पंडित-पुरोहित सुरक्षित थे। मुर्दे लौटते नहीं, खबर देते नहीं और उनका धंधा मृत्यु के बाद जो है उस पर निर्भर है। और उनकी साजिश में राजनीतिज्ञ भी सम्मिलित हो गये क्योंकि यह उनके

भी हित में था। मनुष्य को किसी तरह सांत्वना दी जाए। कैसे ही झूठ हों लेकिन मनुष्य को संतोष दें, क्योंकि मनुष्य जब संतुष्ट हो जाता है तो क्रांति-शून्य हो जाता है। जहाँ सांत्वना है वहाँ क्रान्ति की आग बुझ जाती है। वहाँ अंगार नहीं रह जाती आत्मा में, वहाँ राख-ही-राख रह जाती है।

इसलिए यह देश जो सर्वाधिक लंबे अरसे तक धार्मिक रहा है, सबसे बुझा हुआ देश है। इसकी आत्मा में राख-ही-राख है। सबसे मरा हुआ देश है। कारण? सदियों-सदियों तक पंडितों और राजनेताओं ने संयुक्त रूप से मनुष्य को ज़हर पिलाया हैं।

मेरी चेष्टा है—यह षड्यंत्र टूटे, यह अंधेरे का तिलिस्म टूटे।''

''मैं गीत सिखाता हूँ। मैं संगीत सिखता हूँ। मेरा संदेश एक ही है—आनन्द-उत्सव-महोत्सव।''

''मैं तुम्हारे सारे शास्त्र, तुम्हारे सिद्धान्त, तुम्हारे संप्रदाय, सब छीन लेना चाहता हूँ। मैं चाहता हूँ, तुम्हें निर्भार करना—ऐसे निर्भार कि तुम पंख खोलकर आकाश में उड़ सको।''

''मैं तो उस ईश्वर की बात कर रहा हूँ जो है—जो मौजूद है, जो वृक्षों में हरा है, फूलों में लाल है, जो हवाओं में अदृश्य है; जो पहाड़ों में सिर उठाये खड़ा है, ध्यानस्थ जो नदियों में तरंगित है; जो समुद्र की लहरों के रूप में निनाद कर रहा है; जो मेरे भीतर मौजूद है। मेरे लिए ईश्वर 'अस्तित्व' का पर्यायवाची है।

निश्चित ही मैं जिस ईश्वर की बात कर रहा हूँ, वह वही ईश्वर नहीं है जो गंडा-ताबीज खोजने वालों का ईश्वर है; जो मजारों और कब्रों पर उर्स मनाने वालों का ईश्वर है, जो कमजोरों का, भयभीतों का, लोभियों का ईश्वर है, जो मूर्च्छित व्यक्तियों का ईश्वर हो सकता है?

मेरा ईश्वर इस सारे जगत में व्याप्त है। मेरा ईश्वर जगत्-विरोधी नहीं है। मेरा ईश्वर जगत् का प्राण है। इस विश्व की जो धक्-धक् है वही मेरा ईश्वर है। कोयल जब गाती है तो मैं ईश्वर को सुनता हूँ, और पपीहा जब पुकारता है तो मेरे कानों में उपनिषद् और वेद और गीता और कुरान फीके पड़ जाते हैं। फूल जब खिलते हैं तो मैं जानता हूँ—ईश्वर खिला। और जब रात तारों से भर जाती है तो मैं जानता हूँ—ईश्वर ही अनंत-अनंत तारों में छितर गया है।

मेरा ईश्वर एक काव्य है। मेरा ईश्वर एक संगीत है। तुम्हें अगर मेरे ईश्वर से परिचित होना है तो प्रकृति के करीब आओ, क्योंकि मेरा ईश्वर प्रकृति में ही छिपा है; प्रकृति उसका घूंघट है। उठाओ घूंघट और तुम मालिक को पाओगे। जहाँ भी घूंघट उठाओगे, उसी को पाओगे।

जीसस ने कहा है—उठाओ पत्थर और तुम मुझे पाओगे, तोड़ो लकड़ी और तुम मुझे पाओगे। वही मैं तुम से कहता हूँ।

मेरा ईश्वर तो तुम तभी जान सकोगे जब मेरी अंतर्दशा में आओगे, उसके पहले नहीं।''

'एक फक्कड़ मसीहा : ओशो', ओशो की अन्तस चेतना का साक्षात्कार कराने वाला सद्‌ग्रन्थ है। ओशो से प्रश्न किया गया—''महापरि व निवार्ण को उपलब्ध हो जाने के बाद भी, ज्ञानी और गुरुजन समष्टि में मिलकर किस प्रकार हमारी सहायता करते हैं? कृपया इसे अधिक स्पष्ट करें।'' जिसके उत्तर में विस्तार से समझाते हुए उन्होंने कहा

है कि—''जितने ज्ञानी संसार में हुए हैं उनकी किरणें मौजूद हैं। तुम जिसके प्रति भी संवेदनशील होते हो, उसी की किरण तुम पर काम करना शुरू कर देती है। कहना ठीक नहीं कि काम करना शुरू कर देती है, काम शुरू हो जाता है।'' अचानक किन्हीं क्षणों में जब तुम संवेदनशील होते हो, कभी ग्राहक क्षैण होता है तो कोई लौ तुम्हें पकड़ लेती है, तुम पर उतर आती है, वह हमेशा मौजूद थी। यह सद्ग्रन्थ ओशो के प्रति पाठकों के हृदय खोलने का, उन्हें संवदेनशील बनाने की सूक्ष्म प्रक्रिया है। यही लेखक का सार्थक प्रयास है।

विश्व की वर्तमान विकृत विकराल विकट स्थिति में इस ग्रन्थ के माध्यम से ओशो नवोदित दिनमान की भाँति निमन्त्रण दे रहे हैं। जीवन में व्याप्त हताशा, निराशा और उदासी, अवसाद, विषाद की कालिमा तिरोहित हो सकती है। भय, चिन्ता और तनाव के भयंकर बोझ से जीवन निर्भार हो सकता है। विश्राम, प्रेम और स्वाधीनता की अभीप्सा पूरी हो सकती है। अगर समय रहते उनकी करुणामयी पुकार सुन लो। यदि हृदयपूर्वक उनके वचनों का पान कर लो।

अन्त में एक विशेष बात जो मुझे देखने में आयी है—वह यह कि इस ग्रन्थ के माध्यम से स्थितप्रज्ञ ओशो किशोर छात्र-छात्राओं के हृदयों में रोचक, प्रफुल्लतावर्द्धक हो गये हैं। स्वामी ज्ञानभेद ने सराहनीय प्रयास किया है।

मैं सद्गुरु ओशो के कमल चरणों की वन्दना करता हूँ जो आत्मबोध की अनुभूति कराते हैं और अज्ञान से उत्पन्न मोह रूपी विष से पीड़ित प्राणियों का उपचार करते हैं।

* ॐ तत् सत् *

स्वामी धर्म वेदान्त
(जगदीश प्रसाद सेठ)

एम०एम० 165, सेक्टर डी-1
एल०डी०ए० कॉलोनी, कानपुर रोड
लखनऊ-226012
दूरभाष : 432365
दिनांक : 8-6-1998

कुछ शब्द और कृतज्ञता-ज्ञापन

यह मेरा जन्म-जन्मों का सौभाग्य है कि मैं सद्गुरु ओशो का संन्यासी हूँ और दूसरा सबसे बड़ा सौभाग्य है कि ओशो ने अपनी जीवनी, कथा व उपन्यास-शैली में लिखने के लिए मुझे अपना माध्यम चुना, जिसकी अलौकिक अनुभूति मुझे जबलपुर भ्रमर ताल पार्क में बोधि वृक्ष के नीचे हुई। यों तो ओशो अपने हर संन्यासी को अपना धर्मदूत और प्रतिनिधि मानते हैं पर सृजनात्मक-कार्य में संलग्न कलाकारों के संबंध में ओशो अपने सचिवों से कहा करते थे—''जब मैं पूरे भारत में सफर करता था तो कई कवियों, कलाकारों और बुद्धिजीवियों से मेरी मुलाकात हुआ करती थी। वे मेरे विचारों से प्रभावित होते थे। ये लोग मुझ से जुड़े हुए हैं, अब तुम इन्हें कम्यून से जोड़ो। भारत के लोग मुझे सीधे नहीं समझ सकते। ये ही लोग मेरे पैग़ाम की खुशबू भारतीय जनता तक पहुँचाएगे। ये मेरे राजदूत हैं।'

(*ओशो टाइम्स,* 16 अप्रैल, 1990, पृष्ठ 4)

इस ग्रंथ के प्रत्येक खण्ड द्वारा मैं ओशो की सुगंध ही आप तक पहुँचा रहा हूँ, जिसमें मदमस्त होकर डूबने और आनंदित होने की खबर मुझे आप लोगों के पत्रों द्वारा शिविरों में आपसे भेंट होने पर होती है। पर इतना ही पर्याप्त नहीं है। मेरा आपसे नम्र निवेदन है कि अपने मित्र या संबंधी को उनके अथवा ओशो के जन्म-दिवस पर इस ग्रंथ को उपहार में भेजते हुए आप ओशो के पैग़ाम की खुशबू बिखेरने का भी सौभाग्य प्राप्त करें। इस प्रकार अपरोक्ष रूप से आप ओशो के धर्मदूत का ही कार्य करेंगे।

यह देखकर पीड़ा होती है कि कुछ ओशो के पुराने संन्यासी भी ओशो के शरीर छोड़ने के बाद किसी पुंजा जी , प्रभुजी, चीचली वाले बाबा, मस्तान बाबा, गिरधर बाबा या साधूराम गुरु जी, अथवा इन जैसे लोगों में जीवित बुद्ध की तलाश कर रहे हैं। ऐसे लोगों ने ओशो को नहीं, रजनीश के शरीर से प्रेम किया था। उन्होंने ओशो के चिन्मय, निराकार और शाश्वत स्वरूप को महसूसा ही नहीं; क्योंकि ओशो तो जन्म से पूर्व भी थे, शरीर छोड़ने के बाद भी हैं और आगे भी रहेंगे। कृष्ण के शरीर छोड़ने के दस हजार वर्ष बाद भी मीरा कृष्ण को उपलब्ध हुईं। तभी मदनगोपाल जी ने लिखा है—

जिस्म को छोड़ गये, माना कि प्यारे ओशो,
दरमियां फिर भी हमारे है, हमारे ओशो,
एक तिनका भी तेरे शब्द का मिल जाये अगर-
डूबने वालों को मिलते हैं किनारे ओशो।

और एक बार शरीर में रहते हुए ओशो ने कहा था कि तुम मुझे कभी भूतकाल

में याद मत करना, मैं तुम्हें अस्तित्व के कण-कण में मिलूंगा। इसी भाव को स्वामी चैतन्य निर्मल ने एक रूबाई में इस प्रकार व्यक्त किया है—

मैं तो तुम्हें बाग के फूलों में मिलूंगा,
सावन के लरजते हुये झूलों में मिलूंगा,
मेरे मरने पे मुझे खत्म समझने वालो
तूफां से न घबराना, मैं फूलों में मिलूंगा।

ओशो के जीवन की इन्द्रधनुषी सतरंगी घटनाओं के पुष्पों को गूंथकर ही यह जो ग्रंथमाला प्रस्तुत की जा रही है, मुझे पूर्ण विश्वास है,. उसमें भी आप ओशो के सान्निध्य के खुशबू को महसूस करेंगे।

सबसे पहले मैं पाठकों से अपनी एक त्रुटि के लिए क्षमा मागना उचित समझता हूं। 'एक फक्कड़ मसीहा ओशो' खण्ड दो में जो इस बारे में चंद बातें तथा कृतज्ञता ज्ञापन प्रकाशित हुआ था, वह वस्तुतः खण्ड तीन के लिखा गया था। यह भ्रम इसलिए हुआ क्योंकि पहिले मैंने लिखे पूरे ग्रंथ को तीन खण्डों में बाँटा था और प्रथम खंड में भाग-1 तथा भाग-2 दोनों सम्मिलित थे। बाद में प्रकाशन-सुविधा के कारण इस पाँच भागों में बाँट दिया गया। और अब तो सम्पूर्ण गाथा सात खण्डों में प्रकाशित हो रही है।

इन दिनों मुझे कई प्रेमी-मित्रों के जो पत्र प्राप्त हुए हैं, उनमें लगभग एक ही बात पूछी गई है कि स्वामी अगेह भारती से आपका क्या विरोध है, वह आपके विरुद्ध क्यों इतना लिखे जा रहे हैं? धूरी (पंजाब) के श्री संजीव कुमार ने श्री अगेह भारती की प्रकाशित कृति 'एक ओशो शिष्य की डायरी' के पृष्ठ 151 तथा 152 की फोटो कॉपी भी मुझे प्रेषित की है। अगेह भारती जी पूना आश्रम के सभी प्रमुख सन्यासियों पर जी भर आक्रोश व्यक्त करने के बाद 'एक फक्कड़ मसीहाः ओशो' के संबंध में लिखते हैं—

"मैंने पुस्तक को शुरू में, मध्य में, अंत में हर जगह पलटा हूं, पर कहीं भी एक पूरा पृष्ठ नहीं पढ़ पाया। यह पुस्तक नीरस, निर्जीव लगी है। .... मैंने ओशो पर लिखी सबसे रद्दी पुस्तक दयालु की और इसके बाद ज्ञान भेद की पाई है।"

मेरे लिए अब यह स्पष्टीकरण करना आवश्यक हो गया है कि लगभग एक वर्ष से स्वामी अगेह भारती सपरिवार रीवां के किन्हीं प्रभुजी के भक्त हो गये थे। वह ओशो संन्यासियों को पत्र लिखकर अपने घर बुलाते थे और समझाते थे, ओशो के वस्त्र, माला का परित्याग कर जीवित बुद्ध प्रभुजी की शरण आ जाओ। उन्हें धन-सम्पत्ति सब कुछ समर्पण करके ही तुम आगामी प्रलय से बच सकोगे। जबलपुर संन्यास आश्रम में स्वामी आनंद विजय ने अगेह भारती जी के घर से लौटे ऐसे तीन-चार संयासियों की भेंट मुझसे कराते हुए पूना पत्र लिखने का अनुरोध किया। मैंने उन संन्यासियों का वक्तव्य अगेह जी के उनके लिखे पत्रों के साथ नीलम जी को पूना भेज दिया। इसके कुछ माह बाद पूना द्वारा उनसे शिविर संचालन का कार्य वापस ले लिया गया। शिविर संचालन द्वारा जो लाभ, सम्मान उन्हें मिल रहा था, वह समाप्त हो गया। फिर 'ओशो ही ओशो' भाग-1 में जीवन जागृति केन्द्र के सक्रिय सदस्य श्री भीखमचन्द्र के साक्षात्कार में अगेह जी के जीवन का जो अध्याय प्रकट हुआ, उससे रुष्ट होकर उन्होंने मुझे चार पृष्ठों में पूरा गाली-पुराण लिख कर भेज दिया।'

यही कारण है कि 'एक फक्कड़ मसीहा: ओशो' पढ़कर जहां ओशो प्रेमी आनंद सागर में डूबकर हंसे, रोये, प्रेम विभोर होकर नाचने लगे, वहीं स्वामी अगेह भारती जो अब अमृत भारती हैं, उन पर द्वेष, ईर्ष्या और प्रतिस्पर्द्धा के कारण भिन्न प्रतिक्रिया हुई, क्योंकि मैंने ओशो संसार को यह बता दिया कि वह अब ओशो-संन्यासी नहीं हैं।

कुछ मित्रों ने जून 18 के ओशो टाइम्स में मां अमृत मुक्ति द्वारा प्रकाशित करायी गई सूचना के बारे में भी पूछा है। 'ओशो ही ओशो' खण्ड-1 में अपने साक्षात्कार के संबंध में उनका कहना है कि मैं उनके द्वारा बतलाई घटनाओं को तोड़-मरोड़ कर प्रस्तुत किया है। मां मुक्ति ने मुझे जो कुछ बतलाया था, उसके आधार पर साक्षात्कार लिख कर मैंने उन्हें प्रेषित किया था। फिर उन्होंने चार-पांच पृष्ठ स्वयं लिखकर नई घटनाएँ भी भेजीं। मैंने उनमें से दो-एक घटनाओं को छोड़कर, जो उन्हें अत्यधिक महिमामंडित करती थीं, रोष का उपयोग कर साक्षात पुनः लिखा व उन्हें प्रेषित कर दिया। एक मास तक कोई उत्तर न मिलने पर मैंने उसे प्रकाशित करने के लिए भेज दिया। उसके प्रकाशित हो जाने के बाद उन्होंने उसे पुस्तक में न छापने का अनुरोध फोन पर किया। उनसे क्षमा-याचना मांगने के अतिरिक्त मैं और कर ही क्या सकता हूं?

पर सरकारी नौकरी और साहित्य जगत की जिस गंदी राजनीति ईर्ष्या, महत्त्वाकांक्षा और उठापटक से ऊब कर मैंने यही समझ कर अध्यात्म में प्रवेश किया था कि यहां सब कुछ शांतिदायक और प्रेरणादायक होगा। पर अध्यात्म के संसार में भी हम लोग अपना ही संसार ले बैठे हैं। और इस संसार से संघर्ष करते हुए ही कीचड़ से कँवल की यात्रा करनी है।

मैं अपने सभी प्रेमी मित्रों का आभारी हूं। अपने पत्रों में उनकी प्रकट की गई उदात्त भावनाओं और उनके ओशो-प्रेम का मैं हृदय से सम्मान करता हूं, स्वागत करता हूं और उन्हें नमन करता हूं।

तृतीय खण्ड परम सद् गुरु ओशो को समर्पित करने के बाद यह खण्ड मैं अपने पिताजी, माताजी एवं शिक्षा देने वाले गुरुजनों को भेंट करते हुए, मातृ-ऋण, पितृ-ऋण और ऋषि-ऋण से मुक्त होने का आंशिक प्रयास कर रहा हूँ। पिताजी मुझे बचपन से ही आर्य समाज के अधिवेशनों एवं थियोसोफीकल लॉज में होने वाली सभाओं में ले जाते थे और इस प्रकार प्रारम्भ से ही मेरी रुचि अध्यात्म की ओर ले जाने का श्रेय उन्हीं को है। रोज प्रातःकाल उनके साथ टहलने मैं जंगल रोड व यमुना किनारे जाया करता था, जहां प्रकृति के सान्निध्य में मैं आनंदित होता था। उन्हीं के द्वारा मुझे पुस्तकों से प्रेम हुआ और मैं 'लाइब्रेरी चाट' के नाम से पुकारा जाने लगा। गणित व विज्ञान विषय लेकर मैंने इंटर पास किया था और पिताजी मुझे इंजीनियर बनाना चाहते थे। पर मेरी रुचि इतिहास, दर्शनशास्त्र और साहित्य में थी। मैं पिताजी का इसलिये भी अनुगृहीत हूं कि उन्होंने अपनी इच्छा का त्याग कर मुझे इलाहाबाद विश्वविद्यालय जाकर इन विषयों में बी.ए ज्वाइन करने की स्वतंत्रता दी। पूज्य माताजी का इसलिए कृतज्ञ हूं कि उन्होंने मुझे प्रत्येक छोटा-से-छोटा कार्य स्वयं करने का मूलमंत्र देकर स्वावलम्बी बनाया और हर प्रकार का स्वादिष्ट भोजन बनाना भी सिखाया। वैसे परिवार में सबसे छोटा होने के कारण मैं सभी का स्नेह पाता ही रहा हूं।

यह मेरा सौभाग्य था कि मुझे तीसरे दर्जे से लेकर इंटर तक एक ही कॉलेज में

ऐसे अध्यापक मिले, जिन्होंने शिक्षा के अतिरिक्त मेरी सुप्त शक्तियों को जागृत करने में सहयोग और प्रेरणा दी। मैंने नाटकों, काव्य प्रतियोगिताओं, अंत्याक्षरी और आशु वाद-विवाद प्रतियोगिताओं में भाग लिया और ढेरों पुरस्कार जीते। एक अच्छा स्कॉउट बना। मैंने इसके लिये मास्टर मनोहरलाल, डेविड साहब, स्कॉउट मास्टर मिश्राजी, अंग्रेजी और हिन्दी अध्यापक जोशी जी और शिवदत्तजी तथा प्रधानाचार्य सहारिया साहब का अनुगृहीत हूं। विश्वविद्यालय स्तर पर मैं हिन्दी विभाग के डॉ. रामकुमार वर्मा का, इतिहास विभाग के श्री बी.सी. पाण्डेय का तथा दर्शनशास्त्र विभाग के प्रो. अली मेंहदी खां का कृतज्ञ और अनुगृहीत हूं। इन सभी ने मौलिक चिंतन और सृजनात्मकता विकसित करने में मुझे अत्यंत सहायता दी और प्रेरणा दी।

मैं आज जो कुछ हूं, यह उन्हीं का आशीर्वाद है। यदि ये सभी मेरे जीवन में न आये होते, तो कदाचित इस ग्रंथ के माध्यम बनने की मैं पात्रता भी अर्जित न कर पाता और इस सौभाग्य से वंचित रह जाता। अत: इन सभी के प्रति अहोभाव और कृतज्ञता व्यक्त करना मैं आवश्यक समझता हूं।

परोक्ष या अपरोक्ष रूप में मुझे अपने कॉलेज और यूनिवर्सिटी के जिन प्रिय मित्रों से प्रेम, प्रेरणा और सहयोग मिला है और मेरी मेध या समझ विकसित हुई है, उनके प्रति भी मैं हृदय से अनुगृहीत हूं। यह मित्र हैं—श्री कृष्णकान्त, आनन्द प्रकाश, सतीश गर्ग, तिलक चोपड़ा, श्री कृष्ण शर्मा, चन्द्रकुमार और गिरिजा शंकर मिश्रा। यह सभी मेरी सृजनात्मकता में किसी-न-किसी प्रकार सहयोगी रहे हैं। भाई राजेन्द्र पटेल का भी हृदय से कृतज्ञ हूं, जिन्होंने इस ग्रंथ की पाण्डुलिपि को शुद्ध टाइप कर सहयोग दिया।

अपने परम मित्र और आध्यात्मिक गुरु लखनऊ के स्वामी धर्मवेदान्त के प्रति तो मेरा रोम-रोम कृतज्ञ और अनुगृहीत है। यदि उनसे भेंट न हो पाती तो न यह ग्रंथ इतना विस्तार ले पाता और न इतना सारगर्भित और बोधगम्य हो पाता। उन्हें जैसे ओशो ने मेरी सहायता के लिये ही भेजा है। इस ग्रंथ के प्रत्येक अंश को उन्होंने सुनकर अपने अमूल्य सुझाव और निर्देशन देकर ही उसे गरिमा और गहराई दी है और मेरी समझ विकसित करने में सहयोग दिया है।

अंत में अपने प्रकाशक श्री नरेन्द्र कुमार जी के प्रति भी कृतज्ञ और अनुगृहीत हूँ जिन्होंने इस ग्रंथ के खण्ड दो के प्रकाशन के बाद आप लोगों के पत्रों द्वारा किये गए आग्रह को आदर देते हुए खण्ड तीन और चार का प्रकाशन इतनी शीघ्रता से किया।

सम्पूर्ण अस्तित्व के प्रति अनुग्रह और कृतज्ञता व्यक्त करते हुए मैं अपनी बात समाप्त करता हूँ, इस निवेदन के साथ कि प्रेमी पाठक यदि इस ग्रंथ के पारायण के बाद मुझे अपने मनोभावों और त्रुटियों से अवगत करायेंगे तो मैं उनका आभारी होऊँगा और उन्हें उनके पत्र का उत्तर अवश्य मिलेगा।

—ज्ञानभेद

18 एम.आई.जी. बर्रा-6
कानपुर उत्तरप्रदेश 208027
दूरभाष : 285030
दिनांक 3 जून 1998

समर्पण

परम पूजनीय पिताजी, माताजी
एवं श्रद्धेय गुरुजनों को उनके
पितृ-ऋण, मातृ-ऋण व
ऋषि-ऋण के उपलक्ष्य में
सादर समर्पित।

हृदय से राग कोई गा रहा है,
सुरों से प्रेम-रस बरसा रहा है।
अरे! हर बोल में मस्ती घुली है,
दिलों में वह उतरता जा रहा है।
बड़ा ही शोख अंदाज़े बयां है,
बड़ी ही भावभीनी है तरन्नुम।
न जाने खो गया हूं मैं कहाँ पर,
नजर केवल वही अब आ रहा है।

—स्वामी योग प्रीतम

अनुक्रमणिका

स्वीकृति में अशांति नहीं

आचार्यश्री जिस डाक बंगले में रुके हुए थे, उसके दूसरे सूट में प्रदेश के कोई मंत्री रुके हुए थे। रात्रि साढ़े दस बजे जब भगवान श्री सोने जा रहे थे, दरवाजे पर खटपट की ध्वनि होने पर उन्होंने दरवाजा खोला। बगल के सूट में रुके हुये मंत्री जी ही दरवाजे पर थे।

उन्होंने बाहर भौंकते कुत्तों के शोर की ओर ध्यान आकर्षित करते हुए कहा—"लगता है, आप सोने जा रहे हैं। पर क्या कुत्तों के ऐसे शोर में आप सो सकेंगे?"

आचार्य श्री मुस्कुरा कर बोले—"आपने इस ओर मेरा ध्यान आकर्षित किया तो मुझे मालूम हुआ कि कुत्ते भौंक रहे हैं। मेरा तो ध्यान ही इस ओर नहीं था।"

मंत्रीजी आश्चर्य से बोले—"मैं आज बहुत थका हूं, कार से सौ-सवा सौ मील कस्बों, गांवों में घूमा हूं। कल रात भी ठीक से नहीं सो सका था। आज भी लगता है, यह कुत्ते मुझे सोने नहीं देंगे। क्या आप सो सकेंगे इस शोर में?"

आचार्य श्री कंधे उचकाते हुए बोले—"मैं तो मजे से सो जाऊंगा। कुत्ते रात में भौंकते ही हैं। यह साधारण शोर स्वाभाविक बात है। मैंने इसे स्वीकार कर लिया है। आप भी इसे स्वीकार कर लें। नींद अपने आप आ जायेगी।"

—"पर मैं तो शोर में सो ही नहीं सकता। मुझे तो शोर से एलर्जी है।"

—"मुसीबत यह है कि आपके अंदर भी शोर है। आपके अंदर महत्त्वाकांक्षा की आंधी है। चुनाव में जीतने की ललक है। विरोधियों को धूल में मिला देने की आकांक्षा है। मंत्री बनने के बाद भी आप अपने विभाग से संतुष्ट नहीं हैं। आप और महत्त्वपूर्ण विभाग चाहते हैं। अंदर का यही शोर आपको सोने नहीं देता। कुत्तों पर आप बेकार नाराज हो रहे हैं।"

मंत्रीजी प्रभावित होकर हाथ जोड़कर बोले—"आप बिलकुल ठीक कह रहे हैं। पर अंदर का यह शोर थमे कैसे? मैं शांति पाना चाहता हूं। पर सब कुछ पाकर भी मैं बराबर अशांत रहता हूं। मैंने कइयों से आपके बावत सुना था, आज सौभाग्य से आपके दर्शन हो गये। कृपया कुछ ऐसी तरकीब बता दें कि मुझे शांति मिल जाये।"

आचार्य श्री मुस्कुराते हुए बोले—"अशांति का बीज बोकर, शांति का फल मिल कैसे सकता है? आप बबूल बोकर आम का फल चाहते हैं। यह पद, प्रतिष्ठा, और महत्त्वाकांक्षा यही अशांति की जड़ हैं। आपको शांति पानी है तो राजनीति से संन्यास लेकर ध्यान कीजिये। जब तक कुछ पाने की वासना है, अतृप्ति है, अशांति तो अपने आप रहेगी। फिर वासनाएं दुष्पूर हैं। एक वासना पूरी होती है तो दस नई वासनाएं उठ खड़ी होती हैं। इनसान को पेट भरने के लिए चार रोटी और तन ढकने को कपड़े चाहिए। जो है पास, बस उसमें संतुष्ट हो जाइए। शांति अपने-आप मिल जायेगी।"

सुनकर मंत्रीजी परेशान होकर बोले—"ऐसी मुर्दा शांति से तो अशांति अच्छी। अब इतना आगे बढ़कर मैं पीछे कैसे लौट सकता हूं? लोग मुझे भगोड़ा और कायर कहेंगे। और मैं समझता हूं कि मैं पहले से दूना अशांत हो जाऊंगा। खैर! आपसे भेंट हो गई, अच्छा हुआ। पर कुत्तों के शोर में सोने का कोई और उपाय नहीं बता सकते आप?"

आचार्य श्री जमुहाई लेते हुए बोले—"उपाय आपको पहले ही बता दिया है। आप उसे आजमा कर देखिये तो। आप उस शोर के विरोध में खुद खड़े न हों। कुत्ते भूंकते हैं उन्हें भूंकने दें। आखिर झिल्ली और झींगुर भी तो झनकार कर रहे हैं। पेड़ों से टकराती हुई हवा भी तो एक शोर कर रही है। इस शोर की ओर आपका ध्यान इसीलिये नहीं जाता क्योंकि उसे स्वाभाविक मानकर आपने उसे स्वीकार कर लिया है। और बिस्तरे पर लेट कर नींद के बारे में भी सोचना छोड़ दें। बस आंखें बंद किये चुपचाप लेटे रहें। जो भी आवाज सुनाई दे झींगुर की, हवा की, कुत्तों की, उसमें रस लेकर आनंदित होना प्रारम्भ कर दें। सोच विचार एकदम छोड़कर शरीर और मन को शिथिल छोड़ दें। नींद अपने आप आ जायेगी।"

उन्होंने हाथ जोड़कर नमस्कार किया। संकेत समझ मंत्रीजी उठकर खड़े हो गये और उन्होंने विदा ली। पर उनके चेहरे से स्पष्ट था कि वह बताये उपाय से संतुष्ट न थे। इस कस्बे में दूर-दूर तक कोई और डाक बंगला भी न था।

बिस्तरे पर करवटें बदलते जब उन्हें काफी देर हो गई तो उन्होंने सोचा—चलो, बताया हुआ नुस्खा आजमा कर तो देखा जाये।

कुत्तों के भौंकने को उन्होंने स्वीकार कर अंदर से विरोध शिथिल कर दिया। सोच विचार छोड़कर उन्होंने झींगुर, झिल्ली की झनकार और हवा की सनसनाहट के साथ भौंकने की ध्वनि में भी रस लेना प्रारम्भ किया।

और कुछ देर बाद वह गहरी नींद में सो गये।

सुबह उठते ही उन्होंने आचार्य श्री के पास जाकर उनको धन्यवाद दिया कि वाकई उनका बताया नुस्खा कामयाब रहा और उन्होंने गहरी नींद ली।

❑ ❑

18 सितम्बर की प्रभात बेला में घने वृक्षों की छाया तले उन्होंने छात्रों की एक विशाल सभा को सम्बोधित किया।

उन्होंने कहा—"मनुष्य जाति का इतिहास, दुःखों और पीड़ाओं का इतिहास है। हजारों युद्धों और विध्वंस का इतिहास है। हम अब तक अंधकार ही में भटकते रहे हैं। जबकि प्रकाश का अविनाशी स्रोत प्रत्येक के भीतर है। लेकिन हम प्रकाश को बाहर खोजते रहे हैं और इसीलिए ही उसे नहीं पा सके हैं। देखो, भीतर देखो और तुम उसे जरूर पा लोगे। मैं पाकर ही यह कह रहा हूं। लेकिन तुम पूछोगे कि भीतर कैसे देखें? मौन, शांति, शून्य है भीतर देखने की आंख। चुप हो जाओ और भीतर खोजो। एक शब्द भी भीतर न हो, विचार का एक कंपन भी न हो। और बस उसी निष्कंप दशा में तुम उसे पा लोगे जो कि तुम हो। और उसे पाते ही जीवन से सारा अंधकार सदा के लिये विदा हो जाता है।"

आचार्यश्री यहां भी लगभग एक घंटे तक बोले। उनका प्रत्येक प्रवचन, पूर्व प्रवचनों से नितान्त भिन्न होता था। वह किसी प्रवचन के लिये कोई पूर्व तैयारी नहीं करते थे। शब्द जैसे निर्झर की तरह उनके अंतर्तम से निकलते थे। उनमें एक अनूठा आकर्षण और जादू होता था।

18 सितम्बर की दोपहर आचार्य श्री नाडियाद पधारे। उन्होंने वहां पहुंचते ही अध्यापकों की एक सभा को सम्बोधित किया। उन्होंने कहा—"मैं श्रद्धा नहीं, संदेह सिखाता हूं। क्योंकि श्रद्धा जड़ता लाती है, और संदेह खोज में ले जाता है। संदेह अत्यन्त जीवन्त प्रक्रिया है। इससे गुजर कर कोई निःसंदिग्ध ज्ञान तक भी पहुंच सकता है। लेकिन विश्वास करने वाला चित्त यात्रा ही नहीं करता है। उसके कहीं पहुंचने का तो सवाल ही नहीं है।"

उसी दिन रात्रि टॉउन हॉल में एक विशाल सभा का आयोजन किया गया। गणमान्य नागरिकों द्वारा आचार्यश्री का भावभीना स्वागत किया गया। उनके क्रांतिकारी व्यक्तित्व और आग उगलते व जीवन को रूपान्तरित करने वाले विचारों का परिचय दिया गया। यहां भी आचार्यश्री लगभग 80 मिनट तक बोले। उन्होंने प्रवचन के अंत में कहा—''वह जो अत्यन्त निकट है, उसे हम दूर की खोज में खो देते हैं। वह जो हमारे भीतर ही है, उसे हम बाहर की दौड़ में खो देते हैं। ऐसे जीवन रिक्त होता जाता है और मृत्यु निकट आती है। मैं पूछना चाहता हूं कि इस तथा कथित जीवन में हम मृत्यु के अतिरिक्त और क्या उपलब्ध कर पाते हैं? क्या यह बहुत अजीब-सी बात नहीं कि जीवन की खोज और दौड़ से अंततः मृत्यु हाथ में आती है। पर होना तो उलटा चाहिये। होना तो चाहिए कि जीवन अमृतत्त्व को उपलब्ध हो, तो ही हम उसे सफल कह सकते हैं। लेकिन निराश होने का कोई कारण नहीं है। जीवन अमृतत्त्व को उपलब्ध हो सकता है। काश! हम स्वयं की गहराइयों में उसे खोजें, तो वह अमृत ही है। बाहर है मृत्यु, लेकिन भीतर कोई मृत्यु नहीं है।''

अगले दिन महाविद्यालय की छात्राओं के बीच आचार्यश्री ने कहा—''भिखारी बनना है या सम्राट? भिखारी बनना है तो क्षुद्र की खोज करो। और सम्राट बनना है तो विराट की। क्योंकि क्षुद्र की खोज में खोजने वाला भी क्षुद्र हो जाता है, और विराट की खोज में विराट। मनुष्य जो खोजता है, वही हो जाता है।''

उसी दिन सायंकाल कपड़गंज लाइन्स क्लब द्वारा उनका भव्य स्वागत किया गया। अपने 30 मिनट के सम्बोधन के अंत में आचार्यश्री ने कहा—''जीवन धर्म से विहीन होकर कुरूप हो गया है। और यह अधार्मिकों के कारण नहीं हुआ है। यह हुआ है धर्म के नाम पर चलने वाले पाखंडों के कारण। उनकी ही प्रतिक्रिया स्वरूप लोग धर्म विमुख हो गये हैं। धर्म पाखंड से मुक्त हो तो मनुष्य पुनः धार्मिक हो सकता है। धर्म को तथाकथित धर्मों, और धार्मिकों से बचाना है। सभी विचारशील व्यक्तियों के समक्ष आज इससे बड़ा और कोई दूसरा पुनीत कार्य नहीं है।''

20 सितम्बर को सुबह कपड़गंज महाविद्यालय के छात्रों को और उसी दिन रात टॉउन हाल में उन्होंने एक विशाल सभा को सम्बोधित किया। टॉउन हाल में उन्हें सुनने के लिए जैसे पूरा नगर उमड़ पड़ा था। ''रजनीश जिंदाबाद'' के नारों से आकाश गूंज रहा था। टॉउन हाल में उन्होंने डेढ़ घंटे तक प्रवचन दिया। प्रवचन के अंत में उन्होंने कहा—''मित्रो! मैं आपसे एक ही निवेदन करना चाहता हूं, जीवन को जगाकर देखो। जागकर देखो—स्वयं में और स्वयं के बाहर भी। तभी तुम पाओगे—एक अनूठा रहस्य जगत तुम्हें घेरे हुये है। इसी रहस्य में प्रवेश ही धर्म है। धर्म शास्त्रों में नहीं है, धर्म है जीवन के रहस्य को अनुभव करने में। अज्ञात की अनुभूति में है धर्म। इसलिए उधार ज्ञान को छोड़ो और सरलता से जीवन को देखो। सब बंधनों से मुक्त कर देता है वह।''

और आचार्यश्री इस तूफानी दौर के बाद जबलपुर लौट आये। डाक का भारी पुलिंदा उनकी प्रतीक्षा कर रहा था।

वर्षों से आचार्यश्री इसी प्रकार पूरे देश का भ्रमण करते हुए एक दिन में, दो या तीन सभाओं को सम्बोधित करते थे। जहां ध्यान शिविरों का आयोजन होता था वहां सुबह-शाम ध्यान करवाते थे।

हर स्थान पर वह एक बात जरूर कहते थे—''जागो! तुम सदियों से सो रहे हो। तुम

सोये रहे, इसीलिए गुलाम और अकर्मण्य हुए। तुम सोये रहे इसीलिए तुम्हारा शोषण हुआ। अपने दुःखों के, अपनी पीड़ाओं के तुम स्वयं जिम्मेदार हो। अंधविश्वास छोड़कर विचार करो। खोज की यात्रा पर निकल जाओ। अपनी अंतर्यात्रा पर निकल जाओ। ''वह'' मंदिर, मस्जिद और गिरजे में नहीं, वह तुम्हारे ही अंदर है। तुम्हारा शरीर ही मंदिर है। आत्मा ही मूर्ति है। उस एक को जान लो, तो मुक्त हो जाओगे। अंतर्यात्रा केवल ध्यान से होती है। ध्यान से ही साक्षी सधता है। साक्षी सधते ही कर्ताभाव समाप्त हो जाता है। फलाकांक्षा गिर जाती है।''

वह इस बात पर भी बराबर जोर देते थे—संसार से भागना नहीं है। संसार तो चुनौती है। घर परिवार संसार में रहते हुए भी बस होश साधना है।

उनके प्रवचनों की पुस्तकें हाथों-हाथ बिक रही थीं। उनका संदेश लाखों के बीच पहुंच रहा था।

चार दिन जबलपुर रुककर आचार्यश्री हैदराबाद चल पड़े।

❑ ❑

जीसस क्राइस्ट होने का भ्रम तोड़ा

हैदराबाद में प्रवचन के बाद उनसे एक ईसाई मित्र मिलने आये। वह कई वर्ष जबलपुर में उनके पड़ोस में ही रहते थे व उनसे उनके स्नेह सम्बन्ध थे।

प्रवचन की प्रशंसा करने एवं दो-चार औपचारिक बातों के बाद उन्होंने उन्हें रात घर चलने का आमंत्रण दिया। उन्होंने नि:संकोच अपने छोटे बेटे की खब्त के बाबत बताते हुए उनसे उसे सुधारने का अनुरोध किया।

आचार्यश्री हंसकर बोले—"वैसे मैं शायद आपके साथ चलने को राजी नहीं भी होता, क्योंकि यहां गेस्ट हाउस में रहते हुए प्रवचन के लिए इधर-उधर आने-जाने वाले लोगों से मिलने में सुविधा होती है पर चूंकि आपके पुत्र के कैरियर का प्रश्न है और उसे उसके अंधविश्वास से मुक्त कराना मैं अपने लिए एक चुनौती मानता हूं इसलिए मैं कल सुबह तक आपके साथ रहूंगा। पर आपको वही करना होगा जो मैं बताऊं। भले ही वह उलटा-सीधा या आपकी मर्जी के खिलाफ हो।"

विवश होकर उन्होंने यह शर्त भी स्वीकार कर ली। रास्ते में कार ही में उन्होंने बताया—"एम. ए. फर्स्ट क्लास पास करने के बाद उनके छोटे पुत्र को सच्चे ईसाई बनने की खब्त सवार हो गई। वह रात दिन बाइबिल पढ़ता रहता और जो मिलता, ईसा के वचन कोट करते हुए उन्हें उपदेश देने लगता। दो महीने बाद ही उसकी सनक ऐसी बढ़ी कि वह अपने को जीसस क्राइस्ट कहने लगा। अब वह बाइबिल को कोट न करते हुए अपने आप को कोट करने लगा। चौराहों, नुक्कड़ों पर भाषण देने लगता—मैं जीसस क्राइस्ट एक बार फिर तुम लोगों को प्रभु के स्वर्ग में ले जाने के लिए अवतरित हुआ हूं। लोग उसे पागल समझते हैं। अब चूंकि वह जीसस क्राइस्ट है, इसलिए कोई उसे नौकरी देने को तैयार नहीं। सभी लोग कहते हैं—जीसस क्राइस्ट असि. मैनेजरी कैसे कर सकते हैं? कोई लड़की उसे प्रपोज करने की हिम्मत नहीं करती। उसने अपना पूरा कैरियर चौपट कर लिया है। मैं रात-दिन परेशान रहता हूं। अब आप ही कोई रास्ता निकालें।"

आचार्यश्री हंसकर बोले—"आप चिंता न करें। वह अगर खब्ती है तो मैं उससे डबल खब्ती हूं। मैं समझता हूं, उसकी सनक और खब्त शायद कल सुबह तक खत्म हो जाये। पर आपको वही करना होगा जो मैं कहूं। वह कितना ही निर्मम नागवार और गलत भले ही लगे, पर आपको करना वही होगा। कांटा हमेशा कांटे से ही निकलता है।"

रात उन्होंने पूरे इतमीनान से उसका पूरा किस्सा सुना और सुबह-सुबह ही उसके कमरे में जाकर बोले—"हेलो जीसस क्राइस्ट? कहिये, आपके कैसे मिज़ाज हैं?"

वह चौंककर बोला—आपने मुझे जीसस क्राइस्ट कहा?

आचार्यश्री गम्भीर होकर बोले—"क्या तुम नहीं हो जीसस क्राइस्ट? मुझे तुम जीसस क्राइस्ट लगे, इसलिए तुम्हें जीसस क्राइस्ट कहा। पर इसमें चौंकने की क्या बात है?"

वह बोला—"पर जब मैं लोगों को बताता हूं कि मैं ही जीसस क्राइस्ट हूं तो कोई भी मेरी बात का भरोसा नहीं करता। यहां तक कि मेरे फादर, मदर, फ्रेन्डस सभी मुझे पागल समझते हैं।"

आचार्यश्री बोले—''उनकी, और सबकी बात छोड़ो। मैं तुम पर पूरा भरोसा नहीं करूंगा तो मेरा काम कैसे चलेगा? मैंने ही तो तुम्हें जमीन पर अपना मैसेज लेकर भेजा है।''

आपका आखिर मतलब क्या है? क्या आप अपने को गॉड समझते हैं?

—''बेशक! मैं ही गॉड हूं। मैंने ही तुझे जीसस बनाकर जमीन पर भेजा है। इसीलिए मैं तुझे पहचानता कैसे नहीं?''

वह पैर पटकते हुए बोला—''आप झूठ कहते हैं। क्या गॉड आपकी तरह घूमता है? उसके साथ फरिश्ते होते हैं। उसके आस-पास नूर होता है। बहिश्त होता है। होली घोस्ट भी कहीं आस पास होता है।''

आचार्यश्री उसका कंधा पकड़कर बोले—मेरे साथ चलो। मैं तुम्हें होली घोस्ट के पास लिए चलता हूं। वह तुम्हारे लिए क्रूस लेने गया हुआ है।

वह उछलकर बोला—''आखिर आपका मतलब क्या है?'' आचार्यश्री बोले—''मतलब बहुत साफ है माई सन! जब तक तुम क्रूस पर नहीं चढ़ोगे, लोग तुम्हें पहचानेंगे कैसे कि तुम जीसस क्राइस्ट हो। जीसस क्राइस्ट बनने के लिए तुम्हें क्रूस पर चढ़ना ही होगा। आज फ्राइडे का दिन भी है। मैंने तुम्हारे क्रूस पर चढ़ाने का इंतजाम मुकम्मिल कर दिया है।''

वह विचलित होकर बोला—''असली जीसस क्राइस्ट को बचाने आप नहीं आये थे। और आप होली फादर होकर मुझे बचाने की जगह क्रूस पर लटका देंगे। मैं जानता हूं, आप गॉड ऑड कुछ नहीं। कोई बहरूपिये हैं। फ्राड हैं।''

आचार्यश्री ने उत्तर दिया—''जैसे तुम जीसस क्राइस्ट हो वैसा ही मैं होली फादर और गॉड हूं। पर यह समझ लो, मैं आज तुम्हें क्रूस पर चढ़ा कर ही दम लूंगा।''

इतने में उस लड़के के पिता सामने से आते दिखाई दिये। आचार्यश्री उन्हें आवाज देते बोले—''आपने क्रूस का इंतजाम कर दिया या नहीं? मैं जीसस क्राइस्ट को आज क्रूस पर चढ़ाने के बाद ही यहां से जाऊंगा।''

जब तक वह कुछ पूछें कि आचार्यश्री ने आंख दबाकर चुप होने का संकेत दिया।

पिता को देखकर वह बोला—''न जाने यह घर में कौन घुस आया है, और मुझे क्रूस पर चढ़ाने की धमकी दे रहा है। आप इसे घर से निकालिये।''

आचार्यश्री उसके पिता से डपट कर बोले—''आप खड़े क्यों हैं? जाकर क्रूस लाते क्यों नहीं? आपको खुशी होना चाहिए कि आपका बेटा जीसस क्राइस्ट है और दुनिया की भलाई के लिए वह आज क्रूस पर चढ़ रहा है। और हां, साथ में कांटों का ताज और दो मजबूत आदमी भी लाइयेगा। कीलें नुकीली और बताशेदार हों व हथौड़ा भारी।''

उसके पिता आचार्यश्री का संकेत समझ गये थे। वह बाहर जाने लगे।

पिता को जाते देख लड़का घबड़ा कर बोला—''डैडी! आप पागल हो गये हैं? क्या आप सीरियसली इस पागल की बात मानकर मुझे क्रूस पर चढ़ा देंगे?''

आचार्यश्री उसे डांटते हुए बोले—''तुम उनसे क्या पूछते हो? वह मुझे तुम्हारी खब्त और सनक उतारने के लिए लाये हैं और इस शर्त पर लाये हैं कि मैं जैसा कहूंगा उन्हें मेरा हुक्म मानना ही होगा। तुम जितने खब्ती और सनकी हो मैं उससे सौ गुना खब्ती और सनकी हूं। तुम्हें कांटों का ताज पहनकर और डेढ़ मन का क्रॉस ढोकर चौराहे तक चलना ही होगा। तुम्हारे पीछे कोड़े लेकर मैं चलूंगा। पर आखिर तुम डर क्यों रहे हो? तुम अगर असली जीसस क्राइस्ट हो तो तुम्हें हंसते-हंसते क्रूस पर चढ़ जाना चाहिए। लोगों को यह तमाशा देखने में बहुत अच्छा

लगेगा। और यह समझ लो, भारत की पुलिस तभी आती है जब सब कुछ हो जाता है। तुम्हारी हथेलियों पर तो मैं जाते ही बताशेदार कीलें ठोंक ही दूंगा। घबड़ाओ मत! बहुत ज्यादा तकलीफ नहीं होगी। सिर्फ थोड़ा-सा खून बहेगा।''

आचार्यश्री की आंखों की ओर देखने में उसे भय लगने लगा। वह घबड़ा कर बोला—''मैं क्रूस पर नहीं चढूंगा। मैं मानता हूं, मैं जीसस क्राइस्ट नहीं हूं। मैं अपनी खब्त आज से बिलकुल छोड़ता हूं।''

आचार्यश्री उसके पिता से बोले—''वह सामने रखी बाइबिल इसके हाथ में देकर इससे हलफ उठवाओ। फिर जिस दिन इसे जीसस क्राइस्ट की सनक सवार हो, आप मुझे एक फोन कर दीजियेगा। इस बार मैं सीधे ही होली घोस्ट को भेज दूंगा।''

तब तक उसके पिता ने आगे बढ़कर बाइबिल उसके हाथ में थमा दी थी। उसने बाइबिल पर हाथ रखकर शपथ ली कि वह जीसस क्राइस्ट का पागलपन आज से हमेशा के लिए छोड़ रहा है। अब वह नौकरी करेगा और फिर उसके बाद शादी।

आचार्यश्री ने कुछ देर बाद चाय पीकर अपने मित्र से विदा ली और गेस्ट हाउस लौट गये।

❑ ❑

जैन साधु आचार्यश्री की शरण में

हैदराबाद में आचार्यश्री का प्रवचन सुनकर, एक जैन मुनि, मुनिवेष त्यागकर उनसे होटल में भेंट करने आया और उनके चरणों को स्पर्श करते हुए बोला—''मुझे अपने मुनिवेष के आडम्बर से अब विरक्ति हो गई है। अब मैं आपकी शरण में हूं। आप जैसा कहेंगे, वैसा ही करूंगा मैं। अस्वाभाविक दमन से वास्तव में जीवन जैसे एक भार बन गया था।''

आचार्यश्री उसकी पीठ ठोंककर बोले—''मैं तुम्हारे साहस की प्रशंसा करता हूं। मैं जब तीन दिनों बाद यहां से चलूंगा, तुम्हें अपने साथ ले चलूंगा।'' फिर अपने मेजबान से बोले—''इनकी तीन दिनों तक आपको विशेष देखभाल करनी है। क्योंकि यहां का जैन समाज अब इनके खून का प्यासा होगा।''

पर वह मुनि हठपूर्वक बोले—मैं टॉउन हॉल की सभा में आपके साथ ही चलना चाहता हूं। अब जो भी परिणाम हो, मैं उसे भुगतने को तैयार हूं। सत्य से घबड़ाना कैसा?

आचार्यश्री ने दो क्षण कुछ सोचा। उनके हाथ में लटके थैले में झांककर देखा और फिर उनका हाथ पकड़कर अपने साथ कार में बिठाकर उन्हें टॉउन हॉल में होने वाले प्रवचन में अपने साथ लेकर चले।

मंच पर भी आचार्यश्री ने उस जैन साधु को ठीक अपने पीछे बिठलाया। आचार्यश्री के स्वागत में जैसे ही मेयर ने बोलना शुरू किया, सभा-भवन में बैठे सौ-पचास जैन चिल्लाकर बोले—''उस जैन साधु को स्टेज से नीचे उतारो जो आचार्यश्री के पीछे बैठा है, उस धोखेबाज को स्टेज से नीचे उतारो।''

आचार्यश्री ने मेयर के हाथ से माइक लेकर पूछा—''उन्हें स्टेज से नीचे उतारकर क्या आप उनके पैरों को स्पर्श करना चाहते हैं?'' भीड़ उत्तेजित होकर चिल्लाई—''पैर छूने का क्या प्रश्न है? हम लोग उसका सिर काटना चाहते हैं?''

आचार्यश्री ने व्यंग्य से हंसते हुए कहा—''बीस वर्षों तक आप उसके पैर छूते रहे। उसके उपदेश सुनते रहे। अब भी यह आदमी वही आदमी है। इसमें कुछ भी तो नहीं बदला। और आज आप इसका सिर काटना चाहते हैं। मैं पूछता हूं, ऐसा आखिर क्यूं? पहले आप लोग उसे अपने से ऊंचे तख्त पर आदर से बिठाते थे और अब आप उसे स्टेज से नीचे उतारना चाहते हैं। आखिर आज उसमें कौन-सा ऐसा परिवर्तन हो गया है? क्या आप लोग उस परिवर्तन का कारण बता सकते हैं?'' भीड़ में से एक जैन युवक चिल्लाकर बोला—''अब वह ऊपर से नीचे तक बिलकुल बदल गया है, अब वह एक जैन साधु नहीं रहा।''

आचार्यश्री बोले—''यह आप बिलकुल ठीक कह रहे हैं। अब वह पहले जैसे जैन मुनियों के वस्त्र नहीं पहने हुए हैं। मुंह, नाक पर पट्टी नहीं बांधे हुए हैं।''

और जिस थैले में उस साधु ने अपने उतारे हुए वस्त्र रखे थे उसे आचार्यश्री कार से अपने साथ स्टेज पर पहले ही से ले आये थे। उस थैले से वह वस्त्र निकाल कर बोले—''आप लोग इन्हीं वस्त्रों के कारण उसकी पूजा करते थे। उसका आदर-सम्मान करते थे। आपको वस्त्रों के पीछे छिपे व्यक्ति से कोई मतलब नहीं। आपने उसका कभी सम्मान नहीं किया। केवल इन वस्त्रों का सम्मान किया है। अब आप इन्हीं वस्त्रों के पैर छुएं। उस व्यक्ति से आपका लेना-देना क्या?

आपका उससे मतलब ही क्या है? जब आपने उस व्यक्ति का आज तक सम्मान किया है, तो उस व्यक्ति का सिर काटने से आपका प्रयोजन क्या? आपके लिए उसका भिक्षापात्र, मुंह, और नाक पर बांधने की पट्टी, श्वेत वस्त्र यही सब कुछ हैं। आपने इन्हीं की पूजा की है। इन्हीं का आप सिर काट सकते हैं।''

पर सिर काटने की बात आप शायद मजाक में कह रहे हैं। और अगर गम्भीरता से ऐसा कह रहे हैं तो जरा-बुद्धि विवेक से सोचें—आपके लिए अहिंसा ही एकमात्र परमधर्म है। मन, वचन और कर्म से हिंसा करना आपके लिए पाप है। वह आपके लिए नर्क का मार्ग प्रशस्त करता है।

फिर वह वेष परिवर्तन करने वाले उस साहसी साधु से बोले—''आप अपने इन अनुयाइयों को देख रहे हैं। कल यह आपके चरण स्पर्श करते थे। आपकी जय-जयकार करते थे। आप मुनि बनकर रहेंगे तो उनके गुलाम बनकर रहेंगे। आप एक समय भोजन करेंगे। रात-दिन मुंह-नाक में पट्टी बांधेंगे। सूरज डूबने के बाद भोजन की तो बात क्या, आप पानी भी न पियेंगे। आप आधे नेत्रों से चार गज दूर की चीज देखते हुए चलेंगे। स्त्री का मुंह नहीं देखेंगे। आप कहीं एकान्त में नहीं रहेंगे। दो या तीन साधु साथ रहेंगे। ताकि वे एक-दूसरे पर जासूसी कर सकें।''

आचार्यश्री का तर्क सुनकर वह युवक सभा भवन के बाहर चले गये। गड़बड़ी की आशंका से मेयर ने फोन कर पुलिस भी बुला ली थी।

आचार्यश्री का प्रवचन उस दिन डेढ़ घंटे तक चलता रहा। उन्होंने जैन समाज की रूढ़ियों पर जमकर प्रहार करते हुए कहा—''पूरे विश्व में एक क्रांति हो रही है। विज्ञान की प्रगति के साथ अंधविश्वास टूट रहे हैं। प्रत्येक धर्म अपनी रूढ़ियों का त्याग कर रहा है। बाइबिल की, शास्त्रों की धारणाएं ध्वस्त हो रही हैं। पहले आपके मुनि महाराज कार, माइक, बिजली का प्रयोग नहीं करते थे। जब शास्त्र लिखे गये, बिजली थी ही नहीं। मैं कई स्थानों पर गर्मियों में जैन मुनियों से रात मिलने गया और मैंने स्विच खोलकर पंखा चला दिया। लाइट जला दी। वह डर कर बोले—यह शास्त्रों के विरुद्ध है। मैंने उन्हें समझाया—आपने तो स्विच खोला नहीं। कोई दूसरा खोल दे तो आप क्या करें? दिगम्बर मुनि सर्दी में पुआल स्वयं नहीं ओढ़ते, कोई दूसरा उन्हें पुआल से ढक दे तो वह क्या करें? एक सभा में मैं लेक्चर दे रहा था। दस हजार की भीड़ ने मेरे प्रवचन में दस बार तालियां बजाईं। जब आचार्य तुलसी बोलने आये तो बिना माइक उनकी बात मुश्किल से पचास लोग सुन सके। भीड़ में शोर होने लगा। मैंने उनके सामने माइक खिसका दिया। यह कहते हुए कि आप स्वयं माइक का प्रयोग नहीं कर रहे हैं, इसे किसी ने आपके सामने रख दिया है। और फिर वह हमेशा इसी तरकीब से लेक्चर देते रहे। पर मैं कहता हूं कि यह ढोंग छोड़े जायें। पहले तारकोल की सड़कें नहीं थीं। कपड़ों के जूते नहीं थे। अब कैनवास के जूते या चप्पल पहनने में हर्ज क्या है? पहले बिजली नहीं थी। रात में भोजन में जीव गिरने का डर था। आज भी मैं ऐसे जैनियों को जानता हूं जो चोरी-छिपे रात होटलों में खाना खाते हैं। रोज रात दूध पीते हैं। व्रत केवल दिखाने को करते हैं।''

मैं आपसे यह नहीं कहता कि आप व्रत या संयम न करें। पहले व्रत और संयम का महत्त्व समझें फिर उतना व्रत लें जो मन, वचन, कर्म से निभा सकें। उपवास करते हुए यदि भोजन के बारे में चिंतन भी किया तो ऐसे उपवास से लाभ क्या? चित्तवृत्तियों का दमन पाखंड पैदा करता है। साक्षी बनकर अपनी वृत्तियों को तटस्थ भाव से देखें और उनके पार निकल जायें।

आज उनके प्रवचन में कई बार तालियां बजीं, कट्टरपंथी जैन पहले ही जा चुके थे। पुलिस के आने पर और आचार्यश्री द्वारा साहसपूर्वक सामना किये जाने के कारण आज प्रवचन कल से अधिक सफल रहा।

□ □

सेठ गोविन्द दास की महत्त्वाकांक्षा

आचार्यश्री से भेंट करने के सात दिन बाद, सेठ गोविन्द दास ने अपने महल के प्रांगण में "जीवन मृत्यु" विषय पर दस दिनों की एक प्रवचन माला आयोजित की। स्थानीय समाचार पत्रों में इसकी सूचना कई दिनों तक प्रकाशित होती रही। और जब आचार्यश्री का प्रवचन प्रारम्भ हुआ तो लोग उसे सुनने उमड़ पड़े। सेठ गोविन्द दास को आचार्यश्री के प्रवचनों और शिथिल ध्यान से बहुत शांति मिली। "एक तरुण जैन चिंतक से मुलाकात" के नाम से धर्मयुग में उनका एक लेख भी प्रकाशित हुआ, जिसमें उन्होंने आचार्यश्री से हुई भेंट का विवरण देते हुए, आचार्यश्री के दस दिनों के प्रवचनों का सार दिया था।

आचार्यश्री के प्रवचन सेठजी का स्टेनो उनके निर्देशानुसार शार्टहैण्ड में लिखता जाता था। साथ-ही-साथ उन्हें टेप किये जाने की भी व्यवस्था थी। आचार्यश्री के शब्दों को सेठजी ने ज्यों-की-त्यों अपने लेख में उतार दिया था। पर उनका प्रकाशित लेख पढ़कर, लोग यही समझे कि सेठजी ने उनके प्रवचनों का सार अपने शब्दों में व्यक्त किया है।

जब भी संसद का सत्र नहीं होता था, सेठ गोविन्द दास अपनी हवाई जहाज जैसी कार लेकर प्रतिदिन प्रातः नौ बजे आचार्यश्री के निवास पर आ जाते थे। हमेशा उनके साथ उनका स्टेनो श्रीवास्तव अपनी शार्टहैण्ड की नोट बुक लेकर छाया की तरह साथ रहता था। वह आचार्यश्री से प्रश्न करते थे और उत्तर में आचार्यश्री जो कुछ कहते थे, श्रीवास्तव शार्टहैण्ड में लिखता जाता था। वही उत्तर टाइप करके लेख के रूप में, पत्र-पत्रिकाओं को भेज दिये जाते थे। लोग समझते थे अध्यात्म संबंधी ऐसे गहन प्रौढ़ विचार सेठ गोविन्द दास के हैं। शीघ्र ही साहित्य के अतिरिक्त धार्मिक व आध्यात्मिक जगत में भी सेठ गोविन्द दास का यश फैलने लगा। वह नाथ द्वारा मंदिर ट्रस्ट के चेयरमैन बना दिये गए। अनेक धार्मिक सम्मेलनों में अध्यक्षता के लिए उनके पास निमंत्रण पत्र आने लगे।

एक दिन अजित कुमार और मास्टर भीखमचंद जैन ने आचार्यश्री से कहा—"यह सेठ गोविन्द दास आपके द्वारा दिये उत्तरों को अपने नाम से छपवा रहे हैं, आप कुछ कहते क्यों नहीं?"

आचार्यश्री मुस्कुरा कर बोले—"वह मेरे ही विचारों को लोगों तक पहुंचा रहे हैं, इसमें हर्ज क्या है?"

अजित कुमार ने प्रतिवाद किया—"पर उन्हें यह तो बताना चाहिए कि यह विचार आपके हैं। आपसे भेंट करने के दौरान उन्होंने उनका संग्रह किया है।"

दो क्षण रुककर आचार्यश्री बोले—"जब वह मेरे लिए इतना कुछ कर रहे हैं, तो प्रतिदान में मेरा भी तो यह दायित्व हो जाता है कि मैं भी उनके कुछ काम आऊं। मेरी यूनिवर्सिटी के वाइसचांसलर सेठ गोविन्द दास के ऋणी हैं क्योंकि वाइसचांसलर होने में सेठजी ने उनकी सहायता की थी। बदले में उन्होंने सेठजी को डी. लिट. की मानक उपाधि दे दी। अब जब रोज ही सेठजी की गाड़ी मेरे दरवाजे पर खड़ी रहती है, तो वाइसचांसलर की भी हिम्मत नहीं होती कि वह मुझसे प्रश्न कर सकें कि मैं यूनिवर्सिटी में महीने में दो-चार दिन ही कॉलेज क्यों जाता हूं? वह गवर्नर साहब, मंत्रियों, और संसद सदस्यों से मेरी भेंट करवाते हैं, मेरा प्रचार करते हैं, अब

में उनसे कहूं तो क्या कहूं? उन्हें नाम और यश की भूख है। महत्त्वाकांक्षा उनका मूलमंत्र है। और मेरी न कोई महत्त्वाकांक्षा है और न यश की चाह। मैं तो बस इतना चाहता हूं कि लोग जागें। उनकी मूर्च्छा टूटे। और फिर गवर्नर साहब, मंत्रीजी, या एम. पी.. जो लाखों लोगों के प्रतिनिधि हैं, मैं चाहता हूं कम-से-कम इन लोगों को तो कुछ सुबुद्धि आये। इनका तो विवेक जागृत हो।''

दो क्षण रुककर, भीखमचंद की ओर देखकर आचार्यश्री ने कहा—''लोग सोचते हैं, मेरे साधक अधिकतर शिक्षित और सम्पन्न लोग ही क्यों हैं? पर इसका कारण बहुत सीधा और स्पष्ट है। भूखा व्यक्ति सबसे पहले रोटी की बात सोचेगा। अपनी आवश्यक जरूरतों को पूरा करने में ही उसका सारा जीवन बीत जाता है, साधना के संबंध में वह सोच ही नहीं पाता। जो लोग धनी सम्पन्न और विचारशील हैं, वह सब कुछ पाकर एक अतृप्ति, एक ऊब महसूस करते हैं। उन्हें लगता है कि धन मिलने के बाद जो सुख उन्होंने सोचा था वह उन्हें मिला नहीं। वह पहले से और अधिक दु:खी हो गये। धन पाकर धन की व्यर्थता समझ में आते ही मृत्यु सामने खड़ी देखकर परमात्मा, मोक्ष और अध्यात्म की उनकी अभीप्सा जागृत होती है। यही कारण है कि कृष्ण, राम, बुद्ध, महावीर, जनक यह सभी राजपुत्र थे। हां, कबीर और रैदास जैसे विरले लोग निर्धनों में भी उत्पन्न होते हैं, पर उन लोगों को पूर्व जन्म की स्मृति रहती है। पूर्व जन्मों में धन की व्यर्थता वह पहले ही महसूस कर चुके थे। पर फिर भी सभी धनी और सम्पन्न लोग अध्यात्मवादी नहीं होते। वह पूर्व जन्मों के दरिद्र थे और इस जन्म में धन पाकर भी वह दरिद्र ही रहते हैं। वह उसे खर्च नहीं कर सकते। वह धन के अलावा कुछ सोच ही नहीं सकते। लोभ उनकी कामवासना को भी कुंठित कर देता है। उन लोगों में प्रारम्भ से ही एक हीन भावना रहती है और हीनभावना से ग्रस्त होने के कारण ही वह अधिक-से-अधिक धन बटोर कर लोगों पर अपनी धनशक्ति से प्रभाव डालना चाहते हैं। यह विकृत मानसिकता है। यही स्थिति राजनीतिज्ञों की भी है।''

तभी कोई मंत्री आचार्यश्री से मिलने आ गये और बात वहीं समाप्त हो गई।

❑ ❑

स्वरूपानंद, गिरीश कैसे बना?

एक दिन सुबह 9 बजे एक वृद्ध सज्जन अपने बाईस वर्षीय पुत्र को लेकर आचार्यश्री के पास आये और हाथ जोड़कर बोले—"मैंने आपके संबंध में बहुत कुछ सुना है। आप असम्भव को सम्भव कर सकते हैं। मेरा यह पुत्र ऋषीकेष के स्वामी शिवानंद का शिष्य है। यह बिना मुझसे पूछे उनका शिष्य बन गया। मैंने इसकी मर्जी समझकर उसे भी स्वीकार कर लिया। पर अब यह सड़क पर भी राम-राम जपता हुआ चलता है। इसे ट्रकों, बसों और मोटरों की तेज हॉर्न की भी आवाज सुनाई नहीं देती। डॉक्टर कहते हैं, इसकी श्रवण-शक्ति बिलकुल ठीक है। यह कहता है कि इसके अंदर राम-राम की तेज ध्वनि प्रतिक्षण इस प्रकार गूंजती रहती है कि इसे कुछ और सुनाई ही नहीं देता। अगर यही हाल रहा तो एक दिन कोई ट्रक इसे कुचल देगा और मैं जीवन भर रोता ही रहूंगा। यह मेरा इकलौता पुत्र है। यह सिर्फ रात में तीन घंटे सोता है। कहता है—उसके गुरुजी ने सिर्फ तीन घंटे सोने की आज्ञा दी है। रोज यह सुबह तीन बजे उठ बैठता है और राम-राम का मंत्र इतनी जोर से जपता है कि हम लोगों की भी रोज नींद टूट जाती है और मैं दिन में कुछ भी काम नहीं कर पाता। अब आप ही इसे समझाइये।"

आचार्यश्री ने उनके पुत्र से पूछा—"आखिर मामला क्या है? मैंने तुम्हारे पिता की पूरी बात सुनी। इसके संबंध में तुम्हें क्या कहना है?"

उस युवक ने उत्तर दिया—"मेरे पिता मेरा तप भंग कर मुझे संसारी बनाना चाहते हैं। सभी साधक ब्रह्ममुहूर्त में सुबह तीन बजे उठते हैं। मैं भगवान के नाम का जाप करता हूं। उन्हें सोने से कौन मना करता है? और यही मुझे जिद कर ऋषीकेष के आश्रम से यह वायदा करके ही घर लाये हैं कि यह मेरी साधना में कोई विघ्न नहीं बनेंगे। मैं मन-ही-मन राम-राम का जाप करते हुए सभी काम करता हूं। सड़क पर चलते हुए भी मेरे अंदर राम का नाद गूंजता रहता है। जब भगवान ही मेरा रक्षक है तो मुझे कौन मार सकता है? यह व्यर्थ की चिंता करते हैं। इनकी जिद से ही मैं इनके साथ आपके पास चला आया हूं। आप इन्हें ही समझाइये कि यह राम नाम में बाधक न बनें।"

उसके पिता ने कहा—"अब इसने अन्न खाना भी त्याग दिया है। केवल दूध पीकर रहता है। इसे चलते-चलते कई बार चक्कर भी आ जाता है। आप इसे समझाइए कि यह कम-से-कम भोजन तो किया करे।"

पुत्र बोला—"भोजन करने से नींद आती है और राम नाम का जाप खंडित हो जाता है। गुरुजी कहते हैं, तुम तमस के अंधकार से घिरे हो। यह लक्षण पूर्व जन्मों के किये गए पापों के कारण प्रकट होते हैं। अब इस जन्म में मैं राम नाम के निरन्तर जाप से पूर्व जन्मों के पापों का प्रक्षालन कर रहा हूं।"

आचार्यश्री गम्भीरता से युवक की ओर दृष्टिपात कर बोले—"मैं अच्छी प्रकार देख रहा हूं कि तुमने पूर्व जन्मों में कोई पाप नहीं किये। तुम्हें दिन में नींद भोजन लेने की वजह से नहीं आती, वह इसलिए आती है क्योंकि तुम रात में अपनी छः-सात घंटे की नींद पूरी नहीं करते। तुम्हारी आयु के हर युवक को रोज कम-से-कम छः घंटे सोना चाहिए।"

युवक बोला—"पर गीता में भगवान कृष्ण ने कहा है कि जब सभी सोते हैं, योगी जागता है। आप साधारण संसारी लोगों की बात कर रहे हैं, पर मैं तो साधक हूं।"

आचार्यश्री ने समझाया—"गीता में योगी के जागे रहने की जो बात कही गई है, वह होश जागृत रखने की बात है। उसका शरीर तो सोता है पर अंदर से उसका साक्षी सदैव जागृत रहता है।"

वह जिद करते हुए बोला—"यह आप गीता का गलत अर्थ निकाल रहे हैं। मेरे गुरुजी ने तो कहा है...।"

आचार्यश्री उसकी बात काटकर बोले—"अब तुम कुछ देर के लिए बाहर वाले कमरे में बैठो, मुझे तुम्हारे पिता से कुछ बात करनी है।"

वह तुरन्त बाहर वाले कमरे में चला गया। आचार्यश्री उसके पिता की ओर घूमकर बोले—"आपके पुत्र को स्वामी शिवानंद द्वारा सम्मोहित किया गया है। उसका इलाज तभी सम्भव है जब आप दो सप्ताह के लिए उसे मेरे घर पर छोड़ दें।"

उसके पिता चिंतित होकर बोले—"मुझे आपके पास इसे छोड़ने में कोई दिक्कत नहीं, पर मैं डरता हूं वह पागल आपको अपनी हरकतों से परेशान कर देगा। आपकी नींद डिस्टर्ब करेगा।"

आचार्यश्री मुस्कुराकर बोले—"वह पागल मुझे डिस्टर्ब नहीं कर सकता, क्योंकि मैं उससे डबल पागल हूं। उसके पागलपन के इलाज के लिए उसके और उसके गुरु शिवानंद से दूने बड़े पागल का आपने सही चुनाव किया है। मुझे इस प्रकार की कठिन चुनौतियां प्रीतिकर लगती हैं।"

आचार्यश्री के संकेत पर बाहर वाले कमरे से उनके पुत्र को वहीं बुला लिया गया। आचार्यश्री मुस्कुराकर बोले—"मैंने तुम्हारे पिता को राजी कर लिया है कि तुम दो सप्ताह मेरे साथ ही रहोगे। तुम्हें यहां रहकर जप करने की पूरी स्वतंत्रता होगी। तुम्हारे पिता भी इस बीच चैन से विश्राम करेंगे। मैं तुमसे तुम्हारे गुरु शिवानंद के बारे में भी कुछ और विस्तार से बातें करना चाहता हूं।"

उनका पुत्र तुरन्त सहमत हो गया और आचार्यश्री ने उसे एक अलग कक्ष में साधना करने के लिए भेज दिया और उसके पिता को भी विदा किया। उनसे भेंट करने कई लोग काफी देर से उनकी प्रतीक्षा कर रहे थे।

और शाम तक आचार्यश्री यह भी भूल गये कि कोई उनके कक्ष में साधना भी कर रहा है। शाम उसके द्वारा काफी दरवाजा भड़भड़ाने के बाद ही आचार्यश्री ने बाहर से बंद उसका दरवाजा खोला। उस साधक का शिवानंद द्वारा दिया नाम स्वरूपानंद था। स्वरूपानंद शिकायत करता हुआ बोला—"आपके आदमियों ने कमरे का दरवाजा बाहर से बंद क्यों कर लिया? तीसरे पहर मेरे दूध लेने का समय था। मैं एक घंटे से दरवाजा पीट रहा हूं।"

आचार्यश्री बोले—"मेरे ही कहने पर तुम्हारे दरवाजे की बाहर से कुंडी बंद कर दी गई थी। पर तुम्हारे कमरे में एटैच्ड बाथरूम है। पीने के लिए वहां पानी भी उपलब्ध था। मैंने सोचा तुम्हारे राम नाम के जाप में कोई बाधा न हो। अब जब तुम एक घंटे से दरवाजा पीट रहे हो तो जाहिर है तुम्हारा जाप भंग हो गया होगा। मेरा खयाल था कि आज अगर तुम दूध भी न लो और पूर्ण व्रत रखो तो तुम्हारे पूर्व जन्म के पाप और शीघ्र नष्ट होंगे।"

वह हक्का-बक्का आश्चर्य से आचार्यश्री को देखता रह गया। उसके पेट में चूहे कूद रहे थे। आचार्यश्री और गम्भीरता से बोले—"आज मेरे घर में दूध है भी नहीं। मैं बिना दूध चीनी की चाय पीता हूं। दूध मैं कभी लेता नहीं, क्योंकि गौ हमारी माता है। वह दूध अपने बछड़े के लिए पैदा करती है। उसके बछड़े भूखे रहें और हम उसके दूध का सेवन करें तो मैं इसे

पाप समझता हूं। और जिस प्रकार भोजन पचने पर शरीर में खून बनता है उसी प्रकार प्रकृति. बच्चे वाली मां के शरीर में उसी भोजन से खून के साथ-साथ दूध भी तैयार करती है। वास्तव में दूध गाय का खून है। मां का खून पीना मैं पाप समझता हूं। दूध पीकर तो पाप और बढ़ते हैं। कामवासना जागृत होती है क्योंकि दूध से वीर्य बनता है और जब वीर्य अधिक बनता है तो वह बाहर जाने का मार्ग देखता है।''

स्वरूपानंद को उत्तर देते न बना। वह दबी आवाज से बोला—''पर मुझे तो काफी भूख लग रही है।''

आचार्यश्री बोले—''यदि तुम्हें भूख लग रही है तो भोजन तुम्हें इस शर्त पर मिल सकता है कि तुम रोज समय पर भोजन ही करोगे। हां, अधिक खाने से नींद अवश्य आती है, पर दो-तीन चपातियां लेने में कोई हर्ज नहीं।''

उसे मौन देख आचार्यश्री उसे समझाते हुए बोले—''शाकाहारी भोजन तमस उत्पन्न नहीं करता। तामसिक भोजन तो गरिष्ठ पदार्थ और मांसाहार है। अधिक घी से बना गरिष्ट शाकाहारी भोजन भी तामसिक होता है क्योंकि उसे पचाने में पेट को काफी श्रम करना पड़ता है। और मैंने सुना है स्वामी शिवानंद पूड़ी-कचौड़ी, हलुवा, खीर, मिठाई, फल सभी का सेवन बड़ी रुचिपूर्वक करते हैं, और भोजन के बाद चूर्ण का भी सेवन करते हैं। मेरा एक शिष्य उनके आश्रम में चार महीने रहा। वह कहता था कि स्वामी शिवानंद दिन में भी दो-तीन घंटे सोते हैं। यदि वह दिन में दो घंटे सो लिए और चार घंटे रात में सोये तो फिर उनकी नींद तो पूरी हो गई। अगर मैं गलत कह रहा हूं तो तुम जरूर टोंक देना। अब जब गुरु ही छः घंटे रोज नींद लेता हो तो उसे क्या अधिकार है कि वह शिष्य से तीन घंटे सोने के लिए कहे।''

स्वरूपानंद फंसे गले से बोला—''उन्होंने पूर्व जन्मों में मेरी प्रकार पाप तो नहीं किये हैं ?''

आचार्यश्री बोले—''उनके पास इस बात का क्या सुबूत है कि पूर्व जन्मों में तुमने पाप किये और उन्होंने पुण्य। अब कोई व्यक्ति तुम्हारे पास आकर यह कहे कि तुमने पूर्व जन्मों में उससे दो लाख रुपये कर्ज लिए थे तो क्या तुम उसे दो लाख रुपये चुका दोगे ? तुम उससे प्रमाण देने का आग्रह करोगे। फिर कर्म करते ही उसका परिणाम तुरन्त सामने आता है। तुम जलती हुई आग में हाथ दो तो तुरन्त यहीं जलता है। ऐसा आज तक नहीं हुआ कि तुम आग में हाथ अभी दो और वह अगले जन्म में जाकर जले।''

स्वरूपानंद इधर-उधर देखकर बेचैनी से बोला—''पर मेरा भोजन!''

आचार्यश्री बोले—''तुमने भोजन करने की सहमति सशर्त स्वीकार नहीं की थी, इसलिए मैंने अभी भोजन लाने के लिए नहीं कहा।''

वह चिहुंककर बोला—''क्या आप बंदी बनाकर रखेंगे मुझे ? क्या मुझे घर जाने की स्वतंत्रता नहीं है ?''

आचार्यश्री बोले—''तुम्हें अपने घर के अतिरिक्त हर जगह जाने की छूट है। पर दो सप्ताह के लिए तुम्हारे पिताजी तुम्हें मेरे सुपुर्द छोड़ गये हैं, इसलिए तुम्हारी देखभाल बहुत जरूरी है। हो सकता है तुम चुपचाप सड़क पर निकल जाओ और किसी ट्रक से कुचल जाओ, फिर मैं तुम्हारे पिता को क्या उत्तर दूंगा ? और फिर तुम्हें कहीं जाने की जरूरत क्या है, कमरे में बैठे-बैठे मजे से राम नाम जपो। मेरे यहां तुम्हें कोई डिस्टर्ब नहीं करेगा। और हां ! तुमने यह तो बताया ही नहीं कि तुम पिछले तीन महीने से राम नाम का जाप कर रहे हो, पर तुमने पाया क्या ? क्या तुम्हें अपने पूर्व जन्मों के किये कर्मों की याद आई ? क्या तुम्हें यह पता चला कि तीन महीने

के जाप से तुम्हारे कितने पाप कर्म कट गये हैं और कितने कटने शेष हैं? मैंने तो जीवन भर राम नाम जपने वाले ऐसे लोग देखे हैं जो जीवन भर राम नाम जपते रहे और उनका आखिरी वक्त बड़े कष्ट से गुजरा। फिर तुम बाईस वर्ष के नौजवान हो, तुम्हारी शिक्षा भी अधूरी रह गई। तुम कुछ काम धाम करते नहीं। आज तुम्हारे मां-बाप जिंदा हैं पर वह हमेशा तो जिंदा रहेंगे नहीं। और जहां तक मैं जानता हूं उनके पास इतना धन भी नहीं कि तुम बिना कुछ किये जीवन भर गौ माता का सफेद खून पीते रहो। आखिर उसके लिए भी तो तुम्हें पैसे चाहिए। तुम्हारा कर्तव्य तो यह था कि तुम स्वयं कमाकर मां-बाप की सेवा करते। हिन्दू शास्त्रों में भी कहा गया है कि मातृ ऋण, पितृ ऋण, चुकाने के बाद ही ऋषि या गुरु का ऋण चुकाने का नंबर आता है। क्या तुम्हारी विवाह करने की इच्छा नहीं होती? क्या कोई लड़की तुम्हें सुंदर नहीं लगती? और तुमने ब्रह्मचर्य व्रत का पालन किया है तो ईमानदारी से बताओ तुम्हें सपने में सुंदर लड़की या स्त्री दिखाई देती है या नहीं? तुम्हें कभी स्वप्न दोष हुआ या नहीं?''

स्वरूपानंद अपने बाल नोंचते हुए बोला—''आप मेरे लिए भोजन क्यों नहीं मंगाते? उसे आने में इतनी देर क्यों हो रही है? मैं वायदा करता हूं, आज से गाय का दूध नहीं पिऊंगा। आपने उसे सफेद खून कहकर मेरे दूध पीने की इच्छा ही समाप्त कर दी।''

आचार्यश्री ने ताली बजाई और भोजन तुरन्त सामने आ गया। स्वरूपानंद भोजन पर टूट पड़ा। सुबह पाव भर दूध के सिवा उसने कुछ और अब तक नहीं लिया था।

आचार्यश्री अपनी लाइब्रेरी में चले गए। वह स्वरूपानंद के बारे में जैसे सब कुछ भूल गए। उनके संकेत पर सुबह तीन बजे उनके शिष्य ने स्वरूपानंद के कमरे के बगल में लाउडस्पीकर के साथ डिस्को डांस का टेप लगा दिया। स्वरूपानंद दरवाजा पीटता रहा, पर किसी ने बाहर से कुंडी नहीं खोली।

प्रात: नौ बजे आकर आचार्यश्री ने उसका दरवाजा खुलवाया। स्वरूपानंद आचार्यश्री से भुनभुनाता हुआ बोला—''आपने मेरा राम नाम का जाप खंडित करने के लिए ही सुबह तीन बजे से विदेशी नृत्य की ट्यून लाउडस्पीकर पर क्यों लगवा दी?''

आचार्यश्री मुस्कुराकर बोले—''मेरे पड़ोस में शिशिर रोज सुबह तीन बजे नृत्य की प्रेक्टिस करता है। पड़ोसियों और मैंने उसे बहुत समझाया कि हम लोगों की नींद खराब होती है, इतनी जोर से टेप रिकार्डर मत बजाया करो। वह कहता है जब मुहल्ले में अखंड रामायण का पाठ मेरी परीक्षा के दिनों में भी बंद नहीं होता और उसे सुनकर लोगों को आपत्ति नहीं होती तो मैं भी ट्यून लगाने को स्वतंत्र हूं। और फिर जब सड़क पर तुम्हें हॉर्न का शोर भी नहीं सुनाई देता फिर तुम्हें डिस्को संगीत कैसे सुनाई पड़ा? क्या राम नाम का मौन मंत्र तुम्हारे अंदर नहीं गूंजता रहा?''

स्वरूपानंद रुआंसा होकर बोला—''आखिर आप मुझसे चाहते क्या हैं? आपने मेरे पिता से और मुझसे वायदा किया था कि मेरी साधना में कोई विघ्न नहीं पड़ेगा।''

आचार्यश्री तुरन्त टोंकते हुए बोले—''असत्य भाषण नहीं स्वरूपानंद। मैंने तुमसे केवल इतना वायदा किया था कि तुम्हें जप करने की पूरी छूट होगी। और तुम्हें जप करने से रोक कौन रहा है?''

स्वरूपानंद खिजलाकर बोला—''पर ऐसे वातावरण में मेरा जप खंडित हो रहा है। आप साधु होकर जान-बूझकर ऐसा पाप क्यों कर रहे हैं?''

आचार्यश्री हंसकर बोले—''मेरे लिए न कुछ पाप है न पुण्य। पाप-पुण्य एक ही सिक्के के दो पहलू हैं। मैं जागते-सोते बराबर अपना होश बनाये रखता हूं। और मैं समझता हूं कि यदि होश जागृत हो तो गलत काम हो ही नहीं सकता।''

वह रुआंसा होकर बोला—"आप मेरे पिता को यहां बुला दीजिए। मैं यहां कैदी बनकर नहीं रहूंगा।"

आचार्यश्री बोले—"चौदह दिनों के लिए अपने पिता को भूल जाओ, यही बेहतर है। वह घर का ताला बंद कर पन्द्रह दिनों के लिए हरिद्वार गए हैं। तुम यहां से किसी तरह यदि भाग भी गये तो तुम्हें अपने घर का ताला बंद मिलेगा।"

स्वरूपानंद खिजलाते हुए बोला—"आखिर आप मुझसे चाहते क्या हैं?"

आचार्यश्री गम्भीरता से बोले—"मैं चाहता हूं स्वरूपानंद! पहले तुम एक प्रामाणिक इनसान बनो। दिमाग के खिड़की दरवाजे खोलकर तुम शांति से विचार करो, क्या ठीक है और क्या गलत? जो मैं कहूं उस पर भी आंख मूंद कर विश्वास मत करो। उसे परखो, जांचो और उसका प्रयोग करके देखो। अगर वह तुम्हें सत्य लगे और अनुभव सुखद हो तभी उसे स्वीकार करो। जो जाप या भावातीत ध्यान तुम कर रहे हो वह जाप ही नींद लाता है। अगर तुम किसी भी शब्द को दोहराते चले जाओ तो मन उससे ऊब जाता है। जमुहाइयां आने लगती हैं। नींद लगने लगती है। आज पश्चिमी देशों में लोग नींद न आने के कारण बेचैन हैं, परेशान हैं। महेश योगी या स्वामी शिवानंद का यह भावातीत ध्यान, या एक ही शब्द का मंत्र जाप उन्हें उबाकर सुला देता है। वह लोग कहते हैं—यह योग निद्रा है। पर योग निद्रा नहीं, वह केवल साधारण नींद है। और मंत्र जाप ही क्या, तुम अपनी पसंद की फिल्म भी दस-बीस बार देख लो तो यह तै बात है, इक्कीसवीं बार तुम शर्तिया सिनेमा हाल में जमुहाइयां लेकर सोने लगोगे। जो लोग उपवास करके, जागरण करके या अपने शरीर को कष्ट देकर कोई तप करते हैं वह केवल अपने अहंकार को मजबूत करते हैं। इस मंत्र जाप ने तुम्हें विशिष्ट होने का झूठा अहंकार दिया है। कोई भी दमन, या तो पाखंड सिखाता है या व्यक्ति पागल हो जाता है। तुम पागलपन की ही ओर बढ़ रहे हो। तुम्हारे ही शास्त्र कहते हैं पहले गृहस्थ बनो। मातृ और पितृ ऋण से मुक्त होकर वानप्रस्थ आश्रम में प्रवेश करो। पर मैं जो ध्यान बताता हूं उसे प्रत्येक कर सकता है।"

और आचार्यश्री उसे तीस मिनट तक समझाते रहे। फिर उन्होंने स्वरूपानंद को अपनी आंखों में झांकने का निर्देश दिया। स्वरूपानंद उनके नेत्रों में झांकता-झांकता न जाने कब सो गया? सम्मोहन निद्रा में आचार्यश्री ने उससे शिवानंद आश्रम में घटने वाली हर घटना जानकर उसे पूर्व सम्मोहन से मुक्त किया। सम्मोहन में ही उन्हें ज्ञात हुआ कि स्वरूपानंद जिस लड़की से प्रेम करता था, उसके द्वारा प्रेम ठुकरा दिये जाने के कारण वह घर से भागकर शिवानंद के आश्रम में गया था।

अगले दिन से स्वरूपानंद ध्यान सीखने लगा और आचार्यश्री के उसने कई प्रवचनों के टेप सुने। अब वह दोनों समय भोजन करने लगा और उसने सात घंटे सोना प्रारम्भ कर दिया।

सातवें दिन उसके पिता को बुलाकर, आचार्यश्री ने कहा—"अपने गिरीश को अपने साथ ले जाओ। अब यह स्वरूपानंद नहीं, गिरीश है। अब यह कॉलेज जायेगा। समय से भोजन करेगा, सात घंटे चैन से सोयेगा। अब आपको फिक्र करने की कोई जरूरत नहीं। पर हां, आप इस पर जबर्दस्ती अपनी मर्जी का विवाह नहीं थोपेंगे। यह जिस लड़की से विवाह करना चाहे, आपको उसी के साथ इसका विवाह करना होगा।"

गिरीश के पिता रोते हुए आचार्यश्री के चरणों से लिपट गये और कृतज्ञता व्यक्त करते हुए खुश-खुश गिरीश को लेकर यह शुभ संवाद उसकी मां को सुनाने घर की ओर चल दिये।

❑ ❑

आचार्यश्री का पूर्वाभास

आचार्यश्री को शाम 5 बजे इटारसी के लिए गाड़ी पकड़नी थी। पर कॉलेज से घर आने में आज विलम्ब हो गया। क्लास लेने के बाद वह जैसे ही घर चलने के लिए कार में बैठ रहे थे कि वाइसचांसलर का बुलावा आ गया। वहां शीघ्रता करने के बावजूद एक घंटा लग गया। घर पर भी जो लोग मिलने आये थे, उन्हें भी आचार्यश्री ने निराश नहीं किया। क्रांति उन्हें दो बार याद दिला चुकी थी कि गाड़ी का समय हो चुका है। देर करने से गाड़ी छूट जायेगी।

आचार्यश्री हंसकर बोले—"भारतीय रेल, मेरी तरह पंक्चुअल नहीं है। जब मेरी घड़ी में पांच बजते हैं तब रेलवे की घड़ी चार बजाती है। और तुझे पिछले महीने का वह किस्सा याद है जब दिल्ली मेल समय से आध घंटे पहले आ गई थी, और सभी लोग गाड़ी के समय से पूर्व आ जाने पर आश्चर्यचकित हो रहे थे। पर बाद में पता चला कि वह गाड़ी साढ़े तेईस घंटे लेट थी।"

यह मजाक सुनकर सभी लोग हंस पड़े। और जब आचार्यश्री स्टेशन पहुंचे तो सभी ने देखा कि इटारसी जाने वाली गाड़ी प्लेटफार्म छोड़ रही है। क्रांति तुरन्त बोली—"मैंने कहा था न? कि गाड़ी मिलना मुश्किल है। हम लोग आध घंटा लेट हो चुके हैं। अच्छा है अब घर वापस चला जाये क्योंकि अगली गाड़ी तो अब रात बारह बजे मिलेगी।"

आचार्यश्री पूर्ववत् हंसते हुए बोले—"नहीं, प्लेटफार्म पर चलो। मुझे इसी गाड़ी से जाना है।"

चौकसे बोला—"पर आचार्यश्री! गाड़ी ने तो प्लेटफार्म छोड़ दिया है। हम लोगों के प्लेटफार्म पर पहुंचते-पहुंचते तो गाड़ी आउटर सिगनल पार कर चुकेगी।"

पर आचार्यश्री के आग्रह पर सभी लोग प्लेटफार्म नम्बर-दो पर पहुंचे और सभी ने आश्चर्य से देखा कि गाड़ी आउटर सिगनेल पर पहुंचकर रुकी और पीछे लौटने लगी और जिस वातानुकूलित डिब्बे में आचार्यश्री का रिजर्वेशन था, वह डिब्बा ठीक आचार्यश्री के सामने ही रुका।

चौकस आश्चर्यचकित होकर हर्ष से उछलते हुए बोला—"यह तो चमत्कार हो गया। आचार्यश्री ने गाड़ी वापस बुला ली। बोलो—आचार्यश्री की जय।"

उस जयघोष में सभी मित्रों ने साथ दिया। पर आचार्यश्री भावहीन स्वर में बोले—"पागल मत बनो। यह कोई चमत्कार-अमत्कार नहीं। गार्ड कोई आवश्यक चीज भूल गया होगा। बस मुझे ऐसा आभास हुआ कि गाड़ी वापस प्लेटफार्म पर लौटेगी ही इसीलिए प्लेटफार्म पर चलने का आग्रह कर रहा था।"

पर सभी लोग जानते थे कि आचार्यश्री इसी प्रकार कुछ भी चमत्कार होने पर, उसकी वैज्ञानिक व्याख्या कर या कोई तर्कयुक्त कारण बताकर, चमत्कार की बात को झुठला देते थे।

❑ ❑

अस्तित्व का खेल

गंज बासौदा डिग्री कॉलेज के संस्थापक, मैनेजर तथा सर्वेसर्वा आचार्यश्री के भक्त थे। उन्होंने आचार्यश्री से अनुरोध करते हुए कहा—कॉलेज के स्टाफ व प्रिंसिपल के चुनाव के लिए आप कृपया चयन समिति की अध्यक्षता स्वीकार करने का कष्ट करें। मुझे विश्वास है, आपके चुनाव से कॉलेज का यश फैलेगा और सर्वाधिक प्रतिभाशाली छात्रों को तैयार करने का गौरव भी कॉलेज को मिलेगा। चूंकि मैंने यह कॉलेज आप ही से प्रेरणा लेकर प्रारम्भ किया है इसलिए आप कितने भी व्यस्त क्यों न हों आपको इसके लिए समय निकालना ही पड़ेगा।

उनका आग्रह व अनुरोध प्रेम से ओत-प्रोत था। आचार्यश्री ने अपनी डायरी देखकर गंज बासौदा जाने की तिथि बताते हुए उनका अनुरोध स्वीकार कर लिया।

साक्षात्कार के समय जब प्रो. परांजपे प्रार्थी के रूप में उनके सामने आये तो चयन समिति के अध्यक्ष के रूप में वह आचार्यश्री को बैठा देखकर स्तब्ध रह गये। उन्हें तुरन्त आचार्यश्री को कॉलेज से एक्सपेल करने की वह घटना याद हो आई जब उन्होंने कहा था—प्रो. श्रीवास्तव मेरे पुराने साथी हैं। मैं तुम्हारे लिए उन्हें कॉलेज से नहीं निकाल सकता। क्योंकि कल तुम नहीं प्रो. श्रीवास्तव ही मेरे काम आयेंगे। और तब के छात्र रजनीश ने प्रत्युत्तर में कहा था—यह जीवन बड़ा रहस्यपूर्ण है प्रिंसिपल साहब! राह के किनारे पड़ा पत्थर कब, किस काम में आयेगा, कुछ भी नहीं कहा जा सकता।

और जब उन्हें अपरिहार्य परिस्थितियों में जबलपुर डिग्री कॉलेज छोड़ना पड़ा तो प्रो. श्रीवास्तव उनके काम नहीं आये और वह आज नौकरी के लिए साक्षात्कार देने उसी रजनीश के सामने प्रार्थी बने खड़े थे जिसे उन्होंने एक दिन कॉलेज से एक्सपेल किया था। वह एक साथ घबड़ा गये। पश्चात्ताप, हताशा और घबड़ाहट से उनके माथे पर पसीना छलछलाने लगा।

आचार्यश्री मृदु स्वर में बोले—''परेशान न हों परांजपे साहब! कृपया कुर्सी पर बैठिये। मैं आपका छात्र रह चुका हूं इसलिए आपसे कुछ पूछने की आवश्यकता ही नहीं है। मैं आपके बारे में सभी कुछ जानता हूं कि आपको जबलपुर का कॉलेज किन परिस्थितियों में छोड़ना पड़ा। आप बिलकुल भी परेशान न हों पिछली बातों को सोचकर। जो अस्तित्व चाहता है, वही होता है। हम और आप तो मात्र माध्यम हैं। मुझे प्रसन्नता होगी, पिछला सब कुछ भूलकर आप इस कॉलेज को ईमानदारी और निष्पक्षता से निर्भय होकर चलायें। इस कॉलेज को आपके अनुभव और आपकी प्रतिभा की ही आवश्यकता है।''

यह अप्रत्याशित शब्द सुनकर प्रो. परांजपे का गला भर आया। आंखें आंसुओं से डबडबा आईं। रजनीश ने उन्हें अपमानित नहीं किया। उनसे बदला नहीं चुकाया। वह अपमान के एवज में वह उन्हें सम्मान दे रहा था। नौकरी दे रहा था। विश्वास और प्रेम दे रहा था।

और प्रो. परांजपे गंज बासौदा डिग्री कॉलेज के प्रिंसिपल पद पर प्रतिष्ठित हो गये, उन्हीं आचार्य रजनीश के द्वारा, जिन्हें छात्र जीवन में उन्होंने अपने कॉलेज से बेकसूर, अन्यायपूर्ण ढंग से निष्कासित किया था।

पर आचार्यश्री को केवल इतना याद था कि वह यदि उन्हें कॉलेज से न निकालते तो वह प्रिंसिपल अधौलिया जैसे सहृदय और प्रेमपूर्ण व्यक्ति के इतने निकट सम्पर्क में कैसे आते?

अस्तित्व का यह भी बड़ा अजीब खेल था कि वह जबलपुर के जिस महाकौशल महाविद्यालय में दर्शनशास्त्र के प्रोफेसर नियुक्त हुए थे, उसी कॉलेज में प्रो. एस. एन. एल. श्रीवास्तव दर्शन विभाग के विभागाध्यक्ष थे, और उन्होंने पहले ही दिन भेंट होने पर कहा था—तुमने मेरा पीछा नहीं छोड़ा। तुम यहां भी आ पहुंचे। पर अब मैं तुम्हें विश्वास दिलाता हूं कि मैं तुम्हारे बीच में कभी नहीं आऊंगा।

और वास्तव में जहां तक बनता था वह आचार्यश्री के सामने पड़ते ही नहीं थे। वे एक गहरे अपराध बोध से ग्रस्त, कछुवे की तरह अपने को सिकोड़े हुए, विभागाध्यक्ष पद की खानापूरी कर रहे थे।

❑ ❑

थियोलोजिकल इंस्टीट्यूट के प्रिंसिपल मि.मैकवेन का रूपान्तरण

लियोनार्ड थियोलोजिकल कॉलेज, जबलपुर का कैम्पस काफी बड़ा था। एशिया भर में भेजी जाने वाली मिशनरीज को उस कॉलेज में ट्रेनिंग दी जाती थी। एशिया भर में थियोलोजी का यह सबसे बड़ा कॉलेज था। उस कॉलेज के दो तीन प्रोफेसर्स, आचार्यश्री के मित्र थे और उनके विचारों से प्रभावित थे। आचार्यश्री उनसे मिलने कॉलेज कैम्पस में आते रहते थे।

एक दिन एक प्रोफेसर ने उनसे कहा—''हमारे प्रिंसिपल साहब ने हम सभी के लिए नया फरमान जारी किया है कि आपको कॉलेज कैम्पस में कोई भी एन्टरटेन न करे, क्योंकि कॉलेज कैम्पस में आपके आने-जाने से उन्हें भय है कि आप मेरे अन्य कुलीग्स व छात्रों से मिलकर उन्हें ''करप्ट'' कर देंगे। उन्हें इस बात की खबर हो गई है कि आप जब हमारे साथ ड्राइंगरूम में चाय पीते हैं तो आस-पास के प्रोफेसर्स और छात्र आपको सुनने के लिए इकट्ठे हो जाते हैं और आप उनके ''माइन्ड्स'' को ''पायजन्ड'' कर रहे हैं। अब आप ही मुझे राय दें, हम लोग क्या करें? वह प्रिंसिपल हमारी नौकरी लेने पर आमादा हैं।''

आचार्यश्री मुस्कुरा कर बोले—''अब आप कुछ भी न करें, बस दूर बैठकर तमाशा देखें। मैं आपके प्रिंसिपल मैकवेन साहब से मिलने जा रहा हूं।''

और वह सीधे प्रिंसिपल मैकवेन के पास जाकर औपचारिक दो चार बातों के बाद सीधे असली मुद्दे को उठाते हुए बोले—''मुझे अपने मित्रों से ज्ञात हुआ है कि एशिया के सबसे बड़े थियोलोजिकल कॉलेज के प्रिंसिपल को मुझ अकेले से यह भय है कि वह कहीं उनके प्रोफेसर्स और छात्रों को करप्ट न कर दें, इसलिए कॉलेज कैम्पस में मुझे एन्टरटेन किए जाने पर आपने पाबन्दी लगा दी है। ऐसा लगता है कि आपको अपने प्रोफेसर्स और छात्रों पर विश्वास नहीं है। जब आपको अपने मिशनरीज पर विश्वास नहीं है तो इसका अर्थ है कि आपको क्रिश्चियेनटी पर भी विश्वास नहीं है। आपके कॉलेज में दस हजार छात्र व प्रोफेसर्स हैं और छात्र भी वह, जो मिशनरी होकर पूरे एशिया में ईसाई धर्म का प्रचार करेंगे। यह भय तो मुझे होना चाहिये कि दस हजार लोग कहीं मुझे करप्ट करके ईसाई न बना लें। और आप सोचते हैं मैं अकेला आपके दस हजार लोगों को करप्ट कर दूंगा जिसमें आप स्वयं सम्मलित हैं।''

मैकवेन साहब को कोई उत्तर देते न बना, वह बेचैन होने लगे। दो क्षण रुककर और प्रिंसिपल की ओर देखते हुए आचार्यश्री निर्भीकता से बोले—''आप मुझसे नजरें क्यों चुरा रहे हैं? आप तो मिशनरी को ट्रेनिंग देने के हेड हैं। मैं अब आपके किसी प्रोफेसर या स्टूडेन्ट से न मिलकर सिर्फ आपसे मिलने ही रोज यहां आऊंगा, जिससे आप मुझे ''करप्ट'' कर सकें।''

प्रिंसिपल को जैसे कोई आघात लगा। वह आश्चर्य से बोले—''यह आप क्या कह रहे हैं? मैं और आपको करप्ट करूंगा?''

आचार्यश्री दृढ़ता से बोले—''या तो आप मुझे ''करप्ट'' करें या मैं आपको ''करप्ट'' करूंगा, यह मेरा आपको खुला चैलेंज है। आप इस कॉलेज के हेड हैं। दस हजार लोग आपके

हर वचन का पालन करते हैं, आपका एक संत की प्रकार सम्मान करते हैं। आप पूरे एशिया में ईसाई धर्म के प्रसार के लिए मिशनरी तैयार कर रहे हैं। आप पहले मुझे ही करप्ट करके ईसाई बना लें। मैं ईसाई बनने को तैयार हूं, लेकिन आपको मुझे कनविंस करना होगा। मेरे प्रत्येक प्रश्न का तर्कपूर्ण उत्तर देना होगा। लेकिन यदि आप अपने मिशन में असफल हुए तो आपको ईसाई धर्म छोड़कर मेरे अनुसार ''कनवर्ट'' होना होगा, और मैं जिस धर्म की बात कहता हूं उसका कोई नाम नहीं है।''

प्रिंसिपल साहब परेशान होकर बोले—''मैं कोई विवाद नहीं करना चाहता।''

आचार्यश्री तुरन्त बोले—''ठीक है, आप मत करें विवाद। मैं आपके पास केवल मौन बैठा रहूंगा, आप भी मेरे सामने खामोश बैठे रहें। हम लोग आपस में विवाद क्या, कोई बातचीत भी नहीं करेंगे। फिर हम देखेंगे कौन किसे करप्ट करता है? और इस बात की किसी को खबर भी नहीं होगी कि हम दोनों क्या कर रहे हैं?''

प्रिंसिपल साहब टालते हुए बोले—''अच्छा! मुझे आप सोचने का मौका दें। चूंकि आपने मुझे चैलेंज दिया है, इसलिए मैं सोचकर कल उत्तर दूंगा।''

आचार्यश्री उसी क्षण वापस लौट गये। दूसरे दिन उसी समय वह फिर उनके ऑफिस में आकर बोले—''मैकवेन साहब, आपने मेरे चैलेंज के बारे में क्या तै किया? क्या आपने अपनी पत्नी से विचार-विमर्श कर लिया?''

वह चौंककर बोले—''आखिर आपका मतलब क्या है? आप कहना क्या चाहते हैं?''

आचार्यश्री मुस्कुरा कर बोले—''धार्मिक आदमी या सच्चा आदमी सोचता नहीं, तुरन्त किसी निर्णय पर पहुंचता है। और जब कोई विवाहित व्यक्ति सोचकर उत्तर देने की बात कहता है तो इसका अर्थ स्पष्ट है कि वह अपनी पत्नी से परामर्श करेगा।''

वह गर्दन झुकाये संकोच से बोले—''आपके अंदर कोई चीज है जरूर, जो आप फौरन बात की तह तक पहुंच जाते हैं। मैंने सचमुच कल रात अपनी पत्नी से विचार-विमर्श किया था।''

आचार्यश्री तुरन्त उन्हें उत्तेजित करते हुए बोले—''तो इसका अर्थ है कि आप सही अर्थों में एक मर्द तक नहीं हैं, फिर एक सच्चे ईसाई कैसे हो सकते हैं? आपके पीछे क्रूस पर लटके ईसामसीह की जो काष्ठ प्रतिमा टंगी है, उसे उतार कर आप मुझे दे दें, क्योंकि उसका आपके ऑफिस में लटके रहने का अब क्या औचित्य है? जीसस ने कभी किसी से पूछकर कोई निर्णय नहीं लिया? क्या आप सोचते हैं कि वह किसी से राय लेकर क्रूस पर चढ़े थे? आपको दो टूक निर्णय ही लेना था, हां या नहीं? आप क्रूस पर लटकना पसंद करते हैं या कायरों की तरह सच्चाई से भाग जाना बेहतर समझते हैं।''

प्रिंसिपल मैकवेन झुकी दृष्टि से जैसे पराजय स्वीकार करते हुए बोले—''ठीक है, मैं अपना आदेश वापस लेता हूं। आप 'फ्रीली' कॉलेज कैम्पस में आयें-जायें, मैं कोई रोक नहीं लगाऊंगा। आज पहली बार मैं किसी से प्रभावित या पराजित हुआ हू। आपकी हर बात सीधी नश्तर की तरह हृदय को बेध देती है। आप जब भी यहां आया करें, मुझसे भी मिला करें। मैं सत्य का खोजी हूं।''

और धीमे-धीमे मैकवेन साहब आचार्यश्री के मित्र बन गये। उनका बंगला ही आचार्यश्री का 'मीटिंग-प्लेस' बन गया।

एक दिन प्रिंसिपल मैकवेन के ड्राइंग रूप में उनके किसी प्रश्न का उत्तर देते हुए आचार्यश्री

ने कहा—''सत्य के खोजी को अपने दिमाग के सभी खिड़की दरवाजे खुले रखना चाहिये। क्या आप समझते हैं कि नीत्शे सचमुच पागल था? बर्टेन्ड रसेल जैसा विचारक क्या मूर्ख था? क्या कभी आपने रसेल की ''व्हाई आई एम नॉट ए क्रिश्चियन'' पढ़ी है? क्या आपने नीत्शे को पढ़ा है, जो कहता है कि पहला और आखिरी ईसाई दो हजार साल पहले क्रास पर लटक कर मर गया। और यह मैं आपके ईसाई धर्म के संबंध में ही नहीं, हर धर्मों के बारे में कह रहा हूं, जिनकी पहली शर्त है—जो कहा जाता है, उस पर विश्वास करो, केवल विश्वास करो। जो भी विश्वास करने के लिए कहता है, इसका अर्थ है कि उसके पास अपनी बात को सत्य सिद्ध करने के लिए कोई तर्क नहीं है। जो सच्चा आदमी है वह कभी विश्वास करने को कहेगा भी नहीं। वह कहेगा, जो मैं कहता हूं, उस पर प्रयोग करके देखो। अपने अनुभव से मैं जिस नतीजे पर पहुंचा हूं, यदि तुम भी अनुभव करके उसे सत्य पाते हो, तभी विश्वास करो। मात्र विश्वास, अंधविश्वास में भटका देता है। जब संदेह किया जाये, प्रश्नों की आंच में उसे तपा कर उसका अनुभव किया जाये, तब एक दिन सारे तर्क, सारे प्रश्न अपने आप गिर जाते हैं। उत्तर स्वयं अपने अंदर से ही आने लगता है। यदि आपने विश्वास कर लिया, तो फिर सत्य की खोज की यात्रा प्रारम्भ ही नहीं होगी। जिसने विश्वास कर लिया, उसका कुछ पूछना या प्रश्न करना भी व्यर्थ है। इसका अर्थ है विश्वास पक्का नहीं है। अब बाइबिल में लिखा है, सूर्य पृथ्वी के चारों ओर घूमता है। गैलीलियो और कूपरनिकस जैसे वैज्ञानिकों को कटघरे में खड़ा किया गया। आखिर जब विज्ञान ने इसे सिद्ध कर दिया तो सभी खामोश रह गये। योरोप में इसीलिए विज्ञान विकसित हुआ। धर्म की भी जब तक तार्किक वैज्ञानिक पृष्ठभूमि नहीं होगी, वह धर्म कोई भी धर्म हो, दो कौड़ी का धर्म होगा। बाइबिल कहती है, पृथ्वी 5000 वर्ष पहले बनी, पर विज्ञान की खोज कहती है कि पृथ्वी की खुदाई में बीस हजार साल पुरानी सभ्यताएं मिली हैं। हड़प्पा और मोहनजोदड़ो की खुदाई की पहली पर्त में दस हजार साल पुरानी सभ्यता का पता चला। और एक के नीचे एक जैसी सात पर्तों में विकसित सभ्यता के चिह्न मिले हैं। इसके अनुसार सभ्यता कम-से-कम सत्तर हजार साल पुरानी है।''

बाइबिल कहती है—''जीसस ने पहाड़ों को डबलरोटियों में और झील के पानी को शराब में बदल दिया। लाजारस को कब्र में से निकालकर जिंदा कर दिया। आप जरा बुद्धि से सोचें, कि यदि ऐसा चमत्कार हुआ होता तो उसी समय सारे यहूदी जीसस के अनुयायी बन गये होते। कोई भूखा न रहा होता। और आज आपका कानून कहता है कि बिना लाइसेंस शराब बनाना जुर्म है। क्या जीसस के बाद कोई भी ईसाई संत पत्थरों को डबलरोटी या पानी को शराब बना सका? और बाइबिल में ही नहीं, ऐसे गपोड़े, ऐसे चमत्कारों की कथाएं हर धर्म के शास्त्रों में लिखी हैं। लोग चूंकि अपने जीवन में चमत्कार चाहते हैं, रूपान्तरण होने के लिए कुछ करना नहीं चाहते, इसलिए चमत्कारों पर विश्वास करते हैं। जब ईसा क्रूस पर लटकाये जा रहे थे, और पानी मांग रहे थे तब चमत्कार क्यों नहीं हुआ? बादलों ने पानी क्यों नहीं बरसाया? फरिश्तों ने आकर उन्हें बचाया क्यों नहीं? सात दिन फरिश्ते कहां सोते रहे? ऐसे फरिश्तों का फरिश्ता होना बेकार है, जो सही वक्त पर जरूरत के समय अवतरित न हों। कितनी अजीब बात है कि आपके धर्म की ही प्रकार हर धर्म ऐसे ही अविश्वसनीय चमत्कारों की बात कहकर लोगों के दिमागों को 'करप्ट' कर रहे हैं। मैं तो लोगों के 'करप्ट' दिमागों की सफाई करने में जुटा हूं। मैं कहता हूं—विश्वास तब तक न करो जब तक प्रयोग करके, खोज करके उसका अनुभव न कर लो। हर धर्म दमन और नीति शास्त्र सिखाता है। पचासों धर्मों और करोड़ों प्रवचनों के बावजूद

लोग पहले से ज्यादा व्यभिचारी, झूठे, बेईमान और भ्रष्ट क्यों होते जा रहे हैं? मनुष्य का मन इतना बेईमान है कि उससे जो करने को कहो वह उसका उलटा करता है। और साधु संत दमन करते हैं, इसलिए या तो वह पाखंडी हो गये हैं या पागल?''

आचार्यश्री ने उन्हें नीत्शे और बर्टेन्ड रसेल की पुस्तकें पढ़ने के लिए दीं। वह जबलपुर में कई वर्षों से रहते हुए हिन्दी भी अच्छी तरह पढ़ने-लिखने लगे थे। उन्होंने आचार्यश्री के हिन्दी में प्रकाशित कई प्रवचन भी पढ़े। विभिन्न समारोहों में जहां उन्हें आमंत्रित किया जाता था, वह आचार्यश्री को सुनने भी पहुंच जाते थे।

एक वर्ष बाद एक दिन एकान्त में वह आचार्यश्री से बोले—''मुझे लगता है, आपने मुझे 'करप्ट' कर दिया है। अब बाइबिल में लिखी तमाम बातों से मेरा विश्वास खोता जा रहा है।''

आचार्यश्री उनकी पीठ थपथपा कर बोले—''घबड़ाओ मत मैकवेन! अब तुम एक प्रामाणिक सच्चे इनसान बनते जा रहे हो। एथेन्स के समाज ने सुकरात पर यही चार्ज लगाया था कि वह युवा लोगों के मस्तिष्क को विषाक्त कर रहा है, उन्हें 'करप्ट' कर रहा है। इसलिए, सुकरात से कहा गया—या तो एथेन्स छोड़ दो या लोगों को उपदेश देना बंद करो। सुकरात ने जहर पीना अधिक पसन्द किया। पर अगर मैं सुकरात की जगह होता तो बखुशी एथेन्स के बाहर चला जाता। करप्ट होने खुद-ब-खुद लोग एथेन्स के बाहर भी इकट्ठे हो जाते। जब सत्य की मशाल जलती है तो सत्य के खोजी अपने आप इकट्ठे हो जाते हैं। मैं एथेन्स में भी चुपचाप मौन रहने के लिए राजी हो जाता। क्योंकि सत्य तो मौन में ही प्रकट होता है। मेरी छूत, खुद-ब-खुद औरों को अपने आप लगती। सुकरात, मंसूर, सरमद और जीसस इन सभी में मरने की प्रवृत्ति कहीं-न-कहीं जरूर रही होगी। वह अपनी जिद छोड़कर, दूसरे ढंग से भी अपनी बात लोगों तक जरूर पहुंचा सकते थे।''

उस दिन मैकवेन ने आचार्यश्री के हाथों को चूमते हुए कहा—''अब मेरे सारे प्रश्न और संदेह गिर गए हैं। मैं आपका अनुगत हूं। पर मुझे अभी इतना साहस नहीं कि मैं अपनी इस प्रतिष्ठित-प्रिंसिपल शिप व परिवार को छोड़ सकूं, और खुलेआम अपने 'करप्ट' होने की घोषणा कर सकूं। अब कॉलेज में मैं ठीक एक मशीन की तरह काम करता हूं। अब यह सब कुछ करते हुए मेरा उत्साह, मेरी उमंग कभी की खो चुकी है।''

आचार्यश्री ने कोई उत्तर नहीं दिया, वह चुपचाप मुस्कुराते रहे।

❑ ❑

बिखरे परिवार को कैसे जोड़ा?

एक दिन हंस छाप बीड़ी के स्वामी श्री धरमानंद पटेल मुंह लटकाये हुए आचार्यश्री से भेंट करने आये और रुंधे गले व भींगे नेत्रों से चुपचाप उनके पास बैठ गये।

आचार्यश्री उनके कंधे पर हाथ रखकर प्रेम से बोले—"धरमानंद भाई! मैं आपकी पीड़ा से भली-भांति परिचित हूं। पर आपके और प्रणव के बीच एक पीढ़ी का अन्तर है। आज वह त्रेता युग नहीं है कि श्रवण कुमार माता-पिता की आज्ञा मानकर सब कुछ करने को तैयार रहें। जब वह सपत्नीक योरोप टुअर पर गया तो वहां के खुले मुक्त वातावरण का प्रभाव पड़ना ही था। पर आप परेशान न हों, प्रणव को मेरे पास भेज दें। मैं प्रयास करूंगा कि वह अपनी पत्नी को साथ रखने पर तैयार हो जाये। पर इससे पूर्व आप मेरी भेंट अपनी बहू से करा दें। मैं उससे मिलकर झगड़े का मूल कारण जानना चाहता हूं। बहुत कुछ सम्भव है, संकोच वश उसने या प्रणव ने वास्तविक कारण न बताया हो।"

धरमानंद पटेल रुंआसे स्वर से बोले—मैं बहू को उसके भाई के साथ कल सुबह आपके पास भिजवा दूंगा। पर प्रणव के व्यवहार के कारण पूरे समाज में मेरी बहुत बदनामी हो रही है। यह विवाह मैंने उसकी पसंद और मर्जी से किया था। दोनों पति-पत्नी खुश-खुश योरोप टुअर पर गये थे। पर बीच में ही उसने बहू को वापस भारत भेज दिया और अब वह कहता है कि वह उसे तलाक देगा। मैंने बहुत चाहा कि बहू घर में ही बनी रहे, भले ही वह उससे संबंध रखे या न रखे, पर वह घर में तभी घुसा जब मैंने बहू को उसके मायके भेज दिया। मेरी कुछ समझ में नहीं आता कि दोनों का प्रेम घृणा में कैसे बदल गया?

आचार्यश्री उन्हें समझाते हुए बोले—"प्रेम और घृणा में बहुत अधिक दूरी नहीं है। जहां प्रेम होता है वहां घृणा भी अंदर-ही-अंदर छिपे रूप में विद्यमान रहती है। जब एक दूसरे की अपेक्षाएं पूरी नहीं होतीं तो प्रेम ही घृणा में बदल जाता है। पर इसके लिए आवश्यक है कि दोनों के मनों की वह ग्रंथियां खुलें, जिनके कारण प्रेम घृणा बनी है। वह खुलने भर की देर है फिर घृणा को प्रेम बनने में समय नहीं लगेगा।"

आशा और विश्वास लेकर धरमानंद पटेल ने विदा ली।

दूसरे दिन प्रणव कुमार की पत्नी भेंट करने आई। उसने प्रणव कुमार द्वारा परित्याग करने की पूरी कहानी सुनाई। उसे समझा-बुझाकर आचार्यश्री ने विदा किया।

तीसरे दिन धरमानंद भाई प्रणव कुमार को साथ लेकर आये। आचार्यश्री ने धरमानंद को विदा कर प्रणव कुमार से एकांत में बात करने की इच्छा प्रकट की। धरमानंद भाई वापस चले गये। उनके जाते ही आचार्यश्री ने प्रणव कुमार से कहा—"यह गलतफहमी दिमाग से बिलकुल निकाल दो कि मैंने तुम्हें समझाने-बुझाने के लिए इसलिए पास बुलाया है कि ताकि तुम तलाक देने का विचार बदल दो। हालांकि तुम्हारे पिताजी चाहते यही हैं कि मैं तुम्हें समझा-बुझाकर तलाक न देने के संबंध में तुम पर जोर डालूं। पर मैंने उन्हें स्पष्ट रूप से बतला दिया है कि जब तक दो लोगों में आपस में प्रेम न हो, उनका साथ-साथ एक छत के नीचे रहना दोनों के ही साथ अत्याचार और जबर्दस्ती है।"

प्रणव कुमार आश्चर्य से आचार्यश्री को देखता हुआ बोला—''यही तो पिताजी को इतने दिनों से मैं समझा रहा हूं। पर वह मेरा दृष्टिकोण समझते ही नहीं। मैं अपनी पत्नी से अब घृणा करता हूं। उसकी सूरत देखने मात्र से मुझे क्रोध आने लगता है। मैं उसे इसीलिए तलाक देना चाहता हूं।''

उसके शांत होने पर आचार्यश्री बोले—''पर तुमने कभी गम्भीरता से इस बाबत में सोचा है कि तुम अपनी पत्नी से घृणा क्यों करने लगे? उसे विवाह से पूर्व तुम्हीं ने पसंद किया था। और न केवल पसंद किया था, तुम उससे प्रेम भी करते थे।''

प्रणव कुमार कुछ संकोच से बोला—''अब आपको क्या बताऊं मैं? उस स्त्री के लिए प्रेम का कोई मूल्य ही नहीं।''

आचार्यश्री उसे तीव्र दृष्टि से देखते हुए बोले—''तलाक का मुकद्दमा दायर होने पर तुम्हें उस पर लगाये सभी आरोप एक-एक कर सिद्ध करने होंगे। एक-एक बिंदु पर तुम्हें क्रॉस क्वेश्चन किया जावेगा। फिर लिली का भी नाम सामने आयेगा।''

लिली का नाम सुनते ही वह चौंककर बोला—''आपको उसका नाम कैसे मालूम हुआ?''

आचार्यश्री ने उत्तर दिया—''मैंने कल तुम्हारी पत्नी से भेंट की थी। उसने बताया कि योरोप जाकर लिली ने तुम्हें अपने जाल में फांस लिया। तुमने उसे कई कीमती प्रेजेन्ट्स दिये। उसके पास तुम्हारे लिए लिली के लिखे दो प्रेमपत्र भी हैं। उसके समझाने-बुझाने पर भी जब तुमने लिली से मिलना-जुलना जारी रखा तो तुम्हारे अंदर ईर्ष्या जगाने के लिए ही उसने अविनाश से प्रेम करने का नाटक किया। उसने अविनाश को अपना पूर्व प्रेमी और क्लासफेलो बताया, जबकि हकीकत यही है कि उसका अविनाश से वहीं परिचय हुआ था और एक सहृदय इनसान होने के नाते उसने नाटक करना स्वीकार किया।''

प्रणव कुमार उत्तेजित होकर बोला—''अविनाश उसका विवाह पूर्व का प्रेमी है, जो हम लोगों का पीछा करता-करता ही पेरिस पहुंचा था। मेरे बाहर जाते ही मेरी पत्नी फोन पर अविनाश को होटल में ही बुला लेती थी। एक गुमनाम मित्र का फोन आने पर ही मैंने दोनों को रंगे हाथों पकड़ा।''

आचार्यश्री प्रणव कुमार के कंधों को प्रेम से स्पर्श करते हुए बोले—''रिलैक्स प्रणव कुमार रिलैक्स। तुमने यह जानने की कोशिश की कि वह गुमनाम फोन किया किसने था? वह फोन तुम्हारी पत्नी के कहने से ही होटल के वेटर ने किया था। तुम फोन कर आज भी उसकी तस्दीक कर सकते हो। वह फोन उसने इसीलिए कराया था ताकि तुम्हारे अंदर ईर्ष्या जाग सके। तुम्हें यह अक्ल आ सके कि यदि पुरुष प्रेम संबंध बना सकता है तो वह स्वतंत्रता स्त्री को भी प्राप्त है। पर हमारा भारतीय समाज पुरुष को तो पूर्ण स्वतंत्रता देता है पर नारी से अपेक्षा की जाती है कि वह सती बनी अपने कोढ़ी पति को कंधे पर लादकर वेश्या के घर पहुंचा दे। पर आज समय बदल गया है। जब तुमने एक शिक्षित नारी से विवाह किया है तो तुम्हारी यह अपेक्षा कि वह तुम्हारे प्रेम संबंध को खामोशी से स्वीकार कर ले, कैसे सम्भव था? प्रभुता सम्पन्न या शक्तिशाली होने का यह अर्थ नहीं होता कि स्त्री का शोषण किया जाये। तुम स्त्री से एकनिष्ठ प्रेम की अपेक्षा करते हो, तो न्याय और समानता की दृष्टि से तुम्हें भी एकनिष्ठ रहना होगा।''

फिर कुछ रुककर और प्रणव के उतरे चेहरे को ध्यान से देखते हुए आचार्यश्री बोले—''मैं जानता हूं कि पुरुष का एक स्त्री के प्रति एकनिष्ठ रहना बहुत मुश्किल है। पुरुष का स्वभाव ही भौंरे की तरह होता है। फिर जब साथ में धन और सुविधाएं हों तो सुंदर स्त्रियां अपने आप

जुड़ने लगती हैं। पर इस प्रवृत्ति के रहते हुए अच्छा है पुरुष विवाह ही न करे। और अगर विवाह करे भी तो अपने दाम्पत्य जीवन को सुखी बनाने के लिए या तो रसिकता को भूलना होगा अथवा उसपर आवरण डालना होगा। लिली के साथ तुम्हारा खुलेआम प्रेम-प्रदर्शन और प्रेम-पत्रों का आदान-प्रदान ही इस झगड़े की जड़ है। यदि तुम यौन स्वतंत्रता चाहते हो तो तुम्हें अपनी पत्नी को भी मुक्त करना होगा। यही सच्चाई और ईमानदारी है। पर तुम अपनी पत्नी को एक पर पुरुष के साथ देखते ही अपना संतुलन खो बैठे। तुम्हारे पुरुष के अहं को यह बरदाश्त नहीं हुआ। तुमने अपनी पत्नी की कोई बात फिर सुनी ही नहीं। तुम उससे घृणा करने लगे। तुम्हारी घृणा, तुम्हारे प्रेम का ही प्रमाण है। यदि तुम उससे प्रेम नहीं करते होते, तो तुम उससे घृणा भी नहीं कर सकते। और फिर अविनाश उसका क्लासफेलो भी नहीं है। यह उसने तुम्हें जलाने के लिए झूठ बोला था। इसकी पुष्टि तुम उसके स्कूल और युनिवर्सिटी से कर सकते हो। उसके साथ की पढ़ी लड़कियों और प्रोफेसर्स से कर सकते हो। अविनाश की पत्नी को अपने पति के नाटक करने की पूरी खबर है। तुम अविनाश की पत्नी से फोन पर इसकी पुष्टि कर सकते हो। तुम्हारी पत्नी अब भी तुमसे बहुत प्रेम करती है। जब तुमने उसकी एक भी बात सुनी ही नहीं तो वह भारत लौट आई। और फिर क्या तुम समझते हो कि लिली तुम्हारे साथ एकनिष्ठ होकर रह सकेगी? तुमसे पूर्व भी उसके पुरुष मित्र थे और आज भी हैं। तुम्हारी पत्नी ने अविनाश के माध्यम से एक प्राइवेट डिटैक्टिव द्वारा पूरी जांच कराई है। प्राइवेट डिटैक्टिव की रिपोर्ट तुम्हारी पत्नी मुझे दे गई है, यह तुम अच्छी तरह देख लो। तुम्हें इस पर संदेह हो तो दूसरी प्राइवेट डिटैक्टिव एजेन्सी द्वारा जांच करवा लो।''

आचार्यश्री द्वारा प्राइवेट डिटैक्टिव एजेन्सी की दी हुई रिपोर्ट को प्रणव गौर से पढ़ने लगा। उसके चेहरे का रंग क्षण-प्रतिक्षण बदल रहा था। उसकी पत्नी ने अपने कॉलेज की दो लेक्चरर के फोन नम्बर भी दिए थे। इसी बीच आचार्यश्री ने एक स्थान पर फोन मिलाकर उनसे प्रणव की बातचीत भी कराई। फिर उन्होंने अविनाश के घर फोन मिलाकर उसकी पत्नी से प्रणव की बात कराई।

इसके बाद आचार्यश्री मुस्कुरा कर बोले—''कदाचित तुम समझो, कि मैं तुम्हारे पिता या पत्नी की वकालत कर रहा हूं, और हो सकता है मैंने जो फोन मिलाकर तुम्हारी बातचीत कराई वह एक नाटक हो। पर सांच को आंच क्या? मैं तुम्हें यह सारे पते और फोन नम्बर दे रहा हूं। तुम अपने स्तर पर इन तथ्यों की भलीभांति जांच कर लो। पेरिस की डिटैक्टिव एजेन्सी या अपने मित्रों से फोन द्वारा तस्दीक करने पर ही तुम विश्वास करना। मेरा हमेशा से यह मानना रहा है कि विश्वास से पहले संदेह करो। संदेह पर संदेह करो। पर जब संदेह पर भी संदेह होने लगे विश्वास तब करना। तब वह विश्वास श्रद्धा बन जाता है। तुम मुझसे तीन या चार दिनों बाद, जब तुम्हारी जांच पूरी हो जाये, फिर भेंट करना। जांच करने के बावजूद भी यदि तुम्हारा अंत:करण या मन अपनी पत्नी को स्वीकार करने को तैयार नहीं होगा तो मैं तुम्हें बाध्य नहीं करूंगा।''

और आचार्यश्री उठ खड़े हुए। यह मुलाकात समाप्त हो जाने की घोषणा थी। प्रणव, आचार्यश्री द्वारा दिये फोन नम्बर व पते तथा प्राइवेट डिटैक्टिव एजेन्सी की रिपोर्ट लेकर भारी कदमों से घर चल पड़ा।

❑ ❑

तीसरे ही दिन फोन कर प्रणव ने मिलने की अनुमति चाही और फोन पर ही यह बताया कि उसके सारे संदेह मिट गये हैं और वह अपनी पत्नी से क्षमा मांगने को तैयार है, लेकिन उससे मिलने में उसे लज्जा और भय हो रहा है। आचार्यश्री ने उसे नि:संकोच उसी दिन शाम 8 बजे मिलने का समय दिया। फोन पर ही यह सूचना उन्होंने श्री धरमानंद पटेल को दी।

रात्रि 8 बजे पूरा पटेल परिवार आचार्यश्री के आवास पर जुटा। प्रणव ने अपनी पत्नी से क्षमा मांगी। आचार्यश्री मुस्कुरा कर बोले—''महीनों के गिले-शिकवे दूर करने इसे तुरन्त अपने साथ पिकनिक पर भेड़ाघाट ले जाओ।''

और प्रणव पत्नी का हाथ पकड़ उसे बाहर ले गया। धरमानंद पटेल और उनके संबंधी आचार्यश्री के चरण स्पर्श करते हुए गद्‌गद वाणी से बोले—''आचार्य जी! आपने मेरा घर उजड़ने से बंचा लिया। मुझे आगे होने वाली बदनामी के कलंक से बचा दिया।''

आचार्यश्री मुस्कुरा कर दोनों को उठाते हुए बोले—''अब घर जाकर दावत की तैयारियां कीजिये। वस्तुत: मैंने कुछ किया ही नहीं। आपकी पुत्रवधू बहुत समझदार और होशियार है। उसने जो तैयारी पहले से कर रखी थी, उसके आधार पर यह समझौता कोई भी करा सकता था। वह संकोच के कारण आप लोगों से खुली नहीं। मैंने केवल मनौवैज्ञानिक रूप से प्रणव को 'टैकिल' किया है।''

धरमानंद पटेल भीगी आंखों से बोले—''सब कुछ करते हुए भी श्रेय न लेना भी आपकी महानता है। पर आज से पटेल परिवार आपका ऋणी रहेगा। आप कोई भी आज्ञा देकर देखें, उसका पालन करने में मुझे हर्ष होगा।''

आचार्यश्री मौन रहे। उन्होंने कुछ उत्तर नहीं दिया। पटेलजी फिर पास खड़े श्री भीखमचंद जैन की ओर मुड़कर बोले—''मास्टर साहब! मैं आपका भी कृतज्ञ हूं जो आप मुझे आचार्यश्री के पास लाए।''

मास्टर भीखमचंद मुस्कुराते हुए बोले—''यह आचार्यश्री की अपार करुणा है जो प्रत्येक व्यक्ति की प्रत्येक छोटी-बड़ी समस्याएं क्षण भर में सुलझा देते हैं। वह मेरे ऊपर आचार्यश्री का अनुग्रह ही है कि मैं जो प्रार्थना करता हूं वह उसे कृपा कर स्वीकार कर लेते हैं।''

कुछ अन्य लोग आचार्यश्री से भेंट करने बाहर प्रतीक्षा कर रहे थे। अत: आचार्यश्री ने हाथ जोड़कर पटेल परिवार को विदा किया।

❑ ❑

बनारस की ओर

आचार्य रजनीश तीसरी बार बनारस जा रहे थे। एक बार वह पागल बाबा के साथ संगीत सम्मेलन में तथा दूसरी बार अपने बाबा के साथ बनारस गये थे। इस बार बनारस विश्वविद्यालय से उन्हें निमंत्रण था। इस समारोह के अवसर पर काशी के राजा के साथ-साथ बनारस के सभी प्रमुख पंडितों और समादृित संतों को भी आमंत्रित किया जाता था। मुख्य अतिथि के रूप में आचार्य रजनीश को आमंत्रित किया जाना इस बात का द्योतक था कि आचार्य रजनीश की सुगंध अब मध्य प्रदेश के बाहर अन्य प्रान्तों के बुद्धिजीवियों को आलोड़ित कर रही है।

आचार्य रजनीश इन दिनों सफेद लुंगी के ऊपर सफेद ढीला-ढाला बिना बटन का गाउन पहनते थे। ट्रेन के जिस फर्स्ट क्लास के डिब्बे में वह सफर कर रहे थे, उनके साथ किसी मेडिकल कॉलेज के कोई प्रोफेसर भी थे। रात के समय बिना तीन पेग शराब लिए उन्हें नींद नहीं आती थी। उन्होंने अपनी बोतल और गिलास अटैची से बाहर निकाला, पर आचार्य रजनीश के जैन साधु जैसे वेश को देखकर झिझकते हुए बोले—''अगर आप को मेरे शराब पीने में आपत्ति हो तो मैं दूसरे केबिन में चला जाऊं?''

रजनीश मुस्कुरा कर बोले—''मुझे कोई आपत्ति नहीं है। आप शौक़ से शराब पीजिए।''

यह सुनकर प्रो. साहब को भरोसा हो गया कि वह साधु नहीं है क्योंकि यदि वह साधु होते तो अपने सामने शराब पिये जाने पर अवश्य आपत्ति करते।

वह अपना सिगरेट केस जेब से निकालते हुए बोले—''क्या आप शराब और सिगरेट में मेरा साथ देंगे?''

आचार्य रजनीश ने हाथ जोड़कर धीमे से कहा—''मैं शराब और सिगरेट नहीं पीता।''

फिर प्रोफेसर अपना पनडिब्बा निकालकर बोले—''आप पान लीजियेगा?''

आचार्य उसी तरह मुस्कुराते हुए बोले—''मैं पान भी नहीं खाता।''

डॉक्टर साहब बोले—''आप शराब और सिगरेट भी नहीं पीते, आप पान भी स्वीकार नहीं कर रहे हैं, तो फिर आपसे मित्रता का कोई उपाय नहीं है।'' आचार्य उसी तरह मुस्कुराते हुए बोले—''जो आपके साथ के लोग इन तीनों वस्तुओं के शौकीन हैं, और जिनके साथ आप शराब पीते हैं, क्या आपने आजमा कर देखा है कि वह सचमुच आपके मित्र हैं? मुझे मित्र बनाना पसन्द है और आपकी मित्रता की यदि यही शर्त है तो मैं आपके साथ शराब और सिगरेट भी पी सकता हूं, पान भी खा सकता हूं।''

डॉक्टर ने आश्चर्य से आचार्य रजनीश की आंखों में झांका। उन्हें एक झटका-सा लगा। उन्हें लगा, वह आंखें उनके अंतर्मन में प्रवेश करती जा रही हैं।

आचार्यश्री बोले—''मैं आपके लिए गिलास में जाम बनाकर आपको पेश कर दूंगा, आपकी सिगरेट जला दूंगा, पान अपने हाथों से आपके मुंह में खिला दूंगा, बताइए क्या यह मित्रता के लिए यथेष्ट नहीं है?''

डॉक्टर साहब को पहली बार अपने शराब पीने पर लज्जा हुई। दबी आवाज में बोले—''मैं बहुत छोड़ना चाहता हूं शराब और सिगरेट, पर यह दोनों लतें छूटती नहीं। मैं स्वयं एक

मेडिकल डॉक्टर हूं। इन सभी का स्वास्थ्य पर प्रतिकूल असर होता है, इससे भी वाकिफ हूं, पर जब तक मैं शराब और सिगरेट न पीऊं, मुझे नींद ही नहीं आती।''

आचार्य रजनीश पूर्ववत् मुस्कुराते हुए बोले—''आप चाहें तो आप बिना शराब भी सो सकते हैं। पर यह सिर्फ आपके चाहने पर है। आपको यह भ्रम है कि नींद शराब लेकर ही आती है।''

डॉक्टर आश्चर्य से उन्हें देखते हुए बोले—''मैंने कई बार रात के बारह बजे तक न शराब पी न सिगरेट ली। पर नींद न आने पर, और यह सोचने पर कि बिना नींद पूरी किये मैं कल क्लासेज कैसे ले सकूंगा, मैंने झकमार कर शराब पी।''

आचार्य बोले—''आप शांति पूर्वक रिलैक्स होकर लेट जायें। आंखें बंद कर लें। अपनी ओर से नींद, शराब या किसी के बारे में कोई विचार न करें। जो भी विचार आयें, उन्हें बस शांति से देखते रहें। उनका कोई विरोध न करें। मन कहे शराब पी लेना है। स्वीकार कर लेना। वह कहे अभी पीना है—कहना जल्दी क्या है? बोतल तो सामने रखी है। कभी भी पी लूंगा। आज नहीं पी तो कल दुगनी पी लूंगा। फिर ध्यान देना कि आपको गाड़ी के हिचकोले लग रहे हैं। उनके साथ अपने को शिथिल छोड़ देना। वह बायें हिलाये, बायें झुक जाना। दाएं धक्का दे, दाएं चले जाना। कुछ ही देर में आपको लगेगा कि आप झूला झूल रहे हैं। बस झूलते जाना। याद करना—बचपन में आम की शाखा में झूला झूलने में आपको कितना आनंद आया था।''

डॉक्टर ने मंत्रमुग्ध होकर बोतल अटैची में रख दी, लाइट बुझाकर चुपचाप बिस्तरे में लेट गये। सात मिनट में ही उनकी नाक बोलने लगी।

सुबह पांच बजे उनकी आंख खुली। उन्होंने देखा, आचार्य खिड़की के बाहर शून्य आकाश को देख रहे थे। वह अपनी घड़ी देखकर बोले—''यह आठवां आश्चर्य है, मैं कल रात बिना शराब पिये इतनी गहरी नींद सोया। मैं इस समय बड़ी ताजगी महसूस कर रहा हूं। आपका बहुत-बहुत धन्यवाद।''

रजनीश उन्हें देखकर बोले—''अब तो आपसे मेरी मित्रता पक्की हो गई।''

डॉक्टर बोले—''मित्रता तो पक्की हुई। पर मित्र का परिचय तो मुझे मिला नहीं।''

आचार्यश्री मुस्कुरा कर बोले—''मेरा वास्तविक परिचय केवल इतना है कि मैं मनुष्य हूं। मेरा कोई नाम नहीं। हमें नाम परिवार समाज ने दिया है। किसी दूसरी जगह पैदा होता, तो दूसरा नाम दे दिया जाता। वैसे मैं जबलपुर विश्वविद्यालय में दर्शन शात्र का आचार्य हूं। फिलहाल बनारस विश्वविद्यालय, लेक्चर देने जा रहा हूं। लोग मुझे रजनीश कहते हैं।''

डॉक्टर साहब अपने नाम का कॉर्ड देकर बोले—''आपसे मिलकर मुझे प्रसन्नता ही नहीं, पहली बार एक अद्भुत शांति मिली है। आपकी आंखों में एक चुम्बकीय आकर्षण है। क्या आप मुझे कुछ ऐसा उपाय बता सकते हैं कि मेरी सिगरेट और शराब छूट सके।''

आचार्यश्री हंसकर बोले—''उपाय बस एक है। निर्विकार हो जाओ। अपना होश जगाओ। जो करना है, होश पूर्वक करो। शराब पियो तो बहुत धीमे-धीमे होशपूर्वक पीना। ध्यान से निरीक्षण करना अपने अंदर, शराब पीकर तुम्हें कौन-सी आध्यात्मिक अनुभूति हो रही है? गले में गर्म लकीर उतरे, उसे देखना। फेफड़ों पर, दिल पर, पेट पर उसका जो असर हो रहा हो, उसे महसूस करना। देखना—उसने तुम्हारी स्मरण-शक्ति कितनी बढ़ाई है? तुम्हारी कब कितनी सहायता की है? एक पेग समाप्त हो, दूसरा पीना, तीसरा, चौथा, पांचवां पीते ही जाना। जब तक यह बोध प्राप्त न हो जाये कि शराब हमारे लिए क्यों जरूरी है, पीते ही रहना।''

दूसरे दिन अपने मन में प्रार्थना करना—तू मुझे सहयोग कर, मेरी सहायता कर। मैं शराब और सिगरेट पीकर जल्दी मरा, तो तू भी मर जायेगा मेरे साथ। तुझे जीना है तो शराब और सिगरेट की मांग मत कर।

जब तक उसका सहयोग न मिले पीते रहना। जब तक बोध न जागे, जरूर पीना शराब। मैं शराब या सिगरेट पीने को मना नहीं कर रहा केवल इतना कह रहा हूं''' पीना ''' मगर होशपूर्वक।

डॉक्टर साहब थोड़ी देर तक शांत मौन, आचार्य की बात सुनते रहे फिर उनका बिस्तरा देखकर बोले—''मुझे लगता है रात आपने विश्राम ही नहीं किया।''

आचार्यश्री हंसकर बोले—''आपको शराब की लत है। मुझे पूर्ण अंधेरे और मौन में सोने की आदत है। माफ कीजिये, सोते में आपकी नाक बोलती रही और मैं सुनता रहा।''

डॉक्टर साहब खिसिया कर बोले—''फिर मैंने सोकर आपको बहुत कष्ट दिया।''

आचार्य रजनीश बोले—''कोई किसी को कष्ट या दुःख दे ही नहीं सकता। फिर जागते हुए खिड़की के बाहर चांद को देखना और चांदनी पीना मुझे बहुत अच्छा लगा। मैं अगर सो गया होता, तो चांदनी का अमृत पीता कैसे?''

डॉक्टर साहब बोले—''क्या मैं आपसे मिलने कभी आपके घर आ सकता हूं?''

आचार्यश्री ने उन्हें अपना कार्ड दिया जिसमें घर का फोन नम्बर व पता लिखा था। फिर प्रेमपूर्ण दृष्टि से उन्हें देखते हुए बोले—''आपके लिए ही नहीं, मेरे घर के दरवाजे हर जिज्ञासु के लिए हमेशा खुले हैं। पर आने से पहले फोन कर इस बात की पुष्टि कर लीजियेगा कि मैं हूं या नहीं? क्योंकि महीने में दस दिन प्रायः बाहर रहता हूं।''

चार लोगों के उस कूपे में बरनारस तक कोई दूसरा यात्री नहीं आया। ''फ्रेश'' होने और नाश्ता करने के बाद, डॉक्टर साहब बोले—''सब कुछ पास होते हुए भी, मैं न जाने क्यों अपने को खाली-खाली महसूस करता हूं। मैं हमेशा बेचैन और तनावग्रस्त रहता हूं। इसी तनाव को कम करने के लिए मैंने शराब और सिगरेट शुरू की थी। क्या आप कोई ऐसा उपाय बता सकते हैं जिससे मेरा तनाव दूर हो सके?''

आचार्य बोले—''डॉक्टर होने से पूर्व आपकी रुचि क्या होने या क्या बनने की थी?''

डॉक्टर बोले—''बचपन से ही मेरी आर्ट और ड्राइंग में गहरी रुचि थी। मैंने कुछ चित्र भी बनाये थे। पर इन्टर के बाद डॉक्टर पिता के अनुरोध पर मैं डॉक्टर बन गया।''

आचार्य ने कहा—''स्वभाव के विपरीत कार्य करने से यह तनाव है। हिटलर एक चित्रकार बनना चाहता था। पर आर्ट कॉलेज में प्रवेश न मिलने पर वह एक सैनिक बना। अगर आर्ट कॉलेज में उसे प्रवेश मिल गया होता तो शायद दूसरा विश्वयुद्ध होता ही नहीं। आप फिर से चित्र बनाना शुरू कर दीजिए। आपका तनाव निश्चित ही कम होगा। पर वास्तविक निदान है ध्यान। कभी मुझसे मिलने जबलपुर आइये, तब इस बारे में आपसे विस्तार से बातं होंगी।''

और आचार्य रजनीश आंखें बंद कर चुपचाप बिस्तर पर लेट गए। वह सोये नहीं, फिर भी शरीर को कुछ विश्राम मिला।

आचार्यश्री बनारस विश्वविद्यालय में

बनारस विश्वविद्यालय में आचार्यश्री का प्रवचन सुनने के लिए विश्वविद्यालय व अन्य विद्यालयों के प्राध्यापकों व छात्रों के अतिरिक्त, नगर के बुद्धिजीवी साहित्यकार, डॉक्टर, एडवोकेट व कई अधिकारी गण भी बड़ी संख्या में उपस्थित थे।

काशी के कुछ पंडित और धर्माचार्य भी आचार्यश्री को मात्र देखने के लिए ही केवल उत्सुकता वश आये थे। पत्र-पत्रिकाओं और समाचार-पत्रों में उनके तार्किक प्रवचनों को पढ़कर उन्हें एक बार आचार्यश्री को देखने की उत्कट इच्छा थी। अब आचार्यश्री की ख्याति पूरे देश के प्रबुद्ध वर्ग में तेजी से बढ़ने लगी थी।

युनिवर्सिटी में भाषण देने से पूर्व, वाइसचांसलर ने विशेष आगंतुकों के मध्य आचार्यश्री के सम्मान में एक छोटी-सी पार्टी भी आयोजित की थी। औपचारिक स्वागत परिचय के बाद आचार्यश्री को वहां के रोटरी और लायन्स क्लब के गवर्नर व अध्यक्ष ने रोटेरियन व लायंस को सम्बोधित करने का निमंत्रण दिया। कुछ और संस्थाओं की ओर से भी उन्हें आमंत्रण दिये गए।

आचार्यश्री वाइसचांसलर से मुस्कुराकर बोले—''यह काशी संतों, विद्वानों, पंडितों, साहित्यकारों और धार्मिक लोगों की नगरी है। आपने शिक्षा पद्धति का विषय देकर मुझे एक सीमा में बांध दिया है। मैं तो यहां यह आशा लेकर आया था कि काशी के धर्माचार्य, विद्वान व पंडितों से धर्म व शास्त्र के बारे में मेरी चर्चा अवश्य होगी। यह मेरा अर्थ किसी को चुनौती देना नहीं है, मेरा उद्देश्य केवल यह है कि मेरा पूरा समाज अंधविश्वास, रूढ़ियों के जिस अंधेरे गर्त में गिरा हुआ है उससे ऊपर आकर सत्य के प्रकाश का अनुभव करे। आपकी नगरी के पंडितों ने कबीर और रैदास जैसे महान संतों का उनके जीवन में यथोचित सम्मान नहीं किया, अमरीका से लौटकर स्वामी विवेकानन्द जैसे व्यक्तित्व का इसीलिए अपमान किया क्योंकि उन्हें संस्कृत नहीं आती थी। चूंकि इस पार्टी में भी कुछ धर्माचार्य और पंडितजन सम्मलित हैं, अतः मैं भद्र पुरुषों से निवेदन करना चाहता हूं कि क्या किसी सार्वजनिक स्थान में वह मुझसे धर्म पर या शास्त्रों पर चर्चा करने के इच्छुक हैं या नहीं?''

आचार्यश्री ने कुछ देर मौन रहकर, उत्तर की प्रतीक्षा की। किसी के न बोलने पर विश्वविद्यालय के दर्शन शास्त्र के विभागाध्यक्ष ने आगे बढ़कर निवेदन किया—''मैं आपको विश्वविद्यालय के दर्शन-विभाग में कल दोपहर भारतीय दर्शन और धर्म विषय पर प्रवचन के लिए आमंत्रित करता हूं। उस वृहद् गोष्ठी में काशी के धर्माचार्यों और पंडितों को भी आमंत्रित किया जावेगा। यह मेरा सौभाग्य है कि इस देश में भारतीय दर्शन का सबसे बड़ा आप जैसा विद्वान और चिंतक हम लोगों के मध्य उपस्थित है। और मैं आपकी सागर युनिवर्सिटी के प्रोफेसर श्रीवास्तव, प्रो. सक्सेना और प्रो. राय से आपके बारे में बहुत कुछ सुन चुका हूं, और आज आपके दर्शन पाकर मैं अपने को बहुत सौभाग्यशाली समझ रहा हूं।''

आचार्यश्री मुस्कुराकर बोले—''आपका निमंत्रण सादर स्वीकार है मित्र। पर आपने विषय इतना व्यापक चुना है कि उस पर यदि बोलना प्रारम्भ करूंगा तो उसका अंत न जाने कब होगा?

और मैं शास्त्रों की बात दोहराऊं, इसमें मेरी कोई रुचि भी नहीं है। उचित यह होगा कि भारतीय दर्शन या धर्म से संबंधित कोई भी प्रश्न आप सायंकाल या कल प्रातः तक, लगभग, सात या आठ प्रश्न छांटकर मुझे दे दें जिन पर डेढ़-दो घंटे तक चर्चा-परिचर्चा हो सके।''

आचार्यश्री के प्रस्ताव पर सहर्ष सहमत होते हुए, दर्शनशास्त्र के विभागाध्यक्ष ने उन्हें अगले दिन सुबह प्रश्न देने का वायदा किया। रोटरी, लायंस की संयुक्त बैठक को उन्होंने तीसरे दिन रात्रि 8 बजे का समय दिया।

इतने में काशी के एक धर्माचार्य ने एकायक आचार्यश्री के सामने आकर कहा—''काशी प्रारम्भ से ही धर्म और ज्ञान का गढ़ रहा है, है और आगे भी रहेगा पर धर्म तो विश्वास की बात है, उसे आप तर्क जाल से ध्वस्त करना चाहते हैं। क्या आप समझते हैं कि करोड़ों की आस्था और विश्वास यह सब ढोंग है और केवल आप ठीक हैं। आप तो शायद भगवान विश्वनाथ पर भी विश्वास नहीं करते क्योंकि आप निराकार ब्रह्म को मानते हैं। और मुझे तो कभी-कभी आपके विचारों को सुनकर यह संदेह होने लगता है कि आप कहीं नास्तिक तो नहीं हैं?''

सभी लोग चाय पीना छोड़कर, उत्सुकता से आचार्यश्री की ओर देखने लगे कि देखें, वह उसका क्या उत्तर देते हैं? आचार्यश्री ने नाश्ते की मेज पर केवल एक सेब लिया था। चाय पीने में उनकी कोई रुचि ही नहीं थी।

उन धर्माचार्य के प्रश्न का मुस्कुराते हुए उत्तर देते हुए आचार्यश्री ने कहा—''आपको किसी बात पर संदेह हुआ, यह बहुत शुभ लक्षण है। संदेह ही धर्म का आधार है, और हमारे तथाकथित धर्मों और समाज ने संदेह और विचार को ही विदा कर दिया है। इसी कारण हमारा विश्वास, अंधविश्वास में परिणत हो गया है। संदेह और विचार की अग्नि में धर्म के नाम पर फैलाया गया पाखंड का कचरा जल जाता है। और फिर केवल शुद्ध स्वर्ण रह जाता है। फिर जिस दिन संदेह पर भी जब संदेह होने लगे तब सच्चे विश्वास का जन्म होता है, वही विश्वास धर्म का प्राण है। आपकी नगरी में पहले काशी के नाम पर न जाने कितने लोग कुंएं में धकेल दिये जाते थे। उन्हें स्वर्ग मिलता था या नर्क, इसे आप क्या, कोई भी सिद्ध नहीं कर सकता। आपका धर्म पति के मरने पर स्त्री को बलात चिता पर जला देता था। आज भी आपके नगर में हजारों विधवाएं नर्क का जीवन बिता रही हैं। यह भी आपके तथाकथित धर्म का कचरा है।''

अपने कदम की प्रतिक्रिया देखने के लिए आचार्यश्री दो क्षण रुके। उन धर्माचार्य का चेहरा सफेद पड़ गया था। अन्य लोग बहुत उत्सुकता से आचार्यश्री की बात सुन रहे थे।

आचार्यश्री ने कहा—''आपके भगवान विश्वनाथ के सम्बन्ध में कुछ न कहकर मैं बहुत छोटी-सी कथा सुनाना चाहता हूं। पर क्या इसके लिए समय है?''

वाइसचांसलर व अन्य लोग घड़ी देखकर शीघ्रता से बोले—अभी हमारे पास आधे घण्टे का समय है। आप इत्मीनान से अपनी पूरी बात कहें, हमें सुनने में अच्छा लग रहा है।

आचार्यश्री मुस्कुराकर बोले—''महाराष्ट्र के एक गांव में एक नास्तिक रहता था। वह अपने तर्कों से गांव वालों को परास्त कर यह सिद्ध कर देता था कि ईश्वर नहीं है। एक दिन एक गांव वाले ने कहा—भइया, हम लोग तो बिना पढ़े-लिखे गंवार ठहरे, आप यहां से दस कोस दूर एक टूटे मंदिर में रहने वाले स्वामी एकनाथ को परास्त कर दें तो हम सब आपकी बात मान लेंगे। वह व्यक्ति दूसरे दिन सुबह तीन बजे उठकर ही एकनाथ के पास चल पड़ा ताकि उनसे सुबह-सुबह ही भेंट हो सके। वह सुबह 6 बजे जब मंदिर पहुंचा तो उसके टूटे दरवाजे को पार कर जूते उतार अंदर घुसते ही उसने बड़े आश्चर्य से देखा कि एक बाबा शिव जी की

पिंडी से पैर लगाये गहरी नींद में सो रहा है। स्वामी एकनाथ की गांव वालों ने उसे जो हुलिया बताई थी उस सोते व्यक्ति को देखकर उसे निश्चय हो गया कि वही एकनाथ हैं। वह सोचने लगा, मूर्ख गांव वालों ने उसे लगता है मजाक में उससे भी बड़े नास्तिक के पास उसे भेज दिया है। अरे स्वामी है, भक्त है भगवान का, तो ब्रह्ममुहूर्त में तो कम-से-कम उसे उठना ही चाहिए। पर सूरज सिर पर आ गया है और यह महाशय सो रहे हैं। और फिर नास्तिक होते हुए भी कम-से-कम शिवजी की पिंडी का इस तरह अनादर तो वह भी नहीं कर सकता था। पहले उसने सोचा, वापस लौट जाऊं, फिर यह सोचकर कि बिना बात किये वापस लौटने पर गांव वाले उसकी बात मानेंगे नहीं, वह उनके जागने की प्रतीक्षा करने लगा। जब आधा घंटा बाद वह सोकर उठे तो उन्हें प्रणाम कर वह बोला—महाराज सुना है आप बहुत बड़े भक्त और ब्रह्मज्ञानी हैं। पर आप जैसों को ब्रह्ममुहूर्त में उठना चाहिए और यह कोई सोकर उठने का समय है ?''

एकनाथ मस्ती में बोले—जब ब्रह्म जाग जाये, तभी ब्रह्ममुहूर्त है। पर तू आया कैसे ?

हतप्रभ होकर उसने उत्तर दिया—''महाराज ! मैं एक नास्तिक हूं। गांव वालों ने मुझे आपसे विवाद करने भेजा था। पर आप तो मुझसे बड़े नास्तिक दिखाई देते हैं, जो शिवजी की पिंडी पर मजे से पैर रखे सो रहे थे। कम-से-कम शिवजी के प्रति ऐसा असम्मान करने की बात मैं तो सोच ही नहीं सकता।''

एकनाथ हंसकर बोले—''मैं करूं क्या ? शिवजी का यही आदेश है। पहले मैं जब दक्षिणी कोने की ओर पैर करके सोता था तो एक रात शंकरजी ने मुझे स्वप्न देकर कहा—कि तू मेरी पिंडी से पैर टेककर सोया कर, क्योंकि उस पिंडी को सर्दी में भी टंडे जल से नहला-नहला कर, फूल, बेलपत्री का बोझ चढ़ाकर, भक्तों ने मुझे इतना परेशान किया कि मैं पिंडी छोड़कर भाग खड़ा हुआ। अब मैं बाकी हर जगह हूं, सिर्फ पिंडी में नहीं हूं।''

यह कथा सुनकर उन धर्माचार्य का चेहरा निस्तेज हो गया। दो क्षण मौन रहकर आचार्यश्री ने कहा—आक्रान्ताओं ने कई बार सोमनाथ और विश्वनाथ के मंदिरों को ध्वस्त कर मूर्तियां तोड़ दीं। और यह सब हुआ हमारे महान धर्माचार्यों के उन उपदेशों के कारण जिन्होंने संसार को असार, माया और भ्रम बताकर देश वासियों को संसार से विमुख पलायनवादी बना दिया। जिन्होंने कर्मफल का सिद्धान्त देकर हर चीज ईश्वर पर छोड़कर संघर्ष करना ही छोड़ दिया। देश में दरिद्रता और गुलामी के लिए यही जीवन दर्शन और उपदेश उत्तरदायी हैं। और ज्ञान पोथियों और शास्त्रों में नहीं है। ज्ञान तो निज के अनुभव से होता है। सच्चा ज्ञान तो अपने को जान लेना है। प्रेम के ढाई आखरों में कबीर ने वह ज्ञान पाया था, इसीलिए काशी छोड़कर मरने के लिए वह मगहर चले गये। मगहर में मरकर उन्होंने मगहर को काशी बना दिया। आप लोग काशी विश्वनाथ को भगवान मानते हैं, मैं भी उन्हें भगवान मानता हूं। उस परम अस्तित्व ने अपने को ब्रह्मा, विष्णु और शिव के तीन रूपों में प्रकट किया है। शंकर प्रलय, विनाश और मृत्यु के देवता हैं। शिव का सच्चा भक्त वही है जो मृत्यु में भी जीवन देखता है, क्योंकि शरीर के मृत्यु के पार ही दूसरे जीवन का अमृत-द्वार है। केवल कर्मकाण्ड या विशिष्ट पूजा-पद्धति धर्म नहीं होती। धर्म, व्यक्ति को रूढ़ियों की जंजीर में बांधता नहीं, वह उसे मुक्त करता है। धर्म जीवन का निषेध नहीं, जीवन का स्वीकार भाव ही धर्म है। और आप यह न समझें कि मैं मूर्ति विरोधी हूं। जब मुझे संसार के कण-कण में उसी के दर्शन होते हैं, तो यह कैसे हो सकता है कि मूर्ति में न हो। पर जिसे मनुष्य में, चैतन्य में परमात्मा के दर्शन नहीं हुए, उसे मूर्ति में भी उसके होने

का बोध असम्भव है।

चार-पांच मिनटों की वार्ता से ही सब लोग मंत्रमुग्ध हो गये। पार्टी में किसी को होश ही न रहा। सभी चाह रहे हैं कि बस आचार्यश्री बोलते रहें और वह उसे पीते रहें। उन धर्माचार्य को भी कुछ कहते न बना।

कुछ रुककर आचार्यश्री मुस्कुराते हुए बोले—आपके प्रश्न के पूर्ण समाधान के लिए निश्चय ही एक घंटे का समय चाहिए। क्षमा करें आप लोग, इस प्रश्न का संक्षेप में भी उत्तर देने के लिए मुझे पार्टी को विचार-गोष्ठी बना देना पड़ा।

सभी लोग मुक्त भाव से मुस्कुरा दिये।

पार्टी के बाद जब आचार्यश्री बाहर आकर कार में बैठने लगे तभी राजेश्वर सेठ न जाने किस कोने से निकलकर उनके चरणों पर गिर पड़ा। उन्हीं के पीछे वेणु गोपाल भी था।

आचार्यश्री ने उन्हें पलक झपकते ही पहचान लिया। बाबा के साथ जब वह काशी आया था तो गंगा में बहते बजरे पर उनकी दाल-बाटी की दावत और संगीत गोष्ठी की उन्हें तुरन्त याद हो आई।

आचार्यश्री के मुस्कुराते नेत्रों व प्रेमपूर्ण स्पर्श में पहचान का भाव देखकर राजेश्वर उल्लसित होकर बोला—''यह इस राजेश्वर का सौभाग्य है कि इतने वर्षों बाद भी आपने मेरा विस्मरण नहीं किया।'' फिर वह वेणु गोपाल की ओर संकेत करते हुए बोले—यह दीवाना बेकली से आपके चरणों का स्पर्श करने का अवसर ढूंढ़ रहा था। आप युनिवर्सिटी गेस्ट हाउस में रुके हैं। आपके प्रवचन के बाद वहीं आपसे कुटिया पर चलने का अनुरोध करूंगा।

वेणु गोपाल के नेत्रों से तो गंगा-जमुना बह रही थीं। उसका गला रुंध गया था। वह बोलना चाहकर भी कुछ कह नहीं पा रहा था। उसे देखते हुए आचार्यश्री उसका माथा थपथपाकर प्रेम से बोले—''वेणु! उस बांसुरी को भूल जा। अब ध्यान में डूबा कर। तेरे अंदर बहुत बड़ी संभावना छिपी है पगले।''

उसका गाल थपथपाकर और राजेश्वर की पीठ को सहलाते हुए आचार्यश्री कार की ओर बढ़ गये।

अगले दिन सुबह युनिवर्सिटी हाल में उनका स्वागत करते हुए उन्हें फूलों से लाद दिया गया। वाइसचांसलर, छात्र व यूनियन के अध्यक्ष द्वारा उनका स्वागत करने के बाद दर्शनशास्त्र के विभागाध्यक्ष ने स्वागत करते हुए कहा—''आज हम सभी का सौभाग्य है, कि हमारे आग्रह को स्वीकार करके आचार्यश्री ने यहां पधारकर हमें अनुगृहीत किया है। उनके धर्म, राजनीति, समाजशास्त्र और शिक्षा संबंधी क्रांतिकारी विचारों से पूरा बौद्धिक वर्ग आन्दोलित है। सागर युनिवर्सिटी के दर्शनशास्त्र के उन प्रोफेसर्स से मुझे बातचीत करने का सौभाग्य प्राप्त हुआ है जब आचार्यश्री वहां छात्र के रूप में एम. ए. कर रहे थे। प्रो. राय तो क्लास लेते हुए कई दार्शनिक मसलों पर आपसे बोलने का आग्रह करते हुए खुले आम कहते थे कि इस विषय पर मुझसे कहीं अधिक रजनीश जी जानते हैं। उनका तो मानना था कि वह केवल पुस्तकों में लिखे तथ्यों को दोहराते हैं जब कि इन्होंने उसे अनुभव से जाना है। बिना एक अक्षर पढ़े हुए एम. ए. में गोल्ड मैडिल प्राप्त करना इनके छात्र जीवन की अतुलनीय प्रतिभा का जीवन्त परिचय था। जबलपुर युनिवर्सिटी में भी आपके क्लासेस में आपके लेक्चर, फिलॉसफी न पढ़ने वाले कई प्रतिभाशाली छात्र ही नहीं, कई प्रोफेसर भी पीछे चुपके से बैठकर सुना करते थे।''

पूरा हाल तालियों से गूंज उठा। तालियों का शोर थमने पर उन्होंने कहा—''युनिवर्सिटी

में कार्यरत रहते हुए भी पूरे भारतवर्ष में भ्रमण करते हुए, आचार्यश्री ने सैकड़ों प्रवचन दिए हैं, और हजारों की भीड़ उन्हें मंत्रमुग्ध हो उसे सुनती रही है। आचार्यश्री इस देश को रूढ़ियों, अंधविश्वासों, अंधकार और बेड़ियों से मुक्त कर एक खुला आकाश देना चाहते हैं। उनका मानना है कि जब तक समग्र जीवन में बदलाव नहीं किया जाता, सच्चे धार्मिक लोग उत्पन्न नहीं हो सकते। उनका मानना है कि धर्म केवल एक है और तथाकथित धर्म केवल सम्प्रदाय हैं जिन्होंने हिंसा, ईर्ष्या और घृणा को जन्म दिया है। आप उच्च आध्यात्मिक चेतना के केवल एक दार्शनिक और ध्यान साधना सिखाने वाले निर्गुण संत ही नहीं हैं, आप मार्क्स, फ्राइड और नीत्शे जैसे विचारक और चिंतक भी हैं। स्कूली जीवन से ही आपका एक विद्रोही व्यक्तित्व रहा है। आप तोतारटंत शिक्षा-पद्धति के विरुद्ध हैं। मैं उनसे निवेदन करता हूं कि वह शिक्षा व्यवस्था के संबंध में ही अपने अमूल्य विचारों से हमें अवगत करायें।

इन संक्षिप्त शब्दों के साथ मैं महामना मालवीय जी के इस विश्वविद्यालय में डॉ. राधाकृष्णन जैसे दार्शनिक और कुलपति महोदय और नगर के सभी गणमान्य आमंत्रित सज्जनों की ओर से और इस विश्वविद्यालय के आप सभी छात्रों की ओर से उनका हार्दिक स्वागत करता हूं और आचार्यश्री से निवेदन करता हूं कि वह शिक्षा के संबंध में दिये गए विषय पर अपने अमूल्य विचारों से हम सभी को लाभान्वित करें।

पूरा हाल तालियों से गूंज उठा।

आचार्यश्री ने माइक संभालते हुए, आसपास व सामने बैठे सभी लोगों पर दृष्टिपात करते हुए अपनी वार्ता प्रारम्भ की—

आदरणीय वाइसचांसलर महोदय!

इस विश्वविद्यालय के समस्त प्राध्यापक, नगर के सभी गणमान्य आमंत्रित अतिथि एवं प्रिय छात्रो!

आपके द्वारा मुझ अकिंचन का जो स्वागत और सम्मान किया गया, जो प्रेम प्रदर्शित किया गया, मैं उसका हृदय से अनुगृहीत हूं। हालांकि मैं जिस प्रकार के भाषण देता हूं, उसके फलस्वरूप मुझे गालियां और मुर्दाबाद के नारे सुनना और भी अधिक अच्छा लगता है, क्योंकि उससे मुझे पता चलता है कि मेरे विचारों ने आपको आंदोलित किया है, आपकी बुद्धि पर दस्तक दी है, आपको अंदर से झकझोरा है। आपकी युनिवर्सिटी का अतीत और इस देश का अतीत भी बहुत गौरवशाली रहा है। पर उस अतीत की याद से आपका वर्तमान नहीं बदल सकता, उसमें कोई रूपान्तरण नहीं हो सकता। अपने गौरवपूर्ण अतीत को सोचते हुए आप शायद यह भूल जाते हैं, कि आप हजारों साल तक गुलाम रहे। अगर आपका अतीत गौरवशाली था तो उसने आपको दरिद्रता और गुलामी से मुक्ति क्यों नहीं दी? आपका देश पश्चिम के मुल्कों की तरह उन्नति क्यों नहीं कर सका? समृद्धिशाली क्यों न बन सका? और सभी के मूल में केवल एक बात सामने आती है कि जरूर हमारे चिंतन में, हमारे सोचने में बुनियादी रूप से कहीं कोई गलती थी। हमारी शिक्षा पद्धति में कहीं कोई गम्भीर त्रुटि थी। इस देश के धर्माचार्यों ने कहा—ब्रह्म सत्य है और जगत मिथ्या है। संसार सपना है, भ्रम है। उन्होंने कहा—इसलिए लोक की नहीं परलोक की चिंता करो। और अगर तुम गरीब हो, विपन्न हो, दु:खी हो तो यह तुम्हारे पूर्व जन्मों के कर्मों का फल है। इन्हें भाग्य समझकर स्वीकार करो ताकि अगला जन्म अच्छा हो। इस देश के संतों, साहित्यकारों ने सिखाया—"को नृप होई, हमें का हानि?" इसलिए यवन आये, अंग्रेज आये, हम बगैर प्रतिरोध, अपना भाग्य, अपना कर्मफल मानकर चुपचाप गुलाम हो गये। हमने

उनके विरुद्ध कोई क्रांति नहीं की। कोई विद्रोह नहीं किया। जो थोड़े बहुत युद्ध हुए, वह राजाओं, नवाबों और सामंतों द्वारा किये गए छुटपुट प्रयास थे। फ्रांस या रूस की तरह वह कोई क्रांति नहीं थी जिसमें देश की पूरी जनता भागीदार होती। और गांधीजी ने भी सन् 42 का जो आंदोलन किया, उसकी प्रेरणा उन्हें अतीत से नहीं मिली थी। इंग्लैंड जाकर वहां बैरिस्टरी पढ़ते हुए उन्होंने वहां फ्रांस और रूस की क्रांति का इतिहास पढ़ा था। पूरे पश्चिमी समाज को देखा था, स्वतंत्रता का स्वाद चखा था। जनता की शक्ति पहचानी थी। अब यह बेचारे मैकाले की विवशता थी कि उसे अंग्रेजी पढ़े-लिखे भारतीयों की जरूरत थी क्योंकि अंग्रेज मुट्ठी भर थे और देश बहुत विशाल था। उसे क्लर्कों और छोटे अफसरों की पूरी एक फौज की जरूरत थी। आजादी के बाद भी आज भी मैकाले की शिक्षा-पद्धति चल रही है।

और आपको मालूम है कि मैकाले से पहले आपकी कैसी शिक्षा-पद्धति थी? उससे पहले लोग अरबी, फारसी और उर्दू पढ़ते थे ताकि मुस्लिम शासकों के यहां नौकरी पा सकें। जो नौकरी नहीं करते थे वह रामायण, महाभारत और दूसरे शास्त्र पढ़ते थे। ब्राह्मण का शास्त्र पढ़ाना उनकी आजीविका थी। शिक्षा के दौरान वह यज्ञ करना सीखते थे। पूरा कर्मकाण्ड सीखते थे, और उनके द्वारा बिना कोई श्रम किये हलुवा पूड़ी खाते थे। क्षत्रिय शौक के लिए तलवार चलाना सीखते थे। आपके अतीत ने सिर्फ ब्राह्मण और क्षत्रिय वर्ग को ही सीमित विषयों की शिक्षा दी। शूद्रों को तो शास्त्र सुनने तक का अधिकार नहीं था। सुन लेने पर उनके कानों में पिघला सीसा डाले जाने का विधान था। अतीत ने स्त्रियों को भी कभी शिक्षित नहीं किया। एक अपढ़, अशिक्षित स्त्री, अपने बच्चों को अच्छे संस्कार दे ही कैसे सकती थी? फिर अतीत में आपके गुरुकुलों ने विज्ञान की शिक्षा नहीं दी। चिकित्सा शास्त्र की शिक्षा नहीं दी। आप कुछ भी नया उत्पन्न न कर सके। पश्चिम की तरह कोई नया सृजन नहीं कर सके।

दो क्षण के लिए प्रतिक्रिया देखने के लिए आचार्यश्री ने विराम किया। उन्होंने देखा— सभी सिर झुकाये पूर्ण निःस्तब्धता और गहन शांति में उन्हें सुन रहे थे।

उन्होंने बात आगे बढ़ाते हुए कहा—

आपके अतीत ने स्त्री को गुलाम बनाया। उसे सती होने के नाम पर जिंदा जलाने के लिए विवश किया। उसे विधवा होकर समाज के अत्याचार सहने के लिए मजबूर किया।

और आपकी इसी शिक्षा पद्धति ने एक दीन, दरिद्र और गुलाम समाज का निर्माण किया। जिसकी बुद्धि कर्मकाण्ड में उलझी थी, शास्त्रों के शब्द जाल में कैद थी, जिसे किसी चमत्कार की आशा थी। वह सोचते थे—भगवान फिर अवतार लेंगे और सब कुछ ठीक हो जायेगा। उन्हें कुछ न करना पड़ेगा। और आपने अगर बबूल और बेरी बोई थी, तो कांटे मिलना आपकी नियति थी ही। आप उससे फल कैसे पा सकते थे?

दो क्षण का विराम लेकर आचार्यश्री ने कहा—आज शिक्षा की स्थिति देखकर हृदय में बहुत पीड़ा होती है। शिक्षा के नाम पर जिन परतंत्रताओं का पोषण किया जाता है, उनसे एक स्वतंत्र और स्वस्थ मनुष्य का जन्म सम्भव नहीं है। आज की शिक्षा ने मनुष्य को प्रकृति से तोड़ दिया है। उससे संस्कृति पैदा न होकर एक विकृति उत्पन्न हुई है। यह विकृति ही आज की शिक्षा नई पीढ़ी पर थोपती चली जाती है। इस प्रकार थोपने से पाप, पुण्य के बीच में, शोषण सेवा के मुखौटे में और हिंसा, अहिंसा के वस्त्र ओढ़े खड़ी है। इसलिए विवश होकर इन वस्त्रों को उघाड़कर, शिक्षा की आत्मा को देखना ही होगा। अब मनुष्य के जीवन में इतनी घृणा, हिंसा, अधर्म और ईर्ष्या है, इसका स्पष्ट अर्थ है कि सुंदर वस्त्रों के नीचे कहीं कुरूप आत्मा वास कर

रही है।

मैं कोई शिक्षा शास्त्री या समाज शास्त्री नहीं हूं। मैं शास्त्रों को नहीं, जीवन को जानता हूं। शास्त्र तो सदा सत्य को जानने में बाधक बन जाते हैं। शास्त्र से भरे चित्त में चिंतन समाप्त हो जाता है। शास्त्र और सिद्धान्त पक्ष पैदा करते हैं, फिर जीवन की समस्याओं के प्रति निष्पक्ष और निर्दोष दृष्टि रह ही नहीं जाती। मनुष्य का आचार और विचार इतना भिन्न और स्वविरोधी इसीलिए है क्योंकि उसकी दृष्टि निर्दोष नहीं है।

शास्त्रों के आधार पर जीवन में जो समाधान थोपे गये हैं, उन्हीं से समस्याओं का जन्म हुआ है। पूरी सभ्यता में आज जो विक्षिप्तता की स्थिति है, वह इसी कारण है। शिक्षा चित्त को आज बोझिल, जटिल और बूढ़ा बना रही है। बूढ़ा चित्त, जीवन के ज्ञान, आनंद और सौंदर्य से वंचित रह जाता है। आज की शिक्षा चित्त को जगाती नहीं, प्राणवान नहीं बनाती, विवेक नहीं जगाती, केवल उसमें शास्त्रों का कचरा भरती है और बूढ़े विचारों का कचरा भरने से चित्त बोझिल और रुग्ण हो जाता है।

स्मृति को भरने का यह यांत्रिक कार्य चैतन्य को, विवेक को जगाना नहीं है। जहां विचार जागृत है, वहां चित्त सदा युवा है, वहां चैतन्य के लिए द्वार खुला है। व्यक्ति जब दूसरों के विचारों और शब्दों में कैद हो जाता है, तो सत्य के आकाश में उड़ने की उसकी क्षमता नष्ट हो जाती है। उधार के विचारों का संग्रह जड़ता लाता है, उससे विचार और विवेक का जन्म नहीं होता।

स्वतंत्र विचार और विवेक जगाने के लिए श्रद्धा और विश्वास के स्थान पर संदेह सिखाना होगा। श्रद्धा और विश्वास बांधते हैं, संदेह मुक्त करता है। सन्देह है प्यास, अभीप्सा, जो खोज बनती है। संदेह की पीड़ा विचार के जन्म की प्रसव पीड़ा है।

मनुष्य के चित्त को परतंत्रता की सूक्ष्म जंजीरों से जकड़ दिया जाये, उसमें स्वतंत्र विचारों का उद्‌भव न हो, धर्म और राजतंत्र दोनों मिलकर बराबर यही प्रयास करते रहे हैं। इसी में उनका स्वार्थ है। क्योंकि जहां स्वतंत्र विचार है, विवेक है, जागरण है, वहीं विद्रोह का बीज छिपा है। विचार की अपनी आंखें हैं, अपनी दृष्टि है। उसे अंधानुयायी नहीं बनाया जा सकता।

यदि हमें जीवन के मूलभूत अर्थों और मूल्यों के प्रति संदेह नहीं होता, तो निश्चय ही हमारी शिक्षा गलत है। सम्यक् शिक्षा का आधार ही सम्यक् संदेह है। संदेह नहीं तो खोज कैसे होगी? असंतोष कैसे होगा? बिना संदेह के, सत्य को जानने के लिए प्राणों में छटपटाहट कैसे होगी? इसीलिए हम सभी छिछली तृप्ति के डबरे बन गये हैं, हमारी आत्माएं सतत् सागर की खोज में बहने वाली सरिताएं नहीं हैं।

यह जड़ता शिक्षा और शिक्षकों ने उत्पन्न की है। धर्माचार्यों और राजनीतिज्ञों ने इसीलिए श्रद्धा और विश्वास को शिक्षकों के द्वारा इंजैक्ट कराया है ताकि स्वतंत्र विचार उत्पन्न न हो सकें। विचार जागृत होंगे तो न वर्ग हो सकते हैं, न वर्ण हो सकते हैं, न धन का शोषण हो सकता है। पिछले जन्मों के पाप-पुण्यों के आधार पर फल भुगतने के लिए जनसाधारण को फुसलाया नहीं जा सकता। विचार के साथ क्रांति आती है। इसीलिए शिक्षा का ढांचा ईजाद किया गया है। अनुशासन का हवाला देकर व्यक्ति को रोबेट या गुलाम बनाया गया है। मैं अंध अनुशासन के विरुद्ध हूं। पर यदि व्यक्ति के विचार या विवेक जागृत हों तो आत्म-अनुशासन स्वतः उत्पन्न होता है। दूसरों के द्वारा थोपा गया अनुशासन परतंत्रता है। ऐसा अनुशासन जगह-जगह टूट रहा है। उसे टूटना ही चाहिये। इसीलिए राजनीतिज्ञ चिंतित हैं। थोपे हुए अनुशासन से जड़ता और बुद्धिहीनता आती है। ऐसा अनुशासन सदा ''हां'' की अपेक्षा करता है। वह कहता है—गोली

चलाओ, बम चलाओ, युद्ध करो, हिंसा करो और व्यक्ति आंख मूंदकर विध्वंस करने लगता है। अणु युद्ध के बाद फिर न अनुशासन मानने वाले और न अनुशासन चलाने वाले ही जिंदा रहेंगे, इसीलिए अनुशासित बुद्धि से मनुष्यता के लिए खतरा है।

शिक्षा अनुशासन देने के लिए नहीं, आत्म विवेक देने के लिए है। इसे युद्ध का उपकरण नहीं बनाया जा सकता। हिन्दू को मुसलमान से और मुसलमान को हिन्दू से नहीं लड़ाया जा सकता। राष्ट्रों की झूठी सीमाओं के नाम पर रक्तपात नहीं कराया जा सकता।

मेरा प्रारम्भ से ही इसीलिए परम्परावादी शिक्षकों से विरोध रहा। ये शोषण के औजार हैं। वह चूंकि स्वयं शिक्षातंत्र के शिकार हैं, इसलिए वह छात्रों की पीढ़ी को भी वही ईर्ष्या, द्वेष, शत्रुता, मूढ़ता और वैमनस्य दे रहे हैं। धार्मिक या स्कूली शिक्षा, हमें सच्चा मनुष्य नहीं, सिर्फ हिन्दू, मुसलमान, भारतीय, पाकिस्तानी या नेपाली बनाती है। वह राष्ट्रीय और जातीय अहंकार देती है। वह सिखाती है—तुम्हारा धर्म, तुम्हारी संस्कृति, तुम्हारी भाषा ही श्रेष्ठ है। इसके फलस्वरूप युद्ध होते हैं, हिंसा होती है। जहां अहंकार है, वहां हिंसा है।

शिक्षक का दायित्व छात्र को निद्रा से जगाना है। उसमें स्वविवेक और स्वतंत्र विचार का स्फुरण हो, ऐसा प्रयास करना है। शिक्षक को इसीलिए आदर और सम्मान देकर अहंकार को पोषित किया जाता है। शिक्षक अतीत का चाकर और भविष्य का दुश्मन है। अतीत के अनुभव मनुष्य के ज्ञान को बढ़ायें, उसे बांधें नहीं। अतीत उसकी यात्रा का प्रारम्भ है, अंत नहीं। पुरानी पीढ़ी, अपने शास्त्र, अपने सिद्धान्त और अपने विश्वास नई पीढ़ी पर थोप देना चाहती है। हजारों वर्षों से ऐसा ही हो रहा है, इसीलिए मनुष्य की आत्मा विकसित नहीं हो सकी। उसकी आत्मा निर्भार नहीं हो सकी, ताकि पंखों से उड़कर चैतन्य के शिखर छू सकती। अतीत की जकड़ ढीली हो तो भविष्य का विकास होता है।

आज शिक्षा भय सिखाती है, प्रलोभन सिखाती है, ईर्ष्या और प्रतिस्पर्धा सिखाती है। महत्त्वाकांक्षा के ज्वर से ग्रसित करती है छात्रों को। ऐसी शिक्षा अतीतोन्मुख है, विध्वंसात्मक है।

भय तो विद्रोह की क्षमता को नष्ट कर देता है। भय तो परिवर्तन को असम्भव बना देता है। भय ज्ञात से बांध देता है और अज्ञात की यात्रा बंद हो जाती है। सत्य, सौंदर्य, प्रेम, परमात्मा यह सभी अज्ञात हैं। धर्म, समाज, शिक्षा, सभी भय सिखा रहे हैं। नर्क का भय, पापों का भय, असफलता का भय और पद, प्रतिष्ठा का भय तथा स्वर्ग का प्रलोभन। शिक्षा तो वह है जो अभय सिखाये, अबोध में प्रतिष्ठा दे, विद्रोह के लिए साहस दे। अज्ञात की चुनौती स्वीकार करने की हिम्मत दे।

पूरा सभागार सांस रोके, मौन, मंत्रमुग्ध होकर आचार्यश्री को सुन रहा था। आचार्यश्री का प्रवचन जारी था।

''शिक्षा सिखाती है—राम जैसे बनो, नेहरू या गांधी जैसे बनो। पर कोई भी मनुष्य किसी दूसरे जैसा होने के लिए पैदा नहीं हुआ है। प्रत्येक को स्वयं जैसा होना है। कृपया मनुष्य को वही होने दें जो होने को वह पैदा हुआ है। प्रत्येक बीज भिन्न है। गुलाब, गुलाब है और चमेली चमेली। गुलाब चमेली नहीं हो सकता और चमेली गुलाब नहीं। न कोई छोटा है न बड़ा। यह छोटे-बड़े, ऊंचे-नीचे का मूल्यांकन झूठा और बेहूदा है। न पुरोहित या राजनेता बड़ा है और न मजदूर या चमार छोटा। कार्य के साथ पद और प्रतिष्ठा जोड़ने से सारा संसार महत्त्वाकांक्षा के ज्वर में विक्षिप्त हो रहा है। किसी का अनुसरण सिखाने की या आदर्श सिखाने की कोई

आवश्यकता नहीं। महत्त्वाकांक्षा से मुक्त समाज ही वर्ग विहीन और शोषण शून्य हो सकता है।

शिक्षा महत्त्वाकांक्षा स मुक्त होनी चाहिए। लेकिन आदर्शों की सिखावन यह होने नहीं देती। बच्चों से कहा जाता है गांधी जैसे बनो, वैज्ञानिक बनो, इंजीनियर बनो, डॉक्टर बनो, आई. ए. एस. बनो। पर व्यक्ति वही होने में सफल हो सकता है जो होने के लिए वह उत्पन्न हुआ है। असम्भव बनने के प्रयास में पाखंड, हिंसा, ईर्ष्या और प्रतिस्पर्धा होती है। शिक्षा जिस दिन व्यक्ति की अद्वितीय और बेजोड़ निजता के सत्य को स्वीकार कर लेगी, उसी दिन एक क्रांति का सूत्रपात होगा। जीवन में, समाज में सभी की आवश्यकता है। उसे डॉक्टर और इंजीनियर चाहिये तो चित्रकार और संगीतज्ञ भी। सबका अपना-अपना महत्त्व और स्थान है। पर कार्यों को पद, प्रतिष्ठा के साथ जोड़ने से संसार में विक्षिप्तता बढ़ी है।

राजपदों को हम जब तक ऊपर रखते हैं, तब तक हम अनजाने ही बच्चों को राजनीति सिखाते हैं। राजपदों की प्रतिष्ठा व सुविधा, आकांक्षा को जगाती है। महत्त्वाकांक्षा से हिंसा, प्रतिस्पर्धा जन्म लेती है। प्रतिस्पर्धा प्रेम से बिलकुल उलटी है। वह घृणा और ईर्ष्या को जन्म देती है। आगे होने की दौड़, प्रथम होने की दौड़ की शुरुआत शिक्षकों से होती है और फिर पूरे जीवन में, मृत्यु तक यही दौड़ चलती रहती है। इसके मूल में अहंकार का पोषण होता है। छोटे-छोटे बच्चों का सरल चित्त अहंकार से विषाक्त किया जाता है। उपदेश विनय के दिये जाते हैं पर सिखाया अहंकार जाता है। क्लास में छात्रों में जब तक प्रतिस्पर्धा है, प्रेम कैसे जन्म ले सकता है? ईर्ष्या, हिंसा और घृणा ही जन्म लेती है। शिक्षा की आमूल पद्धति ही बदली जाने की आवश्यकता है। प्रथम और अंतिम की कोटियां तोड़नी होंगी। परीक्षाओं को समाप्त करना होगा। प्रेम जब प्रतिस्पर्धा का स्थान लेता है, तभी सत्य की प्रतिष्ठा होती है।

जीवन का मूल्य मात्र सफलता में नहीं, सत्यम, शिवम् और सुन्दरम् में है। सत्य के लिए हार जाना भी जीत है। हारने के साहस में ही आत्मा सबल हो पाती है। विजय और पराजय, सफलता और असफलता अर्थहीन है।

परमात्मा और आत्मा के संबंध में भी विश्वास या अविश्वास बच्चों पर थोपे जाते हैं। उनपर गीता, रामायण, कुरान या बाइबिल थोपी जाती हैं। उन्हें सिखाया जाता है कि इन ग्रंथों में जो लिखा है, वही सत्य है, वही अंतिम है। बाकी अन्य किताबों में जो लिखा है वह गलत है। इस प्रकार सत्य के संबंध में जिज्ञासा उत्पन्न ही नहीं होने पाती है। धर्मग्रंथों पर संदेह नहीं, विश्वास करना सिखाया जाता है। चूंकि संदेह करना नहीं सिखाया जाता इसलिए कोई भी अपनी खोज नहीं करता। तैयार समाधानों को हम तोते की तरह दोहराते रहते हैं।

मेरी दृष्टि में शिक्षक वही है जो प्रसुप्त समस्याओं को, जिज्ञासा को जगाता है, बच्चों को उनके स्वयं के अनुसंधान के लिए अभय और साहस से भर देता है। इसीलिए मैं कहता हूं कि शिक्षक होना बहुत बड़ी साधना है। शिक्षक होने के लिए अत्यंत विद्रोही, सजग और सचेत आत्मा चाहिए। जिस शिक्षक में विद्रोह की अग्नि नहीं है वह जाने-अनजाने किसी स्वार्थ, किसी नीति, किसी धर्म या किसी राजनीति का दलाल हो जायेगा। वह उन पक्षपातों और धारणाओं को बच्चों पर आरोपित करेगा, जिनमें वह स्वयं कैद है। शिक्षक स्वयं स्वतंत्र हो, तभी वह विद्यार्थी के लिए स्वतंत्रता का संदेशवाहक हो सकता है। उसे परम्पराओं से मिला बहुत-सा कूड़ा-करकट जलाना है। व्यर्थ के घासपात से मनुष्य के मन की भूमि को साफ करना है ताकि उसपर प्रेम और सौंदर्य के फूलों की खेती हो सके। यह बहुत बड़ा उत्तरदायित्व है। यदि शिक्षक इसे पूरा कर सकेगा केवल तभी एक नये मनुष्य का, एक नई मनुष्यता का जन्म हो सकता है।

आचार्यश्री लगभग एक घंटा धारा प्रवाह बोलते रहे। उन्होंने गुरुकुल शिक्षा-पद्धति की आलोचना करते हुए उपनिषद् काल की शिक्षा-पद्धति का उल्लेख किया। जब गुरु, शिक्षक नहीं, सद्‌गुरु या ऋषि हुआ करते थे, जो तोतारटंत शास्त्र नहीं, अपने अनुभव को सुनाकर शिष्यों की जिज्ञासा, अभीप्सा उदीप्त करते थे। उन्होंने तक्षशिला व नालन्दा विश्वविद्यालयों की शिक्षा-पद्धति की तुलना शांति निकेतन की शिक्षा-पद्धति से करते हुए, उन्हें एक सीमा तक उपयोगी बताया। पर यह विश्वविद्यालय चूंकि नष्ट कर दिये गए, अतः सारी शिक्षा-व्यवस्था ही अस्त-व्यस्त हो गई। अन्य अनेक बिन्दुओं को उठाते हुए और उनका समाधान देते हुए उन्होंने अंत में कहा— आप लोग निर्भय हों, प्रेमपूर्ण हों, स्वतंत्र हों, अपनी निजता को जानकर अपने स्वभाव के अनुसार कार्यरत हों।

छात्रों को संबोधित करते हुए उन्होंने कहा—''आज लोग कहते हैं, छात्र अनुशासनहीन हैं, गुरुजनों का अपमान करते हैं, तोड़फोड़ और हड़तालें करते हैं। मैं कहता हूं, इसके लिए छात्र कतई जिम्मेदार नहीं, खुद उनके गुरुजन ही उसके लिए जिम्मेदार हैं। आजादी के बाद शिक्षा के बारे में, शिक्षा-पद्धति के बारे में यदि गम्भीरता से सोच-विचार किया गया होता और उसके अनुसार कार्यवाही की गई होती तो आज तस्वीर कुछ दूसरी होती। पर दुर्भाग्य यही है कि आप लोगों की अपरिमित शक्ति का नेतागण आज भी शोषण कर रहे हैं। आज भी चुनाव में जीतने के लिए वह आपसे सहयोग मांगते हैं। आपको पैसा देकर खरीदते हैं वे लोग। वो आपका शोषण करते हैं, आपका इस्तेमाल करते हैं। उन्हें इससे कोई मतलब नहीं कि शिक्षा आपके अंधेरे जीवन में प्रकाश लाती है या नहीं, आपको एक बेहतर इनसान बनाती है या नहीं। यह मैं किसी एक पार्टी की नहीं, हर एक पार्टी की बात कर रहा हूं। ब्रिटिश सरकार ने शिक्षा-पद्धति क्लर्क और अफसरों की भर्ती के लिए तैयार की थी और शिक्षा के क्षेत्र में उन्होंने छात्रों के लिए अनुशासन केवल इसीलिए निर्धारित किया, जिससे उसे वफादार कर्मचारी मिलते रहें। अध्यापक भी केवल तोतारटंत कोर्स बुक का कचरा ही छात्रों के मस्तिष्क में ठूंसने का प्रयास करते हैं। इन दोनों पद्धतियों से छात्रों में स्वतंत्र विचार और विवेक जन्म नहीं ले पाता। अपने व्यक्तित्व और चरित्र से अध्यापक यदि अपने लिए छात्रों का सम्मान अर्जित नहीं कर पाते तो इसमें आश्चर्य क्या? मैं अनुशासन के स्थान पर विवेक से जागृत आत्म-अनुशासन की बात स्वीकार करता हूं। पर पहले आप छात्रों को स्वतंत्र विचार के लिए भूमि तो दें।''

हमारी शिक्षा व्यवस्था ने हमें महत्त्वाकांक्षा सिखाई है। प्रारम्भ से ही हर मां-बाप चाहता है—उसका बेटा अव्वल आये। वह इंजीनियर बने, डॉक्टर बने, आई. ए. एस. बने। अव्वल आने पर या अच्छे नंबर से पास होने पर उसकी पीठ ठोंकी जाती है। प्रारम्भ ही से एक प्रतियोगिता प्रारम्भ हो जाती है। अव्वल आने के लिए, फिर चाहे फिजिक्स; केमिस्ट्री के प्रेक्टिकल्स में प्रोफेसर की खुशामद करना पड़े, उसे प्रेजेन्ट्स देनी पड़े—वह हर हाल में अव्वल आना चाहता है। जो कम कुशाग्र बुद्धि है, वह सफल होने के लिए नकल करते हैं। परीक्षा तो उन्हें भी पास करनी है, चाहे जैसे हो, उन्हें सफल होना है। और यह पूरी परीक्षा-प्रणाली ही गलत है, जिसमें प्रश्नों का उत्तर देना होता है। तुम लोग किताबों को रटो और फिर परीक्षा कॉपी में वही सब वमन कर दो। यह विद्वता, निजता और मौलिक प्रतिभा को मांपने का कैसा थर्मामीटर है? यह तो तोतारटंत लोगों के बीच की प्रतियोगिता है, कि कौन कितना पढ़कर कितना याद कर सकता है? गुरुदेव टैगोर ने शिक्षा की कोई डिग्री नहीं ली, वह किसी विश्वविद्यालय में नहीं पढ़े, पर उनकी प्रतिभा के सूर्य ने सारे विश्व को प्रकाशित कर दिया। पर आप लोगों को तो अव्वल आने

की घुट्टी पिलाई गयी है। शिक्षा के बाद आप जीवन के जिस आयाम में भी प्रवेश करते हैं वहां भी यही भावना कायम रहती है कि दूसरों को धकेल कर, कैसे ऊंची कुर्सी हथियाई जाये? चाहे इसके लिए बेईमानी करनी पड़े, अपनी आत्मा को नीलाम करना पड़े, चाहे किसी का गला भी घोंटना पड़े, फिर भी आदमी अपने क्षेत्र में अव्वल आना चाहता है।

हमें ऐसी शिक्षा-व्यवस्था की आवश्यकता है जिसमें प्रत्येक छात्र की निजता को पहचान कर, उसके अनुसार ही उसको विकसित होने का अवसर दिया जाये। अमेरिका में मनोवैज्ञानिक लोग छात्र के व्यवहार, उसकी रुचि को देखकर यह निश्चय करते हैं कि इसकी प्रकृति, इंजीनियर या डॉक्टर बनने की है, या वह एक चित्रकार या संगीतकार बन सकता है। या इसके अंदर एक स्पोर्ट प्लेयर बनने के गुण हैं। उसी के अनुसार ग्रुप बनाकर, अलग-अलग शिक्षा-व्यवस्था की आवश्यकता है। उसकी प्रगति उसके विचार को देखकर ही, बगैर परीक्षा उसे अपने क्लास में प्रमोट कर दिया जाये। ना कोई अव्वल हो ना कोई दोयम। उनकी सृजनात्मकता के अनुसार ही उनकी योग्यता परखी जाये।

पर इसके लिए जरूरत है कि अच्छा संगीतकार बनने पर अच्छा चित्रकार, अच्छा कवि, या कुशल खिलाड़ी बनने पर हमारी राजनीतिक व्यवस्था भी सभी श्रेष्ठ लोगों के लिए एक समान वेतन निर्धारित करे। जो सुविधा या वेतन एक डॉक्टर, इंजीनियर, प्रशासक या अध्यापक को मिलना चाहिए, वही सुविधा, वही वेतन एक कुशल कलाकार या खिलाड़ी को भी प्राप्त कराना समाज का दायित्व है। हमारे नेता लोग ओलम्पिक के बाद आंसू बहाते हैं कि हमारे देश में अच्छे खिलाड़ी नहीं हैं, मैं उनसे पूछना चाहता हूं कि आपने अच्छे खिलाड़ी बनाने के लिए आखिर किया क्या है? आपने वानगॉग और पिकासो तैयार करने में कौन-सा श्रम किया है? आपने टॉलस्टॉय, पुश्किन, चेखव, तुर्गनेव, दोस्तोवस्की, गोर्की और जार्ज बर्नार्ड शॉ जैसों को खोजने, और तलाशने के लिए कौन-सी मेहनत की है?

दूसरी बात कही जाती है, छात्र, गुरुजनों का सम्मान नहीं करते। सम्मान मांगा नहीं जाता, सम्मान अपने गुणों के कारण खुद मिलता है। यह बात नहीं कि छात्र किसी प्रोफेसर का सम्मान नहीं करते। मैं जानता हूं और आप सभी जानते हैं कि ऐसे चंद गुरुजन हर युनिवर्सिटी में, हर कॉलेज में हैं, जो अपने काम के लिए समर्पित हैं। वो लोभी नहीं हैं। वह किसी का अनुचित पक्षपात नहीं करते। वह छात्रों की कठिनाइयों को समझ कर उनके सुख-दुःख के साझीदार बनते हैं। छात्र को योग्यता और प्रतिभा को पहचान कर, पार्टी पॉलिटिक्स, जात-पांत सभी से ऊपर उठकर जो ईमानदारी से उस हीरे को तराशते हैं, प्यार करते हैं—ऐसे गुरुजनों का कोई छात्र अपमान नहीं करता। उनकी श्रद्धा करता है, सम्मान करता है। और जो गुरु ऐसे नहीं हैं, जो बिना अपनी मौलिक प्रतिभा के किसी जुगाड़ से प्रोफेसर बन बैठे हैं, जो केवल अपने लेक्चर में कुछ पुस्तकों का केवल वमन करते हैं, जिनमें अपनी कोई मौलिक प्रतिभा नहीं, गुण नहीं, जिनमें मानवीयता नहीं, ऐसे गुरुजनों का अगर निरादर किया जाता है तो इसमें आश्चर्य क्या? यह होना ही चाहिए।

विश्वविद्यालय के अध्यापक तो उस बगिया के गुलाब, चंपा, चमेली और बेला के पुष्पों की तरह हैं, जिनमें गंध होनी ही चाहिये। गंध होगी तभी तो भौंरे और तितलियां उनके चारों ओर नृत्य करते अपने आप आयेंगे। मधु संचय कर वो समाज को शहद देंगे। और जिस बगिया में भटकटैये के फूल हों, नागफनी या कैक्टस उगते हों, उनकी उपेक्षा अगर छात्र करते हैं तो इसमें अस्वाभाविक क्या है?''

सभी लोग मंत्रमुग्ध होकर उन्हें सुन रहे थे। बीच-बीच में करतल ध्वनि से हाल कई

बार गूंजा। अंत में समापन करते हुए आचार्य रजनीश ने कहा—"आप लोगों में अपार ऊर्जा है। यह तो ऊर्जा का प्रयोग करने वालों पर है कि वह ऊर्जा से चाहें तो एटम बम बनायें और चाहे आणुविक भट्टियों से बिजली का उत्पादन कर लाखों अंधेरे घरों को रोशन करें, जहाज और पनडुब्बियां चलायें। आप लोग अपनी निजता को पहचानें। अपनी ऊर्जा को जानें। आपको परमात्मा ने जो बनने के लिए भेजा है, वही बनें, चाहे कैसी भी रुकावटें सामने आयें। और दूसरी बात जो जरूरी है वह है प्रेमपूर्ण होने की। बिना प्रेम के जीवन में कोई सुगंधि नहीं, कोई उत्सव नहीं।"

आज जीवन जो इतना तनाव पूर्ण, उदास और उलझन भरा दिखाई देता है उसकी एक ही वजह है कि आपके जीवन में प्रेम का फूल नहीं खिला है। पर प्रेम होने से मेरा मतलब लड़के और लड़की के शरीर के तल पर प्रेम से नहीं है। शरीर के तल पर भी किये गए प्रेम को मैं निंदनीय नहीं मानता। पर प्रेम आपके जीवन का विकास रोक दे, आपके जीवन को समस्याग्रस्त बना दे, वह प्रेम होता ही नहीं। वह वासना होती है, एक चाह होती है। प्रेम इन सभी से ऊपर की चीज है। आप स्वयं अपने में झांककर देखें, क्या आप वास्तव में प्रेमपूर्ण हैं? अगर आप प्रेमपूर्ण हैं तो हर वक्त फूल से खिले-खिले ताजी ओस की तरह होंगे। जो भी आपके सम्पर्क में आयेगा वह प्रेम की वर्षा से भींग जायेगा। क्या आप अपने हास्टल या मेस के लड़के को प्रेमपूर्ण होकर देखते हैं? क्या एक रिक्शे वाले को भी कभी आपने इसी प्रेम से देखा है? प्रेम में लिया नहीं, केवल दिया जाता है। किसी लड़की से प्रेम करना भी कोई अपराध नहीं है। पर केवल रूप पर नहीं, आंतरिक गुणों को पहचान कर, यदि तुम समझते हो कि उसका साथ जीवन में संगीतपूर्ण होगा तो समाज, मां-बाप, जाति-पांति, दहेज इन सभी प्रतिबंधों को तोड़कर जरूर विवाह करो, पर केवल तभी जब अपने पैरों पर खड़े हो सको। आत्मनिर्भर बन सको।

प्रवचन डेढ़ घंटे तक चला। कई बोध कथाओं और चुटकुलों के साथ दिये प्रवचन के दौरान कई बार तालियों की करतल ध्वनि से हॉल गूंजता रहा।

यह क्रांतिकारी वचन, बुद्धिजीवियों के लिए एक चुनौती, और छात्रों के लिए एक नई मंजिल का आह्वान था।

इसके बाद बनारस में तीन-चार अन्य स्थानों पर भी आचार्यश्री के प्रवचन हुए और चौथे दिन वह जबलपुर चल पड़े।

❑ ❑

आचार्यश्री प्रेमी मित्रों के बीच

वह जून की एक उमस भरी रात थी। हलकी लू अब तक चल रही थी। चारों ओर धूल उड़ रही थी पर आचार्यश्री के बंगले का लान हरा-भरा था। उसके चारों ओर रातरानी, रजनीगंधा, बेला, गुलाब आदि के पौधे व्यवस्थित ढंग से लगे थे। उसके पीछे ऊंची हेज थी। लान में कुर्सियों पर प्रतीक्षा करते प्रेमी मित्र, आचार्यश्री के बुलावे की प्रतीक्षा कर रहे थे।

तभी अंदर से अरविंद भाई ने आकर सभी को अंदर आने का संकेत किया। सभी लोग उन्हें प्रणाम कर उनके संकेत पर कुर्सियों पर बैठ गये। कुछ लोगों ने श्रद्धापूर्वक उनके चरणों का भी स्पर्श किया।

दो-चार औपचारिक बातों के बाद श्री भीखमचंद ने कहा—''यह कहा जाता है कि साधना के दौरान साधकों को दिव्य शक्तियां प्राप्त होती हैं। कुछ चमत्कार होते हैं, जिससे उन्हें अपने दिव्य होने का भ्रम हो जाता है। आपके सान्निध्य में आते ही मुझे प्राय: एक अद्‌भुत आनंद, अनोखी शांति का अनुभव होता है। यह सब क्या है?''

आचार्यश्री ने उत्तर दिया—''मनुष्य के मस्तिष्क में करोड़ों सेल होते हैं जिनमें से अधिकतर कार्यशील नहीं होते। साधना करने से यह सोये सेल क्रियाशील होने लगते हैं और संवेदनशीलता तीव्र हो जाती है। मन में तमाम शक्तियां सोयी हुई पड़ी हैं, जो उनके जागरण के प्रयोगों से होकर गुजरता है, उसकी कुछ शक्तियां जागृत हो जाती हैं। पर जो साधक इन शक्तियों का प्रदर्शन करने लगते हैं, या अहंकार में डूब जाते हैं उनके आगे की प्रगति रुक जाती है। अहंकार ही बाधा बन जाती है। पर यह मानसिक धरातल पर होने वाली सहज प्राकृतिक घटनाएं हैं। इसमें दिव्य कुछ भी नहीं है। पर यह सब मन का खेल है, और परमात्मा तो मन के पार शुद्धतम अस्तित्व है। आप लोग जो ध्यान के प्रयोग कर रहे हैं, उनसे मन शांत होकर जिस दिन सब कुछ शून्य हो जायेगा, विचार खो जायेंगे, उसी दिन आनंद व शांति अपने आप झरने लगेगी।''

एक अन्य साधक ने प्रश्न किया—''ध्यान के लिए विचार शून्यता के अतिरिक्त क्या कुछ और भी आवश्यक है?''

आचार्यश्री ने उत्तर देते हुए कहा—''विचार शून्यता तो अनेक स्थितियों में होती है। फिर शून्यता मूर्च्छित अवस्था में या गहरे दु:ख और सुख में भी संभव है। किसी गहरी चोट लगने पर भी विचार शून्यता आती है। तल्लीनता में भी विचार शून्यता आती है, लेकिन वह सम्मोहन का ही एक रूप है। तल्लीनता और एकाग्रता में भी व्यक्ति अपने को भूल जाता है। लेकिन साधना के जीवन में जो शून्यता, चित्त के विसर्जन पर आती है, वही साधक के लिए सिद्धता की अवस्था है, विचार शून्यता के साथ परिपूर्ण जागृति हो, यह ध्यान के प्रयोग से ही संभव है।''

रेलवे के डॉक्टर बिजलानी ने पूछा—''आज विज्ञान का युग है। पर क्या आज के युग में वैज्ञानिक होना शुभ नहीं है?''

आचार्यश्री ने हुए उत्तर दिया—''वैज्ञानिक होना तो एकदम उचित है, लेकिन जो अंतस जीवन धारा के श्रेष्ठतम मूल्य विनष्ट हो गये हैं, उससे भौतिक समृद्धि पाकर भी हम दरिद्र हो

गये हैं। जरूरी है कि वैज्ञानिक आधारों पर सरलता और धैर्ययुक्त चित्त की भूमि पर आध्यात्मिक जीवन के प्रयोग किये जायें, तभी अंतस जीवन की श्रेष्ठता घटित हो सकती है।''

कुछ रुककर आचार्यश्री बोले—''विज्ञान और धर्म, यह जीवन के दो पंख हैं। वैज्ञानिक बुद्धि से बाहर के जीवन का विकास आवश्यक है और धार्मिक होने से, व्यक्ति शांत हो जाता है। आज पूरा पश्चिम भौतिक रूप से तो समृद्ध है पर अंदर से उतना ही अशांत है। ऊबा हुआ है। यह शांति सच्ची धार्मिकता ही दे सकती है। विज्ञान पदार्थ की खोज करता है और धर्म परमात्मा की। पर विज्ञान भी अणु के बिखंडन के बाद यह देखकर आश्चर्यचकित रह गया है कि परमाणु के बिखंडन के बाद उसके एक अणु का एक्शन एकदम अनिश्चित है। जब पदार्थ के संबंध में जो भी होता है वह पूर्ण निश्चित होता है। केवल चेतन का व्यवहार अनिश्चित है। इससे सिद्ध हुआ कि जड़ में भी चैतन्य है। जब कि हजारों वर्षों से धर्म की घोपणा है कि वह जड़ चेतन सभी में व्याप्त है। कुछ रुककर फिर आचार्यश्री ने कहा—सुख, संपत्ति भौतिक जीवन की समृद्धि और विचार, यह विज्ञान की देन है। पर इसके ही साथ उसने मानव विनाश के लिए परमाणु अस्त्र भी बनाये हैं। विज्ञान का उपयोग मानव जीवन के विकास के लिए हो, यह तो ठीक है, पर जीवन की पूर्णता के लिए धर्म की भी उतनी ही आवश्यकता है।''

और यह कार्यक्रम इसी प्रकार एक घंटे तक चलता रहा। फिर सभी लोगों ने प्रणाम कर आचार्यश्री से विदा ली।

❑ ❑

वोटर लिस्ट में नाम क्यों नहीं ?

आचार्यश्री बंगले के लान में सुबह केवल लुंगी पहने नंगे बदन धूप सेंक रहे थे तभी जनगणना के सुपरवाइजर ने उन्हें फार्म देते हुए उसे भरने को कहा। आचार्यश्री ने तुरन्त फॉर्म भरकर उसे वापस दे दिया। वह उसकी जांच करते हुए बोला—"आपने धर्म वाला कॉलम खाली क्यों छोड़ दिया?"

आचार्यश्री ने उत्तर दिया—"यह कॉलम मैं इसलिए नहीं भर सकता क्योंकि मेरा कोई भी धर्म नहीं। मैं किसी धर्म जैसी वाहियात बात पर विश्वास ही नहीं करता।"

सुपरवाइजर आश्चर्य से बोला—"विश्वास करने या न करने का सवाल क्या? आखिर आप जिस परिवार में पैदा हुए, उनका जरूर कुछ-न-कुछ धर्म होगा?"

आचार्यश्री ने उत्तर दिया—"किसी परिवार में उत्पन्न होने के कारण, किसी भी व्यक्ति का धर्म, परिवार का धर्म नहीं हो जाता। धर्म तो व्यक्ति का अपना चुनाव है। और मुझे कोई धर्म चुनने जैसा लगता ही नहीं। यह सारे धर्म तो इनसान को इनसान से लड़ा रहे हैं, घृणा और हिंसा का प्रसार कर रहे हैं।"

सुपरवाइजर परेशान होकर बोला—"मुझे धर्म की व्याख्या-याख्या से कोई सरोकार नहीं। आप फॉर्म पूरा भर दें, तो मैं आगे काम शुरू करूं।"

आचार्यश्री उसी सहजता से बोले—"फॉर्म तो मैंने भर ही दिया है और धर्म का कॉलम क्यों खाली छोड़ दिया, यह भी आपको बता दिया। आप शौक से आगे का काम शुरू करें।"

सुपरवाइजर कुछ सोचकर बोला—"अच्छा, अगर आप किसी धर्म को नहीं मानते तो तै बात है—परमात्मा को भी नहीं मानते होंगे। कम्युनिस्ट किसी परमात्मा को नहीं मानते। फिर आप फार्म में नास्तिक होना ही लिख दें।"

आचार्यश्री ने उत्तर दिया—"मैं नास्तिक भी नहीं हूं।"

सुपरवाइजर हैरान होकर बोला—"अगर आप नास्तिक नहीं हैं, तो इसका मतलब है आप आस्तिक हैं। और हर आस्तिक किसी-न-किसी धर्म में निश्चित ही विश्वास रखता है।"

आचार्यश्री इस बार दूसरा धमाका करते हुए बोले—"मैं आस्तिक भी नहीं हूं।"

सुपरवाइजर उन्हें आठवें आश्चर्य की तरह देखते हुए बोला—"आप अजीब इनसान हैं। आप कहते हैं आप नास्तिक भी नहीं हैं। फिर आप कहते हैं, आस्तिक भी नहीं हैं। आप क्यों मुझसे मजाक कर रहे हैं? देखिये, मुझे पूरी लोकलटी की जनगणना करनी है। लोग मुझे इस तरह उलझाते रहे, तो मैं आज दो-चार घर ही निबटा पाऊंगा।"

आचार्यश्री दृढ़ता से बोले—"आप बेकार परेशान हो रहे हैं, सीधे से आप फॉर्म में यही क्यों नहीं लिख देते कि मेरा किसी धर्म में विश्वास नहीं है या मेरा कोई धर्म नहीं है। और अगर यह भी नहीं लिखना चाहते तो फॉर्म को फाड़कर फेंक दीजिये। मुझे वोट देने में कोई दिलचस्पी नहीं। और देखिये मिस्टर! यह आस्तिक, नास्तिक की बात आपने ही शुरू की थी। मैंने तो आपकी बात का उत्तर दिया था। जब परमात्मा से मेरा कोई मतलब नहीं, उससे मेरा कोई लेना-देना नहीं, तो विश्वास या अविश्वास की बात मैं कह कैसे सकता हूं?"

उनकी अटपटी बातों से सुपरवाइजर ने अपनी हार होना समझते हुए अगला फंदा फेंकते हुए कहा—''अच्छा, आप किसी-न-किसी प्रकार की प्रार्थना तो करते होंगे?''

आचार्यश्री मुस्कुराते हुए बोले—''मैंने आज तक कभी कोई प्रार्थना भी नहीं की। और मैं क्यों करूं प्रार्थना?''

इस बार सुपरवाइजर झुंझलाकर पैर पटकता उठ खड़ा हुआ। झल्लाकर बोला—''मुझे तो लगता है, आपका दिमाग खराब हो गया है। मेरे तो सिर में दर्द हो गया। इतना भेजा अगर हर घर में खराब करना पड़ा तो मैं तो पागल हो जाऊंगा।''

बड़बड़ाता हुआ सुपरवाइजर बाहर चला गया। और आचार्यश्री सोचते रहे कि बच्चा कोई धर्म लेकर पैदा नहीं होता। मां-बाप और समाज उस पर अपना धर्म बरबस तभी थोप देते हैं जब वह सोच समझ नहीं सकता, विचार नहीं कर सकता। उसे चुनाव करने का अवसर धर्म और समाज देना ही नहीं चाहता, क्योंकि धर्म की मूर्खताओं और अंधविश्वासों को जानकर वह मानने से मना कर देगा। इसलिए बचपन से मां-बाप उसे ऐसे ईश्वर पर विश्वास करने के लिए कहते हैं, जिसे उन्होंने जाना नहीं, कभी अनुभव नहीं किया उसका। ईश्वर के साथ मंदिर, मस्जिद, चर्च, स्वर्ग-नर्क—ढेर सारी मूढ़ताएं उसके दिमाग में ठूंस दी जाती हैं। उसे बताया जाता है उसी का धर्म सर्वश्रेष्ठ है। इसलिए जो शास्त्र कहते हैं, उसे आंख मूंदकर उसका पालन करो। संदेह मत करो। संदेह भटकाता है। अंध विश्वासी होकर वह दूसरे धर्मावलम्बी को घृणा करता है। धर्म के नाम पर पूरा इतिहास युद्धों और कत्लेआम से रक्तरंजित है।

तभी अंदर से क्रांति ने आवाज दी—''आपका नाश्ता तैयार है।''

और आचार्यश्री अंदर चले गये। आज रात ही उन्हें जयपुर के लिए गाड़ी पकड़नी थी।

❑ ❑

सिल्वर किंग का प्रेम

आचार्यश्री से एकान्त में भेंट करने वालों में अंतिम व्यक्ति 70 वर्षीय एक जैन वृद्ध श्री सोहन लाल डूंगर थे, जो बड़े धैर्य से अपनी बारी की प्रतीक्षा कर रहे थे। उन्होंने स्वयं सबसे अंत में ही भेंट करने के लिए अनुरोध किया था। वह केसरिया पगड़ी, राजस्थानी अंगरखा व धोती पहने हुए थे। वह जयपुर के सर्वाधिक धनी व्यक्तियों में से एक थे। उनकी कलकत्ते में भी भव्य कोठी थी, जहां से पूरे एशिया में वह अपनी चांदी का व्यापार करते थे। उन्हें भारत का ही नहीं, एशिया का सिल्वर किंग कहा जाता था।

जब सबसे अंत में उन्हें आचार्यश्री के पास ले जाया गया तो बड़ी श्रद्धा से वह उनके चरणों पर झुक गये। आचार्यश्री उन्हें उठाते हुए बोले—''आप इतने बुजुर्ग हैं। आप चरण-स्पर्श करें, यह अच्छा नहीं लगता।''

वह और मजबूती से उनके पैर पकड़ते हुए बोले—''आप मुझे इस सौभाग्य से वंचित न करें। कोई भी आयु से ही बड़ा नहीं होता। आप तो मेरे भगवान हैं।''

और उनकी आंखों से अश्रु गिरने लगे। फिर उन्होंने अपने अंगरखे की दोनों जेबों से सौ-सौ के नोटों की गड्डियां निकालकर आचार्यश्री के चरणों पर रख दीं।

नोट देखकर आचार्यश्री बोले—''आप इस समय कृपया यह धन अपने ही पास रखें तो अच्छा है, क्योंकि फिलहाल मुझे इस धन की कोई आवश्यकता नहीं है। और ऐसी बात नहीं कि मैं धन स्वीकार नहीं करता। अपने इस कार्य के लिए मुझे धन की अवश्य आवश्यकता होती है, और जब कोई इसे प्रेम से देता है तो मैं उसे प्रसन्नता से स्वीकार भी करता हूं। आपके प्रेम और भाव को मैं अच्छी तरह महसूस कर रहा हूं। आप कृपया अपना पता मुझे दे दें। मुझे जब भी धन की आवश्यकता होगी, मैं आपसे सम्पर्क कर पूछ लूंगा कि आपके पास अब भी फालतू धन हो और आप उसे देने की भाव, दशा व स्थिति में हों, तो कृपया भेज दें। इस समय बिना आवश्यकता मैं धन लेकर करूंगा क्या? मुझे आज रात ही 36 घंटे का सफर करना है। यह धन साथ होगा तो हो सकता है कि इसकी सुरक्षा की खातिर मुझे नींद ही न आये। आप मुझे व्यर्थ चिंता में क्यों डालना चाहते हैं?''

सेठजी ने कोई उत्तर नहीं दिया। अभी तक तो उनकी आंखों से प्रेमाश्रु बह रहे थे, पर आचार्यश्री की इनकार सुनकर वह फूट-फूटकर रो पड़े।

उन्हें रोता देख आचार्यश्री ने पूछा—मैंने आपकी भावनाओं को आहत करने के लिए कुछ भी नहीं कहा, फिर आप रो क्यों रहे हैं? मैं केवल यही तो कह रहा हूं कि इस समय मुझे वास्तव में धन की आवश्यकता नहीं, जब होगी, आपसे नि:संकोच मांग लूंगा।

सेठजी कुछ व्यवस्थित होकर बोले—''मुझे आपकी किसी भी बात ने आहत नहीं किया है। पर आचार्यश्री! मैं दुनिया में सबसे गरीब आदमी हूं। सिवाय धन के मेरे पास और कुछ भी नहीं है। यदि आप इस धन से इस समय इनकार कर रहे हैं तो इसका अर्थ मुझ मूढ़ के लिए केवल इतना है कि आप मुझे ठुकरा रहे हैं। आपके लिए मेरे हृदय में इतना गहन भाव और श्रद्धा है कि मैं उसे व्यक्त नहीं कर सकता। आपके प्रवचन ने मुझे जीवन का एक नया

अर्थ, एक नई जागृति दी है। आपसे मेरा अनुरोध है कि आप इसे अस्वीकार न करें। आप इन नोटों को चाहे अभी फाड़कर फेंक दें, या मेरे सामने जला दें, मुझे इससे कोई मतलब नहीं। अब यह राशि मैं वापस नहीं ले जाऊंगा। और आपसे हाथ जोड़कर मेरा यह भी निवेदन है कि भविष्य में भी यह अधम, गरीब जो भी भेंट दे, उसे आप लेने से इनकार न करें, क्योंकि मेरे पास सिवाय धन के और कुछ देने को है भी नहीं। इसके सदुपयोग से मेरे मन को जो शांति मिलेगी, उसे आप छीनें नहीं।''

सेठजी के आंसू सच्चे और प्रामाणिक थे। वह नहीं, जैसे उनका हृदय बोल रहा था।

आचार्यश्री मुस्कुराकर बोले—''ठीक है, तो मैं स्वीकार किये लेता हूं। पर सेठजी, अभी आपकी जेबों में कुछ और भी है, उन्हें भी क्यों वापस लिए जाते हैं?''

सेठजी गुलाब के फूल की तरह खिल उठे। आंसू भरे चेहरे पर मुस्कान खिल उठी। प्रसन्नता से बोले—''यह कुछ बात हुई। आपने यह कहकर जो अपनापन दिखाया है, उससे मैं अभिभूत हूं।''

उन्होंने यह कहकर अपनी दोनों जेबें उलट दीं। प्रत्येक जेब में एक-एक हजार की एक-एक गड्डी और थीं। फिर वह प्रेममग्न होकर बोले—''मैं बहुत दिनों से आपकी ही जैसी विभूति की खोज में था। मुझे जैन समाज की बहुत-सी धार्मिक रूढ़ियां व्यर्थ लगती हैं। आपके प्रवचन से मुझे एक नई रोशनी मिली है। मुझे एक नई प्रेरणा और स्फूर्ति मिली है। यह जीवन जैसे व्यर्थ बीता जा रहा था। अब मैं ध्यान जरूर करूंगा। पर आपसे निवेदन है कि आप इस गरीब की कुटिया में कभी कलकत्ते भी पधारें।''

फिर उन्होंने कलकत्ते के पते व फोन नंबर का कार्ड देते हुए कहा—''केवल आप फोन द्वारा मुझे सूचना देने की कृपा करें कि आप कब कलकत्ता पधार रहे हैं?''

आचार्यश्री मुस्कुराकर बोले—''कलकत्ता भी आऊंगा। वहां भी कई प्रेमी मित्र हैं, जो मुझे याद करते हैं। आज एक मित्र और बढ़ गया।''

सेठजी प्रणाम कर उठ खड़े हुए और विभिन्न स्थानों में भ्रमण करते हुए लगभग एक मास पश्चात् आचार्यश्री कलकत्ता चल दिए।

❑ ❑

आचार्यश्री कलकत्ते में साहू शांति प्रसाद के अतिथि

आचार्यश्री कलकत्ता में साहू शांति प्रसाद डालमिया के अतिथि गृह में रुके हुए थे। उनका निवास उसी स्थान में था, जहां कभी कलकत्ता जब देश की राजधानी थी, वाइसराय रहा करते थे। मध्य कलकत्ता के इस आवास में भव्य कोठी के साथ सौ एकड़ का विस्तृत उद्यान था जहां दुर्लभ प्रजातियों के अनेक वृक्ष थे।

प्रात: बाग में जब आचार्यश्री फौवारों के निकट एक बेंच पर बैठे हुए थे, साहू शांति प्रसाद ने उनसे प्रश्न किया—"आचार्यश्री! मृत्यु के बाद क्या होता है? सभी धर्मों में इसके बाबत अनेक मत हैं, आपके देखे मृत्यु के बाद क्या पुनर्जन्म होता है?"

आचार्यश्री गम्भीरता से बोले—"मैं अभी मरा नहीं हूं, फिर मैं कैसे बता सकता हूं कि मृत्यु के बाद क्या होता है? अभी तक जिन उधार धर्मों ने इस बारे में घोषणाएं की हैं, वह केवल उनकी कल्पनाएं हैं, क्योंकि मरने के बाद क्या होता है, यह मरा हुआ आदमी बता कैसे सकता है? पर आप मृत्यु की बात छोड़िये। आप जीवित हैं। क्या कभी आपने जीवन के बारे में सोचा है? आप बता सकते हैं कि जीवन क्या है?"

शांति प्रसाद बोले—"मैंने कभी इसके बाबत गम्भीरता से सोचा नहीं। पर यों देखने में, खाने-पीने, सोने, बच्चे पैदा करने और धन उपार्जन में ही पूरा जीवन बीत जाता है। कभी-कभी धर्म-चर्चा भी हो जाती है। मैं तो बस इसी को जीवन समझता हूं। पर मैं जानता हूं कि यह जीवन की सही व्याख्या नहीं है। इससे अधिक स्पष्ट रूप से मैं जीवन के बारे में और कुछ बता भी नहीं सकता।"

आचार्यश्री ने उत्तर दिया—"जब जीवित रहते हुए भी अभी आपको जीवन के बारे में ठीक से मालूम नहीं, तो आप बिना मरे मृत्यु के बारे में कैसे जान सकते हैं? इसलिए जब तक जीवित हैं, पहले यह जानने का प्रयास कीजिए कि जीवन क्या है? असली मतलब हमें जीवन से है। मरने के बाद फिर कोई किसी की चिंता नहीं करता। ज्योति आकाश में विलीन हो जाती है। पर सभी धर्म-शिक्षक मृत्यु की बात पहले करते हैं। क्योंकि प्रत्येक व्यक्ति मृत्यु से डरा हुआ है। वह लोग उनके इस भय का शोषण करते हैं। मृत्यु के बाद के कल्पित स्वर्ग-नर्कों का बखान करके, वह लोगों को समझाते हैं, यहां जितना दान करोगे, मरने के बाद स्वर्ग में उसका हजार गुना मिलेगा। और अगर पाप किये तो अनंत काल तक नर्कों में सड़ोगे। उनके अनुसार हर वह स्वाभाविक कर्म पाप है, जिसे किये बगैर कोई रह नहीं सकता। सांस लेने में, पानी पीने में, भले ही नाक मुंह पर पट्टी बांधो, पानी छानकर पियो पर सूक्ष्म कीटाणु तो मरते ही हैं।"

धन के अर्जन में कुछ-न-कुछ, कहीं-न-कहीं औरों का शोषण भी होता है। औरों का जी दुखाये बगैर धन पैदा ही नहीं किया जा सकता। फिर कोई व्यक्ति काम-क्रोध का दमन कर ही नहीं सकता। यह स्वाभाविक वृत्तियां हैं। जो उनका दमन करते हैं, उनके जीवन देखो—

सूखा-सूखा, रेगिस्तान-सा शुष्क। उसमें कोई प्रवाह नहीं, संगीत नहीं। जैसे डबरे में बंद पानी सड़ रहा है। जो-जो वृत्तियां उन्होंने दबाई हैं, अचेतन के तल में जिन्हें फेंक दिया है, सपने में वह साकार हो जाती हैं। उन्हें छिपाने को वह पाखण्ड की एक चादर ओढ़ लेते हैं। भोजन इतना कम लेने लगते हैं कि काम वासना का जन्म ही न हो। पर कामवृत्ति के दबाने से क्रोध या अहंकार बढ़ जाता है। मैं इसीलिए कहता हूं कि पहले आप जीवन के बारे में सोचिये। मृत्यु के बाद क्या है, इसके बाबत कोई भी कहानी गढ़कर सुनाई जा सकती है, क्योंकि आपके पास उसे गलत सिद्ध करने का कोई उपाय नहीं है। सभी धर्माचार्यों का सारा व्यापार इसी पर आश्रित है कि लोग जीवन को निःसार, व्यर्थ और पाप समझकर जीवन के बारे में न सोचकर मृत्यु में रुचि लें। मृत्यु में रुचि लेकर उससे डरें। मैं आपसे कहता हूं कि आप जीवन से भागें नहीं, केवल जागें। शायद आप स्वयं अपने आप से दूर खड़े हुए हैं। आप जीवन के निकट आयें। जीवन को एक उत्सव की तरह स्वीकार करें। नाचते, गाते, आनंदित होते हुए उसका अनुभव करें। इसके लिए केवल संवेदनशील होने की आवश्यकता है। सूर्य की किरणों में जीवन का संदेश है। उसके ताप से बीज अंकुरित होता है। वृक्षों में विकास होता है, उनमें हरियाली आती है। चन्द्रमा की शीतलता में अद्भुत शांति और मिठास है। बादलों के गर्जन में अनाहद का राग गूंजता है। पक्षियों के चहचहाने में, झरनों के खिलखिलाने में, लहरों के आलोड़न में या मोरों के नाचने में जीवन ही तरंगित हो रहा है।''

आचार्यश्री दो क्षण को रुके। देखा शांति प्रसाद बड़ी तल्लीनता से सुन रहे हैं। उनका चेहरा एक नये उल्लास से चमक रहा है।

आचार्यश्री अपनी बात पूरी करते हुए बोले—''जीवन की कोई परिभाषा नहीं की जा सकती। जीवन तो नदी का वेगवान प्रवाह है। इस क्षण जो पानी अभी आपने देखा था, दूसरे ही क्षण वह पानी बह गया, दूसरा पानी आ गया। इसलिए क्षण-प्रतिक्षण जीवन को समग्रता से जीने पर ही उसका अनुभव किया जा सकता है। इसके लिए एक आशा भरा दृष्टिकोण, प्रकृति का साहचर्य, जीवन में उचित संतुलन और थोड़ा-सा सृजन चाहिए।''

इतना कहकर आचार्यश्री मौन हो गये।

शांति प्रसाद संतुष्ट होकर बोले—''जीवन में संतुलन और सृजनशीलता के संबंध में मैं कल आपका प्रवचन सुन ही चुका हूं। पर जीवन में यह संतुलन साधना ही सबसे अधिक कठिन लगता है।''

आचार्यश्री मुस्कुराकर बोले—हम चूंकि हमेशा अतियों में जीते हैं, इसलिए मध्य मार्ग, संतुलन हमें कठिन लगता है। पर जब हम एक मूर्च्छा में जी रहे हैं, तो संतुलन सध कैसे सकता है ? इसके लिए आवश्यक है, होश जागृत करना। जिसे महावीर अप्रमाद को उपलब्ध होना कहते हैं। पर मेरे देखे अप्रमाद के लिए केवल ध्यान ही पर्याप्त है। ध्यान करने से जो गलत है, अपने आप छूटता है, और साक्षी साधते-साधते, जब विचार खो जाते हैं, जीवन में सहज संतुलन स्वयं आ जाता है।

आचार्यश्री उठ खड़े हुए। उन्होंने देखा—साहूजी का सेवक फोन लिए सामने खड़ा था।

आचार्यश्री का दोपहर का भोजन जयपुर के उन्हीं सिल्वर किंग सेठजी के यहां था, जो उन्हें जयपुर में मिले थे और जिन्होंने बहुत आग्रह किया था कि वह जब कभी कलकत्ते आयें, उनके यहां कुछ दिन अतिथि बन कर रहें और उन्हें सेवा का अवसर दें।

यद्यपि सेठजी 70 वर्ष के वृद्ध थे पर कमर सीधी करके चलते थे। उनकी नेत्र ज्योति भी

ठीक थी और स्वास्थ्य अच्छा था। वह वृद्ध होते हुए भी रूढ़िवादी नहीं थे। धर्म की रूढ़ियों और अंधविश्वासों से उन्हें चिढ़ थी। जैन होते हुए भी उनकी जैन मुनियों के प्रवचनों में कोई दिलचस्पी नहीं थी। उन्होंने जब पहली बार आचार्यश्री को सुना था, वह उनके दीवाने हो गये थे। उन्होंने उनकी पुस्तकें और टेप अपने कई मित्रों को दिए थे।

आचार्यश्री के कल प्रवचन के दौरान ही उन्होंने दोपहर के भोजन के लिए उनकी सहमति ले ली थी और इसके ही साथ श्री शांति प्रसाद को भी आमंत्रित किया था। वह एशिया के सिल्वर किंग थे, उनकी कोठी विशाल तो थी पर जैन मुहल्ले में स्थित थी।

भोजन के बाद आचार्यश्री ने वहीं विश्राम किया।

शाम को फलाहार के दौरान, सेठजी ने पूछा—''आपने सुबह प्रवचन में कहा था कि भूत, भविष्य के बारे में न सोचकर केवल वर्तमान में रहा जाये, पर यह सम्भव कैसे है? भविष्य के लिए प्लानिंग बनाकर ही तो सांसारिक कार्य किए जा सकते हैं। और पिछला जो जैसा बीता है, उसे याद करने के बाद ही तो सही कदम उठाया जा सकता है।''

आचार्यश्री ने उत्तर दिया—''भूत और भविष्य यही दु:ख के कारण हैं। आप आनंदित होना चाहें तो केवल वर्तमान में ही आनंद है। पहले जैसा आपने सोचा था, वैसा न हो सका, इसे याद करने से दु:ख होता है, और भविष्य का क्या होगा यह चिंता आपको उद्विग्न कर देती है। चिंतायुक्त निर्द्वंद्व और निर्भय रहने का यही मूलमंत्र है। पर मैं आपकी कठिनाई समझ रहा हूं। आप यह पूछना चाहते हैं कि वर्तमान में रहते हुए व्यापार सम्भव नहीं है। व्यापार के लिए तो पिछले अनुभव को याद कर, और भविष्य का प्लानिंग बनाकर ही कार्य करना होता है। पर ऐसा करना चूंकि आपकी आदत बन गई है इसलिए आपको ऐसा लगता है। आप याद करें, कभी-कभी आपने आगा-पीछा सोचे बगैर भी, होशपूर्वक यदि कोई निर्णय लिया होगा तो उसके लिए आप पछताये नहीं होंगे। पर सारी बात है होश जागृत रहने की। अप्रमाद की। यदि ध्यान से एक बार होश जग जाये तो फिर कुछ गलत होता ही नहीं। जीवन को, व्यापार को सभी को एक खेल की तरह से लेने में ही सच्चा आनंद है। पाप-पुण्य की मैंने आपको सरल-सी परिभाषा बताई कि जो कुछ भी होशपूर्वक किया जाये वही पुण्य है। जो बेहोशी में, मूर्च्छा में किया जाये वही पाप है। फल की आकांक्षा न करते हुए, अकर्ता भाव से किया गया प्रत्येक कर्म शुभ और मंगलदायक है। आप धन कमा रहे हैं। धन कमाना कोई पाप नहीं है। देश और समाज की सुख-समृद्धि के लिए पूंजी का अर्जन होना ही चाहिये। पर धन का संग्रह करना पाप है। धन को अंग्रेजी में करेंसी कहा गया है। करेंसी का मतलब ही है, वह जो दूसरे से तीसरे के हाथ में दौड़े। जितनी तेजी से धन दौड़ता है वह और बढ़ता है। जैसे रुका हुआ पानी, सड़ने लगता है वैसे ही रुका हुआ धन समाज के लिए अभिशाप बन जाता है। पर धन जीवन के लिए एक साधन है, साध्य नहीं। धन में आसक्ति ही दु:ख का कारण है। और धन पर ही क्या, आसक्ति और पकड़ ही, चाहे वह किसी स्त्री पर हो या किसी वस्तु पर, वह ही दु:ख का कारण बन जाती है। अगर साधना भी मुक्ति की कामना से की जाये, आसक्ति रखकर की जाये, तो वह भी मंजिल पर कभी पहुंचाती नहीं। वही पहुंचने में बाधा बन जाती है। किसी का शोषण कर किसी को दु:खी बनाकर अर्जित किया धन भी दु:ख का ही कारण बनता है। सीधा साफ गणित है—जैसा जो बोयेगा, वही काटेगा। बबूल बोकर आमों की आशा नहीं की जा सकती। और जो कुछ है स्वर्ग-नर्क, सब यहीं है। स्वर्ग-नर्क कहीं दूर आसमान में नहीं है।''

सेठजी सिर हिलाकर श्रद्धापूर्वक बोले—''आपने आज मेरा हर भ्रम दूर कर दिया।'' फिर

तभी जैसे उन्हें कुछ याद आया। आचार्यश्री से आग्रह करके बोले—''आप जरा मेरे साथ छत पर ऊपर चलने का कष्ट करें। मैं वहां आपको एक अजीब तमाशा दिखाना चाहता हूं।''

और जब आचार्यश्री ऊपर छत पर पहुंचे तो उन्होंने देखा कि अगल-बगल के नीचे घरों की छत पर लगभग सौ खाटें पड़ी थीं और उन पर लेटे हुए आदमी खाट पर रह-रह कर उछल पड़ते थे।

आचार्यश्री को कुछ समझ में नहीं आया। उन्होंने प्रश्नपूर्ण मुद्रा से सेठजी की ओर देखा। उन्होंने कहा—''हमारे मुहल्ले के जैन धर्मात्मा लोग, गरीब आदमियों को चार घंटा खाट पर लेटने के लिए पांच रुपये देते हैं। यह सभी खाटें खटमलों से भरी पड़ी हैं। अब यदि खटमलों को भोजन न मिले तो वे बेचारे मर जायेंगे। इसलिए गरीब आदमी पांच रुपये के लोभ में अपना खून इन खटमलों से चुसवाता है और इन्हें उछलते देखकर हमारे जैन भाई प्रसन्न होते हैं कि वह खटमलों को जीवन दान देकर अहिंसा का व्रत निभा रहे हैं। पर यह पागलों की समझ में नहीं आता कि गरीब आदमियों को इस तरह कष्ट देना इससे कहीं बड़ी हिंसा है। और आप आश्चर्य करेंगे कि कलकत्ते में इतनी बेकारी और भुखमरी है कि खाट पर लेटने वालों की लाइन लगी रहती है, और जिसका नम्बर नहीं आता वही निराश होता है।''

आचार्यश्री गम्भीर होकर बोले—''इस देश की यही विडम्बना है कि अपराध होते हुए भी यह कृत्य धार्मिक कृत्य के अन्तर्गत आता है, और संविधान यह गारंटी देता है कि किसी की धार्मिक भावना को चोट न पहुंचाई जाये। और सबसे बड़ी आश्चर्य की बात तो यह है कि ''अहिंसा परमो धर्म:'' मानने वाले जैन भी आज तक अहिंसा का अर्थ ही न समझ पाये। यदि इन्हें इतना ही खटमल से प्रेम है, इन्हें चाहिये कि वह ऐसी खाटों पर स्वयं लेटा करें। हालांकि हिंसा वह भी है।''

''वह कैसे?'' सेठजी ने प्रश्न किया।

—''वह आत्महिंसा है। यह तप नहीं है। शरीर ही वह मंदिर है जिसमें आत्मा विराजमान है। शरीर ही स्वस्थ न होगा, तो साधना कौन करेगा? तप कौन करेगा? महावीर ने साधना कर इन्द्रियों को अंतर्मुखी कर लिया था, वह स्थितप्रज्ञ हो गये थे तभी भूख-प्यास उन्हें सताती नहीं थी। उनके कानों में कीलें तक ठोंकी गईं पर वह अप्रभावित, निरासक्त खड़े रहे। उन्होंने अपना मौन भंग नहीं किया। पर जैन साधु अंतर्तप को भूल कर बहिर्तप में ही सारी ऊर्जा खर्च कर देते हैं और अंतर्तप करने का अवसर ही नहीं मिलता। महावीर का अर्थ था कि अंतर्तप और बाह्यतप दोनों साथ-साथ किए जायें तो साधना पूरी है। पर आज अब परिस्थितियां बदल गईं। आज का आदमी पहले की अपेक्षा अधिक बुद्धिमान, और सोच-विचार करने वाला है। वह तब तक किसी बात पर विश्वास नहीं करना चाहता जब तक वह उसे तर्कसंगत न लगे। और यह शुभ संकेत है। पहले कुछ साधक ही साधना में समर्थ थे। इसीलिए मैंने जो विधि ध्यान की बताई है वह सभी का रूपान्तरण करने में सक्षम है। उसके लिए घर, संसार, परिवार छोड़ने की कोई आवश्यकता नहीं।''

और आचार्यश्री ने घड़ी देखी। चलने का समय हो गया था। वह नीचे चल पड़े।

❑ ❑

क्या चमत्कार होते हैं?

साहू शांति प्रसाद के यहां सोहनलाल डूंगर व चार-छ: अन्य प्रेमी मित्र बैठे हुए आचार्यश्री से अपनी शंकाओं का समाधान कर रहे थे। तभी चमत्कारों की चर्चा चल पड़ी। सोहनलाल डूंगर ने पूछा—''आचार्य जी! आध्यात्मिक संसार में जो चमत्कार होते हैं, हम जैसे साधारण लोग उनसे ही प्रभावित होते हैं। अब यही लीजिए, आजकल कलकत्ते में एक सूफी फकीर बहुत चर्चित हैं। वह जिस ट्रेन से कलकत्ते से धनबाद जा रहे थे, तो रास्ते में टिकट चेकर ने जब उनसे टिकट मांगा तो वह बिगड़ कर बोले—हम अल्लाह के बंदों को टिकट-इकट से क्या वास्ता? पर वह टिकट चेकर नास्तिक था। वह उनसे पेनल्टी और चार्ज देने की जिद करने लगा और अगले स्टेशन पर उसने सूफी फकीर को प्लेट फॉर्म पर उतार दिया। उस सूफी फकीर ने कहा—''अगर फकीर ट्रेन में नहीं जायेगा तो तुम्हारी ट्रेन यहां से हिल नहीं सकती।'' अब ड्राइवर ट्रेन स्टार्ट करने की हर कोशिश करके हार गया, पर ट्रेन अपनी जगह से एक इंच नहीं हिली। इंजन के सारे कलपुर्जे दुरुस्त थे, कहीं कोई खराबी नहीं थी, पर ट्रेन के पहिये जैसे जाम हो गये थे। इसी चक्कर में आधा घंटा निकल गया। सूफी फकीर के चारों ओर भीड़ घिर आई। सभी लोग टिकट चेकर से कहने लगे, सूफी बाबा से माफी मांगो और उन्हें ट्रेन में बिठाओ। फिर जब टिकट चेकर, गार्ड और ड्राईवर ने बाबा से मांफी मांगकर उन्हें इज्जत से ट्रेन में बिठाया, वह तभी स्टार्ट हुई। इस घटना के बाद से वह फकीर पूरे कलकत्ते में पूजा जाने लगा। अब आप इसे क्या कहेंगे?''

आचार्यश्री मुस्कुरा कर बोले—''मैं आपके उस सूफी बाबा को अच्छी तरह जानता हूं। वह एक नम्बर का फ्रॉड है। उसने ट्रेन के टिकट चेकर, गार्ड, और इंजिन ड्राईवर को पहले से रिश्वत देकर इस नाटक के लिए तैयार किया था। प्रकृति के नियमों के विरुद्ध कभी कुछ होता ही नहीं। और जो चमत्कार आपको लगते हैं वह सिर्फ हाथ की सफाई हैं। साईं बाबा, जादू के जोर से इम्पोर्टेड घड़ियां हवा से पैदा कर भक्तों को बांटते हैं। मनचाहे फल हवा से पैदा करते हैं। यह सारे काम आपका जादूगर पी. सी. सरकार और जबलपुर का प्रो. आनंद भी करता है। बल्कि उनसे भी ज्यादा चमत्कार दिखाता है। और उसने साईं बाबा को चैलेंज भी दिया है कि तुम स्टेज पर आकर मेरे सामने यह चमत्कार दिखाओ, मैं हर चमत्कार की पोल खोल दूंगा। पर साईं बाबा उसके चैलेंज का उत्तर ही नहीं देते।''

दूसरे साधक ने कहा—''पर उनके छूते ही लंगड़े उछल कर चलने लगते हैं। उनके हाथों के स्पर्श से अंधों की आंखों में रोशनी आ जाती है। क्या यह भी हाथ की सफाई है?''

आचार्यश्री ने उत्तर दिया—''वह लंगड़ा या अंधा वास्तव में लंगड़ा और अंधा होता ही नहीं। वह उनके सिखाये चेले होते हैं, जो लंगड़े और अंधे का नाटक करते हैं। अगर साईं बाबा में ऐसी ही सिफत है तो अंधों के अस्पताल जाकर सभी को आंखें क्यों नहीं देते? पर अज्ञानी और अंधविश्वासी लोग इन बातों को हवा देते हैं। लोगों की इस कमजोरी का शोषण लगभग हर धर्म ने किया है। बाइबिल में कहा जाता है कि ईसा मसीह ने पत्थरों को छूकर डबलरोटियों में बदल दिया। झील के पानी को छूकर उसे शराब बना दिया। अगर वाकई यह चमत्कार हुए

होते तो कोई कारण नहीं कि पूरा यहूदी समाज उनका भक्त न हो गया होता। और अगर झील का पानी एक बार शराब हो गया तो फिर वह पानी कैसे बन गया? बाइबिल में कहा जाता है कि उन्होंने कब्र में लेटे लाजारस के मुर्दे को फिर से जिला दिया। यह तै बात है कि लाजारस ने सांस रोककर समाधि ले ली होगी या वह जिंदा ही छेदों वाले काफिन में उनके ही चेलों द्वारा कब्र में उतार दिया गया होगा। अगर जीसस के पास ऐसे ही चमत्कार थे तो वह क्रूस पर चढ़े हुए पानी क्यों मांग रहे थे? ऊपर से मेघों ने उनपर पानी की वर्षा क्यों नहीं की? पर इन कहानियों का एक काव्यात्मक प्रतीक है। बुद्ध पुरुष के सान्निध्य में मुर्दे जैसे जड़ मूर्च्छित लोग भी चैतन्य हो जाते हैं। उनके सान्निध्य में पूरी फिजॉ में शराब जैसी मादकता आ जाती है।''

दो क्षण रुककर आचार्यश्री ने कहा—''पुराण, भागवत, रामायण में भी सैकड़ों चमत्कार की कहानियां हैं। राम ने पत्थर की शिला को स्पर्श किया और वह सजीव होकर अहिल्या बन गई। प्रकृति के नियमों के अनुसार कोई भी शरीर मरने के बाद सड़ जाता है। पंचभूत, पंचभूतों में मिल जाते हैं। वह पत्थर हो ही नहीं सकता। पर काव्यात्मक प्रतीक केवल इतना है कि जड़ता, चैतन्य में बदल जाती है। जयद्रथ-वध के समय कृष्ण ने डूबते सूर्य को फिर से उदित नहीं कर दिया। निश्चित ही वह सूर्य ग्रहण रहा होगा, और उस समय सूर्यग्रहण की आम जनता को पहले से कोई जानकारी नहीं होती थी। केवल कुछ प्रबुद्ध लोग ही ग्रहण की गणना करते हुए उसका समय जानते रहे होंगे।''

आचार्यश्री के मौन होने पर साहू शांति प्रसाद ने शंका प्रस्तुत करते हुए कहा—''पर योगदर्शन में इसका जिक्र आता है कि ध्यान की गहराइयों में योगाभ्यास द्वारा योगी को अणिमा, लधिमा, महिमा आदि अनेक सिद्धियां प्राप्त होती हैं। और वशीकरण विद्या के चमत्कार तो मैंने स्वयं अपनी आंखों से देखे हैं। क्या आप इन्हें भी गलत कहते हैं? मैंने, लोगों को अंगारों के ऊपर चलते देखा है। क्या यह चमत्कार नहीं है?''

आचार्यश्री ने उत्तर दिया—''योगी ध्यान की गहराइयों में गुरुत्वाकर्षण शक्ति के बंधन से मुक्त हो जाते हैं। जैसे शून्य अंतरिक्ष में कोई अंतरिक्ष यात्री आकाश में तैरता है, उस स्थिति विशेष में गुरुत्वाकर्षण शक्ति से मुक्त होने पर ऐसा अवश्य होता है। पर जो योगी इन चमत्कारों के चक्कर में पड़ जाते हैं, उनकी आगे की गति रुक जाती है, और यह सिद्धियां भी गायब हो जाती हैं। और यह कोई चमत्कार नहीं है। ऐसी अनुभूतियां योगी को तभी होती हैं जब वह अंदर से शून्यता को उपलब्ध हो जाता है। अपने शरीर का मात्र साक्षी रह जाता है। उसकी इन्द्रियां अंतर्मुखी हो जाती हैं। वह अपने सूक्ष्म शरीर द्वारा सैकड़ों-हजारों मील दूर की यात्रा पलक झपकते कर सकता है। इसलिए बहुत से साधक स्मरण करने पर अपने सद्गुरु को सशरीर अपने पास महसूस करते हैं जब कि वह दूर बैठे हुए कहीं ध्यान कर रहे होते हैं। संकल्पशक्ति को प्रगाढ़ करने पर योगी मन में किसी के मरने के बारे में मात्र विचार करे तो वह व्यक्ति मर जाता है। पश्चिम में ऐसा ही एक व्यक्ति पेड़ पर बैठी चिड़ियों को मात्र देखने से भूमि पर गिरा देता था। योग से दूर दृष्टि प्राप्त होती है। पर यह चमत्कार बार-बार नहीं होते।

योरोप में एक नर्तक निझिंत्सकी था। वह नृत्य करते-करते एकाएक इस प्रकार आकाश में उछलता था कि लोगों को लगता था कि वह हवा में तैर रहा है। फिर उसका शरीर जैसे हवा में तैरते हुए बहुत धीमे-धीमे नीचे आता था। ऐसी स्थिति तभी घटती है जब नर्तक खो जाये और केवल नृत्य रह जाये।''

फिर दो क्षण रुककर आचार्यश्री बोले—''यह प्रकृति एक रहस्य है। वैज्ञानिकों ने प्रकृति

के बहुत थोड़े से रहस्यों का भेदन किया है। वह अभी केवल चांद के एक भाग की सतह तक पहुंचे हैं। और चन्द्रमा तो पृथ्वी के सर्वाधिक निकट है और सूर्य से करोड़ों गुने बड़े ब्रह्मांड में अरबों-खरबों अनंत सूर्य हैं। वैज्ञानिक मानते हैं कि ब्रह्मांड में ऐसे असंख्य तारे हैं जिनका प्रकाश पृथ्वी तक आने में ही करोड़ों वर्ष लग जाते हैं, जब प्रकाश एक सेकण्ड में एक लाख छियासी हजार मील का फासला तय करता है। जब आइंसटीन ने अणु का विखंडन करके अनंत ऊर्जा प्राप्त की, तब उसे महसूस हुआ कि प्रकृति के अनंत रहस्यों के संबंध में अभी विज्ञान नहीं के बराबर जानता है और जो विस्तार है उसे जानने का कोई उपाय नहीं। हम अपनी पृथ्वी को ही कितना जानते हैं? पृथ्वी की अतल गहराइयों में कितने लोग जा सके हैं। खोदते-खोदते पानी आ जाता है। कहीं पिघली चट्टानों का लावा आ जाता है। पर समुद्र के तल के नीचे, और पिघलती चट्टानों के नीचे भी अनंत रहस्य हैं। और सबसे बड़ा रहस्य तो मनुष्य का शरीर है। करोड़ों जीवाणुओं की रहस्यमय बस्ती। बाल से भी सूक्ष्म करोड़ों तंतुओं और कोषों से बना मस्तिष्क, जिसमें अनंत जन्मों की स्मृतियां कैद हैं। अचेतन के घने जंगल के संबंध में वैज्ञानिक कितना जान पाये हैं? कभी-कभी अनायास किसी के साथ अनजाने में कोई चमत्कार घट जाता है। रूस में एक औरत किसी भी वस्तु को आवाज देकर अपने पास बुला लेती है। किसी को टेलीपैथिक या टेलीग्राफिक शक्ति अनजाने ही प्राप्त हो जाती है। शायद आप में से भी किसी का कोई ऐसा अनुभव हो कि आप जिस मित्र या प्रियजन के बारे में गहराई से सोच रहे हों, और वह अचानक आपके दरवाजे पर दस्तक देकर आपके सामने आकर खड़ा हो जाये। सैकड़ों-हजारों मील दूर भी किसी के प्रियजन की मृत्यु होने पर वह स्वप्न में आवाज देने लगता है, या कोई अदृश्य शक्ति उसके दरवाजे को खट-खटाती है।''

सोहनलाल डूंगर बोल पड़े—''हां, हां! मुझे ऐसा ही अनुभव हुआ था जब मेरी माताजी की मृत्यु हुई थी।''

आचार्यश्री मुस्कुरा कर बोले—''इस तरह के रहस्यमय अनुभव प्रत्येक को कभी-न-कभी होते अवश्य हैं, पर बहुत से इसे संयोग समझकर भूल जाते हैं। और वह उन्हें संयोग इसलिए समझते हैं क्योंकि प्रयास करने पर भी ऐसे चमत्कार दुबारा नहीं होते। चमत्कार तो जैसे एक बार घटता है। कभी दुबारा भी हो सकता है, लेकिन दोहराया नहीं जा सकता। क्योंकि जिस असाधारण चित्त दशा में वह घटता है, लाख प्रयास करने पर भी वैसी ही चित्त दशा को उपलब्ध होना लगभग असम्भव जैसा है। अब आपने योगी राव को सुना होगा। उसका दावा था कि वह पानी पर चल सकता है। उसके प्रयोग को देखने के लिए हजारों लोग इकट्ठे हुए। कैमरे लगाए गये, प्रेस के रिपोर्टर पहुंचे। पर योगी राव पानी पर पैर रखते ही डूबने लगा। पानी पर चलने का उसका प्रयोग विफल हो गया। पर वह गलत नहीं था। अकेले में कभी किसी विशिष्ट भाव दशा में वह पानी पर जरूर चला होगा, पर वह चमत्कार दोहरा नहीं सका। चमत्कारों का अर्थ इतना ही है कि जब कभी कोई चमत्कार घटे तो उसे प्रकृति का वरदान समझकर, उसकी रहस्यात्मकता मान उसके सामने नत हो जाना। पर बाज़ीगरों या ढोंगियों के दिखाये तमाशों पर विश्वास मत करना। जो चमत्कार रोज-रोज दिखाये जाते हैं, वह चमत्कार नहीं केवल बाजीगरी के खेल हैं। न कोई किसी अंधे को आंख दे सकता है और न बहरे को कान। इस बात को जरा गहराई से समझिये। आप लोगों में से कितने आंख कान होते हुए भी न तो ठीक से देख पाते हैं और न सुन पाते हैं। वह संसार में अंधों की तरह भटक रहे हैं। वह अपने ही अंदर अपने-आपको, अपने वास्तविक स्वरूप को नहीं देख पाते। अनवरत गूंजते अनाहद को नहीं

सुन पाते। बुद्ध पुरुष और संत ऐसे ही लोगों को दृष्टि देते हैं। पर प्रकृति के सामान्य नियमों के अनुसार न तो रोज-रोज चमत्कार होते हैं और न प्रकृति अपना नियम तोड़ती है। कभी-कभी अपवाद स्वरूप जब कोई विशिष्ट व्यक्ति प्रकृति के साथ लयबद्ध हो जाता है, अहंकार शून्य हो जाता है तो प्रकृति भी कभी-कभी कुछ क्षणों में अपना नियम भुला देती है।''

दो क्षण रुककर आचार्यश्री ने कहा—''जब साधक की ऊर्जा ऊर्ध्वगामी होती है, तो निर्विचार अर्थात् शून्य दशा में उसकी चोट के कारण मस्तिष्क की सुप्त शक्तियां जागृत हो जाती हैं। जिस मस्तिष्क का साधारण लोग 5% और आइंसटीन जैसे लोग 15% ही उपयोग कर पाते हैं, ऊर्ध्वगामी चेतना के संसर्ग से, आंतरिक प्रकाश होने की दशा में, मस्तिष्क का बहुत बड़ा भाग सक्रिय हो जाता है। पर यह स्थिति इन्द्रियों के अंतर्मुखी होने पर ही आती है। इसीलिए इन्हें अतीन्द्रिय शक्तियां कहा गया है। आप बाह्य आंखों से सौ गज दूर की चीज देख सकते हैं। अतीन्द्रिय दृष्टि प्राप्त होने से योगी को दूर-दृष्टि प्राप्त हो जाती है। साधारण जन इसे ही चमत्कार कहते हैं। पर यह वस्तुतः चमत्कार है नहीं। ऐसा भी एक विशिष्ट स्थिति में इस परम नियम के अंतर्गत घटता है। पर ऐसा सब कुछ बिना चाह के अनायास होता है। प्रयत्न करके किसी कामना से जब इन शक्तियों का प्रयोग किया जाता है तो यह शक्तियां विदा होने लगती हैं और साधक की आगे की गति रुक जाती है।''

अंतिम वाक्य पूरा करते ही, आचार्यश्री घड़ी देखकर उठ खड़े हुए। आगामी कार्यक्रम उनकी प्रतीक्षा कर रहे थे।

❑ ❑

चीफ जस्टिस के मेहमान और उनका रूपान्तरण

सेठ गोविन्ददास ने सुप्रीम कोर्ट के जिन जज महोदय की भेंट आचार्यश्री से अपने दिल्ली निवास पर करवाई थी वह आजकल कलकत्ता हाईकोर्ट के चीफ जस्टिस थे। वह कई बार फोन पर आग्रह कर चुके थे कि आप तो प्राय: कलकत्ता आते रहते हैं, इस बार कलकत्ता पधारें तो मुझे आतिथ्य करने का सौभाग्य दें।

इसलिए तीसरे दिन जब आचार्यश्री को अचानक उनका खयाल आया तो उन्होंने फोन द्वारा चीफ जस्टिस को सूचित किया कि आप मुझसे भेंट करने के लिए हो सके तो शाम कार्यक्रम में आ जायें। वैसे मैं शांति प्रसाद जी के यहां रुका हुआ हूं।

एक घंटे बाद ही कार लेकर चीफ जस्टिस महोदय उन्हें लेने आ गये। वह शिकायत करते हुए बोले—''आप मुझे अपने कार्यक्रम की सूचना भर दे देते तो मैं आपको रिसीव करने स्टेशन आ जाता। आपने जब एक बार मेरा आतिथ्य स्वीकार करने की सहमति प्रदान कर दी है तो मुझे इस सौभाग्य से वंचित न करें।''

साहूजी से क्षमा मांगकर वह आचार्यश्री को अपने साथ अपने बंगले पर ले गये। उनके पूरे परिवार ने उनके चरण स्पर्श किये। वह उस दिन हाईकोर्ट भी नहीं जाना चाहते थे पर आचार्यश्री ने यह कहकर कि यह यात्रा से थके हैं और तीन-चार घंटे विश्राम करेंगे, उन्हें जबर्दस्ती हाईकोर्ट भेजा। पर वह आचार्यश्री को लंच कराने के बाद ही हाईकोर्ट गए।

उनके जाने के बाद चीफ जस्टिस महोदय की पत्नी बड़े संकोच से बोलीं—''यदि आपके विश्राम में व्यवधान न हो तो मैं आपसे कुछ निवेदन करना चाहती हूं।''

आचार्यश्री मुस्कुराते हुए बोले—''आप बेझिझक पूछें। अभी मुझे नींद भी नहीं आ रही।'' फिर वह उनके चेहरे की ओर ध्यान से देखते हुए बोले—''आपके चेहरे पर मैं उदासी की एक छाया-सी देख रहा हूं। क्या आप खुश नहीं हैं? क्या जस्टिस साहब आपको प्रेम नहीं करते?''

वह चमत्कृत होकर बोलीं—''आपने मेरे बिना बताये मेरी समस्या समझ ली। यह बात मैं आपके सिवा किसी और से कह भी नहीं सकती। मुझे जस्टिस साहब से केवल शिकायत यही हैं कि वह चौबीस घंटे चीफ जस्टिस ही बने रहते हैं। घर में भी चीफ जस्टिस की तरह वह केवल आदेश देते हैं। और यहां तक कि बिस्तरे पर भी विश्राम करते समय वह एक क्षण को नहीं भूलते कि वह चीफ जस्टिस के अतिरिक्त, एक पति और पिता हैं। उनके घर में आने से पूर्व बच्चे घर में आनंदपूर्वक हंसते-खिलखिलाते रहते हैं पर उनके घर में घुसते ही सब सहम कर डरे-डरे से खामोश हो जाते हैं। वह आपको बहुत मानते भी हैं। आपके सिवा उन्हें कोई और समझा भी नहीं सकता। वह समझते हैं कि किसी को मित्र बनाने से या प्रेमपूर्वक बात करने से वह अपने न्याय की निष्पक्षता खो बैठेंगे।''

आचार्यश्री मुस्कुराते हुए बोले—''आप जरा भी चिंता न करें। मैं आपकी पूरी समस्या समझ गया। अब आप निश्चिंत हो जायें। मैं आज ही रात उनसे बात करूंगा।''

और आचार्यश्री विश्राम करने अपने कक्ष में चले गये। चीफ जस्टिस महोदय तीन घंटे बाद ही, आचार्यश्री की चाय के समय हाईकोर्ट से घर आ गये। उनके प्रवचन को सुनने पति-पत्नी दोनों उनके साथ ही गये।

उस दिन आचार्यश्री ने महावीर की अहिंसा की व्याख्या करते हुए कहा—''महावीर की अहिंसा को सही अर्थों में जैन तक नहीं समझ पाये। प्राय: लोग अहिंसा से यही समझते हैं कि किसी जीव को न सताना या उसको न मारना ही अहिंसा है। पर महावीर की अहिंसा बहुत सूक्ष्म और व्यापक है। महावीर पौधों वृक्षों तक में आत्मा मानते हैं, जिसे जगदीशचन्द्र बसु व उनके बाद अनेक वैज्ञानिकों ने परीक्षण करते हुए उनमें चेतना का होना सिद्ध किया। महावीर वृक्षों से फल तोड़ने को भी हिंसा मानते हैं। उनकी अहिंसा का अर्थ है कि इस प्रकार हो जाओ कि किसी दूसरे को तुम्हारी उपस्थिति का बोध ही न हो। किसी दूसरे की स्वतंत्रता में बाधक मत बनो। महावीर की अहिंसा में इस प्रकार करुणा, प्रेम और निरहंकारिता तीनों सम्मिलित हैं।''

बुद्ध उसी को करुणा कहते हैं। करुणा प्रेम का ही उदात्त रूप है। जीसस प्रेम को परमात्मा कहते हैं। वह कहते हैं दूसरों के साथ वही व्यवहार करो जो तुम उनसे अपने लिए चाहते हो। सभी बुद्ध पुरुषों के शब्द अलग-अलग हैं, पर संदेश एक ही है।

प्रेम, करुणा और अहिंसा की उस दिन आचार्यश्री ने विस्तृत व्याख्या की। उनका प्रवचन लगभग डेढ़ घंटे तक चला।

रात्रि सोने से पूर्व आचार्यश्री ने चीफ जस्टिस महोदय से कहा—''मेरे आज के प्रवचन की आप रास्ते भर प्रशंसा तो करते आये पर आपने उसका मर्म समझा? कभी आपने सोचा है कि आप स्वयं अपने जीवन में औरों के प्रति कितने प्रेमपूर्ण हैं? क्या घर आकर आप यह भूल पाते हैं कि आप चीफ जस्टिस हैं ही नहीं, एक पति और पिता भी हैं। क्या आपका व्यवहार सभी के प्रति प्रेमपूर्ण रहता है? मैंने तो सुना है कि घर में पहले से हंसते-खेलते बच्चे भी आपको देखकर डर से सहम जाते हैं और खामोश होकर आपसे दूर हट जाते हैं। होना तो यह चाहिए कि कोर्ट में भी कानून की व्याख्या करते हुए आप करुणा से परिपूर्ण होकर ही न्याय दें। क्या आप समझते हैं कि सजा पाकर अपराधी जेल में सुधर जाते हैं? जेल से वह और भयंकर अपराधी बनकर निकलते हैं और उन्हें अपराधी बनाने के लिए समाज और कानून ही किसी सीमा तक जिम्मेदार हैं। पर हाईकोर्ट की बात छोड़ भी दें, मैंने तो सुना है कि हाईकोर्ट के बाहर भी आप किसी मित्र या संबंधी से प्रेमपूर्ण व्यवहार इसलिए नहीं करते क्योंकि आपको डर है कि न्याय की निष्पक्षता में आपके संबंध बाधक न हो जायें। यह आपकी न्याय के प्रति निष्ठा नहीं, आपका सूक्ष्म अहंकार है। मैंने दिल्ली में भी आपको बताया था कि दुःख केवल भूत या भविष्य में जीने में है। वर्तमान में रहना ही सबसे बड़ी साधना है।''

चीफ जटिस साहब अपराधी की प्रकार चुपचाप सिर नीचा किये सब कुछ सुन रहे थे। वह तुरन्त समझ गये कि आचार्यश्री से उनकी पत्नी ने ही जरूर उनके व्यवहार की शिकायत की है। अपनी पत्नी या आचार्यश्री के दृष्टिकोण से उन्होंने कभी सोचा ही नहीं था। आचार्यश्री के अहिंसा, करुणा और प्रेम के प्रवचन ने उन्हें बहुत प्रभावित किया था। उन्हें अपने परिवार के प्रति किये गए अब तक के व्यवहार के लिए सचमुच शर्म आने लगी।

वह भीगी आंखों और भरे गले से बोले—''मैं आपका बहुत अनुगृहीत हूं कि आपने आज मेरी आंखें खोल दीं। मैंने इस दृष्टिकोण से कभी सोचा ही नहीं था। मुझे इसका खेद है कि मैं अपने परिवार के प्रति अपने अहंकार के कारण प्रेमपूर्ण नहीं रहा। और मैं भी अंदर से अशांत

और दु:खी ही रहता हूं। अब मैं आपको वचन देता हूं कि अब मेरे परिवार को क्या, मेरे मित्रों और मिलने वालों को भी मेरे व्यवहार के प्रति कोई शिकायत नहीं रहेगी।''

तभी चीफ जस्टिस के बच्चे आचार्यश्री को प्रणाम करने आये। आचार्यश्री ने उन्हें गोद में लेकर उनका माथा चूमा। चीफ जस्टिस साहब ने बच्चों को हृदय से लगाते हुए भरे गले से कहा—मेरे बच्चो! मुझे क्षमा करो, मैं अज्ञान के कारण अब तक तुम्हारे प्रति बहुत कठोर रहा। अब तुम्हें आगे से मुझसे कोई शिकायत नहीं होगी। उन्होंने आचार्यश्री के सामने अपनी पत्नी से भी अब तक के व्यवहार के लिए क्षमा मांगी।

उस दिन प्रेम देकर और प्रेम पाकर चीफ जस्टिस साहब को ऐसा आनंद मिला जैसा उन्होंने आज तक अनुभव नहीं किया था।

और उसी दिन रात्रि आचार्यश्री बम्बई रवाना हो गये।

❑ ❑

जैन मुनि का रूपान्तरण

बम्बई में एक प्रसिद्ध जैन मुनि का प्रवचन हो रहा था। उन्हीं के बाद आचार्यश्री को बोलने के लिए पन्द्रह मिनट का समय दिया गया था। जैसे ही उन जैन मुनि ने अपना प्रवचन समाप्त किया, और आचार्यश्री को बोलने के लिए आमंत्रित किया गया, काफी लोग बाहर जाने के लिए उठ खड़े हुए, क्योंकि आचार्य रजनीश का नाम उनमें से अनेक लोगों के लिए अनजाना था।

आचार्यश्री ने बिना किसी औपचारिकता या सम्बोधन के बाहर जाने वाले व्यक्तियों से कहा—

''जो सज्जन उठकर खड़े हो गये हैं, उनसे मेरा नम्र आग्रह है कि वह केवल पांच मिनट वहीं खड़े-खड़े मुझे सुन लें। फिर उसके बाद वह चाहे बाहर जायें या बैठकर मुझे पूरा सुनें यह उनकी मर्जी है। घड़ी देखकर आप लोग पांच मिनट बाद बेशक हाल छोड़ दें।

आचार्यश्री ने कहा—मुझसे पहले मुनि महाराज ने अपने प्रवचन में कई बातें गलत और झूठ कही हैं। सबसे पहले इन्होंने अपने प्रवचन में महावीर और बर्द्धमान दोनों को एक ही व्यक्ति माना है। पर मैं कहता हूं कि बर्द्धमान और महावीर दो अलग-अलग व्यक्तियों के नाम हैं। बर्द्धमान एक राजपुत्र थे, जब बर्द्धमान मरे तब महावीर पैदा हुए। महावीर का अर्थ होता है—पराक्रमी योद्धा—ऐसा योद्धा जिसने सत्य को प्राप्त किया। असत्य को हराया और सत्य पर विजय प्राप्त की। इन अर्थों में बर्द्धमान और महावीर कभी मिले ही नहीं। बर्द्धमान गये और महावीर आये।

यह सुनते ही उत्सुकता से सभी खड़े लोग भी तुरन्त बैठ गये।

आचार्यश्री ने अपनी बात जारी रखते हुए कहा—फिर मुनि महाराज ने कहा—कि महावीर का जन्म सभी लोगों को दुःखों से मुक्ति दिलाने के लिए हुआ। यह बात भी शत-प्रतिशत गलत है। आप सभी लोग जैन शास्त्रों के मर्मज्ञ हैं। आपमें काफी लोग यह जरूर जानते होंगे कि महावीर ने स्वयं कहा है कि सिवाय आपके स्वयं के न कोई व्यक्ति आपको दुःखी कर सकता है और न सुखी। केवल आप ही अपने दुःख के जिम्मेदार हैं। केवल आप ही अपने दुःख का कारण समझकर उससे मुक्त हो सकते हैं। इसलिए मुनि महाराज का यह कहना कि महावीर सभी को दुःखों से मुक्ति दिलाने आये थे—गलत हो जाता है।

फिर घड़ी देखकर आचार्यश्री बोले—अब ठीक पांच मिनट हो चुके हैं। अब कृपया यह आप लोग तै करें कि आप मुझे बैठकर सुनना चाहते हैं या बाहर जाना चाहते हैं।

सभी लोग एक साथ बैठ गये। वातानुकूलित हाल में भी मुनि महाराज को पसीना आने लगा।

फिर आचार्यश्री 45 मिनट तक धारा प्रवाह बोलते रहे। उन्होंने मुनि महाराज के प्रवचन के अधिकांश अंशों को तर्कपूर्ण ढंग से गलत सिद्ध करते हुए, जैन शास्त्रों का हवाला देकर वास्तविक तथ्यों का खुलासा किया। उनके प्रवचन के बीच तीन बार तालियों के तुमुल घोष ने यह सिद्ध किया कि वह जो कुछ कह रहे थे वह सार्थक, सुरुचिपूर्ण और तर्कसंगत था।

सभा के समाप्त होने पर वह जैन मुनि, आचार्यश्री के कानों में फुसफुसा कर बोले—''मैं आपसे एकान्त में बात करना चाहता हूं। यदि आप केवल दस मिनट के लिए उस जैन मन्दिर में जिसमें मैं ठहरा हुआ हूं मुझसे मिलने का कष्ट करें तो मैं आपका आभारी होऊंगा।''

आचार्यश्री ने सदाशयता से मन्दिर में आकर उनसे भेंट करना सहर्ष स्वीकार किया। पर जैसे ही लोगों को ज्ञात हुआ कि आचार्यश्री मन्दिर में आ रहे हैं, वहीं लगभग एक हजार लोग उनके दर्शन करने इकट्ठे हो गये।

आखिर जैन मुनि ने यह कहकर कि वह कुछ देर आचार्यश्री से एकान्त में आवश्यक बातें करना चाहते हैं, वह सभी को बाहर छोड़कर उन्हें अपने निजी कक्ष में ले गये।

दरवाजा बन्द कर वह सत्तर वर्षीय मुनि बच्चों की प्रकार रोते हुए बोले—"आज आपको सुनकर मुझे पहली बार यह अनुभव हुआ है कि मैं वास्तव में जैन शास्त्रों या धर्म के बारे में कुछ नहीं जानता। मैं पिछले पचास वर्षों से लोगों को सत्य के संबंध में प्रवचन देता आया हूं पर लगता है कि सत्य क्या है, मुझे उसका अर्थ भी नहीं मालूम। आज आपने सत्य की जो व्याख्या की है उसमें आपकी अनुभूति का मुझे स्पष्ट रूप से बोध हुआ। पर फिर भी मैं यह सब कहने का सभी के सामने साहस नहीं कर सकता। क्योंकि जिन लोगों ने गुरु समझकर मेरी पूजा की है, अगर मैं उनके सामने यह स्वीकार करूंगा कि मैं कुछ नहीं जानता तो वह मुझे जान से मार देंगे। वह कहेंगे फिर मैं पिछले पचास वर्ष से उन्हें धोखा क्यों देता रहा? पर मैं आपके सामने अपने हृदय का बोझ यह कहकर हलका करना चाहता हूं कि मैं वास्तव में कुछ नहीं जानता।

फिर कुछ रुककर वह बोले—"सुबह आपको सुनकर पहले मुझे एक आघात लगा। फिर मैं अन्दर-ही-अन्दर क्रोध से जलने लगा। मेरी इच्छा हुई कि मैं आपसे तर्क करूं। पर जैसे-जैसे मैं आपके तर्क सुनता गया, मेरे अपने सामने मेरी अज्ञानता प्रकट होने लगी और मुझे लगा कि आपसे तर्क करके भी मेरी अज्ञानता ही प्रकट होगी। अब मैं अपने-आपको जानना चाहता हूं। मैं सत्य से साक्षात्कार करना चाहता हूं। मेरे पिछले पचास वर्ष व्यर्थ बीत गये, मैं जहां पचास वर्ष पहले खड़ा था, वहीं आज खड़ा हूं। कृपया आप मेरा मागदर्शन करने का कष्ट करें।"

आचार्यश्री ने उन्हें ध्यान की कुछ विधियां बतायीं और आगे भी उनसे मिलते रहने को कहा—।

इसीप्रकार की व्यस्तता में छः माह बीत गये।

❑ ❑

राज्यपाल पकवासाजी प्रभावित हुए

सेठ गोविन्ददास ने मध्य प्रदेश के राज्यपाल श्री मंगलदास पकवासा से आचार्यश्री की भेंट करवाई। श्री पकवासा नास्तिक थे। पहले वह भी आचार्य रजनीश को एक धार्मिक संत समझते थे। पर सेठ गोविन्ददास ने जब विस्तार से आचार्यश्री और उनके दर्शन के संबंध में उन्हें बताया तो वह आचार्यश्री से मिलने के लिए उत्सुक हो उठे। राज भवन में उन्होंने आचार्यश्री को सादर आमंत्रित किया। औपचारिक बातों के बाद पकवासा जी ने पूछा—''क्या आप भी नास्तिक हैं ?''

आचार्यश्री मुस्कुरा कर बोले—''न मैं नास्तिक हूं और न आस्तिक। जितने आस्तिक आपको पूज़ा-पाठ करने वाले या मंदिर, मस्जिदों या गिरजा घरों में जाते दिखाई देते हैं वह नकली आस्तिक हैं। उनके माता-पिता, पुरोहितों ने उनके मस्तिष्क में बचपन से ही ईश्वर के होने की भावना जबर्दस्ती ठूंस दी है। उन्होंने ईश्वर की कोई खोज नहीं की। उन्होंने उसे बिना जाने ही स्वीकार कर लिया है। इससे नास्तिक बेहतर है क्योंकि वह तो यही कहता है कि यदि ईश्वर कहीं है तो मुझे दिखाओ, मैं उसे स्वीकार कर लूंगा। कम-से-कम वह ईमानदार तो है। पर खोज नास्तिक ने भी नहीं की है। और जिसे ईश्वर कहा जाता है वह हमारी आपकी तरह कोई व्यक्ति नहीं है जो आकाश या स्वर्ग में रहता हो। मेरे लिए पूरा अस्तित्व ही ईश्वर है। पूरी प्रकृति में, चांद-तारों में, नदी, पहाड़, जंगलों में भी उसकी कभी-कभी झलकें मिलती हैं। परमात्मा एक ऊर्जा है, जिसे न देखा जा सकता है और न दिखाया जा सकता है। उसे केवल अनुभव किया जा सकता है। उसके लिए संवेदनशीलता, प्रेम और ध्यान की आवश्यकता है।''

पकवासाजी बोले—''क्या आप मुझे उसकी अनुभूति करा सकते हैं ?''

आचार्यश्री ने मुस्कुरा कर उत्तर दिया—''मैं उसका रास्ता पहले ही बता चुका हूं। वह बुद्धि से नहीं, बुद्धि के पार जाकर ही जाना जा सकता है। उसके लिए हृदय के द्वार खोलने की आवश्यकता है। ध्यान के द्वारा निर्विचार होने की यात्रा ही एकमात्र मार्ग है। अगर आपको पद, प्रतिष्ठा, धन-वैभव सब कुछ पाकर भी एक खालीपन, एक ऊब महसूस होती है, यदि आपका विषाद धनीभूत हो गया है तो यात्रा सुगम है। पर यदि मन महत्त्वाकांक्षा और कामनाओं से भरा है और उनके व्यर्थ होने का बोध जागृत नहीं हुआ है तो आप ईश्वर के अनुभव करने की बात भूल जायें, यही बेहतर होगा।''

पकवासाजी ने फिर शंका प्रस्तुत की—''ईश्वर की अनुभूति होने से आखिर क्या मिलता है ?''

आचार्यश्री ने मुस्कुरा कर उत्तर दिया—''मिलता कुछ नहीं, पर खोजते-खोजते, खोजने वाला ही खो जाता है। और जो अनुभव होता है, शब्दों में उसे व्यक्त किया जाना ही असम्भव है। वह गूंगे का गुड़ है। हां, मैं इतना कह सकता हूं कि उसकी अनुभूति करने के बाद फिर कुछ और पाने को शेष नहीं रह जाता। उसे पाकर आनंद के सागर में डूब जाने जैसा है।''

इतना कहते हुए आचार्यश्री ने तीक्ष्ण दृष्टि से पकवासाजी की आंखों में झांका। पकवासा जी मंत्रमुग्ध होकर उनकी झील जैसी गहरी पारदर्शी आंखों में खो गये। उन्हें एक विद्युत का हलका झटका जैसा लगा। उनके मन प्राण एक अनिर्वचनीय आनंद से भींग गये।

कुछ क्षणों के बाद पकवासाजी सिर को झटका देकर जैसे सम्मोहन से मुक्त होते हुए बोले—"लगता है आपको सम्मोहन आता है? क्या आपने अभी मुझे सम्मोहित करने का प्रयास किया था?"

आचार्यश्री हंसकर बोले—"लगता है आपने सम्मोहन के विषय में केवल सुना है, पढ़ा कुछ नहीं। मनोविज्ञान की हर पुस्तक में सम्मोहन का एक चैप्टर पृथक् होता है। जिसे सम्मोहित किया जाता है वह निद्रा में चला जाता है। नींद में सम्मोहनकर्ता उससे जो कुछ कहता है वह वैसा ही अनुभव करता है। और आपको जो कुछ भी अनुभव हुआ वह नींद में नहीं पूरे होश में हुआ है। यह इस बात का प्रमाण है कि आपके प्राणों में उसे जानने और पाने की अभीप्सा है। आप पद, वैभव सभी से एक ऊब महसूस कर रहे हैं।"

इस बार पकवासाजी चमत्कृत होकर बोले—"आप बिलकुल ठीक कहते हैं। पर ध्यान किया कैसे जाये?"

और आचार्यश्री ने उन्हें ध्यान की कुछ विधियां समझायीं। पूरे डेढ़ घंटे तक पकवासाजी आचार्यश्री को एक प्रेमी चातक की भांति सुनते और देखते रहे।

❑ ❑

जेल में अपराधियों को ध्यान

पकवासाजी को सेठ गोविन्द दास ने आचार्यश्री के प्रवचनों की प्रकाशित पुस्तकें और टेप दिये। उन्होंने उसे बड़ी लगन से पढ़ा और सुना। उसको पढ़कर और सुनकर उनकी अभीप्सा और प्यास और तीव्र हुई। उन्होंने पन्द्रह दिनों बाद आचार्यश्री को लंच पर आमंत्रित किया और कुछ मित्रों के साथ उनके प्रवचन का आनंद लिया व शिथिल ध्यान के प्रयोग भी किये।

चलते हुए आचार्यश्री ने कहा—''मैं जेल में हत्या के या अन्य गंभीर अपराधों के कैदियों से मिलना चाहता हूं। उनसे मिलकर मैं अपराधियों के मनोविज्ञान को जानना चाहता हूं। मेरे देखने में सभी अपराधी, मानसिक रोगी हैं। प्रेम और ध्यान के द्वारा उनका सहज ही रूपान्तरण किया जा सकता है। इसके द्वारा उनकी लम्बी अवधि की सजा एक यातना न बनकर आनंद की यात्रा बन सकती है।''

पकवासाजी उत्सुकता से बोले—''आप प्रयोग करना चाहते हैं, जरूर कीजिये। मैं जेल अधीक्षक व डी. एम. को अभी फोन किये देता हूं। वह आपको वहां हर आवश्यक सुविधा देंगे। पर मैं नहीं समझता कि वह लोग ध्यान करने को तैयार होंगे?''

आचार्यश्री मुस्कुरा कर बोले—''आम आदमी की अपेक्षा उनका रूपान्तरण अधिक सहज और स्वाभाविक है। वह जानते हैं, उनका जीवन जेल में ही समाप्त हो जाना है इसलिए उनकी कामनाएं और महत्त्वाकांक्षाएं स्वमेव गिर गई हैं। उनका विषाद घना हो गया है। संसार उनके लिए व्यर्थ हो गया है। और आप शायद बाल्मीकि और अंगुलिमाल के रूपान्तरण की कथाएं भूल गये? और फिर मैं यह मानता हूं कि उन्होंने जो कुछ अपराध किया वह होश में नहीं एक मूर्च्छा में किया। बेहोशी या पागलपन की दशा में किये गए अपराध को कानून भी जानबूझकर किया अपराध नहीं मानता। कभी आपने सोचा है कि वह अपराधी बने क्यों? उन्हें अपराधी बनाने में हमारी पूरी सामाजिक व्यवस्था उत्तरदायी है।''

फिर दो क्षण रुककर आचार्यश्री, पकवासाजी की आंखों में देखते हुए बोले—''मुझे क्षमा करें पकवासाजी, पर मैं राजनीतिज्ञों को भी एक दूसरे प्रकार का अपराधी समझता हूं। अपराधियों की प्रकार राजनीतिज्ञ भी शक्ति के भूखे हैं। वह अपने पास अधिक-से-अधिक शक्ति चाहते हैं। जहां अपराधी कानून का उल्लंघन कर शस्त्रों से शक्ति प्राप्त करते हैं, राजनीतिज्ञ अपनी बुद्धि से कानून के छिद्रों द्वारा शक्ति प्राप्त करते हैं। अपराधी खुलेआम कानून तोड़कर लोगों को लूटते हैं, तो राजनीतिज्ञ कुर्सी की खातिर उन लोगों का कानूनी ढंग से सफाया करने से नहीं चूकते, जिनके बारे में उन्हें आशंका होती है कि वह उनका स्थान ले सकते हैं, उनकी कुर्सी छीन सकते हैं। इतिहास ऐसी रक्त रंजित गाथाओं से भरा पड़ा है। राजसिंहासन पाने के लिए मुसलमान शासकों में बाप-बेटे, चाचा-भतीजे एक दूसरे की हत्याएं करते रहे। स्तालिन ने लेनिन को स्लो पायजन देकर रास्ते से हटा दिया। त्रातस्की और न जाने कितने शीर्ष नेताओं की उसने हत्याएं कराईं। पर राजनीतिज्ञ अपनी बुद्धि से अपने हाथों में अपरिमित शक्ति इकट्ठी कर लेता है। उसके खुद के बनाये कानून उसे शक्ति का स्रोत बनने में सहायता देते हैं।''

और इस संबंध में प्रश्नोत्तर का क्रम आधे घंटे तक चलता रहा। आचार्यश्री के तर्कों से पकवासाजी को न चाहते हुए भी सहमत होना ही पड़ा।

उठते हुए आचार्यश्री बोले—"मेरे देखे सभी राजनीतिज्ञ भी मानसिक रूप से बीमार हैं। उनकी बीमारी का एक ही इलाज है ध्यान। जिससे उनकी अंधी महत्त्वाकांक्षा पर लगाम लगाई जा सके। ध्यान के द्वारा विवेक और होश जागृत होता है। और होशपूर्ण व्यक्ति कोई गलत काम कर ही नहीं सकता।"

इसी बीच राज्यपाल महोदय ने डी. एम. से फोन कर उनसे आग्रह किया कि वह कल आचार्यश्री के पास अपने किसी एस. डी. एम. को भेज दें जो उन्हें सेंट्रल जेल ले जाकर उनकी मुलाकात गंभीर अपराधियों से करा सकें। उन्होंने बताया कि यद्यपि जेल अधीक्षक को उन्होंने फोन कर दिया है, पर फिर भी वह देख लें कि आचार्यश्री को अपने मिशन में कोई कठिनाई न हो।

इस व्यवस्था के लिए आभार व्यक्त कर आचार्यश्री ने राज्यपाल महोदय से विदा ली।

दूसरे दिन वह सेन्ट्रल जेल में 30 अपराधियों से अलग-अलग मिले। फिर सभी को इकट्ठे कर उन्होंने एक संक्षिप्त प्रवचन देते हुए उन्हें ध्यान के लाभ बताते हुए ध्यान के छोटे-छोटे प्रयोग भी करवाये। तीस में से बीस अपराधियों ने ध्यान प्रयोगों को जारी रखने का वायदा किया। आचार्यश्री के प्रेम तथा सहानुभूतिपूर्ण व्यवहार का कैदियों पर चमत्कारिक प्रभाव हुआ। वह क्रमशः शांत होते गये और महीने में एक बार आचार्यश्री प्रायः सेन्ट्रल जेल जाने लगे।

☐ ☐

सेठ गोविंद दास का अभिनंदन समारोह और आचार्यश्री का अनूठा आशीर्वाद

साहित्य जगत में सेठ गोविन्द दास के एक सौ तीन नाटक प्रकाशित हो चुके थे। हिन्दी साहित्य के प्रमुख नाटककारों में उनका अग्रगण्य स्थान था। जार्ज बर्नाड शॉ ने सौ से अधिक नाटक लिखे थे। उनके लिखे 103 नाटकों की संख्या पार करने पर जब सेठ गोविन्द दास के 104 नाटक प्रकाशित हो चुके तो हिन्दी साहित्य सम्मेलन द्वारा उनके स्वागत समारोह का आयोजन जबलपुर में ही किया गया। इस अवसर पर साहित्य जगत के अग्रगण्य नाटककार आमंत्रित किए गये। चूंकि सेठ गोविन्द दास हिन्दी साहित्य सम्मेलन के कई बार अध्यक्ष रह चुके थे इसलिए नाटककारों के अतिरिक्त भी कई प्रमुख साहित्यकारों ने भी इस समारोह में भाग लिया। सभी प्रमुख साहित्यकार सेठजी के गोकुलदास पैलेस के अतिथिगृह में ही रुके हुए थे।

आचार्यश्री के पास सेठ गोविन्द दास स्वयं निमंत्रण पत्र लेकर आये और वहां चलकर आशीर्वाद स्वरूप उनसे कुछ कहने का भी आग्रह किया।

आचार्यश्री गम्भीर होकर बोले—"सेठजी! अच्छा यही होगा कि मैं इस अवसर पर दूर ही रहूं क्योंकि आप जानते हैं—मेरा साहित्य से संबंध ही क्या है?"

सेठ गोविन्द दास जिद करते हुए बोले—"आपको कुछ देर के लिए तो कष्ट करना ही होगा। मैं सुबह आपको लेने अपनी कार भेज दूंगा। और देखिये, आप मना मत कीजिये, इससे मुझे बहुत कष्ट होगा।"

आचार्यश्री मुस्कुरा कर बोले—"आप सोच लीजिये सेठजी? हो सकता है कि मेरे सभा भवन में पहुंच जाने से आपको कष्ट हो।"

गोविन्द दास दो क्षणों को चौंके, फिर हंसते हुए बोले—"मेरी खिंचाई करने में आपको मजा आता है, यह मैं अच्छी तरह जानता हूं। आप मेरी प्रशंसा मत कीजियेगा, मुझे दो गालियां ही सुना देना, मैं उसे भी आशीर्वाद समझूंगा।"

आचार्यश्री मौन हो गये। कुछ बोले नहीं। दूसरे दिन सभा प्रारम्भ होने के दस मिनट पूर्व सेठ गोविन्द दास आचार्यश्री को स्वयं अपने साथ लेने आ गये, क्योंकि वह आशंकित थे कि संभवत: आचार्यश्री कार वापस न भेज दें? सेठजी के अत्यधिक अनुरोध करने पर आचार्यश्री स्वागत समारोह में पहुंचे। पंडाल की भव्य सजावट की गई थी। वहां प्रमुख साहित्यकारों, नाटककारों के बड़े-बड़े चित्रों के बीच सेठ गोविन्द दास का विशाल चित्र भी लगा हुआ था।

सेठजी को 104 गुलाब के पुष्पों की माला पहनाई गई। डॉ. रामकुमार वर्मा ने अपने कवित्वमय भाषण में सेठ गोविन्द दास को हिन्दी साहित्य का जार्ज बर्नाड शॉ कहा। जो भी साहित्यकार गोकुलदास पैलेस की मेहमानबाजी का आनंद ले चुके थे, उन्होंने सेठजी की प्रशंसा करने में होड़ करते हुए उन्हें हिन्दी साहित्य जगत के ध्रुवतारे से लेकर उन्हें सूर्य तक बना दिया।

अंत में आचार्यश्री से भी आशीर्वाद स्वरूप कुछ कहने का आग्रह किया गया।

आचार्यश्री ने कहा—"मुझे तीन दिन पहले तक यह ज्ञात नहीं था कि सेठ गोविन्द दास ने 104 नाटक लिखे हैं। दो दिन पूर्व जब सेठजी ने अपने प्रकाशित नाटक की प्रति देते हुए

मुझे बताया कि वह जार्ज बर्नाड शॉ द्वारा लिखे नाटकों की संख्या पार कर चुके हैं, तो मुझे मालूम हुआ कि सेठजी एक महान नाटककार हैं। यह नाटक लिखते ही नहीं, बहुत अच्छा नाटक करते भी हैं। इनके कई नाटक मैंने पढ़े भी हैं। उनमें से कम-से-कम तीन या चार नाटकों के बारे में तो मैं दावे से कह सकता हूं कि उन्हें लिखा किसी और ने है और वह छपे सेठजी के नाम से हैं।''

यह सुनकर पूरी सभा स्तब्ध रह गई। सेठ गोविन्द दास के चेहरे पर तो जैसे कालिख पुत गई। पर आचार्यश्री को टोंकने का किसी को साहस नहीं था।

सेठजी का चेहरा देखकर आचार्यश्री मुस्कुराते हुए बोले—''उन तीन या चार नाटकों में जो विचार या दर्शन पात्रों के द्वारा निरूपित किया गया है, वह दर्शन सेठ गोविन्द दास जानते ही नहीं। इसी आधार पर मुझे लगता है कि यह नाटक सेठजी ने लिखे ही नहीं। इसी तरह हो सकता है कि 104 नाटकों में से बहुत से नाटक सेठजी ने स्वयं न लिखकर किसी से लिखवाये हों, क्योंकि यह स्वयं तो कभी कुछ लिखते नहीं, जो कुछ लिखता है, इनका स्टेनो लिखता है।''

सभा में पीछे से कुछ लोगों की दबी हंसी मुखरित हुई। कई साहित्यकार, सेठजी का मलिन चेहरा देखकर हंसने लगे।

आचार्यश्री अपने भाषण का समापन करते हुए बोले—''बहरहाल सेठजी एक बहुत सरल, सहज और प्रेमी व्यक्ति हैं। मेरा आशीर्वाद सदा उनके साथ है। उनकी ध्यान और अध्यात्म में भी रुचि है। मुझे हार्दिक प्रसन्नता होगी यदि सेठजी अधिक प्रामाणिक और अधिक सच्चे तथा बच्चे की तरह सरल हो जायें, तभी ध्यान में गति सम्भव है।''

आचार्यश्री के भाषण का भी पूरी सभा ने जोरदार तालियों से स्वागत किया। सभी की उत्सुकता अब इस बात में थी कि आखिर सेठ गोविन्द दास अपनी सफाई में अब क्या कहते हैं? पर आचार्यश्री के बाद शिक्षामंत्री का भाषण हुआ। इसी बीच एक कागज के टुकड़े पर कुछ लिखकर आचार्यश्री ने वह स्लिप पास खड़े सेठजी के स्टेनो श्रीवास्तव को देकर उसके कान में कुछ कहा। श्रीवास्तव ने वह स्लिप तुरन्त सेठ गोविन्द दास को देते हुए उनके कानों में गुप्त संदेश कहा। सेठ गोविन्द दास ने अपने सम्मान के लिए सभी की कृतज्ञता व्यक्त करने के बाद पहले अपना छपा भाषण पढ़ा फिर कहा—''आप सभी लोग आचार्यश्री के आशीर्वाद से चौंके होंगे। पर मेरे लिए यह नई बात नहीं है। मुझसे आचार्यश्री ने कल ही स्पष्ट रूप से कह दिया था कि मुझे साहित्य समारोह से क्या लेना-देना? मेरी जिद करने पर वह बोले—मैं अगर गया तो तुम्हारी ऐसी खिंचाई करूंगा कि तुम जीवन भर याद रखोगे। और आचार्यश्री ने जैसा कहा था वैसा किया भी। मैं आचार्यश्री के मजाक का या खिंचाई का जरा भी बुरा नहीं मानता। उनके वचन मेरे लिए आशीर्वाद ही हैं। उन्होंने बिलकुल सच कहा है कि मैंने शायद कभी कुछ नहीं लिखा। मैं वास्तव में कभी कुछ लिखता भी नहीं। लिखने का काम मेरा स्टेनो ही करता है। मैं तो इसे केवल डिक्टेशन देता हूं। डिक्टेशन देने के बाद जब स्टेनो टाइप करके लाता है तो उसे पढ़कर मैं स्वयं आश्चर्य चकित रह जाता हूं कि यह डिक्टेशन क्या मैंने दी थी? डिक्टेशन देते समय मेरे मुंह से न जाने कौन बोलता है, यह मुझे स्वयं नहीं मालूम। यह बात आचार्यश्री अच्छी तरह जानते हैं। इसीलिए उनका यह कहना बिलकुल सही है कि यह नाटक मैंने नहीं लिखे। जाने कौन-सी अदृश्य शक्ति मेरे मुंह से बोलकर यह नाटक लिखा गई, मुझे स्वयं उसका पता नहीं।''

सभा भवन फिर तालियों की गड़गड़ाहट से गूंज उठा।

सम्मान समारोह के बाद भव्य पार्टी का आयोजन था। आचार्यश्री बिना चीनी व बिना दूध की ब्लैक टी पीकर और एक सेव खाकर गेट की ओर चल पड़े। सेठ गोविन्द दास ने आगे बढ़कर उन्हें कार में विदा किया।

तीसरे दिन सेठ गोविन्द दास फिर आचार्यश्री के निवास पर पहुंचे। प्रणाम करने के बाद बैठते ही सेठजी बोले—''उस दिन आपने मेरी ऐसी खिंचाई की कि मेरी तो जान ही निकल गई थी। और आपने कुछ गलत नहीं कहा। जो सत्य था आपने उसी को प्रकट किया। पर मैं संसारी आदमी हूं। सत्य के सूरज की रोशनी मुझे तो अंधा ही कर देगी। सत्य तो आप जैसे पहुंचे हुए सिद्ध लोंगों के लिए ही है।''

आचार्यश्री गम्भीर होकर बोले—''सेठजी! कब तक अपने-आपको धोखा दोगे? इस भ्रष्ट राजनीति की सोहबत में आपका सुधार असम्भव है। आप फिर झूठे नाम, यश के पीछे पागल की तरह दौड़ रहे हैं। यह पागलपन आपको प्रतिदिन बेहोश कर रहा है। मैंने आपके अहंकार पर इसीलिए चोट की थी, कि शायद आपको सद्बुद्धि आ जाये। पर आपके चेहरे को राख की तरह सफेद देखकर मुझे आपके पास काग़ज़ की स्लिप भेजनी ही पड़ी।''

सेठजी बोले—''आपने स्लिप भेजकर मेरा उद्धार कर दिया। यदि मुझे वह स्लिप नहीं मिलती तो हो सकता है कि लिखा भाषण पढ़ते-पढ़ते मैं बेहोश हो जाता। आपकी बात को काटने का मेरा साहस था ही नहीं। आपने ही अपने भाषण का काट, मंत्र रूप में स्लिप द्वारा भेजकर मुझे उबार लिया।''

आचार्यश्री दो टूक स्वर में बोले—''इस बार आपका चेहरा देखकर करुणावश मैंने आपको उबार लिया। पर अगली बार धक्का देकर आपको संभालूंगा नहीं। मूर्च्छा से जागें। नकली मुखौटे को उतार कर प्रामाणिक बनें। मैंने आपको बेटे की मृत्यु से दुःखी देख समझा था कि आपको धन और महत्त्वाकांक्षा से ऊब हो गई है, इसीलिए मैंने आपको ध्यान की विधियां समझाई भी थी ताकि आप शांत और प्रसन्न हो सकें। आप जब तक राजनीति और महत्त्वाकांक्षा से दूर रहे, शांत और आनंदित हुए भी। पर यदि आप अपने को नहीं बदल सकते तो ध्यान करना भी बंद कर दें। अन्यथा ऐसी दशा में ध्यान आपको विक्षिप्त कर देगा।''

सेठजी सुधरने का संकल्प लेकर, पुनः कृतज्ञता व्यक्त करते हुए आचार्यश्री को प्रणाम कर वापस लौट गये। पर आचार्यश्री जानते थे कि उनका संकल्प, ईश्वर की शपथ खाने जैसा है।

सेठ गोविन्द दास का रूपान्तरण

एक मास बाद ही सेठ गोविन्द दास, बड़े घबड़ाये से आचार्यश्री के पास आये। दुःखी स्वर से बोले—"मैं पिछले पन्द्रह दिनों से मानसिक रूप से बहुत उद्विग्न हूं। रातों की नींद उड़ गई है। भूख भी नहीं लगती। ब्लड प्रेशर भी बढ़ गया है। ध्यान करने बैठता हूं तो उसमें भी एकाग्रता नहीं आती। ज्यों-त्यों अपने को नियंत्रित कर ध्यान पूरा भी करता हूं तो उसके बाद सिर में तेज दर्द होने लगता है। आप कुछ उपाय कीजिये न? यह सब कुछ क्या हो रहा है मेरे साथ?"

आचार्यश्री गम्भीरता से बोले—"आप जब पिछली बार मुझसे मिले थे तब मैंने आपको सावधान किया था कि ध्यान करना बंद कर दें। महत्त्वाकांक्षा और यश कामना के साथ-साथ ध्यान का विरोध है। आप अपने अहंकार को गुब्बारे की तरह फुलाते जा रहे हैं। राजनीति के साथ-साथ आप साहित्य जगत में भी जार्ज बर्नाड शॉ बनना चाहते हैं और वह भी अपनी प्रतिभा के सहारे नहीं, दूसरों को पैसे देकर आप नाटक लिखवाते हैं, इस छल-प्रपंच से खरीदा गया नाम शांति कैसे दे सकता है? अशांति, बेचैनी, अनिद्रा इन सभी को आपने ही दावत दी है। अपनी स्थिति के लिए आप ही जिम्मेदार हैं। अब इसमें मैं क्या कर सकता हूं?"

सेठ गोविन्द दास विह्वल होकर बोले—"मैं यह नहीं समझता था कि ध्यान भी नुकसानदायक हो सकता है। आपने हालांकि ध्यान करने से मना किया था पर मैंने इसे गम्भीरता से नहीं लिया। मैं यह समझा कि आप मुझपर व्यंग्य कर रहे हैं। में अपनी कमजोरी स्वीकार करता हूं। पर मैं इन कमजोरियों से कैसे उबरूं? इसका निदान तो आपके ही पास है।"

आचार्यश्री ने उत्तर दिया—"निदान बता तो रहा हूं पर आप समझने का प्रयास नहीं करते। आपको जितना बाहर दौड़ना है, पहले पूरी मेहनत से दौड़ पूरी कर लें। जब शरीर, मन, सभी बुरी तरह थक जायें, जब सारी बीमारियां उभर कर पूरा नर्क निर्मित कर दें, तब आप केवल विचार करना कि नाम, यश, पाकर भी आपको शांति क्यों नहीं मिली? हर सुख, दुःख की खबर अपने साथ ही लेकर आता है। आप गम्भीरता से सोचें कि इतनी सारी आपाधापी के बाद आपका नाम राजनीति, धर्म और साहित्य के जगत में स्वर्णाक्षरों में दर्ज हो भी गया तो भी मरने के बाद उससे आपको क्या फायदा होगा? इतिहास में हजारों लाखों राजा महाराजा हुए उनका आज कोई नाम तक नहीं लेता। और लोग चाहते हैं कि उनका नाम इतिहास में सुनहरे अक्षरों में दर्ज हो जाये। पर इतिहास की पुस्तकें सुनहरे अक्षरों में नहीं, काले अक्षरों में ही छापी जाती हैं। आपने शायद उस चक्रवर्ती सम्राट की कहानी नहीं सुनी जो बहुत दानी और पुण्यात्मा था और उसकी इच्छा थी कि स्वर्ग में अपना नाम सुमेर पर्वत पर खोदने का उसे अवसर मिले। अपनी इच्छानुसार जब वह मर कर सम्राज्ञी के साथ स्वर्ग में सुमेर पर्वत के द्वारपाल के पास पहुंचा तो उसने कहा कि तुम अकेले ही अंदर जा सकते हो, तुम्हारी पत्नी तुम्हारे साथ नहीं जा सकती। यही यहां का नियम है। सम्राट का आधा उत्साह समाप्त हो गया। उसकी प्रेयसी, मित्र ही सुमेर पर उसका खुदा नाम न देखे, तो ऐसे नाम खोदने का लाभ क्या? जब राजा सुमेर पर्वत के पास पहुंचा तो उसने देखा कि पर्वत पर तमाम नाम ही नाम खुदे हैं। वहां कोई भी स्थान खाली नहीं है, जहां वह अपना नाम खोद सके। यह देख उसका सारा उत्साह जाता रहा। वह तो लाखों करोड़ों

में अकेला विशिष्ट होना चाहता था। उसने द्वारपाल से फिर पूछा—मैं कहां खो दूं अपना नाम? यहां तो कोई स्थान खाली ही नहीं। वह बोला, दो-चार नाम मिटा दो और अपना नाम खोद लो, क्योंकि तुम्हारी तरह यहां करोड़ों पुण्यात्मा आ चुके हैं।'' यह सुनकर उसका सारा उत्साह बुझ गया। तब उसे अपने मिथ्या अहंकार का बोध हुआ और वह बिना नाम खोदे ही वापस आ गया, तभी स्वर्ग का अंतिम द्वार उसके लिए खुला क्योंकि जो लोग अपना नाम खोद चुके थे, वह वापस नर्क में भेज दिये गये थे।

दो क्षण रुककर आचार्यश्री बोले—''जो एक बार के अनुभव से बोध प्राप्त कर ले, वही ध्यान में गति कर सकता है। जो एक स्त्री से सुख नहीं पा सका, उसे छोड़ वह चाहे हजारों स्त्रियां बदले, उसके जीवन में कोई क्रांति होने वाली नहीं। और अनुभव करने के बावजूद आप बार-बार उसी नर्क में फिर-फिर वापस जाते हैं। आप यह समझते क्यों नहीं कि मरने के बाद, धन, यश, वैभव कुछ भी साथ नहीं जाता। अपनी अधूरी वासनाओं को पूरा करने आप फिर जन्म लेंगे और आपके संस्कार फिर आपको ऐसे ही भटकायेंगे। जब आपको मूर्च्छा में ही रस मिल रहा है, फिर जागने की बात सोचना ही व्यर्थ है। आप ध्यान तुरंत बंद कर पहले अपनी दौड़ पूरी कर लें, तभी कुछ क्रांति सम्भव है।''

सेठ गोविन्द दास कातर स्वर से बोले—''आप मुझे निराश मत करें। अब मुझे सचमुच सभी से ऊब हो गई है। मेरा विषाद घना हो गया है। मुझे सब कुछ व्यर्थ लगने लगा है। मुझे हर क्षण अपने सामने मौत खड़ी नजर आती है। डॉक्टरों, वैद्यों का इलाज करके भी थक गया। अब आप ही मेरी अंतिम आशा हैं। अब आप जैसा कहेंगे मैं वैसा ही करूंगा।''

सेठजी की दशा देख आचार्यश्री पिघल कर करुणा बरसाते हुए बोले—''सेठजी! मैं बीच-बीच में आप पर इसीलिए चोटें करता रहा, जिससे इस झूठी मृगतृष्णा के जाल से आप मुक्त हों। आप जो कह रहे हैं मैं उस पर फिर विश्वास कर रहा हूं। आपको याद होगा—शिक्षा मंत्री मुझसे कितना आग्रह करते रहे कि मैं उन्हें ध्यान बताऊं। मैंने उनसे आपके सामने ही कहा था कि महत्त्वाकांक्षा के रहते ध्यान करने से कोई लाभ नहीं। उन्होंने मना करने के बावजूद ध्यान किया और विक्षिप्त होते-होते बचे। ध्यान तो मन की झील में उठती लहरों को शांत करने का उपाय है। महत्त्वाकांक्षा और अहंकार की लहरें यदि निरंतर मन में उठती रहें तो बरबस किया गया ध्यान एक तनाव ही उत्पन्न करेगा। जब मन के दो छोर एक दूसरे को खींचते रहेंगे तो संघर्ष अनिवार्य है।''

सेठ गोविन्द दास को उदास और गम्भीर देखकर आचार्यश्री मुस्कुरा कर बोले—''बी. ए. में मेरे एक हिस्ट्री प्रोफेसर थे। पहले दिन क्लास में वह छात्रों को प्रभावित करने के लिए जोर से बोले—''तुम लोगों को चाहिये कि जीवन में कुछ ऐसा करो जिससे तुम्हारा नाम इतिहास में स्वर्णाक्षरों में अंकित हो सके। मैंने खड़े होकर उनसे कहा—''आप चालीस छात्रों के सामने इतनी जोर से चिल्ला-चिल्ला कर यह घोषणा इस प्रकार कर रहे हैं जैसे आप हजारों के समूह को सम्बोधित कर रहे हों। पहले आप यह बतायें कि क्या आपका नाम स्वर्णाक्षरों में अंकित हुआ? आपकी ध्वनि क्लास रूम की दीवारों, मेजों और कुर्सियों से टकरा कर भी शायद ही कोई निशान बना सके, मुझे इसमें भी संदेह है। फिर इतिहास की आप कोई भी ऐसी पुस्तक मुझे दिखायें जिसमें किसी का भी नाम स्वर्णाक्षरों में अंकित हो। काली स्याही से ही सभी के नाम इतिहास-पुस्तकों में दर्ज हैं। और इतिहास में अधिकतर उन्हीं लोगों का लेखा-जोखा है जिन्होंने युद्ध किये, हजारों-लाखों की हत्यायें कीं, कत्लेआम किये, अनाचार किये। बुद्ध, महावीर

के नाम भी केवल इसलिए दर्ज हैं क्यों वह राजपुत्र थे। पर यह बताइये जिन बुद्ध पुरुषों ने मानव चेतना को शिखर पर पहुंचाया, उनके नाम इतिहास पुस्तकों में कहां दर्ज हैं? इनमें पतंजलि, अप्टावक्र, गोरख, बोधिधर्म, मारपा, तिलोपा, शीलभद्र, बसुमित्र, कुन्द-कुन्द जैसे बुद्ध पुरुषों के नामों का कहीं भी उल्लेख क्यों नहीं है?''

इतिहास प्राध्यापक मुझे हक्के-बक्के होकर आश्चर्य से देखने लगे। मैंने उनसे कहा—''आप कहते हैं कि कुछ ऐसा करो, जिससे तुम यहां अपना चिह्न छोड़कर जा सको। पर किसी स्थान पर केवल कुत्ते ही अपना चिह्न छोड़ते हैं, जो अपनी एक टांग उठाकर पीली पेशाब से अपने उस स्थान पर होने का चिह्न छोड़ जाते हैं, यह घोषणा करते हुए कि वह उनका अपना स्थान है। और सभी राजनीतिज्ञ भी ठीक कुत्तों की तरह आचरण करके इतिहास में अपना चिह्न छोड़ रहे हैं। पूरा इतिहास गंदी बदबू से गन्धा रहा है और आप सभी को शिक्षा दे रहे हैं कि इतिहास में अपना चिह्न छोड़कर जाओ।''

आचार्यश्री ने दो क्षण रुककर सेठ गोविन्द दास की ओर दृष्टिपात किया, उनका चेहरा लज्जा, पश्चात्ताप और अपराध-बोध से सफेद और काला हो रहा था।

आचार्यश्री हंसकर बोले—''सेठजी, आपकी सहजता और सरलता ही आपका गुण है। मैं देख रहा हूं, आप अपनी गलतियों को महसूस कर रहे हैं। पर अपराध ग्रस्त होने की कोई आवश्यकता नहीं। उनकी व्यर्थता का मात्र बोध हो जाये, यही पर्याप्त है। सभी राजनीतिज्ञ एक हीनता की ग्रंथि से ग्रसित होते हैं। वह स्वयं अंदर-ही-अंदर अपनी कमजोरी को जानते हैं पर बाहर से अपने को ऐसा पोज करते हैं जैसे वह सर्वशक्तिमान हों। वह दौड़ में प्रथम होना चाहते हैं, इसके लिए भले ही उन्हें अपने संगी-साथियों को धक्का देना पड़े, उन्हें कुचलना पड़े। पर इस सृष्टि में हम सभी वर्तुलाकार घूम रहे हैं। इस दौड़ में हमेशा कोई-न-कोई हमसे आगे रहता ही है। सर्व गुण सम्पन्न कभी कोई व्यक्ति नहीं होता। अमेरिका के प्रेसीडेन्ट को भी चार वर्ष बाद वोटों की भीख मांगने फिर उन लोगों के पास जाना पड़ता है, जो दौड़ में काफी पिछड़े थे या दौड़ में शामिल ही नहीं हुए थे। सभी राजनीतिज्ञ अपना अनुगमन करने वालों का ही अनुगमन करते हैं, यह एक कटु सत्य है। आपने देखा—होगा कुत्ते भागती कार के पीछे दौड़ते हैं। एक बार मैं शिक्षा मंत्री के साथ ही कार में कहीं जा रहा था और मैंने देखा कि एक कुत्ता काफी दूर से कार का पीछा कर रहा है। मैंने ड्राईवर से कहकर कार रुकवा दी और शिक्षा मंत्री से कहा—आप गाड़ी के पीछे भागते कुत्ते को जरा ध्यान से देखें। वह कुत्ता भागता हुआ जब गाड़ी के पास आया, तो हांफता हुआ, चुपचाप गाड़ी को पंजों से छूकर हक्का-बक्का होकर गाड़ी को इस प्रकार देखने लगा कि अब आखिर किया क्या जाये? वह जिस कार के पीछे भाग रहा था, उस मंजिल को पाकर वह मूर्ख की तरह इधर-उधर देखने लगा। सारे राजनीतिज्ञ भी कुत्तों की तरह एक ऐसी मंजिल की ओर भाग रहे हैं, जिसे पाकर भी उन्हें कुछ मिलने वाला नहीं। सारा सुख, केवल दौड़ने-भागने में है। और अगर वह कुत्ता गाड़ी की पिछली सीट पर बैठ भी जाता तो भी क्या मिल जाता उसे? गद्दियों पर बैठे राजनीतिज्ञ भी आखिर पाते क्या हैं? चिंता, परेशानी, अनिद्रा, अशांति, ढेरों बीमारियां। उनके जीवन में प्रेम का कोई फूल नहीं खिलता। शांति की कहीं कोई किरण नहीं उगती। मैं इसीलिए बार-बार कहता हूं कि राजनीतिज्ञ कभी सच्चा धार्मिक नहीं हो सकता। धार्मिक होने का अर्थ है, निरहंकारिता, होश, शांति, गहन मौन, अस्तित्व के साथ गहरा तादात्म्य। भूत और भविष्य के प्रति उदासीन और कामना रहित हो जाना ही धार्मिक व्यक्ति का लक्षण है। अभी तक भूतकाल में जो धार्मिक लोग हुए, कृष्ण को छोड़कर

प्रायः सभी ने सत्य के एक ही खण्ड की झलक देखी। पर सत्य तो अखण्ड है। खंडित सत्य अधूरा है। कृष्ण ने जीवन को समग्र रूप से स्वीकार किया। अच्छाइयों और बुराइयों दोनों के साथ। उनके लिए न कुछ झूठ था और न कुछ सत्य। न कुछ भोगने योग्य था और न कुछ त्यागने योग्य। उन्होंने द्वैत खोकर अद्वैत, अखंड सत्य को देखा था। मेरे देखे सच्चा धार्मिक वह है जो परम्पराओं, अंधविश्वासों के प्रति विद्रोह करे। समग्र जीवन में जो क्रांति का उद्घोष करे। मरघट जैसी शांति का कोई महत्त्व नहीं। जो मौन जीवन में नाचते, गाते, थिरकते हुए जीता है, उसी के जीवन की सार्थकता है। ऐसा धार्मिक व्यक्ति अपने आनंद को सभी को बांट देना चाहता है। वह एक भरे बादल की प्रकार बरस जाना चाहता है। वह चाहता है, सभी के अंदर का अंधकार दूर हो, मनुष्यता चेतन के उच्चतम शिखर तक पहुंचे। इसके लिए संघर्ष अनिवार्य है। भूतकाल में धार्मिक लोग संघर्ष से बचते रहे। पर आज सत्य की अग्नि में कूड़े कचरे को जलाना ही सच्चे धार्मिक व्यक्ति का काम है। संघर्ष ही सच्चा आनंद है। मैं पूरे देश में घूम-घूमकर इसीलिए लोगों को जगा रहा हूं, उनके विश्वासों और मूढ़ताओं पर चोट कर रहा हूं। इसलिए स्वाभाविक है कि अंधविश्वासों के रहने से जिन मठाधीशों के झूठे धर्म का धंधा प्रभावित होता है वह मुझसे नाराज होते हैं।''

दो क्षण रुककर आचार्यश्री बोले—''एक गद्दी पर नये-नये बैठे शंकराचार्य मेरे पुराने मित्र थे। वह कई धार्मिक सम्मेलनों में मुझे सुन चुके थे। एक दिन वह मुझसे बोले—आप सभी लोगों को अपना दुश्मन क्यों बना रहे हैं? गांधीवादी, समाजवादी, साम्यवादी और हर प्रकार के राजनीतिज्ञ आपके दुश्मन हैं। हिन्दू, मुसलमान, ईसाई, जैन, बौद्ध और हर धर्म के धर्माचार्यों की आंखों में आप कांटे की तरह खटकते हैं। आखिर प्रत्येक को दुश्मन बनाकर आप क्या चाहते हैं?'' मैंने उनसे कहा—''मैं एक पुस्तक लिखना चाहता हूं जिसके द्वारा मैं लोगों को अपने अनुभव से बता सकूं कि लोगों को कैसे प्रभावित किया जा सकता है और दुश्मन बनाया जा सकता है।'' वह बोले—''आप मेरी बात को गम्भीरता से क्यों नहीं लेते? आप इसे मजाक समझ रहे हैं। लोग आपकी हत्या करने में उत्सुक हैं।'' मैंने उनसे कहा—''मुझे मारना इतना आसान नहीं है। सरमद मंसूर के सिर काटकर और जीसस को सूली पर चढ़ाकर वह देख चुके हैं कि मरने के बाद, शहीद होकर उनके विचार छूत की बीमारी की तरह फैलते हैं। और जब जन्म लेते ही शरीर में मृत्यु की प्रक्रिया प्रारम्भ हो जाती है और शरीर की मृत्यु अनिवार्य है तो मृत्यु से डरना क्या? मृत्यु तो मेरे लिए उत्सव है, आनंद है, क्योंकि मैं जानता हूं कि कभी कुछ भी नहीं मरता।''

सेठ गोविन्द दास रोने लगे। उनकी हिचकियां बंध गईं। उन्होंने आचार्यश्री के चरण पकड़ लिए।

आचार्यश्री उन्हें उठाते हुए बोले—''तुम्हारा विषाद पूरा हुआ गोविन्द दास! तुम्हारे यह आंसू शुभ चिह्न हैं। जी भरकर रो लो। सारा विषाद बह जाने दो। अंदर कमरा बंद कर अकेले में रोओ, चीखो, चिल्लाओ, हंसो, नाचो, कूदो। अंदर जो कचरा, कूड़ा-कबाड़ा भरा है, उसे उलीच कर बाहर फेंक दो। जब अंदर जगह खाली होगी तभी खाली पात्र में अस्तित्व से बरसता अमृत तुम्हें आनंदित करेगा। मन के दर्पण से धूल साफ किए वगैर कुछ देखना सम्भव ही नहीं है।''

पांच मिनट तक सेठजी रोते रहे। उसके बाद कुछ देर मौन बैठे रहे। फिर प्रणाम कर बिना कुछ कहे बाहर चले गये। आचार्यश्री सेठ गोविन्द दास के रूपान्तरण को देखकर बहुत आनंदित थे। तभी बाहर से दूसरे लोग मिलने आ गये और आचार्यश्री उनके साथ व्यस्त हो गये।

❑ ❑

डॉ. पुष्प (पत्रकार) द्वारा इंटरव्यू

उन दिनों डॉ. निर्मल पुष्प 'शिखरिणी' हिन्दी मासिक पत्रिक के सम्पादक थे। इस पत्रिका में आचार्य रजनीश के प्रवचन, बोध कथाएं प्राय: प्रकाशित होती रहती थीं। डॉ. पुष्प के हृदय में आचार्य रजनीश के संबंध में अनेक जिज्ञासाएं थीं। उनके निकट सम्पर्क में रहने वालों से पूछे जाने पर भी जब उनकी शंकाओं का समाधान नहीं हुआ तो उन्होंने आचार्यश्री से साक्षात्कार हेतु लिखित अनुमति के लिए पत्र भेज दिया। जब साक्षात्कार की अनुमति प्राप्त हुई तो डॉ. पुष्प इलाहाबाद में थे और वह पत्र उन्हें तब मिला जब नियत समय निकल गया। पुन: निवेदन किये जाने पर तीन माह बाद उन्हें योगेश भवन 115 राइट टॉउन जबलपुर में सायं 3 और 4 के बीच बुलाया गया।

जब डॉ. पुष्प को आचार्यश्री के साधना-कक्ष में ले जाया गया तो उन्होंने देखा कि आचार्यश्री का साधना-कक्ष वस्तुत: एक विशाल लाइब्रेरी है। उस विशाल हाल की दीवालों पर 4 फुट ऊंचाई तक केवल आलमारियां थीं जिनमें हिन्दी, अंग्रेजी तथा अन्य भाषाओं की हजारों पुस्तकें बड़े करीने से सजाकर रखी गई थीं। आचार्यश्री के सचिव श्री अरविंद कुमार ने बताया कि आचार्यश्री ने उन सभी पुस्तकों का गहन अध्ययन किया है और कुछ ही देर में अर्थात् दिए गये ठीक समय पर ही आचार्यश्री पधारेंगे।

ठीक 3 बजे आचार्यश्री ने प्रवेश किया। डॉ. पुष्प तुरन्त उठकर खड़े हो गये और उन्होंने श्रद्धानत होकर हाथ जोड़ प्रणाम किया। आचार्यश्री का भव्य ललाट, बड़ी-बड़ी आकर्षक मनमोहक आंखें, लहराते हुए केश व दाढ़ी, साधुओं जैसे लपेटी सफेद धोती व उस पर ओढ़ी सफेद चादर को देखकर वह जैसे सम्मोहित हो गये।

आचार्यश्री ने हंसते हुए कुशल क्षेम पूछी व स्वयं बैठकर डॉ. पुष्प को सामने रखी कुर्सी पर बैठने का संकेत किया। फिर ''शिखरिणी'' पत्रिका के संबंध में दो-चार प्रश्न करने के बाद सहजता से बोले—''हां पुष्प जी! आप मेरा साक्षात्कार लेने आये हैं। नि:संकोच पूछिये, क्या जानना चाहते हैं आप?''

डॉ. पुष्प ने पेन खोलते हुए अपनी नोट बुक निकालकर पहला प्रश्न किया—''आप कौन हैं?''

आचार्यश्री ने उत्तर दिया—''ऐसा कोई भी प्रश्न सार्थक नहीं कि आप कौन हैं? इसे जाना तो जा सकता है, पर कहा नहीं जा सकता। जो स्वयं की सत्ता है, उसे प्रकट करने में कोई भी शब्द समर्थ नहीं है। शब्द सब ऊपर रह जाते हैं, उस तक नहीं पहुंच पाते। गहरे में और केन्द्र पर जो जाना जाता है, उसे 'मैं', कहना भी उचित नहीं है। वह तो शुद्ध 'होने' का बोध मात्र है। पर संभवत: आपने यह प्रश्न केवल इसीलिए पूछा है क्योंकि मैं साधकों से कहता हूं कि वह अपने से यह पूछते ही जायें कि मैं कौन हूं?''

वास्तव में डॉ. पुष्प का यह प्रश्न पूछने का यही स्रोत था। आचार्यश्री उनके हृदय की अंतरंग बात जान गये, यह देखकर उन्हें हलका-सा आश्चर्य हुआ। वह उनके व्यक्तित्व से एक साथ हड़बड़ा न उठें, इसलिए वह पहले से प्रश्न लिखकर लाये थे।

उन्होंने दूसरा प्रश्न किया—"आपकी विचारधारा का उत्प्रेरक कौन है?"

आचार्यश्री मुस्कुरा कर बोले—"मेरी कोई विचारधारा ही नहीं है। निर्विचार होने में जो अनुभव होता है, उसे विचारधारा नहीं कहा जा सकता, वह तो विचारधारा से मुक्त है, इसलिए उत्प्रेरक का प्रश्न ही नहीं। उत्प्रेरक तो विचारों के हुआ करते हैं। निर्विचार अनुभव तो स्वस्फूर्त आविर्भाव है। उत्प्रेरणा आती है बाहर से, और उत्प्रेरणा को मैं इसीलिए ज्ञान नहीं कहता हूं। किसी से भी प्रभावित न हो पाऊं, इसी पर दृष्टि रखी है, क्योंकि प्रभाव आत्मच्युत करते हैं। सब प्रभावों से बचकर जो अनुभव हुआ है, तो किसे उत्प्रेरक कहा जाये?"

डॉ. पुष्प ने हाल में चारों ओर आलमारियों में सजी पुस्तकों की ओर संकेत कर कहा—"आपने यह ज्ञान इन्हीं पुस्तकों के अध्ययन से ही तो प्राप्त किया होगा? फिर भी सत्य को नकारना क्या दुराग्रह मात्र नहीं है?"

आचार्यश्री के मुख पर मुस्कान खिल उठी। वह स्नेहपूर्ण स्वर में बोले—"यह दुराग्रह नहीं, आत्मखोज थी। अध्ययन तो मैंने काफी किया है, परन्तु प्रभाव से बचने की मेरी सारी साधना ही आत्म खोज है।"

डॉ. पुष्प ने तैयार प्रश्नावली देखकर तीसरा प्रश्न दागा—"गृहस्थ जीवन न बिताने का क्या कारण है? आपने शादी क्यों नहीं की? आप संन्यासी क्यों बन गये?"

—"देखिये पुष्प जी! गृहस्थ जीवन बिताने के कुछ कारण हुआ करते हैं। अकेलेपन से दुःखी होकर, कोई साथी चाहता है, पूरक ढूंढ़ता है। मैं स्वयं की स्थिति में आनंदपूर्ण हूं। संन्यास तो सहज ही घटित हुआ है, मैंने लिया नहीं है संन्यास। मेरे लिए अकेले रहना कोई त्याग या तपस्या नहीं। यही मेरा रस है। मुझे तप या दुःख ही वरण करना होता तो मैं गृहस्थ हो जाता।"

गृहस्थी के झंझटों की बात सोचकर पुष्प जी को यह उत्तर बहुत अच्छा लगा। प्रश्नावली देखकर उन्होंने अगला प्रश्न किया—"आपकी वैचारिक प्रगति का रहस्य क्या है?"

—"विचारों की प्रगति का एक ही रहस्य है और वह है विश्वास का अभाव। आंख मूंदकर, बिना विचार किये मैंने किसी भी बात पर कभी विश्वास नहीं किया। पहले संदेह किया फिर स्वयं खोज की। कोई भी श्रद्धा मैंने अपने ऊपर नहीं ओढ़ी। चित्त में जो सहज संदेह था, उसका पूरा अनुसरण किया है।"

पुष्प जी ने अगला प्रश्न किया—"आप आस्तिक होते हुए भी सभी आस्तिकों से भिन्न नास्तिक जैसे क्यों लगते हैं?"

आचार्यश्री ने उत्तर दिया—"आस्तिक मैं अपनी ओर से कभी नहीं हुआ। अपनी ओर से तो मैं नास्तिक ही रहा हूं, लेकिन यह पता नहीं था कि नास्तिकता ही अंत में आस्तिकता पर आती है। इसलिए अब तो मैं कहता हूं कि नास्तिकता, आस्तिकता का द्वार है। संदेह, श्रद्धा का मार्ग है। जो नास्तिक होने में समर्थ नहीं, उसकी आस्तिकता भी झूठी होगी। नास्तिकता की अग्नि से गुजर कर ही आस्तिकता का स्वर्ण उपलब्ध होता है। संदेह से विचार का जन्म होता है, और विचार पर भी संदेह करने पर निर्विचार का द्वार खुलता है। विचार, निर्विचार की अनुभूति को व्यक्त करने का मात्र माध्यम है।"

एकाएक तैयार प्रश्नावली से पृथक पुष्प जी ने नया प्रश्न किया—"वर्तमान युग की स्थिति पर आपके क्या विचार हैं?"

—"मैं प्रसन्न हूं क्योंकि वर्तमान युग संदेह का युग है। विज्ञान का युग है। नास्तिकता आज जितनी गहरी है, उतनी और कभी नहीं थी। विश्वास और श्रद्धा खंडित हो चुकी है, यह

एक शुभ लक्षण है। इससे आशा बंधती है कि सत्य का उदय हो सकेगा। मनुष्य आज जिस असंतोष से गुजर रहा है, वह मनुष्य की चेतना कें युवा हो जाने का प्रमाण है। यह संक्रमण है। प्रसव की पीड़ा है। भविष्य निश्चित ही उज्ज्वल है।''

प्रश्नावली देखकर पुष्प जी ने पूछा—''आज के युग में धन सर्वोपरि है। मानवता के मूल्यांकन का आधार सिर्फ पैसा है। ईमान, धर्म, प्रतिष्ठा, अप्रतिष्ठा सबकी जड़ पैसा है। आप इसके बारे में क्या सोचते हैं? और फिर आपने भी साधना शिविर में भाग लेने की फीस रखी है। लोग आपको सुनना भी चाहते हैं, पर पैसा इसमें बाधक बन जाता है।''

आचार्यश्री ने शांत स्वर में उत्तर दिया—''धन आज के ही युग में नहीं, प्रत्येक युग में सर्वोपरि रहा है। महावीर और बुद्ध राजपुत्र न होते तो उनका त्याग शायद लोगों को दिखाई न देता। त्याग की इतनी प्रशंसा, मूलतः धन की मात्रा की ही प्रशंसा है। लेकिन इस सदी में हम धन के शोषण को मिटाने के लिए कटिबद्ध हैं। शोषण का चक्र रुके, तभी यह सम्भव है। पर जिनके हाथ में शक्ति है, राज्य सत्ता है या जो धार्मिक पुरोहित हैं, असली शोषक वही हैं। पर पूंजी बराबर-बराबर बांटने से पूर्व, पूंजी का उत्पादन आवश्यक है। एक धन-सम्मत समाज बनाना आवश्यक है। पर धन की मूल्यवत्ता पर विचार करते समय धन के विधायक मूल्य हैं—धन-संग्रह की पागल दौड़ और निषेधात्मक मूल्य है—धन छोड़ने की पागल दौड़। एक मानता है धन ही मोक्ष है और दूसरा मानता है धन का त्याग मोक्ष है। पर दोनों धन से ग्रसित हैं। पर धन न मित्र है न शत्रु। धन तो केवल एक चाकर है। उसका साधन के रूप में प्रयोग उचित है पर धन-संग्रह की पागल दौड़ गलत है।''

फिर कुछ रुककर बोले—''मुझे सुनने में कुछ लोगों के लिए पैसा बाधा बन जाता है, तो यह समाज की व्यवस्था का दोष है। कर्मवाद और भाग्यवादी विचारधारा हमारी देश की दरिद्रता के लिए जिम्मेदार है। पुरोहित और राजसत्ता, सामान्य जनता का शोषण करने के लिए उसे समझाते रहे कि तुम्हारी वर्तमान दशा पूर्व जन्मों के पापों का परिणाम है। इस जन्म में शांतिपूर्ण रहते हुए सत्कर्म करो तभी अगले जन्म में स्वर्ग मिलेगा। निर्धन समाज विद्रोह न कर बैठे इसीलिए दान और भिक्षा का प्राविधान किया गया। सामान्य जन को अंधविश्वासों में जकड़ दिया गया ताकि वह विचार न कर सके। विद्रोह या क्रांति न कर सके। मैं चाहता हूं, यह व्यवस्था बदले। पर आज जो आर्थिक रूप से बहुत विपन्न हैं उन्हें पहले रोटी चाहिये, परमात्मा नहीं। जिनका पेट भरा है, वह ही आत्मा या परमात्मा की बात सोच सकते हैं। पर हां, गरीबों में भी कबीर या रैदास जैसे लोग जिनकी प्यास, अभीप्सा तीव्र है, उनके लिए भी कोई बाधा नहीं। यदि उनका संकल्प दृढ़ है तो मार्ग अपने आप निकल आता है।'' लिखित प्रश्नावली में से अगला प्रश्न कुछ अटकते हुए संकोच से पढ़ते हुए पुष्प जी ने पूछा—''आप कहीं भी आने-जाने के लिए कार, एयर कंडीशंड या प्लेन की मांग क्यों करते हैं?''

आचार्यश्री बिना झिझक बोले—''मैं दुःखों का प्रेमी नहीं हूं। मैं इसे आत्म हिंसा मानता हूं। न तो मैं अपने लिए दुःख चाहता हूं और न दूसरों के लिए। जो व्यक्ति आत्मघाती प्रवृत्तियों से पीड़ित होते हैं वे ही दुःख और दरिद्रता के पूजक होते हैं। वह स्वयं को भी दुःख देने में सुख पाते हैं और दूसरे को भी सुखी नहीं देख सकते। जिस सुख को किसी ने अपने लिए नहीं चाहा, वह उसे दूसरे के लिए कैसे चाह सकता है?''

पुष्प जी तुरन्त दूसरा प्रश्न किया—''गांधी जी तो सदैव तीसरे दर्जे में चलते थे और बिनोवा जी तो हमेशा पैदल यात्रा करते थे।''

आचार्यश्री हंसकर बोले—"उस समय दूसरी परिस्थितियां थीं। विदेशों में गांधीजी को बाध्य होकर थर्ड क्लास में चलना पड़ता था। वे अपने देश की गुलामी दरिद्रता को कभी भुला नहीं सके। पर अब तो परिस्थिति में परिवर्तन हो गया है। स्वतंत्रता के बाद गांधीजी को भी अपना सिद्धान्त बदलना चाहिए था। उनका थर्ड क्लास का बड़ा कम्पार्टमेंट लगाना, जनता के वेश में सुरक्षा के लिए सी. आई. डी. बिठालना व थर्ड क्लास में सभी सुविधा जुटाने में फर्स्ट क्लास की यात्रा से भी अधिक खर्च होता था। मैं इसे पाखंड मानता हूं। मैं चाहता हूं कि देश या विश्व में थर्ड क्लास जैसी चीज ही न रह जाये। मुझे दरिद्रनारायण शब्द से ही घृणा है। दरिद्र को दरिद्रनारायण कहना उसकी महिमा बढ़ाते हुए उसे मूढ़तापूर्वक सहे चले जाने के शोषण का एक जाल है। इससे दरिद्र संघर्ष करते हुए दरिद्रता से उबरना नहीं चाहता। इसीलिए देश में विकास न हो सका। विज्ञान का जन्म न हो सका।"

पुष्पजी ने घड़ी देखी। दिए गए समय से 15 मिनट अधिक हो गये थे। उनकी प्रश्नावली भी समाप्त हो गई थी। उन्होंने हाथ जोड़कर चलने की आज्ञा मांगी। और इस प्रकार एक ऐसा महत्त्वपूर्ण इंटरव्यू सम्पन्न हुआ, जो अनेक लोगों की शंका समाधान का द्वार बन गया।

❑ ❑

डॉ. पुष्प के चले जाने के बाद आचार्यश्री छांटे हुए पत्र लेकर उनका उत्तर लिखने बैठ गये। जैन साध्वी चंदना के पत्र का उत्तर देते हुए उन्होंने लिखा—

प्यारी चंदना!

प्रेम!

जिस मित्र ने, मेरा साहित्य पढ़ना तू छोड़ सके, तो हजार रुपया दान करने को कहा है, उससे कहना कि हजार रुपये तो बहुत कम हैं, आप थोड़ी और हिम्मत बढ़ावें तो परीक्षा हो सके, कि आप कितना दान कर सकते हैं, और चंदना कितने दान पर लात मार सकती है।

धन जिनके पास है, उन्हें धन के अतिरिक्त और कुछ भी दिखाई नहीं पड़ता है। प्रेम के प्रति तो वे बिलकुल ही अंधे होते हैं, और इसीलिए परमात्मा का द्वार उनके लिए बंद हो जाता है।

क्राइस्ट ने व्यर्थ ही तो नहीं कहा है—सुई के छेद से ऊंट भला निकल सके किन्तु धनपति प्रभु के राज्य में प्रवेश नहीं पा सकता है।

और त्याग के धनियों की कथा भी भिन्न नहीं है। त्याग के सिक्कों के संग्रह से वे भी वही करना चाहते हैं जो कि चांदी के सिक्कों के मालिकों की आकांक्षा है लेकिन वे भी प्रभु के राज्य में प्रविष्ट नहीं हो सकते हैं। वहां तो उनका ही प्रवेश है जो कि सब भांति निर्धन हैं।

और यह जानकर आनंदित होता हूं कि तू ऐसी ही निर्धन हुई जाती है।

रजनीश के प्रणाम!

7. 10. 1967

लगभग एक मास पश्चात् श्री चन्द्रकान्त पी. सोलंकी, सुरेन्द्र नगर (गुजरात) ने जो उनके साधना शिविरों में निरन्तर ध्यान करते थे, आचार्यश्री को पत्र लिखते हुए सूचित किया कि आपकी कृपा से अब मेरे प्रश्न गिर गये हैं और मौन ही आनंद बन गया है। उन्होंने केवल आशीर्वाद मांगा था। आचार्यश्री ने उत्तर देते हुए लिखा—

मेरे प्रिय,

प्रेम!

आपका पत्र पाकर बहुत आनन्दित हूं।
प्यास हो सत्य की, तो ऐसी हो।
आह! प्रश्न भी नहीं है!
तब जान रखना कि उत्तर भी दूर नहीं है।
निष्प्रश्न चित्त में ही तो वह उपलब्ध होता है।
वहां सबको मेरे प्रणाम।

रजनीश के प्रणाम!
2. 12. 1967

साधना शिविर लोनावाला

साधना शिविर, लोनावाला (महाराष्ट्र) का दिनांक 24. 12. 1967 को प्रारम्भ करते हुए आचार्यश्री ने कहा—''मेरे मन में इधर बहुत दिनों से एक बात निरन्तर खयाल में आती है और वह यह है कि सारी दुनिया से आने वाले दिनों में संन्यासी के समाप्त हो जाने की सम्भावना है। आने वाले पचास वर्षों बाद संभवतः संन्यासी की यह संस्था विलीन हो जायेगी। क्योंकि यह विकृत हो गई है। दुर्गंध देने लगी है। लेकिन संन्यास इतनी बहुमूल्य चीज है कि यह जिस दिन दुनिया से विलीन हो जायेगी, उस दिन दुनिया का बहुत अहित हो जायेगा। पूरब की प्रतिभा ने पूरे मनुष्य को जो सबसे बड़ा दान दिया है वह है संन्यास। मेरे देखे पुराना संन्यासी तो चला जाना चाहिए, पर संन्यास बच जाना चाहिए।''

अभी तक संन्यास विकृत हुआ है, संसार के विरुद्ध खड़े हो जाने के कारण, संसार की निंदा, संसार से शत्रुता के कारण। संन्यास अकर्मण्य, अशिक्षित, अपंग और मूर्खों का आश्रय-स्थल बन गया है। मुफ्त की रोटी तोड़ने और मालपुए खाने के साथ अहंकार का एक शिखर हो गया है। ऐसे विकृत संन्यास का अब कोई भविष्य नहीं है।

मेरे देखे स्थाई संन्यास खतरनाक सिद्ध हुआ है। एक तो व्यक्ति जीवन से दूर हट जाता है, जबकि परमात्मा के प्रेम की और आनंद की जो भी उपलब्धियां हैं, वे जीवन के अनुभव में हैं। दूसरी बात यह कि संन्यासी के संसार से दूर हो जाने से, वह जीवन में शांति और आनंद का साझीदार नहीं हो पाता। और जो तीसरी और अन्तिम बात है, वह है गृहस्थ और संन्यासी का अलग-अलग हो जाना। गलत काम करने पर हमें यह खयाल रहता है कि हम तो गृहस्थ हैं, यह तो करना हमारी मजबूरी है, संन्यासी हो जायेंगे तो हम नहीं करेंगे। इससे धर्म और जीवन के बीच एक फासला पैदा हो जाता है।

इसीलिए मेरे मन में कई बार सावधि संन्यास यानी ''पीरियाडिकल रिननसिएशन'' का खयाल आता है। ऐसा कोई आदमी नहीं होना चाहिये जो वर्ष में एक महीने के लिए संन्यासी न हो। इस संबंध में आचार्यश्री एक घंटे तक प्रवचन देते रहे।

प्रवचन के बाद ध्यान प्रारम्भ हुआ, और अन्य शिविरों की भांति यह शिविर भी तीन दिन चला।

❑ ❑

विश्व-शांति कैसे हो ?

आचार्यश्री को रोटरी क्लब जबलपुर ने "विश्व-शांति" पर बोलने के लिए आमंत्रित किया था। अपना भाषण आरम्भ करते हुए आचार्यश्री ने कहा—"हर महायुद्ध के बाद शांति के नाटक किये जाते हैं। यूनाइटेड नेशन्स में हर राष्ट्र शांति की कसमें खाता है पर अंदर-ही-अंदर बड़े राष्ट्र युद्ध की तैयारियों में व्यस्त रहते हैं। परमाणु बमों के प्रायोगिक विस्फोट होते रहते हैं। मिसाइलों और टैंकों का उत्पादन और तेजी से होता है। हर बड़े-से-बड़ा राष्ट्र छोटे राष्ट्र को हड़प तो नहीं सकता पर वहां अशांति पैदाकर अपनी कठपुतली सरकार स्थापित करने के लिए व्यग्र रहता है। वास्तविकता यह है कि शांति की गोद में भावी युद्ध के प्लान बनते रहते हैं। आज भी सब कुछ यही हो रहा है। केवल कमजोर राष्ट्र शांति चाहते हैं। अगर विश्व-शांति वास्तव में सभी चाहते हैं तो अस्त्र-शस्त्रों का उत्पादन बंद क्यों नहीं किया जाता? अणु बमों के विस्फोट आये दिन क्यों होते हैं? जब तक महत्त्वाकांक्षा है, तब तक युद्ध होते रहेंगे। बड़े राष्ट्र चाहते हैं, कि शीत युद्ध जारी रहे। दो पड़ोसी राज्यों में अपनी जासूसी संस्थाओं द्वारा वह दंगे कराते रहते हैं, आतंकवादी कार्यवाहियां कराते रहते हैं। ऐसा प्रचारित करते हैं कि यह काम पड़ोसी राष्ट्र कर रहा है। इसके फलस्वरूप पड़ोसी देश उनके देश में बने हथियार खरीदते हैं। आर्थिक रूप से वह मजबूत होते हैं और छोटे-छोटे राष्ट्र अपना धन विकास कार्यों में लगाने के स्थान पर काफी कुछ हथियार खरीदने में खर्च करते हैं। और फिर वहीं बड़े-बड़े सम्पन्न देश, यू. एन. ओ. में विश्व-शांति की बातें करते हैं। वह शांति नहीं चाहते हैं। फिर विश्व में सभ्यता के प्रारम्भ से युद्ध ही होते आये हैं। पिछले पांच हजार वर्षों में 14,600 युद्ध हुए हैं। कौन कर रहा है यह युद्ध? इस सोये हुए अहंकार में बेहोश व्यक्ति ही युद्ध की जड़ में है। यह जो भी करेगा उससे हिंसा पैदा होगी। युद्ध पैदा होगा। इस युद्ध को, हिंसा को, अशांति को दूर करना है तो व्यक्ति को शांत होना होगा। व्यक्ति को अपने अंदर की हिंसा को मिटाना होगा। और यह केवल ध्यान कर सकता है। ध्यान ही व्यक्ति को शांत कर सकता है। उसमें प्रेम और करुणा का फूल खिला सकता है। स्त्री धन और धरती के लिए कम, सबसे अधिक युद्ध, धर्म के लिए हुए। एक समय भारत में करोड़ों बौद्ध थे। एक धर्म युद्ध हुआ। कुछ मारे गये, कुछ इधर-उधर के देशों में भाग गये। इसी भारत की धरती पर जो महाभारत हुआ, उसे भी धर्म युद्ध कहा गया। मक्का-मदीना में मुहम्मद जीवन भर एक हाथ में कुरान और दूसरे हाथ में तलवार लेकर प्रेम का संदेश देते रहे। पूरा मध्य एशिया इस्लाम के मजहबी जुनून के कारण खून से लाल हो गया। यूरोप में कैथोलिक और प्रोटेस्टेंट लड़ते रहे। क्रूसेड में लाखों लोग मारे गये। पहले और दूसरे महायुद्ध में चालीस-पचास लाख लोग मरे। इतने ही लोगों को जर्मनी में हिटलर ने और स्तालिन ने रूस में मारा। मारकाट में आदमी का बड़ा रस है। डार्विन कहता है हमारे पूर्वज बंदर थे। हमारे अंदर वही जंगली आदिम संस्कार आज भी छिपे बैठे हैं।"

आप लोग याद कीजिए—युद्ध के दिनों में आप लोग अखबार में युद्ध के समाचार पढ़कर शत्रुओं के मरने का समाचार पढ़कर खुश होते थे। आज भी अखबार में पहले यही टटोलते हैं कि कितने मरे? कितने बलात्कार हुए? आम इनसान को इस हिंसा में रस है। मनोवैज्ञानिक

बड़े हैरान हुए यह सर्वेक्षण करने के बाद कि युद्ध के दिनों में आत्महत्याएं औसत से चौथाई हुईं। बलात्कार आधे से कम हो गये। लोगों के पागल होने की संख्या भी औसत से चौथाई रह गई।

विश्व शांति के बारे में आप बाद में सोचें, पहले अपने अंदर टटोलें—आप क्या चाहते हैं? आपके अंदर तनाव है, हिंसा है, बेचैनी है, घृणा है, ईर्ष्या है। आप प्रेम का नाटक कर रहे हैं। वास्तविक प्रेम है नहीं। आप पहले प्रेम की भावना को विकसित कीजिये। पहले आप खुद शांत हों। घृणा और हिंसा को समाप्त करें। पर यह अपने आप नहीं होगा। इसके लिए आपको अपने आप को प्रभु को समर्पित करना होगा, या ध्यान में गहरे उतरना होगा। पर आप लोग तो लड़ने को तैयार बैठे हैं। जब भारत परत्रंत था तो हिन्दू और मुसलमान लड़ते थे। आज भाषा के नाम पर मद्रासी, हिंदीभाषी से लड़ रहा है। मराठी, पंजाबी से लड़ रहा है। पाकिस्तान में सुन्नी-शिया से लड़ रहा है। पंजाबी मुसलमान, बंगाली मुसलमान से लड़ रहा है। लड़ाई के बहाने आप स्वयं खोजने में बड़े कुशल हैं। आपका पागलपन देखकर, राजनीतिज्ञ अपना उल्लू सीधा करता है। आप लोग आपस में लड़ते रहें, उनकी नेतागीरी इसी में कायम है। अड़ोस-पड़ोस के राज्य कभी-कभी अपनी जनता का ध्यान भ्रष्टाचार मंहगाई से हटाने के लिए युद्ध की शुरुआत कर देते हैं। युद्ध होता है, आपके राष्ट्र-प्रेम को उभाड़ा जाता है। आप मरने-मिटने, शहीद होने को तैयार हो जाते हैं।

अगर पूरे विश्व में सभी नारियां एकमत से यह तै कर लें कि वह अपने पतियों, अपने बेटों को युद्ध में सम्मिलित होने या फौज में भरती होने को नहीं भेजेंगी, उसी दिन विश्व शांति हो सकती है। विश्व शांति वह समृद्ध राष्ट्र हरगिज नहीं चाहते, जिनके देश में अरबों धनराशि के हथियारों का उत्पादन होता है। वह दो छोटे राष्ट्रों में कोई-न-कोई झगड़ा उभाड़ कर शीत युद्ध का वातावरण तैयार करते हैं, अपने हथियार सप्लाई करते हैं, और भारी मुनाफा कमाकर अपने देश को और अमीर बनाते हैं।

धर्म, जाति, सम्प्रदाय, भाषा या प्रांत के नाम पर जो भी नेता घृणा, वैमनस्य या द्वेष फैलाते हैं, उन्हें नकारना होगा। अपने को प्रेमपूर्ण बनाना होगा। ऐसा वातावरण यदि पूरे विश्व में हो, राष्ट्र की सीमाएं समाप्त होकर एक पूरे विश्व की सरकार बने, यह केवल तब सम्भव है।''

आचार्यश्री के एक घंटे के प्रवचन को सभी ने बहुत सराहा। उन्हें युद्ध और हिंसा की जड़ का आज पहली बार पता लगा और उन्होंने यह भी जाना कि अप्रत्यक्ष रूप से प्रत्येक युद्ध का वह स्वयं भी जिम्मेदार है।

दूसरे दिन आचार्यश्री त्रिदिवसीय ध्यान शिविर का शुभारम्भ करने आजोल चल पड़े।

❑ ❑

साधना-शिविर, आजोल (फरवरी, 68)

3 फरवरी, 1968 को प्रात: आजोल जिला महेसाणा गुजरात में त्रिदिवसीय साधना शिविर का उद्‌घाटन करते हुए आचार्य रजनीश ने कहा—

मेरे प्रिय आत्मन!

साधक के लिए पहली सीढ़ी शरीर है। पर हजारों वर्षों से यह शरीर उपेक्षित रहा है। यह उपेक्षा दो प्रकार की है। पहली उपेक्षा भोगियों ने की है। उन्होंने केवल इन्द्रियों का भोग जाना है। पूरे शरीर की उपेक्षा की है, उसका दुरुपयोग किया है। शरीर की इस वीणा को खराब किया है, उससे अब संगीत पैदा नहीं हो सकता। दूसरी उपेक्षा शरीर की योगियों ने की है। उन्होंने शरीर को शत्रु समझकर उसे कष्ट दिया है। वह हफ्तों भूखे रहे हैं, कांटों पर लेटे हैं, सर्दी, गर्मी का प्रकोप सहा है। पर यह दोनों ही दृष्टिकोण भ्रामक हैं। शरीर के प्रति साधक का सम्यक् ध्यान होना चाहिए, क्योंकि शरीर ही वह मंदिर है, जिसके अंदर आत्मा विराजमान है।

उन्होंने बताया कि शरीर में अब तक सिर या मस्तिष्क को सर्वाधिक महत्त्वपूर्ण अंग माना गया है। पर यह दृष्टिकोण गलत है। मस्तिष्क तो मनुष्य के पौधे पर लगा हुआ फूल है। पौधे में सर्वाधिक महत्त्वपूर्ण भाग जड़ें हैं। यदि जड़ें सूख जायें तो पौधा ही सूख जायेगा। पर सभ्यता द्वारा गलत शिक्षा दिये जाने से हमने सिर को ही सबसे महत्त्वपूर्ण समझ लिया है। लेकिन सिर जीवन धारा का सर्वाधिक महत्त्वपूर्ण केन्द्र नहीं है। हृदय भी सर्वाधिक महत्त्वपूर्ण अंग नहीं है। पुरुषों ने सारा बल मस्तिष्क पर दिया है और स्त्रियों ने हृदय पर। पर दोनों से मिला हुआ समाज रोज नष्ट होता चला गया है, क्योंकि यह दोनों बिन्दु महत्त्वपूर्ण अंग नहीं हैं। मनुष्य की जड़ें इन अंगों में नहीं हैं।

बच्चा मां के गर्भ में नाभि द्वारा उससे जुड़ा हुआ होता है। मां के शरीर में बच्चे की जड़ें नाभि से फैली होती हैं। बच्चे के स्वयं प्राणों में भी उसकी जड़ें नाभि से ही पैदा होती हैं। नाभि केन्द्र से ही आत्मा निकटतम रूप से संबंधित है तो साधक की यात्रा नीचे की तरफ है। जड़ों की तरफ। मस्तिष्क से उतरना है हृदय तक। और हृदय से उतरना है नाभि तक। और नाभि के बाद ही कोई आत्मा में प्रवेश पा सकता है।

पर सभ्यता ने मस्तिष्क पर इतना अधिक भार डाला है कि मनुष्य पागल होने लगा है। उसके मस्तिष्क के अंदर सात करोड़ तंतुओं में टूट-फूट शुरू हो गई है। नींद में भी, हमारा मस्तिष्क सक्रिय रहता है। जो काम दिन में अधूरा रह गया अब रात सपने में मस्तिष्क उसी काम को पूरा कर रहा है। दिन में चाहते हुए भी क्रोध नहीं कर सका तो अब सपने में वह क्रोध कर रहा है। किसी को पीट रहा है। तो एक ओर मस्तिष्क के तार चौबीस घंटे तने हुए हैं तो हृदय के तार ढीले हैं। हम सच्चे प्रेम को, करुणा को भूल ही गये हैं।

इसलिए हमें दो बातों पर विचार करना है कि मस्तिष्क के तार शिथिल कैसे किये जा सकें, और हृदय के ढीले तारों को कैसे कुछ कसा जाये। इन्हीं दोनों की साधना ही ध्यान है। और अगर यह हो जाये तो फिर तीसरी बात अपने आप होगी। हम जीवन के असली केन्द्र नाभि से ही जुड़े हुए हैं। मनुष्य की आत्मा नाभि ही से जुड़ी हुई है। नाभि, शरीर के ही मध्य में

नहीं, जीवन के मध्य में भी है। जीवन का प्रारम्भ नाभि से है। जीवन का अंत भी नाभि से है। और सत्य का द्वार भी नाभि है। छोटा बच्चा नाभि से ही श्वास लेता है। हम भी सोते हुए नाभि ही के द्वारा सांस लेते हैं। जब जीवन संकट में होता है या कोई आक्रमण करता है तो पहले जीवन कंपन नाभि पर होता है। नाभि का केन्द्र विकसित होने से अभय बढ़ता है, व्यक्ति भय से मुक्त होता है।

···· तो मस्तिष्क से चेतना को नीचे लाने के लिए ही हम यह ध्यान प्रयोग करने जा रहे हैं।

मस्तिष्क को बिलकुल ढीला और शिथिल छोड़ दें। पर यह शिथिल छोड़ना तभी समझ में आयेगा जब यह खिंचे। तो पहले मस्तिष्क को जितना खींच सकें, खींचेंगे।

सारे स्नायुओं को जितना खींच सकें, खींच लेंगे। फिर एकदम से ढीला छोड़ देंगे। तभी ढीला होने और खिंचा होने का अंतर समझ में आयेगा। फिर धीमे-धीमे मस्तिष्क को शिथिल और शिथिल छोड़ देना है। न केवल मस्तिष्क, पूरा शरीर ही ढीला छोड़ दें। शांत, आराम से चाहे बैठ जायें। जैसे ही आप सब शिथिल छोड़ेंगे, आपको सुनाई देगा—पक्षी बोल रहे हैं। कहीं पनचक्की की आवाज हो रही है। जितना मस्तिष्क शिथिल होगा आपके सुनने की संवेदनशीलता बढ़ती ही जायेगी। आपको अपनी श्वास अपने हृदय की धड़कन तक सुनाई देगी। जो सुनाई पड़े, उसे चुपचाप सुनना है और चुपचाप अनुभव करना है। अपनी तरफ से करना कुछ भी नहीं है। अगर अपनी ओर कुछ किया भी तो मस्तिष्क खिंचना शुरू हो जायेगा। आपको केवल एक शिथिल जागरूकता में बैठे रहना है।

········ तो······· सभी मित्र ध्यान के लिए तैयार हो जायें। कुछ फासले से बैठ जायें।

❑ ❑

दोपहर के प्रवचन में आचार्यश्री ने बताया कि पिछले पांच हजार वर्षों में हमने केवल मस्तिष्क केन्द्र को ही सक्रिय किया है। नाभि से बहने वाली जीवन धारा भी एक अनजान विद्युत धारा है। फिर हम हृदय व स्तन से बच्चे और मां को जोड़ते हैं। बच्चे का रोना, भूख का या पीड़ा का नहीं है। वह नाभि से, जीवन धारा से पृथक होने की पीड़ा है। और जिन बच्चे को अधिक दिनों तक मां का स्तन नहीं मिलता, वह उतने ही शांत हो जाते हैं। इसका बदला वह माता-पिता से लेते हैं। सिगरेट पीना भी स्तन चूसने का विकल्प है। आदिवासियों के बच्चे तो पूरे समय स्तनों से दूध पीते हैं, उनका केन्द्र ठीक रूप से विकसित होता है। पर सभ्य समाज में जहां बच्चों को स्तन से शीघ्र अलग कर दिया जाता है वह स्तन का ही चिंतन करता रहता है। इस तरह बच्चे के मां से अलग होते ही सारा भार मस्तिष्क पर आ पड़ता है। वह मस्तिष्क से प्रेम करने लगता है। सेक्स का केन्द्र भी मस्तिष्क हो जाता है। मनुष्य पेट का काम भी मस्तिष्क से लेता है। वह सुस्वाद भोजन का चिंतन करता रहता है। फलस्वरूप मस्तिष्क केन्द्र जो केवल विचार केन्द्र था, क्षतिग्रस्त हो जाता है। मनुष्य विक्षिप्त होने लगता है।

··· आचार्यश्री ने बतलाया—कि मनुष्य के जीवन में तीन प्रकार के संबंध होते हैं। बुद्धि के संबंध, जो बहुत गहरे नहीं होते। जैसे अध्यापक और शिष्य का संबंध। मां-बेटे, भाई-भाई, पति-पत्नी के संबंध, जो हृदय से उठते हैं। पर नाभि से जो संबंध उठते हैं वह सबसे गहरे होते हैं। वे मैत्री के संबंध हैं। प्रेम से भी गहरे होते हैं। प्रेम टूट सकता है पर मैत्री नहीं। जिसे हम आज प्रेम करते हैं कल उससे घृणा भी कर सकते हैं। पर मित्र कभी शत्रु नहीं हो सकता। और अगर हो जाये तो समझना मैत्री थी ही नहीं। क्योंकि मैत्री मुक्त करती है, जबकि प्रेम बांधता है। मैत्री ही परमात्मा की ओर जाने का मार्ग बनाती है, क्योंकि मैत्री में कोई आग्रह नहीं होता, अपेक्षा नहीं होती।

नाभि केन्द्र को सक्रिय करने के लिए, उसे कंवल की तरह खिलाने के लिए जो पहला सूत्र है वह है श्वास का नाभि से लेना। लयबद्ध श्वास। चलते-फिरते, उठते-बैठते इतनी शांत और लयपूर्ण श्वास, कि मन के व्यर्थ विचार बंद हो जायें। क्योंकि जब ध्यान नाभि से लयपूर्ण श्वास लेने में लगा रहेगा तो विचार स्वत: बंद हो जाते हैं। श्वास जितनी धीमी और गहरी होगी उतना ही आपका नाभि केन्द्र विकसित होगा। कुछ दिनों बाद आपको महसूस होगा कि कोई शक्ति नाभि से बाहर जा रही है। आप श्वास बदलेंगे तो चित्त बदलेगा। चित्त की भावदशा बदलेगी तो श्वास की गति बदलेगी।

आपको जानकर आश्चर्य होगा कि ओऽम की यात्रा मस्तिष्क से नाभि तक की यात्रा है। आप "अ" का उच्चारण करें तो "अ" की ध्वनि मस्तिष्क में गूंजती हुई लगती है। "उ" की ध्वनि हृदय में गूंजती है। और "म्" यानि ओऽम् का तीसरा अक्षर इसकी चोट नाभि पर लगती मालूम होती है। नाभि केन्द्र विकसित होने से निर्भयता आती है। संकल्प-शक्ति दृढ़ होती है।

पर हमारे देश में धर्म ने अभय नहीं, भय और सुरक्षा सिखाई है। ईश्वर से, नर्क से, मृत्यु से लोग सबसे अधिक डरते हैं। बातें भले ही आत्मा के अमर होने की करें पर उन्हें मृत्यु के नाम से ही डर लगता है।

अगर व्यक्तित्व को विकसित करना है तो खतरे में जीने की आदत विकसित करनी ही होगी। नीत्शे ने व्यक्तित्व को विकसित होने का यही सूत्र दिया था—"लिव डेंजरसली"। खतरे में जियो। प्राचीन समय में संन्यास लेना एक खतरे में जीना था। घने जंगल में रहना होता था। जंगली जानवरों का भय, प्रत्येक प्रकार की असुरक्षा। पर धीमे-धीमे संन्यासी ने भी आश्रम बना लिए। सुरक्षा के पूरे इन्तजाम कर लिए। गृहस्थों से अधिक सुरक्षा कर ली। उन्हें कमाना भी नहीं पड़ता। इसलिए संन्यासी गृहस्थ से भी अधिक डरपोक हो गया। आश्रम की, धर्म की सुरक्षा ने उसे समाज का सम्प्रदाय का सेवक बना दिया। जो केवल वर्तमान में रहता है, आने वाले कल की चिंता कर कोई सुरक्षा नहीं करता, वही अभय को प्राप्त कर सकता है। उसी का नाभि केन्द्र विकसित होता है।

आचार्यश्री ने बताया कि पश्चिम में लोगों के पास साहस था पर विवेक जागृत नहीं था। साहस ने उन्हें इसीलिए हिंसक बना दिया। पूरब में विवेक का दिया जल रहा था पर साहस नहीं था कुछ करने का। उनका केवल बुद्धि का केन्द्र विकसित हुआ। नाभि केन्द्र विकसित नहीं हुआ।

अपने रात्रि प्रवचन में आचार्यश्री ने कहा—नाभि पर सोई हुई चेतना को सक्रिय करने के तीन सूत्र हैं—सम्यक् व्यायाम, सम्यक् आहार और सम्यक् निद्रा। सम्यक आहार का अर्थ है—आहार न अधिक, न कम। केवल ऐसा और इतना आहार जो अहिंसक हो, हलका हो, सुपाच्य हो, उत्तेजक न हो और जिसे खाने के बाद भारीपन और बोझिलता न आये। भोजन करते समय जहां तक हो कोई बात न करें। भोजन करते समय बस भोजन ही करें। न सोचें, न विचार करें। जितने आनंद और उल्लास की चित्त दशा मे भोजन किया जायेगा वह उतना ही सम्यक् होगा। भोजन के प्रति आत्मा के तल पर कृतज्ञता का बोध हो, एक धन्यवाद का भाव हो। यही तीनों बातें भोजन को सम्यक् बनाती हैं।

आचार्यश्री ने बताया कि थोड़े-से व्यायाम से, थोड़े-से श्रम से शरीर और मन दोनों को स्वस्थ रखा जा सकता है। थोड़ा-सा श्रम करने से अहंकार भी विसर्जित होता है। थोड़ा-सा श्रम अपनी फुलवारी में करें। क्यारी की गुड़ाई करें, पौधों को पानी दें। अपने जूतों की पॉलिश स्वयं करें। स्वयं अपने कपड़े धोयें। क्योंकि सम्यक् श्रम मनुष्य की चेतना और ऊर्जा को जगाने के

लिए बहुत आवश्यक है। हमारे समाज में धनपति श्रम से इसलिए अलग हो गया क्योंकि उसने श्रम को खरीद लिया। संन्यासी ने श्रम से अपना हाथ स्वयं खींच लिया। श्रम तो सीधा नाभि से ही ऊर्जा को ग्रहण करता है और निकालता है। पर अधिक श्रम भी बुद्धि को कुंठित कर देता है, जैसा पहलवानों के साथ हुआ। ऐसे व्यक्ति भी रुग्ण हैं, बीमार हैं। उनके मन में क्रोध होता है, परमात्मा के प्रति धन्यवाद का भाव नहीं होता।

आचार्यश्री ने कई बोध कथाओं से सम्यक् श्रम के महत्त्व को बतलाते हुए कहा कि गहरी और उतनी लम्बी नींद भी बहुत आवश्यक है जो आपको स्वास्थ्यपूर्ण लगे। आयु के अनुसार प्रत्येक को नींद की अधिक या कम आवश्यकता है। बिस्तरे पर सदा लेटे रहना आलस्य है। प्रत्येक व्यक्ति को अपने सूत्र स्वयं खोज लेना चाहिये, क्योंकि कोई भी नियम या फार्मूला खतरनाक होते हैं। किसी के लिए पांच घंटे की नींद सुखद, विश्रामपूर्ण और पर्याप्त है, तो किसी को छः या सात घंटे की नींद चाहिए। यदि प्रातःकाल उठ सकें और सूर्योदय का आनंद ले सकें तो बहुत अच्छा है। पर जो व्यक्ति देर से सोते हैं और प्रातःकाल ही जिन्हें गहरी नींद आती है, वह देर से भी उठें तो कोई हानि नहीं। साधना का कोई बना बनाया राजपथ नहीं है। अपनी पगडंडी स्वयं अपने श्रम से तैयार करनी होती है।

उन्होंने कहा—''मुझे लोग निरंतर कहते हैं कि हम शांति चाहते हैं, आनंद चाहते हैं, आत्मा चाहते हैं। लेकिन अकेली चाह बिलकुल नपुंसक है। 'विल पॉवर' का केन्द्र है नाभि। नाभि जितनी सजग होगी, उतना ही संकल्प तीव्र होगा। उतनी ही करने की दृढ़ता और बल और ऊर्जा उपलब्ध होगी।...... संकल्प का अर्थ है, जो हम चाहते हैं, जो हमें ठीक दिखाई पड़ता है, जो हमें मालूम होता है कि रास्ता है, उस पर चलने का आत्मबल, साहस और दृढ़ता भी जुटानी है। अगर यह नहीं होगा तो मेरे कहने या किसी के कहने से कुछ भी नहीं हो सकता।..... गंगा बही जाती है, सागर भरे पड़े हैं, लेकिन अगर आपके हाथ संकल्प का पात्र नहीं हैं तो आपकी तृप्ति नहीं हो सकती।''

अब आप लोग ध्यान के लिए तैयार हो जायें।

❑ ❑

ध्यान के बाद लगभग सभी साधकों को यह अनुभव हुआ कि उनकी रीढ़ की हड्डी में एक ठंडी सुखद सिहरन-सी हो रही है। किसी को विद्युत जैसा झटका-सा लगा और उसे ऐसा प्रतीत हुआ कि उस पर जैसे कोई ऊर्जा बरस रही हो। यह स्थिति लगभग पांच मिनट तक रही। इसके बाद कुछ स्त्रियां आंसू बहाती आचार्यश्री के चरणों पर लोट गईं। कोई साधक आनंद से नृत्य करने लगा।

कई साधकों ने ध्यान के बाद आचार्यश्री से कहा—''उनकी कुंडलिनी जाग गई है।''

आचार्यश्री हंसकर बोले—''साधना के दौरान उस सामूहिक शक्तिपात का प्रभु ने मुझे ही माध्यम बनाया है। जो जितना गहरे ध्यान में होगा उसे उतनी ही तीव्र अनुभूति हुई होगी। उस आनंद की यह झलक मात्र है, जो समाधि के बाद मिलती है। यह शक्तिपात अंधेरे जीवन में एक बिजली की चमक की प्रकार है जिससे आगे का रास्ता सूझ जाता है।''

दोपहर भोजन के बाद साधकों में इसी शक्तिपात की चर्चा होती रही।

❑ ❑

टीचर्स ट्रेनिंग कॉलेज, आजोल में प्रवचन

साधना शिविर के बाद ''नारी और क्रांति'' विषय पर श्रीमती शर्मिष्ठा ने आचार्यश्री की वार्ता आयोजित की। नारी के संबंध में आचार्यश्री के क्रांतिकारी विचारों से वह बहुत प्रभावित हुई थीं। चूंकि वह गांधीवादी थीं इसलिए गांधीजी के संबंध में आचार्यश्री की कुछ टिप्पणियों से वह आहत हुई थीं, पर आचार्यश्री ने गांधीवादी विचारधारा के संबंध में जो तर्क दिये थे वह सटीक थे। उन्होंने उनकी विचारधारा को झकझोर कर रख दिया।

आचार्यश्री की जिस बात ने उन्हें सर्वाधिक प्रभावित किया था वह था उनका नारी के प्रति दृष्टिकोण। उन्होंने कहा था—मैं नारी का सर्वाधिक सम्मान करता हूं। आज तक सभी धर्मों ने नारी को उपेक्षित और अपमानित किया है। जैन धर्म के अनुसार तो नारी की योनि में कोई मोक्ष प्राप्त ही नहीं कर सकता। पुरानी से भी पुरानी साध्वी को, नये दीक्षित जैन साधु को प्रणाम करने का अनुशासन इसी बात का परिचायक है कि पुरुष श्रेष्ठ है और नारी हीन है। इस्लाम और ईसाइयों ने भी नारी को उचित सम्मान नहीं दिया है। हिन्दू धर्म में सीता की अग्नि परीक्षा लिया जाना, और गर्भवती होते हुए भी वन जाने को विवश करना, विधवा होकर समाज के लिए अत्याचार सहने के लिए उसे विवश करना, यह सारी बातें स्पष्ट करती हैं कि हिन्दू धर्म में नारी बहुत उपेक्षित रही है। आत्मा की कोई जाति या योनि नहीं होती। पुरुष स्त्री में जब एक ही आत्मा है तो स्त्री को भी स्वयं को जानने का पुरुष जितना ही अधिकार है।

साधना शिविर में उन्होंने उत्सुकतावश और अपने बहनोई के अनुरोध पर ही भाग लिया था। पर साधना शिविर के दौरान, आचार्यश्री के प्रवचनों और उनके ध्यान कराने की विधि ने उन्हें बहुत प्रभावित किया था। ध्यान के बाद उन्हें एक अद्‌भुत शांति और आनंद प्राप्त हुआ था। और सबसे अधिक प्रभावित किया था उनके व्यक्तित्व और उनकी मशाल-सी जलती, अंतर तक वेध देने वाली उन सम्मोहक आंखों ने।

इसीलिए विद्यालय में जिसकी वह प्रधानाचार्या थीं, उन्होंने शिविर के बाद आचार्यश्री से अनुरोध किया कि वह कृपया विद्यालय में आकर नारी के संबंध में अपनी वार्ता दें।

आचार्यश्री ने उसे सहर्ष स्वीकार कर लिया था। अपने एक घंटे के प्रवचन में उन्होंने पूरी मानव सभ्यता में नारी के योगदान पर विस्तृत प्रकाश डालते हुए, प्रवचन का समापन करते हुए कहा—''नारी का पिछले हजारों वर्षों से पृथ्वी पर न कोई सम्मान ही था, न ही उसकी अपनी कोई प्रतिष्ठा ही थी। कुछ धर्मों ने तो उसे नरक का द्वार कहा। नारी को अतीत में सम्पत्ति समझा गया। शायद इसीलिए उसे स्त्रीधन भी कहा गया। उसकी अपनी कोई क्षमता अपने अधिकार नहीं थे। उसका अधिकार था स्त्री होना, या विधवा होकर गुलाम जैसा जीवन जीना। विधवा होकर जीने की पीड़ा, यंत्रणायुक्त मृत्यु की लम्बी यात्रा है। इसीलिए अतीत में जो दुनिया निर्मित हुई है, वह नारी के योगदान से वंचित रही है। परिणाम स्वरूप अधूरी और एकांगी सभ्यता का निर्माण हुआ।

अतीत की गुलाम नारी ने जो संतानें दीं वह भी मानसिक रूप से गुलाम रहीं इसीलिए गुलामों ने यदि हजारों वर्षों तक आजादी की मांग नहीं की तो आश्चर्य क्या? रोज-रोज की

पारिवारिक कलह, आपसी झगड़े, बलात्कार, मारपीट, तलाक, इन सभी कारणों से परिवार टूट रहे हैं। परिवार प्रेम के मंदिर नहीं रहे। यह इस बात का संकेत है कि मनुष्यता खंडित होने के समीप है।

ठीक इसकी प्रतिक्रिया स्वरूप पश्चिम में नारी पुरुषों के समान, पुरुषों जैसी हो रही हैं। उसने पुरुषों के द्वारा किये जाने वाले कठोर कार्य अपना लिए हैं। पुरुषों जैसे बनने की दौड़ ने एक घातक परम्परा को जन्म दिया है। यह नारी समाज की दूसरी भूल है। वह अपने सृजनात्मक केन्द्र से दूर हट रही है। उसकी आत्मा टूटती जा रही है।

आज स्त्री को ऐसी शिक्षा दिये जाने की आवश्यकता है, जो उसमें अन्तर्निहित ममता, प्रेम, काव्य और संगीत की भावनाओं को विकसित होने दे। यदि ठीक-ठीक संतुलित सभ्यता निर्मित करना है तो इस बात की आवश्यकता है कि स्त्री पुरुष जैसी न बनकर, स्त्री जैसी ही विकसित हो। यदि अतीत की सभ्यता के निर्माण में नारी का योगदान होता तो पृथ्वी पर इतने दुःखदायी एवं विनाशकारी युद्ध न लड़े जाते। जिन देशों में स्त्रियों को पुरुषों जैसे होने की शिक्षा दी गई है वहां मानसिक बीमारियों की संख्या काफी बढ़ी है। लेकिन मैं स्त्री को पूर्ण सम्मान और समानता का अधिकार दिये जाने का पक्षपाती हूं जिससे स्त्री सामाजिक रूप से परतंत्र न रहे। स्त्री जैसे विकसित होने के लिए उसे पूरे अधिकार मिलने ही चाहिये।

मनुष्यता को बदलने के लिए, नारी और पुरुष को अपनी-अपनी दुनिया दें—उन्हें अपने गुणों में विकसित होने दें। स्त्री के भीतर एक संस्कृति छिपी है और छिपा है ममता भरा चित्त और व्यक्तित्व। यदि उसे विकसित होने दिया जाये तो हमारे सामने एक प्रीतिकर संस्कृति होगी। मनुष्य समाज उससे अधिक सुखी और आनंदित होगा।

अनेक स्त्रियों द्वारा पूछे गये प्रश्नों का भी आचार्यश्री ने स्पष्ट और मर्मवेधी उत्तर दिया। उनकी पूरी वार्ता को न केवल सभी लोग ध्यान से सुनते रहे, वरन् उनकी अमृत वाणी में डूबकर सभी अध्यापिकाओं और 'ट्रेनीज' में ध्यान के प्रति एक नई प्यास और जिज्ञासा ने जन्म लिया। शर्मिष्ठा ने तो आचार्यश्री की सभी उपलब्ध पुस्तकों की कई प्रतियां और आडियो-कैसेट भी खरीदे।

गुजरात के अन्य नगरों में प्रवचन देते हुए आचार्यश्री आठवें दिन जबलपुर लौटे।

❑ ❑

कवि हृदय—अजितकुमार

अजित गर्मियों की छुट्टियों में गांव अब भी जाता था पर पन्द्रह-बीस दिनों से अधिक वहां उसका मन न लगता था। वह वहां भी आचार्यश्री को पत्र लिखता था। और उन पत्रों का उत्तर आने पर वह किसी जादू से खिंचा जबलपुर चल देता था। उसे याद आया—डेढ़ वर्ष पूर्व जब वह घर गांव आया था तो तीन दिनों बाद ही अशांत होने लगा था। उसे प्रत्येक समय एक अनजाना भय घेरे रहता था। रात में स्वप्न भी डरावने आते थे। उसने पत्र लिखकर आचार्यश्री से पूछा था—"मेरा भय कैसे दूर हो?"

और एक सप्ताह बाद ही उसे आचार्यश्री का पत्र मिला था।

प्रिय अजित!

प्रेम!

तुम्हारा पत्र मिला है। जीवन में तब तक भय बना रहता है, जब तक व्यक्ति स्वयं से भागता है। स्वयं की स्वीकृति ही अभय है।

मैं जैसा हूं, जो हूं, और जहां भी हूं, उसे स्वीकार करते ही भय विलीन हो जाता है। और उसमें ही जीना सीख लेना स्वयं में आमूल क्रांति का सूत्र है।

एकांत में जाना और स्वयं में झांकना। वहां क्या है? शून्य और शून्य। शब्दों के थोड़े बबूले हैं, और जब वे भी शांत हो जाते हैं, तो क्या है? शून्य और शून्य।

इस शून्य से भागना ही भय है। इस शून्य से भागना ही संसार है। और इस शून्य में जाग जाना और इस शून्य से एक हो जाना ही मोक्ष है।

वहां सबको प्रणाम।
रजनीश के प्रणाम।

पत्र प्राप्त होते ही और आचार्यश्री की करुणा अनुभव कर अजित की आंखें भीग गई थीं और वह दूसरे ही दिन जबलपुर चल पड़ा था।

इस बार गांव आकर उसने अपनी एक ताजी कविता आचार्यश्री को लिख भेजी—

शब्दों के आस पास जहां
कविता का जाल रचा जाता हो
उन्हें हृदय के गीत सुनाकर
क्यों लेखन बदनाम करूंगा?

वक्तव्य जहां पूजे जाते हों
सभा और चौराहों पर
झूठों का अभ्यस्त नगर
कैसे सच का सम्मान करूंगा?

ये तो तुम थे, जिसे सुना बैठा
कुछ टूटे-फूटे स्वर
वरना कानाफूसी में संलग्न शहर!
क्यों गीतों को नीलाम करूंगा?

दस दिन बाद जब आचार्यश्री का पत्र मिला, तो उसने लिफाफे को खोले बिना ही उसे सम्मान से पानी में भिगोकर कागज हटाया। आचार्यश्री के पत्र का लिफाफा फाड़ना भी उसे निर्ममता और हिंसा लगी।

आचार्यश्री ने उत्तर दिया था—

प्रिय अजित प्रेम!

सत्य की अभिव्यक्ति ही काव्य है। इसलिए काव्य उन शब्दों में है, जो कि विराट् का द्वार बन जाते हैं। और परम काव्य तो सदा मौन ही है। इसीलिए ही तो परमात्मा मौन है। मैं उन शब्दों को ही कुरूप कहता हूं जो कि मौन के हंता होते हैं। और ये शब्द हैं सौंदर्य, जो कि मौन को इंगित करते हैं, और मौन हो जाते हैं।

तुम्हारे शब्द ऐसे ही बनें, यही मेरी कामना है।

रजनीश के प्रणाम!

10. 2. 1968 प्रभात

और अजित उसी दिन जबलपुर चल पड़ा।

❑ ❑

प्रवचन शृंखला–शहीद स्मारक भवन में

आचार्यश्री के श्रोताओं की बढ़ी हुई संख्या देखकर अब प्रति मास उनके प्रवचनों का आयोजन शहीद स्मारक भवन में होने लगा। उस समय हाल कांग्रेस कमेटी से किराये पर लेने पर तीस रुपया शुल्क देना पड़ता था जो जीवन जागृति केन्द्र के सक्रिय कार्यकर्ता आपस में चंदा कर चुका देते थे। लाउडस्पीकर, माइक, टेपरिकॉर्डर चांदा के श्री रेख चंद पारिख ने आचार्यश्री को भेंट स्वरूप दे दिये थे।

अब जबलपुर में आचार्यश्री के प्रवचन इतने लोकप्रिय हो गये थे कि शहीद स्मारक भवन का विशाल हाल और बालकनी खचाखच भर जाते थे व कुछ श्रोताओं को तो बाहर लान में बैठना पड़ता था।

आचार्यश्री, अध्यात्म, ध्यान और धर्म के साथ-साथ विभिन्न विषयों पर अपने क्रांतिकारी विचार व्यक्त कर रहे थे। उन्होंने—'नये मनुष्य के जन्म की दिशा,' 'नारी का सभ्यता में योगदान,' 'प्रेम और विवाह,' 'युवक और यौन' 'धर्म और विज्ञान' के साथ-साथ 'मनुष्यता और नारी,' 'चिकित्सा और धर्म का समन्वय' तथा 'कार्ल मार्क्स' और 'महात्मा गांधी' आदि विषयों पर महत्त्वपूर्ण प्रवचन दिये।

वह अपने प्रत्येक प्रवचन में इस बात पर बल देते थे कि जीवन के प्रत्येक क्षेत्र में समग्र क्रांति की आवश्यकता है। धर्म का अर्थ केवल ईश्वर की पूजा या उपासना, मोक्ष प्राप्त करने के लिए प्रयास करने या नैतिकता से ही नहीं, धर्म का अर्थ स्वभाव से है। प्रत्येक मनुष्य जो होने के लिए उत्पन्न हुआ है, जब तक उसमें निजत्व का पुष्प नहीं खिलता, उसके व्यक्तित्व का सर्वांगीण विकास नहीं होता, तब तक वह परम चैतन्य को उपलब्ध नहीं हो सकता। मात्र धर्म ही राजनीति पर अंकुश लगा सकता है। पर पंडित, पुरोहितों, मुल्लों और पादरियों को धर्म से कोई मतलब नहीं। वह मात्र सम्प्रदाय के प्रतिनिधि हैं, जो अपना स्वार्थ पूरा करने के लिए मंदिर-मस्जिद और चर्च के नाम पर, वेद, कुरान और बाइबिल के नाम पर साम्प्रदायिक दंगे करवाते हैं। एक ओर तो वह प्रेम और शांति का ढोल पीटते हैं, तो दूसरी ओर युद्धों में विजय के लिए राजनेताओं को आशीर्वाद देते हैं। सच्चा और प्रामाणिक धर्म केवल एक है कि व्यक्ति की मूर्च्छा टूटे। उसका अंधकार दूर हो। अहंकार मिटे। उसके निजत्व का बीज अंकुरित हो, इसके लिए अच्छी भूमि, जल और प्रकाश की आवश्यकता होती है। इस प्रकार राजनीति, शिक्षा, अर्थशास्त्र, समाजशास्त्र, कलाएं सब एक दूसरे से संयुक्त हैं। यह सभी मिलकर मनुष्य की चेतना का विकास करती हैं। उसके व्यक्तित्व का निर्माण करती हैं। उसे सच्चा धार्मिक व्यक्ति बनाने की पृष्ठभूमि तैयार करती हैं। सबसे पहले आवश्यक है, व्यक्ति का पेट भरा हो। उसकी भौतिक आवश्यकताओं की पूर्ति हो। समाज समृद्ध और शिक्षित हो। पर हमारे देश में शिक्षा का पूरा ढांचा ही गलत है। यह शिक्षा पद्धति अंग्रेजों ने क्लर्कों को तैयार करने के लिए बनाई थी। उन्हें शासन चलाने के लिए स्वामिभक्त पूंछ हिलाने वालों की आवश्यकता थी। इस तोतारटंत, थोपे गये अनुशासन की शिक्षा ने हमारे स्वतंत्र चिंतन को, नैसर्गिक खिलाव को अवरुद्ध कर दिया है। शिक्षा, राजनीति की चेरी बन गई है। शिक्षा के नाम पर छात्रों के दिमाग में कूड़ा-कर्कट

झोंका जा रहा है। इसीलिए आज की नई पीढ़ी में आक्रोश है। शिक्षा उन पर नीति और अनुशासन थोपना चाहती है, जिसे आज की युवा पीढ़ी अस्वीकारती हुई विद्रोह कर रही है।

युवा पीढ़ी की इस ऊर्जा को, मात्र ध्यान ही सृजनात्मकता की ओर मोड़ सकती है। ध्यान से जीवन में लयबद्धता आती है। एक संतुलन प्राप्त होता है। विवेक जागृत होकर आत्म-अनुशासन आता है।''

आचार्यश्री के अगले प्रवचन के लिए जब भीखमचंद हाल बुक करने गये तो उनसे तीस रुपये के स्थान पर नब्बे जमा करने को कहा गया। उन्हें बताया गया कि एक तो मंहगाई को देखते हुए किराया बढ़ा दिया गया है और दूसरे आधा किराया लेने के सभी निर्णय निरस्त कर दिये गये हैं। हाल का किराया, जीवन-जागृति केन्द्र के सदस्यगण आपस में चंदा जमा करके भरते थे।

अजित कुमार व मास्टर भीखमचंद जैन ने घर आकर आचार्यश्री से निवेदन किया—''शहीद स्मारक भवन का किराया जो सेठ गोविन्द दासजी ने मात्र तीस रुपया करा दिया था, अब सचिव पूरा किराया रु. 90/- मांग रहे हैं। यह हम लोगों के लिए बहुत अधिक होगा। आप यदि सेठ गोविन्द दासजी को फोन कर दें...।''

आचार्यश्री तुरन्त बोले—''फोन करने की कोई आवश्यकता नहीं है। तुम लोग कल सुबह ही सेठजी से मिलकर यह निवेदन करना कि प्रवचन के लिए हाल का घटा किराया तीस रुपया देना ही तुम्हें कठिन लग रहा है अत: वह सचिव को फोन कर बिना शुल्क लिए हुए हाल देने का निर्देश दे दें। इसका परिणाम यह होगा कि तुम लोगों को बढ़ा किराया नहीं देना होगा।''

दूसरे दिन प्रात: जब जीवन जागृति केन्द्र की ओर से मास्टर भीखमचंद व अजित कुमार ने सेठ गोविन्द दास से शहीद स्मारक भवन का शुल्क माफ करवाने के लिए कहा तो सेठजी चिहुंककर बोले—''सचिव का तो कहना है कि आप लोगों से कम किराया लेने पर और संस्थाएं उसकी आलोचना करती हैं, इसलिए मंहगाई बढ़ने से उन्होंने प्रस्ताव पास करके सभी से नब्बे रुपये किराया ही लेने का निश्चय किया है।''

मास्टर भीखमचंद बोले—''फिर तो आचार्यश्री के प्रवचनों का आयोजन करना ही कठिन हो जायेगा। आप शहीद स्मारक भवन के चेयरमैन और प्रदेश कांग्रेस के अध्यक्ष हैं। क्या आप आचार्यश्री के प्रेमी और प्रशंसक होते हुए भी इतना भी नहीं करा सकते?''

सेठजी कुछ सोचकर बोले—''अच्छा बाबा। तुम लोग मत देना बढ़ा किराया। जो तीस रुपये देते हो वही देते रहना। मैं किसी-न-किसी तरह सचिव को राजी कर लूंगा।''

दोनों मन-ही-मन मुस्कुराते और आचार्यश्री की दूरदर्शिता और भविष्यवाणी का स्मरण करते हुए, सेठजी को प्रणाम कर वापस घर चल दिये।

❑ ❑

यात्रा में रूपान्तरण

...और लगभग ढाई माह बाद जब आचार्यश्री साधना शिविर के संचालन के लिए नारगोल जा रहे थे, उनके प्रथम श्रेणी के कोच में उनके साथ एक प्रौढ़ सज्जन और थे। आचार्यश्री पिछले दो घंटों से उन्हें देख रहे थे। वह पढ़े हुए अखबार को दो बार पढ़ चुके थे। कभी वह जमुहाई लेते थे, कभी पीठ खुजलाते थे। दो बार अटैची खोलकर नये सिरे से वह सामान को सहेज चुके थे। बैग में से निकाल कर कभी वह मठरी खाते थे, कभी पोटैटो-चिप्स। उनका मुंह बराबर चल ही रहा था। कोई भी स्टेशन आता था वह उतर कर प्लेटफार्म पर चहलकदमी करने निकल जाते थे। जब लौटते थे तो कुछ-न-कुछ साथ ले आते थे। कभी केला, कभी संतरा। कभी सिगरेट पीते थे तो कभी बाथरूम जाते थे।

उन्होंने कई बार आचार्यश्री से बात करने का प्रयास किया था, पर आचार्यश्री ने कोई उत्तर नहीं दिया था। आखिर जब उन सज्जन का धैर्य चुक गया तो खीजकर अपने आप से बोले—यद्यपि वह आचार्यश्री को ही सुनाकर कहा गया था, ताकि उनका मौन टूटे—''उफ़! यह सफर कितना लम्बा हो गया? समय काटे से नहीं कट रहा है।''

आचार्यश्री फिर भी मौन रहे। पहला नुस्खा फेल होने पर वह दूसरा बहाना खोजते हुए बोले—''लगता है मेरी घड़ी बंद हो गई? आप बतायेंगे, समय कितना हो गया है?''

आचार्यश्री मुस्कुरा कर बोले—''आपकी घड़ी बिलकुल ठीक चल रही है। अभी आठ दस ही हुए हैं। पर आप इतने बेचैन क्यों हैं? कभी कुछ करते हैं कभी कुछ। आखिर आपकी परेशानी क्या है?''

जरा-सा अवसर मिलते ही वह सज्जन शुरू हो गये—''भगवान का शुक्र है कि आप बोले तो? मैं तो समझा था कि आप बोलते ही नहीं। मैं तो आपको देखकर हैरान हूं, कि आप इतनी देर से बिना हिले-डुले, बिना बात किये एक ही मुद्रा में चुपचाप बैठे किस तरह से हैं? मैंने आपसे बात करने की बीसियों बार कोशिश की पर आपने कोई लिफ्ट ही नहीं दी। आपको कुछ ऑफर भी किया, आपने सिर हिलाकर मना कर दिया। क्या मैं पूछने की धृष्टता कर सकता हूं कि आप करते क्या हैं?''

आचार्यश्री मुस्कुरा कर बोले—''कुछ नहीं।''

''कुछ नहीं?'' वह सज्जन ऐसे चौंककर बोले, जैसे उन्हें उनकी बात पर विश्वास ही न हुआ हो। आश्चर्यचकित होकर बोले—''आप कुछ नहीं करते, यह हो ही नहीं सकता। कुछ-न-कुछ तो करते ही होंगे। कहीं सर्विस करते होंगे, व्यापार करते होंगे, फैक्टरी चलाते होंगे और यदि मान लिया, जैसी की आपकी वेश-भूषा से लगता है, कि आपको शायद संसार से ही विरक्ति हो गई है, तो भी आप पूजा करते होंगे, भजन करते होंगे। आखिर बिना कुछ किये कोई रह कैसे सकता है?''

जब वह सज्जन एक क्षण को रुके तो आचार्यश्री मुस्करा कर बोले—''मैं वाकई कुछ भी नहीं करता। पर आप इतना आश्चर्य क्यों कर रहे हैं?''

—''अरे साहब! मेरे लिए तो यह आठवां आश्चर्य है। मैं तो बिना कुछ किये एक मिनट भी रह ही नहीं सकता। आपकी बात से लगता है कि आप झूठ भी नहीं बोल रहे हैं। आप

तो मेरे लिए एक पहेली वन गये हैं। अब कृपया आप स्वयं बतलाने का कष्ट करें कि आखिर आप क्या करते हैं?''

—कहा तो, मैं कुछ नहीं करता! आप एक ही प्रश्न लौट-फिर के बार-बार क्यों पूछ रहे हैं?

वह सज्जन कुछ सोचकर बोले—''तो जरूर आप लखपति या करोड़पति होंगे। आपके पिता बहुत जमीन-जायदाद छोड़ गये होंगे। घर बैठे किराये की अच्छी-खासी आमदनी हो जाती होगी। पर इसके बावजूद आदमी कुछ-न-कुछ करता ही है। जुआ खेलता है, रेस खेलता है, ऐश करता है, अखबार पढ़ता है, राजनीति करता है, गप्प मारता है, पर जाहिर है, इनमें से आप कुछ भी कर सकें, आपको देख ऐसा लगता ही नहीं। आपने तो मेरी उत्सुकता 'एकस्ट्रीम' पर पहुंचा दी है। आप आखिर हैं कौन? आपका नाम क्या है? आप कुछ तो बताएं, आपका खर्च कैसे चलता है? आपके परिवार में कौन-कौन हैं? आप कहां जा रहे हैं?''

आचार्यश्री मुस्कुरा कर बोले—''आप मेरा नाम-पता जानकर आखिर करेंगे क्या? आप स्वयं अपने को जान लें, आपकी सारी परेशानी दूर हो जाये?''

—''आप अच्छा-खासा मजाक कर लेते हैं। भला बताइये, मैं क्या अपने-आपको नहीं जानता? अरे मैं रमाकांत त्रिवेदी हूं। क्लास वन ऑफीसर। सारा शहर मुझे जानता है। और इस वक्त तो मेरी सारी परेशानी आप हैं। आखिर आप कुछ अपने बारे में बताते क्यों नहीं? ऐसी कौन-सी मिस्ट्री है आपके साथ? क्या आप अपना परिचय छिपाना चाहते हैं?''

आचार्यश्री उसी तरह मुस्कुराते हुए बोले—''रिलेक्स! रमाकांत जी, रिलैक्स। मैं फिर भी कहता हूं आप अपने को जरा भी नहीं जानते, आपकी एकमात्र परेशानी यही है। आप इस दुनिया में बिना किसी नाम के आये थे। यह नाम, पद आपको परिवार और समाज ने दिया है। यह सब आप पर चस्पा कर दिया गया है। आप एक झूठी और नकली जिन्दगी जी रहे हैं। आपको कोई प्रेम नहीं करता। और प्रेम इसीलिए नहीं करता क्योंकि आप किसी को प्रेम नहीं करते। आप सभी से सम्मान चाहते हैं। आप केवल अपने इस नकली मुखौटे में कैद होकर रह गये हैं। आप चाहते हैं, सभी आपके अहंकार की धुरी पर घूमते रहें। पर याद रखिये, एक दिन यह पद, सम्मान सब कपूर की तरह उड़ जायेगा। इस जीवन में दो क्षण बाद क्या होगा, यह किसी को नहीं मालूम? इस ट्रेन का एक्सीडेंट हो सकता है। हो सकता है अगले ही क्षण न मैं रहूं—न आप रहें? पर फिर भी याद रखिये, कुछ ऐसा है, जो कभी नष्ट नहीं होता। वह कल भी था, आज भी है, और कल भी रहेगा। मैं आपसे उसी को जानने की बाबत कह रहा था।''

ट्रेन एक्सीडेंट और मौत की बात सुनकर वह महाशय एक साथ डर गये। डरते हुए बोले—''आप कोई फिलॉसफर लगते हैं। पर यह मरने-मराने की चर्चा आप क्यों ले बैठे? मुझे वाकई मरने से बहुत डर लगता है।''

—''डर इसीलिए लगता है क्योंकि आप समझते हैं कि रोज और-और लोग मर रहे हैं। आप नहीं मरेंगे। आप अमर होकर आये हैं। मरने की घड़ी पहले से निश्चित हो गई है। मृत्यु का जितनी शीघ्र बोध हो जाये, मृत्यु से भय समाप्त हो जाता है। और सुनिये त्रिवेदीजी! मैं जो कुछ भी न करने की बात कर रहा था, वह गलत नहीं कह रहा था। हम आखिर कर भी क्या सकते हैं? हमारा सारा करना पानी पर खींची गई लकीर की तरह है। आपने अब तक जो भी किया है, उससे आपको मिला क्या? चिंता, परेशानी, अशांति, अवसाद, पीड़ा। आप इतने अधिक अशांत हैं कि अकेले रहने में आपको डर लगता है। आप पढ़े अखबार को बार-बार पढ़ते हैं। अटैची खोलते हैं, बंद करते हैं। कभी सिगरेट पीते हैं। हर स्टेशन आने पर प्लेटफार्म

पर घूमते हैं। करने को कुछ भी नहीं है, इसलिए मुझसे बात करना चाहते हैं। मुख्य बात यह आप अकेले होने में घबड़ाते हैं। यही आपकी सबसे बड़ी समस्या है।''

त्रिवेदीजी अपना माथा ठोकते हुए बोले—''ओ माई गॉड! अब मुझे याद आया। आपकी बातें सुनकर खयाल आया, कि मैंने कुछ महीने पहले आपकी फोटो और आपके लेक्चर की रिर्पोटिंग पढ़ी थी अखबार में। कहीं आप आचार्य रजनीश तो नहीं हैं?''

आचार्यश्री पूर्ववत् मुस्कुराते हुए बोले—''अगर हूं भी तो इससे क्या फर्क पड़ता है? हां! आपके जीवन में फर्क जरूर पड़ सकता है, अगर आप अपने आप को जान लें।''

रमाकांतजी, आचार्यश्री को प्रणाम करते हुए बोले—''क्षमा कीजियेगा! मैं आपको पहचान नहीं पाया था। आप तो देश में आजकल बहुत चर्चा का विषय बने हुए हैं। मेरा सौभाग्य है कि आपसे भेंट हो गई। आपके परिचय न देने पर मैं तो न जाने आपको क्या समझ बैठा था?''

आचार्यश्री हंसते हुए बोले—''क्या डाकू समझ लिया था आपने मुझे?''

रमाकांत आश्चर्य से आंखें खोलकर बोले—''आपसे कुछ भी छिपाना कठिन है? मेरे मन में आपके परिचय न देने पर एक क्षण को यही आशंका हुई थी। और आपने मेरे बारे में जो भी कहा है वह शत-प्रतिशत ठीक है। मैं वाकई अंदर से बहुत दु:खी, निराश और अशांत हूं। बिना कम्पोज के मैं रोज सो नहीं सकता। हर वक्त मुझे बराबर कोई-न-कोई डर घेरे रहता है। अकेले होते ही मैं बराबर मौत ही से डरता रहता हूं। आपने कहा—यह डर, यह अशांति अपने को जानने से दूर हो जाती है। कृपया इसे कुछ और स्पष्ट करने का कष्ट करें।''

आचार्यश्री प्रेम और करुणा से बोले—''इस सबका केवल एक उपाय है। आप ध्यान में उतरें। बाहर बहुत दौड़-भाग कर ली, अब अपने अंदर जाकर देखें। ध्यान अपने अंतस में गहरे उतरने की कला है। ज्यों-ज्यों आप ध्यान की गहराई में उतरेंगे और जिस दिन आपको मृत्युबोध हो जायेगा, उसी दिन आपका भय समाप्त हो जायेगा।''

रमाकांत परेशान होकर बोले—''पर देखिये, मैं नास्तिक हूं। मैं किसी ईश्वर वगैरा में कोई विश्वास नहीं करता। शराब, सिगरेट मैं छोड़ नहीं सकता। यह मेरी अनिवार्यताएं और मजबूरियां हैं। इस सबके रहते मैं ध्यान कैसे कर सकता हूं?''

आचार्यश्री ने स्नेह से उनके कंधे पर हाथ रखा। दो क्षण उनकी आंखों में झांका। तभी रमाकांत को जैसे विद्युत का कोई झटका-सा लगा। आचार्यश्री पूर्ववत् मुस्कुराते हुए बोले—''रमाकांतजी! आप आदमी ईमानदार हैं। आपने कुछ छिपाया नहीं, यह आपके साहस का प्रतीक है। आप नास्तिक हैं, यह और भी शुभ संकेत है। ध्यान करने के लिए मेरी कोई ऐसी शर्त नहीं कि आप यह करें, वह न करें। मैं आपसे शराब, सिगरेट छोड़ने को हरगिज नहीं कहूंगा। मैं तो आपसे सिर्फ ध्यान करने को कहता हूं। ध्यान करने के लिए मैं कोई शर्त नहीं लगाता। अगर आप ध्यान करने में उत्सुक हैं, यदि आप अपनी अशांति, निराशा और भय से मुक्त होना चाहते हैं, तो केवल औषधि समझकर ध्यान का प्रयोग करके देखें। आपकी प्यास बताती है कि आपके अंदर अनंत सम्भावनाएं हैं।''

फिर आचार्यश्री अपने बैग से निकालकर उन्हें 'ज्योतिशिखा' का ताजा अंक देते हुए बोले—''इसे एक बार पढ़ लीजियेगा। कोई जरूरी नहीं, कि इसमें जो लिखा है, उसे आप मानें। पढ़ने के बाद मनन कीजियेगा। अगर उसमें सत्य की भनक मिले, अगर प्यास और बढ़े तो किसी भी साधना शिविर में चार दिनों के लिए आ जाइये। पत्रिका में मेरे आगामी तीन महीनों का पूरा कार्यक्रम दिया है। और सुनिये! आप रात में ठीक से सोये नहीं हैं। अब चुपचाप आंखें बंदकर

लेट जाइये। मैं देख रहा हूं आपको नींद आ रही है। आपकी पलकें झपी जा रही हैं। आप विश्राम चाहते हैं। सो जाइये। चुपचाप सो जाइये। आपको गहरी नींद आ रही है।''

रमाकांत आधी आंखें बंद किये धीमे से फुसफुसाये—''हां मुझे नींद आ रही है।''

आचार्यश्री ने फुसफुसाते हुए ही कहा—आप गहरी नींद में चले जाइये। सुखपूर्वक! विश्राम पूर्वक।

रमाकांत बिना प्रतिरोध किये चुपचाप लेट गये थे। जैसे आचार्यश्री ने उन्हें सम्मोहित कर दिया हो। और कुछ ही क्षणों बाद उनकी नाक खरटि भरने लगी।

❑ ❑

रमाकांत की आंख सुबह 5 बजे खुली। उन्होंने देखा, आचार्यश्री टेबुल लैम्प जलाये कोई पुस्तक पढ़ रहे हैं। उन्हें उठते देख आचार्यश्री मुस्कुरा कर बोले—''कहिये रमाकांतजी! आपको बिना शराब और सिगरेट गहरी नींद आई या नहीं?''

रमाकांत कृतज्ञता से बोले—''ऐसी विश्रामपूर्ण और गहरी नींद मैंने शायद वर्षों बाद ली है। हर बार रात में दो या तीन बार पेशाब के लिए उठता था। नींद में भी बराबर स्वप्न आते रहते थे। पर आज सोने के बाद मैं एक अद्‌भुत स्फूर्ति, अनोखी शांति और आनंद पा रहा हूं।''

आचार्यश्री ने उत्तर नहीं दिया, वह मौन रहे। उन्होंने करुणावश रमाकांत को अवश्य ही गहरी निद्रा दी थी, पर उनके खर्राटों के कारण स्वयं रात भर नहीं सो सके थे।

आचार्यश्री को मौन देखकर रमाकांत उसी उत्साह से बोले—''मैं आपका अत्यंत अनुगृहीत हूं। आप कृपया मुझे कोई भी आदेश देकर देखें....''

आचार्यश्री मुस्कुरा कर बोले—''रमाकांत जी! मेरा आपसे मात्र इतना अनुरोध है कि आप खिड़की के बाहर आकाश की लालिमा देखें। पक्षियों का संगीत सुनें। मेरे द्वारा दी गयी पत्रिका पढ़ें। मैं अपनी आदत से विवश हूं। रात्रि में किसी शोर में मैं सो नहीं पाता। क्षमा कीजिये, आप अपने खर्राटों से विवश थे। अब आप आज्ञा दें तो मैं दो या तीन घंटे सोकर फ्रेश हो जाऊंगा।''

रमाकांतजी संकोच से गड़कर दोहरे होते हुए बोले—''मैं क्षमाप्रार्थी हूं। मेरे कारण आप रात में विश्राम न कर सके। आप कृपया आराम से सो जाइये। मैं पूरा ध्यान रखूंगा कि आप किसी भी प्रकार डिस्टर्ब न हों।''

आचार्यश्री लाइट बुझाकर सिर तक चादर तानकर तुरन्त लेट गये और कुछ ही क्षणों में वह गहरी निद्रा में चले गये।

और रमाकांत उन्हें आश्चर्य से देखते रह गये।

ठीक तीन घंटे बाद आचार्यश्री सोकर उठे। रमाकांत उनके जागने की ही प्रतीक्षा कर रहे थे। उन्होंने पिछले स्टेशन से थरमस में दूध भी मंगाकर रख लिया था। इस बीच वह 'ज्योतिशिखा' पत्रिका भी पढ़ चुके थे। पत्रिका में ही उन्होंने 2 मई में नारगोल में होने वाले साधना-शिविर का भी समाचार पढ़ लिया था। उल्लसित होकर बोले—''आचार्यश्री! मैं भी नारगोल शिविर में आपके साथ ही चल रहा हूं। मैंने पिछले स्टेशन से घर टेलीग्राम कर दिया है। दफ्तर से भी चार दिनों का अवकाश ले लूंगा। आप कृपया वाश कर लें, मैंने आपके लिए पिछले स्टेशन से ताजा दूध और फल ले लिऐ हैं। मैं आपके जागने की ही प्रतीक्षा कर रहा था। और कितना आश्चर्य है कि तीन घंटे नींद लेने की बात कहकर आप तुरन्त सो गये थे और ठीक तीन घंटे बाद आपकी आंख भी खुल गई।''

आचार्यश्री कुछ उत्तर न देकर मुस्कुराते हुए टायलेट की ओर बढ़ गये।

❑ ❑

साधना-शिविर नारगोल

मई, 1968 में नारगोल में जो साधना-शिविर आयोजित किया गया, उसका नाम रखा गया 'शून्य की नाव'। डॉ. हेमन्त ने साधना-शिविर के प्रवेश द्वार पर 'शून्य की नाव' का एक बोर्ड भी लगा दिया था।

2 मई की रात्रि, शिविर का प्रारम्भ आचार्यश्री ने एक बोधकथा से करते हुए कहा—

''यहां इस निर्जन में, इस सागर तट पर, इसीलिए आपको बुला भेजा है कि इन तीन दिनों में कुछ बातें आपसे करूं ताकि आपके अंतस का दिया जल सके, आपके जीवन में सुगंध आ सके। आप परमात्मा के राज्य के अधिकारी हो सकें। किसे पता है, आपको भी इसलिए भेजा गया होगा? किसको पता है कि जीवन की इस परीक्षा में कैसे और कौन उत्तीर्ण होगा?''

तीन दिन बहुत हैं, और तीन दिन आप निकालकर यहां आ गये हैं, वह भी स्वागत योग्य है, और धन्यवाद के योग्य भी। क्योंकि आज की दुनिया में कोई तीन दिन भी जीवन को प्रकाश से भरने के लिए समय निकालने को राजी नहीं है।''

आचार्यश्री ने एक सौदागर की बोधकथा को सुनाते हुए कहा—''एक सौदागर सुदूर देशों में एक बड़ी नौका लेकर करोड़ों रुपये कमाने जाता था, पर तैरना नहीं जानता था। उसके मित्रों ने कहा कि तुम तैरना सीख लो, समुद्र में तूफान आते ही रहते हैं। पूछने पर तैराकों ने कहा कि तीन दिन लगेंगे तैरना सीखने में। पर उसने कहा तीन दिनों का समय कहां मेरे पास? तीन दिनों में तो मैं लाखों कमा लूंगा। इस पर उसके मित्रों ने उसे नाव में दो खाली पीपे ही रखने की सलाह दी। उसने दो खाली पीपे मुंह बंद कर नाव में रख लिए। और एक दिन तूफान आ ही गया। नाव डूबने लगी। तैरने वाले समुद्र में कूद गये। उस सौदागर ने खाली पीपे निकाले। पर उन्हीं के साथ दो पीपों में कमाई स्वर्ण अशर्फियां भी रखी थीं। वह सोचने लगा, नाव तो डूब ही रही है, खाली पीपे लेकर कूदने से क्या होगा? वह अशर्फियों से भरे दोनों पीपे लेकर समुद्र में कूद गया।''

वह अभागा सौदागर तीन दिन भी तैरने के लिए समय नहीं निकाल सका था, और आप तीन दिन तैरने के लिए समय निकाल सके हैं, इसलिए आपका स्वागत करता हूं। उस सौदागर को अवसर भी मिला था कि वह खाली पीपे लेकर कूद जाता लेकिन वह भरे पीपे लिए कूदा, क्योंकि जिनको जीवन भर भरे होने की आदत होती है, वे एक क्षण भी खाली होने को राजी नहीं होते। इधर तीन दिनों में खाली पीपे कैसे उपलब्ध किये जा सकें, वही मुझे आपसे कहना है। और नदी में या सागर में तैरना हो तो खाली पीपे सहायक होते हैं। और अगर परमात्मा के सागर में और जीवन के सागर में तैरना हो, तो स्वयं को खाली पीपा बना लेना जरूरी होता है। वहां जो व्यक्ति जितना खाली और शून्य हो जाता है, वह उतना ही प्रभु के सागर में तैरने में समर्थ हो जाता है। लेकिन हम सब अपने को भरने की कोशिश में लगे रहते हैं। कोई सोने से भर लेता है, कोई मिट्टी से। कोई कंकड़ों से भर लेता है कोई हीरे जवाहरातों से। पीपा सोने से भरा हो, कंकड़ों से या जवाहरातों से, उससे कोई फर्क नहीं पड़ता। भरा पीपा डूबता है। चाहे किसी चीज से भरा हो। हमने जो कुछ भरा है अपने अंदर, वह सिर्फ डुबो सकता है।

खाली पीपा ही तैरने में सहयोगी हो सकता है। और धर्म तैरने की कला है। कैसे हम अपने को खाली करेंगे, कैसे हम तैरने में समर्थ हो जायेंगे? कैसे हम जीवन की शून्य की नाव को वगैर डूबे अज्ञात के सागर तट तक पहुंचा सकते हैं, जिस तट का नाम परमात्मा है, जिसका नाम सत्य है, कैसे?

कल ही कोई मुझसे रास्ते में पूछ रहा था कि साधना-शिविर क्या है? और सत्संग क्या है? तो मैंने उनसे कहा—सत्संग उनके लिए है, जो श्रावक हैं। सुनने को उत्सुक हैं। और साधना-शिविर उनके लिए है, जो साधक हैं, सिर्फ सुनने को नहीं, कुछ करने को आतुर हैं। जो लोग सिर्फ सुनने आ गये हों, वह गलत जगह आ गये हैं। सुनाने के लिए मैं तो खुद ही आपके नगरों में आ जाता हूं, कि आप सुन सकें। लेकिन कुछ करना हो, इसलिए यहां इस दूरी पर आपको बुला भेजा है, ताकि इस अकेलेपन में कुछ किया जा सके। तो इन तीन दिनों में सुनने की बहुत चिंता मत करना। इन तीन दिनों में कुछ करने का खयाल स्पष्ट होना चाहिये।

चाहे कितनी ही अच्छी बातें जान लें, उनके जानने और सुन लेने से जीवन में कोई क्रांति और कोई परिवर्तन नहीं होता, बल्कि सार्थक बातें जानकर एक भ्रम पैदा होता है कि शायद हमें कुछ उपलब्ध हो गया है, हमें कुछ मिल गया है। अकेले सुनने से कुछ मिलने को नहीं है, साधक को कुछ करना पड़ेगा, उसे अपनी जीवन विधि में कोई परिवर्तन, अपने होने की व्यवस्था में कोई क्रांति करनी पड़ेगी, तभी कुछ हो सकता है। ...... जीवन में कुछ चीजें हैं, जो केवल जानकर ही नहीं, करके ही जानी और देखी जा सकती हैं। एक अंधे आदमी को हम समझाते रहें प्रकाश के संबंध में, तो उसकी कुछ भी समझ में नहीं आयेगा, लेकिन उसकी आंख का इलाज हो सके, वह आंख खोलकर देख सके, तो प्रकाश के संबंध में बिना समझाये सब कुछ समझ में आ जाता है। हमारी स्थिति भी आंख बंद किये लोगों जैसी है। आंख खोलने का उपाय किया जा सकता है, लेकिन प्रकाश को समझने का कोई उपाय नहीं है। यह आंख कैसे खुले? इसकी प्राथमिक तैयारी हमारी क्या होगी, इसे समझ लें। .... आचार्यश्री ने पहला सूत्र बताया कि जो कुछ वह कहते हैं, उसे प्रवचन या उपदेश न समझकर, सक्रिय कदम उठाने की दिशा में एक पुकार, एक आवाहन समझा जावे। दूसरे हम नित्य-प्रति की अपनी यांत्रिक आदतों को बदल कर नये ढंग से जियें। यहां अगर पति और पत्नी साथ-साथ आये हैं, तो इन तीन दिनों की छुट्टी ले लें पत्नी होने से, पति होने से। वाद-विवाद व निरर्थक चर्चा से बचें। कम-से-कम बोलें। अधिक-से-अधिक एकान्त में रहें। अगर 'मैं' को जानना है तो 'तू' से छुटकारा चाहिये। 'तू' दूसरा है, 'तू' संसार है। इन तीन दिनों में 'तू' को भूल जायें। जब तक आप 'तू' से बंधे हैं, 'मैं' नहीं जान सकते। प्रकृति के संसर्ग में अधिक-से-अधिक रहें।

सभी सूत्रों को आचार्यश्री ने नई और प्रेरक बोध कथाओं से समझाते हुए अपनी बात समाप्त की और कहा....

अंत में, मैं सबके भीतर बैठे परमात्मा को प्रणाम करता हूं। मेरे प्रणाम स्वीकार करें।

❑ ❑

दूसरे दिन प्रातःकाल आचार्यश्री ने प्रवचन के बाद ध्यान का प्रारम्भ कराते हुए कहा—

"ध्यान एक अक्रिया है। कुछ न करना ही ध्यान है। जब तक आप कुछ कर रहे हैं, तब तक आप ध्यान में नहीं जा सकते। चाहे माला फेरते हों, चाहे राम-राम जपते हों, चाहे गायत्री, चाहे नमोकार, चाहे कुछ और। जब तक आप कुछ कर रहे हैं, वह ध्यान नहीं है। जब सब

मौन, सब शांत हो गया, सब शिथिल हो गया, करने का सारा यंत्र चुप हो गया, तब आप ध्यान में प्रविष्ट होते हैं।''

.......तो आप शिथिल होकर बैठ जायेंगे, पर हवायें तो बहती रहेंगी, पक्षी तो बोलते रहेंगे। वह कौआ बोल रहा है, वह आवाज देता रहेगा। सागर गर्जन करता रहेगा। वृक्षों के पत्ते हिलेंगे और आवाज होती रहेगी। यह सब तो होता रहेगा। आप निष्क्रिय हो जायेंगे। लेकिन यह सारा जगत तो अपनी पूरी क्रिया में गतिमान होगा। इस सारी क्रिया के प्रति आप सिर्फ जागरूक बने रहना। होश से भरे रहना। चारों तरफ प्रकृति में जो कुछ हो रहा है, वह आपको अनुभव होता रहे। बस आप कुछ मत करना। सिर्फ जागे रहना। सिर्फ सुनना। और....जागना क्रिया नहीं है। कोई कर्म नहीं है। मनुष्य की चित्त दशा है। मनुष्य की चेतना है। जब आप किसी क्रिया में होते हैं, तब भीतर आपका जागरण सो जाता है। जब आप अक्रिया में होते हैं, तब जागरण प्रकट हो जाता है। कुछ क्षण मौन में, भीतर गहरी शांति उतरनी शुरू हो जायेगी। थोड़ी देर में सब विलीन हो जायेगा, एक सन्नाटा भर भीतर रह जायेगा। उस सन्नाटे में कोई पक्षी बोलेगा तो उसकी गूंज सुनाई पड़ेगी। फिर गूंज भी विलीन हो जायेगी। सन्नाटा और भी गहरा हो जायेगा। कोई चीज बाधा नहीं डालेगी, हर चीज जो चारों तरफ हो रही है, सहयोगी बन जायेगी। विचार अपने आप शांत हो जायेंगे। विलीन हो जायेंगे। .....सभी लोग थोड़ी-थोड़ी दूर बैठ जायें, ताकि कोई किसी को छूता हुआ न हो। यहां इतने अधिक वृक्ष हैं, सभी अपना-अपना वृक्ष चुन लें। थोड़े फासले पर बिलकुल अकेले हो जायें, और शून्य की नाव में सागर की अज्ञात यात्रा पर निकल जायें।

❑ ❑

रात्रि के प्रवचन में आचार्यश्री ने साधकों के कई प्रश्नों के उत्तर दिये और फिर शरीर को श्वास को और फिर विचारों को शिथिल और शांत करने के सुझाव देते हुए शवासन कराया और आग्रह किया कि इसी ध्यान को बिस्तरे पर सोने से पूर्व भी करें और ध्यान करते-करते ही सो जायें, ताकि नींद गहरी और स्वप्नरहित हो।

❑ ❑

4 मई को प्रात:काल अपने प्रवचन में आचार्यश्री ने कहा कि जीवन से हमारी आत्म-एकता टूट गई है। जीवन और हमारे बीच कोई सेतु नहीं रहा, कोई संबंध नहीं रहा। कुछ अज्ञात दीवारें खड़ी हो गई हैं। पहली दीवार थी ज्ञान की। जो हमें समाज ने दिया, वो उधार ज्ञान है। उस अज्ञान से हमें अपना कोई अनुभव नहीं हो पाता, अनुभूति नहीं हो पाती। साधक को पहले इसी उधार ज्ञान की दीवार गिरानी होती है। दूसरी दीवार है हमारे जीवन की दूरी। हम उसके साथ कभी लयबद्ध नहीं हुए। हमें केवल मृत्यु का भय है। जीवन में आनंद के रस का, उत्सव का कुछ पता ही नहीं। क्योंकि अभी तक झूठे धार्मिकों ने जीवन की, शरीर की, संसार की निंदा की है। उसे मिथ्या और माया कहा है। जीवन का विरोध किया है। दु:खवाद का आधार माना है। हमें समझाया गया है कि पिछले जन्मों के पापों को नष्ट करने के लिए ही हमने जन्म लिया है। ऐसे मूढ़ लोगों ने, वो सारे द्वार बंद कर लिए हैं, जीवन जहां-जहां से प्रवेश पा सकता था। ऐसे बंद द्वारों वाला व्यक्ति ब्रह्म को नहीं, केवल अहंकार को उपलब्ध होता है। जीवन से आत्म एकता तभी हो सकती है, जब जीवन के प्रति निंदा का भाव गिर जाये। जब हमारा व्यक्तित्व

एक द्वार बन जाये। गीत के लिए, हवाओं के लिए, सौंदर्य के लिए, संगीत के लिए, स्वाद के लिए, सुगंध के लिए, हमारा जीवन एक द्वार बन जाये। परमात्मा तो रस स्वरूप है। अन्न ही ब्रह्म है। वह परम स्वाद है। वह कहीं भी है अगर, तो जीवन के भीतर, जीवन के विरोध में नहीं, जीवन के विपरीत नहीं। इन्द्रियों का विरोध नहीं, दमन नहीं, एक-एक इन्द्रिय ऐसी साधी जा सकती है कि उसके द्वार से प्रभु तक पहुंचने का मार्ग बन जाये।''

आचार्यश्री ने कई बोध-कथाओं द्वारा समझाते हुए कहा—''जीवन तो कला की तरह जीने का दूसरा सूत्र है कि जो भी उपलब्ध है संसार में, इन्द्रियों से जो भी आता है उसको अत्यन्त आनंद और कृतज्ञता से स्वीकार करें। जीवन से दुर्भाव तोड़कर, सद्भाव जोड़ें। किसी स्त्री में भी सुंदरता दिखाई दे तो सौंदर्य से आंख नहीं फेरना है, उस जिज्ञासा में और ऊपर उठ जाना है कि वह सौंदर्य कहां से आ रहा है? आकर्षणों को सूचना समझें और भीतर, और भीतर गहरे प्रवेश करें। सारे आकर्षणों के लिए अपने हृदय के सारे दरवाजे खोल दें। जीवन को सारे रस, जीवन को सारे अनुभवों को गुजरने दें। जीवन के सागर में बह जायें, कोई बाधा न डालें। वही सागर अंततः परमात्मा तक ले जाने वाला बन जायेगा। जीवन के प्रति अनुग्रह से भर जाना है, प्रेम और सम्मान से भर जाना है, क्योंकि जीवन में जो भी श्रेष्ठ है, सुंदर है, शुभ है, वह सभी उनको उपलब्ध हो जाता है।''

और प्रवचन के बाद ध्यान। प्रातः सत्र समाप्त हुआ।

❑ ❑

5 मई, 1968 की सुबह। आज नारगोल साधना शिविर का अंतिम दिन था। आचार्यश्री के कल के प्रवचन से कुछ नये साधक बहुत आनंदित थे। शेष साधक जो पिछले साधना शिविरों में भी जा चुके थे वह पहले से ही आनंदित थे।

आचार्यश्री ने रोता, उदास धर्म नहीं, हंसता, उत्सव मनाता विधायक धर्म दिया था। किसी का निषेध नहीं, सभी को स्वीकार करने की बात थी। सर्व स्वीकार। आस-पास जो भी जैसा है, उसे उसी रूप में स्वीकार कर लो।

पहले दिन आचार्यश्री ने बताया था—प्रकृति के प्रति विस्मय विमुग्ध भाव। जब उधार लिए ज्ञान का अहंकार गिराकर यह बोध होता है कि मैं कुछ नहीं जानता तो पूरी सृष्टि एक रहस्य लगने लगती है। सूर्योदय में, सूर्यास्त में, पक्षी के गान में, फूल के खिलने में विस्मय विमुग्ध भाव आ जाता है। यह सोचकर कि हमारे मस्तिष्क में सात करोड़ स्नायु हैं, और विश्व भर के वैज्ञानिक रोटी को खून में नहीं बदल सकते, विस्मय से चित्त भर जाता है। फिर प्रकृति के प्रत्येक संचालन में मात्र विस्मय रह जाता है। असंख्य तारे, ग्रह। पृथ्वी से करोड़ गुना बड़ा सूर्य। सूर्य से अरबों गुने बड़े अन्य सूर्य। ऐसे तारे जिनका प्रकाश, सृष्टि के बाद से आज तक पृथ्वी तक न आ सका है, जबकि प्रकाश की गति है एक लाख छियासी हजार मील प्रति सेकिंड है।

कल आचार्यश्री ने बताया था जीवन के प्रति रस विभोर भाव। और आज अंतिम प्रवचन देते हुए उन्होंने कहा—साधक के लिए मैं आज तीसरे सूत्र की चर्चा करूंगा—और वह है जीवन के प्रति प्रेम निमग्न मन। ज्ञान से जहां नहीं पहुंचता मनुष्य, वहां प्रेम से पहुंच जाता है। प्रेम के अतिरिक्त जीवन में और किसी केन्द्र की कल्पना ही नहीं की जा सकती। सभी के जीवन के केन्द्र में एक ही प्यास है, एक ही प्रार्थना, एक ही अभीप्सा है और वह है प्रेम की। जीवन में जब प्रेम असफल हो जाता है, जब प्रेम का बीज अंकुरित नहीं हो पाता तो जीवन व्यर्थ और

असार लगता है। जब प्रेम सफल होता है तो जीवन एक उत्सव, एक आनंद, एक अहोभाव से भर जाता है।

जीवन का समस्त क्रम प्रेम की गंगोत्री से निकलता है। प्रेम के कारण युद्ध होते हैं, धन इकट्ठा किया जाता है। यश की नई सीढ़ियां, प्रेम के लिए ही पार की जाती हैं। घर, द्वार, प्रेम के लिए बसाये जाते हैं। प्रेम असफल होने पर जीवन को नि:सार समझ लोग संन्यासी हो जाते हैं।

जब शिशु, मां की नाभि से पृथक होकर अपनी जीवन-यात्रा आरम्भ करता है, वह जुड़ने के, एक हो जाने की आकांक्षा है। यही प्रेम की आकांक्षा है। अद्वैत की आकांक्षा है। प्रेम की एक ही प्यास है, एक हो जायें सबसे। समस्त से संयुक्त हो जायें। प्रेम की आकांक्षा समस्त जीवन के साथ एक हो जाने की प्यास और प्रार्थना है। पर मनुष्य केवल शरीर के तल पर ही एकता खोजता है। पर शरीर के तल पर एकता हो ही नहीं सकती क्योंकि दो अणु पास हो सकते हैं, लेकिन एक नहीं हो सकते। उसी निराशा से विफलता से प्रेमी एक दूसरे के प्रति क्रोध से भरे हैं, क्योंकि उन्होंने पूरा नहीं पाया। एक नहीं हुए। मालिक नहीं बने। प्रेम अकेला तत्त्व है जो अहंकार तोड़ता है, जो व्यक्ति को स्वयं के बाहर ले जाता है। प्रेम इस बात की खोज है कि मैं सबके साथ एकता खोज लूं। समष्टि के साथ एक हो जाऊं। प्रेम शरीर के तल पर घटने वाली घटना नहीं है। प्रेम परमात्मा तक ले जाने का द्वार है। लेकिन हम जिस प्रेम को जानते हैं, वह कलह, द्वंद्व, संघर्ष, हिंसा, क्रोध और घृणा का द्वार बनता है। ऐसा प्रेम झूठा प्रेम है। प्रेम किसी के साथ मात्र संबंध नहीं है। किसी से बंधकर, जुड़कर प्रेम का फूल नहीं खिलता। प्रेम तो अकारण, असंबंधित होता है। जैसे फूल से गंध झरती है, हमेशा ऐसे ही चौबीस घंटे जो व्यक्ति अकारण अपने आप में प्रेमपूर्ण रहे, तो उससे गंध झरने लगती है, प्रकाश झरने लगता है। अभी हम सब बाहर से खींचे गये प्रेम में जी रहे हैं, इसलिए वह प्रेम कलह बन जाता है। प्रेम जब भीतर से अकारण सहज रूप से प्रकट हुआ हो, तो वह चित्त की एक दशा बन जाता है। ऐसा व्यक्ति किसी को घृणा कर ही नहीं सकता। उसके पास सिवा प्रेम के कुछ बच ही नहीं जाता।

आपके अंदर यह प्रेम का बीज कैसे अंकुरित हो, इस संबंध में तीन सूत्रों को खयाल में रखें। जब अकेले हों तो खोज करें अंदर की, कि क्या मैं अकारण सभी के लिए प्रेमपूर्ण हो सकता हूं? क्या मेरी आंखें ऐसी हो सकती हैं, जैसे सच ही आस-पास प्रेम पात्र मौजूद हो। यही प्रार्थना है। निर्जन में फूल खिलते हैं और सुगंध बिखेरते हैं। लोगों के साथ प्रेमपूर्ण होकर आप कभी असफल नहीं हो सकते। पत्थर को, वृक्ष को, रेत को, समस्त को ऐसे देखें जैसे प्रेमी को देखते हों। मनुष्य को प्रेम करने से उत्तर आता है। एक संबंध बनता है। पर सागर को, चट्टानों को प्रेम करने से कोई उत्तर नहीं आता। इसलिए पहले प्रयोग मनुष्य पर नहीं, प्रकृति पर कीजिये। इसलिए प्रकृति में जो कुछ भी है, उस पर प्रेम का आनंद दे देने में है, लेने में नहीं। प्रेम दान है, मांग नहीं। यही दूसरा सूत्र है कि प्रेम में उत्तर की अपेक्षा नहीं। तारों ने, सागर ने हमारा प्रेम स्वीकार कर लिया, उनका बहुत धन्यवाद।

और तीसरा सूत्र है असंबंधित मनुष्यता। अजनबी के प्रति प्रेम। परिचित के प्रति प्रेम, अपेक्षाओं, संबंधों से भरा है। इसके पीछे अतीत जुड़ा है, भविष्य जुड़ा है, लाभ-हानि, दु:ख-सुख जुड़े हैं। पर अजनबी से भूत भविष्य का कोई संबंध नहीं। उससे प्रेम....निकट प्रेम है।

आचार्यश्री ने कई बोध-कथाओं से अपनी बात को स्पष्ट करते हुए अंत में कहा—"अपने चित्त को विस्मय से भरें, जीवन के रस में तल्लीन हों और आत्मा को प्रेमपूर्ण करें। इन तीन

सीढ़ियों को पार करें और देखें कि अनंत संपदा है मनुष्य को पाने के लिए। अनंत आनंद उसे उपलब्ध हो सकता है। लेकिन हम व्यर्थ ही जीते और नष्ट हो जाते हैं।''

शिविर के अंतिम दिन आचार्यश्री ने मौन संभाषण का अभिनव प्रयोग प्रारम्भ करते हुए कहा—''तीन दिन तक हमने बातचीत की, शब्दों से। पर शब्दों की अंतिम सीमा, अपनी सामर्थ्य है। आज दोपहर साढ़े तीन से साढ़े चार बजे तक हम बस मौन बैठेंगे। मैं भी मौन बैठूंगा। अगर आप तैयार रहें तो शायद कुछ आपको सुनाई पड़े। कुछ पता चले। जैसी आपकी मौज हो वैसे बैठ जायें। किसी को लेटना हो, लेट जाये। वृक्ष से टिक कर बैठना हो, तो सभी अपना-अपना वृक्ष चुन लें। आंखें बंद रखें या खुली, आपकी मर्जी। पर आप अंदर से पूरी तरह खुले हों। आप अंदर से भी मौन हो जायें। तो तीन बजे से चुप हो जाना शुरू कर दें, क्योंकि विचार का एक मोमेंटम होता है। अच्छा है स्नान कर ताजे धुले वस्त्र पहन कर आयें। मौन बैठे-बैठे जो भाव उठें, उसे प्रकट होने दें, बहने दें, रोकें नहीं। हंसी आये हंसें। रोना आ रहा हो, रो लें। किसी का मन हो तो दो क्षण मेरे पास आकर बैठ जाये, और दो मिनट बाद चला जाये। किसी का मन बीच में ऊबे तो उठकर चला जाये। जबरदस्ती न बैठा रहे। एक घंटे बाद मैं उठ जाऊंगा।''

तो साढ़े तीन बजे नहा-धोकर नये वस्त्र पहनकर यहां ऐसे आयें जैसे कोई मंदिर में आता है।

यह मौन ध्यान, इंडोनेशिया का लातिहान ध्यान है। इस ध्यान में साधक अपने को परमात्मा के चरणों में समर्पण कर देते हैं। वो जो कराना चाहे, कराये। लेटने का मन है, लेट जायें। रोने-हंसने किसी का भी जो अंदर से भाव आये, करें। अपनी ओर से कुछ न करें। जो भाव अंदर से स्वतः आये, वही करें।

तो यह हुई दोपहर के ध्यान की बात। अब सुबह का ध्यान प्रारम्भ करने के लिए फासले से बैठ जायें। मौन बैठ जायें।

फिर यह सागर की आवाज सुनाई पड़े, न पड़े। फिर इन वृक्षों से मिलना हो, न हो। फिर यह दिन आयें, न आयें। यह सुबह आये, न आये। इसलिए जो मौजूद है उसमें पूरी तल्लीनता को, पूरे आनंद को, पूरे प्रेम को उपलब्ध हो जाना चाहिये।

सुनते रहें। मौन सुनते रहना है। सुनते रहें हवाओं को, पक्षियों को, सागर को। मन शांत होता जा रहा है। मन बिलकुल शांत हो जायेगा। सूरज की किरणें रह जायेंगी। वृक्षों की डोलती छाया रह जायेगी। हवाएं रह जायेंगी। सागर का गर्जन रह जायेगा। लेकिन आप...आप बिलकुल मिट जायेंगे।

....मन शांत होता जा रहा है। ....शांत होता जा रहा है। अब हवाएं रह गईं, आप...आप नहीं रहे। आप मिट गये। बह गये। खो गये। बूंद सागर में खो गई। मन शांत हो गया। सुनते रहें....सुनते रहें। छोड़ दें अपने को, बिलकुल छोड़ दें। मन बिलकुल शांत हो गया है।

कुछ देर बाद आचार्यश्री की धीमी आवाज गूंजी जैसे वह आकाश में बहुत दूर से बोल रहे थे।

आप अपने मृत शरीर को साक्षी रूप से देखते रहें। आपकी चेतना एक सूक्ष्म धागे से नाभि से जुड़ी है। आप महसूस करें जैसे आपकी चेतना शरीर के ऊपर तैर रही है।

कुछ देर बाद कुछ साधक साधिकाओं को वास्तव में शरीर शून्यता का बोध हुआ।

आधे घंटे बाद आचार्यश्री ने कहा—अब आप लोग दो-चार गहरी श्वास लेकर आहिस्ते-आहिस्ते बिना किसी झटके से उठकर बैठ जायें। जो लेटे रहना चाहें चुपचाप लेटे रहें।

पांच-सात मिनट बाद सभी लोग धीमे-धीमे उठकर बैठ गये। बैठते ही आधे लोगों को ऐसा लगा जैसे उनके पूरे शरीर में एक मीठी-सी सिहरन हो रही है। कंधों व रीढ़ की हड्डी पर एक अजीब सन-सनाहट हो रही थी जिसमें अद्भुत आनंद था। किसी को विद्युत जैसा झटका-सा लगा।

आचार्यश्री कुछ देर बुद-बुदाकर बोले—''प्रभु का प्रसाद बरस रहा है। आप लोग उस आनंद में डूब जायें। प्रभु की कृपा सदैव आप पर बरस ही रही है, बस आप अपना पात्र खाली रखें। जितना पात्र साफ और खाली होगा, प्रभु का अमृत उतना ही अधिक बरसेगा।''

पांच मिनट बाद कुछ साधक साधिकाएं रोते हुए आचार्यश्री के चरणों पर लोट गये। अधिकतर लोग अपने ही स्थान पर नमन की मुद्रा में झुक गये।

❑ ❑

रात्रि ध्यान के बाद रमाकांत ने आचार्यश्री से एकान्त कक्ष में उनके चरण स्पर्श करते हुए कहा—''मुझे आपके सान्निध्य में इस साधना-शिविर में जो शांति और आनंद मिला है, मैं उसे शब्दों में प्रकट नहीं कर सकता। पर मैं आपके समक्ष यह स्वीकार करके अपने हृदय को हलका कर लेना चाहता हूं कि मैं बहुत बुरा व्यक्ति हूं। मैंने बहुत पाप किये हैं। साधना करने की मेरी पात्रता है भी या नहीं? ''

आचार्यश्री अत्यन्त प्रेम से बोले—''रमाकांतजी, मैंने आपसे ट्रेन में ही कहा था कि आप ईमानदार व्यक्ति हैं। आपमें प्यास है और संकल्प है। साधना के लिए केवल इसकी ही आवश्यकता है। और मैं ईसाई पादरी नहीं हूं जिसके सामने आप कोई 'कनफेशन' करें। इस संसार में रहते हुए बहुत से शुभ-अशुभ कर्म होते हैं। मुझे प्रसन्नता है कि आपका विवेक जाग रहा है। यह शुभ संकेत है। आप इस शिविर के बाद भी ध्यान जारी रखियेगा।''

रमाकांत ने उत्तर दिया—''पर आचार्यश्री! मैं वाकई एक पतित इनसान हूं। ऐसा कोई भी बुरा काम नहीं जो मैंने न किया हो, सिवाय हत्या या डकैती के।''

आचार्यश्री मुस्कुराते हुए बोले—''अधिक-से-अधिक आपने शराब पी होगी, जुआ खेला होगा। रिश्वत ली होगी या ऐयाशी की होगी। इससे अधिक बुरा आप कुछ कर ही नहीं सकते, पर यह तो साधारण रोग हैं। रोग होते हुए आपमें उनके इलाज करने की अभीप्सा जगी है, यह स्वागत योग्य है। संसार में रहकर यह रोग होना एक सामान्य और स्वाभाविक बात है। आप किसी पाप भावना से ग्रस्त न हों। मैं इन्हें छोटे रोग कहता हूं। मैं इन्हीं रोगों का वैद्य हूं। दवा की पहली खुराक आपने ले ली है, वह है ध्यान। ध्यान करते रहेंगे तो धीमे-धीमे आप सार ग्रहण करते जायेंगे और असार अपने आप छूटता जायेगा। आप जरा भी उद्विग्न और चिंतित न हों। अब कृपया आप रात्रि ध्यान कर गहरी नींद लें। शुभ रात्रि!''

रमाकांत उठ खड़े हुए। उनका हृदय एकदम हलका हो गया। आचार्यश्री के वचन उन्हें अपने जख्मों पर अमृत के फाहे जैसे लगे। आचार्यश्री का प्रेम और करुणा देख उनकी आंखें गीली हो गईं। हर-हराते सागर का शोर उन्हें बहुत संगीतमय लगा, और वह विश्राम करने चल पड़े।

❑ ❑

अब पूरे देश में विशेष रूप से गुजरात, महाराष्ट्र, राजस्थान, मध्यप्रदेश, पंजाब, हरियाणा व बिहार में आचार्यश्री के साधना-शिविर विशेष रूप से लग रहे थे और जीवन जागृति केन्द्र

के मित्रमंडल द्वारा स्थान-स्थान पर आचार्यश्री की प्रवचन माला का भी आयोजन किया जा रहा था। आचार्यश्री के फुफेरे भाई अरविंद कुमार और छोटी बहन क्रांति ही उनके सचिव के कार्य को सफलता पूर्वक संभाल रहे थे। अजित कुमार और उर्मिला भी इस कार्य में सहयोगी थे।

इस बीच जबलपुर में भी साधना शिविर लग चुका था पर नारगोल के प्रेमी मित्र बराबर दूसरे साधना-शिविरों के आयोजन के लिए भी बार-बार अनुरोध कर रहे थे। आखिरकार अक्टूबर में नारगोल में दूसरे साधना-शिविर का आयोजन किया गया।

❑ ❑

आचार्यश्री जब-जब पूना जाते थे, वाफना दम्पति के प्रेमपूर्ण आग्रह के कारण उनके ही निवास पर रुकते थे। सोहन के आतिथ्य के साथ-साथ डाली दीदी भी उन पर बिछी जाती थीं। उसके पत्र भी आचार्यश्री को बराबर मिलते रहते थे।

इधर डाली दीदी के दो-तीन पत्र आ चुके थे। आचार्यश्री ने प्रत्युत्तर में लिखा—

प्यारी डाली

प्रेम!

तेरे पत्र आते हैं, तेरे प्राणों के गीतों से भरे। उनकी ध्वनि और संगीत में जैसे तू स्वयं ही आ जाती है। मैं देख पाता हूं कि नृत्य करती तू चली आ रही है और फिर मुझमें समा जाती है। तेरी सूक्ष्म देह अनेक बार ऐसे ही मेरे निकट आती है। क्या तू यह नहीं जानती है? जानती है जरूर जानती है, भली-भांति जानती है।

वहां सबको प्रेम।

रजनीश के प्रणाम

18. 8. 1968

इसके अतिरिक्त भी उस दिन आचार्यश्री ने कई पत्रों के उत्तर दिये।

❑ ❑

उर्मिला कभी की पी-एच. डी. कर चुकी थी। आचार्यश्री के सानिन्ध्य में अब वह ध्यान में गहरे प्रवेश करने लगी थी। जीवन जागृति केन्द्र के कार्य-कलाप में भी वह सक्रिय भाग लेने लगी थी। कामता सागर सदैव की भांति 'ज्योतिशिखा' के कवर डिजाइन के साथ-साथ पत्रिका की साज-सज्जा में समर्पित भाव से जुटे थे। शिव प्रताप सिंह 'शिव' तो आचार्यश्री को 'प्रभु श्री' और 'मेरे भगवान' कहकर ही सम्बोधित करता था। उसकी कविताएं गद्यगीत और आचार्यश्री से सम्बन्धित यात्राओं की रिपोर्टिंग्स का प्रेमी मित्र खूब आनंद उठाते थे। 'ज्योतिशिखा' में आचार्यश्री के प्रवचनों का प्रस्तुतीकरण सदैव की भांति हो रहा था, जिससे देश भर में फैले उनके सभी प्रेमी बहुत उत्साह से पढ़ते थे। आचार्यश्री जिन मित्रों को पत्रों का जो उत्तर देते थे, अब उन मित्रों द्वारा उनकी प्रति उपलब्ध कराये जाने पर वह पत्र भी पत्रिकाओं में प्रकाशित होते रहते थे।

सितम्बर के प्रारम्भ में जालन्धर से श्री ओऽम् प्रकाश अग्रवाल ने लिखा कि आप ध्यान में शून्य हो जाने या निर्विचार होने को कहते हैं, पर दो वर्षों से साधना करने पर भी विचार

शून्यता नहीं हो पाती। इससे कभी-कभी बहुत चिंतित और उदास हो जाता हूं। आप आशीर्वाद देने की कृपा करें।

आचार्यश्री ने उत्तर दिया—

मेरे प्रिय!

प्रेम!

पत्र मिला है। मैं तो सदा साथ हूं। न चिंतित हों न उदास। साधना को भी परमात्मा के हाथों में ही छोड़ दें। जो उसकी मर्जी।

स्वयं तो हो जायें एक सूखे पत्ते की भांति।

फिर हवाएं जहां ले जायें।

क्या यही शून्यता का अर्थ नहीं है?

तैरें नहीं, बहें।

वहां सबको मेरे प्रणाम।

रजनीश के प्रणाम।

बड़ौदा, अहमदाबाद व जूनागढ़ में सत्संग के दौरान प्रवचन देते हुए आचार्यश्री बम्बई चल पड़े, जहां ईश्वर भाई, लक्ष्मी व महीपाल ने पहले से सारा कार्यक्रम निश्चित कर रखा था।

❑ ❑

"संभोग से समाधि" प्रवचनमाला प्रारम्भ कैसे हुई?

भारतीय विद्याभवन में प्रवचन के बाद एक प्रेमी मित्र ने आचार्यश्री से कहा—"जीसस क्राइस्ट ने कहा है कि प्रेम ही ईश्वर है। भक्ति मार्ग में भी प्रेम व समर्पण के द्वारा ही भगवान की प्राप्ति की बात कही गई है। पर साधारण मनुष्य लौकिक प्रेम को भूलकर ईश्वर का प्रेम किस प्रकार प्राप्त करें?"

आचार्यश्री ने उत्तर दिया—प्रेम के वस्तुतः तीन तल हैं। पहला प्रेम है—वस्तुओं के प्रति, धन, मकान, भौतिक सुख-सुविधाओं के प्रति प्रेम। यह प्रेम का निम्नतम धरातल है। इसमें वस्तुएं जड़ हो जाने से स्वयं समर्पित हो जाती हैं। व्यक्ति का अहंकार सुरक्षित रहता है। वह कार, मकान जब चाहे बेच सकता है। बदल सकता है। वस्तुएं उसमें बाधक नहीं बनतीं। ऐसे व्यक्ति को जब वस्तुओं के संचय में रस मिलने लगता है तो वह व्यक्ति से भी प्रेम नहीं कर सकता। उसे लगता है दूसरा उन्हें मुझसे छीन लेगा। इसीलिए प्रायः कंजूस प्रेम से अपरिचित रह जाते हैं। वह कुछ छोड़ना नहीं चाहते।

प्रेम का दूसरा तल है—व्यक्ति से प्रेम। स्त्री-पुरुष का प्रेम सहज स्वाभाविक प्रेम है। प्रकृति में सबसे बड़ी ऊर्जा काम ऊर्जा ही है। इसी के द्वारा मनुष्य अपने वंश की वृद्धि करता है। पर धर्म और समाज ने स्वार्थवश यह प्रयास किया है कि प्रेम को नियम और कानूनों में बांध दिया जाये। उन्होंने स्त्री को नर्क का द्वार बताकर उसका शोषण किया। स्त्री को सम्पत्ति समझकर उसके अपहरण को पुराने राजा अपना अधिकार समझते थे। युद्ध में पराजित शत्रु के युवकों को कत्ल कर स्त्रियों को सैनिक बांट लेते थे। उन्होंने ब्रह्मचर्य की महिमा का बखान कर प्राकृतिक काम ऊर्जा के दमन का उपदेश दिया। दमन से पाखंड और विक्षिप्तता आई। पश्चिम में फ्राइड की सबसे बड़ी खोज यही है कि उसने अचेतन में दमित कामवासना को ही मनुष्य की बीमारियों का एकमात्र कारण बताया। दमन के कारण ही सेक्स विकृत हुआ और समलैंगिकता तथा पशु मैथुन के घृणित रूप विकसित हुए जिन्होंने एड्स जैसी बीमारियों को जन्म दिया। धर्म और समाज को प्रेम से खतरा यही था कि युवक प्रेम में पड़कर नीति, मर्यादा और अनुशासन भूलकर विद्रोही हो जायेगा। इसीलिए उन्होंने सेक्स की समझ आने से पूर्व लड़के और लड़कियों को अलग कर दिया। पूर्व में समाज ने बाल विवाह का प्रचलन किया, ताकि प्रेम की समझ आने से पूर्व ही उन्हें गृहस्थी की अनुशासन की गाड़ी में जोत दिया जाये। पर्दा प्रथा का प्रचलन हुआ। पर स्त्री को जितना पुरुष से दूर किया गया, उसे जितने आवरणों से ढका गया, उसके प्रति पुरुष उतना ही बेचैन हुआ, और यह वेश्याएं, नगर वधुएं, बलात्कार, इसी समाज की व्यवस्था का प्रतिफलन हैं।"

दो क्षण रुककर आचार्यश्री ने कहा—"प्रेम की अनुभूति सर्वाधिक कोमल और जीवन की मूल्यवान अनुभूति है। अभागा है वह जो इससे वंचित रह जाता है। प्रेम का पुष्प खिलते ही, जीवन में बसंत आ जाता है। प्रकृति में अपने सुंदर पंख फैलाकर मोर नाच रहे हैं, अपनी

मादाओं को रिझाने के लिए, कोयल पंचम स्वर में रागिनी गा रही है—अपने नर को आमंत्रित करने के लिए। पुष्प खिल रहे हैं पूरे सौंदर्य के साथ, ताकि भ्रमर व तितलियां आकर्षित होकर उनके प्रजनन के परागकणों को मादा फूलों तक पहुंचा दें। प्रेम की इसी अनुभूति ने काव्य व कलाओं को जन्म दिया। प्रत्येक स्त्री बिना मां बने इसीलिए अधूरी है। मातृत्व का सुख ही उसे पूर्ण करता है। यही प्रेम यदि विकृत न हो, तो उदात्त होकर प्रभु को पाने का मार्ग बन जाता है। काम से राम की यात्रा प्रारम्भ हो जाती है। पर स्त्री पुरुष का यह प्रेम सहज स्वाभाविक रूप में विकसित नहीं हो पाता। पुरुष स्त्री पर जैसे ही अपनी मालकियत दिखाना प्रारम्भ करता है, स्त्री कभी सूक्ष्म रूप में अपने शरीर को अपनी मांगें मनवाने का औजार की तरह इस्तेमाल करने लगती है। स्त्री का प्रयास होता है पुरुष उसी से बंधा रहे, किसी दूसरी नारी को भर नजर देखे भी नहीं। यही प्रयास पुरुष का होता है। बस यहीं से कलह प्रारम्भ हो जाती है। प्रेम का पौधा मुरझाने लगता है और मात्र सेक्स रह जाता है। इसी काम ऊर्जा का जो नीचे की ओर बहती है, यदि उसका ऊर्ध्वगमन कर दिया जाये तो काम से राम की यात्रा प्रारम्भ हो जाती है। इसे ही योगी कुंडलिनी जागरण कहते रहते हैं। काम के कीचड़ से ही प्रेम का कमल खिलता है।

दो क्षण रुककर आचार्यश्री ने कहा—''मैंने मोटे रूप में थोड़ी-सी बातें कहीं। पर यह विषय बहुत विस्तृत है। तंत्र ने संभोग के द्वारा ही समाधि में जाने के बड़े बहुमूल्य प्रयोग किये थे। पर उनके ग्रंथ जला दिये गये। तांत्रिकों की चुन-चुनकर हत्या कर दी गई। आज खजुराहो व कोणार्क के मंदिरों में जो मिथुन मूर्तियां हैं, वह उन्हीं तांत्रिक विधियों व उनके बहुमूल्य प्रयोगों की मूक साक्षी हैं। आप जरा ध्यान से उन मिथुन मूर्तियों के चेहरों को देखें, उनकी आंखों को, मुद्राओं को देखें, वहां आपको कामुकता न मिलकर एक अनोखी शांति और आनंद का भाव, समाधि का भाव मिलेगा।''

जब प्रेम के क्षणों में दो प्रेमी संभोगरत होते हैं तो उन्हें अलौकिक आनंद मिलता है। तब वह अहंकार शून्य हो जाते हैं। समय की सीमा से परे निकल जाते हैं। संभोग में यह अनुभूति कुछ क्षणों की होती है। समाधि में भी यही अहंकार शून्यता घटती है, योगी काल से परे निकल जाता है, परमानंद की प्राप्ति करता है। इसीलिए उपनिषदों में ब्रह्मानंद को सहस्र संभोगों के सुख से बढ़कर माना गया है।''

आचार्यश्री देख रहे थे खादी के टोपी लगाने वाले आयोजक मुंह ताते, झुंझलाते, अपने को अपराधी-सा अनुभव करके चुपके से एक-एक कर खिसकते जा रहे थे और सभा समाप्त होने पर वहां आयोजक और सभा के प्रबंधक गायब हो चुके थे। पर प्रवचन के बाद कई युवाओं, छात्राओं, स्त्रियों व और अन्य व्यक्तियों ने आचार्यश्री को चारों ओर से घेर कर उनकी जय-जयकार करते हुए कहा—आपने आज हम लोगों की आंखें खोल दीं। जो बात आज आपने बताई है, वह हमसे कभी किसी ने नहीं बताई। आपने आज हमारे भ्रम जाल को तोड़ दिया। आज आपने हमें नई दृष्टि दी।

आचार्यश्री ने सहजता से कहा—''यह विषय ऐसा है जिस पर पूरी बात समझने के लिए काफी समय की आवश्यकता है। पर हमारी असली बीमारी यही है। धर्म, समाज और सभ्यता के ठेकेदारों ने काम की, प्रेम की निंदा करके, उसे पाप बताकर पूरी मनुष्य जाति को कामुक और रुग्ण बना दिया है। पर काम की ऊर्जा ही रूपान्तरित होकर प्रेम बनती है। गंदी खाद से ही, खुशबूदार फूल का जन्म होता है। यही ऊर्जा रूपान्तरित होकर प्रभु के द्वार तक पहुंचाती है।''

सभी लोग आग्रह करने लगे—इस विषय पर यदि आप विस्तार से हमारा मार्ग दर्शन करें तो हम लोगों का सौभाग्य होगा।

तभी आचार्यश्री ने घोषित किया—"संभोग से समाधि विषय पर वह बहुत शीघ्र एक नहीं कई प्रवचनों की सीरीज आयोजित करेंगे।"

आचार्यश्री से आश्वासन पाकर सभी लोगों ने आचार्यश्री जिंदाबाद के नारे लगाये।

❑ ❑

यात्रा: 'संभोग से समाधि तक'

बम्बई वासियों को जब यह ज्ञात हुआ कि ग्वालियर टैंक बम्बई में आचार्यश्री 'संभोग से समाधि' पर प्रवचन देने जा रहे हैं, तो परम्परावादी रूढ़ि पंथियों द्वारा उनका विरोध प्रारम्भ हो गया। सबसे प्रखर स्वर शिवसेना का था, जो अपने-आपको हिन्दू धर्म का ध्वजावाहक कहती थी। सनातन धर्म सभा और आर्य समाज तो पहले ही से आचार्यश्री का विरोध कर रहे थे। और तो और स्वयं आचार्यश्री के कुछ प्रशंसकों और कुछ प्रेमी मित्रों को भी इस सूचना से बहुत आघात लगा। उनमें से कुछ लोगों ने अपना नाम न देकर, कागज पर लिखकर अपनी शंकाएं प्रश्न के रूप में आचार्यश्री के पास भेज दीं। उन सभी का एक स्वर था, 'संभोग से समाधि' प्रवचनमाला की घोषणा कर आपने हम सभी को उद्वेलित कर दिया है। हम ऐसा कभी सोच भी नहीं सकते थे। आप कृपया इस पर पुनर्विचार करें। आपको मालूम नहीं, आपकी इस घोषणा से बाहर कितना उपद्रव हो रहा है? लोग आपको और हम सभी को बदनाम कर रहे हैं।

आचार्यश्री ने हंसते हुए उत्तर दिया—"प्रश्न करने वाले हमारे ही कुछ अनाम प्रेमी मित्र हैं। प्रश्न पूछते समय उनका इतना भी साहस न हुआ कि वह अपना नाम लिखते। और इस तरह के प्रश्नों की तीन चार पुर्जियां हैं। उनका एक ही अर्थ है कि मैं उत्तर अवश्य दूं। फिर दो क्षणों का विराम लेकर बोले—"आप लोग मेरी बदनामी की जरा भी चिंता न करें। आपको इसमें अपनी बदनामी लगती है तो आप मेरे पास न आया करें। मैं तो आपको बुलाने नहीं गया था। आप अपनी इच्छा से मेरे पास आये थे। और मैं आपकी अपेक्षाओं को पूरा करने के लिए नहीं बोलता हूं। मैंने जो सत्य का अनुभव किया है उसे ही सम्प्रेषित कर रहा हूं। और सत्य का उघाड़ना धर्म और समाज कभी बरदाश्त नहीं करते। उन्होंने इसीलिए सुकरात को जहर दिया, मंसूर का सर कलम कर दिया।"

दो क्षण रुककर उन्होंने कहा—"विरोध जितना अधिक होगा, उतना ही अच्छा है। यह विरोध ही पब्लिसिटी का काम स्वयं कर रहा है। मैंने उस दिन भारतीय विद्या भवन में सूत्र रूप में जो बातें कहीं, लगता है आपने उन्हें सुना ही नहीं। और यदि सुना भी, तो अपने मन के संस्कारों, नीति और रूढ़िग्रस्त मान्यताओं के दायरे में आबद्ध रहकर सुना। सम्यक् श्रवण न होने भर से आप असली बात से चूक ही गये। सारे धर्मों ने अंतर्यात्रा का मार्ग अवरुद्ध कर दिया है। और उसका एकमात्र कारण यही है—सेक्स ऊर्जा का दमन। आपका, मेरे पास आना तभी सार्थक है जब आप रूढ़ियों, अंधविश्वासों, व सामाजिक मान्यताओं के कूड़े-कचरे से अपने मन को खाली कर सकें। मेरे पास तो हिम्मतवर लोग ही ठहर सकते हैं। जो सब कुछ दांव पर लगा सकें, जिन्हें बेशर्त सत्य को पाने की गहन प्यास हो, मैं उन्हें ही अपने आस-पास देखना चाहता हूं।"

इसी विषय पर उस दिन आचार्यश्री आधा घंटा बोलते रहे। कुछ लोगों के भ्रम का कुहासा छंटा और वह पहले से अधिक आचार्यश्री के अनुगत हो गये। पर जो लोग मात्र जिज्ञासा से, अपनी जानकारी बढ़ाने के लिए, अपने रूढ़िग्रस्त मानसिकता के साथ जीने में उत्सुक थे, वह निराश होकर लौटे—यह सोचते हुए—कि आचार्यश्री का दिमाग चल गया है। वह समाज में व्यभिचार फैलाना चाहते हैं और उनसे अलग हो गये।

और आचार्यश्री यह चाहते भी थे। वह ऐसे व्यर्थ के लोगों को अपने पास से हटा देना चाहते थे। उनकी सार्वजनिक घोषणा इसी का प्रतिफलन थी।

❑ ❑

और ग्वालियर टैंक बम्बई में जब आचार्यश्री ने 'संभोग से समाधि' की प्रवचन माला का शुभारम्भ किया तो उनके प्रेमी मित्र यह देखकर हैरान हो गये कि एक विशाल जनसमूह आचार्यश्री को सुनने के लिए उत्सुक था। वह समझते थे कि विरोधियों के प्रचार के कारण शायद बहुत कम लोग आयेंगे। पर इस बार हमेशा सुनने वालों की अपेक्षा डेढ़ गुना लोग अधिक सुनने आये थे। इनमें सबसे अधिक संख्या युवकों की थी। पर आचार्यश्री को विशाल जनसमूह देखकर जरा भी आश्चर्य नहीं हुआ। वह जानते थे कि ऐसा होगा ही। और वही हो भी रहा था। सभा स्थल से बाहर विरोधियों ने पोस्टर और बैनर भी लगाये थे व वह लोग माइक द्वारा सभा में व्यवधान उत्पन्न करने के उद्देश्य से ही आये थे, पर आचार्यश्री ने पहले ही अपने प्रेमी मित्रों से कहकर पुलिस की व्यवस्था कर ली थी, ताकि लोग उन्हें शांतिपूर्वक सुन सकें। पुलिस ने विरोधियों के माइक व लाउडस्पीकर जब्त कर लिए थे और उनसे स्पष्ट कह दिया था—यदि आप चाहें तो अपनी सभा आज्ञा लेकर कहीं अलग कर सकते हैं। इस देश में सभी को अपने विचार व्यक्त करने की पूरी स्वतंत्रता है। पर बाधा उत्पन्न करने से पूर्व क्या यह अच्छा नहीं होगा कि पहले आप उन्हें सुन तो लें।

और अद्‌भुत आश्चर्य तब हुआ जब विरोध करने वालों में से लगभग चौथाई लोग प्रवचन सुनने बैठ गये।

आचार्यश्री ने प्रवचन का शुभारम्भ करते हुए कहा—"प्रेम क्या है ? जीना और जानना तो आसान है, लेकिन कहना बहुत कठिन है। जैसे कोई मछली से पूछे कि सागर क्या है ? तो मछली कह सकती है—यह है सागर, यह रहा चारों तरफ, वही है। लेकिन कोई पूछे कि कहो क्या है, बताओ मत, तो बहुत कठिन हो जायेगा मछली को। आदमी के जीवन में जो भी श्रेष्ठ है, सुन्दर है, और सत्य है, उसे जिया जा सकता है, जाना जा सकता है, हुआ जा सकता है, लेकिन कहना बहुत मुश्किल है।"

और दुर्घटना और दुर्भाग्य यह है कि जिसमें जिया जाना चाहिये, जिसमें हुआ जाना चाहिये, उसके संबंध में मनुष्य जाति पांच-छह हजार वर्ष से केवल बातें कर रही है। प्रेम की बात चल रही है, प्रेम के गीत गाये जा रहे हैं, प्रेम के भजन गाये जा रहे हैं और प्रेम का मनुष्य के जीवन में कोई स्थान नहीं है।

...धर्म प्रेम की बातें करता है, लेकिन आज तक जिस प्रकार का धर्म मनुष्य जाति के ऊपर दुर्भाग्य की भांति छाया हुआ है, उस धर्म ने मनुष्य के जीवन के सारे द्वार बंद कर दिये हैं। और न इस संबंध में पूरब और पश्चिम में कोई फर्क है, न हिन्दुस्तान में और न अमरीका में कोई फर्क है।

मनुष्य के जीवन में प्रेम की धारा प्रकट ही नहीं होने पाई। और नहीं हो पाई, तो हम दोष देते हैं कि मनुष्य ही बुरा है, इसलिए प्रकट नहीं हो पाई। हम दोष देते हैं कि यह मन ही जहर है, इसलिए प्रकट नहीं हो पाई। मन जहर नहीं है। और जो लोग मन को जहर कहते रहे हैं, उन्होंने ही प्रेम को जहरीला कर दिया है, प्रेम को प्रकट नहीं होने दिया है। मन जहर कैसे हो सकता है ? इस जगत में कुछ भी जहर नहीं है। परमात्मा के इस सारे उपक्रम में कुछ

भी विष नहीं है, सब अमृत है। लेकिन आदमी ने सारे अमृत को जहर कर लिया है, और इस जहर करने में शिक्षक, साधु, संत और तथाकथित धार्मिक लोगों का सबसे ज्यादा हाथ है।

इन तथ्यों को कई बोध-कथाओं से बोधगम्य बनाते हुए आचार्यश्री ने कहा—"दस हजार वर्ष में संस्कृति और धर्म के जो बीज बोये गए हैं, यह आदमी उसका फल है और कड़ुवा है, और घृणा से भरा हुआ है। लेकिन उसी को दुहाई दिये चले जाते हैं, हम और सोचते हैं, उससे प्रेम हो जायेगा। मैं आपसे कहना चाहता हूं, उससे प्रेम नहीं हो सकता है। क्योंकि प्रेम के पैदा होने की जो बुनियादी संभावना है, धर्मों ने उसकी हत्या कर दी है और उसमें ज़हर घोल दिया है। मनुष्य से ज्यादा प्रेम पशु और पक्षियों में और पौधों में दिखाई पड़ता है, जिनके पास न कोई संस्कृति है, न कोई धर्म है। सुसंस्कृत और सभ्य मनुष्यों की बजाय असभ्य और जंगल के आदमी में ज्यादा प्रेम दिखाई पड़ता है, जिसके पास न कोई धर्म है, न कोई सभ्यता है, न कोई संस्कृति है। जितना आदमी सभ्य, सुसंस्कृत और तथाकथित धर्मों के प्रभाव में मंदिरों, और चर्चों में प्रार्थना करने लगता है, उतना ही प्रेम से शून्य क्यों होता चला जाता है? जरूर कुछ कारण है। और दो कारणों पर मैं विचार करना चाहता हूं। अगर वे खयाल में आ जाएं तो प्रेम के अवरुद्ध स्रोत फूट सकते हैं और प्रेम की गंगा बह सकती है। वह हर आदमी के भीतर है, उसे कहीं से लाना नहीं है।

...पहली बात, आज तक मनुष्य की सारी संस्कृतियों ने सेक्स का, काम का, वासना का विरोध किया है। इस विरोध ने, मनुष्य के भीतर प्रेम के जन्म की संभावना तोड़ दी, नष्ट कर दी। और सच्चाई यह है—कि प्रेम की सारी यात्रा का प्राथमिक बिन्दु काम है, सेक्स है। प्रेम की यात्रा का जन्म, गंगोत्री—जहां से गंगा पैदा होगी प्रेम की—वह सेक्स है, वह काम है। और उसके सब दुश्मन हैं। सारी संस्कृतियां, और सारे धर्म, और सारे गुरु और सारे महात्मा। सभी कहते हैं—पाप है काम, अधम है काम, ज़हर है काम। और हमने सोचा भी नहीं कि काम की ऊर्जा ही सेक्स एनर्जी ही, अंततः प्रेम में परिवर्तित और रूपांतरित होती है। प्रेम का जो विकास है, वह काम की शक्ति का ही ट्रांसफार्मेशन है। वह उसी का रूपान्तरण है।......"

मनुष्य कभी काम से मुक्त नहीं हो सकेगा। काम उसके जीवन का प्रथमिक बिन्दु है। इसी से जन्म होता है। परमात्मा ने काम की शक्ति को, सेक्स को ही सृष्टि का मूल बिन्दु स्वीकार किया है। और परमात्मा जिसे पाप नहीं समझ रहा है, महात्मा उसे पाप बता रहे हैं। अगर महात्मा उसे पाप समझता है, तो परमात्मा से बड़ा पापी इस पृथ्वी पर, इस जगत में, इस विश्व में कोई भी नहीं है।"

पूरा सभागार तालियों की गड़गड़ाहट से गूंज उठा। भगवान रजनीश की जय-जयकार का घोष होने लगा।

और आचार्यश्री का अमृत प्रवचन जारी था—"सारा जीवन, सारी अभिव्यक्ति, सारी फ्लावृरिंग काम की है। मोर का नृत्य करना, कोयल का कुहकना, पपीहे का पी कहां, पी कहां की रट लगाना, फूल का खिलना यह सभी सेक्सुअल एनर्जी की अभिव्यक्तियां हैं।....."

काम से लड़ना नहीं है, काम के साथ मैत्री स्थापित करनी है, और काम की धारा को और ऊंचाइयों तक ले जाना है।......

—वासना रूपान्तरित हो, पत्नी मां बन सकती है।

—वासना रूपान्तरित हो, तो काम प्रेम बन सकता है।

लेकिन हमने मनुष्य को भर दिया है, काम के विरोध में। इसका परिणाम यह हुआ कि

प्रेम तो पैदा नहीं हो सका, विकसित नहीं हुआ और काम के विरोध में खड़े होने के कारण मनुष्य का चित्त ज्यादा-से-ज्यादा कामुक और सेक्सुअल होता चला गया। हमारे सारे गीत कविताएं, हमारे चित्र, पेंटिंग्स, हमारे मंदिर, मूर्तियां सब घूम-फिरकर सेक्स के आस-पास केन्द्रित हो गये। सेक्स से विरोध, दुश्मनी के कारण, दमन के कारण मनुष्य चौबीस घंटों सेक्सुअल हो गया। उसके लिए उठते-बैठते, सोते-जागते सेक्स ही सब कुछ हो गया। सेक्स, जो जीवन का मूल था, जिससे मुक्त हुआ ही नहीं जा सकता था, लेकिन उससे लड़ने की चेष्टा में पूरा जीवन रुग्ण हो गया।

सेक्स दमन और ब्रह्मचर्य की व्यर्थता को कई रोचक बोध-कथाओं से स्पष्ट करते हुए आचार्यश्री ने आगे बोलते हुए कहा—हमारी शिक्षा छोटे-छोटे लड़कों, लड़कियों को किशोरावस्था से समझाने में लग जाती है कि सेक्स पाप है। इसी समझ के साथ लड़की विवाह के बाद पति के घर आतीं है। पति के बाबत उसे शिक्षा दी गई है कि पति परमेश्वर है। पर वही परमेश्वर जब उसे काम के पाप में घसीटता है तो वह उसे कैसे माने परमेश्वर? वह तो उसके लिए पापी है। और युवकों को धर्म सिखा रहे हैं कि नारी नर्क का द्वार है। वह जिस द्वार से पैदा हुआ उसका अर्थ है कि उसकी मां भी नर्क थी।

सारी दुनिया का दाम्पत्य और पारिवारिक जीवन नष्ट कर दिया है इस शिक्षा ने। और जब दम्पति का जीवन ही नष्ट कर दिया जाये तो प्रेम की कोई संभावना नहीं रह जाती।....

और इसीलिए सारी दुनिया में कहीं प्रेम दिखाई नहीं देता। दिखाई देती है घृणा, क्रोध, और युद्ध। और यह झूठ जब तक हम मानते चले जायेंगे, तब तक सत्य की दिशा में खोज भी नहीं हो सकती। और जब तक काम के निसर्ग को परिपूर्ण आत्मा से स्वीकृति नहीं मिलती है, तब तक कोई किसी को प्रेम भी नहीं कर सकता। मैं आपसे कहना चाहता हूं कि काम दिव्य है, डिवाइन है। सेक्स की शक्ति परमात्मा की शक्ति है, ईश्वर की शक्ति है।

पूरा सभा स्थल करतल ध्वनि से गूंज उठा। लोगों के दिलो-दिमाग पर छाई धुंध जैसे मिट गई। इतनी उलझी जटिल गुत्थी को आचार्यश्री के कुछ शब्दों ने जैसे चुटकी बजाते हल कर दिया। प्रवचन समाप्त करते हुए आचार्यश्री ने कहा....तो मैं बहुत हैरानी में था कि कहूंगा आपसे कि प्रेम क्या है? यह तो बताना मुश्किल है। और अगर मेरी आंखों में वह दिखाई पड़ जाये, तो दिखाई पड़ सकता है। अगर मेरे हाथों में दिखाई पड़ जाये तो दिखाई पड़ सकता है। मैं कह सकता हूं—यह है प्रेम।....... और अगर आपको मेरी आंखों में, मेरे हाथों में प्रेम न दिखाई पड़े तो शब्दों में तो बिलकुल भी नहीं दिखाई पड़ सकता है कि प्रेम क्या है? मेरी बातों को इतनी शांति और प्रेम से सुना, उससे बहुत-बहुत अनुगृहीत हूं। और अंत में सबके भीतर बैठे परमात्मा को प्रणाम करता हूं। मेरे प्रणाम स्वीकार करें। और आचार्यश्री उठ खड़े हुए।

''आचार्यश्री की जय'', ''आचार्यश्री जिंदाबाद'' के नारों से पूरा सभा भवन गूंज उठा।

पहले दिन के प्रवचन की व्यापक प्रतिक्रिया हुई। जो लोग बौद्धिक और खुले दिमाग के थे उन्होंने आचार्यश्री की प्रशंसा करते हुए कहा—''आचार्यश्री ने एक बहुत संवेदनशील, ख़तरनाक और ज्वलंत प्रश्न को उठाकर बहुत बड़े साहस का परिचय दिया है। जिन धर्माचार्यों और समाज के नीति नियंताओं ने सेक्स की निंदाकर दमन सिखाते हुए पूरे समाज को बीमार बना दिया है, अपनी आलोचना सुनकर उनका बौखलाना स्वाभाविक है। पर उनमें यदि साहस है तो वह सामने आकर आचार्यश्री से तर्क करते हुए अपने पक्ष को प्रस्तुत क्यों नहीं करते? आचार्यश्री का विवेचन एकदम वैज्ञानिक, तर्कसंगत और क्रांतिकारी है। और उनके विरोधी बौखलाते हुए उन्हें 'संभोग से समाधि' वाला भ्रष्ट संत कहकर उन्हें गालियां सुना रहे थे। उन्होंने वस्तुतः आचार्यश्री का

प्रवचन सुना ही नहीं था, और न वह सुनने को तैयार थे। उनके धर्म ने चूंकि काम व सेक्स की चर्चा ही अश्लील व पापपूर्ण मानी थी। अतः उनके विरोध के लिए इतना पर्याप्त था कि वह संभोग से समाधि जैसे पापपूर्ण विषय पर बोल रहे थे। समाधि जैसी चीज को संभोग से जोड़ना ही उनके निकट पाप था।

और दूसरे दिन अपने प्रवचन में आचार्यश्री ने धर्म की दूसरी मूढ़ता, जीवन के विरोध की आलोचना करते हुए सार रूप में कहा—

''जीवन के अतिरिक्त न कोई परमात्मा है, न हो सकता है। जीवन को साध लेना ही धर्म को साध लेना है। जीवन में ही परम-सत्य को अनुभव कर लेना मोक्ष को उपलब्ध कर लेने की पहली सीढ़ी है। धर्म जीने की एक कला है। धर्म, जीवन का त्याग नहीं, जीवन की गहराइयों में उतरने की सीढ़ियां है। मनुष्य के जीवन का केन्द्रीय तत्त्व, आत्मा, परमात्मा, सत्य, प्रार्थना, पूजा इनमें से एक भी चीज नहीं है। और आदमी ही की प्रकार पशुओं, पौधों में भी सतत् एक ही प्रक्रिया चल रही है—सतत् सृजन की क्रिया। क्रियेशन की क्रिया। जीवन को पुनरुज्जीवित करने की क्रिया। वृक्ष, पौधे बीज पैदा कर रहे हैं ताकि उनसे नये पौधे बनें। आदमी के भीतर उस सतत् सृजन की चेष्टा का नाम हमने सेक्स दे रखा है। मनुष्य निरन्तर नये जीवन को पैदा करने के लिए आतुर है। और हमने मनुष्य की इसी मूल ऊर्जा शक्ति को निंदित किया। उसको छिपाया, दाबा। उसका दमन किया। इससे मनुष्य सेक्स से मुक्त ही नहीं हो सका, उलटे सेक्स ग्रसित हो गया। अति कामुक हो गया। आज हम डरते हैं कि सेक्स की बात करने से लोग कामुक हो जायेंगे, जो शत-प्रतिशत गलत भ्रम है। पृथ्वी उसी दिन सेक्स से मुक्त होगी, जब हम सेक्स के संबंध में सामान्य रूप से बातचीत करने में समर्थ हो जायेंगे। पूरी तरह सेक्स को समझ लेने से ही हम सेक्स का अतिक्रमण कर सकते हैं।

धर्म का मात्र ध्येय यही है कि मनुष्य पदार्थ से, संसार से, परमात्मा तक पहुंच जाये। निम्न तल से गौरी शंकर शिखर की यात्रा ही धर्म की यात्रा है। धर्म का संबंध मनुष्य की ऊर्जा के ट्रांसफारमेशन से है। लेकिन यह चाह तभी पूरी हो सकती है, जब हम उस स्थान को भली-भांति समझ लें, जहां से यात्रा प्रारम्भ करना है। सेक्स ही जीवन का मूल यथार्थ तथ्य है, जिसे समझकर ही हम परमात्मा की यात्रा पर निकल सकते हैं। पहला तथ्य यह समझ लें कि मनुष्य का जन्म सेक्स से होता है उसका सारा व्यक्तित्व सेक्स के अणुओं से बना हुआ है। हजारों सालों से ऋषि-मुनि, साधु-संत इससे इनकार कर रहे हैं, उससे दूर रहने का उपदेश दे रहे हैं, लेकिन आदमी के चित्त में यह विचार और सघन हुए हैं। स्वयं साधु-संन्यासी भी सेक्स का दमन कर अंदर से उससे परेशान हैं। मां-बाप, शिक्षक, स्कूल, कॉलेज इस चेष्टा में हैं कि बच्चों को सेक्स का पता न चले, पर फिर भी बच्चा समझ आते ही इसे जानने के लिए व्याकुल हो उठता है। पर वस्तुतः मनुष्य के प्राणों में जो काम वासना है वह वस्तुतः काम की वासना नहीं है क्योंकि आदमी काम के कृत्य के बाद पछताता है, पीड़ित और दुःखी होता है। सोचता है कि इससे मुक्त हो जाऊं। यह बहुत धार्मिक अर्थ रखता है। मनुष्य सामान्य जीवन में सिवाय सेक्स की अनुभूति के कभी भी अपने प्राणों की गहराई में नहीं उतर पाता है। इस गहरे तल में दो घटनाएं घटती हैं—संभोग के अनुभव में अहंकार विसर्जित हो जाता है। 'मैं' बिलकुल मिट जाता है। लगता है मैं हूं या नहीं। और दूसरे एक क्षण के लिए समय मिट जाता है। टाइमलेसनेस की स्थिति उत्पन्न हो जाती है। न कोई अतीत रह जाता है, और न कोई भविष्य। शुद्ध वर्तमान रह जाता है।

यही दोनों तत्त्व धार्मिक अनुभूति के लिए, समाधि के लिए सर्वाधिक महत्त्वपूर्ण तत्त्व हैं। और यह आतुरता इसलिए है—क्योंकि अहंकार व समय मिटते ही आत्मा की झलक, परमात्मा की झलक उपलब्ध होती है। इस एक क्षण की घटना के लिए मनुष्य अपनी संचित ऊर्जा खोने को तैयार है और खोने के बाद पछताता है क्योंकि शक्ति जितनी क्षीण होती है, मृत्यु उतनी निकट आती है। पशुओं में कुछ कीड़े-मकोड़े तो एक बार संभोग करने के बाद ही मर जाते हैं।.....

प्रेमपूर्ण शिक्षा का अर्थ है कि प्रेमपूर्ण होने की सुविधा और व्यवस्था मिल सके। जितना प्रेम बढ़ता है, उतनी ही सेक्स की जीवन में संभावना कम होती जाती है। अत: बच्चों को प्रेमपूर्ण शिक्षा के अंतर्गत, सेक्स की शिक्षा के साथ ध्यान भी सिखाया जाये ताकि उनका सेक्स प्रेम में रूपान्तरित हो सके। क्योंकि प्रेम और ध्यान का जोड़ ही परमात्मा है।''

पूरी सभा मंत्रमुग्ध, विस्मय विमूढ़ होकर यह रहस्य जानकर स्तब्ध थी। और आचार्यश्री का प्रवचन जारी था—''सेक्स की अनुभूति में यह जो उस पार की झलक मिलती है अगर हम उसे पकड़ लें तो हम सेक्स के ऊपर उठ सकते हैं, अन्यथा नहीं।......और संभोग से आप उस दिन मुक्त होंगे जिस दिन आपको समाधि बिना संभोग के मिलना शुरू हो जायेगी। पर किसी ऊंचे जगत में हम एक क्षण को उठ नहीं पाते और सब लहरें बिखर जाती हैं। हम वापस अपनी जगह खड़े हो जाते हैं। लेकिन अगर सागर की लहर बर्फ बन ज़ाये, जम जाये, तो नीचे गिरने की जरूरत ही नहीं : आदमी का चित्त जब तक सेक्स की तरलता में बहता है तब तक वापस उठता-गिरता रहता है। और यह सारे जीवन होता रहता है। और अगर हम सेक्स के विरोध में खड़े हो जाते हैं तो सेक्स ही हमारी चेतना का केन्द्र बिंदु बन जाता है। हम उससे बंध जाते हैं, उससे मुक्त नहीं हो पाते।''

फिर आचार्यश्री ने खजुराहो व कोणार्क के मंदिरों को ध्यान केन्द्र बताते हुए मिथुन मूर्तियों का रहस्य समझाया।

प्रवचन का समापन करते हुए आचार्यश्री ने कहा—''ब्रह्मचर्य, सेक्स का विरोध नहीं, उसका ही रूपान्तरण है। जो सेक्स का दुश्मन है वह कभी ब्रह्मचर्य को उपलब्ध नहीं हो सकता। ब्रह्मचर्य का अर्थ है कि ब्रह्म की चर्या, अर्थात् वह अनुभव उपलब्ध हो जाये जो भगवान के जीवन जैसा हो। अहं शून्य और कालातीत।..... और यह हो सकता है कि पांच दिन मुझे सुनकर, काम को भली-भांति समझकर आप राम के मंदिर में प्रवेश कर जायें। आकांक्षा मेरी यही है। मैं आप सभी के भीतर बैठे परमात्मा को प्रणाम करता हूं। मेरे प्रणाम स्वीकार करें।

❑ ❑

इस प्रवचन को सुनने के बाद, जो इस विषय से हड़के हुए थे और महज कौतूहल वश सुनने चले आये थे, उनका कौतूहल जिज्ञासा और खोज में बदल गया। आचार्यश्री नये लोक की नई संभावनाओं का द्वार खोल रहे थे और वह भी जीवन के सहज सरल कर्म में। केवल समझ की बात थी।

लोग आतुरता से अगले दिनों की प्रतीक्षा कर रहे थे जब आचार्यश्री सेक्स के रूपान्तरण की कीमिया समझाने वाले थे।

❑ ❑

अगले दो दिनों के प्रवचनों में आचार्यश्री ने प्रेम, कामुकता और विकृत सेक्स पर प्रकाश डालते हुए बताया कि चौदह वर्ष तक लड़के-लड़कियों को नग्न रखा जाये ताकि वे एक दूसरे के शरीरों से परिचित हो सकें। उनकी उत्सुकता शांत हो सके। उन्हें काम का दमन न करना पड़े, क्योंकि दमन से पाखंड, विकृत सेक्स और पागलपन का जन्म होता है। बच्चों को बाकायदा सेक्स की शिक्षा दी जाये क्योंकि यह शिक्षा प्रेम में ले जाती है। जो लोग जितने कम प्रेम से भरे होते हैं वे उतने ही अधिक कामुक, ईर्ष्यालु होंगे, उनके जीवन में उतनी ही घृणा, पीड़ाएं और अवसाद होंगे। प्रेमपूर्ण मनुष्य में एक तृप्ति, संतोष, एक आनंद का भाव होता है।

कई उदाहरणों व बोध कथाओं से स्पष्ट करते हुए आचार्यश्री ने कहा—सेक्स के अनुभव की बड़ी गहराइयां हैं। जिन तक आदमी पहुंच भी नहीं पाता है। तीन तल हैं सेक्स के अनुभव के, एक तल तो शरीर का तल है। एक आदमी वेश्या के पास जाता है, या बलात्कार करता है तो वह अनुभव शरीर से गहरा नहीं हो सकता। इसमें किसी का मन नहीं मिल सकता, आत्मा नहीं मिल सकती। लेकिन जो लोग शरीर के अनुभव पर ही रुक जाते हैं वे सेक्स के पूरे अनुभव को उपलब्ध नहीं होते। और अधिक लोग शरीर के तल पर ही रुक गये हैं। विवाह दो शरीरों का हो सकता है, दो आत्माओं का नहीं। यदि प्रेम से विवाह निकलता हो तो वह एक गहरा अर्थ ले लेता है और विवाह दो ज्योतिषियों के हिसाब-किताब से, जाति या धन के विचार से निकलता हो तो वैसा विवाह शरीर से ज्यादा गहरा नहीं जा सकता।..... और जिस समाज में प्रेम के आधार पर विवाह निर्मित होंगे उन समाजों में तलाक अनिवार्य होगा। विवाह स्थाई व्यवस्था नहीं हो सकती। क्योंकि प्रेम तरल है। शरीर स्थिर और जड़ है। मन चंचल है।..... इसलिए शरीर के तल से ज्यादा पति और पत्नी का संभोग और सेक्स नहीं पहुंच पाता गहरे में। एक यांत्रिक मैकेनिकल रूटीन हो जाती है। उस अनुभव को लोग रिपीट करते रहते हैं और जड़ होते चले जाते हैं। जहां प्रेम के बिना विवाह होता है, उस विवाह में और वेश्या के पास जाने में बुनियादी भेद नहीं, थोड़ा-सा भेद है। वेश्या को आप एक दिन के लिए खरीदते हैं और पत्नी को आप पूरे जीवन के लिए खरीदते हैं। जहां प्रेम नहीं है, वहां खरीदना ही है। चाहे एक दिन के लिए खरीदो या पूरी जिंदगी के लिए खरीदो। हालांकि साथ रहने से, रोज-रोज एक तरह का संबंध पैदा हो जाता है। लोग उसी को प्रेम समझ लेते हैं। पर वह प्रेम नहीं है। प्रेम और ही बात है।

और दूसरा तल है सेक्स का—मन का तल। साइकोलॉजिकल—मानसिक तल। यह शरीर के तल से थोड़ा गहरा मन तक जाता है। लेकिन यह भी रोज-रोज पुनरुक्त होने से 'रिपीट' होने से थोड़े दिनों में शरीर के तल पर आ जाता है और यांत्रिक हो जाता है। और इन दो सौ वर्षों में प्रेम विवाह की जो व्यवस्था विकसित हुई है वह मानसिक तल तक ले जाती है सेक्स को। पर चूंकि मन चंचल है, और उसका कोई भरोसा नहीं। इसलिए इस व्यवस्था से भी पश्चिमी समाज अस्त-व्यस्त हो गया है।''

इसे कई उदाहरणों से विस्तार से समझाने के बाद आचार्यश्री ने सेक्स का तीसरा तल बताया—स्प्रिचुअल—आध्यात्मिक तल। आत्मा के तल पर एक स्थिरता होती है। इस तल पर कभी कोई परिवर्तन होता ही नहीं। वहां सब शांत है, वहां सब सनातन है। इस तल पर जो पति-पत्नी मिल जाते हैं तो उन्हें ऐसा लगता है कि वे अनंत जन्मों के लिए एक हो गये हैं। वहां फिर कोई परिवर्तन नहीं।...... मां का बेटे के प्रति जो प्रेम है वह आध्यात्मिक काम है। वह स्प्रिचुअल सेक्स का हिस्सा है। इसे कई उदाहरणों से विस्तार से समझाते हुए आचार्यश्री ने कहा कि अगर

ठीक से प्रेम आध्यात्मिक तल तक विकसित हो जाये तो पति आखीर में बेटा हो जाता है। और बेटा हो जाना चाहिये। तभी आप समझिये कि हमने तीसरे तल पर सेक्स का अनुभव किया। पर इस तल के संबंध का हमें कुछ पता ही नहीं। पति-पत्नी का संबंध उसकी तैयारी है, उसका अंत नहीं। वह यात्रा की शुरुआत है। और यात्रा सदा कष्ट में होती है। मंजिल पर शांति मिलती है। पति-पत्नी कभी शांत नहीं हो सकते। वह बीच की यात्रा है, और अधिकतम लोग यात्रा में ही खत्म हो जाते हैं मुकाम पर कभी पहुंच नहीं पाते। इसीलिए पति-पत्नी में चौबीस घंटे एक कलह चलती है जिसे हम प्रेम कहते हैं, उसी के साथ निरन्तर कलह चलती है। दोनों सोचते हैं शायद कोई दूसरा होता तो अच्छा होता। यह जोड़ गलत हो गया। फलस्वरूप तलाक होते हैं पर नया विवाह करके भी पता चलता है कि कुछ दिन तो राहत-सी महसूस हुई पर फिर बोझ उतना ही फिर शुरू हो गया है। इसका कारण यही है कि पति-पत्नी का संबंध बीच की यात्रा है, मंजिल नहीं है। अंत तो वही है जहां मन का प्रेम आध्यात्मिक प्रेम में रूपान्तरित हो जाता है और पति पुत्र बन जाता है।''

दो क्षण रुककर आचार्यश्री ने एक कागज का पुर्जा उठाते हुए व उसे पढ़ते हुए कहा—''एक मित्र ने पूछा है कि हम तो आपसे समाधि की बात, ईश्वर से मिलने की बात सुनने आये थे और आप हमें सेक्स के ही संबंध में बताये जा रहे हैं।''

कागज अलग रखकर आचार्यश्री ने प्रश्न का उत्तर देते हुए कहा—''अगर आपको सेक्स के संबंध में, जो मैंने कहा, वह स्वीकार नहीं है तो फिर भूलकर भी आप मुझसे ईश्वर के संबंध में पूछने मत आना, क्योंकि वह बात ही खत्म हो गई।

आदमी काम की यात्रा भी राम की खोज के लिए करता है। काम का इतना तीव्र आकर्षण है, कि उसमें कभी तृप्ति मिलती ही नहीं। और तृप्ति तब तक मिल भी नहीं सकती जब तक काम ऊर्जा का रूपान्तरण न हो जाये। उसमें समाधि का कमल न खिल उठे। और जो लोग काम के शत्रु होकर राम को खोजते हैं, राम तो मिलता नहीं, वह अंदर-ही-अंदर काम में उलझे रह जाते हैं। ऊपर से जप राम का चलता है पर अंदर से काम का चिंतन जारी है। ...इसलिए बिना सेक्स के रूपान्तरण के आप परमात्मा तक पहुंच ही नहीं सकते। हम सेक्स में खड़े हैं, वही पहली सीढ़ी है।

और एक मित्र ने मुझे खबर भिजवाई है कि कोई संत महात्मा सेक्स की बात नहीं करता। और आपने सेक्स की बात की तो हमारे मन में आपका आदर कम हो गया है। मैंने उनसे कहा—मेरे प्रति आदर होने की जरूरत क्या है? मैंने कब कहा है कि आप मुझे आदर दें। मैं महात्मा न था, न हूं और न होना चाहता हूं। मैं महान मनुष्यता चाहता हूं और मनुष्य ही होना चाहता हूं।''

संत-महात्माओं के चरित्रों की कई उदाहरणों से बखिया उधेड़ते हुए व प्रवचन का समापन करते हुए आचार्यश्री ने कहा—''अंत में यही कामना करता हूं परमात्मा से कि प्रत्येक व्यक्ति के भीतर जो काम है, वह राम के मंदिर तक पहुंचने की सीढ़ी बन सके। बहुत-बहुत धन्यवाद!

और सभी श्रोताओं के भीतर बैठे हुए परमात्मा को प्रणाम करते हुए प्रवचन समाप्त कर आचार्यश्री उठ खड़े हुए।

आचार्य 'रजनीश जिंदाबाद', 'आचार्य रजनीश की जय' से पूरा सभा भवन गूंज उठा।

❑ ❑

प्रवचन माला चलती रही और श्रोताओं की संख्या बढ़ती गई। पत्र-पत्रिकाओं में उसके विरोध में भी बहुत कुछ प्रकाशित हुआ, पर कोई भी आचार्यश्री के प्रवचनों के किसी भी तथ्य को प्रमाण तथा तर्कों से काट नहीं सका। कई बुद्धिजीवी पत्रकारों व शिक्षित समाज ने इन प्रवचनों की भूरि-भूरि प्रशंसा की।

और आगे प्रवचनों में आचार्यश्री ने 'युवक और यौन' प्रेम और विवाह, जनसंख्या विस्फोट व संतति नियमन, हिप्पीवाद, नारी और क्रांति तथा अंत में जीवन में क्रांति के चार सूत्रों पर चर्चा कर प्रवचन माला समाप्ति की। उन्होंने जीवन क्रांति के चार सूत्र बतलाये—

1—सिद्धान्त, शास्त्र व वादों से मुक्ति

2—भीड़ से, समाज से, दूसरों से मुक्ति

3—दमन से मुक्ति

4—न भोग, न दमन—वरन् जागरण।

यह प्रवचनमाला जनमानस में सबसे अधिक प्रचलित हुई। जहां पचास परम्परावादी मित्र, आचार्यश्री से अलग हो गये तो पांच हजार नये लोग आचार्यश्री से जुड़े। तीसरे ही दिन आचार्यश्री बड़ौदा चल दिये।

❑ ❑

समग्र जीवन में क्रांति का उद्घोष

8 सितम्बर, 1968 को बड़ौदा में आयोजित प्रश्नोत्तर कार्यक्रम के अन्तर्गत, आचार्यश्री से प्रश्न किया गया—''धर्म और अध्यात्म की चर्चा करते-करते आप शिक्षा, राजनीति, अर्थशास्त्र, सेक्स आदि विभिन्न विषयों पर बोलने लगते हैं। धर्म से भिन्न विषयों पर चर्चा करने से आपका तात्पर्य क्या है?''

आचार्यश्री ने उत्तर दिया—''जीवन समग्र है, खंडित नहीं। कोई भी समाज धार्मिक नहीं हो सकता, अगर वहां की शिक्षा पद्धति दोषपूर्ण हो, समाज गरीब और अंधविश्वासी हो और राजनीति भ्रष्ट हो। सब एक दूसरे से जुड़े हुए हैं। जब तक समाज समृद्ध नहीं होता, राजनीति स्वच्छ नहीं होती, समाज सही अर्थों में शिक्षित नहीं होता, वह समाज धार्मिक भी नहीं हो सकता। सभी के मूल में है व्यक्ति का रुग्ण चित्त। इस देश में हजारों सालों से राजाओं ने धर्मगुरुओं के साथ मिलकर एक शोषण का जाल बुना था। पूर्व जन्मों के कर्मों का फल बताते हुए गरीब को गरीब बने रहने के लिए राजी कर लिया था और शांतिपूर्वक सब कुछ सहन करने पर उसे अगले जन्म और स्वर्ग का लालच देकर मूढ़ता के अंधकार में धकेल दिया था। संसार को माया, असार बताकर संसार के प्रति उन्हें उदासीन कर दिया था। परिणाम वश देश गुलाम और दरिद्र हो गया। समाज ने उसका विचार छीन लिया। बुद्धि कुंठित कर दी। विश्वास के बदले उसे अंधविश्वासों के अंधकार में ढकेल दिया। मुझे प्रकाश की जो किरण मिली है, जिससे मैंने अंधकार की खाइयों में झांका है, इसीलिए मैं आपसे कहता हूं आप भी अपना दिया जला लें। दिया जलते ही फिर अंधकार रहता ही नहीं। मेरा सारा प्रयास यही है कि आपके मन की जड़ता हिल जाये। आपमें विचार पैदा हो सके, संदेह उत्पन्न हो सके, जिससे अंधविश्वासों से आप मुक्त हो सकें। इसीलिए मेरी बात राजनीतिज्ञों और धर्म के तथाकथित ठेकेदारों को बुरी लगती है क्योंकि उन्हें डर है कि आप जैसे ही विचार में उतरेंगे, आप उनके शोषण के जाल से मुक्त हो जायेंगे। अनुशासन के नाम पर वे लोग बच्चों के मस्तिष्क को तोतारटंत गलत शिक्षा देकर प्रतिस्पर्द्धा, ईर्ष्या सिखा रहे हैं। वे बच्चे के मस्तिष्क को पंगु बना रहे हैं। वो बच्चों से कहते हैं जो कहा जाये, समझाया जाये, पढ़ाया जाये, उस पर विश्वास करें। उस पर संदेह मत करें।

इसीलिए मेरे मन में खयाल है कि सारे मुल्क की मानसिक रचना को आमूल बदला जाये। इसके लिए जगह-जगह केन्द्र खड़े किये जायें, युवकों को तैयार किया जाये। सारा भय निकाल कर विचार की एक मुक्त धारा बहा दी जाये। प्रेस इसमें बहुत बड़ा रोल कर सकती है। और यह मैं हरगिज नहीं कहता कि आप मेरी बात मान ही लें। मैं जो कहता हूं उस पर आप विचार करें। चर्चा परिचर्चा चलायें। उसके पक्ष और विपक्ष में सोचें। मुझसे प्रश्न पूछें। मैं हमेशा तैयार हूं जबाब देने के लिए।''

कुछ रुककर फिर आचार्यश्री ने अपनी बात आगे बढ़ाते हुए कहा—''इस मुल्क में भी अगर हम 'माइंड' को बदलने की फिक्र नहीं करते हैं और पुरानी लकीरों को पीटते चले जाते हैं और चिल्लाते चले जा रहे हैं कि ठीक कह रहे हैं फलां, ठीक है, सब बिलकुल ठीक है, तो आप पक्का मानिये, इस मुल्क के जीवन में कोई क्रांति, कोई परिवर्तन, कोई नया आन्दोलन

नहीं हो सकता है। मुझे इसकी फिक्र नहीं है कि सामाजिक क्रांति हो या न हो। मुझे फिक्र यह है कि मन में बीज पड़ जाये, तो आने वाले बच्चे क्रांति कर लेंगे। अभी भी हमारे दिमाग में यह खयाल नहीं है कि शोषण पाप है। मार्क्स के भी पहले प्रूधो ने कहा—कि संपत्ति चोरी है। रूसों ने समानता का सूत्र दिया। संपत्ति चोरी है और समानता के यह दो सूत्र जैसे बीज थे। मार्क्स ने 'दास कैपिटल' में इसे विस्तार देते हुए जोर देकर कहा कि संपत्ति इसलिए चोरी है, क्योंकि बिना चोरी के संपत्ति इकट्ठी हो ही नहीं सकती। सारी सम्पत्ति समाज की है और इससे साम्यवाद का जन्म हुआ। एक दफा यह खयाल आ जाये कि सम्पत्ति चोरी है, तो फिर हम ऐसा समाज बना ही लेंगे, जहां चोरी जैसी बुनियादी चीज न चले।'' सामने किसी ने खड़ा होकर प्रश्न किया—''क्या आप राजनीति में सक्रिय भूमिका निभाना चाहते हैं?''

आचार्यश्री ने तुरन्त उत्तर दिया—''मेरा कैसा भी, कभी भी, कोई इरादा राजनीति में भाग लेने का नहीं है, लेकिन मुल्क की जिन्दगी में भाग लेने का है। और उसमें राजनीति भी है, शिक्षा भी है, धर्म भी है, अर्थशास्त्र और समाजशास्त्र भी है। राजनीति में भाग लेने की मेरी कोई रुचि नहीं है। लेकिन मुल्क की जिन्दगी को जहां-जहां राजनीति छूती है, वहां उससे भागकर और डरनेवाला मेरा मन नहीं है। जो उसमें भी जरूरी लगे, हमें उसकी फिक्र करनी है। पूरे देश में सामाजिक क्रांति की भूमिका बनाने के लिए मैं एक यूथफोर्स खड़ा करना चाहता हूं, जो इस क्रांति की मशाल को गांव-गांव, शहर-शहर में ले जाये। दूसरे मैं प्रत्येक नगर, गांव-गांव में छोटे-मोटे आश्रम या ध्यान केन्द्र खड़ा करना चाहता हूं जो ध्यान के सतत प्रयोग करें। इसके लिए कुछ संन्यासियों का एक नया ऑर्डर खड़ा करने का खयाल है। जो किसी धर्म का न होगा, न हिन्दू होगा न मुसलमान होगा, न ईसाई, न जैन होगा, वह केवल धार्मिक होगा। धर्म क्या है? वह बस इसी की खबर भर देगा। और मेरी दृष्टि में धर्म का अर्थ है जो सारे जीवन को छू ले, उसमें शिक्षा भी है। राजनीति भी है। दाम्पत्य भी है, सेक्स भी है। धर्म पूरे जीवन की फिलॉसफी है। मैं चाहता हूं पांच सौ संन्यासी पूरे मुल्क के गांव-गांव में, एक हवा पैदा करें, जिससे दस सालों में एक मूवमेंट खड़ा किया जाये।''

भीड़ से फिर एक प्रश्न हुआ—''पर आपकी बातें बड़ी कन्ट्रोवर्शियल हैं। विवाद खड़े करती हैं।''

आचार्यश्री तुरन्त उत्तर दिया—''जो भी मैं कह रहा हूं वह कन्ट्रोवर्शियल हरगिज नहीं है। हां, वो आपको कन्ट्रोवर्शियल दिखाई पड़ सकती है क्योंकि जिन्दगी कन्ट्रोवर्शियल है। जिन्दगी के इतने अधिक पहलू हैं कि जब हम एक पहलू से कोई बात करें, और फिर कुछ दूसरे पहलू से कहें तो अकसर हम दोनों में मेल नहीं बिठा पाते। जब भी आप मुझसे पूछें मैं हमेशा उत्तर देने को तैयार रहता हूं। तो मेरे लिए मेरे कहे में कोई कन्ट्रोवर्सी नहीं। लेकिन मेरी बात सुनकर अगर आप में कन्ट्रोवर्सी का भी खयाल पैदा हो तो भी अच्छा है। उस विचार पर आप चर्चा करें, वाद-विवाद करें, वह हल तो हो ही जायेगा। मैं कभी भी यह फिक्र नहीं करता कि जो मैं कहूं वह अगर लोगों की मान्यता के विपरीत पड़ता है, तो वे मुझसे दूर चले जायेंगे। वो दूर जायें या पास आयें, इससे कोई फर्क नहीं पड़ता। अगर मैं इस बात का खयाल रखकर आपसे कुछ कहूं कि आप मेरे पास आ जायें तो फिर वह बेईमानी होगी। वह असत्य का धन्धा होगा। जो मुझे ठीक लगता है वो मैं कहे चला जाऊंगा। कौन पास आता है, कौन दूर जाता है, यह भगवान पर छोड़ दूंगा। अगर मेरी किसी बात में सच्चाई है तो लोग उसके पास आज नहीं कल आ जाते हैं। अगर सच्चाई नहीं है तो पास आना भी नहीं चाहिये। मेरी बात मर जायेगी और

अगर वह सच नहीं है तो मर ही जाना चाहिये। और अगर सच है तो मैं मानता हूं कि इतना मुल्क मर नहीं गया है कि लोग सच के करीब न आ पायेंगे।''

जिस व्यक्ति ने कंट्रोवर्सी की बात उठाई थी, उसने फिर प्रश्न किया—पिछले दिनों आपने बम्बई में प्रवचन देते हुए चौदह साल की उम्र तक लड़के और लड़कियों के नग्न रहने और संभोग से समाधि की जो चर्चा की थी, क्या आप उसे भी कंट्रोवर्शियल नहीं मानते?

आचार्यश्री ने उसी शांत मुद्रा में सहजता से उत्तर दिया—''हां, मैं उसे भी कंट्रोवर्सी नहीं मानता। वह आपके लिए कंट्रोवर्सियल हो सकता है, क्योंकि आपने उस संबंध में शायद मेरी पूरी बात को सुना ही नहीं। मैं फिर कहता हूं कि जब तक बच्चों में सेक्स मेच्योरिटी नहीं आती, बच्चों को जितना नंगा रखा जा सके, उतना ही हितकर है। बाद में उनके जीवन में शरीर के प्रति जो एक पागल आकर्षण पैदा होता है, वह पैदा नहीं होगा। नंगी तस्वीरों को देखने का जो मोह पैदा होता है वह पैदा नहीं होगा। उस दिन पूरा अश्लील साहित्य मर जायेगा, जिस दिन चौदह साल तक बच्चे नंगे रह लेंगे। फिर अश्लील साहित्य को कोई खरीदने वाला नहीं मिलेगा। बलात्कार मिट जायेंगे। 'होमोसेक्सुअलटी' मिट जायेगी। भीड़ में फिर कोई युवतियों को धक्का देता नहीं निकलेगा। पागलों की संख्या कम हो जायेगी क्योंकि 90 प्रतिशत पागल, सेक्सविकृति के कारण होते हैं। आज भी आप आदिवासियों के गांवों में जाकर देखें, वहां का आदमी सहज और सरल है। वहां लड़के-लड़कियां बिना किसी बंधन के स्वच्छंद रहते हैं। उन लोगों के मन में अश्लीलता नहीं है, कामुकता नहीं है, परवर्सन नहीं है। वहां बलात्कार नहीं होते। हमारे मुल्क में सेक्स को विज्ञान नहीं बनने दिया गया। सेक्स निन्दा का विषय बना दिया गया। लड़के-लड़कियों को अलग-अलग रखकर उनमें इतनी बड़ी दूरी कर दी गयी कि सेक्स अस्वाभाविक और विकृत हो गया।''

नंगे बैठने का अपना आनन्द है, अपना सुख है, अपना अर्थ अपना स्वास्थ्य है। और सच तो यह है कि जब तक हम मनुष्यता को फिर से नग्न रहने की थोड़ी व्यवस्था नहीं करते, तब तक मनुष्यता का पूरा स्वास्थ्य वापस नहीं लौटेगा। कपड़े पहन लेता है आदमी तो वह भूल ही जाता है शरीर की फिक्र। अगर सभी लोग एक साथ नंगे खड़े हो जायें तो पहली दफा आपको अपने शरीर का खयाल आयेगा। फिर शरीर आपको बर्दाश्त करने जैसा नहीं लगेगा। फिर आप उसकी फिक्र करेंगे। यह चौदह साल तक एक बार हो जाये फिर जो नग्नता के प्रति धारणा है, वह अपने आप चली जायेगी। वह सहज और स्वाभाविक हो जायेगा।''

दो क्षणों का विराम देकर फिर आचार्यश्री ने कहा—''यह मैं नहीं कहता कि आप नंगे बैठ जायें, लेकिन नंगा बैठने में कोई खतरा नहीं है, वह सहज स्वाभाविक और आनन्दपूर्ण है, यह स्थिति तो मन की बननी ही चाहिये। जो बच्चा चौदह साल तक नंगा घूम सका, तो वह 40 साल का होने पर भी नंगा बगीचे में बैठा काम कर सकता है। उसको कोई परेशानी नहीं होने वाली। कपड़े पहने हुए, सोते-जागते जो बराबर सेक्स का चिन्तन चलता है, जो अस्वाभाविक सेक्स विकृतियां जन्म लेती है, उनके शमन के लिए केवल मात्र यही एक मार्ग है। पशु भी ऋतु आने पर समागम करते हैं पर मनुष्य रात-दिन, हर मौसम में हर क्षण, एक ही बात से परेशान है। उसकी कामुकता उसके वस्त्र ढके रहते हैं। उन भावनाओं के दमन से उसके जीवन में पाखंड आता है। और दमन यदि विकास का मार्ग न ढूंढ पाये तो विक्षिप्तता आती है। पूरी मनुष्य जाति को इस कामुकता और पागलपन से बचाना है तो यही एक मार्ग है।''

उक्त प्रश्नों के अतिरिक्त भी आचार्यश्री ने जिज्ञासुओं के अन्य अनेक प्रश्नों के भी उत्तर

दिये। प्रश्नोत्तर प्रवचनमाला समाप्त होने पर विचारशील और बुद्धिमान लोगों की यह गलतफहमी दूर हुई कि आचार्यश्री केवल धर्म और अध्यात्म के क्षेत्र में ही परिवर्तन चाहते हैं। उन्हें आचार्यश्री के व्यक्तित्व में एक समाज शास्त्री, फ्रॉयड, जुंग और एडगर से भी महान मनोवैज्ञानिक और मनोचिकित्सक, रूसो और मार्क्स जैसे क्रांतिकारियों से भी महान क्रांतिकारी के दर्शन हुए। उनमें से कई युनिवर्सिटी के प्रोफेसर थे, चिंतक थे, पर उन्होंने जीवन को समग्र रूप से समझते हुए कभी समग्र क्रांति की बात सोची ही नहीं थी। पुरातनपंथी तो आचार्यश्री को सुनने आते भी कम थे। जो थोड़े बहुत लोग उन्हें सुनने आये भी थे उन्हें लगा कि यह व्यक्ति पूरे समाज को विशृंखलित कर देना चाहता है। उसकी सेक्स की अवधारणा समाज को भ्रष्ट कर देगी। पर उनके मस्तिष्क के भी किसी कोने में ऐसा अहसास अवश्य हो रहा था कि जो कुछ कहा गया वह तर्कपूर्ण था, केवल अनर्गल प्रलाप नहीं था।

❑ ❑

घर भी व्यस्त, बाहर भी व्यस्त

आचार्यश्री पूरे भारत का भ्रमण करते हुए स्थान-स्थान पर प्रवचनों, गोष्ठियों और हजारों की विशाल सभाओं को सम्बोधित कर रहे थे। उनके तेजस्वी, क्रांतिकारी और तलवार की धार से भी पैनी प्रखर वाणी से लाखों का रूपान्तरण हो रहा था। हजारों ध्यान शिविरों में सम्मिलित हो रहे थे। ज्योतिशिखा, आदि पत्रिकाओं में उनके प्रवचनों की नियमित रिपोंटिंग होती रहती थी। उनके आगामी कार्यक्रमों की उसमें पूर्ण सूचना होती थी। जीवन जागृति केन्द्र बम्बई द्वारा, 'साधना पथ', 'क्रांति बीज', 'सिंहनाद', 'अमृतकण', 'पथ के प्रदीप', 'मिट्टी के दिये', 'अहिंसा दर्शन', 'कुछ ज्योतिर्मय क्षण', 'मैं कौन हूं', 'प्रेम के पंख', 'नये संकेत', 'सूर्य की ओर उड़ान', 'सत्य के अज्ञात सागर का आमंत्रण' व 'नये मनुष्य के जन्म की दिशा' पुस्तकें हिन्दी में प्रकाशित की गई थीं और उनका मूल्य चालीस पैसे से लेकर साढ़े चार रुपये तक था। गुजराती व मराठी में भी उनके अनुवाद छप चुके थे। अंग्रेजी में 'पाथ आफ सेल्फ रियलाइजेशन' प्रकाशित हुआ था।

भारतवासियों के अलावा धीमे-धीमे विदेशी जिज्ञासु भी आचार्यश्री के ध्यान शिविरों में सम्मिलित होने लगे थे। उनकी कीर्तिकौमुदी अब देश के पार विदेशों में भी फैलने लगी थी।

पर इसी के साथ-साथ पंडित, पुरोहित, जैन धर्माचार्य, पादरी और कट्टर साम्प्रदायिक लोग उनका विरोध कर रहे थे। उन्हें काले झंडे दिखा रहे थे। आचार्यश्री का सत्य, उनका धंधा उखाड़ रहा था। बौद्धिक जनता धर्म की आड़ में, उनके ढोंग को, आचार्यश्री के प्रवचनों द्वारा अब अच्छी तरह पहचानने लगी थी। वाद-विवाद में उन्होंने सभी धार्मिक पंडितों, गुरुओं और धर्माचार्यों को निरुत्तर कर दिया था। पढ़े-लिखे सम्पन्न लोग जिन्हें रोजी-रोटी की चिंता नहीं थी, सत्य के खोजी, और जिज्ञासु हजारों की संख्या में उनसे बड़ी तेजी से जुड़ रहे थे।

❑ ❑

आचार्यश्री ने डाक खोली। पहला ही पत्र किन्हीं त्रिवेदीजी का था। उन्होंने शिकायत की थी कि आपने मेरे जो पिछले पत्र का उत्तर दिया था उसमें आपने भूल से पते पर त्रिवेदी की जगह द्विवेदी लिख दिया: कृपया भूल सुधार कर लें और ध्यान-शिविर कब और कहां करायेंगे, सूचित करें।

आचार्यश्री तुरन्त उत्तर लिखने बैठ गये।

भाई चतुर्वेदी जी!

मैं अपनी भूल सुधार रहा हूं। पिछले पत्र में मैंने तुम्हें त्रिवेदी के स्थान पर द्विवेदी लिखकर तुम्हारे एक वेद का ज्ञान कम कर दिया था। अब तुम्हें चतुर्वेदी लिखकर हिसाब पूरा कर रहा हूं। मैं चाहता था तुम्हारा अहंकार गिरे, तुम जागो। पर तुम अपनी कारा से मुक्त होना नहीं चाहते। तुम द्विवेदी और त्रिवेदी के चक्कर में पड़े रहे फिर ध्यान करके ही क्या होगा? मैं जानता हूं वेद पढ़ना तो दूर, शायद तुमने वेद देखे भी न हों। तुम्हारे पुरखों के पुरखों ने कभी वेदों को

पढ़ा होगा, इसलिए उन्होंने अपने आप को नहीं, दूसरों ने उन्हें त्रिवेदी कहा। पर वेदों को पढ़ भी लो, फिर भी उनसे होता क्या है? वेद के ऋषियों ने जो अनुभव किया, पहले उस अनुभव से गुजरो। किसी और का जाना सत्य, तुम्हारा सत्य कैसे हो सकता है, जब तक तुम स्वयं उस अनुभव से न गुजरो। किसी ने अमृत का स्वाद लिया, उसका वर्णन पढ़कर, सुनकर तुम स्वाद कैसे ले सकोगे? ब्राह्मण तो ब्रह्म जानने के बाद होता है। द्विज होना तो दूसरा जन्म पाना है।

3 नवम्बर, 1968 से नारगोल जिला बलसाड़ (गुजरात) में ध्यान शिविर हो रहा है। पर शिविर में सभी जाति और धर्म के लोग आते हैं। खाना, पीना, उठना, बैठना सब साथ ही होता है। यदि साहस है तो जरूर आओ।

दूसरा पत्र लुधियाना से कुसुम ने भेजा था। पत्र के स्थान पर केवल कोरा कागज था।

आचार्यश्री उसे देख मुस्कुराये। फिर उत्तर लिखने लगे—

''प्रिय कुसुम,

प्रेम!

तेरा पत्र सबसे अधिक प्रीतिकर है। तू कोरा कागज ही हो जा, यही मेरी देशना है। शून्य हो जाना, ध्यान में निर्विकार हो जाना ही अंतिम लक्ष्य है। तू घर पर भी ध्यान और कीर्तन कर रही है, जानकर प्रसन्नता हुई।

अगला ध्यान शिविर 3 नवम्बर, 1968 से नारगोल जिला बलसाड़ में हो रहा है।''

तीसरा पत्र काशी विश्वविद्यालय की श्रीमती लीला बनर्जी का था। पत्र में केवल एक वाक्य लिखा था।

''करुणामय करुणा करो।''

चौथा पत्र अमरेश ने भीलवाड़ा से लिखा था।

परम पूज्य परम ब्रह्म सच्चिदानंद!

आपका सान्निध्य प्राणों में नवजीवन का संचार करता है। जब से आपका प्रवचन सुना है, रात-दिन आप ही सामने रहते हैं। मेरी मुक्ति कब होगी?

आचार्यश्री उत्तर लिखने बैठ गये।

प्रिय अमरेश!

तूने मुझमें जो कुछ देखा, अनुभव किया, तू भी वही है। तेरा समर्पण जब पूर्ण होगा, जब तू कण-कण में वही देखने लगे, जो मुझमें देख रहा है, उसी दिन तेरी यात्रा पूरी होगी। तू मुक्त तो है ही। बस अपने को जबरदस्ती बंदी समझ कर भटक रहा है।

तभी सचिव ने सूचित किया। आप से भेंट करने रेलवे के डिवीजनल मेडिकल ऑफिसर डॉ. बिजलानी आये हैं। वह आपसे निवेदन करने आये हैं कि आप 5 नवम्बर को रेलवे कर्मचारियों के बीच उद्बोधन करने की कृपा करें। वह अपने मंडल अधीक्षक का निमंत्रण भी साथ लाये हैं। उनके ही साथ मनोविज्ञान महाविद्यालय के प्रोफेसर गुरुनानी चाहते हैं कि आप उनके विद्यालय में 'मनोचिकित्सा' विषय पर अपने विचार व्यक्त करें।

आचार्यश्री ने आई डाक एक ओर खिसका दी और उन्हें अंदर भेज देने का संकेत किया।

डायरी देखकर दोनों के ही आमंत्रण भगवान श्री ने स्वीकार कर लिए।

डॉ. बिजलानी कुछ संकोच से बोले—''आचार्य श्री! आपने शहीद स्मारक पर होने वाली सभा में परसों कहा था कि हमें क्रोध और प्रेम दोनों को ही स्वीकार करना चाहिए। प्रेम के साथ क्रोध स्वीकार करने की बात कृपया स्पष्ट करने का कष्ट करें।''

आचार्यश्री हंसकर बोले—''हम जिसे प्रेम कहते हैं, वह प्रेम और क्रोध दो भिन्न चीजें नहीं हैं। वह एक ही सिक्के के दो पहलू हैं। उन दोनों को खण्डों में विभक्त न करें। उन दोनों की साथ-साथ स्वीकृति ही हमें एक दिन वास्तविक प्रेम से परिचित करा सकती है। हमारे रोज के प्रेम में ईर्ष्या, कलह और वासना है। ज्यों-ज्यों साक्षी भाव से हम इसे देखेंगे, प्रेम के साथ जो कल्मष है, वह स्वतः समाप्त होता जायेगा। ज्यों-ज्यों हमारा समर्पण पूरा होगा हमारा अहंकार नष्ट होगा, हम शांत होंगे, तभी वह प्रेम उपलब्ध होगा जिसे बुद्ध करुणा कहते हैं, महाबीर अहिंसा कहते हैं, और मीरा प्रेम कहती हैं।''

डॉ. बिजलानी और प्रो. गुरुनानी के प्रणाम कर जाने के बाद शिव भी जो न जाने कब कमरे में आ गया था, एकाएक हाथ जोड़कर बोला—''भगवान श्री! मैं जब सोने के लिए जाता हूं तो अपने आप ध्यान जैसी स्थिति में होने लगता हूं पर तभी न जाने क्यों मृत्यु का भय आ घेरता है। लोगों को ध्यान में शांति मिलती है, आनंद मिलता है, पहले मुझे भी मिलता था वह, पर अब पिछले 10-15 दिनों से ऐसा क्यों हो रहा है? कृपया बतायें, मैं क्या करूं?''

आचार्यश्री करुणा से मुस्कुरा कर बोले—''तू कर भी क्या सकता है? मौत आती है तो उसे स्वीकार कर। जो भी हो रहा है, उसे स्वीकृति दे। हम श्वास-प्रश्वास का बहना बंद नहीं कर सकते। चांद, तारों और सूरज का निकलना बंद नहीं कर सकते। हमारा किसी चीज पर वश नहीं है। मेरी दृष्टि में मनुष्य का एक ही पुरुषार्थ है—पूर्ण स्वीकृति। सर्व स्वीकार। जो भी होता है, उसे स्वीकार करो। बचने का कोई उपाय है नहीं। बचने की चेष्टा ही भय है। स्वीकृति में अभय है। तुम स्वीकृति का प्रयोग करो 15 दिनों तक, फिर देखो, क्या होता है?''

शिव प्रणाम कर बाहर चला गया।

❑ ❑

मध्य प्रदेश के एक मंत्री आचार्यश्री से भेंट करने आये। वह वी. आई. पी. कार में आये थे। उनके आगे पुलिस की पायलट गाड़ी थी। पीछे भी दो गाड़ियां थीं।

उनके सचिव से मंत्रीजी ने पूर्व ही समय ले लिया था, पर वह निर्धारित समय से एक घंटे देर से आये थे। मंत्री जी के पी. आर. ओ. ने उनके सचिव से आग्रह किया कि उन्हें शीघ्र ही आचार्यश्री के पास ले जाया जाये। सचिव बोला—''आपने एक घंटे पूर्व का समय लिया था। तब दस मिनट तक प्रतीक्षा की गई। इस समय अंदर तीन-चार प्रेमी बैठे हैं, उनसे जैसे ही बात समाप्त होगी, मैं तुरन्त आचार्यश्री को सूचना दूंगा।''

पी. आर. ओ. अपनी बात पर बल देते हुए बोले—''मंत्रीजी का एक बड़ा व्यस्त कार्यक्रम है। आते-जाते थोड़ी-सी देर अवश्य हो गई पर आप आचार्यश्री को कम-से-कम मंत्रीजी के आने की सूचना तो दे दें।''

उसके बहुत आग्रह करने पर इंटरकाम से सचिव ने आचार्यश्री को मंत्रीजी के आने की सूचना दी। आचार्यश्री फोन पर हंसते हुए बोले—''अगर उन्हें एकान्त में भेंट करनी है, तो पांच सात मिनट उन्हें प्रतीक्षा करनी ही होगी। सभी के सामने बात करना चाहें तो भेज दो।''

जब सचिव ने यह बात मंत्रीजी को बताई तो उन्होंने प्रतीक्षा करना ही स्वीकार किया।

जब पांच मिनट बाद मंत्रीजी आचार्यश्री के पास हाथ जोड़े पहुंचे, तो उन्होंने मुस्कुराते हुए कहा—''कहिये, आज आप कैसे भूल पड़े इधर?''

मंत्रीजी माथा खुजलाते हुए बोले—''मैं पिछले सप्ताह से बहुत अशांत हूं। मेरी रातों की नींद गायब हो गई है। दो-दो ट्रैंक्वलाइजर लेता हूं, तब बमुश्किल थोड़ी-सी नींद आती है। आपके पास आकर मुझे शांति मिल जाती है। बस, अब ऐसा आशीर्वाद दीजिये, इस बार चुनाव जीतकर मुख्यमंत्री बन जाऊं।''

आचार्यश्री खिलखिलाकर हंस पड़े। मंत्री उन्हें भौंचक देखते रह गये। हंसी थमने पर आचार्यश्री बोले—''आप शांति और प्यारी नींद चाहते हैं या मुख्यमंत्री की कुर्सी? यह पहले तै कर लीजिये। अगर आप चुनाव जीतकर मुख्यमंत्री बने तो इससे भी सौ गुनी अशांति मिलेगी, यह पक्की बात है।''

मंत्रीजी कुछ संकोच से बोले—''बस यह मेरी आखिरी महत्त्वाकांक्षा है। एक बार मुख्यमंत्री बन जाऊं तो फिर चैन-ही-चैन है। फिर अशांति का काम क्या?''

आचार्यश्री मुस्कुराते हुए बोले—''फिर आप देश के गृहमंत्री और प्रधानमंत्री का स्वप्न देखने लगेंगे। याद कीजिये, एक दिन आप सिर्फ एक वकील थे। फिर आपने नगर महापालिका का सदस्य और फिर उसका चेयरमैन बनने का ख्वाब देखा। इसके बाद आपकी महत्त्वाकांक्षा एम. एल. ए. बनने की हुई। एम. एल. ए. बन गये तो फिर मंत्री बनना चाहा। अब मंत्री बनने के बाद भी आपको शांति नहीं है। याद कीजिये, पद मिलने के बाद आपकी अशांति बढ़ती ही गई है। अगर शांत होना है तो यह दौड़ छोड़कर ध्यान कीजिये।''

मंत्रीजी संकोच से बोले—''आप तो मुझे बस आशीर्वाद दे दीजिये।''

आचार्यश्री गम्भीर होकर बोले—''सुनिये! मैं इस प्रकार का आशीर्वाद और सांत्वना देने वाला संत नहीं हूं। ऐसे सरकारी संत बहुत से लोग हैं। वह आपको भभूत, ताबीज, मंत्रसिद्ध फूल सब कुछ दे सकते हैं पर शांति नहीं दे सकते। मैं आपको शांति पाने का उपाय बता सकता हूं। पर आप को शांति नहीं अशांति चाहिये। महत्त्वाकांक्षा के वृक्ष में कभी शांति का फल नहीं लगता।''

मंत्रीजी का चेहरा एक साथ लटक गया। वह बहुत उदास होकर बोले—''मैं आपके पास बड़ी आशा और विश्वास से आया हूं। पिछली बार एक वर्ष पहले जब मैं आपसे मिल कर गया था तो आपके आशीर्वाद से ही मंत्री बना था।''

आचार्यश्री पूर्ववत् मुस्कुराते हुए बोले—''वह एक संयोग हो सकता है पर आपको मैंने मंत्री बनने का कोई आशीर्वाद नहीं दिया था। मैं ऐसे आशीर्वाद बांटता ही नहीं। मेरा परामर्श अब भी यही है कि इस कुर्सी की दौड़ से अलग हट जाइये। यह पद, यह शक्ति, अहंकार को जन्म देती है। पद बना रहे, इस भावना से लोभ, और लोभ से मोह उत्पन्न होता है। शक्ति, मन को उच्छृंखल बनाती है। एक गहरे नर्क में आप डूबते ही जाते हैं।''

मंत्रीजी चलते हुए बोले—''तो आप मुझे निराश करेंगे। आपकी जैसी इच्छा पर मैं तो यह सोचकर चला था, कि आप कोई आश्रम-वाश्रम खोलना चाहें तो आपको काफी जमीन दान में दिलवा दूं।''

आचार्यश्री अविचलित मुस्कुराते हुए बोले—''आपके धन के एवज में आशीर्वाद देने वाले ही नहीं, आशीर्वाद बरसाने वाले बहुतेरे संत हैं। मैं आपसे शुरू से ही कह रहा हूं कि आप गलत जगह आ गये, मुझे क्षमा करें।''

मंत्रीजी निराश, भुनभुनाते हुए अपने को अपमानित महसूस करते हुए वापस लौट गये।

❑ ❑

मंत्रीजी के जाने के बाद आचार्यश्री इकट्ठी हुई डाक लेकर बैठ गये। उन्होंने पत्रों को पढ़कर उनके स्वयं उत्तर लिखे। कुछ लोग भेंट करने इसी बीच फिर आ गये। फिर उन्होंने एक-एक कर सभी से भेंट की। कुछ लोगों की व्यक्तिगत समस्याएं थीं। कुछ केवल दर्शन करने और चरण-स्पर्श करने आये थे।

आचार्यश्री फिर अपनी स्टडी में चले गये। वह लगभग 500-700 पृष्ठ प्रतिदिन पढ़ते थे। उनका पुस्तकालय बराबर बृहद् होता जा रहा था।

इतने में शिव ने आकर उन्हें प्रणाम किया। मुस्कुराते हुए उन्होंने हाथ के संकेत से शिव को बैठने को कहा और पुस्तक बंद कर बोले—"कहो शिव! क्या हाल-चाल हैं तुम्हारे? आज कुछ परेशान से लग रहे हो?"

शिव ने कहा—"आपके पास आ रहा था। रास्ते में एक मित्र मिल गये। बड़े दु:खी थे बेचारे। दो दिनों से भूखे थे। उनकी हालत ने मुझे दु:खी कर दिया। वह भी आपसे मिलना चाहते थे और यही पूछना चाहते थे कि केवल वह ही नहीं, देश में लाखों नंगे और भूखे हैं, वह क्या करें? क्या सचमुच उनके लिए कुछ भी नहीं किया जा सकता?"

आचार्यश्री ने तीक्ष्ण दृष्टि से उसकी ओर देखते हुए पूछा—"निश्चित ही वह विवाहित होंगे और उनके पांच-छ: बच्चे भी होंगे?" शिव आश्चर्यचकित होकर बोला—"आपको कैसे मालूम? मैंने तो आपको उन मित्र का नाम भी नहीं बताया। उनके वास्तव में छ: बच्चे हैं।"

आचार्यश्री कुछ क्षोभ से बोले—"प्रश्न एक व्यक्ति का नहीं, यह समूचे देश का प्रश्न है। यदि 100-50 रुपया कुछ सहायता भी की जाये तो क्या उनकी समस्या हल हो जायेगी? अकेले वह ही नहीं, देश में लाखों लोग भूखे हैं। यह देश दस वर्षों में आत्मनिर्भर हो सकता है। भूख और गरीबी मिट सकती है। पर धार्मिक और राजनीतिज्ञ नेता यह चाहते ही नहीं। विनोबाजी और करपात्री जी गर्भ निरोध और गर्भपात का विरोध करते हैं। मदर टेरेसा गर्भ निरोध का विरोध करती हैं। वोट की राजनीति के डर से राजनीतिज्ञ, चीन और पश्चिमी देशों की तरह फेमिली प्लानिंग का कानून पास नहीं करते? धार्मिक नेता कहते हैं—बच्चे तो ईश्वर की देन हैं। फिर वह अपने ईश्वर से क्यों नहीं कहते कि हम भूखे हैं? ऐसा परमपिता, बच्चों का दुश्मन है या पिता?"

प्रकृति, युद्ध, बाढ़ और रोगों की विभाषिका से जनसंख्या कम करती है। हमने वैज्ञानिक प्रगति से मृत्यु दर घटा दी है। फिर विज्ञान जन्म दर घटाने का भी उपाय बताता है। उसे अपनाते क्यों नहीं लोग? फ्रांस ने 1920 में परिवार नियोजन किया था और आज भी उनकी जनसंख्या उतनी ही है। पर हमारे देश में आजादी के बाद से जनसंख्या दुगुनी, ढाई गुनी हो गई है। पर हमारे संत, हमारे नेता मशीनों का विरोध करते हैं। चरखे और कुटीर उद्योगों का राग अलापते हैं। चरखे से देश समृद्ध नहीं हो सकता। हम अपना दोष दूसरों पर मढ़ते हैं। और भीख मांगे जाते हैं। बेशर्मी की भी कोई सीमा होती है। सारे समृद्ध देश अब सर्तक हो गये हैं। और हमारी बेशर्मी ऐसी कि हम अमेरिका से गेहूं लेते हैं, कर्ज लेते हैं और उन्हीं को गालियां सुनाते हैं।

आचार्यश्री कुछ रुककर फिर उसी उग्र मुद्रा में बोले—"और गांधीजी दरिद्रों को नारायण कहते हैं। आपने दरिद्रनारायण कह कर दरिद्रता की महिमा बढ़ा दी। भिखमंगे को भीख मिलती

है इसलिए वह परिश्रम नहीं करना चाहते। उन्हें तीर्थों में मुफ्त का हलुवा पूड़ी मिलता है। धार्मिक लोग चाहते हैं उनके पुण्य कमाने के लिए, उनकी अहंकार की तुष्टि के लिए भिखमंगे खत्म न हों। दया, ममता सभी मूर्खताएं हैं। दरिद्रता हमारे भाग्य का फल नहीं, हमारी मूर्खता का परिणाम है। और मैं कहता हूं यह हमारे पूर्वजों, हमारे ऋषियों, मुनियों, हमारे उन धार्मिक महंतों की शिक्षा का फल है जिन्होंने भाग्यवाद और कर्मवाद सिखाया। उन्होंने कहा—''संसार मिथ्या है, माया है। फिर संसार की फिक्र करता कौन? गरीबी उनके पूर्व जन्मों का फल है। वे चुपचाप गरीबी सहते हुए स्वर्ग जायेंगे, मोक्ष प्राप्त करेंगे। कुछ करने-धरने की जरूरत क्या है? शरीर है, तो उसके लिए श्रम तो करना ही पड़ेगा पर श्रम कोई करना नहीं चाहता। मजदूरों ने भी अधिक श्रम न करना पड़े इसीलिए यूनियन बना ली हैं। वह आये दिन हड़ताल करते हैं। और मजे की बात यह कि जिस रूस ने यूनियन का जन्म दिया उस देश में हड़ताल करना अपराध था। सारे सार्वजनिक उद्योग घाटे में जा रहे हैं। उत्पादन बढ़ता नहीं। इसीलिए पूंजी नहीं बढ़ती। विदेशों से जो कर्ज आता है, उसमें से 80 प्रतिशत नेता और अफसर मिलकर चट कर जाते हैं। देश में विकास हो तो किस तरह से हो?''

इतने आक्रोश में शिव ने या किसी ने भी आचार्यश्री को कभी न देखा था लेकिन इस आक्रोश में उनकी करुणा, उनके हृदय का दर्द ही व्यक्त हो रहा था। कुछ देर बाद शिव प्रणाम कर बाहर चला गया और आचार्यश्री अपनी पुस्तक में खो गये।

❑ ❑

शिव के जाने के बाद आचार्यश्री से भेंट करने चार-पांच युवक एक साथ आये और आते ही आचार्यश्री के चरण स्पर्श किये। उनमें सबसे आगे अजय था, जो कॉलेज में आचार्यश्री का छात्र रह चुका था। आचार्यश्री ने मुस्कुराते हुए पूछा—कैसे हो अजय? लगता है, कॉलेज अभी छोड़ा नहीं।

अजय ने उत्तर दिया—''आचार्यश्री! कालेज ही मुझे नहीं छोड़ता। इस वर्ष साथियों ने यूनियन प्रेसीडेंट बना दिया है। आपने जब युनिवर्सिटी से त्यागपत्र दिया, मैं तब एम. ए. कर रहा था। फिर एल. एल. बी. करने लगा। इस वर्ष रिसर्च ज्वाइन कर ली है। तीन चार साल इसमें लग ही जायेंगे। फिर जो होगा, आगे देखा जायेगा।''

आचार्यश्री जानते थे कि अजय का पिता उसके लिए काफी सम्पत्ति छोड़ गया है, और कॉलेज के जीवन्त वातावरण और संगी-साथियों को अजय छोड़ना नहीं चाहता।

हंसकर आचार्यश्री ने प्रश्न किया—''इधर कैसे भूल पड़े?''

अजय आदर से बोला—''हम सभी लोग आपसे अनुरोध करने आये हैं कि आप हमारी यूनियन के उद्घाटन-समारोह में मुख्य अतिथि की स्वीकृति देकर हम युवकों को प्रेरणा और आशीर्वाद देने की कृपा करें।''

फिर अजय ने अपने साथ आये यूनियन के पदाधिकारियों का परिचय देते हुए उद्घाटन समारोह की तिथि बतलाई।

अपनी डायरी देखते हुए आचार्यश्री ने कहा—''आशीर्वाद देने तो मैं आ जाऊंगा, पर अजय जरा गम्भीरता से बताओ, छात्र क्या सचमुच किसी से प्रेरणा लेने में उत्सुक हैं? मुझे तो लगता है पूरे देश का युवा, वृद्ध हो गया है। केवल कॉलेज में हड़ताल कराना, नारे लगाकर सार्वजनिक सम्पत्ति की तोड़-फोड़ करना ही क्या क्रान्ति और विद्रोह है?''

अजय कुछ-कुछ आचार्यश्री की चोट का अनुमान लगता हुआ बोला—"आप हम लोगों को आदेश दें, आचार्यश्री, हमारे छात्र आपके संकेत पर कुछ भी करने को तैयार हैं।"

आचार्यश्री अजय को तीक्ष्ण दृष्टि से देखते हुए बोले—"यह मैं अच्छी तरह जानता हूं। पर मेरा संकेत तो पूरे देश की युवा शक्ति से है। उनमें उत्साह है, अपार ऊर्जा है, पर उनकी सोच परम्पराओं और अंधविश्वासों से ग्रस्त है। मेरे देखने से युवा होने का अर्थ है, चित्त की जीवंत दशा, एक उद्दाम वेग, एक कांशस स्टेट ऑफ माइन्ड। अब उदाहरण के लिए इसी शहर में यह जो 'महा-गायत्री यज्ञ' हो रहा है, इसका करोड़ों का बजट है। उस यज्ञ में 108 वेदियां बनेंगी। यानी 108 यज्ञकुंडों में लकड़ियों के साथ टनों देसी घी और सामग्री के साथ टनों जौ, तिल की आहुतियां दी जायेंगी। मुझे यह देखकर आश्चर्य हुआ कि इस यज्ञ के लिए युवकों की टोलियां ही मुहल्ले-मुहल्ले से चंदा उगाह रही हैं। यदि युवकों की कांशस स्टेट ऑफ माइंड होती तो वह इसका विरोध करते। देश की करोड़ों की सम्पत्ति को बर्बाद होने से रोकते। इस प्रकार के यज्ञों से पूरें देश में प्रतिवर्ष हजारों टन लकड़ी व्यर्थ जला दी जाती है, जिसके लिए फल देने वाले आम्र वृक्षों को ध्वंस किया जाता है। जहां बच्चे दूध के लिए तरसते हों, आदमी भूख से व्याकुल होकर पेड़ों की छालें उबाल कर पी रहे हों, वहां देसी घी और अन्न का इस प्रकार व्यर्थ ही अग्नि में झोंक देना, कहां की बुद्धिमत्ता है? और इनका आयोजन करने में उन्हीं पुरोहितों और साधुओं का स्वार्थ साधन होता है, जो जनता के खून-पसीने की कमाई को दक्षिणा के रूप में प्राप्त करके उसका उपयोग करते हैं।"

अजय के साथ आये युवकों में से एक कुछ संकोच से बोला—"पर आचार्यश्री, यज्ञों से वातावरण शुद्ध होता है और हमारे ऋषि-मुनि भी जो यज्ञ करते थे, क्या वे सभी गलत थे?"

आचार्यश्री ने उत्तर दिया—"तुम्हारा संदेह उचित है। यज्ञों का विरोध करने से पूर्व उसका कारण जानना बहुत जरूरी है। सभ्यता के उदय होने पर जिस दिन आदिम मानव ने अग्नि की खोज की, उसने प्रगति का एक नया द्वार खोला। अग्नि ने सर्दी से उसकी रक्षा की। रात में जंगली पशुओं से रक्षा की। अग्नि में पकाकर मांस स्वादिष्ट और अधिक समय तक सुरक्षित रहने वाला बन गया। अग्नि ने मानव को रोटी दी। धातुओं को पिघला कर और शुद्ध बनाकर उसने रक्षा के लिए हथियार बनाये। ऐसी अग्नि की पूजा करना और भेंट में उसे अपनी सबसे मूल्यवान वस्तु अर्पित करना स्वाभाविक था। अन्न, मांस, घी, उस युग के मानव के लिए सबसे मूल्यवान पदार्थ थे। इस प्रकार यज्ञों का जन्म हुआ। वैदिक काल में यज्ञ में मनुष्यों, अश्वों और बछड़े की बलि दी जाती थी। वेदों में नरमेध, अश्वमेध व गौ मेध यज्ञों का उल्लेख है। भारत की श्याम वर्ण की संस्कृति के लोग, जो उन यज्ञों का विरोध करते थे, उन्हें राक्षस, दानव और नास्तिक कहकर प्रताड़ित किया गया। उन्हें युद्धों में हराकर गुलाम बनाकर अछूत और शूद्र बना दिया गया। पर आर्यों में भी प्रबुद्ध ऋषियों ने इन यज्ञों का विरोध किया। अनेक उपनिषदों में जीवन को ही यज्ञ का प्रतीक बताते हुए इन लौकिक यज्ञों की भर्त्सना की गई। यज्ञों द्वारा जिन फलों के प्राप्त होने की काल्पनिक बातें प्रचारित की गई थीं उनका वृहदारण्यकोपनिषद, कठोपनिषद तथा मुंडकोपनिषद में विरोध करते हुए उन्हें पुरोहितों का व्यर्थ आडम्बर तथा जजमानों को भटकाने वाला अज्ञान बताया गया। उपनिषदों के ऋषियों ने ही नहीं, गीता के ज्ञान कर्म योग के चौथे अध्याय में भी कृष्ण ने जीवन यज्ञ का रहस्य बताते हुए कहा है कि ज्ञानीजन परब्रह्म परमात्मा रूप अग्नि में ही यज्ञ के द्वारा ही यज्ञ को हवन करते हैं।"

पांचों युवक विस्मय विमुग्ध होकर आचार्यश्री से जो यज्ञों की व्याख्या सुन रहे थे, उसे

सुनकर उनकी बुद्धि के कपाट खुलने लगे। वह स्वयं अभी तक यज्ञों को पवित्र कर्म समझते हुए उसके पक्षपाती थे और आचार्यश्री बता रहे थे—"आप लोग समझते हैं कि यज्ञ करने से वातावरण शुद्ध और पवित्र होता है, या अकाल होने पर उससे वर्षा होती है। इस देश में हजारों वर्षों से यज्ञ हो रहे हैं, पर वातावरण शुद्ध और पवित्र होने के स्थान पर दिन-प्रतिदिन दूषित हो रहा है। लोग पहले से अधिक बेईमान, झूठे, कामी और व्यभिचारी हो गये हैं। यहां से अच्छा वातावरण दूसरे देशों में हैं, जहां कोई यज्ञ नहीं होते। वहां वर्षा भी होती है। और अपने देश में वर्षा का यह हाल है कि प्रत्येक वर्ष नदियों की भयंकर बाढ़ करोड़ों की सम्पत्ति नष्ट करती है।"

आवश्यकता तो इस बात की है जिन बातों से वातावरण अशुद्ध और विषैला हो रहा है, उसे रोकने का प्रयास किया जाये। विश्व में परमाणु बमों के परीक्षण रोके जायें जो वातावरण को खतरनाक तरीके से रेडियो एक्टिव बनाकर मानव संतति को अपंग और रुग्ण बना रहे हैं। रासायनिक हथियारों का उत्पादन बंद किया जाये। कारखाने बस्ती से हटाकर शहरों से दूर लगाये जायें। नदियों को प्रदूषित होने से रोका जाये। जंगलों का काटना बंद किया जाये, जिससे पूरे पर्यावरण को खतरा हो रहा है। पर पुरोहितों और साधुओं को इन बातों की जरा भी फिक्र नहीं। उन्हें फिक्र सिर्फ इस बात की है कि लोग मूढ़ और अंधविश्वासी बने रहें। वह मूर्छित रहें, क्योंकि यदि वह जाग गये, तो उनका धंधा खतरे में पड़ जायेगा।"

इतना कह कर आचार्यश्री दो क्षण रुके, और ध्यान से अपने कथन की प्रतिक्रिया पांचों युवकों के चेहरों पर देखते हुए बोले—"इन दो-चार जरूरी बातों से मुझे आशा है तुम लोगों को यज्ञों की व्यर्थता का बोध अच्छी प्रकार हो गया होगा।"

प्रश्न करने वाले युवक, जिसका नाम राकेश था, तुरन्त बोल पड़ा—"आचार्यश्री! आपसे ज्ञान पाकर मेरी तो आज आंखें खुल गईं। मैं तो सोच रहा हूं, आपके इन यज्ञ संबंधी विचारों का एक पैम्फलेट छपवा कर लोगों में बांटूं। यज्ञों के विरोध में पूरा जनमत तैयार करूं?"

तभी अजय बीच ही में बोल पड़ा—"आचार्यश्री! आप इस बाबत कोई आर्टिकल समाचार पत्रों में प्रकाशित करने को क्यों नहीं भेजते?"

आचार्यश्री हंस कर बोले—"पहली बात तो यह कि मैं पत्रों का उत्तर लिखने के अतिरिक्त और कुछ लिखता ही नहीं। और फिर यदि कोई ऐसे लेख पत्र-पत्रिकाओं में छपने को भेजें भी, तो कोई उन्हें प्रकाशित नहीं करेगा। सभी पत्र-पत्रिकाओं पर जिन लोगों का कब्जा है, वह लोग पंडितों, धर्माचार्यों और पुरोहितों के कब्जे में हैं। राजनेता और कथित प्रबुद्ध लोग ही इन यज्ञों का उद्घाटन करते हैं। और सभी का स्वार्थ इसी में है कि लोग मूर्च्छित और बेहोश रहें। हां, तुम लोग या अन्य लोग इस बाबत जब भी, जहां भी मुझे बोलने के लिए आमंत्रित करेंगे, मैं इस संबंध में नहीं, वरन् अन्य अनेक अंधविश्वासों को तोड़ने का प्रयास करूंगा। रात-दिन इसी प्रयास में लगा हूं कि लोगों की मूर्च्छा टूटे, और वह जागें।"

तभी क्रांति ने आकर बताया—"बाहर कामता सागर व भीखम भाई दो अन्य लोगों के साथ आपकी प्रतीक्षा कर रहे हैं।"

संकेत समझकर अजय व सभी युवक उठ खड़े हुए। प्रणाम कर सभी ने आचार्यश्री के चरण स्पर्श कर विदा ली। राकेश व उसके अन्य साथी यह दृढ़ निश्चय कर चुके थे कि वह आज ही पैम्फलेट तैयार कर प्रेस में छपने को दे देंगे और सभी मुहल्ले-मुहल्ले में उनका वितरण करते हुए, लोगों को समझायेंगे कि वह गायत्री महायज्ञ में चंदा न दें और उसका बहिष्कार करें। अजय इस संबंध में आचार्यश्री के शहीद स्मारक भवन में सभा आयोजित करने का प्लान बना रहा था।

बच्चों और युवाओं का नया धर्म क्या है?

21 सितम्बर, 1968 को आचार्यश्री ने कई पत्रकारों को इंटरव्यू का समय दिया था। दोपहर तीन बजे लगभग सभी प्रमुख पत्रों के आठ संवाददाता, आडियो कैसेट, कैमरे व अपनी-अपनी नोट बुक लेकर इंटरव्यू लेने के लिए उपस्थित थे।

आचार्यश्री ने सभी को मुस्कुराते हुए नमस्कार करते हुए कहा—"आप लोग बड़ी तैयारी से इंटरव्यू लेने आये हैं। आपका स्वागत है। पर मेरा आपसे केवल इतना आग्रह है कि मैं जो कुछ कहूं, उसे तोड़-मरोड़ कर प्रस्तुत न किया जाये। आप साथ में आडियो-कैसेट लाये हैं, यह और भी अच्छा है, क्योंकि आप लोग जो नोट्स लेते हैं उनमें कई बार आवश्यक चीज छूटकर, अनावश्यक तथ्यों का तालमेल कुछ इस तरह हो जाता है कि वह चीज एक नई शक्ल ले लेती है जिसका वास्तविकता से दूर-दूर का रिश्ता नहीं होता।"

एक पत्रकार ने मुस्कुरा कर उत्तर दिया—"इसी बात की सावधानी रखने के लिए ही हम इस बार आडियो-कैसेट साथ लाये हैं। पर क्या आप बताने का कष्ट करेंगे कि आपको प्रत्येक धर्म में त्रुटियां-ही-त्रुटियां क्यों दिखाई देती हैं? जहां तक मैं समझता हूं, प्रत्येक धर्म का नीति पक्ष एक ही है। प्रत्येक धर्म शांति, प्रेम, अहिंसा और सदाचरण की शिक्षा देता है। प्रत्येक धर्म की आत्मा एक है। केवल उनका कर्म-कांड पृथक्-पृथक् है। कर्म-कांडों की आलोचना तो उचित हो भी सकती है, पर प्रत्येक धर्म के नीति पक्ष की आलोचना कहां उचित है?"

आचार्यश्री ने उत्तर दिया—"आप जिन्हें धर्म कहते हैं वह केवल सम्प्रदाय है। सभी सम्प्रदाय कहते कुछ हैं, पर इनके अनुयायी करते कुछ हैं। क्राइस्ट ने कहा कि प्रेम ही परमात्मा है। पर ईसाइयों ने क्रिश्चियेनटी के नाम पर सबसे अधिक युद्ध किये हैं। उन्होंने इसे धर्म युद्ध का, क्रूसेड का, नाम दिया। पर नाम बदलने से युद्ध तो युद्ध ही रहता है। आज क्रूसेड रुक भी गये तो क्या, अब धर्म परिवर्तन डॉलर, पौंड और सुख-सुविधा के लालच से किया जा रहा है। इसी प्रकार इस्लाम भी शांति की बात करता है, पर सभी जानते हैं कि इस्लाम का प्रसार तलवार के बलबूते पर हुआ। हिन्दुस्तान से भी एकाएक करोड़ों बौद्ध गायब हो गये। या तो वह आसपास के देशों में भाग गये या कत्ल कर दिये गए। अपने को सर्वाधिक उदार धर्म कहलवाने वाले हिन्दू भी इससे पीछे नहीं हैं। जगह-जगह जो साम्प्रदायिक दंगे होते हैं, उनके मूल में यही ईर्ष्या, घृणा और तंगदिली है। दुनिया में मूलतः धर्म तो केवल एक है। उसका जन्म केवल तभी होता है, जब किसी को सत्य की अनुभूति होती है। जैसे कृष्ण, बुद्ध, महावीर, क्राइस्ट या मुहम्मद को हुई। उनके पहले और उनके समय कोई सम्प्रदाय नहीं थे। सम्प्रदाय तो उनके बाद उनके बचनों की व्याख्या करने वालों ने खड़े कर दिये। धर्म का अर्थ तो स्वभाव होता है। धर्म का अर्थ है धारण करना। इसलिए धर्म सदैव नकद और ताजा होता है। लेकिन हम सभी को धर्म मानते हैं। धर्म का अर्थ है अनुभव तुम्हारा नहीं है, किसी और का है। अनुभव किसी कृष्ण, बुद्ध या क्राइस्ट को हुआ, और तुमने बिन्रा उसे जानने का श्रेय उठाये, बिना कीमत चुकाये उसे स्वीकार कर लिया। उधार धर्म इसलिए बिलकुल सस्ता है। नकद धर्म प्राप्त करने के लिए तो अग्नि से गुजरना होता है, प्राणों की बाजी लगानी होती है।"

एक क्षण का विराम लेकर आचार्यश्री ने कहा—''और आप जिस नीति पक्ष की बात कहते हैं, मैं आपसे पूछता हूं कि इतने आपके तथाकथित धर्म हजारों वर्षों से नीति की शिक्षा दे रहे हैं फिर भी मनुष्य का रूपान्तरण क्यों नहीं होता? दिन-प्रतिदिन भ्रष्टाचार, व्यभिचार, हिंसा, क्रोध, वैमनस्य बढ़ता क्यों जाता है?''

स्वयं ही प्रश्न कर फिर उसका उत्तर देते हुए आचार्यश्री ने कहा—''नीति, असल में दमन सिखाती है। हम अपनी मूल वृत्तियों का ऊपर से दमन कर नीतिवादी हो जाते हैं। पर जैसे ही अवसर मिलता है खुल खेलने का, दमित वृत्तियों का विस्फोट होता है। और यदि विस्फोट नहीं होता, तो व्यक्ति पाखंडी या विक्षिप्त हो जाता है।''

दूसरे पत्रकार ने प्रश्न किया—''फिर आप कैसा धर्म चाहते हैं?'' आचार्यश्री ने तुरन्त उत्तर दिया—''मैं धर्म नहीं, धार्मिकता चाहता हूं। धर्म तो स्वभाव है। वह मिला ही हुआ है। केवल मूर्च्छा से, बेहोशी से वह उसे भूले हुए हैं। इस बेहोशी को तोड़ने का एक ही उपाय है कि लोग कुछ भी स्वीकार करने से पूर्व निष्पक्ष, सम्यक् विचार करें, संदेह करें। विश्वास से पहले हर बात को तर्क की कसौटी पर कस कर देखें। फिर जब संदेह पर भी संदेह होने लगे, तब सहज विश्वास का, श्रद्धा का आविर्भाव होता है। ध्यान की यात्रा पर निकल जाने से मन स्वत: शांत होने लगता है। महत्त्वाकांक्षा गिर जाती है। हम मिट जाते हैं। सत्य का अनुभव होता है।''

तीसरे पत्रकार ने प्रश्न किया—''आप सत्य को ही परमात्मा कहते हैं। पर आज की दुनिया में तो सच बोलकर अपना अस्तित्व बनाये रखना ही कठिन है। सत्य ईश्वर कैसे हो सकता है?'' आचार्यश्री ने तुरन्त उत्तर दिया—''सत्य शब्द में सत् और तत् दो की संधि है। सत् का अर्थ है यह और तत् कहते हैं'' को 'वह' जो देखा जा सके, जाना जा सके, जिसे दिखलाया जा सके, जो ज्ञात हो वह है सत्। सत् अर्थात् संसार अर्थात् प्रकृति या पदार्थ। और 'वह' का अर्थ है, अज्ञात। जिसकी सत्ता तो है पर देखा या दिखाया नहीं जा सकता। जिसका अनुभव तो किया जा सकता है पर कम नहीं किया जा सकता। सत् का अर्थात् यह का संबंध विज्ञान से है। तत् अर्थात् वह का संबंध धर्म से है। सत्य तो विज्ञान और धर्म दोनों का जोड़ है। केवल झूठ न बोलना ही सत्य नहीं है। सत्य तो विराट का दर्शन ही नहीं, उसकी गहनतम अनुभूति है। इसलिए बुद्ध ने तत् अर्थात् वह का जिक्र ही नहीं किया। क्योंकि जैसे ही आप 'वह' कहते हैं, 'यह' का संकेत हो जाता है। भाषा, अभिव्यक्ति यह सारे माध्यम, 'यह के' संसार के हो सकते हैं। उसकी तो मात्र अनुभूति हो सकती है। फिर भी और बुद्ध-पुरुषों ने उसके बारे में करुणावश जो कहा वह उसके मात्र संकेत हैं।

पर हमारे सभी धर्म जीवनविरोधी हैं, संसारविरोधी हैं। वह संसार छोड़ने की बात कहते हैं। वह जीवन को कृष्ण की तरह समग्र रूप से स्वीकार नहीं करते।''

एक अन्य पत्रकार ने प्रश्न किया—''फिर आप कैसा धर्म चाहते हैं? आज की युवा पीढ़ी धर्मविरोधी है। आपके धर्म में युवाओं के लिए क्या आकर्षण होगा?''

आचार्यश्री ने उत्तर दिया—''हमारा धर्म सर्वग्राही नहीं है। वह युवाओं को आकर्षित नहीं करता। जब आदमी मौत के निकट पहुंचने लगता है, तभी धर्म आकर्षित करता है। इसका मतलब है कि हमारा धर्म मृत्योन्मुखी है। मृत्यु के पार पर विचार करता है, जीवन पर विचार नहीं करता। लेकिन धर्म में तो इस पार और उस पार दोनों का जीवन ही सम्मलित होना चाहिये। बच्चों और युवाओं के लिए धर्म गम्भीर और उदास नहीं होना चाहिये। वह खेलता-कूदता, हंसता हुआ

होना चाहिये। अब बड़े लोग मंदिरों में बच्चों को ले जाते हैं। कहते हैं, चुपचाप बैठो। शोर करते हैं तो डांटते हैं। उसे दबाते हैं। प्रतिक्रिया स्वरूप बच्चे के मन में यह भाव पैदा होता है कि मंदिर अच्छी जगह नहीं है। ईश्वर का नाम लेकर उसे भयभीत करते हैं। सिखाते हैं—बुरा काम करने पर, शोर करने पर भगवान सजा देगा। जवान आदमी को भी धर्म, जीवन विरोधी मालूम होता है। न वह प्रेम करने की आज्ञा देता है और न शरीर के सौंदर्य और शरीर के रस के लिए किसी संभावना का द्वार खोलता है। युवक के पूरे प्राणों में सौंदर्य और प्रेम की जो पुकार होती है, धर्म उसका कोई उत्तर नहीं देता, रिस्पॉन्स नहीं देता। सिनेमा जाने पर वहां उसे उत्तर मिलता है, भले ही वह गलत और विकृत हो। मेरा मानना है, कि यह उत्तर उसे मंदिर से मिलना चाहिये। तो इधर मेरी पूरी चिन्ता बस इस बात पर लगी हुई है कि हम जीवन के पहले दिन से लेकर अंतिम विदा के क्षण तक समग्र जीवन को उसके आमूल, इकट्ठे रूप में सोचें और सारी चीजें जो जीवन में हैं, वे धर्म के ही संबंध में हों तो मुझे दिखाई पड़ रहा है कि एक और तरह की धार्मिक चिंतना सारे जगत में और सारे मनुष्यों के लिए उपयोगी हो सके।''

एक पत्रकार ने प्रश्न किया—''पर हिन्दू, मुसलमान और ईसाई प्रत्येक धर्म के लोग अपनी-अपनी मान्यताओं के अनुसार ही बच्चों और युवकों को धार्मिक बनाते हैं। क्या आपका यह कॉन्सेप्ट केवल हिन्दू धर्म के लिए ही है?''

आचार्यश्री ने उत्तर दिया—''यह सब धर्म नहीं, सम्प्रदाय हैं। धर्म तो बस एक ही होना चाहिये। ऐसा होना ही नहीं चाहिये कि हिन्दू का धर्म, मुसलमान का धर्म, या ईसाई का धर्म। धर्म सभी के लिए होरिजेंटल नहीं 'वर्टीकल' होना चाहिये—बच्चे का धर्म, जवान का धर्म, बूढ़ों का धर्म। यह असंभव है कि बच्चे और जवान अधार्मिक हों और बूढ़े अचानक धार्मिक हो जायें। यदि वह धार्मिक भी होंगे तो झूठे धार्मिक होंगे। सारे जीवन का आधार अधार्मिक होगा।''

दूसरे पत्रकार ने प्रश्न किया—''तो आप बच्चों के लिए कैसा धर्म चाहते हैं?''

आचार्यश्री ने उत्तर देते हुए कहा—''मैं पहले ही बता चुका हूं कि बच्चों का हंसता-खेलता धर्म होना चाहिये। इस देश में शरीर की बहुत चिंता नहीं की गई है और इसलिए शरीर की दृष्टि से हम बहुत हीन और दीन हो गये हैं। तो बचपन में सबसे ज्यादा जोर तो शारीरिक स्वास्थ्य पर दिये जाने की जरूरत है। यह बहुत मूल्यवान है कि बच्चे के शरीर को इतना मजबूत और बलवान बना दें तो आने वाले पूरे जीवन में उसको शरीर के बाबत विचार ही न करना पड़े।

स्वस्थ आदमी का लक्षण है कि उसको शरीर का पता ही न चले कि वह है भी। वह तो बीमार आदमी का लक्षण है कि उसको हर समय पता चलता रहता है कि हाथ हैं, पैर हैं, सिर हैं। हिन्दुस्तान का सारा चित्त शरीर विरोधी रहा है। हम व्रत से, उपवास से, शरीर को कष्ट ही देते रहे हैं। और शरीर को हम जितना नुकसान पहुंचायेंगे, उतने ही हम आध्यात्मिक समझे जाते हैं। अब यहां दिगम्बर जैन हैं, जिनको मुनि कहते हैं—''स्नान मत करो, दातौन मत करो। शरीर को सुन्दर मत बनाओ। सुन्दर होने की या साफ रहने की चेष्टा को ही वह पाप समझते हैं। दूसरी ओर ऐसे सम्प्रदाय हैं, जो जाड़ों के दिनों में भी मंदिर जाने के पहले जबर्दस्ती बच्चों को नहला रहे हैं। हमारा पूरा चिंतन शरीर विरोधी है। हम आत्मा की बात करना चाहते हैं, पर शरीर के विरोध में नहीं। शरीर की ट्रेनिंग के साथ मैं चाहता हूं कि बच्चों को एक प्रकार की सैनिक शिक्षा दी जाये। उनके साहस को विकसित किया जाये। उन्हें भयमुक्त किया जाये। नैतिक जीवन का बुनियादी आधार ही साहस है। जितना साहसी लड़का होगा, उतना ही सत्यवादी होगा। जब साहस की कमी पड़ती है तभी आदमी झूठ बोलता है। जब उसे लगता है कि सच बोलने

से ठगे जायेंगे तो वह झूठ बोलने लगता है और साहस की ट्रेनिंग के लिए जरूरी है, बच्चों को पहाड़ पर चढ़ना सिखायें। नदी में, समुद्र में तैरना सिखायें। इस ट्रेनिंग में यदि शिक्षा का थोड़ा नुकसान भी हो तो कोई हर्ज नहीं। पांच हजार सालों से हम स्कूल की शिक्षा का परिणाम देख चुके हैं। स्कूल में हजारों सालों से नैतिक शिक्षा दी जा रही है—झूठ मत बोलो, बेईमानी मत करो, यह करो, वह मत करो। पर उसका परिणाम क्या हुआ? यह सब बहुत हो चुकी बकवास, इससे कुछ हुआ नहीं। एक बच्चा अनैतिक तभी बनता है, जब उसमें साहस की कमी होती है। बचाव के लिए उसके पास एक ही रास्ता रह जाता है कि वह झूठ बोले और बच जाये। बेईमानी कर ले, चोरी कर ले। चूंकि पूरा समाज ही अनैतिक है और इसीलिए आदमी तभी नैतिक हो सकता है, जब बच्चे में पूरे समाज से जूझने का साहस हो। मां-बाप शिक्षा देते हैं—बेटा सदा सत्य बोलना। पर कुछ ही देर बाद कर्ज का तगादा लेकर साहूकार आवाज लगाता है तो बाप बेटे से कहता है—जाकर कह दे कि मैं घर नहीं हूं। वह बच्चे को झूठ, छल और पाखंड सिखा रहा है।''

अपनी बात को एक बोध कथा से स्पष्ट करते हुए आचार्यश्री ने कहा—''ट्रेनिंग का दूसरा हिस्सा होना चाहिए, जीवन को दांव पर लगाने का। मेरा यह मतलब नहीं, कि आप छोटे से बच्चे को नदी या समुद्र में फेंक दें। उसे अंधेरे में भेजा जाये, पेड़ों पर चढ़ना सिखाया जाये। ज्यों-ज्यों वह बड़ा हो, उसे और कठिन चुनौतियों से गुजारा जाये। अगर इसी तरह शिक्षा होती रही, तो युनिवर्सिटी तक आते-आते वह एक साहसी, निडर और नैतिक युवा होगा।''

एक पत्रकार ने प्रश्न किया—''और जो बच्चे शारीरिक दृष्टि से कमजोर हों?''

आचार्यश्री ने उत्तर दिया—''शारीरिक दृष्टि से कमजोर बच्चे पैदा करने की हमारी व्यवस्था अवैज्ञानिक है। सच तो यह है कि समाज में हर व्यक्ति को बच्चे पैदा करने का हक होना ही नहीं चाहिये। मेरी जो समाज की कल्पना है, उसमें बच्चे पैदा होने पर नियंत्रण होना ही चाहिए। एक तो उससे बेहिसाब बढ़ती आबादी रुकेगी, और दूसरे डॉक्टर द्वारा केवल स्वस्थ व्यक्तियों को ही बच्चा पैदा करने का अधिकार होना चाहिये। लेकिन फिर भी जो अभी समाज में कमजोर बच्चे हैं वे इसीलिए कमजोर रहे कि उन्हें ट्रेनिंग से गुजारा नहीं गया। उनको कोई चुनौती नहीं दी गई। जो सौ कमजोर बच्चे हैं, उनमें से अस्सी की कमजोरी ट्रेनिंग से ठीक हो सकती है, बाकी बच्चों को उस क्षेत्रों में जाना चाहिये, जहां कमजोरी बाधा नहीं है। पर उन्हें भी मानसिक रूप से तो साहसी बनाया ही जा सकता है। साहस कुछ 'इनर क्वालिटी' है, और कमजोरी केवल शरीर की बात है। अगर मरने से भय लगता हो तो ताकतवर भी कमजोर ही कहलायेगा। इसीलिए मेरा कहना है कि सभी तलों पर जन्म से लेकर मृत्यु तक कमजोरी मिटाने की कोशिश करनी चाहिए।''

एक अन्य पत्रकार ने प्रश्न किया—''हमारे यहां प्राचीन काल में आश्रम व्यवस्था के अन्तर्गत बच्चों को पच्चीस वर्षों तक इसीलिए गुरुकुलों में रखकर शिक्षा दी जाती थी। क्या वह व्यवस्था ठीक नहीं थी?''

आचार्यश्री ने उत्तर दिया—''गुरुकुलों में पहले तो ब्राह्मणों और क्षत्रियों के पुत्रों को ही शिक्षा दी जाती थी। शूद्र को शास्त्र पढ़ने का क्या, छूने और सुनने का भी अधिकार नहीं था। ब्राह्मण के बच्चों को भी, वह शिक्षा के नाम पर यज्ञ करना, पूजा करना, यह सारे कर्मकाण्ड सिखाते थे। फलित ज्योतिष सिखाते थे। केवल क्षत्रियों के बच्चों को शस्त्र-शिक्षा दा जाती थी। उन्हें साहस की, विज्ञान की, सेक्स की कोई शिक्षा नहीं दी जाती थी। समाज के लिए वह शिक्षा

भी एक ऐसा वर्ग तैयार करता था, जो राजाओं और पुरोहितों के शोषण के दुष्चक्र को जारी रख सके। यदि हमारे पास शिक्षा का कोई व्यवस्थित शास्त्र होता तो महज तीन सौ वर्षों में पश्चिम के लोग हमसे आगे न निकल पाते। पश्चिम ने एक वैज्ञानिक, शिक्षित, सुखी और समृद्ध समाज को जन्म दिया है और हमारी पांच हजार वर्षों की शिक्षा ने जो समाज पैदा किया है वह हमारे सामने है। न हम एक भी मशीन बना सके न रेल, वायुयान या कार बना सके न हमारे यहां सर्जरी विकसित हो सकी, न हम रसायनशास्त्र का विकास कर सके। हमारे यहां विद्या के नाम पर, समाज के बनाये ढांचे को कैसे कायम रखा जाये, सिर्फ यह सिखाया जाता था। शूद्र के लिए घृणा सिखाई जाती थी और विश्वबंधुत्व का ढोल पीटा जाता था। स्त्रियां भी इस शिक्षा से वंचित थीं और उनसे गुलामों जैसा व्यवहार किया गया। सती प्रथा, विधवाओं का उत्पीड़न, यह हमारी शिक्षा का परिणाम था। हमारे देश में केवल दो शिक्षा शास्त्री थे। एक मनु और दूसरा मैकाले। मैकाले ने हमें क्लर्क बनाने वाली शिक्षा दी। मनु ने हमें अंधविश्वासी, संकुचित, रूढ़ और एक ऐसा इनसान बना दिया, जो अपने ही एक वर्ग को अछूत और घृणित समझने लगा।''

एक अन्य पत्रकार ने प्रश्न किया—''पर आपका यह विचार वर्तमान परिस्थितियों में क्या मात्र एक सपना नहीं है? ऐसा यूटोपिया साकार और सफल कैसे हो सकता है?''

आचार्यश्री ने उत्तर दिया—''विचार ही तो बीज होता है। बीज उत्पन्न हो तो वृक्ष तो बन ही जाता है। और मेरी दृष्टि में आज इस देश में पहली दफा युवक इस हालत में पहुंचा है कि वह धार्मिक हो सकता है। एक क्रांति कर सकता है। आज युवक में आक्रोश है, विद्रोह है, और धार्मिक होने के लिए सत्य की खोज पर जाने के लिए, इसी विद्रोह की क्षमता की आवश्यकता है। हमारे देश में पहले युवक आज्ञाकारी था, जी-हुजूर था, उसमें इनकार करने की ताकत नहीं थी। और मेरी समझ है कि जिस बच्चे में इनकार करने की ताकत नहीं होती, उसकी 'हां' का भी कुछ मूल्य नहीं है। आज तक हिन्दुस्तान में सिर्फ बूढ़े थे और उनके अनुगत थे। जवान की पीढ़ी तो अभी विकसित हुई है। पुरानी वैल्यूज, पुराने मूल्य और आदर्श, सारे असफल सिद्ध हो चुके हैं। आज युवाओं में बाहर जाने वाली सुप्त शक्तियां जाग रही हैं। इसलिए मैं ध्यान की नई प्रक्रिया मेडीटेशन इन एक्शन विकसित करना चाहता हूं। ध्यान करते हुए वह केवल एक्शन पर ही ध्यान दें, जैसे कवायद करते समय, मन एकाग्र होकर केवल कवायद करता है। युवाओं के लिए बैठकर ध्यान करने की अपेक्षा चलते हुए, खड़े हुए, ध्यान करना उन्हें और गतिशील बनायेगा। बुद्ध भी बैठने के ध्यान के साथ-साथ, चलते हुए भी ध्यान करने को कहते थे। हालांकि चलते हुए ध्यान करना जरा कठिन है, पर युवक के लिए यह आसान है। धार्मिक शिक्षण से मेरा तात्पर्य ध्यान के शिक्षण से है, जो हर सम्प्रदाय का युवक केवल धार्मिक होकर मजे में कर सकता है। धार्मिक शिक्षा के नाम पर मैं उन्हें वेद, गीता, कुरान या बाइबिल पढ़ने को नहीं कह रहा। यदि आज कर्म के साथ ध्यान जुड़ जाये तभी युवक धार्मिक बन सकते हैं, अन्यथा नहीं। ध्यान करते ही अन्दर की अशांति विलुप्त हो जाती है। शान्त होते ही प्रेम पैदा होता है। अशांत व्यक्ति तो घृणा कर सकता है, क्रोध कर सकता है, ईर्ष्या कर सकता है, प्रेम नहीं कर सकता। आज देश में राजनीतिज्ञ अपने स्वार्थ के लिए अशांत युवकों से चुनाव में सहयोग ले रहे हैं, जहां छल-प्रपंच, घृणा-क्रोध, ईर्ष्या किसी भी तरह से चुनाव जीत लेना ही एक मात्र उद्देश्य है। आज अशांत युवक ही हड़ताल कर रहा है, तोड़-फोड़ कर रहा है, फर्नीचर तोड़ रहा है, बसें जला रहा है। केवल इसीलिए क्योंकि उसके विद्रोह और आक्रोश को कोई सही दिशा नहीं दी गई है। आज इस देश में युवक के पास शक्ति है, पर शांति बिलकुल नहीं है।

अशांत चित्त और शक्ति पास होगी तो टूट-फूट विघटन, आज्ञाहीनता उपद्रव यह सब तो होना ही है। वह अनुशासन मानने से इंकार कर रहा है। ध्यान करने से अशांत चित्त शांत होगा, और एक आत्मअनुशासन विकसित होगा जो युवक को विचारशील, विवेक पूर्ण और अनुशासित बनाने में समर्थ होगा।''

इस पत्रकार-वार्ता में पूछे गये कुछ और प्रश्नों का भी आचार्यश्री ने तर्क पूर्ण और मर्मस्पर्शी उत्तर दिया।

सभी पत्रकार, आचार्यश्री के व्यक्तित्व से तो प्रभावित थे ही, आज उनकी धार्मिकता की नई व्यवस्था और बच्चों तथा युवाओं के लिए नये धर्म की अवधारणा के तर्क पूर्ण विचारों से अभिभूत होने के साथ-साथ आश्चर्य चकित रह गये।

❑ ❑

धन की पकड़ से विवाह अच्छा

इस बार जब आचार्यश्री इंदौर पधारे, तो उन्होंने अपने प्रेमी मित्रों से स्पष्ट रूप से कहा—''मैं इस महानगर के शोर और प्रदूषण से बहुत घबड़ाता हूं और उससे भी अधिक आप लोगों की खातिरदारी से। मैं चाहता हूं, मेरे रहने का प्रबंध आप किसी सुनसान गेस्ट हाउस में कर दें, जहां मुझे एकान्त मिल सके।''

कहने की देर थी, उन्हें एक ऐसे ही बंगले में शिफ्ट कर दिया गया, जिसमें उनके स्वामी अकेले ही रहते थे। बंगले के सामने एक सुंदर और बड़ा बाग था। वह सज्जन इंदौर के सम्पन्नतम लोगों में से एक थे व अविवाहित थे। उनकी आयु लगभग चालीस वर्ष थी व वह भी एकान्तप्रिय थे। उनके माता-पिता की मृत्यु हो चुकी थी। उनकी एकमात्र रुचि थी धन अर्जित करना। उनकी बुआ जो आचार्यश्री की भक्त थीं, उन्होंने उनके रहने का प्रबन्ध एक विशेष उद्देश्य से किया था। उन्होंने कहा था—''मेरा भतीजा न जाने किस मिट्टी से बना है ? उसे धन कमाने के अतिरिक्त, जीवन में और कोई दूसरी रुचि नहीं है। न शराब पीता है और न स्त्रियों में ही उसकी कोई दिलचस्पी है। मैं उसे समझाते-समझाते हार गई, पर वह विवाह के नाम से ही सौ-सौ गज ऊपर उछलने लगता है। आप यदि उसे विवाह के लिए राजी कर दें तो मुझ पर बहुत बड़ा उपकार हो। भैया, उसकी जिम्मेदारी मेरे ही ऊपर छोड़ कर गये थे। पर उस बावले को नोट गिनने के सिवा किसी दूसरी चीज में कोई रुचि ही नहीं।''

आचार्यश्री मुस्कुरा कर रह गये थे। उन्होंने कोई उत्तर नहीं दिया था। स्थान वास्तव में सुंदर था। वहां रहते हुए ऐसा अनुभव होता था कि जैसे वह शहर में नहीं रह रहे हैं। दो दिनों तक आचार्यश्री अपने मेजबान की गतिविधियों को ध्यान से देखते रहे। उन दोनों के बीच दो चार औपचारिक बातों के अतिरिक्त अभी तक कोई बातचीत नहीं हुई थी। उनकी बुआ ने रसोइये से कहकर प्रत्येक प्रकार की ऐसा व्यवस्था कर दी थी, जिससे आचार्यश्री को जरा भी असुविधा न हो। उन्हें कुछ नई पुस्तकों के अध्ययन का भी वहां यथेष्ट समय मिल जाता था, जिन्हें उन्होंने हाल में ही खरीदा था। अपने रूटीन के अनुसार आचार्यश्री प्रायः तीन बजे ही उठ जाते थे और एक घंटा बाग में ही टहलते रहते थे।

उस दिन जब वह सुबह तीन बजे उठे तो देखा मेजबान के कमरे की लाइट अभी तक जल रही है और वह कमरे में इधर-से-उधर चक्कर लगा रहे हैं। आचार्यश्री ने उनका दरवाजा खटखटाया। वह तुरन्त बाहर आ गये। उनकी आंखों के पपोटे सूज रहे थे व वह लाल हो रही थीं। चेहरे पर अनिद्रा और टेंशन के भाव स्पष्ट थे। आचार्यश्री मुस्कुरा कर बोले—''लगता है, आज आप रात भर सोये नहीं। चलिये, कुछ देर मेरे साथ बाग में टहलिये। आपका बाग वास्तव में बहुत सुंदर है। कुछ पौधे तो मेरे लिए भी नये हैं। पर आश्चर्य की बात है, आपको मैंने पिछले दो दिनों से बगीचे में भी टहलते नहीं देखा।''

वह कमरा लॉक कर आचार्यश्री के साथ बाग में टहलते हुए बोले—''माली मेरे पिता के समय से ही चला आ रहा है। वही बगीचे की देखभाल करता है। मेरी अपनी रुचि कोई खास पेड़-पौधों में भी नहीं है।''

आचार्यश्री ने कहा—"मैं जानता हूं, आपकी रुचि केवल नोट गिनने में है। आपके कमरे से रात भर नोट गिनने की ही आवाज आती रहती है। धन कमाना अच्छी बात है, पर मैं देख रहा हूं कि आप बराबर चिंतित, परेशान और तनावग्रस्त रहते हैं। न ढंग से खाते-पीते हैं, न रात चैन से सो पाते हैं। शराब, स्त्री, रेस, जुआ किसी में भी आपकी रुचि नहीं। मैं समझता हूं कि आप जिस तरह की जिन्दगी जी रहे हैं, अब बिना धन अर्जित किये हुए भी, आप इसी तरह अपने धन से कम-से-कम 200 वर्ष रह सकते हैं। क्या आप इस धन को अपनी मृत्यु के बाद अपने साथ ले जायेंगे?"

जैसे आचार्यश्री ने उनकी दुखती रग पर हाथ रख दिया था। उन्होंने उत्तर दिया—"आप कहते तो ठीक हैं। यह मैंने आज तक कभी सोचा ही नहीं कि मेरे मरने के बाद क्या होगा? और मैं यह भी अच्छी तरह जानता हूं कि मैं बिना धन कमाये इसी प्रकार 200 वर्ष मजे से रह सकता हूं। पर मैं जानता हूं कि मैं 70 वर्ष से अधिक नहीं जिऊंगा। मेरे पिता और बाबा भी 70 वर्ष तक जिए थे। पर क्या आप बता सकते हैं कि मैं ऐसा क्यों कर रहा हूं?"

आचार्यश्री कंधे उचकाते हुए बोले—"यह आपसे बेहतर और कौन जान सकता है? पर आप शायद जानबूझ कर इस प्रश्न पर सोचने से ही घबड़ाते हैं। आखिर आदमी पैसा क्यों पैदा करता है? उसे सुख मिले, आनंद मिले। पर स्त्री तो दूर आपकी रुचि न मित्र बनाने में है और न कहीं आने-जाने में। मैं तो समझता हूं कि पैसा कमाने की इस कैंसर जैसी खतरनाक बीमारी के लिए आप स्वयं जिम्मेदार हैं। और शायद इसीलिए आप स्त्रियों से दूर रहते हैं।"

वह आश्चर्य से बोले—"पर धन और स्त्री का एक दूसरे से क्या संबंध है?"

—"संबंध है, और बहुत गहरा संबंध है। पर यह मैं आपको बाद में बताऊंगा पर पहले आप यह बतायें कि आपको स्त्री के नाम से ही इतनी चिढ़ क्यों हैं?"

वह उदास होकर बोले—"स्त्री केवल, झगड़े, फसाद, कलह, दुःख और क्लेश ही लाती है। मैंने जीवन भर बाबा-दादी को और फिर अपने मां-बाप को आपस में झगड़ते हुए ही देखा। और उनकी ही नहीं, मैंने अपने चाचा-चाची और सभी नाते रिश्तेदारों को इसी तरह कुत्ते बिल्लियों की तरह लड़ते हुए पाया। मुझे इसीलिए बचपन से ही स्त्री जाति से ही घृणा हो गई। मेरे बाबा मुझे बचपन से ही उपदेश सुनाने, जैन साधुओं के पास ले जाते थे। वह भी अपने उपदेशों में यही बताते थे कि मनुष्य की सबसे बड़ी कमजोरी स्त्री है। वह नर्क में ले जाती है। मुक्ति के मार्ग में वही सबसे बड़ी बाधा है।"

आचार्यश्री खिलखिला कर हंस पड़े। कुछ देर हंसते ही रहे। वह सज्जन आश्चर्य से बोले—"पर आप किस बात पर हंस रहे हैं?" हंसी थमने पर आचार्यश्री ने कहा—"मैं मूर्ख जैन मुनियों के उपदेशों पर हंस रहा हूं पर वह मूर्ख शायद भूल गये कि वह भी नर्क के द्वार से ही उत्पन्न हुए हैं। जिस स्त्री को वह नर्क का द्वार कहते हैं, एकान्त में वह भी स्त्री का चिंतन करते रहते हैं। और क्या कभी आपने सोचा है कि यदि प्रकृति ने स्त्री न बनाई होती तो यह पृथ्वी कितनी उदास और बेरौनक होती? न यहां बच्चों की किलकारियां होतीं, न मनुष्य में धन कमाने की चाह होती। शायद सभ्यता और संस्कृति का भी यह विकास नहीं हुआ होता। आपकी समस्या का एक मात्र समाधान है, स्त्री।"

वह आश्चर्य से बोले—"यह आप कह क्या रहे हैं? आपने स्वयं भी तो विवाह नहीं किया है। आप मुक्ति और मोक्ष का उपदेश देते हैं, आप....।"

आचार्यश्री मुस्कुरा कर बोले—"आप मेरी बात छोड़ें। पर मैं जीवन विरोधी नहीं हूं। स्त्री

और धन विरोधी भी नहीं हूं। मैं सहज, सत्य और स्वाभाविक जीवन में विश्वास रखता हूं। मेरे देखे, जीवन एक उत्सव और आनंद है। वह नदी का बहता हुआ जल है। पर वही जल, जब डबरे में रुक जाता है, सड़कर उससे बदबू आने लगती है। और यह बात केवल पानी के लिए ही नहीं, जीवन के हर क्षेत्र में लागू होती है। आपके धन कमाने और धन संचय करने का नशा भी कुछ इसी तरह का है। धन को अंग्रेजी में करेंसी कहते हैं। करेंसी का अर्थ होता है जो दौड़ती रहे, करेंट की तरह। धन जितनी शीघ्रता से एक हाथ से दूसरे हाथ में आता-जाता है वह उतना ही बढ़ता है। तिजोरी में बंद होकर उस पर भी जंग लग जाती है। इसीलिए प्रकृति ने पुरुष को धन कमाने के लिए और स्त्री को धन खर्च करने के लिए बनाया है। और जहां तक मैं समझता हूं आपके बाबा-दादी और माता-पिता के बीच कलह का कारण सम्भवत: धन ही रहा होगा।''

वह आश्चर्य से बोले—''आपको कैसे मालूम? वास्तव में मेरी दादी और मां जब-जब बाबा और पिता से खर्च करने के लिए धन मांगती थीं, झगड़ा तभी होता था। नये आभूषणों, वस्त्रों और नाते-रिश्तेदारों को देने के लिए उन्हें हमेशा धन की आवश्यकता रहती थी। पर हमारे बाबा कृपण थे। कहते थे धन खर्चने से लक्ष्मी घर छोड़कर चली जाती है।''

आचार्यश्री ने उत्तर दिया—''झगड़े का मूल कारण स्त्री नहीं, झगड़े का मूल कारण है धन पर हमारी पकड़। धन के प्रति हमारी अंधी आसक्ति। मेरे देखे जो व्यक्ति केवल धन का संचय करता है वह धन का ही दुश्मन है। वह धन को बहने से रोकता है। उसे तिजोरी में बंद कर एक मानसिक विक्षिप्तता में जीता है। उसे केवल नोट गिनने में ही रस आने लगता है। वह नोटों को भी ऐसा छूता है जैसे अपनी प्रेमिका के गालों का स्पर्श कर रहा हो। प्रकृति ने उसे जो कामशक्ति, प्रेम की ऊर्जा दी थी, वह उसका सारा उपयोग धन-संचय करने में लगा देता है। धन एक जड़ पदार्थ है। उसमें इस ऊर्जा को लगाने से कहीं बेहतर है कि उस ऊर्जा का विवाह करके स्वाभाविक विकास किया जाये। इसी ऊर्जा का ऊर्ध्वगमन करके योगी संभोग से बढ़कर सुख प्राप्त करता है। पर विवाह करने के बाद भी जो धन पर आसक्ति नहीं छोड़ते, और स्त्री को प्रेम नहीं देते, तो कलह होना स्वाभाविक है। वस्तुत: ऐसे लोग स्त्री से प्रेम करने में इसीलिए घबड़ाते हैं, क्योंकि उन्हें धन के खर्च होने का भय होता है। वह किसी वस्तु को छोड़ना नहीं चाहते। ऐसे व्यक्ति कब्ज के भी शिकार हो जाते हैं। वह मल का भी त्याग नहीं करना चाहते हैं। उनकी भूख गायब हो जाती है। वह धर्म सभाओं में भी जाने से इसीलिए घबड़ाते हैं कि कहीं कोई उनसे धन की मांग न कर बैठे? वह लोग आत्मकेन्द्रित हो जाते हैं और कभी-कभी पागल तक हो जाते हैं। क्योंकि सौ में से पंचानबे लोग केवल इसीलिए पागल हैं क्योंकि सेक्स का उन्होंने दमन किया है। अब जो ऊर्जा शरीर में उत्पन्न होती है वह या तो नीचे जायेगी या ऊपर। और अगर दबायी गई तो एक दिन विस्फोट तो होना स्वाभाविक है।''

यह सुनते ही वह सज्जन बहुत बेचैन हो गये। उन्हें एक गहरा आघात लगा। कुछ देर वह खामोश बैठ कर कुछ देर सोचते रहे फिर भयभीत होकर बोले—''मैं आपसे झूठ नहीं बोलूंगा, मुझे वास्तव में नोटों की नई गड्डियों को गिनने में ही वास्तविक आनंद मिलता है। मैं रात भर जाग कर सिर्फ नोट ही गिनता रहता हूं। उन्हें छूने मात्र से मुझे यही लगता है कि जैसे मैं प्रेमिका को ही छू रहा हूं। मुझे गैस और कब्ज की भी शिकायत है। भूख भी नहीं लगती। नींद भी उड़ गई है। क्या मैं सचमुच कभी पागल हो सकता हूं।''

आचार्यश्री मुस्कुरा कर बोले—''आधे पागल तो आप हैं ही। यह आसक्ति ऐसी ही बनी रही, तो विस्फोट तो कभी भी हो सकता है। और फिर संसार में सभी स्त्रियां एक-सी नहीं होतीं।

शिक्षित युवतियां समझदार होती हैं। पहले मां-बाप लड़की देखकर नहीं, खानदान देखकर विवाह करते थे। प्रेम विवाह के बाद पैदा हो, यह प्रयास किया जाता था। पर प्रेम प्रयास से नहीं, अपने आप होता है। आप देख समझकर, अपनी रुचि और आदतों के अनुसार लोगों के बीच उठें, बैठें और यदि किसी से प्रेम हो जाये तो आपसी सहमति से विवाह कर लें। विवाह के बाद बच्चे भी होंगे। बच्चे जीवन में नई खुशी और आनंद देंगे। कोई इस धन का उत्तराधिकारी भी पैदा हो सकता है। और आपकी समस्या का यही मात्र एक समाधान है।''

वह आश्चर्य से बोले—''आचार्य जी! आप कह क्या रहे हैं? मैं और अब विवाह करूंगा?''

पर उनकी बात न सुनकर आचार्यश्री कहते गये—''मेरे पास ध्यान के लिए डिग्री कॉलेज व युनिवर्सिटी की 30-35 वर्ष की कई अविवाहित लेक्चरार आती जाती रहती हैं। मैं आपका उन लोगों से परिचय करा दूंगा। और एक बात आप निश्चित समझ लें कि कोई स्त्री आपके धन को देखकर ही विवाह करेगी। फिर आप धन खर्च करने में कंजूसी मत कीजियेगा।

वह व्याकुल होकर बोले—''पर ऐसा करना क्या जरूरी ही है?''

आचार्यश्री ने दो टूक उत्तर देते हुए कहा—''आपकी धन से आसक्ति छूटने का केवल यही रास्ता है। जो ऊर्जा इस आसक्ति से विकृत हो गई है वह स्वाभाविक रूप से बहने लगेगी। इससे निरन्तर, तनाव से आपको मुक्ति मिलेगी। भूख लगना, नींद आना, जीवन में उमंग, आसक्ति यह सब कुछ बढ़ जायेगी। धन ठिकाने लगाने का व उसका संतोषजनक रूप से उपयोग करने का स्त्री से बढ़कर और कोई दूसरा उपाय नहीं है।''

वह कुछ सोचते हुए बोले—''मैं इस पर विचार करूंगा।''

आचार्यश्री ने कहा—''विचार जरूर करो। पर सोच विचार करने में 40-45 वर्ष आप बिता ही चुके हैं। 5-7 वर्ष और निकले तो प्रेम विवाह आपके लिए असम्भव हो जायेगा। इसलिए आज रात भर सोचकर कल सुबह मुझे बता दें। और मैं आपका दो-एक शिक्षित युवतियों से परिचय करा दूंगा। वह न गरीब होंगी और न धन की दीवानी। बुद्धि-विवेक वाली वह समझदार महिलाएं हैं। और फिर आप इस नुस्खे को आजमा कर देखें। शादी करना आपके लिए जरूरी शर्त नहीं है। यदि आप दोनों मिलकर एक दूसरे को चाहने लगे और विवाह करने की आपकी इच्छा हो, विवाह तब ही कीजियेगा। पहले स्त्री से मित्रता करके तो देखिये।''

उस दिन बातचीत वहीं समाप्त हो गई। सुबह के प्रवचन के बाद फिर उनकी बुआ नित्य की भांति प्रणाम करने आईं। आचार्यश्री मुस्कुरा कर बोले—''आपके प्रेम के कारण उससे विवाह की आज वकालत कर दी है, आशा है शायद कल तक कुछ परिणाम हो। पर इस समस्या का समाधान प्रेम-विवाह ही है। अपने बाबा-दादी और मां-बाप के रोज-रोज के झगड़ों के कारण उसे स्त्री जाति से विरक्ति हो गयी है। रही-सही कसर जैन साधुओं ने स्त्री को नर्क का द्वार कहकर पूरी कर दी है।''

वह आनंद से अश्रु बहाने लगीं।

दूसरे दिन सुबह जब नाश्ते पर उनसे भेंट हुई, तो आचार्यश्री मुस्कुरा कर बोले—''लगता है आज रात भर सो नहीं पाये?''

वह तुरन्त बोले—''आप बिलकुल ठीक कह रहे हैं। मैं रात भर सोचता रहा। आप शायद ठीक ही कहते हैं। यह बात मेरी समझ में भी आ रही है कि नोट आखिर रद्दी का एक ढेर ही तो है। उनके बढ़ाते जाने से समस्याएं बढ़ ही रही हैं। शायद आपके बताये उपाय से ही धन की आसक्ति कुछ कम हो।''

दूसरे दिन आचार्यश्री उन्हीं के साथ जबलपुर वापस आ गये।

आचार्यश्री ने जबलपुर में एक 35 वर्षीय युनिवर्सिटी लेक्चरार से बात कर, उसके सम्मुख सारी स्थिति स्पष्ट करते हुए कहा—"मैं आपका उनसे परिचय करा दूंगा। आगे आप परिचय बढ़ायें या न बढ़ायें, यह आपकी मर्जी पर निर्भर है।"

उसी रात उस स्त्री का परिचय आचार्यश्री ने पहले बुआजी और फिर उनके भतीजे से करा दिया।

❑ ❑

पन्द्रह दिन बाद ही उनके विवाह का निमंत्रण पत्र मिला और आग्रह भरे दोनों के पत्र भी, जिसमें आचार्यश्री को विवाह में आर्शीवाद देने के लिए आमंत्रित किया गया था। आचार्यश्री ने मुस्कुरा कर उसी समय तुरन्त शुभकामना संदेश के साथ उन्हीं तारीखों में अन्यत्र कार्यक्रम होने के कारण न आ सकने की असमर्थता व्यक्त करते हुए क्षमा-याचना का पत्र पोस्ट कर दिया।

❑ ❑

अगली बार जब आचार्यश्री इन्दौर गये तो प्रवचन के बाद वह सज्जन भी आशीर्वाद लेने उपस्थित हुए, जिन्हें छः मास पूर्व ही आचार्यश्री ने विवाह के लिए उत्प्रेरित किया था।

उनके चेहरे पर एक चमक आ गई थी। लगता था, जैसे वह आयु में भी दस वर्ष कम हो गये हों। उनके माथे पर हमेशा रहने वाली सलवटें गायब हो गई थीं।

आचार्यश्री हंस कर बोले—"आप विवाह के बाद आनंद से तो हैं?"

वह हंसकर बोले—"वह तो आप मुझे देखकर ही समझ गये होंगे। अब मेरी वास्तव में धन पर से पकड़ छूट गई है। पर जो देवी जी हैं, उनकी धन खर्च करने की कोई सीमा नहीं है।"

आचार्यश्री ने पूछा—"आप लोगों में आपस में झगड़ा तो नहीं होता?"

उन्होंने उत्तर दिया—"झगड़े का क्या काम? मैं उनकी किसी बात में दखल ही नहीं देता। मैंने अच्छी तरह समझ लिया था कि मेरी माताजी इसीलिए झगड़ा करती थीं क्योंकि पिताजी उन्हें खर्च करने के लिए पर्याप्त धन नहीं देते थे। अब चूंकि मेरी धन की पकड़ ही समाप्त हो गई है इसलिए रात मजे से सोता हूं। पहले से भूख भी खुल गई है। मैं आपका बहुत आभारी हूं। पर आप कृपा करके मेरे साथ ही चलने का कष्ट करें। पिछली बार अकेला होने के कारण मैं आपकी ठीक प्रकार से खातिरदारी भी न कर सका।"

आचार्यश्री ने हंसकर उत्तर दिया—"मैं खातिरदारी से ही तो घबड़ाता हूं। अब फिर पहले जैसा एकान्त मिल गया है, पर वह क्यों नहीं आईं?"

वह हंसकर बोले—"वह शर्म के कारण नहीं आईं। उसे दो महीनों से उल्टियां ही होती रहती हैं। पर उसने बहुत आग्रह किया है कि मैं आपको साथ ही लेकर आऊं।"

आचार्यश्री ने कहा—"इन दिनों कार्यक्रम में कुछ व्यस्त हूं। जैसे भी अवसर मिला, आपको फोन कर दूंगा। पर मुझे यह देखकर बहुत प्रसन्नता है कि आपका बिना समझे-बूझे बहुत सरल रूप से रूपान्तरण हो रहा है। पैसे की पकड़ इतनी शीघ्र छूट जाना एक चमत्कार है, और एक शुभ लक्षण है। जिस प्रकार आपने धन की व्यर्थता, महत्ता और व्यर्थता समझ ली, ठीक इसी तरह एक दिन सेक्स की महत्ता और व्यर्थता समझते ही आपका पूरा रूपान्तरण हो जायेगा।"

वह माथा खुजाते हुए बोले—"मैं आपकी अंतिम बात समझ नहीं सका। कृपया उसे स्पष्ट करने की कृपा करें।"

आचार्यश्री बोले—"बड़ा साधारण-सा गणित है। जब व्यक्ति सहज और सरल हो जाता है, ऊर्जा को स्वाभाविक रूप से बहने में कोई बाधा नहीं डालता, एक तटस्थ दर्शक बन जाता है, तभी रूपान्तरण होता है। धन का त्याग करके साधु बनना बहुत सरल है, पर वह रूपान्तरण नहीं होता। धन का त्याग, धन छोड़ने के अहंकार को बढ़ाकर मात्र भटकाता है। धन की व्यर्थता का बोध ही सच्चा संन्यास है। फिर भले ही व्यक्ति गृहस्थी में रहे, इससे फर्क क्या पड़ता है? और मैं देख रहा हूं कि सेक्स की व्यर्थता का बोध भी आपको कुछ ही वर्षों बाद होगा व वही आपका पूरा रूपान्तरण होगा।" वह हाथ जोड़े भक्तिभाव से सब कुछ सुनते हुए अब भी खड़े थे।

वह सहज में टलने वाले जीव नहीं थे। जब आचार्यश्री ने अगले माह इन्दौर आने के लिए सहमति व्यक्त कर दी वह तभी टले। वह सत्याग्रह करने की पूरी तैयारी के साथ आये थे।

कई स्थानों में भ्रमण करते, अपने प्रवचनों के द्वारा लोगों को जगाते, ध्यान करवाते हुए लोगों का रूपान्तरण करते हुए आचार्यश्री 30 अक्टूबर को नारगोल पधारे, जहां उनका भावभीना हार्दिक स्वागत किया गया।

❑ ❑

द्वितीय नारगोल साधना-शिविर

नारगोल जिला बलसाड, गुजरात के सागर तट पर 30 अक्टूबर, 1968 को रात्रि, साधना-शिविर का उद्घाटन करते हुए अपने अमृत प्रवचन में आचार्यश्री ने कहा—

मेरे प्रिय आत्मन,

आपको बुलाया और आप आ गये। शायद आपको ठीक खयाल भी न हो कि किस लिए बुलाया गया? यदि आपने सोचा हो, कि मैं यहां कुछ बोलूंगा और आप सुनेंगे, तो आपने ठीक नहीं सोचा। बोलने के लिए तो मैं गांव-गांव में खुद ही जाता हूं और लोग मेरे वचनों को सुन लेते हैं। यहां सिर्फ सुनने के लिए आने की कोई जरूरत नहीं है। यहां कुछ करने का खयाल हो, तो ही आने की सार्थकता है। मेरी तरफ से मैंने कुछ करने को आपको यहां बुलाया है।

आने वाले तीन दिनों में उस करने की दिशा में ही कुछ बातें मैं आपसे कहूंगा। इस आशा में कि आप केवल उन्हें सुनेंगे नहीं, बल्कि इन तीन दिनों में उनका प्रयोग करेंगे। और मेरी यह समझ है कि सत्य की दिशा में एक भी कदम उठा लिया जाये, तो उसे वापस नहीं लौटाया जा सकता है, यह असंभव है। असत्य की तरफ उठाया गया कदम वापस उठाना ही पड़ता है, और सत्य की तरफ उठाया गया कदम कभी भी वापस नहीं उठाया जा सकता।

एक यात्रा बाहर की है, जो हम सब कर रहे हैं और इस यात्रा में हम सफल हों या असफल, लेकिन एक दिन जब मौत आती है तो बाहर की हमारी सारी सफलता असफलता पोंछ कर रख देती है। हम खाली-के-खाली रह जाते हैं। लेकिन जो लोग भीतर की यात्रा भी करते हैं, उनकी तो मौत कभी आती नहीं, क्योंकि भीतर जाकर वे जानते हैं कि वहां जो है, उसका कोई अंत नहीं है, एक अमृत जीवन है।

नारगोल आना, अभी बाहर का आना हुआ है। वह भी बाहर की यात्रा है। मेरे सामने आकर बैठ जाना एक बात है। वह भी बाहर की यात्रा है। मुझे सुनना भी एक बात है। वह भी बाहर की यात्रा है। अब इन तीन दिनों में वह भीतर की यात्रा करनी है, जहां आप हैं, जहां प्रत्येक व्यक्ति की आत्मा है, जहां चेतना का मंदिर है। अपने से ही हम अपरिचित है। नहीं जानते क्या हूं, कौन हूं, कहां से हूं, क्यों हूं। कुछ पता नहीं। अंधे की तरह जीते हैं हम और समाप्त हो जाते हैं।

आप शरीर से तो इस साधना शिविर में आ गये हैं, मन से भी आ जाना चाहिये। मन सदा अतीत की तरफ भागता रहता है। हम सदा भूतपूर्व होते हैं, कभी भी वर्तमान में नहीं होते। क्योंकि हमने चित्त को स्मृति के साथ जोड़ रखा है। हमने यह मान रखा है कि मेरी स्मृति ही मेरी चेतना है, मेरी आत्मा है, जो एक बुनियादी भ्रांति है। अतीत हो चुका, जा चुका, उसे चला जाने दें। यहां आ गये हैं, तो पूरी तरह आ जायें।

इन तीन दिनों में अगर यही रहें, इसी सागर तट पर इसी सागर के गर्जन को सुनते रहें, इन्हीं सब वृक्षों की छाया में, इसी आकाश के इन्हीं तारों के, इसी चांद की चांदनी के बीच तो कुछ काम हो सकता है। वर्तमान में होना साधक के लिए पहली शर्त है।

आचार्यश्री के इन शब्दों ने सभी पर जादू जैसा असर किया। कुछ असर सागर की गर्जन, झूमते हुए सरू के वृक्ष, और निःस्तब्ध रात्रि कर रही थी। पर असली जादू तो आचार्यश्री के

चुम्बकीय व्यक्तित्व की स्वयं की उपस्थिति थी। लोग अपने भूतकाल को भूल गये। उन्हें ऐसा लगा जैसे कल कुछ था ही नहीं। जो है... वों केवल सामने है। उन्हें अंतस की यात्रा पर निकल जाना है, वह जानने के लिए जिसे जान कर फिर कुछ जानना शेष नहीं रह जाता।

आचार्यश्री ने अपनी बात को अनेक रोचक बोध-कथाओं से स्पष्ट करते हुए कहा— "दूसरी बात है, हमारा मन भरा है अतीत से और हम भरे हुए हैं निरन्तर शब्दों से, बातचीत से, विचारों से। घड़ी भर कोई चुप नहीं है, मौन नहीं है और अगर शब्दों से घड़ी भर चुप होने का अवसर मिल जाये तो मन घबड़ाता है, भयभीत होता है। क्योंकि जैसे ही मन खाली हुआ, मन की मृत्यु हो जाती है। वह जब तक उलझा रहे, लगा रहे, वह तभी तक है। मन की व्यस्तता ही उसके प्राण हैं और वह चौबीस घंटे फिजूल की बातों में व्यस्त है। उन बातों में व्यस्त हैं जिनको करने की कोई जरूरत थी ही नहीं.... कोई आदमी इतना कमजोर नहीं है कि तीन दिन चुप न हो सके। एक बार देखें कि मौन होने से क्या घट सकता है?"

अधिकांश साधक और साधिकाएं यह अनुभव कर रहे थे कि प्रत्येक साधना-शिविर में आचार्यश्री ने बराबर मौन रहने का वर्तमान में जीने का संदेश दिया है, लेकिन वह अच्छी तरह जानते हैं कि उनमें अधिकतर मौन कहां हो पाते हैं? अपने भूत को कहां भूल पाते हैं? पर इस बार यह अनुरोध जिन कई बोध कथाओं के और जिन प्रभावी शब्दों के माध्यम से किया जा रहा था, उससे प्रभावित होकर अधिकतर लोगों ने मन-ही-मन यह दृढ़ संकल्प किया कि वह उस शिविर में मौन रहेंगे। अपने भूतकाल को एकदम भूलकर केवल वर्तमान में जियेंगे।

आचार्यश्री बता रहे थे—"जैसे ही आप मौन होंगे, आपको चारों तरफ जो प्रकृति और परमात्मा की ध्वनियां हैं, वह प्रगाढ़ होकर सुनाई पड़ने लगेंगी। यह समुद्र का गर्जन भी आपको पहली दफा सुनाई पड़ेगा, जब आप मौन होंगे, और मैं जो कह रहा हूं वह भी आपको तभी सुनाई पड़ेगा, जब आप मौन होंगे।

और तीसरी बात, कल से बल्कि आज से ही, अभी से आंख को नासाग्र रखना है। पूरी आंख खोलने की जरूरत नहीं है। आंख इतनी खुली हो कि नाक का अगला हिस्सा दिखाई पड़ता रहे। अगर आप रास्ते पर चल रहे हैं, तो आपको चार कदम की जमीन दिखाई पड़े। जैसे ओठों का संबंध मन से है, वैसे ही आंखों का भी मन से गहरा संबंध है। आंख जब स्थिर हो जाती हैं तो चारों तरफ के व्यर्थ के आघातों को स्वीकार नहीं करती। तब आंख के भीतर जो स्नायुओं का बड़ा जाल है, जिससे मन का संबंध है, वे सारे स्नायु शांत हो जाते हैं।"

लगभग सभी लोगों ने तुरन्त नासाग्र की ओर देखना प्रारम्भ कर दिया। कुछ क्षणों में ही उन्होंने महसूस किया कि विचारों की आंधी थम गई। मन काफी स्थिर हो गया।

आचार्यश्री बता रहे थे—"आंख के आधा खुले होने के प्रयोग को ध्यान में तो हम करेंगे ही, सुबह भी और इस समय रात्रि के ध्यान में भी! पर इसे आपको उठते, फिरते, चलते, भोजन करते प्रत्येक स्थिति में करना है। आंखें आधी खुली रहें, जो आंखों की सर्वाधिक शांत जागरूक, 'अवेयरनेस' की स्थिति है। इस प्रयोग से आपको लगेगा, जैसे कोई तनाव उतर गया, कोई बादल छंट गया, कोई बोझ हट गया, और साथ ही एक नये प्रकार का होश, एक जागृति, एक बोध, एक 'एलर्टनेस' पैदा होगी और लगेगा कि मैं ज्यादा होश से भरा हुआ हूं।...तो आपको एक अद्भुत शांति प्रतीत होगी, आपको ऐसा लगेगा, जैसे आपके भीतर एक नई चेतना ही द्वार तोड़ रही हो।"

रात्रि ध्यान से पूर्व आचार्यश्री ने कुछ सूचनाएं देते हुए कहा—

"दोपहर को दो से तीन के बीच मुझसे मिलने का समय है। वहां मुझसे प्रश्न पूछने नहीं

आना है। प्रश्नों का उत्तर तो में रात की बैठक में दूंगा। फिजूल के प्रश्न पूछने की कोई जरूरत नहीं कि कितने नर्क होते हैं, कितने स्वर्ग होते हैं...वगैरह वगैरह। आप पूछेंगे भी तो मैं उत्तर देने वाला नहीं हूं। मैं सिर्फ उन्हीं प्रश्नों के उत्तर दूंगा जो इन तीन दिनों की साधना-प्रक्रिया में सहयोगी प्रश्न हैं। तो दोपहर दो से तीन के बीच, जिनको मेरे पास इंटीमेट रिलेशनशिप के लिए, एक निकटतम आंतरिक संबंध के लिए आना है, केवल वही मित्र आयें। केवल दो मिनट के लिए, केवल पास आकर बैठ जायें।

फिर तीन से चार तक हम सरूवन में एक घंटा मौन में बैठेंगे। वैसे आपको पूरे दिन पूरे शिविर की अवधि में मौन रहना है, पर इस एक घंटे में मेरे सान्निध्य में मौन बैठें। कुछ बातें ऐसी हैं, जो केवल मौन में ही सम्प्रेषित हो सकती हैं। आप इस बीच जितने गहरे मौन में और जितनी प्रतीक्षा में. होंगे, उतना ही गहरा संबंध स्थापित हो सकेगा।''

आचार्यश्री के इन शब्दों के साथ ही बहुत से साधकों के मस्तिष्क पटल पर चित्र घूम गया कि वह दोपहर दो से तीन के बीच आचार्यश्री के चरण पकड़ कर किस तरह रोयेंगे, मौन में किस प्रकार अपना दु:ख, अपनी व्यथा सम्प्रेषित करेंगे।

रात्रि के ध्यान के लिए आचार्यश्री ने बताया—

''आप लोग आधी आंखें खोलकर, शांति से आराम से बैठ जायें। नाक का अगला हिस्सा दिखाई पड़ता रहे। ध्यान के समय प्रकाश बुझा दिया जायेगा, ताकि चांदनी बरसने लगे, सरू के वृक्षों से छन-छनकर चांदनी आपको दुलराती रहे। मैं पहला सुझाव दूंगा—आपका शरीर शिथिल हो रहा है, तो शरीर को बिलकुल ढीला छोड़ देना है, जैसे कोई प्राण ही नहीं। फिर आपको सुझाव दूंगा—श्वास शिथिल हो रही है, तो श्वास को बिलकुल धीमे छोड़ देना है। तीसरा सुझाव दूंगा—मन शांत हो रहा है। तब मन को भी शिथिल छोड़ देना है। फिर दस मिनट तक सभी शांति से मौन बैठे रहेंगे। मन जैसे ही शांत होगा, चारों तरफ की आवाजें सुनाई पड़ने लगेंगी। दूर सागर का गर्जन, सरु के वृक्षों को हिलाती हवा का शोर, पक्षियों का कलरव। शायद कोई बच्चा रो पड़े, कोई कुत्ता भौंकने लगे, चारों तरफ परमात्मा जाने किन आवाजों में बोल उठे? उन सभी आवाजों को चुपचाप सुनते जाना है। सुनते-ही-सुनते गहरा शून्य उत्पन्न हो जायेगा।''

अब आप कुछ फासले से बैठ जायें और ध्यान प्रारम्भ करें।

❑ ❑

पहले व दूसरे नवम्बर को अपने प्रवचन में आचार्यश्री ने करुणा, मैत्री और मुदिता के भाव को उत्पन्न करने की आवश्यकता पर बल दिया। पिछले साधना-शिविरों में भी वह शरीर शून्यता, भाव शून्यता और विचार शून्यता के संबंध में संक्षेप में बतला चुके थे। पर उस बार नई बोध कथाओं के संदर्भ में उन्होंने इन भावनाओं को विकसित करना, साधना के लिए अत्यंत आवश्यक बताया।

उन्होंने सूत्र रूप से समझाते हुए कहा—

''वस्तुत: आज के भौतिकवादी युग में प्रत्येक मनुष्य अंदर बाहर से बहुत रूखा, कठोर और संवेदनशून्य हो गया है। हमारे जीवन के सारे चरण, हमारा उठना, बैठना, सोचना और देखना तक कठोर हो गया है और प्रभु के मंदिर का द्वार है करुणा। करुणा का अर्थ है एक बहता हुआ प्रेम। पूरे अस्तित्व के प्रति प्रगाढ़ प्रेम। अपने को दे देना, अपने को बांट देना। पहले प्रकृति में पौधों, फूलों, वृक्षों के प्रति, फिर पशुओं तथा सबसे अंत में अनजाने व्यक्तियों के प्रति प्रेम प्रवाहित करने से करुणा विकसित होती है।''

मैत्री और करुणा का अंतर स्पष्ट करते हुए उन्होंने कहा—करुणा है आत्मा, मैत्री है अभिव्यक्ति। करुणा निराकार है, मैत्री साकार। करुणा है हृदय में भरा हुआ बादल और मैत्री है पृथ्वी पर होने वाली वर्षा। करुणा ही सक्रिय होकर मैत्री बन जाती है।

मुदिता के सम्बन्ध में उन्होंने बताया कि यह प्रभु के मंदिर का तीसरा द्वार है। जो करुणा और मैत्री से गुजरते हैं, उनके जीवन की सारी उदासी पीड़ा स्वत: तिरोहित हो जाती है। तथाकथित धर्मों ने, सम्प्रदायों ने उदासी सिखाई है, जिसने पूरी जीवन धारा को रुद्ध और रुग्ण कर दिया है। मेरे धर्म का अर्थ है, प्रतिपल फूल-सा खिलना, मुस्कुराहटों और प्रफुल्लता से भरा उल्लसित जीवन। परमानन्द को प्राप्त करने के लिए आनन्द पहले से होना चाहिये।

इन दोनों ही दिनों में उन्होंने प्रात:, 'मैं कौन हूं' नये ध्यान का प्रयोग कराया। इस संबंध में उन्होंने बताया—

"इस ध्यान में सुखासन में शांति से नाक के अग्रभाग को देखते हुए बैठ जाना है। बस आंखें इतनी ही खुली रहें कि नासाग्र दिखलाई देता रहे। इस ध्यान में एक तीव्र जिज्ञासा करनी है—'मैं कौन हूं'। बहुत तीव्रता से, पूरी शक्ति से, पूरे संकल्प से अपने भीतर पूछना है—'मैं कौन हूं'। इसे पूछते ही चले जाना है, कोई उत्तर नहीं देना है। अपनी तरफ से कि मैं आत्मा हूं। वे सब उत्तर झूठे हैं जो हमने सीख लिए हैं। उत्तर को आने देना है। उत्तर अपने आप आयेगा भी। उसके पहले हमें सिर्फ पूछते चले जाना है, खोजते चले जाना है—मैं कौन हूं, मैं कौन हूं। सारे प्राणों में गूंज पैदा हो जाये। भीतर की श्वांस-श्वांस पूछने लगे कि मैं कौन हूं। सारा चित्त पूछने लगे कि मैं कौन हूं। पैर से लेकर सिर तक एक ही गूंज कि मैं कौन हूं। बस एक ही पूछ, एक ही प्रश्न, एक ही इनक्वारी रह जाये, तो एक दिन भीतर से उत्तर आता कि मैं कौन हूं। एक दिन उत्तर आता है, जो खोल देता है सारे द्वार को, जो खोल देता है सारे पर्दों को, और हम अपने समक्ष खड़े हो जाते हैं।

तो दस मिनट तक इस जिज्ञासा को इस तीव्रता से गुंजाना है कि पसीना आ जाये। सारा व्यक्तित्व पूरा प्राणों से जुट जाये तो ही जिज्ञासा गहरी होगी और भीतर तक उसकी चोट होगी। एक ऐसी गूंज, जो भीतर तक प्रविष्ट हो जाये।

इस साधना शिविर में साधकों ने अद्भुत आत्म-अनुशासन का परिचय दिया। एक गहन मौन, शांतिदायक उत्फुल्ल खामोशी पूरे शिविर में व्याप्त रही। लोग भोजन भी इशारों में मांगते थे। पति-पत्नी के बीच का संवाद थम गया। स्त्रियां जो बोले बिना रह ही नहीं सकती थीं, वह भी असाधारण रूप से शांत थीं। पिछले साधना शिविर में कुछ लोग चोरी छिपे ट्रांजिस्टर पर समाचार सुन लेते थे। इस बार भी यद्यपि बहुतों के पास ट्रांजिस्टर थे पर किसी का खोलने का मन ही नहीं हुआ। फिल्मी गानों से अधिक रस सागर की लहरों के नारियल और सरु के वृक्षों से गुजरती सनसनाती हवाओं में था। फिल्मी गानों से अधिक लालित्य, समुद्री पक्षियों के कूजन में था। पर असली आनंद तो उस गहन मौन में था जिसमें अनाहद नाद धीमे-धीमे प्रकट हो रहा था।

इस शिविर में भी आचार्यश्री के सान्निध्य में साधक-साधिकाओं पर फिर शक्तिपात के रूप में प्रसाद की वर्षा हुई।

❑ ❑

दूसरे दिन दोपहर प्रश्नोत्तर प्रवचन में एक साधक ने प्रश्न किया—

"क्या भिखारियों के प्रति करुणा दिखाना उचित है?"

आचार्यश्री ने उत्तर दिया—कोई व्यक्ति भिखारी क्यों बनता है, भिक्षा वृत्ति को ही अपना पेशा क्यों बनाता है? इस पर पहले विचार करना बहुत जरूरी है। जिस समाज में भीख मांगने की स्थिति में किसी मनुष्य की आत्मा को खड़े होना पड़ता है, वह समाज निंदा के योग्य है। भिखारी को दी गयी भिक्षा से भिखारी नहीं मिटता, वह अपने भिखमंगेपन से संतुष्ट हो जाता है। समाज व्यक्ति का शोषण करता है, उसे गरीब और भिखारी बनाता है। उसका शोषण का चक्र अनवरत उसी तरह चलता रहे, इसलिए वह दान देता है, भिक्षा देता है। और इस समाज में साधु-संन्यासी जो शोषक समाज के दलाल हैं, समझाने में लगे हैं कि भिखारी होना तुम्हारे पूर्व जन्मों के कर्मों का फल है। यह समझना उन्हें बगावत करने से, क्रांति करने से रोकने का उपाय है। दूसरी ओर वह कहते हैं, भिक्षा देने से, दान देने से मोक्ष मिलता है, स्वर्ग मिलता है। यह थोड़ा देकर बहुत पाने का एक मात्र उपाय है। इससे अहंकार तुष्ट होता है। भिक्षा देकर, दान देकर वह गरीबों को, भिखारियों को यह संतोष दिलवाता है कि समाज दानियों का है। अच्छे लोगों का है। इसका परिणाम यह होता है कि दरिद्र जो क्रांति कर सकता था, वह क्रांति मर जाती है और समाज जिंदा रहता है। जिसके मन में करुणा है, वे तो ऐसा समाज बनाने का विचार करें जहां गरीब का, भिखारी का पैदा होना ही असंभव हो जाये। दान की व्यवस्था, शोषण की व्यवस्था की ही सुरक्षा है। आपकी करुणा यही होगी कि कम-से-कम आप तो यह शोषण समाप्त कर दें। अपनी स्थिति का लाभ उठाते हुए आप जिस किसी का भी शोषण करते हों, उसे बंद कर दें।''

जिस दूसरे महत्त्वपूर्ण प्रश्न का उन्होंने उत्तर दिया वह था कि क्या हम मौन रहते हुए, अपने मित्रों और संबंधियों के प्रति उपेक्षा का भाव प्रदर्शित नहीं करते? क्या यह उपेक्षा का भाव उचित है?

आचार्यश्री ने उत्तर दिया—''निरन्तर बात करने की आदत से ऐसा लगता है कि जब हम मौन हो रहे हैं तो हम उन लोगों के प्रति कठोर हो रहे हैं, जिनसे हम बात करते थे। लेकिन शायद ही आपको स्मरण आया होगा कि आपने अपने को छोड़कर और किसी से बात नहीं की है। बात करते समय आप ही महत्त्वपूर्ण होते हैं, दूसरा नहीं। और जब दूसरा बोल रहा होता है तो आप उसे सुनने का बहाना कर रहे होते हैं पर भीतर बराबर आप यह तैयारी करते रहते हैं कि जैसा ही दूसरे का बोलना बंद हो, तो आप फिर बोलना शुरू कर दें। तो यह गलत खयाल मन से निकाल दें कि आप दूसरे से बात करते समय उनके प्रति करुणा या प्रेम प्रकट करते हैं। दूसरों के हित के लिए जगत में जो भी विचार पैदा हुए हैं, वह सदा मौन से पैदा हुए हैं।''

'मैं कौन हूं' ध्यान करने के दूसरे दिन एक साधक ने पूछा—ध्यान में हम पूछते हैं—मैं कौन हूं—तो उत्तर तो अंदर से कोई भी नहीं आता, लेकिन मन शांत जरूर हो जाता है।

आचार्यश्री ने उत्तर दिया—''मन की इस शांति से जल्दी राजी मत हो जाना। पूछना छोड़ मत देना। होने दो मन को शांत, पर पूछते ही चले जायें—पूछते ही चले जायें। जिज्ञासा इतनी तीव्र हो जाये कि उसके आगे और जिज्ञासा करने का कोई उपाय ही न रह जाये। सारी शक्ति जग जाये, तब एक विस्फोट की तरह मन परिपूर्ण शांत हो जायेगा। इतना शांत हो जायेगा कि आप पूछना भी चाहेंगे और फिर प्रश्न नहीं पूछा जा सकेगा। शब्द भी नहीं बनाया जा सकेगा, विचार भी नहीं उठाया जा सकेगा। उत्तर सदा भीतर है, पर अतल गहराइयों में छिपा है उत्तर प्रशांत महासागर पांच मील गहरा है पर चेतना की गहराई उससे भी बड़ी है। प्रश्न का उत्तर। आना है, उसी गहरे अतल खड्ड से। उत्तर आयेगा तो पता चलेगा, मैं तो हूं ही नहीं, कुछ और ही है जिसको 'मैं' के कारण, मैं देख नहीं पाता था। जब पूछते-पूछते, पूछना ही समाप्त हो

जायेगा तो एक शून्य खड़ा हो जायेगा। उसी शून्य में पता चलेगा कि कौन हूं मैं। पता चलेगा मैं तो हूं ही नहीं। वही है। परमात्मा है....तो छोटी-मोटी शांति से तृप्त नहीं हो जाना है। उस गहरे तल पर जहां पूर्ण शांति है, शांति का भी पता नहीं चलता। यह पता चलना कि मैं शांत हूं, अशांत चित्त का हिस्सा है। वहां तो पूर्ण विराम है। केवल शून्य है। पूछने वाला भी खो जाता है। न प्रश्न बचता है न प्रश्नकर्ता। कबीर कहते हैं—''**हेरत-हेरत हे सखी, कबिरा गया हिराय। बुंद समानी समुद्र में, सो कत हेरी जाये?**'' कबीर की बूंद गिर गई परमात्मा के समुद्र में और खो गई। अब कहां खोजें उसे। जो भी खोजने जाता है, खो जाता है। नहीं बचता 'मैं'। वहां, नहीं बचती शांति, नहीं बचता आनंद। फिर जो कुछ बच रहता है, वही है सत्य, वही है परमात्मा, वही है प्रभु।

यह उत्तर सुनने के बाद ही साधकों को 'मैं कौन हूं', ध्यान का महत्त्व समझ में आया। कुछ लोगों को प्रारम्भ में यह ध्यान मात्र पागलपन लगा था। पर आचार्यश्री से उसका रहस्य जानने के बाद उन्हें लगा कि मात्र यही ध्यान प्राण प्रण से पूरा हो जाये तो और फिर पाने को रह क्या जाता है? तीसरे दिन साधकों ने इस ध्यान को करने में तन-मन दोनों दांव पर लगा दिए।

शिविर के अंतिम दिन आचार्यश्री ने समापन प्रवचन में कहा—''करुणा, मैत्री और मुदिता के बाद जो द्वार पार करना होता है साधक को, वह द्वार है उपेक्षा का। जो सत्य की खोज में लगे हैं उन्हें असत्य के प्रति उपेक्षा का भाव दिखाना ही होगा। क्योंकि परमात्मा के पास सब कुछ द्वार पर छोड़कर, परिपूर्ण शून्य खाली होकर ही जाना होता है। सब कुछ छोड़ देना होता है, सारे वस्त्र, सारे मुखौटे। वह सब कुछ जिसे कल तक हम महत्त्वपूर्ण समझते थे। उपेक्षा की अग्नि में वह सब कुछ जला देना होता है जो असार है, व्यर्थ है, जो हमें घेरे हुए है।....सत्य की खोज के लिए भीड़ से मुक्त हो जाना जरूरी है। जो सत्य की खोज में चले हैं उन्हें आदर सम्मान की अपेक्षा होनी ही नहीं चाहिये। सत्य के लिए अपमानित होना सहज स्वाभाविक है। जगत कहता हो कि यह सत्य है और अगर आपको सत्य नहीं मालूम पड़ता हो तो कर देना उपेक्षा उस पूरे जगत की, समस्त उस जनमत की, पूरी लम्बी परम्परा और धर्मगुरु की भी।

उपेक्षा चाहिये बड़ी तीव्र और गहरी, टोटल इन्डिफरेंस। इस तरह की उपेक्षा को जो उपलब्ध होता है वही संन्यासी है। जिनके मन में हिन्दू मुसलमान या ईसाई होने का भाव भी बना हुआ है वह प्रभु के मंदिर में प्रवेश नहीं कर सकते। आपको केवल अपने विवेक अपनी चेतना का अनुसरण करना है, किसी दूसरे का नहीं। इस चौथे द्वार को पार करने के लिए, सीखे हुए ज्ञान के प्रति भी पूर्ण उपेक्षा करनी होगी। क्योंकि यह उधार ज्ञान है। यह कहीं पहुंचाता नहीं भटकाता है। और सारी मनुष्य जाति, इसी झूठे ज्ञान की मूढ़ता से ग्रस्त है। ज्ञान छोड़कर, अज्ञानी बनने की पीड़ा बहुत बड़ी है, पर यही अहंकार है। यही बाधा है प्रभु मंदिर में प्रवेश के लिए।....

और फल के प्रति भी उपेक्षा चाहिये। दो दिन ध्यान करने के बाद सोचने लगे—'कि मिला नहीं कुछ। आपने दो दिन ध्यान किया परमात्मा पर बहुत बड़ा अहसान किया। भगवान को पाना उतना सस्ता नहीं है। वह तो प्रेम से मिलता है, और प्रेम जन्म-जन्मांतर प्रतीक्षा करने को तैयार है..........।''

प्रवचन के बाद ध्यान हुआ और एक सफल और सार्थक साधना-शिविर समाप्त हुआ। गहन मौन में, प्रकृति के सान्निध्य में और आचार्यश्री द्वारा कराये गये 'मैं कौन हूं' ध्यान द्वारा कई साधकों को सत्य की झलक मिली। अंर्ततम में उन्होंने और गहराई से प्रवेश किया।

और आचार्यश्री उसी दिन बम्बई चल पड़े।

☐ ☐

बम्बई में पत्रकारों के बीच

बम्बई में, और बम्बई में क्या, पूरे देश में आचार्य रजनीश ने अपने क्रांतिकारी, प्रभावशाली और विचारोत्तेजक प्रवचनों से पूरे समाज को झकझोर दिया था। पंडितों, पुरोहितों और राजनीतिज्ञों की उन्होंने कटु आलोचना करते हुए धर्म और समाज के पतन का उन्हें ही जिम्मेदार ठहराया था। 'ज्योतिशिखा' इस दिशा में महत्त्वपूर्ण कार्य कर रही थी, जिनमें आचार्यश्री के प्रवचनों की रिपोर्टिंग होती थी। यद्यपि आचार्यश्री प्रेस से प्राय: दूर रहते थे क्योंकि प्रेस वाले प्राय: भेंट वार्ता की रिपोर्टिंग यथावत न करते हुए अपने पत्र की नीति द्वारा उसे तोड़-मरोड़ कर विकृत रूप में प्रस्तुत करते थे।

पर जब 'टाइम्स ऑफ इंडिया' के संवाददाता ने यह आश्वासन दिया कि वह उनसे हुई भेंटवार्ता की रिपोर्टिंग यथावत करेंगे तो बम्बई में ही आचार्यश्री ने उन्हें 4 दिसम्बर, 1968 को दोपहर 3 बजे का समय दिया।

संवाददाता ने पहला प्रश्न किया—आप अपने प्रवचनों में प्राय: धार्मिक और सामाजिक क्रांति की बात कहते हैं। इस धार्मिक और सामाजिक क्रांति से आपका क्या अर्थ है?

आचार्यश्री ने उत्तर दिया—''व्यक्ति के लिए शांति, और समाज के लिए क्रांति यही मेरी दृष्टि है। और समाज रूपांतरित हो, विशेषकर भारतीय समाज, क्योंकि भारत का समाज करीब-करीब मरा हुआ समाज है। हम बहुत पहले मर चुके हैं....वह घटना बहुत पुरानी हो गई।....जिंदा आदमी मरता है, मरा हुआ आदमी फिर नहीं मरता है। कोई तीन हजार वर्ष से स्टेग्नेन्ट सोसाइटी है, जिसमें कहीं कोई गति नहीं, कहीं कोई बहाव नहीं। सब बिलकुल सड़ गया है। ....हम अतीत से बंधी हुई कौम हैं। हमारी कोई विकासोन्मुख दृष्टि नहीं है। आगे देखने वाली हमारे पास कोई आंख नहीं हैं। ....एक ओर तो रूस के बच्चे हैं और अमरीका के बच्चे हैं, वे चांद पर बस्ती बसाने की सोच रहे हैं, हमारे बच्चे रामलीला देख रहे हैं। उन्हें चांद से क्या लेना-देना? हम उन कल्पनाओं में जी रहे हैं, जो कभी तीन हजार वर्ष पहले देखी गयी थीं। और उनसे अटके हुए हैं।''

संवाददाता ने दूसरा प्रश्न किया—यह किन कारणों से हुआ? हमारे जीवन मूल्य बदले, उनमें 'राटननेस', जड़ता आई, तो इसका क्या आर्थिक कारण भी है? और यह जो अध:-पतन शुरू हुआ, तो हुआ क्यों?

आचार्यश्री ने उत्तर दिया—''ऐसा नहीं था कि हम बेहतर हालत में थे और नीचे आ गये। हम बेहतर हालत में थे ही नहीं। कम-से-कम पिछले चार हजार वर्षों में। राटननेस, जड़ता हमारी मूल मान्यताओं, बेसिक कॉन्सेप्ट में थी। कौम जीती है, बहुत गहरे में, धारणाओं पर, वह जीने के प्रति क्या रुख लेती है. इस पर भारत ने एक जीवन विरोधी रुख ले लिया है हजारों सालों से, एक 'निगेटिव ऐ ट्टीट्यूड' पैदा हो गया। हमारी मान्यता यह है कि जीवन से बच जाना, पलायन, एस्केप, जीवन से मुक्त हो जाना, आवागमन से मुक्त हो जाना, कहीं मोक्ष में चले जाना, यह हमारे प्राणों की पुकार रही है। यह बड़ी खतरनाक पुकार है। इसका स्वाभाविक परिणाम यह हुआ—घर में, संसार में रहना व्यर्थ हो गया। जीवन का पूर्व जन्मों के कर्मों का फल मानकर, संघर्ष करना ही समाप्त हो गया। घर, संसार पदार्थ के प्रति उदासीनता होने से विज्ञान का जन्म

न हो सका। इस जीवन-निषेध के बुनियादी दृष्टिकोण से व्यक्तित्व का ह्रास हुआ। पूरे समाज में सड़ांध फैल गई। राजा और पुरोहित शोषण करते रहे आम जनता का। और जनता शोषण को भी भाग्य मानकर अंध विश्वासों के नर्क में संतुष्ट रही।''

संवाददाता ने पूछा—'क्या सारा हिंदू एप्रोच ऐसा ही है।'' उन्होंने उत्तर दिया—''हिन्दू एप्रोच ही नहीं, पूरा भारतीय एप्रोच यही रहा। जैन और बौद्धों का एप्रोच और भी नकारात्मक है। तीनों ही धर्मों ने मनुष्य को जीवन विरोधी बना दिया। और यही बात ईसाईयत पर भी तो लागू होती है। यूरोप के बौद्धिक समाज ने ईसाईयत की जड़ें तीन सौ सालों से काट दीं। यूरोप की प्रतिभा पर, उसके मन पर क्रिश्चियेनटी की पकड़ जब तक रही, उसका विकास नहीं हुआ। पर जैसे ही पकड़ छूटी, विज्ञान का विकास हुआ, व्यक्तित्व का विकास हुआ, समाज धर्म के अंध विश्वासों से बाहर आया।....हिन्दुस्तान के लिए भी पिछले धर्मों का प्रभाव जितना कम हो जायेगा, उतनी तीव्रता से गति हो सकेगी।''

इस बार संवाददाता ने सीधा प्रश्न किया—''आपके कहने का क्या यह अर्थ है कि हम हमेशा से पिछड़े हुए थे?''

आचार्यश्री ने तुरन्त सीधा सपाट उत्तर दिया—''क्या आप नहीं महसूस करते इसे? अब भी भारत का दृष्टिकोण अंधविश्वास का है, क्योंकि धर्म उस पर हावी है। बुद्धिवादी लोग धर्म के अंधविश्वासों के विरुद्ध कुछ कहने मात्र से डरते हैं।

हमारी पूरी शिक्षा विश्वास पर आधारित है, विचार पर नहीं। थिंकिंग नहीं, बिलीव, और जितना बिलीविंग मांइड होगा, उतना ही साइंटिफिक नहीं हो सकता। साइंस तभी जन्म लेती है, जब हम जीवन को सारपूर्ण मानते हैं और सार भूत जीवन को सुंदर और सारपूर्ण बनाने के लिए संलग्न होते हैं। लेकिन जब जीवन को तोड़ना है, बल्कि और दुःखद कैसे बनाएं जब यह हमारी यह दृष्टि है तो विकास कैसे होगा? लोग एक लंगोटी, फटे कपड़ों में मस्त हैं। एक वक्त भी जो रूखा-सूखा मिल जाता है, उसमें संतुष्ट हैं। उन्हें जब यह मतलब ही नहीं कि कौन राजा हो, कौन शासक हो, तो देश को गुलाम होना ही था। जो गुलामी हमें झेलनी पड़ी, वह इसी दृष्टिकोण का परिणाम है।.... हमारे धर्मों ने जीवन को असार कहा, उसने निराशा और दुःख को महिमा मंडित किया। हमारा पूरा दृष्टिकोण नकारात्मक हो गया। हा! हमारा पूरा दृष्टिकोण नकारात्मक हो गया। पर एक समय था जब भारत में चार्वाक दर्शन का जन्म हुआ था वह जीवन को रसपूर्ण और उसको सार समझते थे। पर धर्म ने चार्वाक दर्शन को पाप बताते हुए उसकी भर्त्सना की, उसे नष्ट कर दिया। यदि चार्वाक दर्शन विकसित होता तो विज्ञान का जन्म हो सकता था। एथेंस में भी कभी काफी समृद्धि थी। जीवन में तब भोग और रस था। तभी एपिकुरस जैसे लोगों ने कहा—कि जीवन एक आनंद है। एक रस भोग है। ग्रीक फिलॉसफी की भी निषेधात्मक एप्रोच, अति के भोग के विरुद्ध थी। वह जीवन विरोधी तो थी पर भारत से कम जीवन विरोधी। उसमें मोक्ष, भाग्यवाद, या कर्मवाद जैसी कोई चीज नहीं थी। इतनी तटस्थता नहीं थी जीवन के प्रति। इसलिए वहां विकास हो सका। और सही अर्थों में भारत न कभी बहुत अधिक समृद्ध रहा और न बहुत अधिक दरिद्र। जो अति समृद्ध वर्ग था वह छोटा-सा वर्ग था। भारत मध्य स्थिति में रहा। ऐसी स्थिति में रहा, जहां इतनी समृद्धि भी नहीं थी कि जीवन एक भोग बन जाये और इतनी दरिद्रता भी नहीं थी कि क्रांति हो जाये। इस टॉयरेबिल, सहन करने योग्य जैसी स्थिति में समायोजन कर लेने से एक ऊब, तटस्थता आ जाती है।

इसी भावना के बीच धर्म पैदा हुए। पर जहां और-और देशों में यह भावना हटती गई,

विकास शुरू हो गया। इसी के चलते भारत अपने आप में बंद हो गया। वह कभी आक्रामक नहीं हो सका क्योंकि उसके जीवन में रस नहीं था, एक तटस्थता थी। आदमी पूर्व जन्मों के कर्मों के बंधने से बंधा है, यह कल्पना धर्मों ने इतनी तीव्रता से विकसित की कि जीवन एक गुलामी बन गई। बंधन की धारणा से मोक्ष का विचार पैदा हुआ। न स्वर्ग, न नर्क। और मोक्ष वह, जहां स्वर्ग भी नहीं, नर्क भी नहीं, सुख भी नहीं, दुःख भी नहीं। दुनिया में यह मोक्ष का विचार केवल भारतीय है। और यह पत्रकार वार्ता डेढ़ घंटे तक चलती रही।

काफी देर तक प्रश्न-उत्तर होते रहे। अंत में चलने से पूर्व 'टाइम्स' के पत्रकार ने प्रश्न किया—आप भी तो ईश्वर को मानते हैं। आप अपने विचारों के बारे में संक्षेप में बतायेंगे कि वह जीवन का रूपान्तरण कैसे कर सकते हैं?

आचार्यश्री बोले—''वेदान्त में जगत को माया व मिथ्या बतलाते हुए केवल ब्रह्म को ही सत्य बतलाया है। पर मेरा मानना है कि जब ब्रह्म सत्य है तो उसका बनाया संसार मिथ्या कैसे हो सकता है? तो ईश्वर को जानने के दो रास्ते हो सकते हैं। एक उसको बाहर से जानने का। लेकिन बाहर से, इन्द्रियों से हम केवल उसके बारे में जान सकते हैं। यह आब्जेक्टिव रास्ता है। पर परफेक्ट नहीं है। इसमें भूलें, कमियां और खामियां हैं। यह विज्ञान का मार्ग है। विज्ञान की विधि है। वह पदार्थ की खोज करते हैं। पर धर्म चैतन्य की खोज करता है। वह सब्जेक्टिव है। इस रास्ते से अंतर-प्रवेश करना होता है।

मैं जितना ही प्राणों में प्रवेश करता हूं, जितना गहरा उतरता हूं तभी उस चैतन्य का बोध होता है। उसे आप आत्मा कह लीजिये, परमात्मा कह लीजिये, सत्य कह लीजिये, सब एक ही बात है। हर चैतन्य उसी विराट का अंश है। पानी की बूंद को जान लो, तो सागर का जानना घटित हो जाता है। यह मानते ही फिर बूंद बचती नहीं, वह सागर में ही विलीन हो जाती है। यह प्रेम से भी घटित होता है और ज्ञान से भी। मैं ज्ञान को ही बोध हो जाना कहता हूं, साक्षी हो जाना मानता हूं। आपने संक्षेप में बताने की शर्त रखी थी, इसलिए मैंने अपनी बात केवल सूक्ष्म रूप में कहने का प्रयास किया है। मेरा जीवन से कोई विरोध नहीं है। मैं जीवन को एक उत्सव मानता हूं। मैं विज्ञान और धर्म को जीवन के दो पंख मानता हूं। मैं भौतिक समृद्धि और पूंजी बढ़ाये जाने का पक्षपाती हूं। मैं चाहता हूं समाज में सभी भौतिक रूप से समृद्ध हों। किसी को किसी का शोषण करने की सुविधा न हो। सब होश पूर्वक जियें। पर यह होश, यह जागरूकता ध्यान से पैदा होती है। जब व्यक्ति जाग जाता है तो जाग कर वह कोई गलत काम कर ही नहीं सकता।''

संवाददाता ने प्रश्न किया—''आप कृपया इस साक्षी वाली बात को जरा और स्पष्ट करें।''

आचार्यश्री बोले—''यूं समझिये, नाटक में कोई अभिनय करता है। दर्शक उसे मात्र तटस्थ होकर देखें, पात्र के सुख-दुःख से तादाम्य स्थापित न करें। शरीर सुख, दुःख, हर्ष, शोक, बोध जो भी प्रकट करता हो, उसके हम तटस्थ दर्शक भर रह जायें क्योंकि कोई भी व्यक्ति मात्र शरीर नहीं है। उसका चैतन्य जब शरीर के और मन के भावों के साथ साक्षी हो जाता है, तो साक्षी होते ही क्रोध का करुणा में, काम का प्रेम में रूपान्तरण हो जाता है।''

यह संवाददाता सम्मेलन डेढ़ घंटे तक चला। कई पत्रों के संवाददाताओं ने अनेक प्रश्न पूछे थे और आचार्यश्री ने सभी का विस्तार से तर्कयुक्त उत्तर भी दिया था। ऐसा उत्तर, जिसके बाद कुछ संवाददाता तो निरुत्तर होकर उन्हीं के भक्त हो गये। पर सम्मेलन के बाद समाचार पत्रों ने उनकी वार्ता को बहुत कम स्थान दिया। गलती संवाददाताओं की नहीं थी। उन्होंने विस्तार में रिपोर्ट दी थी। पर समाचारपत्र के मालिक राजनीतिज्ञों के हाथों बिके हुए थे। उन्हें राजनीतिज्ञों से सरकारी विज्ञापन मिलते थे। सुविधायें मिलती थीं। और आचार्यश्री तो राजनीतिज्ञों के विरुद्ध आग उगल रहे थे।

❑ ❑

सम्मोहित बालक का प्रवचन

आचार्यश्री के प्रवचन और ध्यान-प्रयोग बम्बई में बहुत लोकप्रिय हो रहे थे, उन्हीं दिनों बम्बई में एक नौ वर्ष के बालक विवेक द्वारा श्रीमद्भागवत गीता पर दिये गए प्रवचनों की भी धूम थी। वह संस्कृत के श्लोकों का शुद्ध उच्चारण करते हुए उनकी अत्यंत मर्मस्पर्शी टीका कर रहा था। उसके बारे में यह कहा जाता था कि वह पूर्व जन्म में गीता का महान् तत्त्वदर्शी था और पूर्व जन्म की स्मृति के आधार पर ही वह व्याख्यान दे रहा है।

एक दिन उस बालक विवेक के पिता उसे साथ लेकर भगवानश्री का प्रवचन सुनाने के लिए ले आये और प्रवचन के बाद एकान्त में उसके पिता ने भगवान श्री से निवेदन किया—''यदि आप इस बालक को जरा-सा सहारा और आर्शीवाद दे दें, तो यह बालक बम्बई में अच्छी तरह जम जाये।'' भगवान श्री ने उसे वुडलैंड्स एपार्टमेंट में आने का समय दिया।

उसके पिता, विवेक को लेकर नियत समय पर वुडलैंड एपार्टमेन्ट में उपस्थित हो गये। भगवान श्री ने विवेक से कहा—''अब तुम अपना प्रवचन प्रारम्भ करो। मैं तुम्हें ध्यान से सुनना चाहता हूं।'' विवेक ने भोलेपन से पूछा—''आप कौन-सा प्रवचन सुनना चाहते हैं। एक घंटे वाला, तीस मिनट वाला या दस मिनट वाला?'' भगवान श्री ने कहा—''फिलहाल तुम दस मिनट वाला प्रवचन प्रारम्भ करो।''

तुरन्त पद्मासन में बैठकर विवेक ने अपना प्रवचन प्रारम्भ कर दिया। इसमें उपनिषद् के सूत्रों की भी विवेचना की गई थी।

पांच मिनट सुनने के बाद आचार्यश्री ने पूछा—''निर्वाण उपनिषद् में शांति पाठ के द्वारा इस सूत्र में ऋषि क्या कह रहा है?''

ॐ वाङ्मे में मनसि प्रतिष्ठिता,
मनोमे वाचि प्रतिष्ठितम् आविरा:
वीर्भ एधिं वेदस्य म आणीस्थ:
श्रुतम में माप्रहासीरनेन् आधीनेन
अहोरात्रात संदधानि॥

अहोरात्रात संदधामि का क्या तात्पर्य है?

यह सूत्र श्लोक सुनाने के बाद आचार्यश्री ने विवेक पर उसकी प्रतिक्रिया देखी।

विवेक चुप रहा। उसे कोई उत्तर देते न बना। भगवान श्री बोले—''अच्छा तुम कोई तीन मिनट वाला प्रवचन सुनाओ।''

विवेक ने उत्तर दिया—''मैं दस मिनट से कम वाला कोई प्रवचन नहीं दे सकता।''

भगवान श्री उसके पिता से बोले—''आप गलत व्यक्ति के पास आ गये हैं। मैं देख रहा हूं आपने इस छोटे बालक के मस्तिष्क को सम्मोहित करके अपने द्वारा एक घंटे, तीस मिनट और दस मिनट के तैयार प्रवचनों को उसके अचेतन मन में प्रविष्ट करा दिया है। आप पैसों के लोभ के कारण इस बच्चे की मेधा को कुंठित कर रहे हैं। अगर आप इस बच्चे का भला

चाहते हैं तो उसे फिर से सम्मोहित कर, वह सब भूल जाने को कहें जो आपने सम्मोहित अवस्था में इसे रटाया है।''

उसके पिता का चेहरा सफेद पड़ गया। वह आश्चर्य से बोले—''आपने इतने शीघ्र यह कैसे जान लिया? मैं इस बालक को लेकर विदेशों में गया हूं और वहां से धन के साथ-साथ कई प्रशस्ति पत्र लेकर आया हूं। एक सप्ताह पूर्व ही मैं राष्ट्रपति भवन से लौटा हूं, जहां कई मंत्री और लोकसभा के सदस्यों ने इस बालक की प्रशंसा की। राष्ट्रपति महोदय ने स्वयं अपने हाथों से इसे हार पहनाकर गोल्ड मैडिल दिया। आप तो मेरे सारे स्वप्नों को धराशाई कर रहे हैं।''

भगवान श्री निर्ममता से बोले—''जैसा मैंने आपसे कहा है, चुपचाप वैसा कीजिये। इस बच्चे के जीवन से कुछ रुपयों के लोभ के कारण खिलवाड़ मत कीजिये। यह बच्चा, अन्य बच्चों की अपेक्षा बुद्धिमान और प्रतिभाशाली है। इसका अपना भविष्य है, अपनी मंजिल है। और याद रखिये, मैं इस बच्चे के बाबत खबर रखूंगा। यदि जैसा मैंने कहा है, आपने वैसा नहीं किया तो मुझे सार्वजनिक रूप से आपकी पोल खोलनी ही होगी।''

वह सज्जन निराश, उद्विग्न और भयभीत होकर वापस चले गये।

उनके जाने पर वहां बैठे एक संन्यासी ने भगवान श्री से पूछा—''भगवान! क्या सम्मोहन में इतनी शक्ति है कि सम्मोहित व्यक्ति से कुछ भी असम्भव कराया जा सकता है?''

भगवान श्री ने उत्तर दिया—''सम्मोहन का पूरा एक विज्ञान है। पहले तो किसी भी व्यक्ति को उसकी इच्छा के विरुद्ध सम्मोहित नहीं किया जा सकता। मूर्ख और हठी व्यक्ति को सम्मोहित नहीं किया जा सकता। सम्मोहन के लिए माध्यम के सहयोग की अपेक्षा होती है। माध्यम जितना ही अधिक बुद्धिमान होगा, परिणाम उतने ही शुभ होंगे।

इसलिए प्राचीन काल में इस विद्या को दुरुपयोग से रोकने के लिए इसे सार्वजनिक नहीं किया गया। गुरु, अपने शिष्य को तभी यह ज्ञान देते थे, जब वह आश्वस्त हो जाते थे कि शिष्य कामना रहित हो गया है। उसकी सारी वासनाएं गिर गई हैं। सम्मोहन के द्वारा किसी की हत्या भी कराई जा सकती है। चोरी भी कराई जा सकती है। सम्मोहित व्यक्ति के हाथ पर बर्फ रखकर यदि उससे कहा जाये कि तुम्हारे हाथ पर अंगारा रखा है तो उसके हाथ में फफोले उठ जाते हैं।''

प्रश्नकर्ता ने पुन: शंका व्यक्त की—''मूर्ख व जड़ लोगों को तो सम्मोहित करना और भी आसान होना चाहिये।''

आचार्यश्री हंसकर बोले—''मूर्ख व्यक्ति कभी सहयोग नहीं करता। उससे जो कहो वह सदा उसका उलटा करता है, उसमें समर्पण का भाव नहीं होता। सच्चा समर्पण वहीं घटता है जब बुद्धि से भी व्यक्ति ने सम्मोहनकर्ता को अपने से अधिक चेतन या श्रेष्ठ स्वीकार कर लिया हो। बेवकूफ व्यक्ति से कहो, किसी जलती मोमबत्ती की ओर एकटक बगैर पलकें झपकाये देखो। वह पलकें बीच-बीच में जरूर झपकायेगा। अंदर से डरेगा कि यदि उसने पलकें न झपकाईं तो हो सकता है उसे कोई नुकसान पहुंच जाये। इसीलिए प्राय: स्त्रियां अधिक अच्छा माध्यम सिद्ध होती हैं। बहुत से लोगों ने इस विद्या को कमाई का अंग बना लिया है। वह चमत्कार दिखाकर लोगों की वाहवाही के साथ धन भी कमाते हैं।''

तभी आचार्यश्री के नियमित प्रवचन का समय हो गया, और वह बाहर चल दिये जहां हजारों दीवाने उनकी प्रतीक्षा कर रहे थे।

❑ ❑

युवकों और स्त्रियों को संदेश

जीवन जागृति केन्द्र बम्बई के संयोजन में रुइया कॉलेज बम्बई में 30 जनवरी, 1969 से प्रवचन माला प्रारम्भ हुई।

2 फरवरी को युवकों की विशाल संगोष्ठी को सम्बोधित करते हुए आचार्यश्री ने कहा—

''आज देश में युवक हैं ही नहीं। आयु या अवस्था से कोई युवक नहीं होता। युवा होने के लिए युवा चित्त चाहिये, जो हर चुनौती साहस से स्वीकार करने को तैयार हो। आज देश को ऐसी युवा चेतना की आवश्यकता है जो रूढ़ियों, अंधविश्वासों और कुप्रथाओं के विरुद्ध क्रांति कर सके। देश को चाहिये एक ऐसा युवा मन जो हर खतरे में शांतिपूर्वक उतर सके। कुछ फरनीचर तोड़ने, नारे लगाने, हड़ताल करने या बसें जलाने से ही क्रांति नहीं होती। क्रांति के लिए कोई महान ध्येय या महान् उद्देश्य चाहिये। मैं इस तोड़-फोड़ का भी केवल इसलिए स्वागत करता हूं कि विद्रोह की भावना का जन्म तो हो रहा है। आज यह ऊर्जा गलत जगह प्रयुक्त हो रही है, पर जब इस ऊर्जा का प्रयोग समाज को बदलने में, रूढ़ियों को तोड़ने में किया जायेगा तो कोई कारण नहीं कि वास्तविक क्रांति न हो सके। युवकों को विश्वास नहीं, संदेह की आवश्यकता है। संदेह से विचार उत्पन्न होता है। स्वतंत्र विचार से ही स्वतंत्र चेतना का जन्म होता है।''

3 फरवरी को एन. एन. डी. टी. महिला विश्वविद्यालय में महिलाओं और छात्राओं को सम्बोधित करते हुए आचार्यश्री ने कहा—''हजारों वर्षों से हर धर्म, हर समाज ने नारी के व्यक्तित्व को कुंठित करते हुए उसका शोषण किया है। घर की चहारदीवारी में उसे एक गुलाम जैसा जीवन जीने के लिए बाध्य किया है। मैं नारी स्वतंत्रता का अवश्य पक्षपाती हूं पर साथ ही यह भी चाहता हूं कि नारी को परमात्मा ने प्रेम, करुणा और कोमलता के गुण प्रसाद रूप में दिये हैं, उनका और विकास हो। पश्चिम में नारी पुरुष की होड़ में पुरुष जैसी हो गई है। उसकी कोमलता, उसका प्रेम लुप्त हो गया है। इसलिए नारी को किसी मूल्य पर पुरुष की प्रतिस्पर्द्धा में नहीं उतरना है। पुरुष जैसा नहीं बनना है। उसे पुरुष को भी प्रेम पूर्ण बनाना है। यदि पूरे विश्व में नारी यह निश्चय कर ले कि उसे अपने पतियों या पुत्र को किसी भी कीमत पर फौज में नहीं भेजना है तो फौजें स्वत: समाप्त हो जायेंगी। पूरे विश्व में जो आज इतनी असंगति, इतनी घृणा, इतनी प्रतिस्पर्द्धा फैली हुई है, मैं समझता हूं नारी इसे कम करने में महत्त्वपूर्ण भूमिका निभा सकती है।''

आचार्यश्री के एक घंटे के प्रवचन को संस्कार तीर्थ आजोल की भांति सभी महिलाओं व छात्राओं ने अत्यन्त प्रेम से सुना। कई महिलाओं ने बाद में आचार्यश्री से मिलकर ध्यान के बारे में कई प्रश्न किये। उनके प्रवचनों के कैसेट और पुस्तकें भी, लोगों ने ढूंढ-ढूंढ़ कर सुने और पढ़े। उसी रात्रि आचार्यश्री रीवां चल दिये।

8 फरवरी को आचार्यश्री ने रीवां में प्रवचन दिया। 9 फरवरी को उन्होंने लायंस क्लब, रीवां को सम्बोधित किया। रीवां से सागर, दमोह आदि स्थानों में प्रवचन देते हुए आचार्यश्री 12 फरवरी को बड़ौदा पहुंचे, जहां प्रेमी मित्रों ने उनका हार्दिक स्वागत किया।

❑ ❑

बड़ौदा में प्रवचन, जब आचार्यश्री पर जूता फेंका गया

बड़ौदा में आचार्यश्री के तीन दिनों में चार प्रवचनों का आयोजन था।

13 फरवरी, 1969 को उन्होंने प्रवचनमाला आरम्भ करते हुए कहा—

मेरे प्रिय आत्मन!

अभी-अभी सूरज निकला। सूरज के दर्शन कर रहा था। देखा, आकाश में दो पक्षी उड़े जा रहे हैं। आकाश में न तो कोई रास्ता है, न सीमा है, न कोई दीवाल है, न उड़ने वाले पक्षियों के कोई चरण चिह्न बनते हैं। खुले आकाश में जिनकी कोई सीमाएं नहीं, उन पक्षियों को उड़ता देखकर मेरे मन में एक सवाल उठा—क्या आदमी की आत्मा भी इतने ही खुले आकाश में उड़ने की मांग नहीं करती? क्या आदमी के प्राण भी नहीं तड़पते हैं, सारी सीमाओं से ऊपर उठ जाने के लिए—सारे बंधन तोड़ देने के लिए? सारी दीवारों के पार वहां, जहां कोई दीवार नहीं, वहां, जहां कोई फासले नहीं, वहां, जहां कोई रास्ते नहीं। वहां, जहां, चरण चिह्न भी नहीं बनते। उस खुले आकाश में उठ जाने की मनुष्य की आत्मा की भी क्या यह प्यास नहीं है?

उस खुले आकाश का नाम है परमात्मा। लेकिन अभी तो पैदा होते ही आदमी बंधनों में बंधने लगता है। चाहे कोई पैदा स्वतंत्र होता हो लेकिन बहुत कम सौभाग्यशाली लोग हैं, जो स्वतंत्र जीते हैं और बहुत कम सौभाग्यशाली लोग हैं, जो स्वतंत्र होकर मर पाते हैं। किसी आदमी की आत्मा परतंत्र नहीं होना चाहती, फिर भी आदमी परतंत्र होता चला जाता है।

आचार्यश्री ने बताया कि, कोई भी वाद, सम्प्रदाय, धर्म, सिद्धान्त, शास्त्र और परिवार ही मनुष्य की अदृश्य बेड़ियां हैं, जो दिखाई तो नहीं देतीं पर फिर भी यह अदृश्य बंधन आत्मा को परतंत्र कर देते हैं और यदि उसकी परतंत्रता पर कोई चोट हो, कोई सद्गुरु उसे बंधनों से मुक्त करना चाहे तो वह अपनी परतंत्रता की रक्षा करते हुए, सद्गुरु को दुश्मन की तरह देखता है।

उन्होंने कुछ बोध कथाओं से अपनी बात को स्पष्ट करते हुए कहा—''जीवन है अनंत यात्रा। यह यात्रा कभी समाप्त नहीं होती। सभी सम्प्रदाओं की, सभी धर्मों की, सभी वादों की खोज और उनकी यात्रा एक दिन समाप्त हो जाती है।.......और मरे हुए संत बहुत खतरनाक सिद्ध होते हैं। अपने कारण नहीं, आदमी की आदत के कारण। दुनिया के सभी महापुरुष जो कि मनुष्य को मुक्त कर सकते थे, लेकिन नहीं कर पाये, क्योंकि मनुष्य उनको ही अपने बंधन में रूपांतरित कर लेता है।.......और मैं अपने से भी नहीं बांध लेना चाहता हूं किसी को। मैं चाहता हूं कि प्रत्येक व्यक्ति किसी से बंधा हुआ न रह जाये। एक ऐसे चित्त की दशा हमारी हो कि हम किसी से बंधे हुए न हों। उसी हालत में तत्काल क्रांति शुरू हो जाती है। एक विस्फोट हो जाता है। जो आदमी किसी से बंधा हुआ नहीं है, उसकी आत्मा पहली दफा अपने पंख खोल लेती है, और खुले आकाश में उड़ने के लिए तैयार हो जाती है।......पर जंजीरें सोने की हैं और इसीलिए मधुर और सुंदर दिखाई देती हैं। महापुरुषों से मुक्त होना, सिद्धान्तों और सम्प्रदाओं

से मुक्त होना, और शास्त्रों से मुक्त होना बहुत कठिन मालूम पड़ता है। क्योंकि हम चीजों को मान कर निश्चित हो जाते हैं, खोजने की कोई जरूरत ही नहीं रह जाती और अगर कोई आदमी कहता है, मुक्त हो जाओ तो फिर खोजने की जरूरत शुरू हो जाती है। मंजिल खो जाती है और फिर रास्ते पर चलना होता है। और रास्ते पर चलने में तकलीफ मालूम पड़ती है, मंजिल पर पहुंच जाने में आराम मालूम पड़ता है और मनुष्य ने आलस्य के कारण झूठी मंजिलें तय कर ली हैं और उन्हें हम पकड़ कर बैठ गये हैं।''

पर जीवन क्रांति के लिए एक स्वतंत्र और मुक्त चित्त चाहिये। एक बंधा हुआ कैपसूल के भीतर बंद, पक्षपातों के भीतर बंद, बाद और सिद्धान्त और शब्दों के भीतर बंद, वाद और सिद्धान्त और शब्दों के भीतर बंद चित्त कभी भी जीवन में क्रांति से नहीं गुजर सकता। और अभागे हैं वे लोग, क्योंकि वे वंचित रह जाते हैं उस सत्य को जानने से, कि जीवन में क्या छिपा है। क्या था राज, क्या था आनंद, क्या था सत्य, क्या था संगीत, क्या था सौंदर्य? उस सबसे ही वे वंचित रह जाते हैं।

...और सारे सहारे छोड़कर बेसहारा हो जाना परमात्मा का सहारा लेने का रास्ता है। सब रास्ते छोड़ देना, उसके रास्ते पर खड़े हो जाने की विधि है।...

कोई आपको पकड़े हुए नहीं है, आप ही मुट्ठी बांधे हुए हैं। छोड़ दें, और वह छूट जाता है। और छूटते ही आप पायेंगे कि चित्त हलका हो गया, निर्भर हो गया, तैयार हो गया.....एक यात्रा के लिए।

उसी दिन संध्याकाल, उन्होंने ''भीड़ से, समाज से दूसरों से मुक्ति'' विषय पर बोलते हुए कहा—

''जिन्हें भी भीतर की तरफ जाना है, उन्हें पहले बाहर की चिंता छोड़ देनी पड़ती है। कौन क्या कहता है, कौन क्या सोचता है, उसकी चिंता छोड़ देनी पड़ती है। नहीं, सवाल यह नहीं है, कि कौन क्या सोचता है? सवाल यह है कि मैं क्या हूं? और मैं क्या जानता हूं? अगर जीवन में क्रांति लानी है तो सवाल यह है कि मैं क्या हूं? मैं क्या पहचानता हूं अपने को.... ?''

जीवन की ओर वही मुड़ सकते हैं, जो दूसरों की आंखों में देखने की कमजोरी छोड़ देते हैं और अपनी आंखों के भीतर झांकने का साहस जुटाते हैं। इसलिए दूसरा सूत्र है—भीड़ से सावधान! चारों तरफ से आदमी की भीड़ घेरे हुए है। और जिंदा लोगों की भीड़ ही नहीं, मुर्दा लोगों की भीड़ भी घेरे हुए है।.......भीड़ जैसा कहती है, वैसा होता चला जाता है। इसलिए आदमी को अपनी आंख का कभी खयाल ही पैदा नहीं हो पाता। उसके जीवन के बीज में कभी अंकुर ही नहीं आ पाता।''

14 फरवरी को ''दमन से मुक्ति'' विषय पर बोलते हुए आचार्यश्री ने कहा—''मनुष्य जाति ने अपना सारा धर्म, सारी नीति, सारे समाज की व्यवस्था सप्रेशन पर, दमन पर खड़ी की हुई है। मनुष्य का जो व्यक्तित्व हमने खड़ा किया है, वह दमन पर खड़ा है। दमन उसकी नींव है। और दमन पर खड़ा हुआ आदमी लाख उपाय करे, जीवन की ऊर्जा का साक्षात्कार उसे कभी नहीं हो सकता है। क्योंकि जिस-जिस ने उसका दमन किया है मन में वह उसी से उलझ-उलझ नष्ट हो जाता है।....भीतर मन में लड़े और आप पायेंगे कि जिससे आप लड़ेंगे, उसी से हार जायेंगे। जिससे भागेंगे, वही पीछा करेगा। क्रोध से लड़े-और मन क्रोध के पास ही खड़ा हो जायेगा, हिंसा से लड़े-और मन हिंसक हो जायेगा, मोह से लड़े-और मन मोह से ग्रस्त हो जायेगा। लोभ से लड़े-और मन लोभ में गिर जायेगा। काम से लड़ने वाला मन सेक्स में चला जायेगा.....

हिन्दुस्तान में ब्रह्मचर्य की बात चल रही है, तीन-चार हजार वर्ष से। और इस बात को कहने में मुझे जरा भी अतिशयोक्ति नहीं मालूम पड़ती है, कि आज पृथ्वी पर हमसे ज्यादा कामुक कोई समाज नहीं है। चौबीस घंटे हम काम से लड़ रहे हैं। छोटे बच्चे से लेकर मरते हुए बूढ़े तक की सेक्स से लड़ाई चल रही है। और जिससे हम लड़ते हैं, वही हमारे भीतर घाव की तरह हो जाता है।....मनस—चिकित्सक कहते हैं कि पागलखाने में सौ में से अट्ठानवे आदमी दमन के कारण विक्षिप्त हुए हैं। इसलिए आदमी जितना सभ्य होता जा रहा है, उतना ही पागल होता जा रहा है—क्योंकि सभ्यता का सूत्र दमन है।......''

तभी प्रवचन के बीच ही किसी ने खड़े होकर प्रश्न किया—''तो क्या आप चाहते हैं कि जब क्रोध आये, तो क्रोध करना ही उचित है। वासना उठे तो भोग करने से क्या पूरा समाज वासना में लिप्त नहीं हो जायेगा?''

आचार्यश्री ने उत्तर दिया—''मैं दमन से बचने को कह रहा हूं, अभी भोग करने को नहीं कह रहा हूं। दमन से बचने का अर्थ भोग में कूद जाना नहीं है। उसका दूसरा विकल्प भी है, जिसकी चर्चा कल विस्तार से करूंगा। अभी तो यह समझें कि दमन ने मनुष्य मात्र को कितना अधिक नुकसान पहुंचाया है। दमन ने मनुष्य के चित्त को विभक्त कर दिया है? उसके व्यक्तित्व को दो खंडों में विभाजित कर दिया है। दोनों खंड एक-दूसरे से संघर्ष करते रहते हैं। दमन न हो तो व्यक्ति में योग की स्थिति उपलब्ध होती है। योग का अर्थ है जोड़, अखंडता, एक होना। और एक अखंड व्यक्तित्व उसका ही हो सकता है जो लड़ नहीं रहा है, जो अपने भीतर यह नहीं कह रहा है कि यह बुरा है, यह अच्छा है, इसको बचाऊंगा, उसको छोड़ूंगा, जिसने भी अपने भीतर अच्छे-बुरे का भेद किया, वह दमन में पड़ जायेगा।''

आचार्यश्री ने कहा—कि आज समाज में जो व्यक्ति पागल होने से बचे हुए हैं वह भी केवल इसलिए कि अधिकतर लोग दमन सिखाने वालों की बात पूरी तरह मानते नहीं हैं? ऊपर से दिखलाते हैं, मानते हैं, पर भीतर से मानते नहीं। इसलिए दमन के साथ उसके चचेरे भाई पाखंड का जन्म हुआ है। दमन चलेगा तो पाखंड पैदा होगा। अगर पाखंड पैदा न होगा तो पागलपन पैदा होगा। ये साधु-संन्यासी बहुत बड़े अंश में पागल होते देखे जाते हैं। लोग समझते हैं, इनको भगवान का उन्माद हो गया है। लेकिन सारा उन्माद भीतर के दमन से पैदा हुआ है और पाखंडी होना पागल होने से अच्छा नहीं है। पाखंडी की तो कोई निष्ठा होती नहीं, कोई नैतिकता या ईमानदारी नहीं होती। पागल की फिर भी एक निष्ठा होती है।

दमन से बचने का सूत्र है—अपने भीतर जो भी है, उसकी पूर्ण स्वीकृति। जो भी है, सेक्स है, लोभ है, क्रोध है, उसे मान लें। जो भी है भीतर, उसकी सर्वांगीण स्वीकृति प्राथमिक बात है। स्वीकृति करने मात्र से व्यक्ति आत्मज्ञान की ओर बढ़ेगा। अगर उसने कहा मैं क्रोध, लोभ और काम को जीत लूंगा, उन्हें उखाड़ फेकूंगा, वहीं व्यक्ति अशांत हो जायेगा। उसके अंदर अहंकार और बढ़ जायेगा। क्रोधी और अहंकारी ऋषियों -मुनियों की कथाओं से शास्त्र भरे पड़े हैं।

कुछ रुककर आचार्यश्री ने रूढ़ि, परम्परा, शास्त्रों, पंडितों और पुरोहितों के विरुद्ध आग उगलते हुए अपने क्रांतिकारी प्रवचन के दौरान कहा—पुरोहितों ने अपने न्यस्त स्वार्थों के लिए राजसत्ता के साथ दुरभिसंधि करते हुए, कर्मवाद और भाग्यवाद के सिद्धान्तों की जंजीरों में पूरे समाज को बांध दिया, ताकि सामान्य जन का शोषण किया जा सके। अपनी दरिद्रता को वह पूर्व जन्मों के कर्मों का फल मानते हुए विद्रोह न कर सकें। इसलिए जनता को विश्वास के नाम पर अंध विश्वास और अनुशासन दिया गया ताकि उसमें स्वतंत्र विचार उत्पन्न ही न हो सकें।

वह विद्रोह न कर सकें। स्वर्ग का झूठा लुभावना प्रलोभन देकर और नर्क का भय दिखाकर उन्हें कर्मकाण्ड में ऐसा बांध दिया गया कि पूरी हिन्दू जाति ने विद्रोही शासकों की गुलामी को भी नियति मानकर स्वीकार कर लिया और कोई विद्रोह नहीं किया।

तभी जनता की ओर से आचार्यश्री की ओर एक जूता फेंका गया। आचार्यश्री ने उसे लपकते हुए मुस्कुरा कर कहा—जिस व्यक्ति ने मेरे ऊपर एक जूता फेंका है उसका अर्थ है वह मुझसे कुछ कहना चाहता है। मैं उसे मंच पर आने के लिए आमंत्रित करता हूं। वह खुलकर अपनी बात सबके सामने रखे और यदि वह तर्क में मुझे हरा देगा, तो जीत उसकी होगी।''

फिर वह जूते की ओर देखते हुए बोले—''यह तो नया है। अब जिन सज्जन ने मेरे ऊपर अपना एक जूता फेका है मेरा उनसे निवेदन है कि वह कृपया दूसरा जूता भी मंच पर फेंक दें, ताकि वह मेरे किसी काम तो आ सके। एक जूता तो उनके लिए भी बेकार है। कम-से-कम जूते का सार्थक प्रयोग तो हो सके। पर भीड़ में किसी ने सामने आने का साहस न किया। 'आचार्यश्री जिंदाबाद' के नारों से पूरा सभा-भवन गूंज उठा।

आचार्यश्री ने फिर कहा—मैं जानता हूं, मैं जिस सत्य का उद्‌घाटन कर रहा हूं उससे तिलमिला कर लोग मुझपर बम भी फेंक सकते हैं, गोली भी चला सकते हैं। क्योंकि यही समाज पहले भी सुकरात और मीरा को जहर दे चुका है। ईसा को क्रूस पर चढ़ा चुका है। मंसूर और सरमद के सरों को कलम कर चुका है। यह कोई नई बात नहीं है। मैं तो चाहता हूं कि जिन लोगों को मेरे विचारों से विरोध है, वह खुलकर मंच पर आकर मेरी बातों का सतर्क उत्तर दें। मैं शास्त्रार्थ करने को भी तैयार हूं। पर कायरों की तरह इस प्रकार जूते फेंकना तो कोई विवेकपूर्ण कार्य नहीं है। मैं केवल यही तो कह रहा हूं कि शास्त्रों में जो कुछ लिखा है, उस पर विचार किया जाये। जिन लोगों ने सत्य की अनुभूति की, उनके शब्दों का शास्त्रों में संग्रह किया गया है। पर जिन लोगों ने सत्य की अनुभूति की, आत्मा का साक्षात्कार किया, उन्होंने स्वयं कोई शास्त्र नहीं लिखे। बुद्ध और महावीर के काफी बाद उनके शब्दों का स्मृति के आधार पर संग्रह किया गया। संग्रह करने वालों ने उन शब्दों को जिस रूप में समझा था, अपनी बुद्धि के अनुसार उन्हें लिपिबद्ध कर दिया। उन शास्त्रों पर काफी धूल इकट्‌ठी हो गई। मैं सत्य की अनुभूति कर केवल शास्त्रों पर जमी धूल को साफ कर रहा हूं। सत्य को पाना है तो उसकी खोज तो आप को स्वयं करनी होगी। दूसरों के खोजे मार्ग आपके किसी काम के नहीं हैं। क्योंकि सत्य का कोई राजमार्ग नहीं है। जिस तरह पक्षी आकाश में बिना कोई चिह्न छोड़े उड़ जाते हैं, उसी प्रकार प्रत्येक को अपना मार्ग स्वयं बनाना पड़ता है।

यदि ऐसा न होता तो सदियों से इन शास्त्रों द्वारा सभी बुद्ध हो गये होते। संसार में इतनी पीड़ा इतना शोषण, इतना अनाचार नहीं होता।''

जैसे ही आचार्यश्री ने अपना प्रवचन समाप्त किया, पूरा पंडाल 'आचार्य रजनीश—जिंदाबाद' के नारे से गूंज उठा।

❑ ❑

15 फरवरी, 1969 को अपने चौथे प्रवचन में उन्होंने कहा—''मनुष्य को पता ही नहीं चलता और जन्म के साथ ही दमन शुरू हो जाता है। हमारी सारी शिक्षा, सारी संस्कृति, सारी सभ्यता दमन है। जगह-जगह मनुष्य पर रोक है। ऐसा करो, ऐसा न करो। क्रोध मत करो, और किसी ने क्रोध किया और फिर उसका दमन किया, तो वह खून में मिल जायेगा, हड्‌डी में चिपक

जायेगा। निकला हुआ क्रोध तो थोड़ी देर का साथी होता है लेकिन दबा हुआ क्रोध जीवन भर के लिए साथी हो जाता है। क्रोध को दबाया कि पूरा व्यक्तित्व क्रोध से भर जाता है।''

नौकर को मालिक की डाट-फटकार रोज ही सुननी पड़ती है। गालियां और अपशब्द भी सुनने पड़ते हैं। वह दबा लेगा अपने क्रोध को, मजबूरी है। सभ्यता का, समाज का, आर्थिक विवशता का यही तकाजा है। अब वह साइकिल चलायेगा तो पैडिल जोर से मारेगा। कार चलायेगा तो गाड़ी स्पीड से चलायेगा। कोई सामने आ जाये तो उसका मन होता है—टकरा दूं गाड़ी, कुचल दूं उसे। घर आयेगा, क्रोध पत्नी पर उतारेगा। पत्नी अपने क्रोध का दमन कर, वह क्रोध बच्चों पर उतारेगी। बच्चे अपना क्रोध चीजों को तोड़ने-फोड़ने में निकालेंगे। जो निकालने से बच जायेगा उसे स्कूल और युनिवर्सिटी में तोड़-फोड़ करके निकालेंगे। मां, बच्चे को उसके सुधार करने के बहाने उसे सजा दे रही है।

जो भी आदमी चित्त के साथ दमन करता है वह सूक्ष्म-से-सूक्ष्म उलझनों में उलझता चला जाता है। दमन उसे रुग्ण बना देता है और दमन का अंतिम परिणाम है विक्षिप्तता। और इन सभी जंजीरों से मुक्त होने के लिए एक ही सूत्र है—और वह सूत्र है—जागरण—जागना, अवेयरनेस, अप्रमाद, ध्यान, अमूर्छा, होश, माइन्डफुल या कोई भी नाम दें। एक ही सूत्र है छोटा-सा—जागो। जागरण, सिद्धांतों, शास्त्रों और सम्प्रदायों के प्रति। जागरण, हिन्दू, मुसलमान, भारतीय, चीनी या अमरीकी होने के प्रति। जागरण—सारी सीमाओं के प्रति, सारे बंधनों के प्रति, मोह के प्रति। भीड़ के प्रति भी जागना है कि मैं जो भी कर रहा हूं वह भीड़ को देखकर तो नहीं कर रहा हूं?

भीड़ से सावधान होने का मतलब यह है कि भीतर जागकर देखना, अपने चित्त की वृत्तियों को, कि कहीं भीड़ तो मेरा नियंत्रण नहीं करती है, चौबीस घंटे भीड़ तो मुझे मोल्ड नहीं करती है, कहीं भीड़ के सांचे में तो मुझे नहीं ढाला जा रहा है? और ध्यान रहे, भीड़ के सांचे में कभी किसी आत्मा का निर्माण नहीं होता। भीड़ के सांचे में मुर्दे आदमी ढाले जाते हैं और पत्थर हो जाते हैं।

जागना है दमन के प्रति भी, क्रोध के प्रति भी। क्रोध को या किसी वृत्ति को दबाने की जरूरत नहीं। उसे जानो, और उससे जागने की जरूरत है। जब किसी के प्रति मन में क्रोध पकड़े, तो जागकर देखना कि क्रोध पकड़ रहा है। होश से भर जाना कि क्रोध आ रहा है। देखना अपने भीतर क्रोध का धुवां उठ रहा है। क्रोध क्या-क्या कर रहा है? भीतर देखना और एक अद्‌भुत अनुभव होगा जीवन में पहली बार, कि देखते ही क्रोध विलीन हो जाता है, न दबाना पड़ता है, न कुछ करना पड़ता है। जानने की कोशिश ही धैर्य की प्रक्रिया है। जागने का मार्ग ही योग है। जागने की विधि का नाम ध्यान है। जागना ही एक मात्र प्रार्थना है, जागना ही एक मात्र उपासना है। जो जागते हैं, वे प्रभु के मंदिर को उपलब्ध हो जाते हैं। जागते ही वृत्तियां, व्यर्थताएं, कचरा, कूड़ा-कर्कट चित्त से गिरना शुरू हो जाता है। धीरे-धीरे चित्त निर्मल होता चला जाता है और जब चित्त निर्मल होता है तो चित्त दर्पण बन जाता है। जागे हुए आदमी को चित्त के दर्पण में तब परमात्मा की छवि दिखाई पड़नी शुरू हो जाती है। फिर वह निर्मल चित्त आदमी कहीं भी जाए, फूल में भी उसे परमात्मा मिलता है, पत्थर में भी, मनुष्यों में भी, पदार्थों में भी, फिर उसके लिए पूरा जीवन ही परमात्मा हो जाता है।

जीवन की क्रांति का अर्थ है, जागरण की क्रांति। जैसे-जैसे जागरण बढ़ेगा, वैसे-वैसे जीवन बढ़ेगा—मृत्यु कम होगी। जिस दिन जागरण पूर्ण होगा, उस दिन मृत्यु विलीन हो जाएगी,

जैसे थी ही नहीं।.......जो आदमी जागरण का दिया लेकर भीतर जाता है, उसकी मृत्यु खो जाती है, दु:ख खो जाता है, अशांति खो जाती है, और उसे अमृत उपलब्ध होता है। और वह जिसका कोई अंत नहीं, वह जिसका कोई प्रारम्भ नहीं, वह जो असीम है, वह जो प्रभु है, उसके मंदिर में प्रवेश हो जाता है। जो जागते हैं, वे पा लेते हैं। जो सोये रह जाते हैं, वे खो देते हैं।

बड़ौदा के बुद्धिजीवियों द्वारा, जिनमें अधिकतर प्रोफेसर, डॉक्टर, इंजीनियर, पढ़े-लिखे व्यापारी कुछ अफसर व छात्र थे, आचार्यश्री के प्रवचनों से बहुत अधिक प्रभावित हुए। आचार्यश्री के प्रवचनों की जितनी भी पुस्तकें, उनके सचिव अरविंद भाई साथ लेकर आये थे, सभी हाथों हाथ बिक गईं। 'ज्योतिशिखा' पत्रिका भी न केवल बिकी वरन पचासों वार्षिक चंदा देकर उसके नियमित ग्राहक भी बन गये। उनके सचिव से सैकड़ों लोगों ने जिज्ञासा की कि आचार्यश्री का अगला ध्यान शिविर कब और कहां लग रहा है?

इन प्रवचनों को सुनने के लिए लोग, जूनागढ़, पूना, बम्बई और अन्य स्थानों से भी आये थे। यह ज्ञात होने पर कि अगला साधना शिविर 25 फरवरी से जूनागढ़ में प्रारम्भ होने वाला है, लोग बहुत आनंदित हुए और काफी नये लोगों ने भी इस साधना शिविर में सम्मिलित होने का निश्चय किया।

उसी रात आचार्यश्री ने बम्बई के लिए प्रस्थान किया, जहां अगले दिन उन्हें बम्बई विश्वविद्यालय में छात्रों को सम्बोधित करना था।

❑ ❑

विद्यार्थी और सेक्स

16 फरवरी को आचार्यश्री ने बम्बई विश्वविद्यालय में 'विद्यार्थी और सेक्स' विपय पर बोलते हुए कहा—"सभ्यता और धर्म ने हमें एक ऐसी नैतिकता दी है, जिसके अन्तर्गत बच्चे के बड़े होते ही उसे बराबर यही सिखाया जाता है कि यह करो, यह मत करो। जिस काम को करने के लिए मना किया जाता है मनुष्य का सहज स्वभाव है कि वह वही करता है, भले ही वह उसे सभी से छिपाकर करे। वर्जित काम के प्रति चित्त एक स्वाभाविक उत्सुकता से भर जाता है। सेक्स की हमारे धर्म, हमारी सभ्यता ने हमेशा निंदा की है। जरा-सी समझ आते ही इसलिए लड़कों को लड़कियों से दूर कर दिया जाता है। एकान्त में वह एक-दूसरे से मिल न सकें, इसके लिए मां-बाप अपनी लड़कियों की चौकसी करते हैं। लड़की जरा देर से घर आये, कभी अकेली छत पर चली जाये तो उसे मां के हजार प्रश्नों का जवाब देना पड़ता है। पहले तो इसलिए बाल विवाह कर दिये जाते थे। सेक्स की समझ आने से पूर्व ही विवाह कर दिया जाता था, ताकि प्रेम का जन्म ही न हो सके। बाल विवाह के विरुद्ध कानून लागू हुए, तो भी अधिकतर लड़कियों के कॉलेज अलग हैं। जहां सह-शिक्षा है भी, वहां भी मां-बाप लड़कियों पर बराबर यह दृष्टि रखते हैं कि कहीं वह एकान्त में मिलें न? लड़के-लड़की में समाज द्वारा यह जो दूरी रखने की कोशिश की गई है उसने ही विकृत सेक्स को जन्म दिया है। होमोसेक्सुअलटी इसी दमन का सहज परिणाम है।

दमन करने से इच्छायें अचेतन में चली जाती हैं। स्वप्नों में उनका निकास होता है। सेक्स के अत्यधिक दमन से व्यक्ति विक्षिप्त हो जाता है। दुनिया में 90% लोग सेक्स के दमन के कारण ही विक्षिप्त हैं। जो पूरी तरह दमन न करके, चोरी छिपे सेक्स की भूख को शांत करते हैं, उनके जीवन में पाखंड का जन्म होता है। अधिकतर साधु-संन्यासी सेक्स का दमन करते हुए एक पाखंड पूर्ण जीवन जी रहे हैं।

मैं कहता हूं—सेक्स की निंदा करना सबसे बड़ी मूढ़ता है। सेक्स तो अन्य ऊर्जाओं की तरह मनुष्य के जीवन की सबसे महत्त्वपूर्ण ऊर्जा है। सेक्स न हो तो विश्व में मनुष्य का जन्म होना ही रुक जाये। सेक्स तो उस खाद की तरह है जो अपने आप में भले ही दुर्गंध दे पर उसे फूलों की क्यारी में डालने से, सुगंधित फूल जन्म लेते हैं। काम ऊर्जा ईश्वर की प्रजनन शक्ति है, जिससे सृष्टि होती है।

कुछ रुककर आचार्यश्री ने कहा—"सेक्स पर हमारे समाज ने कभी वैज्ञानिक ढंग से विचार ही नहीं किया। सेक्स के अनुभव के तीन तल हैं। एक तल शारीरिक है जहां प्रेम नहीं होता केवल सेक्स के तल पर आपस में यंत्र की तरह दो शरीर मिलते हैं। देश में अनेक पति-पत्नी, जिनमें आपस में प्रेम नहीं है, केवल शरीर तल पर ही एक दूसरे से जुड़े हुए हैं। जो लोग सेक्स को केवल शरीर के तल पर जानते हैं उन्हें प्रेम की दिव्य अनुभूति का पता ही नहीं होता।

सेक्स का दूसरा तल मानसिक है। इसमें युवक या युवती के प्रति आकर्षण, व प्रेम मन के तल पर घटता है। जहां प्रेम विवाह होते हैं वहां पहले प्रेम मानसिक होता है, यद्यपि बाद में वह शरीर के तल पर आ जाता है। तीसरा प्रेम आध्यात्मिक स्तर पर होता है। यह प्रेम फूलों

से, पूरी प्रकृति के कण-कण से हर मनुष्य से होता है। हर जगह सिर्फ वह ही वह दिखाई देता है। काम की यात्रा राम की यात्रा बन जाती है। कीचड़ में से कमल पुष्पित होता है। यदि सम्भोग भी गहन प्रेम से, प्रार्थना के भाव से किया जाये, श्वास-श्वास में प्रेम की तरंगें हों, एक दूसरे के प्रति पूर्ण समर्पण भाव हो, जहां अहंकार मिट जाये, समय का बोध मिट जाये, तो ऐसा संभोग भी तंत्र के अनुसार समाधि बन जाता है। गहन संभोग के क्षणों में भी कुछ क्षण के लिए व्यक्ति अहंकार शून्य हो जाता है। उसे समय का बोध नहीं रहता। समाधि में भी व्यक्ति अहंकार शून्य होकर समय की सीमा के पार हो जाता है। पर समाधि में यह अनुभव कुछ क्षणों को नहीं होता, वह निरन्तर बना ही रहता है। सेक्स की इस प्रकार काम की यात्रा, राम पर जाकर समाप्त होती है। एक स्वस्थ समाज के लिए यह आवश्यक है कि लड़के और लड़कियों को प्रारम्भ से ही मिलने-जुलने की पूरी छूट होनी चाहिये, ताकि किसी को एक-दूसरे के शरीर के प्रति कोई उत्सुकता न रह जाये। दोनों को सेक्स की शिक्षा भी अनिवार्य रूप से देना आवश्यक है ताकि वह ठीक प्रकार से, वैज्ञानिक ढंग से सेक्स के बारे में सही ज्ञान प्राप्त कर सकें। सेक्स की वास्तविक जानकारी न होने के कारण सुनी-सुनाई गलत बातों के आधार पर कई प्रकार की गलत फहमियां हो जाती हैं, जिनके भयानक परिणाम होते हैं। दोनों की शिक्षा भी साथ-साथ हो जिससे दोनों स्वतंत्र रूप से एक-दूसरे से मिलकर एक-दूसरे को ठीक प्रकार से समझ कर प्रेम विवाह कर सकें।

प्रेम में जाति-पांति, धर्म नहीं देखा जाता। प्रेम तो दो हृदयों के बीच घटने वाली सर्वाधिक महत्त्वपूर्ण घटना है। क्राइस्ट ने कहा है—लव इज गॉड। प्रेम ही परमात्मा है। इस प्रकार जहां प्रेम विवाह होंगे, वहां जाति-पांति, छुआछूत, भेदभाव के बंधन शिथिल होंगे। एक प्रेमपूर्ण समाज का निर्माण होगा। प्रेमपूर्ण जीवन में प्रेम पूर्ण दाम्पत्य से जो संतान उत्पन्न होगी उसमें हिंसा नहीं होगी, एक प्रेम होगा।''

आचार्यश्री प्रत्येक बिंदु पर विस्तार से व्याख्या करते हुए, ठीक एक घंटे तक बोलते रहे। सभी उस प्रवचन से अत्यंत प्रभावित हुए। उन्हें जीवन की एक नई दिशा, एक नया उत्साह मिला।

बम्बई में दो अन्य स्थानों पर प्रवचन देते हुए आचार्यश्री पूना, नासिक व नागपुर में सत्संग के बाद जबलपुर लौटे, तो ढेर सारी डाक और प्रेमी मित्र उनकी आतुरता से प्रतीक्षा कर रहे थे। और वही पुरानी दिनचर्या फिर शुरू हो गई। प्रत्येक दिन सुबह-शाम, सत्संग, प्रवचन और ध्यान का कहीं-न-कहीं आयोजन होता ही था। आचार्यश्री से प्रतिदिन सैकड़ों लोग मिलते थे। वह उनकी व्यक्तिगत समस्याओं का समाधान करते थे, उनके प्रश्नों के उत्तर देते थे और अंततः उन्हें जगाने का प्रयास करते थे।

—और 23 फरवरी को वह साधना शिविर, जूनागढ़ का शुभारम्भ करने पुनः गुजरात चल पड़े।

❑ ❑

सत्य की खोज–साधना शिविर–जूनागढ़

25 फरवरी, 1969 को ''सत्य की खोज'' साधना शिविर का उद्‌घाटन करते आचार्यश्री ने जूनागढ़ में कहा—

''हम यहां तीन दिनों में सत्य की खोज का विचार करने बैठे हैं। यह खोज उनके लिए नहीं है, जो सुरक्षित जीवन को सब कुछ मान लेते हैं। यह खोज उनके लिए है, जिनके प्राणों में असुरक्षित होने का भय नहीं है, और जिनके प्राणों में कहीं कोई स्मृति चोट मारती रहती है—कि तोड़ दो सब बंधन, तोड़ दो सब दीवारें, उड़ जाओ वहां, जहां कोई दीवार नहीं, जहां कोई बंधन नहीं। स्वतंत्रता में बड़ी असुरक्षा है और परतंत्रता में बड़ी सुरक्षा है। पिंजड़े में बंद तोता सुरक्षित है। न आंधी-पानी का भय, न तूफानों और खतरों का डर, न भोजन की चिंता। इसीलिए तो अधिकतर लोग परतंत्र होने को राजी हो गये हैं, सारी मनुष्यता ने सुरक्षित होने को ही सब कुछ मान लिया है। सुरक्षा ही हमारा धर्म हो गया है।

हमने अपनी आत्मा के चारों ओर सिद्धांतों की, शास्त्रों की सूक्ष्म पारदर्शी अदृश्य दीवारें खड़ी कर ली हैं, ताकि हम सुरक्षित अनुभव करें। पर जितनी हमने दीवारें खड़ी कीं, उतने ही हम सत्य के खुले आकाश से दूर हो गये हैं। आत्मा जब तक परतंत्र है, तब तक कभी आनंद को उपलब्ध नहीं हो सकती। परतंत्रता के अतिरिक्त और कोई दु:ख नहीं है।

कुछ गुलामियां हैं जो दूसरे हम पर थोपते हैं। कुछ गुलामियां हैं, जो हम खुद स्वीकार कर लेते हैं। थोपी हुई गुलामियां, बाहर-ही-बाहर होती हैं, लेकिन जो गुलामियां हम स्वयं स्वीकार कर लेते हैं, वे भीतर तक पहुंच कर हमारी आत्मा तक को बांध लेती हैं। हमने हिन्दू, मुसलमान या बौद्ध होने की गुलामी स्वीकार कर ली है। हम मार्क्स, गांधी, वेद, कुरान, बाइबिल, या धर्म पक्ष से बंध गये हैं। और ऐसे हम सभी परतंत्र हैं। इस परतंत्र चित्त को लेकर सत्य की खोज कैसे हो सकती है?

आचार्यश्री ने अनेक उदाहरणों व बोध-कथाओं से यह समझाया कि परतंत्रता की यह जंजीरें भले ही सोने की हों, पर उनसे मुक्त होने का पहला सूत्र है कि अपनी गुलामी का हमें स्पष्ट रूप से अनुभव हो जाना चाहिये, क्योंकि हम अपने ही हाथों से अपने को बांधे हुए हैं। जब तक सत्य का पता न हो तो कैसे पता चलेगा की कौन-सा सिद्धान्त सत्य है? यदि एक बार व्यक्ति को यह अनुभव हो जाये कि वह गुलाम है और गुलामी की जंजीरों से उसने खुद ही को बांध रखा है तो अंदर एक विराट शक्ति पैदा होती है। एक बार जब आंखें मुक्त आकाश की ओर उठना शुरू होती हैं तो उसके निकट परमात्मा का आना शुरू हो जाता है।''

26 फरवरी के प्रवचन में आचार्यश्री ने कहा—''खुले आकाश का एक विस्तार बाहर है तो एक विस्तार भीतर भी है। लेकिन न यहां आंख देखती हैं, न वहां हाथ स्पर्श करते हैं न वहां कान सुनते हैं। इसीलिए जो भीतर है, यह अनजाना अपरिचित रह जाता है। देखने के लिए भी एक दूरी चाहिये। वह इतने अधिक निकट है, इसीलिए दिखाई नहीं देता। जैसे आंख सब कुछ देखती है पर अपने को ही नहीं देख पाती। सागर की मछलियां सागर में रहते सागर को ही नहीं समझ पातीं और सत्य का पहला अनुभव स्वयं के भीतर है—स्वयं को जानना, सत्य

के जानने की दिशा में अनिवार्य चरण है। धर्म का बुनियादी प्रश्न ईश्वर का होना नहीं, स्वयं का होना है। और हम सब बाहर ही खोजते-खोजते समाप्त हो जाते हैं, इसलिए उसे प्राप्त नहीं कर पाते। सत्य चूंकि स्वयं ही के भीतर है इसलिए वह किसी और से मांगने से नहीं मिल जायेगा। सत्य उधार नहीं मिल सकता। सत्य पढ़कर या सुनकर भी नहीं जाना जा सकता। सत्य कोई सिखा भी नहीं सकता। क्योंकि पढ़ना, सीखना सब बाहर से होता है, जबकि सत्य हमारे भीतर है....जीवन की सारी गति भीतर से बाहर की ओर है। जैसे एक बीज में पूरा वृक्ष छिपा होता है।''

अनेक उदाहरणों से आचार्यश्री ने समझाते हुए कहा—''एक अंधे आदमी को प्रकाश के बारे में कैसे भी समझाओ पर वह पूछता है—''क्या मैं प्रकाश को स्पर्श कर सकता हूं, सुन सकता हूं, सूंघ सकता हूं, चख सकता हूं? अगर कोई वैद्य उसकी दृष्टि वापस कर दे तो उसे प्रकाश का स्वयं अनुभव हो जाता है। सत्य के लिए हमारी आंखें बंद हैं। हम सोये हुए हैं। चिकित्सा के द्वारा यदि हमारी आंखे खुल जायें तो सत्य का दर्शन हो जाता है। पर सत्य के दर्शन के लिए बाहर के आंख की नहीं, अंदर के तीसरे नेत्र खुलने की आवश्यकता है।''

दो क्षण रुककर आचार्यश्री ने कहा—''सत्य की खोज का दूसरा सूत्र है—हम शास्त्र के झूठे ज्ञान से मुक्त हो जायें। उधर ज्ञान से, बाहर के ज्ञान से उसे नहीं जाना जा सकता। जो ज्ञान भीतर से आता है और वह पूरे जीवन पर छा जाता है। वही ज्ञान सत्य है।''

26 फरवरी को अपने प्रवचन के अंत में आचार्यश्री ने एक प्रश्न का उत्तर देते हुए कहा—''मुझे अपनी बात, कोई संस्था कोई संगठन बना के नहीं पहुंचानी है। यह एक मुश्किल मामला है। कोई संस्था न हो तो बात दूसरे तक कैसे पहुंचे? और किसी संस्था या संगठन के बिलकुल मैं दुश्मनी में हूं। मेरी बात दूसरों तक पहुंचे या न पहुंचे, इसका इतना मूल्य नहीं है। मुझे कोई संस्था इसलिए नहीं बनानी है क्योंकि जैसे ही संस्था बनी, संगठन बना कि स्वार्थ आये। पद और प्रतिष्ठा आई। संघर्ष, माया, चुनाव आया, पॉलिटिक्स आई। कोई भी संस्था बिना राजनीति के चल ही नहीं सकती। कोई भी संगठन बिना किसी उखाड़-पछाड़ के चल ही नहीं सकता। पर व्यक्ति बिना राजनीति के हो सकता है। आप लोग जीवन जागृति केन्द्र की बात करेंगे। यह कोई संस्था या संगठन नहीं है। इसमें कोई विधान नहीं है। इसमें कोई चुनाव नहीं होता है। जो लोग मुझसे प्रेम करते हैं, उन्होंने मौखिक रूप से अलग-अलग स्थानों में अपने लिए अलग-अलग कार्य स्वयं चुन लिया है। कोई मेरे प्रवचन आयोजित करता है, कोई टेप करता है, कोई मेरी यात्रा का प्रबंध करता है, कोई मेरे प्रवचनों को पुस्तकाकार प्रकाशित करवाता है। कोई साधना शिविरों का आयोजन करता है। आप लोगों को आश्चर्य, होगा मैं अपने पी. ए. को या किसी को भी कोई वेतन नहीं देता। कोई मेरा कर्मचारी या कार्यकर्ता नहीं है। सभी मुझसे प्रेम करने वाले मेरे मित्र हैं। वह प्रतीक्षा करते हैं कि मैं उनसे किसी काम के लिए कहूं। प्रत्येक कार्य को वह अपना या मेरा नहीं, उसकी प्रेरणा से उसके द्वारा दिया काम समझते हैं। मैंने अपने पास कभी कोई धन भी नहीं रखा। जब जितनी आवश्यकता होती है, धन भी अपने आप आ जाता है। मैं किसी से कोई चंदा नहीं मांगता। किसी से आर्थिक सहायता देने को नहीं कहता। लोग स्वप्रेरणा से या उसके इशारे से धन समर्पित कर देते हैं। धन की कोई कीमत नहीं, हजारों लोग जीवन तक समर्पित किये हुए हैं। क्योंकि गहराई में वह यह जानते हैं कि मैं भी उन्हें प्रेम करता हूं।''

एक साधक द्वारा पूछा गया—''आपने अपने प्रवचनों में तंत्र और योग दोनों पद्धतियों का

उल्लेख किया है। पर यह दोनों सर्वथा विपरीत पद्धतियां हैं। और आप कहते हैं—दोनों ही पद्धतियों द्वारा मंजिल तक पहुंचा जा सकता है। और फिर गहन तंत्र प्रयोग में मदिरा, मैथुन, मांस तीनों का उपयोग उचित माना गया है। क्या यह सत्य नहीं है कि तांत्रिक अनुष्ठानों द्वारा समाज में अनैतिकता फैलेगी?''

आचार्यश्री ने उत्तर दिया—''मेरे कई प्रवचनों में तुम्हें निश्चित ही विरोधाभास मिलेगा। क्योंकि जब मैं योग पर बोलता हूं तो योग ही एक मात्र मार्ग दिखाई देता है मुझे। जब मैं तंत्र पर बोलता हूं तो योग मेरे लिए निरर्थक हो जाता है। सत्य को जानने के लिए उस तक पहुंचने के लिए कई मार्ग हैं। भक्ति का मार्ग सुगम है। वह फूलों की घाटियों से होकर गुजरता है। उस मार्ग पर नाचते-गाते पहुंचा जा सकता है पर उसके लिए स्त्रैण व्यक्तित्व चाहिए। समर्पण चाहिए। मैं मिटकर केवल तू ही तू रह जाये। कुछ लोगों के लिए, जो समर्पण सहज रूप में कर सकते हैं, उनके लिए एकमात्र मार्ग भक्ति है। पर बहुत से लोग बुद्धिवादी हैं। सरलता और सहजता से, वह 'मैं' का परित्याग नहीं कर सकते। उन्हें श्रम करने में, साधना करने में ही आनंद आता है। उनके लिए रेगिस्तान भरा दुर्गम पथ है। वह ध्यान के द्वारा योग के द्वारा ही उसे प्राप्त कर सकते हैं।

पर किसी मार्ग से जाना हो, उस मार्ग से जाने के लिए काम ऊर्जा ही काम आती है। यही ऊर्जा जब नीचे की ओर बहती है तो संसार है, और जब इसका ऊर्ध्वगमन होता है तो यही निर्वाण का मार्ग बन जाती है। हिन्दू विचार धारा ने ब्रह्मचर्य, गृहस्थ, वानप्रस्थ और संन्यास चार आश्रमों की व्यवस्था की। पच्चीस वर्ष तक ब्रह्मचर्य केवल इसीलिए धारण करने को कहा गया ताकि गृहस्थ-आश्रम में तीव्रता और त्वरा से सेक्स का अनुभव हो सके। हिन्दू विचार धारा मानती है कि बिना सेक्स का पूर्ण अनुभव किये बिना उससे मुक्त हो सकना कठिन है इसलिए 50 वर्ष के बाद ही उन्होंने वानप्रस्थ व्यवस्था दी, ताकि मन जंगल की ओर उन्मुख हो जाये और धीमे-धीमे संसार से आसक्ति छूटती जाये। और पचत्तर वर्ष का संन्यासी, जिसका अनुभव प्रगाढ़ होता था, जिसमें सेक्स के लिए कोई रस ही शेष नहीं बचता था, मुक्त होने के लिए ध्यान करता था। इसलिए हिन्दू पद्धति या कहनी चाहिये ब्राह्मण-पद्धति, ध्यान की विश्राम पद्धति है। बुद्ध और महावीर ने श्रमण पद्धति दी। उन्होंने कहा—विश्राम में अधिकतर व्यक्ति तो नींद ही में चले जाते हैं, क्योंकि विश्राम और नींद का गहरा सम्बंध है। वे कहते हैं—श्रमपूर्वक ध्यान में जाना है। इस पद्धति में अधिक-से-अधिक तनाव पैदा किया जाता है। अपने को तानते चले जाओ। खींचते चले जाओ, जैसे कोई वीणा के तारों को कसता चला जाता है। अधिक कसने से वीणा का तार तो टूट जाता है पर चेतना के टूटने का कोई उपाय नहीं। जब चेतना तनाव के चरम पर आ जाती है तो अनजाने ही विश्राम को उपलब्ध हो जाती है। यह विश्राम कभी भी नींद में नहीं ले जाता क्योंकि अत्यधिक तनाव के लिए जागरण में जाना होगा, और जागरण से नींद में नहीं जाया जा सकता। महावीर के इस तनाव भरे ध्यान में जाने से पूर्व, उनके बताये दसों तपों की साधना पहले आवश्यक है। तंत्र कहता है, कामवासना को समग्र रूप से अनुभव करके जान लो, प्रत्येक प्रकार की उत्सुकता शांत कर इतनी गहराई से सेक्स में उतरो कि भोग में रस ही न रह जाये। जब ऐसी स्थिति आ जाये, इतना होश सध जाये तो किसी स्त्री को देखने पर यह भाव ही न उठे कि तुम स्त्री को देख रहे हो, तभी तांत्रिक गुरु, साधक को तांत्रिक साधना के लिए योग्य मानता है। इस अवस्था में सारे संसार कीं स्त्रियां साधक के लिए केवल मां ही नहीं, देवी तारा का रूप हो जाती हैं। इसी अवस्था में संभोग करने पर समाधि में पहुंचा जा

सकता है। अब पश्चिम में भोग वादी चित्त की स्त्री में कोई उत्सुकता ही नहीं रह गई है। इसलिए वह मारिजुआना और ड्रग्स ले रहे हैं। ऐसे व्यक्ति ही जो ड्रग्स न लें, जिनका होश जागृत रहे, वह तंत्र पद्धति से आसानी से समाधि में उतर सकते हैं। इसलिए तंत्र उन थोड़े से लोगों के लिए है, जिनका होश सध गया है। जो चाहे जितनी मदिरा पी लें उन्हें नशा नहीं होता। उनका होश ठीक रहता है। मांस, व तरकारी भी उनके लिए समान हो जाती है। पर भारत में तंत्र अनुष्ठानों के द्वारा, धूर्तों और भोगियों ने अनाचार फैलाया। इसलिए ढूंढ़-ढूंढ़ कर तांत्रिक नष्ट किये गए।

पर इसके विपरीत श्रमण-पद्धति कहती है कि काम का अनुभव नित्यप्रति की आदत बन जाता है और आदमी के लिए आदत से मुक्त होना दुष्कर है। इसलिए उन्होंने पूर्ण ब्रह्मचर्य की बात कही। स्त्री का दर्शन, मनन, स्पर्श सभी को वर्जित किया गया। वह इसलिए भी जरूरी था क्योंकि उनका मानना था कि युवा अवस्था में ही जब ऊर्जा सर्वोच्च शिखर पर होती है, उसका ऊर्ध्व करण आसानी से हो सकता है। पर युवकों के काम-वासना के गर्त में गिर जाने के खतरे को ध्यान में रख साधकों के लिए श्रमण संस्कृति को अनेक नियम बनाने पड़े। बाद में शंकराचार्य ने भी बौद्धों के प्रभाव से युवाओं को संन्यास दिया।''

कुछ रुककर आचार्यश्री ने कहा—''इसलिए मैं साधकों से कहता हूं, संसार से भागना नहीं है, केवल जागना है। होश साधना है। प्रत्येक अनुभव से गुजरने के बाद ध्यान में उतरो। ध्यान होश लाता है। होश के सधते ही यदि काम और क्रोध को साक्षी भाव से देखा जाये तो यही ऊर्जा प्रेम और करुणा बन जाती है। इसलिए अलग-अलग समय में मैंने हर मार्ग की चर्चा की है। अपने व्यक्तित्व के अनुसार मार्ग तुम्हें चुनना है। पर चूंकि तुम बेहोश हो इसलिए सही मार्ग चुन ही नहीं सकते। तुम्हारे अंतर्तम में काम का भाग छिपा होगा तुम तुरन्त तंत्र चुन लोगे। पर वह तुम्हारा मार्ग नहीं है। इसलिए सद्गुरु साधक की जांच-परख कर उसको उसका सही मार्ग बता देता है। तुम किसी भी मार्ग से चलो, मंजिल सभी की एक है।''

कुछ देर आचार्यश्री मौन बैठे रहे। वहां उपस्थित अन्य ऐसे साधकों की भी जिज्ञासाओं का समाधान हो गया, जिनके मनों में कभी-कभी ऐसे ही प्रश्न उठ खड़े होते थे।

तभी आचार्यश्री ने एक और पत्र को उठाते हुए कहा—''एक मित्र ने जानना चाहा है कि मैंने जिस कम्यून के गठन की बात की थी उसका क्या स्वरूप होगा? उसके क्या नियम होंगे? और क्या उससे अनैतिकता नहीं बढ़ेगी? प्रश्न पढ़ने के बाद दो क्षण मौन रहने के बाद आचार्य श्री ने कहा—''

''हमारे समाज की, सभ्यता, तथाकथित धर्म ने जो नीतियां निर्धारित की हैं वह दमन पर आधारित हैं। आधा-अधूरा दमन पाखंड को जन्म देता है। पूर्ण दमन विक्षिप्तता लाता है। मैंने यह भी बताया था कि सौ में निन्यानवे पागल, काम के दमन के कारण पागल होते हैं।

बस्तर में आदिवासियों ने घोटुल प्रथा को जन्म दिया है। गांव के विवाह योग्य सभी युवक और युवतियां एक बड़े झोपड़े में कुछ दिनों तक साथ-साथ रहते हैं। इस प्रकार कुछ दिन साथ रहने से उनकी एक-दूसरे के प्रति सारी उत्सुकताएं समाप्त हो जाती हैं। वहीं एक दूसरे को परख कर घोटुल के बाद विवाह कर दिये जाते हैं। लोग यह जानकर हैरान होंगे कि उन आदिवासियों के गांवों में कभी कोई बलात्कार नहीं होता। किसी लड़की को छेड़ने की कोई घटना नहीं होती। उनके जीवन में सरलता, सहजता और स्वतंत्रता है। विवाह की संस्था ने व्यक्ति को गुलामी और ऊब दी है। पति-पत्नी पर अपनी मालकियत थोपना चाहता है। स्त्री-पुरुष को बांध कर रखना चाहती है। ऊपर-ऊपर प्रेम का नाटक चलता है पर अंदर-ही-अंदर घृणा और ऊब पलती है।

और जब स्त्री और पुरुष आपस में प्रेमपूर्ण नहीं होते, उनके अंदर तनाव और घृणा होती है, तो ऐसे मिलन में जो बच्चे उत्पन्न होते हैं, वह भी अगर क्रोधी, निराश और चिड़चिड़े हों, तो आश्चर्य क्या?''

इस संक्षिप्त भूमिका के बाद आचार्यश्री ने कहा—

''कम्यून से मेरा अर्थ एक ऐसे प्रेमपूर्ण स्वतंत्र समाज के निर्माण से है जहां मनुष्य के व्यक्तित्व को एक गरिमा उपलब्ध हो सके। उसके निजत्व के फूल को खिलने का एक अवसर मिल सके। एक-दूसरे को अच्छी प्रकार समझने के बाद जो विवाह करना चाहे, विवाह के सूत्र में आबद्ध हो जाए। बिना प्रेम, विवाह करना मात्र एक परतंत्रता है। कम्यून में सभी लोग मिलजुल कर काम करेंगे। विश्व में बढ़ती जनसंख्या को देखते हुए संतति पैदा करना वैसे भी मानवता के प्रति अपराध है पर फिर भी जो बच्चे होंगे वो पूरी कम्यून के होंगे। उन्हें पूरी कम्यून का सहज स्वाभाविक स्नेह उपलब्ध होगा। चूंकि परिवार नहीं बनेंगे, पृथक घर नहीं होंगे इसलिए संचय की वृत्ति, लोभ की वृत्ति भी नहीं होगी। ईर्ष्या, घृणा और प्रतियोगिता नहीं होगी।''

और प्रश्नोत्तर कार्यक्रम लगभग डेढ़ घंटे चला। इस अवधि में आचार्यश्री ने साधकों के कई प्रश्नों के उत्तर दिये।

कुछ ही देर बाद सभा समाप्त हो गई, और आचार्यश्री हाथ जोड़कर उठ खड़े हुए।

❑ ❑

27 फरवरी, 1969 को ''सत्य की खोज'' साधना शिविर जूनागढ़ में बोलते हुए आचार्यश्री ने कहा—

प्रिय आत्मन!

सूर्य के प्रकाश में गिरनार के चमकते मंदिरों को देखकर मैं अभी आया हूं। उन मंदिरों को देखकर मुझे खयाल आया कि आत्मा के भी ऐसे गिरनार शिखर हैं। आत्मा के उन शिखरों पर भी, इनसे भी ज्यादा चमकते हुए मंदिर हैं। लेकिन हम तो बाहर के मंदिरों में ही भटके रह जाते हैं और भीतर के मंदिरों का कोई पता भी नहीं चल पाता। हम तो पत्थर के शिखरों पर ही यात्रा करते हुए जीवन गंवा देते हैं। चेतना के शिखरों का कोई अनुभव नहीं हो पाता। जैसे गिरनार के इस पर्वत पर चढ़ने वाली पगडंडियां हैं, वैसे ही चेतना के शिखरों पर चढ़ने वाली पगडंडियां भी हैं। लेकिन एक फर्क है उन पगडंडियों में और इन पगडंडियों में। चेतना के जगत में कोई चरण चिह्न नहीं बनते, जैसे पक्षी आकाश में उड़ते हैं तो कोई उनके चिह्न पीछे नहीं छूट जाते। पीछे आने वाले पक्षियों को, आगे उड़ गये पक्षियों के मार्ग पर चलने का कोई भी उपाय नहीं। प्रत्येक पक्षी को अपने ही मार्ग पर उड़ना होता है।

ऐसे ही सत्य के मार्ग पर कोई राजपथ नहीं बने हैं। कोई बंधे-बंधाये रास्ते नहीं है। प्रत्येक व्यक्ति को स्वयं ही अपना रास्ता बनाना होता है। चलने से ही वहां रास्ता बनता है। वहां आदमी चलता है और चरण चिह्न मिट जाते हैं, पुंछ जाते हैं, आकाश में खो जाते हैं।.......लेकिन फिर भी उन रास्तों के सम्बंध में कुछ इशारे किये जा सकते हैं, कुछ संकेत दिये जा सकते हैं। इस चर्चा में उन संकेतों पर ही बात करनी है।

कई बोध-कथाओं द्वारा इसको समझाते हुए आचार्यश्री ने निम्न सूत्र दिया—

''जो जीवन हमें सत्य मालूम पड़ता है, जिन्हें सत्य की यात्रा करनी है, उन्हें इस जीवन को सपने की भांति समझकर शुरू करना पड़ता है। जो जिन्दगी आखिर में राख हो जाती है,

उस जिन्दगी के सच होने का कितना अर्थ है ? जिस दिन जीवन सपना मालूम पड़ता है, उसी दिन चित्त शांत हो जाता है। जीवन, एक सपना है और उस सपने में एक साक्षी की तरह जीवन है, जिन्दगी के प्रति साक्षी हो जाने की यह जो कला है, यह धर्म का सारभूत रहस्य है। साक्षी होकर जीवन से एक नई जिन्दगी की शुरुआत होती है। यह शुरुआत ही सत्य पर ले जाती है !''

इसी दिन रात्रि प्रवचन में आचार्यश्री ने साधकों द्वारा पूछे गये प्रश्नों में से कुछ चुने प्रश्नों के उत्तर दिये।

पहला प्रश्न था—आत्मा दिखाई नहीं देती, और जो दिखाई नहीं देती, उसका इतना महत्त्व क्यों ? उस आत्मा का इतना मूल्य क्यों ?

आचार्यश्री ने उत्तर दिया—''वृक्ष दिखाई पड़ता है, जड़ें दिखाई नहीं पड़तीं, लेकिन इस कारण नहीं दिखाई पड़ने वाली जड़ों का मूल्य कम नहीं होता। वृक्ष जड़ों पर ही निर्भर है। जड़ सूख जाये, वृक्ष सूख जाता है। जड़ों में ही वृक्षों के प्राण हैं। शरीर दिखाई पड़ता है। जो नहीं दिखाई पड़ता है वह शरीर के भीतर है। लेकिन जैसे ही अंतर्दृष्टि पैदा हो, समझ पैदा हो, साक्षी भाव पैदा हो, वह भी अनुभव होना शुरू हो जाता है। विचार आपके भीतर चलते हैं। लेकिन मस्तिष्क की कितनी ही चीर-फाड़ करो, कहीं भी विचार नहीं मिलेंगे। विचार दिखाई नहीं देते, लेकिन उनका अनुभव होता है।

''शरीर तो आत्मा का खोल मात्र है। उसके वस्त्र हैं। फिर वस्त्रों का मूल्य क्या ? वह फटते हैं, पुराने होते हैं। मूल्य शरीर के भीतर इस आत्मा का है जो कल भी थी, आज है और आगे भी रहेगी। अगर चेतना न हो तो यह शरीर मिट्टी है। दो कौड़ी का है। चेतना का ही मूल्य है और आत्मा तो चैतन्य के अंदर भी अति चैतन्य है। इसलिए वह अमूल्य है। जो उसे जान लेता है, वह भय से, शोक से मुक्त हो जाता है। अमृत को प्राप्त हो जाता है। आत्मा है, उसे अनुभव किया जा सकता है। उसे अनुभव किया गया है, उसे आज भी अनुभव किया जा सकता है। लेकिन उसे अनुभव वे ही करेंगे, जो देखने पर रुक न जायें, दृश्य पर न रुक जायें और अदृश्य की खोज में संलग्न हों। धन्य हैं वे लोग, जो उसकी खोज में संलग्न हो जाते हैं। और अभागे हैं वे लोग, जो दिखाई पड़ता है, उसी पर रुक जाते हैं और समाप्त हो जाते हैं।'' और रात्रि ध्यान कराने के बाद आचार्यश्री उठ खड़े हुए।

दूसरे दिन 27 फरवरी को प्रात: ध्यान के पश्चात् दोपहर प्रश्नोत्तर कार्यक्रम के अन्तर्गत आचार्यश्री ने साधकों द्वारा आये प्रश्नों में से एक प्रश्न पढ़ते हुए कहा—''एक मित्र ने पूछा है कि क्या मैं संयम का विरोधी हूं ?

मैं निश्चित ही संयम का विरोधी हूं। उस संयम का जो आदमी जबरदस्ती अपने ऊपर थोप लेता है। मैं उस संयम का पक्षपाती हूं, जो समय के परिणामस्वरूप मनुष्य को सहज उपलब्ध होता है। अधिकतर संयमी अहिंसा, ब्रह्मचर्य, अक्रोध का व्रत लेते हैं। पानी छान कर पीते हैं। रात भोजन नहीं करते। स्त्रियों की ओर देखते ही नहीं। लेकिन उनके भीतर हिंसा की आग जलती रहती है, भीतर वासना सुलगती रहती है। भीतर कुछ और होता है और ऊपर बिलकुल उलटा होता है। ऐसा संयम बहुत खतरनाक है। और ऐसा संयम अपने-आपको ज्वालामुखी पर बिठाने के समान है। ऐसा व्यक्ति वृत्तियों का दमन करता है। दमन पाखंड में ले जाता है। चित्त को रुग्ण कर देता है।

अपनी बात को आचार्यश्री ने अनेक बोध-कथाओं और उदाहरणों से स्पष्ट करते हुए कहा—''इस उलझी हुई जिंदगी में संयम के नाम से, त्याग के नाम से, मोक्ष के नाम से उलटी चीजें

चलती हैं। उन उलटी चीजों के मैं विरोध में हूं। जिंदगी, साफ, सीधी और अखंड होनी चाहिए। भीतर कुछ, बाहर कुछ, ऐसा नहीं चाहिये। जिंदगी इकट्ठी समग्र, इंटीग्रेटिड एक इकाई चाहिये। जो भीतर हो, वही बाहर हो। हम बाहर की तरफ से भीतर को नहीं बदल सकते। हां, भीतर की तरफ से बाहर को बदला जा सकता है......''

एक सूखा पत्ता वृक्ष के नीचे गिर जाता है तो न तो वृक्ष को उसका पता चलता है, न सूखे पत्ते को पता चलता है और न हवाओं को खबर होती है कि सूखा पत्ता टूट गया। पर कच्चे पत्ते को तोड़ें तो वृक्ष को भी पता चलता है, कच्चे पत्ते के भी प्राण कांप जाते हैं और पीछे घाव छूट जाता है। और जो आदमी संयम को थोपता है, लादता है, चेष्टा करता है, वह सब कच्चे पत्ते तोड़ता है, उसके घाव छूट जाते हैं और पीछे वही घाव कष्ट देते हैं, दु:ख देते हैं। मैं उस संयम के पक्ष में हूं जो सूखे पत्ते की तरह आता है, जिंदगी से कुछ चीजें गिर जाती हैं अर्थहीन हो जाती हैं, झड़ जाती हैं और जिंदगी रूपांतरित हो जाती है।

जिंदगी में जो भी बुरा है, उससे लड़ने मत जाइये, उसे जानिये, पहचानिये। अगर क्रोध पकड़ ले तो एक कोने में चले जायें, द्वार बंद कर लें और क्रोध के ऊपर ध्यान करें। क्रोध को देखें, कहां है क्रोध? पहचानिये, क्या है क्रोध? कहां-कहां प्राणों को घेर रहा है? इसे देखें, और आप हैरान रह जायेंगे—क्रोध जानते ही, समझते ही विलीन हो जायेगा। जितने क्रोध के प्रति आप जागेंगे, क्रोध विनष्ट हो जायेगा और एक घड़ी आयेगी जीवन में कि क्रोध सूखे पत्ते की तरह गिर जायेगा। फिर पीछे जो रह जायेगा वह शांति है, करुणा है। यह ध्यान रहे—यह हिंसा की उलटी नहीं है अहिंसा। अहिंसा, हिंसा का अभाव है। प्रेम घृणा का उलटा नहीं है। प्रेम घृणा का अभाव है। ठीक वैसे ही जैसे अंधकार, प्रकाश का अभाव है। प्रकाश हुआ, और अंधकार गायब।

अनेक बोध-कथाओं और उदाहरणों से अपनी बात को स्पष्ट करते हुए उन्होंने कहा—
''मैं उस संयम के पक्ष में हूं, जिसमें हम बुराई को दबाते नहीं, सत्य को, शुभ को जगाते हैं। जिसमें हम अंधेरे को हटाते नहीं, ज्योति को जलाते हैं। वैसा ज्ञान, वैसा जागरण व्यक्तित्व को रूपांतरित करता है और वहां पहुंचा देता है, जहां सत्य का मंदिर है।''

श्रोताओं में से अधिकांश ने अनुभव किया कि उनका संयम वास्तव में थोपा हुआ, चेष्टा से लाया हुआ संयम है। उन्होंने निश्चय किया कि जैसा बताया है आचार्यश्री ने अब उसी जागरण से संयम लाना है।

कुछ देर रुककर सायंकाल का प्रवचन समाप्त करने से पूर्व आचार्यश्री ने कहा—

''सत्य की यात्रा के सम्बंध में मैंने जो थोड़ी-सी बातें कहीं हैं, उन्हें सुनकर आप मन में यह भ्रम पैदा न कर लें कि आप कहीं पहुंच गये। यह यात्रा आप करेंगे, तो ही हो सकेगी। सुनने से कभी किसी की यात्रा नहीं होती है। यात्रा स्वयं करनी पड़ती है। कोई दूसरा किसी के लिए यात्रा नहीं कर सकता हैं। न मैं आपके लिए श्वास ले सकता हूं न आपके लिए प्रेम कर सकता हूं, न आपकी जगह चल सकता हूं, न जी सकता हूं, न मर सकता हूं। फिर बिना यात्रा किये आप सत्य को कैसे पा सकते हैं?

बात सुनने से शांति नहीं मिल सकती, सिर्फ मनोरंजन हो सकता है। बात सुनने से शब्द मिल सकते हैं, सत्य नहीं मिल सकता है।

तो जो मैंने कहा है, वह सुनने के लिए नहीं, वह चलने के लिए कहा है। अगर उसमें कोई बात ठीक मालूम पड़ती हो, तो विवेक का थोड़ा प्रयोग करना, एकाध कदम उठाना और

फिक्र मत करना कि रास्ता लम्बा है। क्योंकि लंबे-से-लंबे रास्ते भी एक-एक कदम उठा कर पूरे हो जाते हैं।

ये सारी बातें इतने प्रेम और शांति से सुनीं, इसके लिए अनुगृहीत हूं, और अंत में सबके भीतर बैठे परमात्मा को प्रणाम करता हूं। मेरे प्रणाम स्वीकार करें।

❑ ❑

प्रत्येक साधना शिविर में कम-से-कम एक बार आचार्यश्री सामूहिक शक्तिपात अवश्य करते थे, जिससे नये साधकों के हृदय में आगे साधना के लिए एक आशा भरा मार्ग स्पष्ट हो जाता था। उनका मन भी आश्वस्त हो जाता था कि उन्हें कुछ ऐसा मिलेगा अवश्य, जो अनजान और अलौकिक है। जो लोग ध्यान में गहरे उतर गये थे, उन्हें तो कई बार शक्तिपात होता था।

कुछ लोग आचार्यश्री के पास जाकर कहते थे—''आपकी कृपा से मेरी कुंडलिनी जागृत हो रही है। आचार्यश्री हंसकर कहते थे—वहम मत पालो, यह शक्तिपात का अस्थाई प्रभाव है। यह प्रभु का प्रसाद या उसकी झलक का मिलना भर है। जिस दिन तुम्हारी कुंडलिनी का जागरण होगा, उस दिन तुम्हें मुझे खबर करने की भी जरूरत नहीं होगी कि तुम्हारी कुंडलिनी जग गई है। मुझे स्वयं उसकी खबर हो जायेगी। पर इस व्यर्थ के पचड़े में न पड़कर सिर्फ ध्यान करो बिना किसी चाह के। प्रसाद तभी बरसता है, जब उसकी आकांक्षा न हो।'' यहां भी आचार्यश्री के साहित्य व टेप्स की खूब बिक्री हुई। 'ज्योतिशिखा' के कई वार्षिक ग्राहक भी बने। और यह शिविर भी अन्य शिविरों की तरह साधकों की इस जिज्ञासा के साथ समाप्त हो गया कि अगला साधना शिविर कब और कहां हो रहा है?''

अब साधक-साधिकाएं ध्यान में गहरे उतरने लगे थे। कुछ लोग तो एक-एक घंटे शव आसन में चुपचाप लेटे रहते थे। सभी के चेहरे एक नये उल्लास और आनंद से दमदमाते रहते थे।

शिविर के बाद आचार्यश्री अहमदाबाद व राजकोट में सत्संग करते हुए जबलपुर लौट आये जहां पहले से आयोजित अनेक कार्यक्रम उनकी आतुरता से प्रतीक्षा कर रहे थे। और फिर 20 मार्च की प्रातः आचार्यश्री माथेरान चल पड़े।

❑ ❑

माथेरान शिविर में "युक्रान्त" का विमोचन

20 मार्च, 1969 को माथेरान शिविर अपने आप में अभूतपूर्व था। उसमें भाग लेने वाले 600 साधक बम्बई और माथेरान के थे। पर आचार्यश्री के प्रवचन के समय तो 2500-3000 की भीड़ हो जाती थी। कुछ लोग तो बम्बई और पूना से अपनी कारों में केवल प्रवचन सुनने ही आते थे।

इस शिविर का संयोजन जीवन जागृति केन्द्र, बम्बई के सचिव, ईश्वर भाई शाह ने, ऋषभदास राका, महीपाल व अनेक रजनीश प्रेमियों की सहायता से किया था। इस शिविर का नाम दिया गया था—"संभावनाओं की आहट।"

युक्रान्त का प्रवेशांक लेकर जब जबलपुर से अजीत कुमार माथेरान आये तो वह अंक रजनीश प्रेमियों द्वारा हाथों-हाथ खरीद लिया गया। उनके साधक न केवल उसके वार्षिक ग्राहक बने, बल्कि कई लोगों ने उसकी आजीवन सदस्यता स्वीकार करते हुए एक साथ ढाई सौ रुपये जमा किये। कई प्रेमियों ने अपने मित्रों और संबंधियों की ओर से वार्षिक चंदा जमा करते हुए उन्हें 'युक्रान्त' का वार्षिक ग्राहक बना दिया। लगभग रु. 30,000/- की धनराशि हाथों हाथ एकत्रित हो गई।

यह अंक बिना किसी पूंजी और बिना किसी की आर्थिक सहायता के निकाला गया था। अजीत कुमार ने इसके लिए रात-दिन एक कर दिया था। उसने दूकान-दूकान जाकर विज्ञापन बटोरे थे। आचार्यश्री के प्रवचनों का सार सम्पादित किया था। प्रूफ देखे थे। जबलपुर के भीखम चंद जैन, अरविंद, और उसकी मित्र मंडली ने भी इसमें थोड़ा-बहुत सहयोग दिया था।

ईश्वर भाई और महीपाल 'युक्रान्त' देखकर बहुत आनंदित हुए। उन्होंने प्रवचन प्रारम्भ होने से पूर्व घोषणा की—

जीवन जागृति केन्द्र, जबलपुर के प्राण अजीत कुमार हमारे मध्य 'युक्रान्त' का प्रवेशांक लेकर आये हैं जिसका आप लोगों ने हृदय से स्वागत किया है। यह एक पाक्षिक पत्रिका है। अगर आपका ऐसा ही सहयोग रहा तो वह उसे साप्ताहिक करने का भी विचार कर रहे हैं। अब मैं उन्हीं अजीत कुमार को आमंत्रित करता हूं कि वह कृपया मंच पर आयें और चूंकि उन्हें गत तीन वर्षों से आचार्यश्री के सर्वाधिक पास रहने का सौभाग्य मिला है, वह उनको अपने श्रद्धा सुमन अर्पित करें।

अजीत कुमार ने मंच पर आकर आचार्यश्री के चरण स्पर्श करते हुए, सभी श्रोताओं को नमन करते हुए कहा—

"आचार्यश्री के संबंध में कुछ भी कहना कठिन ही नहीं, असम्भव है। उन्हें शब्दों की या किसी भी सीमा में बांधा ही नहीं जा सकता। वह बहुत पास होने के बावजूद बहुत दूर लगते हैं। और जब वह मुझसे दूर होते हैं तो मैं उन्हें अपने बहुत पास अनुभव करता हूं।"

अपने भावों को मैं एक छोटी-सी कविता द्वारा व्यक्त करने का दु:साहस कर रहा हूं हालांकि मैं यह अच्छी तरह जानता हूं कि जो कुछ मैं व्यक्त करना चाहता था वह व्यक्त कर नहीं सका हूं। केवल करने का मैंने एक लघु प्रयास किया है।

और अजीत कुमार ने कविता पढ़नी प्रारम्भ कर दी। पूरी सभा शांत और मौन थी।

''शब्दों से घिरे नहीं हैं
सीमाओं से बंधे नहीं हैं
वे इतने अनन्त हैं...इतने अनन्त हैं
कि अभी हम उनसे परिचित नहीं हैं
वह किसी सृष्टि के आधार नहीं हैं
जगती के अवतार नहीं हैं।
न जगत गुरु, न सन्त, न वैज्ञानिक न अन्वेषक।
न साधू, न मनीषी, न लेखक, न उपदेशक।
जी करता है, कह दूं
कि आचार्यश्री कुछ भी नहीं हैं
वे जो कुछ भी हैं
मेरे गीत वहां पहुंच नहीं पाते हैं।
जाते हैं, रुकते हैं, पर तब तक आचार्यश्री आगे बढ़ जाते हैं।''

यह पंक्तियां सुनते ही पूरा सभा भवन तालियों की गड़गड़ाहट से गूंज उठा। सभी के आग्रह पर अजित कुमार ने यह काव्य पंक्तियां दोहराते हुए वह कविता आगे पढ़ाते हुए कहा—

''अब तुम ही बतला दो मेरे मन!
जो सबके मन में यूं ही बस जाते हैं
कैसे उनका परिचय दूं?
और इतने पर भी न समझे हो
तो कह दूं
कि आचार्यश्री कुछ भी नहीं हैं
बहुत कुछ हैं
वह और भी कुछ हैं
और सभी कुछ हैं।''

इस बार पहले से अधिक उत्साह से तालियां पिटीं। अजीत कुमार को सभी के आग्रह पर पूरी कविता फिर से सुनानी पड़ी। सभी का कविता के प्रति लगाव और प्रेम देखकर महीपाल और ईश्वर भाई शाह ने वह कविता उसी दिन छपवा कर दूसरे दिन के प्रवचन में पूरी सभा में वितरित की।

आचार्यश्री जैसे निंदा-स्तुति से परे थे। उन्होंने अपने प्रवचन के प्रारम्भ में केवल एक वाक्य में अपने स्वागत-सत्कार का उत्तर देते हुए कहा—''मैं अपने मित्रों के असीमित प्रेम को देखकर अभिभूत हूं।''

'संभावनाओं की आहट' प्रवचनमाला आरम्भ करते हुए आचार्यश्री ने कहा—''एक ही द्वार है, जीवन के आग लगे महल से बाहर निकलने का, और इस द्वार का नाम ध्यान है। वह अकेला खुला द्वार है, जो जीवन की आग से बाहर ले जा सकता है। शेष सारे द्वार, यश के, कीर्ति के, अहंकार के पद-प्रतिष्ठा के द्वार हैं, जो दिखाई तो पड़ते हैं, पर वे सारे बंद हैं। धन से यह द्वार नहीं खुलता, चाहे कितनी कोशिश करें, कितना ही श्रम करें। सारे द्वार हमें बाहर ही ले जाते हैं। भीतर ले जाने का मात्र एक द्वार है—ध्यान।''

अनेक बोध-कथाओं से अपने कथन को बोधगम्य बनाते हुए अंत में आचार्यश्री ने कहा—''ध्यान में और कोई बाधा नहीं, सिर्फ हमारी आदतों के अतिरिक्त हमारी एक आदत है कुछ-न-कुछ करते रहने की। ध्यान में इससे खतरनाक और कोई दूसरी आदत नहीं हो सकती। ध्यान है—न करना। ध्यान है कुछ भी न करना। खाली करने की कला ही ध्यान है। और हम जानते हैं—भरे होने की कला, किसी भी तरह अपने को भरे रखने की कला। हम समय को काटने के लिए गप्पें हांकते हैं, अखबार पढ़ते हैं, रेडियो सुनते हैं। गृहिणी को कुछ भी काम नहीं होता तो घर का सामान इधर-से-उधर और उधर-से-इधर करने लगती है। और ध्यान के नाम पर भी लोग माला फेरते हैं, राम-राम जपते हैं, आसन, शीर्षासन करते हैं। इनसे ध्यान का कुछ लेना-देना नहीं। जब तक आप कुछ करते हैं, तब तक मन की झील पर तरंगें उठती रहती हैं। जब आप कुछ भी नहीं करते, विचार भी नहीं करते तो झील सो जाती है—शांति से। इसी शांति और परम मौन में, अंदर जाने का द्वार खुलता है। इसलिए चाहे कोई मंदिर या धर्मशाला बनवाये, या दान करे, यह करना बाहर से जोड़ता है। अंदर का द्वार नहीं खोलता। धर्म 'न करने' से ही उपलब्ध होता है।''

और जो न करने को जान लेता है, वह कर्ता होते हुए भी अकर्ता है। कुछ भी करते हुए यदि कर्ताभाव खो जाये, फल की आकांक्षा न रहे कर्म में, तो कृष्ण कहते हैं वह व्यक्ति अकर्म को उपलब्ध होता है। मात्र साक्षी होता है अपने कर्मों का। कर्म स्वमेव होते हैं।.....

इसलिए इन तीन दिनों में 'उसका होना' यदि जानना है तो जो हो रहा है, उसके साक्षी बन जाओ। उससे राजी हो जाओ। सब करना छूट जाये, सिर्फ 'होना' रह जाये। विचार चल रहे हैं, चलने दें। आप कौन हैं रोकने वाले? पत्ते हिल रहे हैं, हवा चल रही है, आकाश में तारे निकले हैं, कोई बच्चा रो रहा है, सांस चल रही है, खून बह रहा है। यह सब होने दें। आप कुछ भी न करें, बस आप रह जायें। अगर एक क्षण को भी, नये क्षण के स्पंदन का अनुभव हो जाये रह जाने का—तो ध्यान में गति हो गई। भीतर जाने वाला द्वार खुल गया।

प्रवचन के बाद आचार्यश्री ने ध्यान के प्रयोग कराये।

और यह शिविर 23 मार्च, 1969 को समाप्त हुआ।

❑ ❑

डॉ. भगवानदास से भेंट

डॉ. भगवानदास प्रसिद्ध गांधीवादी और दार्शनिक थे। उन्होंने गांधी जी के अनुसार सभी धर्मों को जोड़ने का बीड़ा उठाया था। उन्होंने अनेकानेक ग्रंथों की रचना की थी। उन्होंने सिद्ध किया था कि सभी धर्मों की आत्मा एक है, केवल शरीर भिन्न हैं। सभी की खोज आत्मा या परमात्मा है। सभी धर्म प्रेम और बंधुत्व की शिक्षा देते हैं। सभी मनुष्य को नैतिक बनाते हैं और आंतरिक रूपान्तरण करते हैं। उन्होंने गीता के कुछ श्लोकों के समानार्थी वचन, कुरान, बाइबिल, गुरुग्रंथ साहिब, धम्मपद और जैन शास्त्रों से उद्धृत करते हुए एक वृहद् ग्रंथ की रचना की थी।

आचार्यश्री ने इस ग्रंथ के कुछ पृष्ठ ही पढ़े और उठाकर एक ओर रख दिया। और दूसरे दिन वह डॉ. भगवानदास से भेंट करने उनके निवास-स्थान पर पहुंच गये। डॉ. भगवानदास, आचार्यश्री के गांधीजी पर दिये प्रवचनों से बहुत दु:खी थे। आचार्यश्री उन्हें प्रणाम करते हुए बोले—''आप उठिये मत, कृपया बैठे रहें। मैं आपकी विद्वता और आयु का बहुत सम्मान करता हूं।''

डॉ. भगवानदास प्रणाम का उत्तर देकर व आचार्यश्री को आदर से अपने पास बिठाकर बड़े स्नेह से बोले—''मैंने आपके प्रवचनों की रिपोर्टिंग कई पत्रों में पढ़ी है, और उनसे बहुत प्रभावित हूं। मैंने कई बार आपसे भेंट करने का मन बनाया पर स्वास्थ्य कहीं आने-जाने में बाधक बन जाता है पर फिर भी आप बुरा न मानें तो इतना जरूर कहूंगा कि सत्य के अन्वेषक को अप्रिय सत्य कहने से बचना चाहिए। इससे लोगों की भावनाएं आहत होती हैं। आपसी सद्भाव में दरारें पड़ती हैं। धर्म का काम तोड़ना नहीं, जोड़ना है।''

आचार्यश्री मुस्कुरा कर बोले—''आप गांधीजी से प्रभावित होकर वर्षों से सभी सम्प्रदायों को जोड़ने का काम कर रहे हैं पर आप उन्हें कितना जोड़ पाये हैं? यदि सभी सम्प्रदाय जरा भी जुड़े होते तो देश-विभाजन के समय खूनी साम्प्रदायिक दंगे नहीं होते। और साम्प्रदायिक दंगे तो अब भी बंद नहीं हुए हैं। आप और गांधीजी सभी सम्प्रदायों की एक आत्मा होने की बात का बार-बार उल्लेख करते हैं, पर आप दोनों की आत्मा हिन्दू है। जीसस क्राइस्ट शराब, और मांस का सेवन करते थे, वेश्याओं की सोहबत में रहते थे। क्या ऐसे व्यक्ति को आप परमात्मा का बेटा मान सकते हैं? कुरान कहता है कि जो लोग इस्लाम पर विश्वास नहीं रखते वह सभी काफिर हैं और काफिरों का सिर तलवार से काटना सबाब है। उनके लिए सच्चा गाजी वही है जो अधिक-से-अधिक काफिरों को दोजख का रास्ता दिखाये। गीता में कृष्ण अर्जुन को बार-बार युद्ध करने के लिए उकसाते हैं। कहते हैं—क्षत्रिय होकर स्वधर्म का पालन कर और युद्ध के लिए तैयार हो जा। ऐसे हिंसक कृष्ण को जैनों ने अपने शास्त्रों में सातवें नर्क में पटक दिया है। आप कहते हैं—सभी धर्मों की खोज आत्मा या परमात्मा है, पर बुद्ध न परमात्मा मानते हैं और न आत्मा। आप तो तत्त्वचिंतक और दार्शनिक हैं। गांधीजी राजनीतिज्ञ होने के नाते कुछ भी कहें पर आप जैसा दार्शनिक भी जब ऐसी बचकानी बातों का समर्थन करता है तो बड़ा आश्चर्य होता है। क्या यह सत्य के प्रति बलात्कार नहीं है?''

डॉ. भगवानदास सिर झुकाये चुपचाप सुन रहे थे। उनके पास उन तर्कों का कोई उत्तर था ही नहीं। दो क्षण रुककर व उनकी झुकी गर्दन देखकर आचार्यश्री अंतिम प्रहार करते हुए

बोले—"मैं कल ही आपकी हाल ही प्रकाशित पुस्तक पढ़ रहा था। उसके कुछ पृष्ठ पढ़कर ही मैंने उसे अलग रख दिया। सभी सम्प्रदायों को जोड़ने की खब्त? क्या यह आपका बौद्धिक दिवालियापन नहीं है? क्या सत्य की गर्दन नहीं मरोड़ रहे हैं आप? अपने बच्चों की शादी आप मुसलमान और ईसाईयों से क्यों नहीं करते? चीन में तो एक परिवार में ही तीन-चार धर्मों के अनुयायी एक साथ एक छत के नीचे रहते हैं। पिता ईसाई है, पत्नी बौद्ध है, पुत्र इस्लाम मानता है। एक सीमा तक वहां लोग धार्मिक स्वतंत्रता का सही उपयोग कर रहे हैं। पर हमारे देश में महात्मा गांधी ही, जो धार्मिक एकता के पक्षधर थे, वह अपने ही बेटे रामदास से इस्लाम धर्म अपनाने पर इतने अधिक क्रोधित हुए कि उन्होंने परिवार का दरवाजा उसके लिए बंद कर दिया। जीवन भर उसकी शक्ल न देखने का निर्णय लिया। जब ईश्वर अल्लाह एक ही हैं तो इससे क्या फर्क पड़ता था कि वह रामदास से अब्दुल्ला गांधी बन गया। जब आप सभी धर्मों को जोड़ने का सिद्धान्त स्वीकार करते हैं तो आप अभी तक अपने को हिन्दू क्यों कहते हैं? माथे पर टीका क्यों लगाते हैं? अपना नाम बदल कर खुदादास या भगवान गुलाम क्यों नहीं रख लेते? आप गौ को माता मानते हैं और ईसाई, मुसलमान गाय का मांस खाना अपनी शान समझते हैं। जैन धर्म का मूलमंत्र है—**अहिंसा परमोधर्मः**। और आप कहते हैं कि गीता में वही लिखा है जो महावीर कह रहे हैं। पर गीता तो महाभारत युद्ध का कारण है। उसमें तो कृष्ण, अर्जुन को हिंसा करने के लिए प्रेरित कर रहे हैं। क्या बौद्ध यह भूल सकते हैं कि ब्राह्मणों के प्रभाव से क्षत्रिय राजाओं ने लाखों बौद्धों को भारत छोड़ने पर विवश किया। हजारों के सिर काट दिये गए। क्या यह सत्य नहीं है कि सभी सम्प्रदाय घृणा, वैमनस्य और अंधविश्वासों के जनक हैं। उनके पुरोहितों ने धर्म के नाम पर, स्वर्ग, मोक्ष और कर्मवाद के नाम पर क्या सदियों से जनता का शोषण नहीं किया है? मैं इन सभी सम्प्रदायों पर इसीलिए चोट कर रहा हूं कि लोग मूर्च्छा से, संस्कारों से, परम्पराओं से मुक्त हों और सभी सम्प्रदायों से मुक्त होकर केवल धार्मिकता को स्वीकार करें।"

आज आप सभी सम्प्रदायों को जोड़ने की बात कर रहे हैं, कल आप विज्ञान को धर्म से जोड़ेंगे। फिर एक दिन आप संगीत और नृत्य भी जोड़ना चाहेंगे। अब यदि गणित और संगीत को आप जोड़ने का प्रयास करें तो आप दोनों को नष्ट कर देंगे। मैं कहता हूं कि किसी को एक-दूसरे से जोड़ने की आवश्यकता ही क्या है? वह जैसे हैं, उन्हें वैसे ही रहने दीजिये। जीवन तो बहुआयामी है। आज युग की आवश्यकता है कि सभी सम्प्रदाय अंधविश्वासों और मूढ़ताओं से मुक्त होकर वैज्ञानिक बनें। तर्कसंगत बनें। व्यक्ति को जंजीरों से मुक्त करें। मेरे देखने में धर्म और विज्ञान मेरे दो हाथों की तरह हैं। इन्हें जोड़ने की आवश्यकता क्या है? वह तो स्वयं अपने आप एक लय में बिना किसी बाधा के कार्य करते हैं। मैं समझता हूं, जीवन जैसे एक कमल का फूल है। विज्ञान, धर्म, कला यह सभी उसकी पंखुड़ियां हैं। सभी पंखुड़ी साथ-साथ खिल कर फूल की शक्ल लेती हैं। आप बिखरी पंखुड़ियों को जोड़कर फूल नहीं बना सकते। और विभिन्न आयामों को जोड़ने की जरूरत ही क्या है? केवल आवश्यकता इस बात की है कि उनमें आपस में लयबद्धता हो। मित्रता, प्रेम और सद्भाव हो। एक दूसरे से संघर्ष की भावना न होकर, उदारता से समायोजित करने का विवेक हो। और आप समूह से आशा मत कीजिये कि उसमें विवेक का जन्म होगा। समूह या भीड़ तो अंधी भेड़ों की तरह विध्वंस की भाषा ही समझती है। मैं इसीलिए ध्यान द्वारा व्यक्ति का रूपान्तरण कर उसके विवेक जगाने का ही कार्य कर रहा हूं। क्या आप इसे गलत समझते हैं? आप मौन क्यों हैं? आप मेरी बात का उत्तर क्यों नहीं देते?

डॉ. भगवानदास रूंधे गले से बोले—"आप जो कहते हैं, वह सब कुछ ठीक है पर जीवन भर के संस्कारों से एक साथ कैसे मुक्त हुआ जा सकता है? और मेरा प्रयास भी यही है कि सभी धर्मों के लोगों में सद्भाव और प्रेम जागृत हो। वह एक दूसरे को समझें, एक दूसरे के पास आयें।"

आचार्यश्री ने उत्तर दिया—"संस्कारों से मुक्त तो एक झटके में अभी इसी क्षण हुआ जा सकता है पर इसके लिए केवल इतना ही जरूरी है कि हम यह ठीक प्रकार से समझें कि संस्कारों और परम्पराओं की बेड़ियां हमने स्वयं आभूषण समझकर पहन रखी हैं। इसके लिए केवल साहस और संकल्प की जरूरत है। बहेलिया तोतों को पकड़ने के लिए कोई जाल नहीं फैलाता। जिस वृक्ष पर तोते होते हैं, उसके नीचे एक ढीली रस्सी बांध देता है। तोता उसपर बैठते ही अपने भार से उलटा हो जाता है। वह और दृढ़ता से रस्सी को पकड़ लेता है। वह समझता है, रस्सी छोड़ी कि वह नीचे गिर कर मर जायेगा। उसे केवल सीधे पंजों के बल बैठकर उड़ने का अभ्यास है। वह साहस कर रस्सी छोड़ दे तो दो-एक कुलाटों के बाद वह उड़ भी सकता है। और आप जैसा तत्त्वदर्शी, चिंतक और दार्शनिक ही यदि गलत छोड़ने में उत्सुक नहीं है तो आम आदमी साहस कैसे करेगा?"

डॉ. भगवानदास एक गहरी सांस भरकर बोले—"मैं आपकी बातों पर गम्भीरतापूर्वक विचार करूंगा। और अब मैं बूढ़ा हुआ। अब मुझमें इतनी ऊर्जा और शक्ति भी तो नहीं है। आप जैसे युवा, जो मशाल जला रहे हैं मैं उसके परिणाम बड़ी उत्सुकता से देख रहा हूं।"

डॉ. भगवानदास के दो मित्र उनसे मिलने बाहर प्रतीक्षा कर रहे थे और उनका खयाल कर डॉ. भगवानदास अपनी घड़ी देखने लगे। संकेत समझ कर आचार्यश्री उठकर खड़े हो गये और उन्हें प्रणाम कर उनसे विदा ली। वह धैर्य पूर्वक प्रतीक्षा करने को तैयार थे कि जो चिनगारी उन्होंने आधी गीली और कुछ सूखी घास में लगाई है, वह लपट बनती है या नहीं?

❑ ❑

दूसरे ही दिन अर्थात् 27 मार्च को आचार्यश्री, क्रांति, चौकसे और शिव के साथ द्वितीय विश्व-हिन्दू धर्म सम्मेलन में भाग लेने पटना चल दिये। यह सम्मेलन 29 मार्च से 31 मार्च, 1969 तक तीन दिन आयोजित था। पटना में डॉ. रामचन्द्र प्रसाद, श्री मथुरा प्रसाद मिश्रा व सुशीला सिन्हा आतुरता से आचार्यश्री की प्रतीक्षा कर रहे थे।

❑ ❑

द्वितीय विश्व-हिन्दू धर्म सम्मेलन पटना

आचार्यश्री जब पटना के लिए जबलपुर स्टेशन से रवाना हुए तो स्टेशन पर विदा करने काफी प्रेमी मित्र आये थे। उनकी बहिन व सचिव क्रांति, चौकसेजी व शिव प्रताप सिंह उनके बगल के डिब्बे में बैठे थे।

इलाहाबाद में ट्रेन बदलनी थी। अतः शिव, कुली से सामान उठवाकर प्लेटफार्म नम्बर-4 पर पहुंचा। कुली को बताया गया था कि सामान तूफान मेल पर चढ़ाना है। कुली सामान रखकर चला गया।

इसी बीच चौकसे ने आकर सूचना दी कि तूफान एक्सप्रेस डेढ़ घंटे लेट है और आसाम मेल आने वाली है। क्यों न हम लोग आसाम मेल से चलें? तभी आसाम मेल के आने की घंटी बजी। चौकसे ने दूसरा कुली बुला लिया।

तभी शिव ने कहा—''प्रभु श्री! प्लेटफार्म नम्बर-1 से सामान लाने वाला कुली बेचारा क्या सोचेगा? उसे तो मजदूरी भी नहीं मिली।''

आचार्यश्री बोले—उसकी चिंता मत करो। मुझे उसका 389 नम्बर याद है। मैं तो आता-जाता रहता हूं। जब मिल जायेगा तो कुछ अतिरिक्त मजदूरी दे दूंगा।

शिव यह जानकर आश्चर्यचकित रह गया कि प्रभु श्री ने कुली का नम्बर न केवल देखा था वरन् वह उनको याद भी था। आसाम मेल में स्थान बहुत सुगमता से मिल गया। गाड़ी छूटने को थी तभी आचार्यश्री को वह 389 नम्बर का कुली दिख गया और उसे बुलाकर उन्होंने उसकी मजदूरी हंसते हुए चुकाई। आचार्यश्री प्रथम श्रेणी कोच में अंदर न बैठकर दरवाजे पर खड़े शायद कुली को ही देख रहे थे।

चूंकि चौकसे व क्रांति के आग्रह पर आचार्यश्री तूफान एक्सप्रेस से न आकर आसाम मेल से पटना पहुंचे थे, अतः स्टेशन पर कोई भी रिसीव करने नहीं आया था। यह गाड़ी भी समय से पूर्व आ गई थी व तूफान एक्सप्रेस को दो घंटे बाद आना था। आचार्यश्री को वेटिंग रूम में बैठाकर, आदेशानुसार शिव, सुशीलाजी को फोन करने चला गया। वह कुछ ही देर बाद कार लेकर स्टेशन आ गईं और सभी लोग राजेन्द्र निवास चल पड़े।

उनके निवास स्थान पहुंचने पर शिव ने बताया—आचार्यश्री अस्वस्थ हैं। अस्वस्थ होने पर भी वह आग्रहपूर्वक ही यहां आये हैं। अच्छा हो, किसी डॉक्टर को दिखला दीजिये।

आचार्यश्री ने चाय पीते हुए कहा—''यह शिव व्यर्थ ही चिंतित है।'' पर डॉ. प्रसाद ने स्वयं अनुभव किया कि आचार्यश्री की नाक लाल हो रही है व उन्हें सांस लेने में तकलीफ है।

इतने में सुशीला ने डॉक्टर के लिए फोन कर दिया। डॉक्टर ने पूर्ण विश्राम की सलाह दी व दवा देकर चला गया। सबके अनुरोध करने पर भोजन के बाद भी आचार्यश्री बाहर प्रतीक्षारत प्रेमी मित्रों से बात करते रहे। सुबह उनकी सांस की तकलीफ और बढ़ गई। मित्रों को चिंतित देख आचार्यश्री सहजता से बोले—''आप लोग चिंता न करें। मीटिंग में चलते हुए रास्ते में डॉक्टर को दिखा देंगे। न होगा, मीटिंग से कुछ पूर्व यहां से चल देंगे। डॉक्टर ने उपचार में 40 मिनट लगा दिये। नाक का पंक्चर किया गया।

जब डॉ. प्रसाद, आचार्यश्री को लेकर गांधी मैदान के विशाल पंडाल में पहुंचे तो उस समय सेठ गोविन्द दास का भाषण चल रहा था। आचार्य रजनीश का स्वागत करके उन्हें मंच के पीछे की ओर बैठा दिया गया।

इसी बीच शंकराचार्यजी महाराज के आने का शोर हुआ। उनका एक शिष्य उन पर सोने का छत्र ताने था, जिसे शंकराचार्य जी बार-बार अपने हाथ से संभालते जाते थे। दो शिष्य उनके पीछे घृत का अखंड जलने वाला दीपक साथ लेकर चल रहे थे। दो शिष्य उनका स्वर्ण सिंहासन लिए हुए थे। आचार्य रजनीश को छोड़कर सभी उठकर खड़े हो गये। मंच के बीचो-बीच उनका स्वर्ण सिंहासन रख दिया गया। उनका पुष्प वर्षा व जय-जयकार से स्वागत किया गया। शंकराचार्य जी आर्शीवाद देते हुए अपने स्वर्ण सिंहासन पर बैठ गये।

सेठ गोविन्द दास जो भाषण दे रहे थे उसे बीच ही में बंदकर वह उन्हें प्रणाम करते हुए बोले—"अब हमारे मध्य, जिनकी हम सभी को प्रतीक्षा थी, परमपूज्य शंकराचार्यजी महाराज विराज चुके हैं, अत: मैं उनका नमन करता हूं, उनका स्वागत करता हूं और उनसे अनुरोध करता हूं कि वह अपना अध्यक्ष पद संभालें।" और अस्थाई अध्यक्ष की कुर्सी छोड़ते हुए सेठ गोविन्द दास बोले—"इससे पूर्व इस सम्मेलन के उद्‌घाटन के लिए मैं केन्द्रीय मंत्री परम आदरणीय डॉ. कर्णसिंह का स्वागत कर चुका हूं। मैं उनसे अनुरोध करता हूं, कि वह कृपया पधार कर, इस सम्मेलन का उद्‌घाटन करें।"

इतना कह कर सेठ गोविन्द दास ने शंकराचार्यजी को अध्यक्ष के उच्च आसन पर आसीन कराते हुए कार्यवाही के कागजात व एजेंडा उनके समक्ष प्रस्तुत किये।

डॉ. कर्ण सिंह ने अपने भाषण के अंत में कहा—"धर्म तो गंगा जल की तरह पवित्र और प्रवाहमान है। अभी इस क्षण जो जल गंगा में उपलब्ध है, दूसरे ही क्षण पहले वाला जल बह चुका होगा। नया जल आ चुका होगा। यदि धर्म का जल भी तालाब में इकट्‌ठा हो जाये, पुराने जल की निकासी और नये जल के आगमन का साधन न हो तो जल सड़ने लगता है। मध्ययुग में जब देश परतंत्र हुआ, तो दुर्भाग्य से हमारा धर्म बहती हुई गंगा से एक तालाब बन गया। रूढ़ियां बढ़ गईं और नये जल का आगमन रुक गया। परिणाम यह हुआ कि समाज में छुआछूत बढ़ गया, पाखंड बढ़ गया। इनसान, इनसान से दूर हो गया। स्त्रियों को पर्दे के अंदर क़ैद कर दिया गया। उसे समान अधिकारों से वंचित कर दिया गया। जन्म से ही वर्ण-व्यवस्था के रूढ़ संस्कारों में हम कैद हो गये। हर मनुष्य में हर चेतन में ईश्वर होता है, हम यह भूल गये। आज नये युग की मांग है कि धर्म, गंगा की तरह प्रवाहमान हो। अंध-विश्वास और छुआछूत समाप्त हो। नारी को समान अधिकार दिये जायें। पंडित, पुरोहित भी इस प्रकार प्रशिक्षित किये जाएं कि वह रूढ़ अंधविश्वासों को मिटाकर समाज में नई चेतना और प्राणों का संचार करें।"

डॉ. कर्ण सिंह के बोलने के बाद शंकराचार्यजी ने माइक पर क्रोध से आग बबूला होते हुए उद्‌घोष किया—"अंग्रेजी पढ़-लिख कर लोग सनातन धर्म को भूल गये हैं। उसमें अंध विश्वास और रूढ़ियां ढूंढने लगे हैं। वेद और शास्त्र तो त्रिकाल सत्य हैं। जो उन्हें स्वीकार नहीं करता वह हिन्दू कहने का अधिकारी ही नहीं है। वर्ण-व्यवस्था भी शास्त्र सम्मत है, जो उसे नहीं मानता वह नास्तिक है। मैं तो समझता हूं कि पंडित-पुरोहितों के प्रशिक्षण से कहीं अधिक मंत्रियों के प्रशिक्षण की आवश्यकता है।"

डॉ. कर्ण सिंह कोई उत्तर न देकर शीघ्रता से मंच छोड़कर चले गये। उनके पीछे कई कांग्रेसी और सरकारी आदमी भी मंच छोड़कर चले गये। शंकराचार्यजी महाराज की यह टिप्पणी अधिकांश लोगों को अच्छी नहीं लगी।

कई लोगों ने खड़े होकर विरोध किया। कुछ लोगों ने विरोध स्वरूप मंच पर पर्चियां भेजीं। पर शंकराचार्यजी ने अपना भाषण जारी रखते हुए ही कहा—

संयोजक द्वारा एजेंडे के अनुसार आज सुबह का कार्यक्रम 'जनगणमन अधिनायक'…' राष्ट्रगान के बाद समाप्त हो जाने का है। पर 'जनगणमन अधिनायक' वस्तुतः राष्ट्रगान न होकर प्रिंस ऑफ़ वेल्स के भारत आने पर उनकी प्रशस्ति में गाई जाने वाली मात्र एक कविता है। हमारा राष्ट्रीय गान तो 'वन्देमातरम्' है।

शंकराचार्यजी के इस कथन पर भी काफी शोर हुआ। डॉ. कर्ण सिंह के उद्‍घाटन के कारण कई प्रदेश के कांग्रेसी मंत्री भी मंच पर विराजमान थे। उन्होंने भी शंकराचार्यजी के कथन का विरोध किया। सम्भवतः उन्होंने आयोजकों को धमकी भी दी। जब शंकराचार्यजी को वक्ताओं की सूची दी गई तो आचार्य रजनीश का नाम देखकर शंकराचार्यजी अप्रसन्न होकर आयोजकों से बोले—''मैं आप लोगों से अनेक बार कह चुका हूं कि जहां रजनीश को बुलाया जाये, वहां मुझे न बुलाया जाये। अब देखना, यह आपके सम्मेलन में विघ्न डालेगा।''

आयोजकों में से एक फुसफुसा कर बोला—''अब गलती जब हो ही गई है, तो निभाना ही पड़ेगा। अगर न बोलने दिया तो और भी ज्यादा बवाल होगा।''

वक्ताओं में सबसे पहला नाम आचार्य रजनीश का ही था। पर सबसे पहले शंकराचार्य जी ने माइक संभालते हुए स्वयं ही सबसे पहले बोलना प्रारम्भ किया—

उन्होंने कहा—''आप लोग बड़े भाग्यशाली हैं कि जिस पुण्य भूमि में देवता भी जन्म लेने को तरसते हैं, उस राम-कृष्ण की पावन धरती में आपका जन्म हुआ है। भगवान विष्णु के पावन पद और ब्रह्माजी के कमंडल से निकली पावन गंगा जन्म जन्मों के पापों से मुक्ति देती हैं। हिमालय हमारे देश का मुकुट है। तीन सागर इस धरती के चरण पखारते हैं। वेद-उपनिषदों की इस पावन धरती पर हमारी सबसे अधिक गौरवमयी प्राचीन संस्कृति ने विश्व को शांति और प्रेम का पाठ पढ़ाया। भारत आज भी विश्व का आध्यात्मिक गुरु है।''

शंकराचार्य के हजार-दो-हजार समर्थकों ने तालियां बजाईं पर तीन चौथाई जनता निरासक्त बैठी थी।

शंकराचार्य ने फिर बोलना आरम्भ किया—''इस देश में शक आये, हूण आये। हमारे धर्म में ही समाहित हो गये। मुसलमानों और अंग्रेजों ने हमारे धर्म, हमारी संस्कृति को समाप्त करना चाहा पर हिन्दू धर्म और संस्कृति तो वह शाश्वत गंगा की धारा है, जो राह के पर्वतों को तोड़ती हुई अपने गन्तव्य स्थान पर आज भी बढ़ रही है। मर्यादा पुरुषोत्तम राम हमारे आदर्श हैं जिन्होंने पिता की आज्ञा से चौदह वर्ष वनवास में काटकर, दैत्यों और दानवों का संहार किया। जिन्होंने राम राज्य की स्थापना की। जनमंगल के लिए अपनी पत्नी को पुनः वन भेजा, क्योंकि उन्हें मर्यादा की स्थापना करनी थी। एक आदर्श प्रस्तुत करना था।''

''बोलो भगवान रामचन्द्र की...........'' लोगों ने जय-जयकार की। शंकराचार्यजी ने फिर कीर्तन प्रारम्भ कर दिया।

जयराम जयराम, जय जय राम,
जयराम जयराम, जय जय राम

शंकराचार्य फिर बोले—''मैं देख रहा हूं—सभी लोग भगवान का नाम लेने में भी संकोच कर रहे हैं। सभी लोग कीर्तन में सम्मिलित होकर पुण्य लाभ करें। राम का नाम लेने से ही

अजामिल तर गया। मरा-मरा कहते बाल्मीकि को मोक्ष मिला। राम का नाम ही भवसागर से पार करने में सक्षम है। बोलो प्रेम से—''

जयराम जयराम, जय जय राम
जयराम जयराम, जय जय राम

अपने डेढ़ घंटे के प्रवचन में शंकराचार्यजी, हर दस मिनट बाद दो-दो मिनट का कीर्तन कराते थे।

शंकराचार्य जी ने अपने प्रवचन के बाद हिन्दू महासभा के मंत्री को बोलने के लिए आमंत्रित किया। उन्होंने आते ही नारे लगवाना आरम्भ किया।

धर्म की जय हो
अधर्म का नाश हो।

इसके बाद वह चीख-चीख कर चालीस मिनट तक अपने भाषण में यह सिद्ध करते रहे कि वेद में सभी प्रकार के ज्ञान-विज्ञान सन्निहित हैं। हिन्दू धर्म ने ही पूरे विश्व को प्रकाश दिया, सभ्यता दी, संस्कृति दी। हिन्दू धर्म देश में ही नहीं, विदेशों में भी फैला है। नेपाल, मारीशस, फीजी, अमेरिका, इंग्लैंड, चीन, जापान, बर्मा, अफ्रीका, जहां भी हिन्दू हैं, उनके आराध्य राम, कृष्ण और शिव हैं। वह उन्हीं से प्रेरणा लेते हैं और धर्म ही उनकी रक्षा कर रहा है।

इसके बाद आचार्यश्री रजनीश को बोलने के लिए आमंत्रित किया गया। प्रारम्भ में आयोजकों ने उन्हें बोलने के लिए डेढ़ घंटा का समय निश्चित किया था, पर शंकराचार्य ने उन्हें केवल पैंतालिस मिनट में भाषण समाप्त करने का निर्देश दिया।

आचार्यश्री रजनीश ने बोलना आरम्भ किया—

''जो लोग वास्तविकता से आंखें मूंद कर सपनों के संसार में रहना चाहते हैं, आपको महिमामंडित करते हुए आपको बेहोश रहने देने में ही जो हिन्दू धर्म का हित समझते हैं, मेरा उनसे नम्र निवेदन है कि वह गम्भीरता पूर्वक इस बात पर मनन करें कि वास्तव में हिन्दू धर्म का पिछले एक हजार वर्षों में उत्थान हुआ है या उसका पतन हुआ है? हम लोगों ने इन हजार वर्षों में—यवनों और अंग्रेजों की गुलामी भोगी है। आज विश्व के अन्य समृद्ध देशों को देखते हुए हमारा देश बहुत पिछड़ा देश है। हमने विदेशों से अरबों-खरबों का ऋण लिया है। हम दीन और दरिद्र हैं। हमारा समाज जातियों में बंटा हुआ है। जातियों में भी बीसियों उप-जातियां हैं। घृणा, वैमनस्य, छूआछूत और छोटे-बड़े का भेदभाव हमारे रक्त के साथ प्रवाहित हो रहा है।

कभी आप लोगों ने इस पर विचार किया है कि हमारी इस दशा का मुख्य कारण क्या है? हम क्यों गुलाम बने? हम क्यों दरिद्र रहे? हमारे देश में विज्ञान की उन्नति क्यों नहीं हो सकी? पश्चिम की तरह हम क्यों समृद्धिशाली नहीं बन सके?''

आचार्य रजनीश ने स्वयं ही अपने प्रश्न का उत्तर देते हुए कहा—''जो धर्म, जीवन को असार व दुःखपूर्व बताकर मनुष्य को मनुष्य से घृणा करना सिखाता है, इनसानों में भेदभाव व छुआछूत सिखाता है, स्त्रियों के शोषण करने की वकालत करता है, विधवाओं का जीवन नारकीय बनाकर जो सती प्रथा का समर्थन करता है, वह सच्चा धर्म कदापि नहीं है। वस्तुतः सनातन धर्म जैसी कोई चीज ही नहीं है। हां, धर्म अवश्य सनातन है और सनातन का अर्थ पुराना नहीं, नित नूतन, नया होता है। धर्म बस धर्म है। धर्म का अर्थ स्वभाव है। धर्म हिन्दू, मुसलमान या ईसाई का नहीं है। धर्म, केवल पूजा-पाठ या मंत्र-जाप नहीं, तिलक-छाप, माला जपने में

या कोरे कर्म-काण्ड में धर्म नहीं है। धर्म, जीवन को शिखर तक पहुंचाता है। धर्म, व्यक्ति का रूपान्तरण करता है। उसे उदात्त, उदार और सहिष्णु बनाता है। पर धर्माचार्यों, पंडितों पुरोहितों ने धर्म के नाम पर जनता का आज तक केवल शोषण किया है। आप को यह बताया जाता है कि विदेशी आक्रान्ता आये, उनके पास हम से श्रेष्ठ हथियार थे। उनके पास बारूद तथा तोपें थीं। उन्होंने हममें फूट पड़वा दी। कुछ लोगों को खरीद लिया। उन्होंने छल-प्रपंच का सहारा लेकर हमें गुलाम बना लिया। पर आपने क्या कभी इस बात पर विचार किया है कि हम श्रेष्ठ हथियार क्यों नहीं बना सके, हम राजनीति के खेल में क्यों परास्त हुए, छल-प्रपंच का सामना हम क्यों नहीं कर पाये? हमारे देश में ही कौटिल्य नीति का विकास हुआ था। फिर कैसे जंग लग गई इस राजनीति को?

इन सभी के पीछे बुनियादी बात है, कुछ धर्माचार्यों द्वारा ऐसे गलत जीवन-दर्शन को जनता की मांस-मज्जा में उतार दिया गया कि वह संसार से, राजनीति से उदासीन हो गये, निरासक्त हो गये। 'ब्रह्म सत्य—जगत मिथ्या' की जो घोषणा की गई, यह काफी कुछ इसी का परिणाम है। संसार को माया बताया गया, एक सपना बताया गया और ब्रह्म का बनाया संसार मिथ्या है तो ब्रह्म सत्य हो कैसे सकता है? सत्य से सत्य का ही जन्म होता है। ब्रह्म सत्य है तो उसका बनाया जगत भी सत्य है। इस गलत जीवन दर्शन के कारण राजा प्रजा सभी ने पलायनवाद का मार्ग अपनाया। ''को नृप होय हमें का हानी''? जैसे चौपाइयां जब आदर्श बन गईं तो इस सपने जैसे झूठे संसार के लिए कौन तोपों का आविष्कार करता, कौन नये-नये हथियार बनाता? इस देश में यदि विज्ञान का जन्म न हो सका, तो इसका एक मात्र कारण यही जीवन दर्शन है।''

सभी जनता सांस रोके प्रवचन सुन रही थी। आचार्य रजनीश बोलते गये—''इस जीवन विरोधी, संसार-विरोधी दर्शन ने जहां पलायनवाद को प्रश्रय दिया तो दूसरी ओर हमारे पंडित-पुरोहित जनता को समझाते रहे—''जो हो रहा है, सब हमारे पूर्व जन्मों के कर्मों का फल है। जो होना है, होकर रहेगा। अगर अगला जन्म बनाना है तो चुपचाप अपनी स्थिति स्वीकार कर लो। उनका न्यस्त स्वार्थ केवल यही था कि गरीब जनता राजाओं, सामंतों के विरुद्ध विद्रोह न कर सके। राजा और सामंतों ने इसके लिए पुरोहितों को रिश्वत के रूप में सुंदरियां दीं, धन दिया, सम्मान दिया। एक ओर उनका शोषण हुआ तो दूसरी ओर जनता का रुख देखकर राजा सामंत स्वेच्छाचारी और विलासी हो गये। उन्होंने अपनी बुद्धि पंडितों पुरोहितों के पास गिरवी रख दी। सभी ने कर्म करना ही छोड़ दिया। जैन धर्म ने भी यही कहा कि कर्म करना ही पाप है। कर्म बंधन में डालते हैं।''

महमूद गजनवी ने सोमनाथ पर हमला किया। विदेशी आक्रान्ता के विरुद्ध अपने पवित्र मंदिर को बचाने आस-पास से अस्त्र-शस्त्र लेकर योद्धाओं की टोलियां भी आईं, जिन पर इस जीवन दर्शन का पूरा प्रभाव नहीं था। पर उन्हें सोमनाथ के पुजारियों ने वापस भेज दिया। उनसे कहा गया—भगवान सोमनाथ स्वयं समर्थ हैं। हम मंत्रों द्वारा उनका आह्वान करेंगे। तुम देखना, सेना भस्म हो जायेगी। गजनवी ने सोमनाथ के लिंग को एक प्रहार से चकनाचूर कर दिया और हीरा-मोती तथा स्वर्ण लादकर गजनी ले गया।

पृथ्वीराज जैसे राजाओं ने अपनी भतीजी संयुक्ता पर मोहित होकर अपने वीर सरदारों को कटवा डाला। स्वयं रात दिन विलास में मदहोश हो गया। कौटिल्य''' राजनीति को भूलकर वह मूर्ख शत्रु को क्षमा करता रहा और जो हुआ उसे पूरे समाज ने, पूरे राष्ट्र ने भोगा।

'ब्रह्म सत्य है और जगत मिथ्या' यह सूत्र कोई गलत सूत्र नहीं है। बहुत ही प्यारा सूत्र

है। यह सूत्र वही कह सकता है जिसने ब्रह्म का साक्षात्कार किया हो। जो आत्मा को जान लेता है, अपने को जान लेता है, उसके लिए यह संसार माया जैसा हो जाता है। मिथ्या हो जाता है। एक माया बन जाता है। पर इस बात का ध्यान रखें कि संसार मिथ्या है नहीं, मिथ्या लगने लगता है। माया है नहीं, माया दिखाई देने लगती है। जो वासनाएं छोड़ता है, कामनाओं का त्याग करता है, उसके लिए सांसारिक प्रलोभन, धन, स्त्री पद सभी व्यर्थ हो जाते हैं। यह सूत्र केवल उनके लिए सत्य था, जिन्होंने सत्य को जान लिया था। पर जिन्हें संसार में रहना था, गृहस्थी चलानी थी, राज्य चलाना था, उनके लिए यह सूत्र था ही नहीं। पर आदि शंकराचार्य ने इस सूत्र को सभी के गले से उतारने का प्रयास किया। उन्हें राजाश्रय मिला इसलिए वह सफल भी हुए पर व्यावहारिक जीवन में वह स्वयं इसका पालन नहीं करते थे।

आप लोग चौंकिये मत। आप सभी ने वह कथा सुनी होगी जब आदि शंकराचार्य, काशी में गंगा स्नान करके सर्दी के दिनों में सुबह के धुंधलके में सीढ़ियां चढ़ते घाट के ऊपर आ रहे थे तभी वह एक शूद्र से जा टकराये। उस शूद्र के छू जाने से वह क्रोधित होकर बोले—मूर्ख, तुझे दीखता नहीं? जब मैं स्नान कर नीचे से आ रहा था तो तू अलग क्यों नहीं हटा? वह शूद्र उनके दर्शन की मीमांसा पिछले दिन ही सुन चुका था। उसने कहा—महाराज, यह जगत मिथ्या और माया है? जब मैं भी मिथ्या हूं, तो आपसे मेरा टकराना भी मिथ्या है, फिर आप नाराज क्यों होते हैं? एक मिथ्या बात पर आपका नाराज होना भी मिथ्या है।

आदि शंकराचार्य उत्तर न दे सके। दुबारा गंगा स्नान को चल दिये। इस कथा में कुछ भक्तों ने यह संशोधन किया है कि शंकराचार्य ने अपनी गलती मानकर उस शूद्र से क्षमा मांगी। पर अगर क्षमा मांग कर अपनी गलती मान ही ली थी तो दुबारा स्नान करना भी मिथ्या था। पर ब्राह्मण का अहं शूद्र से क्षमा मांग ही नहीं सकता। यह वर्ण-व्यवस्था हमारे पराभव का दूसरा सबसे बड़ा कारण है। उपनिषद् काल में जो ब्रह्म-विद्या के ज्ञाता थे, केवल वही ब्राह्मण कहलाने के अधिकारी थे। उपनिषद् में एक कथा आती है कि जब श्वेतकेतु गुरुकुल में सभी विद्याएं पढ़कर घर लौटा, तो उसके पिता ने उससे पूछा—श्वेतकेतु! क्या तू वह जानकर आया है, जिसे जानने के बाद फिर और कुछ जानना शेष नहीं रहता?

श्वेतकेतु ने कहा—पिताजी! गुरुकुल में मैंने यह तो नहीं जाना। उसके पिता ने कहा—मेरे कुल में लोग केवल जाति में उत्पन्न होने मात्र से ब्राह्मण नहीं होते। जो ब्रह्म विद्या जान लेता है वही अपने को ब्राह्मण कहने का अधिकारी है। श्वेतकेतु वापस गुरुकुल लौट गया। पर बाद में केवल जन्म से ही वर्ण व्यवस्था तै कर दी गई। पहले विश्वामित्र जैसे क्षत्रिय भी ब्रह्मर्षि बने, पर बाद में यह व्यवस्था ब्राह्मणों ने चलने नहीं दी। आज बहुत से चतुर्वेदी, और त्रिवेदी भी यह नहीं बता सकते कि वेदों में लिखा क्या है? कुछ तो सभी वेदों के नाम तक नहीं जानते। यह होता, तब भी गनीमत थी, पर जब ब्राह्मणों ने अपने को श्रेष्ठतम मानकर शूद्र को अछूत मान लिया, उसके कर्म को घृणा योग्य और निम्न माना, उसी दिन से पूरा हिन्दू समाज, एक सड़े पानी का तालाब बन गया। जो धर्म गंगा की धारा की तरह प्रवाहमान था उसे ब्राह्मणों की क्षुद्र राजनीति ने एक सड़े पानी का पोखरा बना दिया। एक प्रेमपूर्ण हंसता-गाता जीवित समाज, उदास, निराश और मृतप्राय हो गया। रूढ़ियों, अंधविश्वासों की जड़ों को ब्राह्मणों द्वारा सींचा गया। विज्ञान का जन्म ब्राह्मण ही कर सकते थे पर वह पदार्थ को, संसार को मिथ्या समझते थे इसलिए कर्मकांड की जंजीरों से उन्होंने समाज की गति अवरुद्ध कर दी।

अतीत की गलती से सबक लेकर हमें मनुस्मृति से अलग हटकर उदारता से सोचना होगा।

यदि सभी में वही आत्मा है तो फिर जाति कर्म से कोई व्यक्ति छोटा बड़ा नहीं हो सकता। पुराने सड़े गले संस्कारों से हमें मुक्ति पानी होगी। संसार जो परमात्मा का ही बनाया हुआ है, उसे सत्य मानना होगा। गरीबी को दूर करने के लिए कठोर परिश्रम करते हुए भौतिक समृद्धि लानी होगी।'' शंकराचार्य यह सब सुनकर क्रोधित और उद्विग्न हो रहे थे, पर आचार्यश्री को रोकने का कोई उपाय न था। उनका प्रवचन जारी था—

''बिना पेट भरे हुए, भगवान का भजन नहीं हो सकता। भूखे भजन न होइ गोपाला! जो लोग संसार को छोड़ कर आश्रमों में रहते हैं, हलुआ, पूड़ी, खीर का उनका भंडारा होता है। पेट भरने के बाद भी, भौतिक सुख-समृद्धि में जब शांति नहीं मिलती, धर्म, ध्यान केवल तब आता है। आज पश्चिम भौतिक वाद से ऊब कर ही पूरब की ओर देख रहा है। जीवन के दो पंख हैं। एक पंख धर्म है तो दूसरा विज्ञान। उड़ान दो पंखों से हो सकती है। और हम एक पंख को फड़फड़ाते पक्षी की तरह हैं।

कुछ रुककर आचार्य रजनीश ने फिर कहना आरम्भ किया—''अभी आपके सम्मुख राम का भजन किया गया। राम-राम बहुत महिमामय शब्द है। पर मिथिला की इस धरती पर सीता मैया की जय क्यों नहीं बोली गई? पर आप लोग किस मुंह से सीता की जय बोलते? आपने, और आपके समाज ने सीता को क्या दिया? जो सीता, राम के साथ स्वेच्छा से वन गई, वन में उसका अपहरण हुआ। अपहरण के बाद सीता को सती जान कर भी, अग्नि-परीक्षा देना, क्या भगवती सीता का अपमान नहीं था? केवल मात्र एक धोबी के कहने से गर्भवती सीता को वन में अकेला छोड़ देना कौन-सा न्याय, कौन-सा धर्म था? यह कौन-सी मर्यादा थी? क्या आप ऐसा ही राम राज्य लाना चाहते हैं?''

शंकराचार्य के भक्तों ने एक बार फिर शोर किया—''बंद करो! भाषण बंद करो। यह व्यक्ति नास्तिक है। भगवान विरोधी है।''

आचार्य रजनीश माइक पर गरज कर बोले—''कुछ मूढ़ लोग हमेशा सत्य सुनने से परहेज करते आये हैं। में पूरी जनता जनार्दन से पूछता हूं, मिथिला की जनता से पूछता हूं कि वह उन्हें सुनना चाहती है या नहीं?''

पीछे से जनता ने हुंकार दी—''हम आपका प्रवचन सुनना चाहते हैं। विघ्न डालने वालों को सभा से बाहर कर दो।''

जनता का रुख देखकर विरोध धीमे-धीमे शांत हो गया पर मंच पर काना-फूसियां जारी रहीं।

आचार्य रजनीश विषय बदल कर बोले—''कभी हमारा देश सोने की चिड़िया था। वह सोना गया कहां? लोग उत्तर देते हैं—विदेशी लूट ले गये। यह सच है—विदेशी हमारा कुछ सोना, कुछ जवाहरात लूट कर जरूर ले गये पर हमारे देश की काफी समृद्धि नवाबों, राजाओं, रजवाड़ों और मठों की तिजोरियों में कैद है। वह आप लोगों का शोषण कर ठगा गया सोना है। जयपुर, उदयपुर, हैदराबाद, ग्वालियर, सभी राज घरानों के पास अटूट खजाना है। हमारे कई मंदिर, कई मठों के पास भी टनों सोना है। उनके सोने के सिंहासन, सोने के छत्र हैं। और यह सोना वो लोग दाबे हुए हैं जो सोने को मिट्टी का ढेला कहते हैं। यह सारा सोना, देश की समृद्धि में लगाया जाये, हमारा देश फिर से सोने की चिड़िया हो सकता है।''

जोरदार तालियों से पूरा सभा मंडल गूंज उठा।

रजनीश जी ने फिर बोलना आरम्भ किया—''मुझसे पूर्व करपात्री जी महाराज ने मंच पर

नारे लगवाये थे, कि धर्म की जय हो और अधर्म का नाश हो। पर जब धर्म की जय होगी और धर्म जीत जायेगा तो अधर्म बचेगा ही नहीं। फिर अधर्म के नाश का नारा लगाने की जरूरत रह ही नहीं जायेगी। मैं समझता हूं कि यह तो ठीक ऐसा है कि जैसे हम लोगों से कहें कि पहले दिया जलाओ और फिर कहें कि अंधेरा हटाओ। दिया जलेगा, तो अंधेरा अपने आप भाग जाएगा। धर्म आयेगा तो अधर्म का नाश स्वत: हो जायेगा। पर जय बोलने से ही धर्म की स्थापना नहीं हो जाती। धर्म की जय के लिए व्यक्ति को धार्मिक होना होगा। धार्मिक होना एक बड़ी क्रांति से गुजरना है। धार्मिक होने के लिए अपने को प्रतिपल बदलने के लिए तैयार रखना होगा। अपने को उदात्त और विचारशील बनाना होगा। विचार, बुद्धि या विवेक का यदि प्रयोग नहीं किया तो अंध विश्वासों में फंस जाओगे। हां, जिस दिन संदेह पर भी संदेह होने लगे, केवल विश्वास तभी करना है। ऐसा ही व्यक्ति सच्चा धार्मिक होता है।

कुछ पल रुककर आचार्यश्री बोले—

निर्माण उपनिषद् के एक सूत्र में ऋषि के संबंध में कहा गया है—

नि: संशय ऋषि:
निर्वाणो देवता
निष्कल प्रवृत्ति:
निष्केवल ज्ञानम्
ऊर्ध्वाम्नाय:

अर्थात् जो संशय शून्य है वह ऋषि है। निर्वाण ही उनका इष्ट है। वह सर्व उपाधियों से मुक्त है। वहां मात्र ज्ञान ही शेष है। ऊर्ध्वगमन ही जिनका पथ है।

उपनिषद् का यह सूत्र बहुत मूल्यवान है। जो संशय शून्य और सभी उपाधियों से मुक्त है वही ऋषि हैं। ऋषियों ने ब्रह्म का, सत्य का साक्षात्कार किया था। वसुधैव कुटुम्बकम का उद्घोष किया था। पर आज देश का दुर्भाग्य है कि विश्व हिन्दू परिषद् के इस मंच पर जहां देश भर से साधु, संतों, मठाधीशों को एकत्रित किया गया है, उनमें कोई भी ऋषि नहीं है। सभी अपने नाम के आगे-पीछे लम्बी-चौड़ी उपाधियां लगाये हुए हैं। श्री-श्री एक सौ आठ महामंडलेश्वर, पीठाधीश आदि-आदि, ढेर सारी उपाधियां। यह उपाधिधारी जो उपनिषद् के अनुसार ऋषि तो नहीं हैं तो क्या संत हैं? पर संत तो बच्चे से सहज और सरल होते हैं। अहंकार शून्य होते हैं। प्रेम में मदमस्त होते हैं। करुणा के सागर होते हैं। पर मुझे मंच पर दूर-दूर तक कोई ऐसा दिखाई नहीं देता। सभी अपने को बड़ा माने हुए, दूसरों को तुच्छ समझ रहे हैं। अभी आपके सामने अपना स्वर्ण छत्र अपने हाथों से संभाले हुए शंकराचार्यजी महाराज पधारे, उनका सिंहासन उनके शिष्य साथ लाये थे। यदि सभी में आत्मा है और आत्मा ही परमात्मा का अंश है और अहंकार नर्क है, तो सिंहासन क्यों? छत्र क्यों?

शंकराचार्य के समर्थकों ने शोर किया—"बंद करो। बंद करो। यह नास्तिक है। पूज्य शंकराचार्य जी की निन्दा कर रहा है।"

पर अधिकांश जनता ने तालियां पीटीं। कुछ देर तक काफी शोर होता रहा।

शंकराचार्य के शिष्यों ने चीखते हुए कहा—"यह शंकराचार्यजी का अपमान है। व्यक्तिगत आलोचना है यह। यह धर्म विरुद्ध है। पाप है यह। बकवास बंद की जाये।"

आचार्य रजनीश तुरन्त बोले—"सच्चा संत मान-अपमान से परे होता है। वह निदक को

आंगन में कुटी छवा कर रखता है। और मैं किसी की निन्दा नहीं कर रहा। सत्य''' केवल सत्य बोल रहा हूं। आयोजक महोदय कृपया बतलायें कि क्या यह सत्य नहीं है? माना कि सत्य कड़ुवा होता है। और अगर आप लोग सत्य सुनना नहीं चाहते या सत्य का साक्षात्कार नहीं करना चाहते, तो इस सम्मेलन को बुलाने की आवश्यकता क्या थी?''

शंकराचार्य जी जो अभी तक मौन बैठे थे, अपनी आलोचना सुनकर तिलमिला गये। माइक से उन्होंने घोषणा की—

—''मैं वेद शास्त्रों का ज्ञाता हूं और यह जो अपने को आचार्य कहता है, शास्त्रों को नहीं मानता। आदि शंकराचार्यजी और मनु महाराज की खिल्ली उड़ाता है। यह व्यक्ति हिन्दू है ही नहीं। यह अधार्मिक और नास्तिक है। मैं अपनी बात मनुस्मृति के एक श्लोक से आरम्भ करता हूं, यह उसका उत्तर दे। और जब तक उत्तर नहीं देगा, मैं इसे पटना से जाने नहीं दूंगा।''

डॉ. प्रसाद आचार्यश्री के कानों में फुसफुसा कर बोले—''आपकी नाक का पंचर होना है। डॉक्टर को ठीक यही समय दिया था। यह पागल तो सारी रात ऊलजलूल बहस कर सकता है।''

आचार्य रजनीश नम्रता से बोले—''यह समय मैंने डॉक्टर से मिलने का लिया है। आप अपना वक्तव्य टेप करा दें, जब भी आप समय देंगे, मैं कल उसी समय उपस्थित होकर हर बात का उत्तर दूंगा।'' शंकराचार्यजी विजय मानकर चीखते हुए बोले—''भगोड़ा डर कर भाग रहा है।'' उनका एक शिष्य चिल्लाकर बोला—''इस नास्तिक रामद्रोही को भागने मत दो। मारो-मारो।'' पूरे पंडाल में शोर होने लगा।

मंच पर व आस-पास बैठे आचार्य रजनीश के प्रशंसकों ने दौड़कर एक सुरक्षा घेरा बनाकर आचार्य रजनीश को मंच से उतार कर कार तक पहुंचाया। डॉ. प्रसाद ने कार तुरन्त स्टार्ट कर दी। उस उन्मादी युंवक को आचार्य रजनीश के चार प्रशंसकों ने पकड़ रखा था, अन्यथा यह सम्भव था कि वह उनकी हत्या कर देता।

जब कार पंडाल के गेट के बाहर आई तो जनता का तीन चौथाई भाग, 'रजनीश—जिन्दाबाद' के नारे लगा रहा था।

दूसरे दिन सिन्हा लाइब्रेरी के सामने मैदान में ही आचार्य रजनीश का प्रवचन पहले से आयोजित था, क्योंकि विश्व हिन्दू सम्मेलन में उनका भाषण 29 व 31 तारीख को रखा गया था। सिन्हा लाइब्रेरी के मैदान में अभूतपूर्व भीड़ थी। प्रात:काल डेढ़ घंटे के प्रवचन के बाद आचार्यश्री ने आयोजकों से फोन पर पूछवाया कि यदि शंकराचार्यजी तैयार हों, तो वह उत्तर देने कितने बजे आयें? आयोजकों ने शंकराचार्यजी से बात कर कुछ देर बाद उत्तर दिया कि शंकराचार्यजी इस समय व्यस्त हैं, आप दोपहर तीन बजे फोन पर पूछ लें।

तीन बजे पुन: फोन करने पर आयोजकों ने कहा—शंकराचार्यजी से पूछकर सात, साढ़े सात बजे हम आपको स्वयं सूचित करेंगे। आप अपना फोन नम्बर बता दें। डॉ. प्रसाद ने उन्हें अपना फोन नम्बर दे दिया।

सिन्हा लाइब्रेरी के सामने सायं पुन: प्रवचन के बाद साढ़े सात तक कोई सूचना न आने पर आचार्य रजनीश विश्व हिन्दू सम्मेलन के पंडाल की ओर चल पड़े।

उस समय कोई शास्त्रीजी अपना तोता रटन्त भाषण दे रहे थे। आचार्य रजनीश को देखते ही सैकड़ों पर्चियां मंच पर अध्यक्ष और आचार्यश्री के पास आईं—''आचार्य रजनीश को बोलने दिया जाये।'' अध्यक्ष ने मंच पर आचार्यश्री को आमंत्रित भी किया। शंकराचार्यजी सभा में स्वयं

तो आये ही नहीं थे पर उनके मुख्य शिष्यों ने आचार्यश्री के खड़े होते ही शोर मचाना शुरू कर दिया।

—"यह नास्तिक है। धर्म विरोधी है। रजनीश मुर्दाबाद। नहीं सुनेंगे, नहीं सुनेंगे।"

सभा में अभूतपूर्व हंगामा प्रारम्भ हो गया। जब आचार्यश्री ने देखा कि इन हुल्लड़ करने वालों को न तो अध्यक्ष की ओर से और न आयोजकों की ओर से रोका जा रहा है और शोर बराबर बढ़ता जा रहा है तो वह चुपचाप मंच से उतरकर कार की ओर चल दिये। नीचे आने पर जनता ने फिर रजनीश जिंदाबाद के नारे लगाये।

शंकराचार्यजी चुनौती देने के बाबजूद सभा में स्वयं नहीं पधारे थे। दोनों बार फोन करने पर भी उन्होंने खुली बहस का प्रकरण टाल दिया था। अपने स्थान पर रजनीश का स्वागत करने उन्होंने अपने कुछ धर्मान्ध चेलों को भेजा था, जो रजनीश के आने पर उन्हें बोलने न दें। उनके विरुद्ध नारेबाजी करें। उनका अपमान करें।

आचार्यश्री अपने दोनों हाथ जोड़े हुए मंद गति से कार की ओर बढ़ रहे थे। जनता चीख रही थी—हम आपका प्रवचन सुने बगैर जायेंगे नहीं। हम सभी आपका प्रवचन सुनना चाहते हैं। पर आचार्यश्री चुपचाप कार के पास आकर बोले—"आप सभी से बात करने ही यहां आया था। पर आयोजक और शंकराचार्यजी मुझे नहीं चाहते कि मैं आपको यह बात बता सकूं कि कल चुनौती देने के बाद भी शंकराचार्यजी आज बहस करने सामने क्यों नहीं आये। मैं सुबह से उनसे दो बार फोन पर पूछ चुका हूं कि उनकी हर बात का उत्तर देने को तैयार हूं। पर फोन पर उन्होंने कुछ उत्तर नहीं दिया।"

इतना कह कर आचार्यश्री कार में आकर बैठ गये। उनकी बात सुनकर कुछ युवकों ने जोर-जोर से चीखना शुरू कर दिया—शंकराचार्य जी कहां छिपे हैं? चुनौती देकर सामने क्यों नहीं आये?

—आचार्य रजनीश नहीं, तो सम्मेलन नहीं।

—उन गुण्डों को पकड़ो, जिन्होंने आचार्यश्री को बोलने नहीं दिया।

—आचार्य रजनीश नहीं, तो सम्मेलन नहीं।

आयोजक और शंकराचार्यजी के शिष्य, जनता का रुख देखकर प्राण बचाकर भागे। अंततः सम्मेलन समाप्त हो गया।

❑ ❑

सिन्हा लाइब्रेरी ग्राउन्ड में प्रवचन

तीसरे दिन भी प्रात: और संध्या के समय सिन्हा लाईब्रेरी के सामने वाले मैदान में आचार्यश्री का प्रवचन हुआ। जिसमें विश्व हिन्दू सम्मेलन से इस बार डेढ़ गुनी भीड़ थी। आचार्यश्री ने अपना प्रवचन आरम्भ करते हुए कहा—

मेरे प्रिय आत्मन!

आप लोगों की अभूतपूर्व उपस्थिति इस बात का प्रमाण है कि आप लोग सत्य के खोजी हैं। आप में सत्य को जानने की जिज्ञासा है। असत्य सदैव सत्य के सम्मुख अवरोध खड़ा करता ही रहा है। उसने मीरा को जहर का प्याला दिया। सुकरात को विष पीने को विवश किया। उसने ईसामसीह को क्रूस पर चढ़ाया। उसने सरमद और मंसूर के सिर कलम किये। मुझ पर भी तीन दिन पूर्व इसी मैदान में कुछ गुंडों ने हमला किया। मैं सत्य की कीमत चुकाने को तैयार था। इसलिए दूसरे दिन मैं शंकराचार्यजी की हर बात का उत्तर देने सभा में आया। सुबह से उन्हें फोन करते हुए मैं उनसे पूछ रहा था, आप समय दीजिए—मैं आकर आपके प्रश्नों का उत्तर दूं। पर उन्होंने कुछ उत्तर नहीं दिया। मैं उत्तर न मिलने पर भी दूसरे दिन स्वयं सम्मेलन में पहुंचा। वहां भी शंकराचार्यजी आये नहीं, उन्होंने अपने कुछ खास शिष्यों को इसलिए भेजा कि मेरे बोलने पर शोर किया जाये। व्यवधान खड़े किये जायें। मुझे नास्तिक और धर्म-विरोधी कहकर आप लोगों को भड़काया जाये। उनका न्यस्त स्वार्थ इसी में है कि आप लोग सोये रहें, आपके मन का भय और भ्रम और प्रगाढ़ होता रहे। मेरा अपराध यही है कि मैं आपको जगाना चाहता हूं। अज्ञान के अंधकार से आपको प्रकाश में लाना चाहता हूं।

उपनिषद् का ऋषि ईश्वर से प्रार्थना करता है—

असतो मा सद्‌गमय
तमसो मा ज्योतिर्गमय
म्र्त्योऽमाम अमृत गमय

और इस सूत्र का शाब्दिक अनुवाद आपको समझाया गया है कि ऋषि असत्य से सत्य की ओर, अंधकार से प्रकाश की ओर और मृत्यु से अमरता की ओर ले चलने की प्रार्थना कर रहा है। पर मैं कहता हूं कि ऋषि का यह तात्पर्य कदापि नहीं है कि वह परमात्मा से, अंधकार से, प्रकाश की ओर ले जाने की प्रार्थना करे। आठ आने की मिट्टी के तेल का लैम्प भी आपको अंधकार से प्रकाश में ला सकता है। फिर ईश्वर तो नित्य सूरज के रूप में चमकता ही है। वह तो रोज अंधकार को विदीर्ण करता ही है। ऋषि का अंधकार से, तमस से तात्पर्य, अज्ञान के, अहंकार के, अंधेरे से है। ज्ञान का अर्थ होश जागृत होने से है, पोथी का ज्ञान जान लेने से नहीं।

मैं चाहता हूं आपको यही बोध हो जाये। आप अपने को पहचानें कि आप कौन हैं? आपके अन्दर, प्रत्येक के अन्दर उसी परमात्मा का अंश है। हम इसे भूल गये हैं। सांसारिक वासनाओं की धूल दर्पण पर जम गई है। जैसे ही आपको यह बोध होगा कि आप उसका ही अंश हैं, आप स्वयं परमात्मा हैं, आपके लिए पूरा संसार एक सपने जैसा हो जायेगा। आप सत्य को उपलब्ध होंगे। आप स्वयं प्रकाश हो जायेंगे।

वो चाहते हैं, आप सोये रहें, ताकि आपका वह जो सदियों से शोषण करते आये हैं, वह जारी रहे। वह कहते हैं—भगवान मंदिरों में है, उन्हें चढ़ावा चढ़ाओ, प्रसन्न करो। पर ईश्वर यदि है तो वह तुच्छ सांसारिक मनुष्यों की तरह लालची और खुशामदी पसन्द नहीं हो सकता। वह अन्यायी नहीं हो सकता। वह आपकी जेब से पैसे लेकर मनों प्रसाद का रोज भोग लगाते हैं। फिर उस प्रसाद को बेचते हैं। मंदिर के भगवान तो कुछ खाते नहीं, सारा भोग पुजारी खुद लगाते हैं। खुद खाते हैं। क्या आप लोग जानते हैं, इस देश में साधुओं, संतों, पुरोहितों, पुजारियों और पंडों की संख्या दो करोड़ है। दो करोड़ लोग धर्म के कार्य में सदियों से सतत लगे हैं, पर फिर भी हिन्दू समाज गुलाम बना, पददलित हुआ, गरीब हुआ, उसमें घृणा, वैमनस्य और झगड़ों के कैक्टस उगे, कोई प्रेम का पुष्प नहीं खिला। आप लोग अपना पेट काटकर इन दो करोड़ लोगों को मालपुआ और खीर-पूड़ी खिलाते हैं और बदले में यह लोग समाज की, धर्म की कौन-सी सेवा कर रहे हैं? इनमें से ज्यादातर गांजा, चरस की चिलमें फूंकते हैं, भांग की ठंढाई पीते हैं, तुम्हें अधर्म, पापी और वासनाओं का दास बताकर तुम्हें नर्क में जलने का भय दिखाते हैं। इन्होंने परमात्मा की कुछ ऐसी तस्वीर खड़ी की है कि बच्चा भी भगवान से भय खाता है। पर ईश्वर तो प्रेम स्वरूप है। वह तो भय से मुक्त करता है। वह तो करुणा का सागर है। तुम जैसे हो, उसे स्वीकार है। बस तुम्हारा सर्मपण पूर्ण होना चाहिए। तुम्हारा अहंकार मिटना चाहिए। अहंकार ही बीच की बाधा है, और आपने इन उपाधिधारियों, महामंडलेश्वर श्री श्री एक सौ आठ, और अठ्ठासी लोगों को देखा, अपना छत्र स्वयं थामे हुए इन छत्रधारियों को देखा! यह तो स्वयं अहंकार के जीते-जागते अवतार हैं। यह स्वयं अंधकार में हैं। यह आपको प्रकाश में कैसे ले जा सकते हैं? यह तो आपके अज्ञान को और प्रगाढ़ करना चाहते हैं। यह चाहते ही नहीं कि आपको बोध हो, आप परमात्मा के निकट आयें। क्योंकि यदि ऐसा हुआ तो उनको पूछेगा कौन? उनके सोने के सिंहासनों को खतरा हो जायेगा। वह कहते हैं, यह संसार असत्य है, माया है। मैं कहता हूं, जब परमात्मा सत्य हो तो उसके द्वारा बनाया हुआ संसार असत्य हो कैसे सकता है? यह हिम का मुकुट लगाये नागराज हिमालय, यह उफनता गर्जता सिन्धु, यह रोज उगता, प्रकाश देता सूरज, यह कभी नहीं मरते। पशु-पक्षी यह असत्य कैसे हैं? इन्हें हम भोगते हैं, स्पर्श करते हैं, इनके बीच आनंदित होते हैं। जब कोई फूल खिलता है तो कौन मुस्कुराता है? फिर संसार असत्य कहां है? और मजा यह, वह स्वयं सांसारिक पदार्थों का उपभोग कर रहे हैं। अगर संसार माया है, तो वह क्यों माया की कीचड़ में ऊपर से नीचे तक लिपटे हैं? और आपने नोट किया होगा कि इन दो करोड़ लोगों में अधिकतर अशिक्षित लोग हैं, जो मेहनत-मजदूरी न कर सके, शिक्षा प्राप्त नहीं कर सके। एक चपरासी भी न बन सके, वे लोग साधु हो गये हैं। जिनकी पत्नी मर गई है, व्यापार में घाटा हो गया है, वह भगोड़े संन्यासी बन गये हैं। संन्यासी होने के लिए सिर्फ भगवा कपड़े पहनने होते हैं। गुरु की जय-जयकार करनी होती है। फिर हराम की मजे से चरो। तुम लोगों को यही मूढ़ अजामिल की कथा सुनाकर कहते हैं कि अंतिम समय उसने अपने बेटे नारायण का नाम लिया और तर गया। यह पंडित, पुरोहित समझते हैं कि भगवान इतना मंद बुद्धि है कि वह यह नहीं जान पाया कि उसने अपने बेटे का नाम लिया या उसका? और परमात्मा इतना सस्ता नहीं कि नाम लेने मात्र से पिघल जाये।''

फिर दो क्षण रुककर भीड़ को दृष्टिपात करते हुए बोले—''मैंने तो सुना है कि एक शहर में एक पंडितजी रोज कीर्तन करते थे। घर में लाउडस्पीकर भी लगवा लिया था, ताकि राम का नाम मुहल्ले भर में गूंजता रहे। फिर चाहे छात्र बेचारे पढ़ न सकें, और हृदय रोगी मृत्यु से पहले

ही मृत्यु का टिकट कटा लें। उनके घर के सामने सड़क पार एक वेश्या भी रहती थी। अब अजीब संयोग यह हुआ कि पंडितजी और वेश्या एक ही दिन मरे, यमदूत वेश्या को स्वर्ग ले जाने लगे और पंडितजी को नर्क। पंडितजी हतप्रभ होकर शोर मचाने लगे—आप लोगों से कुछ भूल हुई है। खाता-बही फिर से देखिये। मुझे यमराज के सामने ले चलिये। यह कैसा अंधेर है कि मैं जीवन भर राम भजन करता रहा और मुझे नर्क मिले और वेश्या जीवन भर पाप करती रही, उसे स्वर्ग भेजा जाये? पंडितजी के संतोष के लिए उन्हें यमराज के सामने पेश किया गया। बही-खाते को देखकर यमराज बोले—''तेरी रात-दिन की चिल्ल-पों से भगवान का सोना, आराम करना हराम हो गया। तू जिन्दगी भर मुहल्ले वालों की छाती पर मूंग दलता रहा, पर धर्म से डरकर तुझे बरदाश्त किया जाता रहा। फिर सत्य बात यह है कि तू कीर्तन करते समय भी चोरी-चोरी वेश्या की खिड़की की ओर देखता था। तेरा मुंह राम-राम कहता था पर तेरे मन में वेश्या का रूप था, उसे भोगने की चाह थी। और वेश्या का ध्यान सब कुछ करते हुए भी भगवान के नाम और कीर्तन में लगा रहता था।''

तो आप लोग जिन लोगों को भजन करते देखते हैं उनके मन में राम नहीं, काम है। उन्होंने काम को दबाया है। स्त्री को नर्क का द्वार कहा है, पर रात-दिन उनके सपनों में स्त्री ही नाचती है। ऋषि-मुनि तपस्या कर रहे हैं—और इन्द्र उनका तप भंग करने के लिए अप्सरायें भेज रहा है। इन ऋषि-मुनियों के तप में यदि शक्ति होती तो मुसलमानों और अंग्रेजों का सिंहासन हिलाने से इन्हें मना किसने किया था? उन्होंने तो अप्सरायें भी नहीं भेजी थीं। तपस्या करने वालों के ऊपर मिट्टी का पहाड़ बन जाता था, चींटियां बिल बना लेती थीं। पक्षी बीट कर देते थे। पसीने की दुर्गंध अलग रहती होगी। भला इन पर कोई सुन्दर अप्सरा रीझेगी? यह स्वयं तपस्या करते हुये स्त्री का ही चिंतन करते होंगे। इनकी कल्पना में ही अप्सरा आई होगीं। सपने में ही संभोग कर लिया होगा उन्होंने।'' पूरा पंडाल कर्तलध्वनि से गूंज उठा। डेढ़ घंटे तक आचार्यश्री ने ढोंग, अंधविश्वास और पुरोहितवाद की सतर्क बखिया उधेड़कर रख दी। अंत में वह भाषण का समापन करते हुए बोले—''मैं आपको नाचते-गाते उत्सव मनाते हुए धर्म की ओर ले जाना चाहता हूं। जीवन एक उत्सव है। परमात्मा सच्चिदानंद है। वह सत, चित्त, और आनंद है। आप सत्य को खोजें। खोजने कहीं जंगल-पहाड़ पर नहीं जाना, केवल नींद से जाग जाना है। वह परम चैतन्य, आप सभी में है। अहंकार का, अज्ञान का अंधकार दूर करें, प्रकाश आपके सामने है। इसका एक मात्र सरलतम उपाय है—ध्यान। आप लोग रोज दो घंटे ध्यान के लिए दें।''

आचार्य रजनीश जिंदाबाद के नारों से पूरा पंडाल गूंज उठा। काफी देर तक तालियां बजती रहीं। लोग पागल होकर उनके चरण स्पर्श करने मंच की ओर दौड़ पड़े।

विश्व हिन्दू सम्मेलन के चौथे दिन गांधी ग्राउंड में ही प्रवचन देते हुए आचार्यश्री ने कहा—''हजारों वर्षों से धर्म के नाम पर परमात्मा की और मोक्ष की खोज चल रही है। पर फिर भी आज तक न किसी को परमात्मा का कोई पता है, न आत्मा का कोई पता है, न ही मोक्ष का। मेरे देखे खोज ही गलत हो गई। यह खोज वैसे ही गलत हो गई, जैसे कोई अंधा आदमी प्रकाश की खोज करे। खोज इसलिए गलत नहीं है कि प्रकाश नहीं है। प्रकाश तो है पर जन्म से अंधा आदमी जिसने कभी आज तक प्रकाश नहीं देखा, प्रकाश की खोज कैसे करे?''

धर्म की खोज को ईश्वर की दिशा में लगाने से ही धर्म जगत में विकसित नहीं हो पाया। असली सवाल ईश्वर नहीं है, मनुष्य है। मनुष्य की खोज ही धर्म का आधार बनना चाहिये। जिस दिन मनुष्य अपने को जान लेता है, उस दिन ईश्वर, मोक्ष, अनजाने नहीं रह जाते। धर्म

का केन्द्र बिंदु, आकाश, स्वर्ग, नर्क नहीं, यह पृथ्वी और मनुष्य का मनस उसकी चेतना होनी चाहिये। हजारों सालों से धर्म की बराबर चर्चा होते रहने के बाद भी, पृथ्वी धार्मिक नहीं हो पाई, इसकी वजह नास्तिकता नहीं, धर्म की दिशा का ही गलत होना है। मनुष्य खुद ही अपने को जानता नहीं, वह ईश्वर, मोक्ष, खोजेगा किसे?

एक उदाहरण देते हुए उन्होंने बताया कि एक जन्मान्ध व्यक्ति किसी के घर दावत में गया और उसे खीर परोसी गई। खीर के स्वाद की प्रशंसा करते हुए उसने पूछा—"खीर कैसी होती है? किससे बनती है?"

भोजन कराने वाले ने बताया—यह दूध और चावल से बनती है और सफेद होती है।

अंधा पूछने लगा—दूध कैसा होता है? और यह सफेद क्या बला है? भोजन कराने वाला भूल ही गया था कि मेहमान अंधा है।

उसने कहा—सफेद क्या, जैसे समझो बगुले के पंख, पूर्णिमा की चांदनी।

अंधा झुंझला कर बोला—आप मुझे परेशान क्यों करते हैं? मेरा पहला भ्रम अपनी जगह खड़ा है। आपने जो मुझे खिलाया वह है क्या? यदि उसका नाम खीर है तो यह दूध और चावल क्या है? यह सफेद क्या होता है? बगुला और पंख, पूर्णिमा और चांदनी यह सब आखिर हैं क्या? आप तो मुझे मुश्किल गें डाल रहे हैं।

भोजन कराने वाले की अब समझ में आया कि मेहमान तो जन्मान्ध है। उसने सफेद लाल कोई रंग देखा ही नहीं। दूध, बगुला, चांद, वह इनकी कल्पना कर कैसे सकता है? इसी तरह ईश्वर, मोक्ष और आत्मा के बाबत दिये गये सारे उत्तर, प्रश्न बन गये हैं। और कारण कुल इतना है कि अलग आयामों पर बात चल रही है। आदमी को ईश्वर से, मोक्ष से कोई मतलब नहीं। उसने न इन्हें कभी जाना और न ही कभी देखा। इनके बारे में जो भी बताया जायेगा उसकी दशा उसी अंधे की तरह होगी जिसे खीर, दूध और बगुले के बाबत बताया गया।

अंधे ने बगुले के बारे में जब और जिज्ञासा की तो एक अन्य बुद्धिमान व्यक्ति ने एक छोटे बच्चे की कलाई उसके हाथ में थमाते हुए कहा—बगुले की गर्दन ऐसी ही चिकनी, ऐसी ही चमकदार और इतनी ही पतली होती है। अंधा आदमी कलाई का स्पर्श कर, नाचते हुए कहने लगा—अब छूकर अच्छी तरह समझ गया, बगुला, क्या होता है? खीर, चांद और सफेद क्या होता है? वह बच्चे की कलाई की तरह चिकना लचकदार और गोल होता है। सभी लोग मिलकर सिर पीटने लगे कि इससे अंधे को कुछ न बताते तो अच्छा था। अन्धे का ज्ञान, अज्ञान से अधिक खतरनाक है। यह समझाने की दिशा ही गलत है। अंधे आदमी को तभी समझाना [illegible] ये जब उसकी आंखें ठीक हो जायें। तभी वह दूध, बगुला, चांद सब अपने आप समझ जायेगा। अंधे आदमी का प्रकाश से कुछ संबंध नहीं। मनुष्य का भी ईश्वर, मोक्ष, से कुछ भी संबंध नहीं। उसका संबंध संसार से और अपने से है। पर धर्मगुरु तो संसार को ही माया, छलावा और भ्रम बता रहे हैं। वह समझे, तो कैसे समझे? इसलिए धर्म को मनुष्य-केन्द्रित, संसार-केन्द्रित बनाना होगा। धर्म की किताबें ईश्वर, मोक्ष, स्वर्ग, नर्क की विस्तृत चर्चा करती हैं, पर कोई भी सम्प्रदाय या धर्म शास्त्र, मनुष्य की बात नहीं करते। धर्म कहता है मनुष्य में ही आत्मा है। पर यह बात भी आत्मा की बाबत है। मनुष्य के बाबत नहीं। मनुष्य क्या है अपनी सच्चाई में, इस बाबत धर्म विचार ही नहीं करता, और इसीलिए मनुष्य को रूपांतरित नहीं कर सका है। इसीलिए मैं कहता हूं कि धर्म व्यर्थ हो गया है। ऐसे धर्म से मनुष्य के जीवन में कोई क्रान्ति नहीं होती। कोई बदलाहट नहीं आती। मनुष्य का चित्त दुःखी है। वह दुःख से मुक्त होना चाहता है। उसका

प्रयोजन केवल इससे है कि दु:ख से मुक्त कैसे हुआ जाये? गौतम बुद्ध ने पहली बार इसीलिए ईश्वर मोक्ष जैसी किसी की बात न कर दु:खों को, उनसे दूर होने की बात की। पर उनके बाद बौद्ध धर्म भी देवी, देवताओं, मोक्ष, स्वर्ग नर्क की बातें करने लगा। उसमें इतना अधिक जोड़ा गया, इतना अधिक जोड़ा गया, इतना अधिक विकृत किया गया बुद्ध के मूल उपदेशों को कि वह भी मनुष्य से दूर होता गया।''

इन तथ्यों की विस्तृत विवेचना करते हुए आचार्यश्री कुछ रुककर बोले—''दु:खी और अशान्त मनुष्य कभी भी ईश्वर को या मोक्ष को पा ही नहीं सकता, जबकि सभी धर्म बता रहे हैं कि ईश्वर या मोक्ष से शांति मिलती है, आनंद मिलता है। पर असली बात उलटी है। असली बात यह है कि जो शांत हो जाता है उसे ईश्वर अपने आप मिल जाता है।''

और फिर ईश्वर को भी कोई खोजने जाये या ईश्वर को केन्द्र बनाकर कोई विचार करे, तो हिन्दू, मुसलमान, ईसाई, पारसी, यहूदी सभी का अलग-अलग मन्तव्य है, ईश्वर के बारे में। दुनिया में 300 धर्म हैं, और सभी का रास्ता एक दूसरे से अलग-अलग है। अगर मनुष्य और चित्त की शांति को केन्द्र बनाया जाये तो दुनिया में 300 धर्म नहीं केवल एक धर्म होगा। क्योंकि शांति लाने के नियम और सूत्र तो समान हैं। हम कैसे अशांत और दु:खी होते हैं, यह हम सब अच्छी तरह जानते हैं। हम कैसे शांत और आनंदित होंगे, इसकी खोज इस विज्ञान की दुनिया में, विचार, संदेह और तर्क के संसार में, यदि धर्म वैज्ञानिक बनता है, केवल तभी टिक सकेगा।

हजारों का समूह सांस रोके आचार्यश्री को सुन रहा था। इसी भूमि पर उन्होंने गौतम बुद्ध और महावीर को सुना था। काफी लोगों को ऐसा महसूस हो रहा था कि जैसे बुद्ध और महावीर उनके सामने दुबारा प्रकट होकर ही उन्हें शांति का मार्ग बतला रहे हों।

आचार्यश्री ने अपनी बात को और विस्तार से समझाने के बाद कहा—''आपके जिस प्रदेश में गौतम बुद्ध और महावीर ने अहिंसा, प्रेम, करुणा और शांत होने का उपदेश दिया, मैं देख रहा हूं वही प्रांत आज सबसे अधिक पिछड़ा, दरिद्र, दु:खी और अशांत है। हमारे धर्मों ने मनुष्य को मात्र भटकाया है। यह भटकन अधर्म के कारण नहीं, धर्मों के कारण है। धर्मों ने इस दुनिया में सबसे अधिक झगड़े खड़े किये हुए हैं। धर्म के लिए ही इस्लाम और ईसाइयों ने सबसे अधिक युद्ध लड़े हैं, जबकि हर धर्म प्रेम और भाईचारा की बात कहता है। धर्म के संबंध में इन झगड़े-फसादों से ही आदमी को अधर्म की दिशा मिलती है। इन झगड़ों के कारण ही धर्म अनिर्णीत है पर अधर्म बिलकुल निर्णीत है। तो जो निर्णीत है वही मनुष्य को आकर्षित करता है। दुनिया में जिस दिन धर्म का सही विज्ञान विकसित होगा, उसी दिन अधर्म की ताकतें टूटना शुरू हो जायेंगी। इसीलिए मैं कहता हूं कि हिन्दू, मसलमान, ईसाई, जैन, बौद्ध सभी मिलकर दुनिया को अधर्म में डुबाने का काम कर रहे हैं। और जब तक यह तथाकथित धर्म दुनिया से विदा नहीं होते हैं तब तक दुनिया धार्मिक नहीं हो सकती। और जिस दिन दुनिया धार्मिक हो जायेगी, उस दिन पुरोहित का धंधा, उसका शोषण बंद हो जायेगा। जब तक धर्म, विज्ञान नहीं बनता, जब तक धर्म में अंधविश्वास है, तभी तक पुरोहित का धंधा चल रहा है। डॉक्टर ऊपर-ऊपर तो मरीज का इलाज करते हैं पर अचेतन में यही चाहते हैं कि मरीज ठीक न हो। यह धर्म गुरु और पुरोहित भी यही चाहते हैं कि धर्म विज्ञान न बने, समाज धार्मिक न हो, इसीलिए आज तक इन पुरोहितों ने धर्म को विज्ञान नहीं बनने दिया। वह जानते हैं—जिस दिन धर्म मनुष्य में केन्द्रित हो गया तो उसी दिन उनकी कोई जरूरत नहीं रह जायेगी।''

हालांकि हम अध्यात्म की बातें करते हैं पर हमें पदार्थ के सिवा कुछ भी नहीं दिखाई देता। परमात्मा हमारा विश्वास है और पदार्थ अनुभव। इसलिए रोज परमात्मा हारता है, और पदार्थ जीतता है। हम परमात्मा की प्रार्थना करते हुए भी प्रसाद बोलकर उसे पदार्थ की रिश्वतें ही दे रहें हैं। जैसे परमात्मा कोई एजेन्ट है, जो हमारे पदार्थ की मांग को पूरा करेगा। हम परमात्मा से मोक्ष नहीं, लड़के की नौकरी, अपनी समृद्धि, अपने सुख मांग रहे हैं। इसीलिए मैं कहता हूं कि पश्चिम के लोग ईमानदार, भौतिकवादी हैं और पूरब के लोग बेईमान भौतिकवादी और छद्म अध्यात्मवादी हैं। हमें दिखाई तो पदार्थ पड़ता है पर हम बातें परमात्मा व मोक्ष की करते हैं। पूरे समय हमारा दिमाग एक दोहरी प्रक्रिया में चलता है। भगवान की बातें करेंगे और भगवान से उलटा जियेंगे। इससे तो बेहतर है कि जो दिखाई पड़ता है, उसकी सच्चाई को स्वीकार करके जीवन शुरू किया जाये। मुझे लगता है कि ठीक-ठीक ईमानदार भौतिकवादी कभी-न-कभी अध्यात्मवादी हो जाता है लेकिन बेईमान भौतिकवादी कभी अध्यात्मवादी नहीं हो सकता। आज पश्चिम का भौतिकवादी वहां खड़ा हो गया है, जहां भोग से ऊब होने लगी है और अब वहां अध्यात्म का जन्म अनिवार्य रूप से होना ही है। पर हमारे भविष्य में धर्म का कोई जन्म होगा, इसकी आशा नहीं की जा सकती। क्योंकि धर्म के जन्म के पहले तो हमें ईमानदार होना होगा। लेकिन हम बेईमान हैं। कहते हैं पदार्थ, तो माया है। सोना मिट्टी का ढेला है और परमात्मा सत्य है। हम कहते हैं—ब्रह्म सत्य है और जगत माया। पर हमें जगत सत्य और ब्रह्म माया दिखाई देता है। ऐसी बेईमानी से इनसान धार्मिक कैसे हो सकता है?

कुछ रुककर आचार्यश्री ने कहा—"जो दूसरी बड़ी बेईमानी चल रही है, वह है—जानने का अहंकार। हमने चार किताबें पढ़ लीं, और हमें जानने का भ्रम हो जाता है। हम ईश्वर, मोक्ष, सृष्टि, स्वर्ग, नर्क के बाबत बोलना शुरू कर देते हैं, जबकि हमारा ज्ञान केवल उधार का है। हमने अनुभव से जाना कुछ नहीं, पर जानने का हमें अहंकार हो जाता है। इससे ज्यादा ईमानदार वैज्ञानिक है। उससे सौ बातें पूछी जायें, तो वह अठ्ठानवे के बाबत साफ कह देगा कि हमें नहीं मालूम। दो बातों के बाबत भी कहेगा, अभी मैं सिर्फ इसके बाबत इतना जानता हूं और हो सकता है नई खोजों से बात कुछ बदल जाये। पर हमसे कोई सौ बातें पूछे हम सवा सौ उत्तर देंगे। तथाकथित धार्मिक आदमी कहता है कि परमात्मा अनंत है, असीम है पर फिर भी मैं परमात्मा को जानता हूं। वैज्ञानिक कहता है—अनंत को हम कैसे जान सकते हैं? हमारी जानकारी सीमित है। हमारा ज्ञान अधूरा है। इसी अहंकार ने हिन्दू को मुसलमान से लड़ाया। जहां सभी सर्वज्ञ हों, मिथ्या ज्ञान से भरे हों, फिर भला झुकने का क्या काम? धर्म ने बातें विनम्रता की की हैं, प्रेम की की हैं, पर अनगिनत युद्ध करवाये हैं।"

अपनी बात को आचार्यश्री ने दो-तीन बोध-कथाओं से स्पष्ट करते हुए कहा—"तथाकथित धार्मिक आदमियों ने नैतिकता का लबादा ओढ़कर अपनी वृत्तियों का दमन किया है। दमित वृत्तियों को छिपाने के लिए वह पाखण्डी बन गये हैं। वह जितने ऊपर से प्रेम पूर्ण और शांत दिखते हैं, अन्दर से साधारण आदमी की अपेक्षा वह कहीं अधिक अशांत हैं। उनके अन्दर काम, क्रोध, लोभ सब कुछ दफन है। और अशांत आदमी कभी शांत नहीं हो सकता। वह कभी परमात्मा को उपलब्ध नहीं हो सकता।"

डेढ़ घंटे के धारा प्रवाह प्रवचन के बाद आचार्यश्री ने कहा—"मैं इसीलिए एक ही बात कहता हूं कि अपनी अशांति को समाप्त करना है तो ध्यान में उतरो। केवल अपने को जानो। मूर्च्छा से बाहर आओ।

आप लोगों ने मेरी बात को इतने प्रेम और शांति से सुना इसलिए मैं आप सभी का ह्रदय से आभारी हूं और प्रभु से कामना करता हूं कि आप जागें और अपनी अंर्तयात्रा प्रारम्भ करें।"

इतना कहकर दोनों हाथ जोड़कर आचार्यश्री ने अपना प्रवचन समाप्त कर दिया।

पूरा सभामंडल "आचार्य रजनीश जिन्दाबाद," "आचार्यश्री की जय" के नारों से गूंज उठा।

सैकड़ों लोग आचार्यश्री के बारे में अधिक-से-अधिक जानने को उत्सुक हो उठे। जीवन जागृति केन्द्र के सदस्यों द्वारा उनके प्रवचनों की जो पुस्तकें और कैसेट स्टाल पर लाये गये थे वह सभा के बाद तुरन्त समाप्त हो गये। लगभग सभी लोग यही पूछ रहे थे, आचार्यश्री का अगला प्रवचन कब और कहां होगा?

❑ ❑

प्रेम में अहंकार

पटना से लौटते हुए आचार्यश्री एक दिन के लिए सागर रुके। सागर के एक उद्योगपति प्रेमी मित्र सागर आने के लिए कई बार निमन्त्रण दे चुके थे। इलाहाबाद स्टेशन पर गाड़ी बदलने के लिए जब वह प्लेटफार्म पर आये ही थे, तभी उनसे भेंट हो गई। वह आग्रह पूर्वक उन्हें एक दिन के लिए अपने साथ सागर ले आये। आचार्यजी को लौटते हुए जबलपुर ही जाना था इसलिए समय होने के कारण वह उनका प्रेमपूर्ण आमन्त्रण अस्वीकार न कर सके। सागर में उनकी विशाल भव्य कोठी थी, उन्होंने फोन पर अपने कई मित्रों को बुला लिया, जिन्होंने आचार्यश्री के सान्निध्य में उनकी अमृत वाणी का आनन्द लिया। आचार्यश्री बतलाते रहे—''सेक्स की ऊर्जा को प्रेम में रूपान्तरित करने की कला ही ध्यान है। प्रेम ही परमात्मा है। जिसने जीवन में कभी प्रेम नहीं किया, वह बड़ा अभागा है।'' प्रवचन चालीस मिनट तक चला। इसके पश्चात् आचार्यश्री ने प्रश्नों के उत्तर दिये।

कुछ देर बाद जब सभी चले गये, तो एकान्त में मेजबान की पत्नी ने आचार्यश्री से कहा— ''संसार में केवल आप ही ऐसे हैं, जिनसे यह कहने में मुझे गर्व है कि पिछले दस वर्षों से मैं विलायत खां को प्रेम करती हूं।''

—''सितार के मशहूर उस्ताद विलायत खां! आप उन्हीं की बात कर रही हैं न?'' आचार्यश्री ने पूछा।

उनके सहमति में सिर हिलाने पर आचार्यश्री बोले—''तो इसमें गलत क्या है? विलायत खां इनसान ही इतना प्यारा है, कि उसे हर कोई प्यार करेगा। मैं एक बार उसका सितार सुन चुका हूं, मैं भी उसे प्रेम करता हूं।'' वह महिला जोर देकर बोली—''मैं उनके सितार या संगीत से नहीं, उनसे प्रेम करती हूं।''

आचार्य जी बोले—''यह तो मैं जानता हूं कि आपको उनके सितार से क्या लेना-देना, आप उन्हीं से प्रेम करती हैं।'' वह अपना माथा पीटती हुई बोलीं—''आपको इसमें कुछ असाधारण या असामान्य नहीं लगता? लगता है आप मेरी बात गहराई से समझ नहीं रहे हैं?''

आचार्यश्री मुस्कुराते हुए बोले—''मैं खूब गहराई से ही समझ रहा हूं कि आप पिछले दस वर्षों से विलायत खां से बड़ी गहराई से प्रेम कर रही हैं। पर इसमें असामान्य या असाधारण बात क्या है? यह बड़ी अच्छी बात है। इसमें गलत कुछ भी नहीं। प्रेम किसी जाति का या धर्म का प्रतिबन्ध स्वीकार नहीं करता।''

आचार्यश्री से यह सुनकर उस महिला का सारा उत्साह जैसे बुझ गया। वह समझती थी कि एक हिन्दू विवाहित स्त्री के विधर्मी से प्रेम की असमान्य बात सुनकर आचार्यश्री आश्चर्यचकित होकर एक साहसी महिला समझकर उसका सम्मान करेंगे। पर आचार्यश्री ने स्पष्ट कर दिया कि तुम्हारा प्रेम जरा भी असमान्य नहीं है।

कुछ देर बाद आचार्यश्री उसी तरह मुस्कुराते हुए बोले—''मैं विलायत खां के विलक्षण सितारवादन से प्रेम करता हूं। पर जहां तक विलायत खां का सम्बन्ध है, और कलाकारों की तरह उसे भी अपनी कला पर अहंकार है। जहां दो अहंकार हों, वहां प्रेम हो कैसे सकता है?

आप फिर से टटोलियेगा अपना हृदय, क्या आपने सचमुच विलायत खां से प्रेम किया है, या उसकी प्रसिद्धि से प्रेम किया है? आपने तो प्रेम को भी अहंकार के आभूषण पहना दिये। फिर प्रेम बचा कहां? प्रेम तो परमात्मा है। जो उसमें डूब गया, वह सब कुछ पा गया।''

उस महिला का गर्व क्षण भर में चूर-चूर हो गया और वह फूट-फूट कर रो पड़ी।

दूसरे दिन आचार्यश्री जबलपुर चल पड़े। विश्व हिन्दू सम्मेलन में आचार्यश्री द्वारा दिये गये प्रवचन को कई प्रमुख समाचारपत्रों ने प्रथम पृष्ठ पर स्थान देते हुए उसकी बहुत प्रशंसा की थी। जबलपुर आकर आचार्यश्री की फिर वही दिनचर्या प्रारम्भ हो गई। 'युक्रान्त' और 'ज्योतिशिखा' में आचार्यश्री के पटना में दिये गए प्रवचनों की विस्तृत रिपोर्ट प्रकाशित हुई।

अप्रैल और मई में विभिन्न स्थानों का भ्रमण करते अपने प्रवचनों द्वारा समग्र जीवन में क्रांति का उद्घोष करते व उन्हें ध्यान के लिए प्रेरित करते आचार्यश्री 30 मई को बम्बई पहुंचे, जहां स्टेशन पर महीपाल, कल्याणजी आनंदजी, ईश्वर भाई, कुमारी लक्ष्मी व अन्य प्रेमी मित्रों द्वारा उनका भव्य व हार्दिक स्वागत किया गया।

❑ ❑

बम्बई में फिल्मी कलाकारों को सम्बोधन और फिर उदयपुर प्रस्थान

जबलपुर से आचार्यश्री बम्बई पधारे। श्री महीपाल व कल्याणजी आनंदजी द्वारा आयोजित 31 मई व 1 जून, 1969 के समारोहों में पूछे गये प्रश्नों का उत्तर देते हुए उन्होंने कहा—

—''आज पूरी दुनिया आदमी के सेक्स का शोषण कर रही है। अप्रत्यक्ष रूप से चित्रकला, काव्य, नृत्य और फिल्में सभी मिलकर आदमी को कामातुर और हिंसक बनाने में जुटे हैं। और यह सब राजनेताओं और पूंजीपतियों द्वारा एक सोचे-समझे प्लान के अनुसार लोगों को मूर्च्छित बनाये रखने के लिए निर्मित एक जाल है। कलाकार कहते हैं—हम वही दे रहे हैं जो लोग चाहते हैं। पर कवि, लेखक, मूर्तिकार, चित्रकार, संगीतकार या अन्य कलाकार पहले भी थे। खजुराहो, कोणार्क, अजन्ता और एलोरा के कलाकारों को आज कोई नहीं जानता। कला उनके लिए एक साधना थी। तब कला एक्टिव थी। आदमी स्वयं श्रम करने के बाद नाचता, गाता और आनंदित होता था। शास्त्रीय संगीत समझने के लिए एक विशेष प्रशिक्षण से गुजरना होता था। पर आज कला और आदमी पैसिव हो गया है। आप तीन घंटे तक मुर्दे की तरह बैठे हुए फिल्म देखिये और कल्पना के संसार में खोये रहिये। सेक्स की कल्पना, उसका चिंतन एक सेक्स-विकृति है, जो बहुत खतरनाक है। इससे जितनी काम ऊर्जा एक्सप्लॉइट होती है, उतनी 'कनवर्ट' होने से वंचित रह जाती है। और आदमी जितना 'पैसिव' हो गया है, उसके फलस्वरूप उतना ही कामातुर या सेक्सुअल हो गया है। समाज में बढ़ती हिंसा, बलात्कार और तनाव उसी का परिणाम है।

पर यही कलाएं व्यक्ति का रूपान्तरण करने में सक्षम हैं। गुरुजियेफ ने सूफी नृत्य के द्वारा एक प्रयोग किया था। आधा घंटा भी कोई आदमी सूफी नृत्य होते हुए देखे, तो वह ध्यान में चला जाता है। संगीत में इतनी शक्ति है कि वह हिंसक दहाड़ते सिंह को शांत कर देता है। संगीत की शक्ति से मेघ घिर आते हैं, पत्थर पिघलने लगता है। संगीत हमारे चक्रों को सक्रिय करने में बहुत सहायक है।

क्या यह नहीं हो सकता कि हम सभी लोग मिलकर सोचें कि विभिन्न कलाओं की सार्थक अभिव्यक्ति द्वारा किस तरह आदमी को उसकी चेतना के शिखर तक ले जाने के लिए काम किया जाये। पर पहल तो कलाकारों की लेनी होगी। उन्हें इस जाल में रहकर काम करते हुए भी, अलग से स्वतंत्र रूप से कुछ ऐसा अवश्य करना चाहिये जिससे उन्हें स्वयं मानसिक आनंद प्राप्त हो और वह एक्टिव हो सकें। आदमी को एक्टिव बनाने की दिशा में, सभी विचारशील कलाकार मिलकर थोड़ा-थोड़ा काम भी करें तो उसके परिणाम स्वरूप लोगों की सोच बदलेगी। उनकी मूर्च्छा टूटेगी। फिल्म अभिव्यक्ति एक बहुत बड़ा माध्यम है। पर विज्ञान के सभी आविष्कार गलत लोगों के हाथ में पड़कर सृजन के स्थान पर विध्वंस और विनाश ही अधिक कर रहे हैं या वातावरण विषाक्त कर रहे हैं।

बम्बई के बाद आचार्यश्री उदयपुर पधारे। वहां 3 जून से उनके प्रवचनों का आयोजन था। 6 जून, 1969 को आचार्यश्री ने बुद्धिजीवियों व जिज्ञासुओं के विभिन्न प्रश्नों के उत्तर दिये। इन प्रश्न पूछने वालों में उदयपुर के डॉ. हीरा लाल व जयपुर युनिवर्सिटी के प्रोफेसर डॉ. सरल प्रमुख थे।

उदयपुर के प्रवचनों के अंतर्गत आचार्यश्री ने निगेटिव माइंड (नकात्मक मन) विकसित करने पर बल दिया और इसे साधना का प्रथम सोपान बतलाया था। अधिकतर प्रश्न इसी संबंध में थे।

❑ ❑

बुद्धिजीवियों के बीच चर्चा का विषय— आचार्य रजनीश और नकारात्मक मन

डॉ. हीरालाल ने उदयपुर के कुछ बुद्धिजीवियों व मित्रों को, जयपुर से आये हुए डॉ. सरल के सम्मान में आयोजित रात्रिभोज में आमंत्रित किया था। आठ-दस लोग थे इस अंतरंग गोष्ठी में।

गोष्ठी ठंडी बियर की चुस्कियों के साथ शुरू हुई। डॉ. हीरालाल ने बियर के मग टकराते हुए कहा—"डॉ. सरल के नाम गर।"

डॉ. सरल मुस्कुराते हुए बोले—"मेरे नाम पर नहीं, आचार्य रजनीश के कल के उनके बोधपूर्ण उत्तरों के नाम पर।"

डॉ. सरल, केवल उदयपुर सैर-सपाटे और अपने मित्र डॉ. हीरालाल से मिलने आये थे। यह मालूम होने पर कि आजकल आचार्य रजनीश यहां आये हुए हैं, वह उन्हें सुनने चले गये थे। उन्होंने 'ज्योतिशिखा' के कुछ अंक देखे थे, कुछ उनकी पुस्तकें पढ़ी थीं। पत्र-पत्रिकाओं में आचार्य रजनीश के इंटरव्यू व विचार पढ़े थे। वह उनके विचारों से परिचित थे। उनके विचारों में ताजगी थी। दार्शनिक उलझनों का सरल हल था। पूर्व और पश्चिम के मनीषियों और बुद्धिजीवियों को उन्होंने आत्मसात किया था। वह नीत्शे, बर्टेन्ड रसेल, हक्सले, आइंस्टीन के उद्धरणों का प्रयोग करते हुए जब उनकी शल्य चिकित्सा करते थे, तो उसे पढ़कर डॉ. सरल को बहुत आनंद मिलता था।

कल उन्होंने ही प्रश्न किया था आचार्यश्री से—"आपका शून्यवाद, किन अर्थों में नागार्जुन के शून्यवाद और शंकर के मायावाद से भिन्न है? आचार्यश्री ने उत्तर दिया था—"मेरे और नागार्जुन के शून्यवाद में उतना ही अंतर है, जितना कि मुझमें और नागार्जुन में। मेरा शून्यवाद परम हैडोनिज्म है। वह अंतिम सुख और आनंद की तलाश है। और नागार्जुन दुःखवादी हैं। उनके शून्यवादी का अर्थ है—सब कुछ व्यर्थ है। किसी में कुछ भी सार नहीं। सब अकारण है। भोजन, कपड़ा, पत्नी, प्रेम सभी व्यर्थ हैं। मीनिंगलेस हैं और शंकराचार्य ने तो नागार्जुन के शून्यवाद से मायावाद चुराया है। उन्होंने केवल शून्य के स्थान पर "पूर्ण" शब्द का प्रयोग किया। यह विधायक शब्द था। पर वह संसार को एक सपना मानते हैं। उनके लिए भी सब कुछ व्यर्थ है। वह भी सभी को त्यागने की बात कहते हैं। हां, मेरा तालमेल चार्वाक् और एपीकुरस से है। लेकिन इन दोनों ने धर्म की कोई बात नहीं की। वह केवल भौतिकवादी हैं। केवल शरीर के तल पर ही विचार करते हैं। मैं संसार को माया नहीं मानता। संसार यदि माया और सपना है तो उसे बनाने वाला भी माया या सपने से भिन्न कैसे हो सकता है? मैं जो शरीर के आगे आत्मा और धर्म की बात करता हूं तो वह बुद्ध, महावीर, नागार्जुन और शंकर से तालमेल खाती हुई दिखती है, पर मैं कर रहा हूं वह सब कुछ, जहां से एपीकुरस और चार्वाक् ने शुरुआत की थी। यह बात आपको उलझन पूर्ण जरूर लगेगी, पर मैं सुखवादी हूं, आशावादी हूं। मुझे यह संसार सुंदर और रसपूर्ण लगता है। मुझे फूल मुस्कुराते और बांस वन गुनगुनाते हुए लगते हैं। मुझे पक्षियों के कलरव और झरनों के निनाद में अपनी आत्मा का स्वर गूंजता-सा लगता है।"

डॉ. हीरालाल ने टोका उन्हें—''आप किन खयालों में गुम हो गये? क्या आचार्य रजनीश के बारे में ही सोच रहे हैं?''

डॉ. सरल बियर की एक चुस्की लेते हुए बोले—''हां, मैं कल आचार्य रजनीश द्वारा दिये उत्तर के बारे में ही सोच रहा था। यह शख्स, मात्र विचारक या बुद्धिजीवी ही नहीं है। सुपर जीनियस होने के साथ-साथ यह कुछ और भी है। यह आदि शंकराचार्य और बुद्ध से भी गहरा और रहस्यदर्शी दिखाई देता है।''

डॉ. देवव्रत बियर का घूंट लेते हुए बोले—''माफ कीजिये डॉ. साहब, मुझे तो यह शख्स बहुत खतरनाक लगता है। यह नीति, नियम, आचार-विचार, शास्त्र सभी को ढोंग कहता है। यह मुक्त यौनाचार का समर्थन करता है। संभोग से समाधि की बात कितनी खतरनाक है? यह युवकों के चरित्र को भ्रष्ट कर देगी।''

डॉ. सरल ने चश्मे की कोर से डॉ. देवव्रत को घूरते हुए प्रश्न किया—''क्या आपने 'संभोग से समाधि' पुस्तक पढ़ी है?'' जिस तीक्ष्ण चुभती दृष्टि से देखते हुए डॉ. सरल ने प्रश्न किया था, उसे देखकर डॉ. देवव्रत झूठ बोलने का साहस न कर सके। फिर वह यह भी जानते थे कि यदि वह झूठ बोलते हैं तो वह डॉ. सरल के आगे टिकने को नहीं। उनके प्रश्न करने के ढंग से ही वह समझ गये थे कि डॉ. सरल ने 'संभोग से समाधि' पुस्तक पढ़ी है और शायद वह उन विचारों से सहमति भी रखते हैं। वह बचाव की मुद्रा में लापरवाही से बोले—''ऐसी गंदी किताब कोई देता भी तो मैं पढ़ता ही नहीं। हां, पत्र-पत्रिकाओं में उसकी आलोचना प्रत्यालोचना पढ़ी है।''

डॉ. सरल मुस्कुराते हुए बोले—''हम भारत के बुद्धिजीवियों की यही एक कमी है। हम लोग किसी बात की गहराई तक नहीं जाते। बात भले ही हमारी मान्यताओं के विरुद्ध हो, पर उसे पूरी तरह सुनकर उस पर गम्भीरता से मनन करना चाहिये। यदि हम विरोधी पक्ष के तर्कों से असहमत हैं तो हमें यह भी विचारना चाहिये, कि हमारी मान्यता किसी अंधविश्वास का तो प्रतिफलन नहीं है। बर्टेन्ड रसेल ने जब ''व्हाई आई एम नॉट ऐ क्रिश्चियेन'' लिखी, तो पूरा ईसाई जगत उसके विरोध में खड़ा हो गया पर उसके तर्कों का उत्तर न दे सका। धर्म प्रधान रूस ने क्यों साम्यवाद और नास्तिकता स्वीकार की, कभी हमने गहराई से इस पर विचार किया?''

कोठारीजी, डॉ. सरल से सहमति व्यक्त करते हुए बोले—''आप ठीक कहते हैं सरल जी! हम लोगों का कन्डीशन्ड माइन्ड है। पश्चिम की तरह हमारी वैज्ञानिक बुद्धि नहीं है। हम तथ्यों का विश्लेषण नहीं करते। हम अंधे होकर शास्त्रों का अनुसरण करते हैं।''

डॉ. देवव्रत उत्तेजित होकर बोले—''पश्चिम के अंधे अनुकरण से हमारे परिवार टूट रहे हैं, मूल्यों में गिरावट आ रही है। हमारा चरित्र, हमारी संस्कृति नष्ट हो रही है। भारत कभी विश्व गुरु था। उसने प्रत्येक क्षेत्र में गहरी-से-गहरी खोजें की थीं। महाभारत युग में हमारे पास भी परमाणु अस्त्र थे। जब पश्चिम में लोग शरीर पर रंग पोत कर जंगलियों की तरह रहते थे, हमारी संस्कृति, सभ्यता चरम उत्कर्ष पर थी। पश्चिमी संस्कृति के साथ भोगवाद आया। नारी स्वतंत्रता की लहर आई। पश्चिम ने हमें अनास्था, उच्छृंखलता, विलासिता और भौतिकवाद दिया। हमारी संस्कृति को विकृत करना शुरू कर दिया। मैं तो कहता हूं, जब तक हमारे प्राचीन मूल्यों की पुनर्स्थापना नहीं हो जाती, हम लोग उन्नति कर ही नहीं सकते।'' और इतना कहकर उन्होंने मग की बची बियर एक सांस में खालीकर उसे पुनः भरने के लिए डॉ. हीरालाल की ओर बढ़ा दिया।

डॉ. हीरालाल मुस्कुराते हुए बियर की नई बोतल खोलकर, खाली मग भरते हुए बोले—
"कृपया आप सभी लोग पहला राउन्ड समाप्त करें। और सरलजी, यह कटलेट लीजिये। कटहल के कटलेट आपकी खास पसन्द हैं, और आप तर्क-वितर्क में ही उलझे हैं।"

डॉ. सरल ने दो घूंट बियर चुसकते हुए गर्म कटलेट, टुमैटो सॉस से कुतरा। कटलेट वाकई स्वादिष्ट थे। वह डॉ. देवव्रत के उत्तेजित चेहरे की ओर देखते हुए बोले—"रिलेक्स प्रोफेसर, रिलेक्स! आप पश्चिम की जो आलोचना कर रहे हैं वह भी पूर्वाग्रह से ग्रस्त है। मैं पश्चिमी संस्कृति का भी अंधा अनुयायी नहीं हूं। हर संस्कृति में कुछ अच्छाइयां और कुछ बुराइयां हैं। और वास्तविकता यह है कि संस्कृति पूर्वी या पश्चिमी होती ही नहीं। संस्कृति तो हमारे श्रेष्ठतम मन की अभिव्यक्ति है। किसी युग में कोई चीज सार्थक हो सकती है पर बदलते युग व नई परिस्थितियों में वह व्यर्थ लगने लगती है। और मेरा तो खयाल है प्रोफेसर, आपने भारतीय संस्कृति का केवल उज्ज्वल पक्ष ही देखा है। कभी आपने सोचा है--हमारी जो संस्कृति मनुष्य मात्र में एक ही आत्मा और परमात्मा का दर्शन करती है, विश्वबंधुत्व का संदेश देती है, उसी संस्कृति ने जातिवादी घिनौनी प्रथा का प्रचलन कर शूद्रों को पशु समझते हुए जो शोषण और अत्याचार किया है, उसकी मिसाल किसी धर्म या संस्कृति में नहीं मिलती। हमने उनके साथ गुलामों से बत्तर व्यवहार किया है। क्या आप इसका कोई औचित्य सिद्ध कर सकते हैं? हमने स्त्री को अशिक्षित बने रहने पर विवश किया, सिर्फ इसलिए जिससे उसे हम वस्तु और सम्पत्ति समझ कर उसका शोषण कर सकें। सती-प्रथा के नाम पर लाखों स्त्रियों को चिता में जिंदा जला दिया गया। विधवाओं का जीवन हमने नरक से बदतर बना दिया। और आप महाभारत काल में सभ्यता के चरम उत्कर्ष की बात करते हैं। कभी आपने उस समय की नैतिकता पर विचार नहीं किया? कुंती, अपने पति के अतिरिक्त कई देवों के संसर्ग से संतान उत्पन्न करते हुए और द्रौपदी पांच पतियों की पत्नी बनकर भी आदर्श नारियां कही जाती हैं। वेद व्यास नियोग के द्वारा धृतराष्ट्र पाण्डु और बिदुर को जन्म देते हैं, कृष्ण सोलह हजार रानियों का रनिवास रखते हैं, झूठ बोलते हैं, चोरी करते हैं। छल से भीष्म, द्रोण और कर्ण के वध का मार्ग प्रशस्त करते हैं।"

कुछ रुककर मग की बियर एक सांस में खाली करते हुए डॉ. सरल, प्रोफेसर देवव्रत के उड़े चेहरे को एकटक देखते हुए अपनी अधूरी बात को पूरी करते हुए बोले—"नैतिकता और चरित्र की बात बिलकुल खोखली है प्रोफेसर देवव्रत! यह प्रवृत्ति मध्ययुग में विकसित हुई। जिन देवताओं की हम पूजा करते हैं, जिन्हें आदर्श कहते हैं, क्या आपने कभी उनके चरित्र पर खुले दिमाग और गम्भीरता से सोचा है—प्रजापति ब्रह्मा ने सरस्वती को जन्म दिया। वह उनकी पुत्री थी, और वह उसी पर अनुरक्त होकर उसे पकड़ने उसके पीछे भागे। वह गाय बनी, तो वह बैल बन गये। वह घोड़ी बनी तो वह अश्व बन गये और हमारे देवराज ने गौतम ऋषि की पत्नी अहल्या से उसके पति का रूप धारण कर छल से संभोग किया और श्रापवश उनके माथे पर हजार योनियां बन गईं। समुद्र-मंथन के समय विष्णु के मोहिनी रूप पर अनुरक्त होकर शंकरजी उनके पीछे-पीछे तीन लोकों में भागते रहे। जहां-जहां उनका स्खलन हुआ, वहां सोने-चांदी की खानें बन गईं।"

प्रो. देवव्रत को छोड़कर सभी लोग हंस पड़े। देवव्रत का चेहरा सफेद राख जैसा हो रहा था। उनसे कोई उत्तर देते न बन रहा था। गोष्ठी के अन्य सदस्यों को इस बहस में अब आनंद आने लगा था, वह डॉ. सरल को प्रोत्साहित करते हुए बोले—"डॉक्टर साहब! आप ठीक वही दोहरा रहे हैं जो आचार्य रजनीश कहते हैं। पर यह सत्य है और हमारे पास इसका कोई जबाब

नहीं। हम लोग शिव की पिंडी के रूप में शिश्न और योनि की पूजा करते हैं। हमने खजुराहो और कोणार्क में मिथुन-मूर्तियों के मंदिर बनवाये, हमने आठ प्रकार के विवाहों को मान्यता दी जिसमें राक्षस विवाह भी सम्मिलित है। पर डॉक्टर साहब, क्या आप बतायेंगे कि हमारी संस्कृति में नीति, चरित्र और मूल्यों की मान्यता कब से शुरू हुई?''

डॉ. सरल ने उत्तर दिया—''जब सभ्यता का चरम उत्सकर्ष होता है तो भोगवादी संस्कृति अपने आप विकसित होती है। जब पेट भरा होता है, आर्थिक निश्चिंतता होती है तो कला, साहित्य का उत्कर्ष होता है। आज पश्चिम में भी भौतिक-समृद्धि होने के साथ-साथ भोगवाद बढ़ रहा है। पर मन की प्रवृत्ति चंचल है। मन हमेशा कुछ नया चाहता है। इसीलिए भोगवाद व समृद्धि से ऊब कर अब लोग हिप्पी बन रहे हैं। वह समाज-व्यवस्था, कानून, नीति, विवाह सभी से विद्रोह कर सड़क पर उतर आये हैं। करोड़पतियों के लड़के भीख मांगने में आनंद लेते हैं। उनके लिए अभावों और गरीबी में रहना ही फैशन बन गया है। वह चिथड़े लगते गंदे कपड़े पहनते हैं। एल. एस. डी., मारिजुआना और गांजे का नशा करते हैं। कल आचार्य रजनीश भी इन हिप्पियों का जिक्र करते हुए कह रहे थे कि यह माइंड की निगेटिव एप्रोच है। वह हर चीज को अस्वीकार कर रहे हैं। और यह माइंड की निगेटिव एप्रोच एक शून्यता के द्वार पर लाकर खड़ी कर देती है, जहां से या तो शून्य में छलांग लगाओ या पागल हो जाओ। जैसे नीत्शे हो गया था पागल! इसीलिए हिप्पी लोग शून्यता से घबड़ा कर नशे में डूब गये हैं। और अपने यहां भी हिप्पियों के आदि गुरु स्वयं बमभोले शिव थे। राख मलकर, बाघ चर्म पहन कर श्मशान में रहते थे। डमरू बजाकर नृत्य करते थे। उन्हें बैल, सर्प, नीलकंठ सभी पशु-पक्षियों से प्यार था। उनके अनुयायियों में भूत-प्रेतों का समाज था। वस्तुतः आज के हिप्पी, वेष-विन्यास में भूत प्रेतों से कम नहीं हैं। पर शिव ने निगेटिव माइंड के आगे भी शून्य में छलांग लगाई। वही तंत्र के आदि गुरु हैं। संभोग से समाधि का मूलमंत्र वस्तुतः शिव ने दिया। कल आचार्यश्री ठीक ही कह रहे थे कि प्रेमपूर्ण संभोग में अहंशून्यता और समय शून्यता कुछ क्षणों को आती है, पर समाधि में यह स्थिति जो आती है वह ठहर जाती है। उपनिषद् भी ब्रह्मसुख को हजारों संभोगों के सुख के बराबर कहते हैं। आचार्य रजनीश की भी यही कोशिश है कि हिप्पियों को नशे से निकाल कर उन्हें तांत्रिकों की तरह शून्य में छलांग लगाने को राजी किया जाये। उनका मानना ही यही है कि धन, पद, समृद्धि और भोगों से ऊब ही अध्यात्म में ले जाती है। पश्चिम में काफी विचारशील लोग यह शर्त पूरी कर रहे हैं, इसलिए वहां अध्यात्म की अधिक सम्भावना है, जबकि हम भारतवासी भौतिकवादी हो गये हैं, जिसे पश्चिम का बौद्धिक समाज छोड़ रहा है, भारतवासी उसे पाने की दौड़ में शामिल है।''

इस लम्बे डायलॉग के बाद डॉ. सरल ने जल्दी-जल्दी बियर के कई घूंट भरते हुए चुरमुरे पापड़ों का स्वाद लिया।

प्रोफेसर देवव्रत मौन थे, वह गम्भीरता से मनन कर रहे थे। डॉ. सरल को सुनकर एक गहरी निःस्तब्धता छा गई। फतेहसागर झील के जल को स्पर्श कर बड़ी ठंडी हवा बह रही थी। पार्टी खुली छत पर चल रही थी जहां से फतेहसागर झील में रोशनी के हिलते प्रतिबिम्ब बड़े दिलकश लग रहे थे। डॉ. हीरालाल की कोठी फतेहसागर झील के किनारे ही स्थित थी। उनके दो होटल भी चलते थे। वह खानदानी रईस थे। पार्टी देना उनका शौक था। बौद्धिक चर्चाओं का रस लेना भी उनका आनंद था। पर वह स्वयं बहुत कम बोलते थे। चुपचाप सुनते हुए आनंद लेना ही उनका शगल था।

उन्होंने प्रोफेसर देवव्रत को छेड़ते हुए कहा—''देवव्रत जी! आप खामोश क्यों हैं? आप उत्तर क्यों नहीं देते?''

प्रो. देवव्रत ने बियर का घूंट भरते हुए कहा—''मेरा उत्तर देना व्यर्थ है। डॉ. सरल तो आचार्य रजनीश के रंग में रंग गये हैं। और इसे मैं भी स्वीकार करता हूं कि रजनीश जी तर्कशास्त्र के पंडित हैं। उन्हें तर्क में हराना कठिन है। पर जीवन के सभी कार्य तर्क से ही संचालित नहीं होते। जीवन में हृदय-पक्ष उससे अधिक आवश्यक है। डॉक्टर साहब शायद भूल जाते हैं—हमारे देश ने ही पतंजलि, राम, कृष्ण, बुद्ध, महावीर, शंकराचार्य, नागार्जुन, रामानुजाचार्य, कबीर, सूर, तुलसी, महाराणा प्रताप, शिवाजी और गांधी जैसे व्यक्ति उत्पन्न हुए। हमारे वेद-उपनिषदों और गीता पर जर्मन विद्वान तक मुग्ध हैं।''

डॉ. सरल हंसते हुए ताली बजाकर बोले—''आप बिलकुल ठीक कहते हैं डॉ. साहब! मैं भी आपसे सहमत हूं। पर माफ कीजिये, आप अनजाने में ही सही, आचार्य रजनीश की ही बात कह रहे हैं। वे भी कहते हैं कि तर्क तो वेश्या है, उससे कुछ भी सिद्ध किया जा सकता है। उनका तो यही कहना है कि विश्वास के पहले हम संदेह करें, तर्क करें, मनन करें जिससे हम अंधविश्वासों में न भटक जायें। पर इसके बाद वह भी तर्कातीत बुद्धि के पार जाने की बात कहते हैं। वह भी यही कहते हैं कि हृदय के द्वार खोलो। हृदय ही आत्मा का प्रवेश द्वार है। और वास्तव में वह न बुद्धि के विरुद्ध है और न हृदय के। वह भारतीय और पश्चिमी दोनों संस्कृतियों में एक अधूरापन देखते हैं। पश्चिम बुद्धि के तर्क जाल में उलझी है और पूरब हृदय पक्ष को ही सब कुछ मानकर दरिद्र रह गया। विज्ञान विकसित नहीं कर सका। पूरब ने धर्म में चैतन्य की खोज की और पश्चिम ने तर्क व बुद्धि द्वारा विज्ञान विकसित किया। और आचार्य रजनीश तो पूरब और पश्चिम के समन्वय की बात कहते हैं। उनका तो मानना है कि धर्म और विज्ञान, बुद्धि और हृदय यह दोनों दो पंख हैं। दोनों का संतुलन ही एक कला है। पश्चिम ने हमें विज्ञान की शिक्षा दी। रेल, टेलीफोन, बिजली और मिल-कारखाने दिये। अंग्रेजी पढ़कर ही स्वतंत्रता की चिनगारी गांधी, मोतीलाल नेहरू पश्चिम से साथ लेकर लौटे। पर भारत अध्यात्म की जिन बुलंदियों पर गया है, उन्हें हम विस्मरण करते जा रहे हैं। हमने मूढ़ता में तांत्रिकों की हत्याएं कीं। बौद्धों ने नागार्जुन, बोधि धर्म, सरहप्पा जैसी विभूतियां उत्पन्न कीं, जिन्होंने विश्व का सबसे महान् नालन्दा विश्वविद्यालय बनाया उन्हीं बौद्धों को हमने देश निकाला दे दिया, उनके ग्रंथ जला दिये।

हम धर्म के नाम पर धार्मिक क्रियाकाण्डों में उलझ गये। धर्म के नाम पर हमने हिंसा और घृणा का प्रसार किया। और यह हिन्दू धर्म ने नहीं, उनसे बढ़कर मुसलमानों ने मजहब के नाम पर काफिरों को कत्ल करना सबाब माना। उनका मजहब तो तलवार के बल पर ही फला-फूला, जबकि इस्लाम का अर्थ है शांति। और शांति के नाम पर मुसलमानों ने जो कुछ किया, उसका इतिहास गवाह है। ईसाइयों ने तो 700 क्रूसेड लड़े, दो महायुद्ध किये। लाखों यहूदियों को गैस चेम्बर्स में मार डाला। और यह सब किया गया ईसा के नाम पर जो कहता है—प्रेम ही ईश्वर है।''

बियर का तीसरा दौर समाप्त होने पर था। डॉ. सरल इतना कहकर दो क्षण रुके। मग में बची बियर को समाप्त कर एक जमुहाई लेकर बोले—''माफ करें दोस्तो! लगता है मैं बियर के सरूर में लेक्चर ही देने लगा। क्या करूं, मेरी आदत ही कुछ अधिक बोलने की है। फिर यह खुशनुमा माहौल और आप जैसे विद्वानों की कम्पनी। पर ईमानदारी की बात यही है, जैसा

प्रो. देवव्रत कहते हैं—मैं वाकई आचार्य रजनीश से बहुत इम्प्रेस्ड हूं। उनके कल के उत्तरों ने मेरी आंखें खोल दी हैं। वह नीति, नियम और अनुशासन का इसीलिए विरोध करते हैं क्योंकि वह ऊपर से थोपा हुआ है। मनुष्य का मन उसे स्वीकार नहीं करता। नर्क के भय से या पुलिस फौज के भय से वह उन्हें ऊपर-ही-ऊपर स्वीकार भी कर ले पर उसका मन विद्रोह करता रहता है। उसका आचरण नहीं सुधरता। आचरण आता है आंतरिक अनुशासन से। यह आंतरिक अनुशासन पैदा होता है—निगेटिव माइंड के विकसित होने से। पहले अराजकता जैसी स्थिति पैदा होती है पर धीरे-धीरे सब कुछ ठहर जाता है। फिर बाह्य अनुशासन, नीति-नियम सभी बेमानी हो जाते हैं और भई! मैंने तो निश्चय कर लिया है—मैं अब आचार्य रजनीश का शिष्य बनकर ध्यान में डूबूंगा।''

इतना कहते हुए डॉ. सरल बाथरूम की ओर बढ़ गये। उनके बाथरूम जाने पर डॉ. हीरालाल बियर सर्व करते हुए बोले—''डॉ. सरल ने तो अपना निर्णय सुना दिया, अब आप लोगों का क्या खयाल है?''

कोठारी जी बोले—''जब यहां की संत भूराबाई, आचार्य रजनीश को सम्मान देते हुए उन्हें बापू बना चुकी हैं तो इसमें तो संदेह नहीं, कि रजनीशजी बहुत ऊंचे पहुंचे हुए संत हैं। उनकी सभी रहस्यवादी बातें मेरी समझ में भले ही न आती हों पर यह मैं जानता हूं कि वह जो कुछ कह रहे हैं वह मानव कल्याण के लिए कह रहे हैं और वह बहुत अर्थपूर्ण है।''

अभी तक खामोश बैठे हुए सुशांतजी ने प्रो. देवव्रत को टोंकते हुए कहा—''आप क्या कहते हैं प्रोफेसर! डॉ. सरल आप के तर्कों को काटकर बुद्धि के पार, हृदय-पक्ष की वकालत करते हुए ही उठे हैं। पर आपने कोई उत्तर नहीं दिया।''

प्रो. देवव्रत पर बियर का हलका-सा सुरूर छाने लगा था। मुस्कुरा कर बोले—''डॉ. सरल आज की पार्टी के मुख्य अतिथि हैं। वह हमारे बुजुर्ग और विद्वान हैं। उनसे बहस में उलझना मैं व्यर्थ समझता हूं। जिसको जो अच्छा लगता हो वह उसे माने। आचार्य रजनीश भी व्यक्ति की स्वतंत्रता स्वीकार करते हैं और यह भी कहते हैं—सभी मार्ग एक ही मंजिल पर पहुंचते हैं।''

खेताणी जी शिक्षित व्यापारी थे और डॉ. हीरालाल के घनिष्ट मित्र। वह अभी तक खामोशी से बियर पीते हुए फतेहसागर झील का सौंदर्य एकटक निहारते रहे थे। उन्हें इस बौद्धिक चर्चा में कोई रस नहीं था। वैसे भी डॉ. सरल और प्रो. देवव्रत जैसे विद्वानों की बहस में दखल देना वह व्यर्थ समझते थे। डॉ. सरल के उठने पर वह हीरालाल की ओर मुड़कर बोले—''यदि आपका इस माहौल में मूड बना हो तो कोई शेर ही सुनाइये—आपके पास तो चुने शेरों और कविताओं का खजाना है।'' खेताणीजी को आग्रह करते देखकर सभी उनसे शेर सुनाने का आग्रह करने लगे। हीरालाल पार्टी में शराब के तीसरे राउन्ड के बाद ही, अच्छा-खासा सुरूर आने पर शेर और कविताएं अवश्य सुनाते थे। अब उनके अंदर दो बोतल बियर पहुंच चुकी थी। वह दो बार पेट की टंकी खाली भी कर आये थे।

इतने में बाथरूम से निकलते हुए डॉ. सरल ने भी सभी के आग्रह के साथ स्वयं भी डॉ. हीरालाल से कुछ सुनाने का आग्रह किया।

गला खंखार कर डॉ. हीरालाल ने गुनगुनाते हुए कहा—तो लीजिये जनाब, एक रूबाई याद आ रही है। अभी बीते माहौल के मद्देनजर खास तौर से डॉ. सरल को यह रूबाई समर्पित है।

और अपने मधुर कंठ से डॉ. हीरालाल ने रूवाई पढ़ी—

शहर दर शहर भटकते रहेंगे
निगाहों में सबकी खटकने रहेंगे।
प्याले जहर के तैयार रखिये
मीरा और सुकरात महकते रहेंगे॥

लोगों की वाह-वाही लूटते हुए उन्होंने यह रूबाई दो बार और सुनाई। डॉ. हीरालाल के मधुर कंठ से निकली रूबाई ने जैसे महफिल का रंग ही बदल दिया। खेताणीजी ने इस बार सभी के मगों में बियर भरते हुए, रम की बोतल से अपनी और हीरालाल की बियर में रम का छौंका लगाया। नशा कम होने पर तीसरे राउन्ड के बाद यही पार्टी का चलन था। जिसे जितनी रम मिलानी होती थी वह स्वयं बियर में उतनी रम मिला लेता था।

कोठारीजी ने सुरूर में जुम्बिश खाते स्वर में फरमाइश की—''डॉ. साहब, वह गजल हो जाये—''इलाही कोई तमन्ना नहीं जमाने में ...'' कई लोगों ने इस फरमाइश को दोहराया। राशिद की गजल डॉ. हीरालाल बड़े दिलकश अंदाज में पढ़ते थे। सभी के आग्रह पर गुनगुनाते हुए उन्होंने गजल सुनाना शुरू किया—

इलाही कोई तमन्ना नहीं जमाने में
मेरी जवानी तो गुजरी शराबखाने में।
अभी तो आये हो बैठो जरा तसल्ली से
लगेगी देर जरा हाले दिल सुनाने में।।
कभी तो मेरी मुहब्बत का तुम यकीं कर लो
कहीं उम्र गुजर न जाये आजमाने में।
खुदा करे कि यह दुःख दूर ही न हों राशिद
बड़ा मजा है कलेजे पै तीर खाने में॥
बाद मरने के दफन करना मेरी मैयत मैखाने में
ताकि मैखाने की मिट्टी रहे मैखाने में।।

हर शेर के बाद वाह! वाह! और मुकर्रर के शोर के साथ डॉ. हीरालाल ने एक-एक शेर दो-दो, तीन-तीन बार पढ़ा। आखिरी शेर पर तो महफिल में चुप बैठे रहने वाले साथियों ने सबसे अधिक हंगामा किया।

इसी शोर के बीच डॉ. सरल को चुप बैठे देख प्रो. देवव्रत ने कहा—''क्या बात है डॉक्टर साहब! आपको गजल पसन्द नहीं आई? मेरी रिक्वेस्ट है कहिये तो आपकी बियर में रम का थोड़ा-सा छौंका लगा दूं?''

डॉ. सरल ने उत्तर दिया—''नो थैंक्स प्रोफेसर! मैं एनजॉय कर रहा हूं।'' डॉ. हीरालाल और लोगों की आग्रह की उपेक्षा कर विनम्रता से डॉ. सरल की ओर घूम कर बोले—यह आखिरी राउन्ड है। डिनर टेबिल पर तैयार है। अब आपकी जो फरमाइश और आज्ञा हो, वैसा ही किया जाये।

डॉ. सरल जानते थे कि हीरालाल नीरज के स्वर में उनकी रूबाइयां, गजल बड़े उत्साह और उमंग से पढ़कर खुश होते हैं। उन्होंने मुस्कुराते हुए कहा—''पहले आप नीरजजी की एक-दो गजल गीत सुनायें, फिर इसके बाद डिनर। सभी ने इसका समर्थन किया। गला खंखारते हुए हीरालाल ने गीत पढ़ा—

नीरज जी का यह गीत है—सांसों के मुसाफिर के नाम।
लीजिये गीत प्रस्तुत है—

**इसको भी अपनाता चल, उसको भी अपनाता चल।
राही हैं सब एक डगर के, सब पर प्यार लुटाता चल॥
बिना प्यार के चले न कोई, आंधी हो या पानी हो,
नई उमर की चुनरी हो, या कंमरी फटी पुरानी हो,
तपे प्रेम के लिये धरित्री, जले प्रेम के लिये दिया,
कौन हृदय है नहीं प्यार की जिसने की दरबानी हो,
तट-तट रास रचाता चल, पनघट-पनघट गाता चल।
प्यासी है हर गागर दृग का गंगाजल छलकाता चल।
राही हैं सब एक डगर के, सब पर प्यार लुटाता चल॥
कोई नहीं पराया, सारी धरती एक बसेरा है,
इसका खेमा पश्चिम में तो उसका पूरब डेरा है,
खेत लख या श्याम बस हो, सुंदर या कि असुंदर हो,
सभी मछरियां एक ताल की क्या मेरा क्या तेरा है?
गलियां गांव गुंजाता चल, पथ-पथ फूल बिछाता चल।
हर दरवाजा राम दुआरा सबको शीश झुकाता चल।
राही हैं सब एक डगर के, सब पर प्यार लुटाता चल॥
बिका-बिकी सब ओर मची है आने औ दो आने पर,
अस्मत बिके दुराहों पर तो प्यार बिके दुकानों पर,
डगर-डगर पर मंदिर मस्जिद, कदम-कदम पर गुरुद्वारे,
भगवानों की बस्ती में हैं, जुल्म बहुत इनसानों पर,
खिड़की हर खुलवाता चल, सांकल हर कटवाता चल।
इस पर भी रोशनी न हो, तो दिल का दिया जलाता चल।
राही हैं सब एक डगर के, सब पर प्यार लुटाता चल॥**

'सुंदर, अति सुंदर,' और 'वाह, वाह' के नारों के बीच डॉ. हीरालाल ने पूरी कविता पढ़ी।

डिनर सभी की प्रतीक्षा कर रहा था, सभी लोग डिनर टेबिल के बारे में ही सोच रहे थे। उन्हें मस्तों का प्रेम नगर, त्रय तापों का हरने वाला मयखाना आचार्यश्री के पास ही महसूस हुआ था। यह निश्चय करते हुए कि कल उनका प्रवचन सुनने के बाद, वह उनसे कल अलग से व्यक्तिगत भेंट करेंगे, उन्होंने डिनर समाप्त किया। वह जरा भी नशे में नहीं थे। आचार्य रजनीश का नशा चढ़ जाने पर उन्हें यह नशा फीका लगने लगा था।

6 जून, 1969 का दिन डॉ. सरल के लिए एक यादगार दिन था।

❑ ❑

सांसद श्री मथुरा प्रसाद मिश्र (स्वा. आनंद मैत्रेय) का रूपान्तरण

मथुरा प्रसाद मिश्र चुनाव हारने के बाद उदास बैठे हुए थे। उन्होंने चुनाव हारने और अपनी उदासी की बात आचार्यश्री को लिखते हुए मार्गदर्शन मांगा था।

तभी उनके नौकर ने अभी हाल में आई डाक उनके सामने लाकर रखी। पत्रों को उलटते-पलटते जैसे ही उन्होंने आचार्यश्री का लिफाफा देखा, सबसे पहले उसे उठाकर श्रद्धापूर्वक अपने मस्तक पर लगाकर उसका चुम्बन लेते हुए उसे बहुत प्रेम और उत्सुकता से खोला।

आचार्यश्री ने लिखा था—

मेरे प्रिय प्रेम!

तुम्हें चुनाव हारने का अनुभव हुआ, यह शुभ है। राजनीति की ऊंची महत्त्वाकांक्षा से जितनी शीघ्र मुक्त हो सको, वह अच्छा है। जब ध्यान को उपलब्ध होना है तो उदासी क्यों? तुम्हें तो प्रसन्न होना चाहिए कि अब ध्यान के लिए अधिक समय मिलेगा। राजनीति के कीचड़ से जितना शीघ्र छुटकारा पा सको, अच्छा है।

पद की आकांक्षा और राजनीति की यात्रा अहंकार की यात्रा है।
पद पाकर आसक्ति और चाह बढ़ती है।
पद बना रहे इसलिए लोभ जन्म लेता है।
हर्ष-विषाद सभी को तटस्थ भाव से स्वीकार करो।
तुम अपने को कर्ता समझते हो, इसलिए उदास हो।
तुमने कार्य किया काफी है। कर्ता तुम नहीं कोई और है।
तुम तो उसके माध्यम हो।

रजनीश के प्रणाम
6 जून, 1969

आचार्यश्री का पत्र पाकर मिश्रजी कुछ स्वस्थ हुए। उनकी निराशा और उदासी कुछ कम हुई। यह सच है कि चुनाव की व्यस्तता में वह पिछले महीने से ध्यान तक भूल बैठे थे। तभी इतनी अशान्ति और बेचैनी थी। राजनीति, महत्त्वाकांक्षा की अंधी दौड़ होती है। यदि उन्हें अध्यात्म में आगे जाना है, आत्मा-परमात्मा की यदि उनके अन्दर सच्ची प्यास है, तो अच्छा है, वह चुनाव हार गये। जो शान्ति और आनन्द चाहे उसके आगे राजनीति एक बाधा थी। उन्होंने आचार्यश्री के सान्निध्य में उनकी अमृतवाणी और ध्यान को पिया था।

उन्हें याद आया—आचार्यश्री से उनकी पहली भेंट सेठ गोविन्द दास के दिल्ली स्थित निवास-स्थान पर हुई थी। आचार्यश्री विश्व धर्म सम्मेलन में भाग लेने आये हुए थे। वह फोन पर सेठ गोविन्द दास से समय लेकर आचार्यश्री के दर्शन के लिए उनके निवास स्थान पर पहुंचे थे। उस समय आचार्यश्री बैठक में बिछे एक गद्दे पर बैठे थे। वहीं उनके सामने दो या तीन

अन्य सज्जन भी बैठे थे। सेठ गोविन्द दास ने मथुरा प्रसाद का आचार्यश्री से परिचय कराते हुए कहा था—

यह मथुरा प्रसाद पटना के सक्रिय कांग्रेसी व संसद सदस्य भी हैं। ये अभी तक कृष्णमूर्ति के प्रशंसक थे। अब आपके प्रवचन सुनकर व आपकी पुस्तकें पढ़कर आपके दर्शन करने सीधे बम्बई से आ रहे हैं।

वह आचार्यश्री को प्रणाम कर उनके सामने गद्दे पर ही बैठ गये थे। परिचय कराकर सेठ गोविन्द दास बाहर चले गये थे। आचार्यश्री के सुन्दर तेजस्वी युवा चेहरे से वह कुछ प्रभावित तो हुए थे पर उनकी दाढ़ी उन्हें अजीब-सी लगी थी।

बम्बई से दिल्ली आते समय, श्रीयांस प्रसाद जैन द्वारा दी हुई आचार्यश्री की 'क्रांति बीज' व 'साधना पथ' वह दोनों पुस्तकें पढ़ चुके थे। 1963 में जब वह कृष्णमूर्ति को सुनने बम्बई गये थे, तो सुन्दर भाई झवेरी ने चर्चा के दौरान बताया था कि जबलपुर के एक युवा प्रोफेसर रजनीश के प्रवचन भी अपूर्व और अनूठे हैं। तभी उन्हें आचार्यश्री का एक टेप भी उन्होंने सुनवाया था पर उस समय वह टेप उन्होंने ध्यान से नहीं सुना था, क्योंकि उनके मस्तिष्क में केवल कृष्णमूर्ति ही छाये हुए थे। उन्हें ट्रेन में दोनों पुस्तकें पढ़कर ऐसा लगा कि जैसे आचार्यश्री के विचार कृष्णमूर्ति के विचार से बहुत मिलते हैं।

उन्होंने आचार्यश्री से पहला प्रश्न पूछा था—कृष्ण मूर्ति तो साधना या अभ्यास को गलत बताते हैं और आप उसकी जरूरत पर बल देते हैं। कृष्णमूर्ति के लिए सत्य-पथ ही सर्वोच्च है। और आपका साधना पथ ध्यान है। जब कृष्णमूर्ति और आप दोनों ही सत्य प्राप्ति को चरम लक्ष्य बताते हैं, तो इन रास्तों में इतना अन्तर क्यों है?

आचार्यश्री ने उत्तर दिया था—जनक जैसे साधक, जो सत्य के द्वार पर पहुंच गये हैं, अष्टावक्र को सुनते ही सत्य को उपलब्ध हो सकते हैं। कृष्णमूर्ति उसी सांख्य की बात कहते हैं। वह कहते हैं कि किसी गुरु की भी कोई जरूरत नहीं। और फिर वह प्रवचन बराबर दिये जा रहे हैं। एक सामान्य साधक के लिए उनका अनुसरण कठिन है। इस युग का तर्कपूर्ण उलझा मस्तिष्क बिना साधना, बिना श्रम निर्विचार हो ही नहीं सकता। सत्य को जानने के कई मार्ग हैं। सभी मार्ग एक ही मंजिल तक पहुंचाते हैं। यह तो साधक के ऊपर है कि उसे जो मार्ग सुगम और अपने स्वभाव के अनुरूप लगे वह उसी मार्ग का यात्री बने।

फिर कुछ रुककर बोले थे, यदि आप दस कदम चलकर इस कमरे में आये हैं, तो बाहर निकलने के लिए 10 कदम वापस भी चलना होगा। और कुछ समय बाद वह वापस चले आये थे।

फिर दूसरी बार उन्होंने आचार्यश्री को उदयपुर के साधना शिविर में सुना था। इस शिविर में कोई ड्रिल या कवायद नहीं थी। प्रकृति की सुरम्य स्थली में ध्यान करते साधकों को देखना उनके लिए नया अनुभव था। तभी उन्होंने सार्वजनिक रूप से आचार्यश्री को पहली बार सुना था। उनकी वाणी का ओज उन्हें कहीं बहुत गहरे छू गया था। उन्हें लगा था कि जैसे आचार्यश्री नहीं, उनके अंदर से सत्य स्वयं गंगोत्री सदृश प्रवाहित हो रहा है।

एक पत्र में उन्होंने आचार्यश्री के सामने अपना हृदय खोलकर रख दिया था। उन्होंने बताया था कि वह साम्यवादी रह चुके हैं, परम नास्तिक हैं। बाद में गांधीजी से प्रभावित होकर कांग्रेस में सम्मिलित हुए, और अब संसद सदस्य हैं। अपने पर कृष्णमूर्ति का प्रभाव, अन्तस की बेचैनी, छटपटाहट उन्होंने संक्षेप में सब कुछ बता डाली थी। आचार्यश्री ने कहा था—आपके अन्दर सत्य को प्राप्त करने की अभीप्सा है, यह शुभ है। आप नास्तिक हैं, और भी अच्छा है, क्योंकि

जो पहले से जानकर यात्रा करता है वह भटक जाता है। शास्त्र, शब्द केवल भटकाते हैं। धर्म की, सत्य की यात्रा तो स्वयं करनी होती है।

उन्होंने आचार्यश्री को जब-जब पत्र लिखे थे, तो आचार्यश्री ने उनका तुरन्त उत्तर दिया था। उदयपुर शिविर से लौटने पर उनके पत्र के प्रत्युत्तर में उन्हें आचार्यश्री का जो उत्तर मिला था, उसका एक-एक शब्द उन्हें अब तक याद है।

आचार्यश्री ने लिखा था।

''सत्य के लिए आपकी जैसी आकांक्षा और प्यास है वह सौभाग्य से होती है। मैं आपको तट पर खड़ा पा रहा हूं, बस एक छलांग की ही आवश्यकता है।

साधना को जितना सहज बनाया जा सके, वह जितना प्रयत्न के तनाव से शून्य हो, उतनी ही शीघ्रता से उसमें गति होती है। आभास तो हो, लेकिन वह आभास, तनाव और व्यस्तता नहीं बननी चाहिए। उस भाव को ही मैंने अभ्यास के द्वारा अभ्यास कहा है। अनन्त धैर्य और शान्ति और प्रतीक्षा हो, तो प्रयत्न का तनाव विलीन हो जाता है। वहां सभी को मेरा प्रेम कहें।

रजनीश के प्रणाम

उन्हें याद आया कि उसके बाद उन्होंने कई साधना शिविरों में भाग लिया था। उनके प्रवचन सुनने का उन्हें जैसे नशा हो गया था। घर आकर भी वह उनके प्रवचनों के कैसेट सुनते थे। फिर धीमे-धीमे वह ध्यान की गहराई में उतरते गये।

अब आचार्यश्री का अभी हाल में प्राप्त पत्र, जो पहली बार पढ़ने में उतना अच्छा नहीं लगा था, उसमें आचार्यश्री ने राजनीति की बिलकुल ठीक व्याख्या की है। उन्होंने चुनाव में फर्जी वोटिंग और बूथ कैप्चरिंग नहीं कराई थी। विरोधी प्रतिद्वन्दियों के विरुद्ध जहर नहीं उगला था। जब उनके विरोधियों ने रजनीश के भक्त होने के कारण उन पर नंगा नांच करने वाले सेक्स गुरु का सेक्स-शिष्य बताकर उन्हें बदनाम करने में कोई कसर नहीं छोड़ी थी। उन्हें पार्टी से जो कुछ धन मिला था उसके अतिरिक्त चुनाव में अपने विरोधियों की अपेक्षा उन्होंने बहुत कम धनराशि खर्च की थी।

उन्हें याद आया कि आचार्यश्री ने कहा था—तुम्हारी संसद में 'सत्यमेव जयते' का मूल मन्त्र पत्थरों पर अंकित है। पर क्या देश में सत्य की विजय हो रही है? क्या संसद में बहुमत वाली पार्टी, अपने भ्रष्ट मंत्रियों का बचाव नहीं करती? क्या गृह-मंत्री जगह-जगह लाठी से, गोली से निर्दोष नागरिकों की हत्या करने वाली पुलिस का संरक्षण नहीं करते? तब वह निरुत्तर हो जाया करते थे। पर साथ ही उन्हें यह भी याद आया कि पटना आने पर आचार्यश्री ने एक बार उनसे कहा था—राजनीति धर्म से पृथक नहीं हो सकती। जिन्होंने धर्म को अनुभव से जाना है, जिनमें महत्त्वाकांक्षा और पद लोलुपता नहीं है, ऐसे ही लोग राजनीति में आयें तभी राजनीति स्वच्छ हो सकती है।

उनकी आचार्यश्री से गांधीजी, नेहरू, इन्दिरा, और जय प्रकाश नारायण के सम्बन्ध में भी विस्तृत चर्चा हुइ था। उनके हृदय में नेहरूजी के लिए सर्वाधिक आदर था।

फिर उन्हें याद आया कि आचार्यश्री ने एक प्रवचन में उनके सम्बन्ध में कहा था कि हम सभी की केवल एक समस्या है कि हम सभी मूर्च्छा में, बेहोशी में, प्रमाद में जी रहे हैं। सबसे पहले यह जान लेना आवश्यक है कि हमें बेहोशी से जागना है। ध्यान, जागरण की ही प्रक्रिया है। बेहोशी से जागो और जान लो कि सत्य कहीं बाहर नहीं, सत्य तो हमारी आत्मा और स्वभाव में है।

उन्हें याद आया कि इस सम्बन्ध में उन्होंने आचार्यश्री को दूसरा पत्र लिखा था, जिसके प्रत्युत्तर में आचार्यश्री ने उन्हें लिखा था—

मेरे प्रिय आत्मन।

आपका पत्र मिला है!

ध्यान की साधना में यदि क्रमशः अमूर्च्छा, आत्मज्ञान, और सजगता विकसित होती जाए तो मानना चाहिए कि हम चित्त के सम्मोहन के घेरे के बाहर हैं।

और यदि इसके विपरीत मूर्च्छा और प्रमाद बढ़ता हो, तो निश्चित मानना चाहिए कि चित्त की निद्रा और गहरी हो रही है।

लेकिन स्वयं के प्रयोग किये बिना कुछ भी अनुभव नहीं हो सकता है। विचार ही न करते रहें। विचार को छोड़ें और स्वयं में उतरें। विचार तो किनारा है। जीवन शक्ति की धारा तो निर्विचार ध्यान में ही है। कबीर ने कहा है कि—

जिन खोजा तिन पाइयां, गहरे पानी पैठ
बौरी खोजन गई, रही किनारे बैठ।

रजनीश के प्रणाम
6-10-1965

तभी फोन की घंटी बज उठी। मिश्रजी की विचार-शृंखला टूटी और वह फोन सुनने लगे। फोन डॉ. रामचन्द्र प्रसाद का था।

❑ ❑

जैन साधु-साध्वियों के मध्य-दिल्ली में

लाला सुन्दर लाल ने जैन साधु-साध्वियों के मध्य आचार्यश्री की एक वार्ता आयोजित कर रखी थी। इस वार्ता में मुनि अमर कवि व साध्वी चंदना के अतिरिक्त कई मुनियों और साध्वियों ने उनसे धर्म और ध्यान सम्बन्धी अनेक प्रश्न किये और आचार्यश्री के उत्तर से सभी बहुत आन्दोलित हुए। साध्वी चंदना तो उन पर अत्यधिक अनुप्राणित हुईं।

साध्वी चंदना के साथ कई साधु और साध्वी यह अनुभव कर रहे थे कि कि आचार्यश्री जो कहते हैं, सत्य वही है। पर अन्य विश्वासों और परम्पराओं से ग्रस्त जैन समाज में आमूलचूल परिवर्तन करना उनके वश की बात नहीं थी। जैन शास्त्रों, जैन अनुशासन और नियमों के विरुद्ध विद्रोह उन्हें सड़क पर खड़ा कर सकता था। उनका मान-सम्मान, आर्थिक समृद्धि, सुविधा बड़े जैन आचार्यों के हाथ में था जो अपना वर्चस्व और आधिपत्य तभी बनाये रख सकते थे, जब सभी साधु-साध्वी अनुशासन का श्रद्धापूर्वक पालन करें।

अहिंसा, कायाक्लेश, रस परित्याग, अंत: व बाह्य तप के सम्बन्ध में आचार्यजी ने जो व्याख्या की थी, उन्हें अनुभव होता था कि वास्तव में महावीर की वाणी से भी ऐसा ध्वनित होता है और अब तक जैनाचार्य उसका अपने अनुसार जो अर्थ निकालते आये हैं वह न्यस्त स्वार्थवश निकाला गया गलत अर्थ है, जिससे जैन समान मूढ़ता की कारागार में बन्दी हो गया है। समाज दिग्भ्रमित रहे और मुनि उपदेश देकर उन्हें अपने शिकंजे में जकड़े रहें, यही जैन अनुशासन था। विचार या तर्क नहीं केवल विश्वास, बिना विचार, बिना सन्देह इस प्रकार श्रद्धा अंध विश्वास बन गयी थी।

दिल्ली से आचार्यश्री एक दिन पिपरिया प्रवचन देते हुए जबलपुर लौटे। 7 व 8 फरवरी को श्री भीखमचन्द्र जैन शहीद स्मारक में जीवन जागृति केन्द्र की ओर से प्रवचन और सत्संग का आयोजन किया गया।

साध्वी चंदना ने कहा—"आचार्यश्री, सत्य तो यह है कि आचार्य तुलसी, मुनि नथमल और दिगम्बर सम्प्रदाय के भी कुछ आचार्य आपकी पुस्तकों को चोरी-चोरी छिपाकर पढ़ते हैं और अपने प्रवचनों में उनका उपयोग भी करते हैं, पर अपनी स्थिति बनाये रखने के लिए कोई भी न तो रूढ़ियों या अंधविश्वासों का विरोध कर पाता है और न शास्त्रों के विरुद्ध जाने का साहस जुटा पाता है।"

आचार्यश्री ने उत्तर दिया—"जो धर्म अभय नहीं सिखाता, सत्य के पथ पर चलने के लिए जो साधक साहस नहीं जुटा पाता, वह अंतर्यात्रा के पथ पर कैसे चलेगा? और यहां तो साधकों के पथ प्रदर्शक ही भटके हुए हैं, उनके अंदर का स्वयं का दिया नहीं जला और वह लोगों के मोक्ष का पथ प्रशस्त करते हुए उन्हें दिग्भ्रमित कर रहे हैं। जब आप जैसे साधु-साध्वियों और मुनियों ने मुझसे खुली बातचीत करने का साहस किया है, तो भविष्य की चिंता किये बिना अज्ञात में छलांग लगा पाने का भी संकल्प और साहस भी आप ही को करना है।"

अमर मुनि ने कहा—"पहले तो हम लोग ध्यान विधियों से अपना दिया जला लें, इसके बाद फिर जैसा होगा, वह बाद में देखा जायेगा।"

साध्वी चंदना ने ध्यान विधियों के संबंध में कुछ और प्रश्न किये। यह चर्चा-परिचर्चा एक घंटे तक चलती रही। चलने से पूर्व साध्वी चंदना ने आचार्यश्री से अनुरोध किया—''मैं मार्गदर्शन के लिए आपको पत्र लिखूं, तो कृपया उत्तर अवश्य दीजियेगा।''

आचार्यश्री ने आश्वस्त किया—''तुझे इस बाबत निराशा नहीं होगी।'' गोष्ठी समाप्त हुई। पर आचार्यश्री जानते थे, किसी साधु-साध्वी या मुनि में, अपने सम्प्रदाय द्वारा ही प्रतिष्ठा, सम्मान और सुविधाएं छोड़ने का साहस नहीं है। जिनमें साहस होता है, वह सोच-विचार नहीं करते, किसी शुभकार्य को कल पर स्थगित नहीं करते। दिल्ली से दूसरे दिन जबलपुर लौटने पर शहीद स्मारक भवन में एक विशाल सभा को सम्बोधित करते हुए आचार्यश्री ने कहा—

''मैं एक खबर लाया हूं कि ईश्वर मर गया है। लेकिन घबड़ाएं नहीं और न ही शोक मनायें। जो ईश्वर मर गया है वह मनुष्य निर्मित था, और यह शुभ है कि वह मर गया है। मनुष्य उस ईश्वर को जानने के लिए वंचित था। जिसका न कोई जन्म है और न मृत्यु। जीवन अस्तित्व अपनी समग्रता में ही तो ईश्वर है। मनुष्य ने अपनी कल्पना से छोटे-बड़े हजारों ईश्वर गढ़े। वह धीमे-धीमे मरते गये और मंदिर खाली होते गये। इसलिए खाली मंदिर में, मन में अर्थात् परम शून्य में उसे पाना है।''

आचार्यश्री का प्रवचन लोग बहुत ही प्रेम और आनन्द से घंटे भर सुनते रहे। प्रत्येक प्रवचन के अन्त में आचार्यश्री का एक संदेश होता था—तुम मूर्च्छा में जी रहे हो। जागो और होश में आओ। जिस परमात्मा को तुम बाहर खोज रहे हो वह तुम्हारे अन्दर है। सागर में रहने वाली मछलियां लहरों को जानतीं है पर समुन्दर को नहीं जान पातीं। जैसे ही कोई मछली उछलकर रेत पर आती है, तब उसे सागर की अनुभूति होती है। सागर का तो तट भी होता है पर मनुष्य चारों और से अंत हीन असीमित अस्तित्व से घिरा है। वह ध्यान के द्वारा साक्षी जगाकर केवल अपने को जान ले। अपने को जानना ही परमात्मा को जानना है क्योंकि बूंद समुद्र से भिन्न नहीं है और फिर अपने में डूबो और उसे जान लो।

चौथे दिन शाम पुनः आचार्यश्री दिल्ली चल पड़े। सांसद सदस्य श्री मथुरा प्रसाद मिश्र ने उन्हें साग्रह सत्संग के लिए आमंत्रित किया था। दूसरे दिन रात्रि दिल्ली से ही उनका रिजर्वेशन अमृतसर के लिए था, जहां हजारों प्रेमी मित्र आतुरता से उनकी प्रतीक्षा कर रहे थें।

❑ ❑

राष्ट्रकवि दिनकर जी से भेंट

दिल्ली प्रवास के दौरान एम. पी. मथुरा प्रसाद मिश्र (स्वा. आनंद मैत्रेय) ने सत्संग के बाद आचार्यश्री से निवेदन किया—"राष्ट्रकवि रामधारी सिंह दिनकर आपके बहुत प्रशंसक हैं। वह आपके दर्शन करना चाहते हैं।"

आचार्यश्री मुस्कुरा कर बोले—"तो उन्हें दर्शन करने से रोकता कौन है? सुबह से शाम तक दर्शन करने वाले ही आ रहे हैं, वह भी आ जायें।"

मिश्रजी कुछ हड़बड़ा कर बोले—"वह आपसे एकान्त में भेंट करने के इच्छुक हैं। वह मेरे मित्र भी हैं और मैंने उन्हें आपकी ओर से आश्वासन भी दे दिया है कि मैं उनसे आपकी एकान्त में भेंट करा दूंगा।"

आचार्यश्री पूर्ववत परिहास की मुद्रा में ही बोले—"वह तो मैं तुम्हारे कहते ही समझ गया था। जब तुमने मेरी ओर से उन्हें आश्वस्त ही कर दिया है, तो मैं तुम्हारे विश्वास को खंडित नहीं करूंगा। पर मिश्रजी, न जाने क्यों, मुझे कवियों से मिलना कुछ अच्छा नहीं लगता।"

मिश्रजी आश्चर्य से बोले—"पर आप कविताओं की तो प्रशंसा करते हैं। मैंने आपकी लाइब्रेरी में कई काव्य-संग्रह भी देखे हैं।"

आचार्यश्री गम्भीरता से बोले—"कविता तो हृदय का संगीत है। वह प्रेम और सौंदर्य के द्वारा किसी दूसरे लोक की खबर देती है। पर शुरू में जिनकी कविताओं या कला से मैं बहुत प्रभावित हुआ, उन्हें देख कर या उनसे मुलाकात कर उतनी ही निराशा हुई। यह लोग कल्पनाओं की बहुत ऊंची उड़ानें तो भरते हैं, प्रेम की बड़ी मधुर अभिव्यक्तियां तो करते हैं पर उनके व्यक्तिगत जीवन में न प्रेम है न प्रवाह। सुमित्रानंदन पंत को छोड़कर मुझे लगभग सभी कवियों ने निराश किया है। पंत के व्यक्तित्व में तो बच्चों का-सा भोलापन और झरने जैसी ताजगी है। बाकी सभी कवियों को मैंने एक नकाब लगाये हुए देखा। वह अपने को जैसा बाहर से दिखाना चाहते हैं, अंदर से ठीक उसके उलटे हैं। उन लोगों से मिलकर मुझे लगा कि कविताओं में जो प्रेम और सौंदर्य उन्होंने बिखेरा था, उसमें दमित कामनाओं की सड़ांध थी। उनमें आत्मा और हृदय जैसे था ही नहीं।"

मिश्रजी बोले—"दिनकर जी राष्ट्रकवि और मेरे मित्र हैं। मैं आपको विश्वास दिलाता हूं—वह बहुत सरल और प्रेममय हैं।"

आचार्यश्री चुप हो गये। उन्होंने कोई उत्तर नहीं दिया और रात्रि नौ बजे मिलने का समय निश्चित हो गया।

रात्रि नौ बजे जब दिनकर जी ने मिश्रजी के साथ कक्ष में प्रवेश कर उन्हें प्रणाम किया, आचार्यश्री दिनकर जी का ही 'हुंकार' पढ़ रहे थे। उन्होंने दिनकर की आंखों को दो क्षण तीक्ष्ण दृष्टि से देखा, फिर सहजता से बोले—"आपको तो मुझसे एकान्त में भेंट करनी थी, क्या मिश्रा जी को बाहर भेज दूं?"

दिनकर जी तुरन्त बोले—"नहीं-नहीं, मिश्रजी को यहीं रहने दीजिये। वह मेरे मित्र हैं। उनसे मेरा कुछ भी छिपा नहीं है।

आचार्यश्री मुस्कुराकर बोले—"आपकी क्या समस्या है दिनकर जी, आपको तो मान-सम्मान, पद-प्रतिष्ठा, धन-दौलत सब कुछ मिली हुई है, फिर भी आप इतने उदास क्यों हैं?"

दिनकरजी ने दृष्टि नीचे किये हुए ही उत्तर दिया—"सब कुछ पाकर भी मैं अंदर से अपने को रीता-रीता-सा महसूस करता हूं। मैं सदैव अशांत और दुःखी ही रहता हूं। एक तो मेरी डायबिटीज मेरी दुश्मन बन गई है। मैं परहेज करते-करते तंग आ गया हूं। एक खाने-पीने का ही मुझे शौक था, अब डॉक्टर कहते हैं, यह न खाओ वह न खाओ। अब यह घास-पात मुझसे तो खाया नहीं जाता। आप कृपा कर कोई ऐसी तरकीब बता दें जिससे मैं हर चीज बिना रोक-टोक के खा सकूं। मैंने सुना है—आप किसी भी चीज का निषेध करने को नहीं कहते। नियम, संयम, साधन का भी आप आग्रह नहीं करते। मुझे आपकी यह बात बहुत अच्छी लगी और मैंने यह भी सुना है कि आप हर रोग का दवा से नहीं ध्यान से इलाज करते हैं। रोज बीसियों दवाएं खा-खाकर मैं बहुत ऊब गया हूं, आप बस मुझे यह बता दें कि मैं किस तरह का ध्यान करूं?"

आचार्यश्री आंखें बंद किये चुपचाप दिनकर जी का प्रलाप सुन रहे थे। जब वह रुके तो आचार्यश्री ने आंखें बंद किये हुए ही कहा—"मैं जानता हूं, आपके कुछ दूसरे कष्ट भी हैं। सभी समस्याएं और रोग आप एक साथ बता दें, तो अच्छा है।"

दिनकर जी झिझकते हुए बोले—"अब आपसे छिपाना क्या? मुझे राज्यसभा का मेम्बर बना दिया है, पर क्या राज्यसभा में पहुंच जाना ही काफी है? जब वह मुझे राष्ट्रकवि स्वीकार करते हैं तो क्या मैं राष्ट्र की कोई बड़ी जिम्मेदारी नहीं उठा सकता? द्वारका प्रसाद मिश्र भी साहित्यकार हैं पर देखिये—वह मध्यप्रदेश के मुख्यमंत्री बन गये, और मैं अभी तक राज्यसभा में पड़ा सड़ रहा हूं।"

फिर वह कुछ झिझकते हुए बोले—"मैं कहना उचित तो नहीं समझता, पर अगर आपका आशीर्वाद मुझे मिल जाये तो बहुत कुछ हो सकता है। आप जरा एक बार कभी अवसर मिलने पर मैडम प्रधानमंत्री से मेरे बारे में कुछ कह दें, तो मैं मंत्री तो बन ही सकता हूं, मैडम आपका बहुत सम्मान करती हैं।"

मिश्रजी का चेहरा यह सब सुनकर सफेद पड़ गया। उन्हें दिनकर जी से यह स्वप्न में भी आशा नहीं थी कि वह आचार्यश्री से एकान्त में इसलिए मिलना चाहते हैं। अगर उन्हें इसका जरा भी आभास होता तो या तो वह उन्हें पूर्व ऐसा सब न कहने के लिए सचेत कर देते या उन्हें अपने साथ मिलाने लाते ही नहीं। आचार्यश्री कवियों के संबंध में जो कुछ कह रहे थे, दिनकर जी अपनी बातों से इसे सौ प्रतिशत सिद्ध कर रहे थे। मिश्रजी को आश्चर्य हुआ कि इतना सब सुनने के बाद भी आचार्यश्री अब तक खामोश कैसे बैठे हैं?

यह सब कहने के बाद दिनकरजी का चेहरा बड़ा दयनीय-सा हो गया।

उन्हें चुप होता देख आचार्यश्री ने उन्हें फिर टोका—"राजनीति और आपकी बीमारी के अतिरिक्त मैं समझता हूं आपकी शायद कुछ पारिवारिक समस्याएं भी हैं?"

दिनकर जी के चेहरे पर फिर चमक लौट आई। वह उत्साह से बोले—"आपको तो सब कुछ पहले से ही मालूम है। मैं अपने दोनों पुत्रों के कारण भी बहुत दुःखी हूं। वह मेरी कोई बात मानते ही नहीं। मैंने उन्हें बहुत कुछ बनाना चाहा पर वह कुछ करने को तैयार ही नहीं। कुछ काश़ तो विद्रोह पर उतर आते हैं। आप आज्ञा दें तो मैं एक दिन उन्हें आपके पास ले आऊं। आप उन्हें समझा-बुझाकर कुछ ऐसी सुबुद्धि दें दे कि वह आज्ञाकारी बन जायें।"

आचार्यश्री आंखें बंद किये हुए ही कुछ रूखे स्वर में बोले—"मैं आपको अभी तक एक विद्रोही और क्रांतिकारी कवि समझता था। आपके आने के पहले ही मैं आपका ही काव्य-संग्रह 'हुंकार' पढ़ रहा था। पर मुझे तो आपके अंदर कोई विद्रोह और क्रांति दिखाई नहीं देती? आप भी एक साधारण व्यक्ति की तरह पद और प्रतिष्ठा के पीछे पागल हैं। राज्यसभा का सदस्य चुने जाने पर भी आपको संतोष नहीं है। अब आप मंत्री बनना चाहते हैं। आप ईमानदारी से सोच कर बतायें, राज्यसभा का सदस्य बनने के बाद क्या आपने एक भी कविता ऐसी लिखी है जिसमें क्रान्ति और विद्रोह का स्वर हो? मंत्री बनने के बाद तो मैं समझता हूं आपकी कविता मर ही गई। पर आप शायद कहेंगे—अब देश स्वतंत्र हो गया, अब क्रांति और विद्रोह की आवश्यकता क्या? पर क्या अब भी देश में गरीबी, भूखमरी, अशिक्षा, भ्रष्टाचार और शोषण नहीं है? क्या राज्यसभा में एक भी दिन आपने उसके विरुद्ध क्रांति का शंख फूंका? कोई हुंकार की?"

दिनकर जी का चेहरा सफेद पड़ गया था। उन्हें आचार्यश्री से ऐसी बातें सुनने की स्वप्न में भी आशा न थी। मिश्रजी शनैः-शनैः ज्वालामुखी के मुख से धुवां निकलते देख रहे थे। उन्हें किसी भी क्षण एक भयंकर विस्फोट की प्रतीक्षा थी।

दिनकर जी और मिश्रजी का चेहरा देखकर आचार्यश्री अपने स्वर का रूखापन कुछ कम करते हुए बोले—"दिनकर जी! यह पद और महत्त्वाकांक्षा की अंधी दौड़ से अपने से अलग कर, आप अपनी कामनाओं से मुक्त हों। मन की इन अंधी कामनाओं से जब आपको इतना सब कुछ पाकर भी तृप्ति नहीं हुई, तो क्या आप सोचते हैं कि आप मंत्री बनकर सुखी हो जायेंगे? आप तो और दुःखी होने का आर्शीवाद मांग रहे हैं। अपने इन मित्र मथुरा प्रसाद से पूछें—लोकसभा का चुनाव लड़ने से पहले यह मुझसे आशीर्वाद मांगने आये थे। मैंने इनसे कहा—मैं चाहता हूं, तुम हार जाओ। यह मन-ही-मन बड़े नाराज हुए। पर जब इनकी समझ में आया तो बाद में आकर कहने लगे—आपने ठीक आशीर्वाद दिया था। और जहां मैडम प्रधानमंत्री से कुछ कहने का प्रश्न है, मैं उनसे कभी मिलने जाता ही नहीं, न उन्हें फोन करता हूं। अपनी पार्टी और कुर्सी से घिरे हुए उनकी भी हिम्मत नहीं होती कि वह मुझसे मिलने के लिए आयें। और मान लीजिए, मेरी उनसे कभी भेंट भी हो जाये, तो मैं उनसे कहूंगा—राज्यसभा के सदस्यों का और विशेष रूप से साहित्यकारों के बीच में से चुनाव करते समय आप विशेष सावधानी रखा करें, क्योंकि आप जिन साहित्यकारों को राज्यसभा का सदस्य बनाती हैं, उनकी साहित्यिक प्रतिभा में जंग लग जाती है।

अब रही आपके स्वास्थ्य की बात। आप डायबिटीज के मरीज हैं और मिष्ठान्न व राजसी भोजन आप छोड़ना नहीं चाहते। आप ने मेरे बारे में बिलकुल ठीक सुना है कि मैं किसी संयम की बात ही नहीं सिखाता। मैं तो कहता हूं—सभी से विद्रोह करो। पर शायद आपने मेरे बारे में यह नहीं सुना कि मैं मृत्यु भी सिखाता हूं। मैं तो कहता हूं कि दवा-दारू छोड़कर आप सिर्फ मिठाई, मुर्गा ही खायें या जो खाने की तबियत हो छक कर खायें। एक दिन सभी को मरना है। तृप्त होकर मरें तो वह मौत शानदार होगी। घिसट-घिसट अधिक दिन जीने से अच्छा है, कुछ दिन मौज-मजे से रहा जाये।"

दिनकर जी का चेहरा लाल हो रहा था पर प्रयास करने पर भी उनसे उठते भी नहीं बन रहा था।

ऐसी भयंकर प्रताड़ना और फटकार वह पहली बार सुन रहे थे। पर उन्हें साथ-ही-साथ

इस बात का भी अहसास हो रहा था कि वह उत्साह और कामना के अतिरेक में आचार्यश्री से बहुत कुछ ऐसा मांग बैठे थे, जो उन्हें न शोभनीय था और न किसी भी प्रकार उचित।

आचार्यश्री अंतिम चोट करते हुए बोले—''और दिनकर जी! अपने पुत्रों की इस स्थिति के लिए कोई दूसरा नहीं, केवल आप जिम्मेदार हैं। आप अपने व्यक्तित्व को निखारने में लगे रहे। आपने अपने पुत्रों की ओर ध्यान ही कितना दिया? कभी आपने उनकी रुचि पूछी कि वह क्या बनना चाहते हैं? आपने उन्हें मिट्टी का लोंदा समझ कर वह बनाने की कोशिश की, जिसके लिए वह तैयार नहीं थे। यदि उनमें विद्रोह है, और वह आपका कहना नहीं मानते, तो इसमें अस्वाभाविक क्या है? फिर आप विद्रोही और क्रांतिकारी कवि हैं। आपके पुत्रों ने अगर विद्रोह का झंडा खड़ा कर दिया है तो आप दुःखी क्यों होते हैं? आपको तो खुश होना चाहिये।''

अब और अधिक सहना दिनकर जी के वश के बाहर था। वह उठकर खड़े हो गये। उनके साथ मिश्र जी ने भी खड़े होकर आचार्यश्री से जाने की अनुमति मांगी।

आचार्यश्री मुस्कुराकर बोले—''मैं जानता हूं दिनकर जी! आप मुझसे बहुत नाराज होकर जा रहे हैं। पर शायद मिश्रजी ने आपको बताया नहीं कि मैं चोट उन्हीं पर करता हूं जिनसे मुझे कुछ आशा होती है। जिनमें मुझे कुछ सम्भावना दिखाई देती है। मैंने आपकी राख को कुरेदने का प्रयास किया है ताकि यदि कोई चिनगारी हो तो आग एक बार फिर भभक उठे। आग से गुजरे बगैर रूपान्तरण नहीं होता। मैंने जो कहा है, वह कठोर सत्य है। सत्य का साक्षात्कार करने का हौसला यदि आप जैसा व्यक्ति भी नहीं करेगा, तो फिर आशा ही किससे की जाये?''

आचार्यश्री की अंतिम बातें सुनकर दोनों के बाहर उठे हुए कदम वहीं ठिठक गये।

फिर आचार्यश्री मिश्रजी को सम्बोधित करते हुए बोले—''मथुरा प्रसाद! आप कुछ अपराध बोध महसूस न करें। अच्छा है, आज दिनकर जी के हृदय का बोझ कुछ हलका हो गया। अंधी कामनाओं से जब दिनकर जी पूरी तरह ऊब कर शांत होना चाहें, इन्हें फिर मेरे पास लाना, तब निश्चित ही मुझे ध्यान की दो, एक विधियां बताने में प्रसन्नता होगी।''

और आचार्यश्री ने हाथ जोड़कर दिनकर जी को विदा किया। आचार्यश्री की अंतिम बात सुनकर मिश्राजी के चिंतित चेहरे पर प्रसन्नता लौट आई। आचार्यश्री उनसे नाराज नहीं थे। उन्हें दिनकर जी पर आक्रोश नहीं था। चलते-चलते उन्होंने उनपर करुणा की वर्षा ही की थी। काश! दिनकर जी ने इसे महसूस किया हो! उसी रात आचार्यश्री जबलपुर लौट आये। जबलपुर से आचार्यश्री बम्बई पधारे।

बम्बई के बाद आचार्यश्री उदयपुर पधारे। वहां 3 जून से उनके प्रवचनों का आयोजन था। 6 जून, 1969 को आचार्यश्री ने बुद्धिजीवियों व जिज्ञासुओं के विभिन्न प्रश्नों के उत्तर दिये। इन प्रश्न पूछने वालों में उदयपुर के डॉ. हीरालाल व जयपुर युनिवर्सिटी के प्रोफेसर डॉ. सरल प्रमुख थे। उदयपुर से नवसारी, सूरत आदि में प्रवचन व सत्संग करते हुए आचार्यश्री अमृतसर चल पड़े, जहां प्रेमी-मित्र उनकी आतुरता से प्रतीक्षा कर रहे थे।

❑ ❑

प्रेम एक दिखावा

आचार्यश्री अमृतसर जा रहे थे। उनके कूपे में एक सुंदर युवती भी बैठी हुई थी। उन्होंने नोट किया—जब भी किसी स्टेशन पर गाड़ी रुकती थी, एक युवक, युवती को फल, मिठाई, कोल्ड ड्रिंक या चाय कुछ-न-कुछ लाकर प्रस्तुत करता था और उसे प्रेम से देखते हुए किसी-न-किसी बहाने स्पर्श कर जाता था या आचार्यश्री को दूसरी और देखते हुए—चुम्बन लेकर जाता था।

एक बड़े स्टेशन पर गाड़ी को पंद्रह मिनट रुकना था। युवती बाथरूम में थी कि तभी स्टेशन आ गया। आचार्यश्री ने उस युवक से पूछा—लगता है आपका रिजर्वेशन इस डिब्बे में नहीं हो पाया? क्या आप लोग पति-पत्नी हैं? क्या विवाह कुछ ही समय पूर्व हुआ है?

वह युवक निःसंकोच बोला—"अजी! मेरा विवाह हुए तो सात वर्ष हो चुके हैं।"

आचार्यश्री उसे तीक्ष्ण दृष्टि से देखते हुए बोले—"आप झूठ क्यों बोलते हैं?" मैं दावे से कह सकता हूं कि वह आपकी पत्नी नहीं है?

वह बहस करता हुआ बोला—"यह आप कैसे कह सकते हैं?"

आचार्यश्री मुस्कुराकर बोले—"कोई पति, हर स्टेशन पर उतरकर न तो पत्नी का हालचाल पूछने आता है और न हर बार फल, मिठाई या कोल्ड ड्रिंक लाता है। फिर अगर वह आपकी पत्नी होती तो आपको ऐसी फिजूलखर्ची पर डाँटती जरूर। फिजूलखर्ची पर न डांटती तो किसी और बात पर डांटती। फिर विवाह के सात वर्ष बाद चुम्बन, आलिंगन और स्पर्श में कोई उत्सुकता नहीं रह जाती, न आंखों में ऐसी चमक और प्यास रहती हैं। निश्चित ही वह आपकी प्रेमिका है।"

युवक स्वीकार करता हुआ बोला—"आपका अनुमान ठीक है। यह मेरे मित्र की पत्नी है। हम दोनों एक-दूसरे से प्रेम करते हैं, और मेरा विवाह वास्तव में सात वर्ष पूर्व ही हुआ था। यदि पत्नी के साथ मेरा इसी डिब्बे में रिजर्वेशन भी हो जाता तो भी बहाना बनाकर मैं दूसरे कम्पार्टमेंट में ही बैठता। न हर स्टेशन पर उससे भेंट करने आता पर आपने इतने शीघ्र यह जान कैसे लिया?"

आचार्यश्री ने उत्तर दिया—"क्योंकि तुम्हारा सारा व्यवहार खेल की प्रारम्भिक भूमिका है, अंतिम नहीं।"

—"इस प्रारम्भिक और अंतिम भूमिका से आपका क्या मतलब है?"

युवक ने पूछा।

आचार्यश्री मुस्कुराते हुए बोले—"किसी स्त्री को प्राप्त करने से पूर्व तुम जो कुछ करते हो, वह खेल की प्रारम्भिक भूमिका है। और अपनी पत्नी के प्रति जिस व्यवहार की बात तुमने की, वह खेल की अंतिम भूमिका है।"

युवक भी हंस पड़ा।

—"और माफ कीजिएगा, अगर आप अपनी पत्नी के साथ सफर कर रहे होते तो आप मन-ही-मन किसी आकस्मिक दुर्घटना की प्रतीक्षा करते। शायद भगवान् से मनाते कि आपकी पत्नी का पैर डिब्बे के खुले दरवाजे से फिसल जाये और वह चलती ट्रेन से नीचे गिर जाये। आप शायद ईश्वर से प्रार्थना करते, उसे हार्ट एटैक हो जाए। किसी तरह आपका उससे पीछा छूटे। और आप जब दूसरे डिब्बे से अगले स्टेशन आने पर अपनी पत्नी से मिलने जाते, तो उससे फरमाते—

डार्लिंग मैं तुम्हारे बारे में ही सोच रहा हूं। मैं तुम्हें बहुत 'मिस' करता रहा। क्या बताऊं बिजनेस टॉक की वजह से दूसरे डिब्बे में उस मैनेजर के पास बैठना जरूरी न होता तो मैं तुम्हारे पास से उठकर न जाता ?''

अभी तक उस सज्जन की प्रेमिका कूपे के बाहर खड़ी आचार्यश्री का वक्तव्य बड़े ध्यान से सुन रही थी। उसके पूरा होने पर वह अंदर आकर आचार्यश्री से बोली—''आप तो एक साइको-एनालिस्ट लगते हैं। मैं बाहर खड़ी आपकी एक-एक बात बड़े गौर से सुन रही थी। आपने एक मिनट में इनके 'बिहैवियर' से असलियत मालूम कर ली। पर क्या आप बताने का कष्ट करेंगे कि ऐसा क्यों होता है ? मुहब्बत नफरत में क्यों और कैसे बदल जाती है ?''

आचार्यश्री मुस्कुराकर बोले—''प्रेम और नफरत यह एक ही सिक्के के दो पहलू हैं। रात के साथ दिन और दिन के साथ रात आती ही है। हम लोग जिसे प्रेम या 'लव' कहते हैं यह वास्तव में एक 'लस्ट' एक चाह अर्थात एक वासना है। तृप्त होना इसका स्वभाव है ही नहीं।

लव के नाम पर हम पजेशन चाहते हैं। मालकियत चाहते हैं। पति और पत्नी, प्रेम में चाहे जितने पास आएं, लेकिन फिर भी उनमें एक फासला बना ही रहता है। व्यक्ति प्रेम में कितना भी पिघले, प्रेमिका की आंखों से देखे, उसके कानों से सुने, लेकिन फिर भी एक दूरी रह ही जाती है। क्योंकि नेचर ने हर एक इंसान को जुदा-जुदा स्वभाव और निजता दी है। हर इंसान चाहते हुए भी अपनी 'इंडिवीजुएलिटी' नहीं मिटा सकता। इसलिए सार्त्र कहता है—''दि अदर इज हेल'' दूसरे का होना ही नर्क है। पर यह उन्हीं के बारे में ही लागू होता है जो प्रारंम्भिक और अंतिम भूमिकाओं दोनों से गुजर चुके हैं।

इस बार उसका प्रेमी, जो फल, मिठाई और कोल्ड ड्रिंक लाया था, उसमें सम्मलित होने के लिये दोनों ने आचार्यश्री को भी आमंत्रित किया। आचार्यश्री ने उनका मन रखने को एक संतरा उठा लिया। आपस में सभी का परिचय भी हुआ। जब दोनों अपना परिचय देने लगे तो आचार्यश्री मुस्कुराकर बोले—''छोड़िए, आप लोग अपने परिचय गलत देंगे ही। मुझे आपका परिचय जानने की कोई उत्सुकता भी नहीं।''

दोनों ही हंस पड़े। तभी गार्ड ने व्हिसिल दी। वह युवक प्रणाम कर फिर अपने डिब्बे में चला गया।

उसके जाने के बाद वह महिला सम्मान प्रदर्शित करती हुई बोली—''तो आपके कहने के अनुसार तो प्रत्येक प्रेमी-प्रेमिका के बीच, चाहे वह आपस में कितना ही प्रेम क्यों न करते हों, एक दूरी, इनडिवीजुएलिटी किसी वजह से रह ही जाती है।''

—''मेरे कहने के अनुसार नहीं, सार्त्र के कहे मुताबिक। कोई भी व्यक्ति दूसरे के केन्द्र में प्रवेश नहीं कर सकता, क्योंकि प्रत्येक व्यक्ति इस दुनिया में अकेला ही अपनी निजता लेकर पैदा होता है। वह किसी भी हालत में अपनी निजता खो नहीं सकता। यहां हर चीज जड़ नहीं है। जड़ पदार्थ भी गतिशील है। जड़ पदार्थ में अणु इतनी अधिक तेजी से गतिमान हैं कि उनके स्थिर होने का भ्रम होता है। इसीलिए इस गति में हम दूसरे के केन्द्र को छू नहीं सकते। पीछे वापस लौटने की असफलता को ही सार्त्र नर्क कहता है। पर मेरे देखने में दूसरा व्यक्ति नर्क नहीं है। हम स्वयं भी इसके लिए जिम्मेदार हैं कि कोई दूसरा व्यक्ति हमें नर्क समझे। यदि मैं किसी और के लिए नर्क निर्मित न करूं, और बहुत संभव है कि कोई दूसरा भी हमारे लिए नर्क न बनाये। पर यह होगा तभी जब हमें अपनी निजता का बोध हो जाये। हम यह अच्छी तरह समझ जायें कि हम अकेले ही आते हैं, अकेले ही जाते हैं। अकेला रहना ही हमारी नियति है। अकेलेपन का यह

बोध होते ही फिर व्यक्ति में रूपान्तरण हो जाता है। अकेलापन ही एक आनंद एक उत्सव बन जाता है। पहले हम सुख दूसरों के पास खोजते हैं। अपने अकेलेपन को भुलाने के लिए मित्र बनाते हैं, शादी करते हैं। धन, पद पाकर गतिशील बनते हैं। पर एक दिन सबसे ऊब हो जाती है। सब निस्सार और खाली लगने लगता है। तब ही धर्म की जरूरत होती है। व्यक्ति दूसरे से टकराकर अपने केन्द्र पर लौटता है। और जैसे ही उसे बोध होता है कि अकेलापन ही नियति है, उसका रूपान्तरण हो जाता है।'' वह महिला समाजशास्त्र में एम.ए. थी। आचार्यश्री का विश्लेषण सुनकर वह आश्चर्य चकित रह गई।

श्रद्धा से बोली—''मैंने आपके बारे में सुना तो था। पर आमने-सामने कोई प्रवचन नहीं सुना। आज मैं अपने को बहुत सौभाग्यशालिनी समझ रही हूं।''

फिर उसने शंका प्रस्तुत करते हुए कहा—''पति-पत्नी अलग होकर एक-दूसरे को न चाहने के बावजूद क्यों एक-दूसरे को याद करते हैं?''

आचार्यश्री ने उत्तर दिया—''यह याद प्रेम के कारण नहीं आती। इसका स्मरण सिर्फ इसलिए आता है कि उसका लड़ना-झगड़ना एक आदत बन जाती है। पति को पत्नी के जाने पर कोई चीज अपनी जगह पर नहीं मिलती। यहां तक कि रोज के पहनने के कपड़े और टॉयलेट का सामान भी। उसे पत्नी का रूठना, बहकना, चीखना सब कुछ याद आता है। फिर मरघट जैसी शांति उसे बुरी लगने लगती है। इसी तरह पत्नी को मायके जाने पर पति की याद आती है। वह सोचती है, उसका पति शराब, सिगरेट अधिक पी रहा होगा। उसे कोई चीज नहीं मिल रही होगी। उसकी उपस्थिति उसकी चूंकि आदत बन चुकी होती है इसलिए वह उसे याद करती है। पर यह प्रेम नहीं है। न इससे कोई रूपान्तरण होता है। रूपान्तरण तो तभी होता है जब अकेलेपन की आवश्यक नियति का बोध हो जाये। फिर व्यक्ति इस प्रेम के प्रति निंदा के भाव से नहीं, धन्यवाद के भाव से भरता है, जो उसके रूपान्तरण का कारण बना।''

वह महिला तो इतनी अधिक प्रभावित हुई कि जहां आचार्यश्री प्रवचन देने जा रहे थे, वह उनके साथ ही उस सभा में सम्मलित हुई और वहां प्रवचन के बाद उसने ध्यान की कुछ विधियां भी सीखीं।

❑ ❑

अमृतसर में अमृत वर्षा

बम्बई, नारगोल, नवसारी तथा सूरत के व्यस्त कार्यक्रमों के पश्चात् जून-69 में आचार्यश्री अमृतसर पधारे। अमृतसर की सनातनधर्म सभा तथा आर्यसमाज को उनके कार्यक्रम की पहले ही से खबर हो गई थी। इस बार उनके विरोध करने के लिये, उनके आगमन से पूर्व ही इन संस्थाओं ने आचार्यश्री के विरोध में पर्चे निकलवाये, गली-कूचों में बड़े-बड़े पोस्टर लगवाये और उनमें शास्त्री जी द्वारा आचार्य रजनीश को शास्त्रार्थ की खुली चुनौती दी गई। जनता से धर्म विरोधी नास्तिक रजनीश को न सुनने की अपील की गई। पर संभवत: उन्हें यह ज्ञात नहीं था कि उन्होंने यह प्रचार कर जनता को आचार्यश्री को सुनने का अप्रत्यक्ष निमत्रंण दिया है।

अमृतसर आते ही स्टेशन पर आचार्यश्री का भव्य स्वागत हुआ। उन्हें जब पोस्टरों की बात बतायी गई तो उन्होंने तुरंत स्टेशन पर ही शास्त्री जी की चुनौती स्वीकार कर ली और विरोधियों को अपना अध्यक्ष चुन लेने को सहमति भी दे दी।

आचार्यश्री के प्रमियों ने पूरे शहर में लाउडस्पीकरों से आचार्यश्री द्वारा शास्त्रार्थ की चुनौती स्वीकार करने और सांयकाल सभा होने की सूचना प्रसारित कर दी। सायंकाल इस चुनौती भरी सभा में लगभग दस हजार की भीड़ थी। सभी इस शास्त्रार्थ को सुनने के लिए उत्सुक थे। मंच पर बीच में अध्यक्ष बैठे थे। उनके बाईं ओर आर्य समाज के प्रतिनिधि के रूप में स्वामी सत्यप्रिय ब्रह्मचारी तथा सनानत धर्म सभा के प्रतिनिधि बैठे थे और दाईं ओर आचार्यश्री विराजमान थे।

स्वामी सत्यप्रिय ने प्रश्नों का एक पुलिंदा आचार्यश्री को थमा दिया। उसे खोलकर माइक के सामने आकर आचार्यश्री ने प्रश्नों का उत्तर देना आरम्भ किया।

आचार्यश्री ने मुस्कुराते हुए पहला प्रश्न पढ़ा—

—'वेद ईश्वरीय ज्ञान है—ऐसा आप स्वीकार करते हैं या नहीं ?' फिर उन्होंने उत्तर देना आरम्भ किया—''सभी ज्ञान ईश्वरीय ज्ञान हैं, इसलिए वेदमात्र को विशेष रूप से ईश्वरीय ज्ञान कहना उचित नहीं है। कुरान, बाईबिल, जिंदावेस्ता आदि के द्वारा कथित ज्ञान को भी ईश्वरीय ज्ञान कहा जा सकता है। ऋषियों ने सर्व की अनुभूति करते हुए जो कहा, वह श्रुति बनी। सैकड़ों वर्षों तक उसे लिपिबद्ध नहीं किया गया। जिन लोगों को वह कंठस्थ था, उन्होंने उसे अलग-अलग लिपिबद्ध किया, इसलिए वेदों के कई पाठ मिलते हैं। उन लोगों ने लिपिबद्ध करते समय भूल में कुछ अपनी ओर से जोड़ दिया, कुछ घटा दिया इसीलिए वेदों में कुछ ऐसे सूत्र भी मिलते हैं जिनमें इन्द्र से प्रार्थना की गई है—कि हे इन्द्र! तू मेरे खेतों में वर्षाकर, उसे अन्न से भर दे, लेकिन पड़ोसियों के खेतों को सूखा छोड़ देना। हे इन्द्र! तू मेरी गौओं के थनों को दूध से भर दे, जबकि पड़ोसियों के गायों का दूध सूख जाये। निश्चित ही यह बात सत्य को प्राप्त, कोई ऋषि नहीं कह सकता। यह ईश्वरीय ज्ञान नहीं हो सकता। ऐसे मंत्र उन लोगों ने बाद में जोड़े हैं, जिन्होंने उन्हें याद किया था। प्रथम तो सत्य को शब्दों द्वारा प्रकट करना ही कठिन है। सत्य कहते ही असत्य हो जाता है। शब्दों द्वारा केवल उस सत्य के कुछ संकेत दिये जा सकते हैं। प्यास लगी हो तो पानी पीकर ही उससे तृप्त हुआ जा सकता है। शब्दों में पानी का कैसा भी वर्णन करो, पर उससे प्यास तो नहीं बुझ सकती। फिर सैकड़ों वर्षों तक वेदों के शब्द, एक कंठ से दूसरे कंठ तक पहुंचे। अत: लिपिबद्ध होने के समय तक उसका मूल रूप

में सुरक्षित रह पाना असंभव था। लेकिन उपनिषदों में ज्ञान का परम रूप प्रकट हुआ है। उपनिषद गुरुकुलों में गुरु के पास बैठकर उत्पन्न हुए। उनमें गुरु-शिष्य के बीच होने वाली वह वार्ता है, जिसमें ब्रह्म के संबंध में, जीवन मृत्यु और मोक्ष के संबंध में रहस्यों का निरूपण किया गया है।'' आचार्यश्री ने पंद्रह मिनट तक बोलते हुए वेद के चर्चित श्लोक को सुनाते हुए उसका संदर्भ दिया और वेद के तीन-चार पाठों का भी विवरण प्रस्तुत किया। सभा-मंच पर वह किसी तैयारी के साथ नहीं गये थे और न उन्हें यह पता था कि कौन-से प्रश्न पूछे जाने हैं। फिर भी उनके मुंह से वेद के (श्लोक) सुनकर सभी आश्चर्यचकित हो गये।

उत्तर का समापन करते हुए आर्चायश्री ने कहा—''मुझे उत्तर देने के लिए केवल तीस मिनट का समय दिया गया है। पंद्रह मिनट तो हो चुके हैं, इसलिए अब मैं दूसरे प्रश्न को लेता हूं। यदपि इस संबंध में पंद्रह मिनटों में वेद की चर्चा, पूर्णता से गुण-दोषों के साथ करना संभव नहीं है।''

स्वामी सत्यप्रिय ब्रह्मचारी का दूसरा प्रश्न है—

'ईश्वर है या नहीं? केवल 'हां' या 'न' में उत्तर दें।'

आचार्यश्री उत्तर देते हुए बोले—ईश्वर है या नहीं? यह दोनों वक्तव्य गलत हैं। मेरे लिए तो जो कुछ भी है उसका दूसरा नाम ईश्वर है। ईश्वर अर्थात् अस्तित्व। इसलिए ईश्वर है, कहने में मात्र पुनुरुक्ति होती है। और कुछ नहीं।

हम सब कुछ कह सकते हैं, सिर्फ ईश्वर को नहीं कह सकते। और जब भी हम कहते हैं, तभी कठिनाई शुरू हो जाती है। अगर आस्तिकों ने ईश्वर न कहा होता, तो इस जमीन पर नास्तिक पैदा ही नहीं हो सकता था। क्योंकि नास्तिक तो केवल मात्र आस्तिक होने की एक प्रतिक्रिया है, रिऐक्शन है। असल में सच्चा आस्तिक, होने का दावा भी नहीं करता, क्योंकि दावा करने से नास्तिक पैदा होते हैं। जो परम आस्तिक है वह इतना भी नहीं कहेगा कि ईश्वर है, क्योंकि इतना कहने से ही हम किसी को यह कहने का अवसर देते हैं कि वह कह सके कि ईश्वर नहीं है। ज्योंही हम किसी चीज को कहते हैं 'हां,' तो 'नहीं' को ही हम निमत्रंण देते हैं।

वेदों में, उपनिषदों में, बौद्ध और जैन धर्मों में भी ओऽम् को इसलिए स्वीकार किया गया है। ईसाइयों और यहूदियों ने भी इसे ''आमीन'' कहकर स्वीकार किया है। ओऽम् प्रतीक है उसका जिसे कहा नहीं जा सकता। ओऽम् की ध्वनि रह जाती है। ध्यान रखो, जहां भी अर्थ होता है, तो उससे विपरीत भी हो सकता है। सभी शब्दों के विपरीत शब्द हो सकते हैं। जीवन है तो मृत्यु है। प्रकाश है तो अधंकार है। पर ओऽम् है वह—जो कहा नहीं जा सकता।

बुद्ध और महावीर ऐसे ही आस्तिक हैं तो आस्तिक होने का दावा नहीं करते। महावीर ने आत्मा को स्वीकार किया है, पर परमात्मा की कोई बात ही नहीं की, क्योंकि आत्मा कहते ही उसके विपरीत अनात्मा आ जाती है। बुद्ध ने केवल शून्य होने की बात की है। वह परम अस्तित्व भी शून्य है। वह केवल अनुभव किया जा सकता है। व्यक्त नहीं किया जा सकता।

कुछ रुककर, स्वामी सत्यप्रिय के दिए पुलिंदे से तीसरा प्रश्न पढ़ते हुए आचार्यश्री ने कहना आरम्भ किया—स्वामी सत्यप्रिय के तीसरे प्रश्न में दो प्रश्न एक साथ किये गए हैं—**'मानव कल्याण के लिये वेदमार्ग ही सत्यमार्ग है—ऐसा आपका विश्वास है या नहीं? यज्ञ की महिमा वेदों, उपनिषदों में सर्वत्र मिलती है, फिर यज्ञ का विरोध क्यों?'**

आचार्य रजनीश अच्छी प्रकार समझते थे कि इस प्रश्न का उत्तर ही कर्मकांडियों के लिए उनकी अग्नि-परीक्षा है। यदि वह वेदमार्ग को असत्य मार्ग कहते हैं तो उससे स्वत: सिद्ध हो जायेगा कि वह मानव कल्याण नहीं चाहते। उनका सत्य के प्रति आग्रह या सत्य की बात कहना ही

असत्य है। और यदि वह यह स्वीकार कर लेते हैं कि वेदमार्ग ही सत्यमार्ग है तो अभी तक वेद शास्त्रों के विरुद्ध परम्परा और संस्कारों के विरुद्ध उन्होंने जो कुछ कहा है, वह निरर्थक हो जाएगा।

आचार्य रजनीश ने सहज रूप में उत्तर दिया—मेरा कोई विश्वास ही नहीं। और अगर कोई विश्वास रखता है तो अपने पैरों पर कुल्हाड़ी मारता है। यदि ज्ञान की तरफ जाना हो तो सब विश्वास छोड़ देने पड़ते हैं। इसका यह मतलब नहीं कि अविश्वास पकड़ने पड़ते हैं। अविश्वास भी एक ढंग विश्वास ही है। आस्तिक का भी विश्वास होता है और नास्तिक का भी विश्वास होता है। दोनों विश्वासी होते हैं। आस्तिक मानता है ईश्वर है, नास्तिक मानता है ईश्वर नहीं है, पर दोनों की मान्यताएं अंधेरे में खड़ी होती हैं। आस्तिक को पता नहीं है कि ईश्वर है, पर वह उसे मानता है और विश्वास करता है। नास्तिक को भी पता नहीं कि ईश्वर नहीं है। पर वह भी मानता है और विश्वास करता है कि ईश्वर नहीं है। जो उसे जान लेता है, न वो आस्तिक रह जाता है और न नास्तिक। वह 'हां' और 'ना' भी जाने बिना कहता है क्योंकि उस विराट सत्य में 'हां' और 'नहीं' दोनों समा जाते हैं। उस विराट सत्य में नास्तिक और आस्तिक दोनों समाहित हैं। विश्वास में मेरी रुचि नहीं है। मेरा जोर है, जानने के लिए, मानने के लिए नहीं। असल में यह प्रश्न ही एब्सर्ड है कि हम किसी को मानते हैं या नहीं। जो मानता है वह अंधा हो जाता है। जानना है तो सब विश्वास छोड़ देने पड़ेंगे। यदि हम पहले से मानते हैं कि सत्य ऐसा है, तो फिर खोज किसकी होगी? जिसकी पहले से कोई मान्यता नहीं, पक्षपात नहीं, विश्वास नहीं, उसका ही चित्त निर्दोष होता है। उसी पर सत्य की छवि बनती है। सत्य की यात्रा संदेह से, खोज से प्रारम्भ होती है। बिना अनुभूति के सत्य की प्रतीति नहीं होती, जैसे बिना पानी पिये, पानी का वर्णन पढ़कर प्यास नहीं बुझती। संदेह करते-करते, जब संदेह पर भी संदेह होने लगे तो विचार से निर्विचार में छलांग लगती है। फिर सारे प्रश्न गिर जाते हैं। अपनी अनुभूति के प्रति एक सहज विश्वास जन्म लेता है।

यज्ञ के संबंध में प्रश्न का उत्तर देते हुए उन्होंने कहा—

'जब आदि मानव ने पहली बार अग्नि का अविष्कार किया तो वह आविष्कार' आज के एटमबम के आविष्कार से बड़ा आविष्कार था। अग्नि के आविष्कार ने मनुष्य को सभ्य बनाया। उसने उनकी जंगली पशुओं से रक्षा की। रात्रि के अंधकार से उनका भय दूर किया। शीत से उनकी रक्षा की। उन्होंने भोजन पकाकर खाना प्रारम्भ किया। अग्नि के आविष्कार के बाद मनुष्य ने अग्नि को देवता मानकर उसकी पूजा आरम्भ कर दी। अपना भोजन वह अग्नि को भेंट करने लगे। अन्न, घृत और अन्य सुगन्धित वस्तुएं अग्नि में डालकर उन्होंने उसका गुणगान किया। पर उपनिषद् काल तक आते-आते ऋषियों ने पूरे जीवन को ही एक यज्ञ माना। गीता में भगवान कृष्ण भी जीवन यज्ञ करते हुए घृत-सामग्री यज्ञ में डालना, सामग्री का अपव्यय कहते हैं। इससे कोई वातावरण शुद्ध नहीं होता। भारत वर्ष में हजारों वर्ष से यज्ञ हो रहे हैं पर यहां का वातावरण और यहां के लोग कितने शुद्ध हैं, यह सभी को मालूम है। अन्य कई देशों में जहां लोग यज्ञ को जानते तक नहीं, वहां का वातावरण कहीं अधिक शुद्ध है। और लगता है आपने सभी उपनिषद् नहीं पढ़े? मंडूक वृहदारण्यक, उपनिषद् में यज्ञों के वैदिक कर्मकाण्डों को व्यर्थ व ढकोसला बताते हुए ब्रह्माण्ड में पिंड में हो रहे क्रियाकलापों को ही यज्ञ माना गया है। गीता के चौथे अध्याय में भी कृष्ण ने जीवन को ही यज्ञ माना है। इसलिए यज्ञ करना, घृत-सामग्री का व्यर्थ अपव्यय है।

आचार्यश्री का सतर्क उत्तर सुनकर सत्यप्रिय व उनके समर्थक हत्प्रभ रह गये। उन्हें कुछ उत्तर सूझ ही नहीं पड़ा। हताशा में वह शोर करते हुए आचार्यश्री के विरोध में नारे लगाने लगे। पर ऐसे लोगों की संख्या बहुत कम थी। लोगों ने उन्हें बिठा दिया। अब आचार्यश्री ने स्वामी सत्यप्रिय के दिए

कागजों के पुलिंदे में से चौथा प्रश्न पढ़कर, ज्यों ही उसका उत्तर देना आरम्भ किया, तभी भीड़ में से आठ दस लोग खड़े होकर शोर करने लगे—'रजनीश नास्तिक है,' 'धर्म विरोधी है,'—वह इस प्रकार के नारे लगाने लगे। विरोधियों के पास आचार्यश्री द्वारा दिए उत्तरों का केवल यही प्रत्युत्तर था। जनता ने उन लोगों को ललकारा—यदि साहस है तो मंच पर आकर आचार्यश्री की बात का उत्तर दो। कायरों की तरह शोरगुल क्यों करते हो?

तभी उन्हीं विरोधियों में से किसी ने माइक तथा स्पीकरों के बीच की तार काट दी। जनता ने उनमें से कुछ को पकड़कर जैसे ही मारना शुरू किया, शेष सभी विरोधी भाग गये, और बवंडर शांत हो गया। माइक ठीक करने का प्रयास किया गया पर विरोधी लोग बिजली के तार काटकर अपने साथ ले गये थे।

इतने में पुलिस आ गई। एस.पी. ने इस संबंध में आचार्यश्री के पास आकर खेद प्रकट किया और अगले दिन पुलिस की समुचित व्यवस्था करने का आश्वासन दिया।

रात्रि में आचार्यश्री का प्रवचन एक अन्य स्थान पर आयोजित था जहां रोटरी लायन्स के सदस्यों के साथ नगर का प्रबुद्ध वर्ग उपस्थित था। वहां एक घन्टे के प्रवचन के बाद आचार्यश्री ने लोगों के प्रश्नों के भी उत्तर दिए।

तीसरे दिन दोपहर में गेस्टहाऊस में उनसे मिलने, उनके दर्शन और, चरण-स्पर्श करने लोगों का मेला लगा रहा। लोग ध्यानै के संबंध में जिज्ञासाएं प्रकट कर रहे थे।

सायंकाल सभा में २५-३० हजार जनता सुनने के लिए आई थी। पुलिस की भी समुचित व्यवस्था थी। उस दिन आचार्यश्री डेढ़ घण्टे तक बोले। सभी मंत्र मुग्ध होकर उन्हें सुन रहे थे। उन्होंने अपना प्रवचन प्रारम्भ करते हुए कहा—

मेरे प्रिय आत्मन्

आप लोगों की आज इस सभा में दुगुनी-तिगुनी उपस्थिति को देखकर यह स्पष्ट है कि आप लोगों में सत्य को जानने की प्यास है, जिज्ञासा है। सत्य के अनुभव से प्रभु का साक्षात्कार तभी होता है जब उसे जानने की, पाने की गहरी अभीप्सा हो। दृढ़ संकल्प हो। आपकी नगरी सिख गुरुओं की नगरी है। नानक की गुरुवाणी भी आपके पूर्वजों को इसी नगरी में सुनने का सौभाग्य मिला था। सिख का अर्थ ही होता है शिष्य। शिष्य का भाषा में अपभ्रंश रूप ही सिख है। सिख वही है जो गुरु की सीख लेने को तैयार है। सिख वही है जो अपना सिर कटाने को तैयार है। शिष्य जब गुरु के पास जाता है तो भेंट में गुरु उससे शीश ही मांगता है। शीस अर्थात् सिर। सिर अंहकार का प्रतीक है। अहंकार ही सत्यप्रप्ति में सबसे बड़ी बाधा है। 'मैं' भूलकर गुरु चरणों में सर्वात्म समपर्ण करने के बाद ही यात्रा आरम्भं होती है। आचार्यश्री ने ज्ञान, भक्ति का इतना सुन्दर विवेचन प्रस्तुत किया कि डेढ़ घंटे तक लोग सांस रोके मन-प्राणों से उसे पीते रहे। अमृत बरस रहा था और लोग छक कर उसे पी रहे थे।

सभा के बाद, 'आचार्यश्री—जिंदाबाद', 'आचार्य रजनीश—जिंदाबाद' के नारों से आसमान गूंजने लगा। सभा के बाद एस.पी. ने अलग से आचार्यश्री को बताया कि कल सभा में कुछ गुंडे आप पर आक्रमण भी करना चाहते थे। जनता के तेवर देखकर और हमारे समय पर आ जाने से उनकी चाल कामयाब नहीं हुई। उन्होंने स्वीकार किया कि कल सभा के बाद उन्होंने दो-चार गिरफ्तारी भी की थीं, तभी उनमें से एक ने सारी बातें उगली हैं। आचार्यश्री ने उसे छोड़ देने का अनुरोध किया। एस.पी. मुस्कुराकर बोले—उन्हें छोड़ तो दूंगा पर आपके इस शहर से विदा होने के बाद।

आचार्यश्री वापस गेस्ट हाऊस लौट आये। उसी दिन लगभग दो घंटे बाद स्वर्णमंदिर से शिरोमणि

गुरुद्वारा प्रबंधक समिति के कुछ सदस्य उन्हें स्वर्णमंदिर आमंत्रित करने आये। अगले दिन आचार्यश्री स्वर्ण मंदिर गए। वहां उनका अभूतपूर्व सम्मान किया गया। गैर सिखों में पंडित नेहरू के बाद प्रबंधक समिति द्वारा उन्हीं का स्वागत किया जा रहा था। उन्हें शस्त्र-संग्रहलाय, पुस्तकालय, लंगर दिखाने के बाद दर्शनों के लिए हरमिन्दर साहब ले जाया गया। उन्हें गुरु ग्रंथ साहिब की एक प्रति भेंट में दी गई। आचार्यश्री ने प्रवचन आरम्भ करते हुए कहा—

जपुजी साहब, 'ओंकार सत्नाम' से आरम्भ होता है। वह एक है, ओंकार स्वरूप है और सत्नाम है। जो भी हमें दिखाई देता है, वह अनेक है। तुम जहां भी देखते हो, भेद दिखाई देता है। सागर नहीं दिखाई देता हालांकि वह है सागर ही। लहरें तो ऊपर-ही-ऊपर हैं। आंख से ऊपर से, बाहर की चीज दिखाई देती हैं। भीतर को देखने के लिए भीतर की आंखें चाहिए। सागर को जानना है तो उसमें डूबना ही होगा। जैसे नानक नदी में डूब गए, गहराई में डूब गये। तीन दिन बाद जब वह नदी की लहरों के ऊपर आये, तो वह दूसरे नानक थे। वह परमात्मा के पास से भेंट कर आये थे। जपुजी उनका प्रथम वचन था। एक ओंकार सत्नाम। लहरें अनेक हैं। लहरें सपना हैं। सागर एक है। हमें लहरों के रूप में अनेक दिखाई देता है। जब तक एक न दिखाई दे, हम भटकते ही रहेंगे।

नानक कहते हैं, उस एक का जो नाम है वही ओंकार है। और सब नाम तो आदमी के दिए हैं। राम कहो, कृष्णा कहो, अल्लाह कहो, यह नाम आदमी के दिए हैं। हमने बनाये हैं। लेकिन एक उसका नाम है जो हमने दिया—नहीं वह ओऽम् है। वह ओंकार है। जब सारे शब्द खो जाते हैं, चित्त शून्य हो जाता है, आदमी सागर में लीन हो जाता है, तो भी गहन सन्नाटे में ओऽम की ध्वनि सुनाई देती है। वह अनाहत नाद है। सभी नाद चोट से उत्पन्न होते हैं। वीणा के तारों को छेड़ने के लिए हाथ चाहिए। सभी ध्वनियों के लिए हेतु का होना जरूरी है। झरना भी पत्थरों से टकराता है तभी आवाज होती है। हवा भी पत्तियों से होकर गुजरती है तभी सरसराहट होती है। पर ओऽम् की ध्वनि तो बराबर गूंजती ही रहती है।

दोनों कान उगुंलियों से बंद करो, वही ओऽम् गूंज रहा है। विज्ञान भी कहता है कि हम सारे अस्तित्व को तोड़ते चले जायें तो अंत में केवल विद्युत ऊर्जा बच रहती है। विज्ञान यह भी कहता है कि ध्वनि, आवाज यह भी विद्युत का ही एक रूप है। मूल विद्युत है। धर्म कहता है विद्युत, ध्वनि का ही एक रूप है। विज्ञान ने पदार्थ को तोड़कर, अणु का विखंडन कर इस विद्युत की खोज की है। धर्म ने तोड़कर नहीं, खंड-खंड को जोड़कर अखंड को पाया है। उस अखंड में, समाधि में एक ओंकार की ही ध्वनि गूंजती रहती है। जो उसके नाम की रटन में डूब जाएगा वह उसको पा लेगा। और सत् शब्द भी समझ लेने जैसा है। संस्कृत में दो शब्द हैं—सत्य और सत्। सत्य यानी ट्रुथ तो दार्शनिक की खोज है। सत् का अर्थ होता है अस्तित्व, 'एक्जिसटेंस।' परमात्मा दोनों हैं। सत् भी और सत्य भी। उसे विज्ञान या कला नहीं खोज सकती। धर्म उसी की तलाश है जो दोनों हैं, एक साथ हैं। तो नानक जब कहते हैं—''एक ओंकार सत्नाम'' तो इस सत् में दोनों हैं—सत्य और सत्। जो गणित की तरह भी सत्य है और काव्य की तरह सत् भी। हृदय की भावना की तरह भी है और मस्तिष्क की प्रतीत की भांति भी। जहां मस्तिष्क और हृदय मिलते हैं, वहीं धर्म प्रारम्भ होता है। जब मस्तिष्क और हृदय दोनों मिल जायें, दोनों का संयोग हो जाये, तभी हम ओंकार में प्रवेश करते हैं।

इसके पश्चात् आचार्यश्री ने **''करतापुरखु निरभउतिखैर अकाल मूरति अजनि सैभं गुरुप्रजादि''** की भी तीस मिनट तक व्याख्या की। वहां तालियों के स्थान पर लोग नारे लगाते थे— सत् श्री अकाल, बोले सो निहाल। पहले आचार्यश्री को यह बड़ा अजीब-सा लगा। पर फिर शीघ्र समझ गए कि गुरुद्वारों में तालियां न बजाकर अपनी प्रसन्नता व्यक्त करने का यही नियम है।

उन्होंने "सत् सिरी अकाल" की व्याख्या करते हुए कहा—"आपका यह नारे लगाना तो बहुत अच्छा है पर क्या कभी आपने "सत्य" क्या है और अकाल का क्या मर्म है, इसे कभी गहराई से समझने का प्रयास किया है? एक सत्य को जान लेना ही "उसे" जान लेना है, जिसे जानने के बाद फिर कुछ और जानना शेष नहीं रह जाता। एक ओंकार सत्नाम। वह ओंकार ही सत्य का नाम है। वह घट-घट में व्याप्त है। वही हृदय में धड़कता है, वही सांसों को चलाता है, वही हवाओं में थिरक रहा है, पानी के साथ वही प्रवाहमान है, वही पूरे आकाश में फैला है, वही अग्नि में ज्योति है वही पूरी पृथ्वी में है।"

नानक ने कहा—वह संसार से पृथक नहीं है और न संसार उससे जुदा है। इसीलिए नानक ने संसार छोड़ने की बात नहीं की। संसार में रहते हुए उसे जगत की हर धड़कन में महसूसने की बात की। वही अकाल है। काल अर्थात् वह समय की सीमा के परे है। और काल का दूसरा अर्थ है मृत्यु। वह मृत्यु से परे है। अर्थात् अमृत स्वरूप है। केवल शरीर नष्ट होता है। जो समाधि में समय से परे होकर इसे जान लेता है, जिसे उसका बोध हो जाता है वह अकाल को उपलब्ध होता है।

उनके प्रवचन के बाद लोग आ-आकर उनके चरण-स्पर्श करने लगे।

एक बूढ़ा सरदार सबसे अंत में अश्रुपूरित नेत्रों से उनके चरण स्पर्श करता हुआ बोला "सरदार जी! आपने अपने केश क्यों कटा लिए हैं?"

आचार्यश्री यह सुनकर मुस्कुराए। अभी तक लोग उनसे केवल दाढ़ी के बाबत ही पूछते थे, कि आप दाढ़ी क्यों रखते हैं? वह जैसे पूछ रहा था कि आप केश क्यों नहीं रखते? वह जैसे पूछ रहा था—आप इतने अधिक धार्मिक व्यक्ति, नानक वाणी के मर्मज्ञ और आप केश नहीं रखते? वह उन्हें सरदार ही समझ रहा था। स्वर्णमंदिर में नानक पर या गुरुवाणी पर आज तक जितने भी प्रवचन हुए थे, वह केवल सरदार ही देते आये थे और सरदार के लिए पांच ककार अनिवार्य हैं। केश, कृपाण, कंघी, कच्छा और कड़ा।

आचार्यश्री मजाक के मूड में बोले—"मैं महसूस करता हूं कि मैं अभी तक पूरा सरदार नहीं हो पाया हूं। और मैं जो नहीं हो पाया हूं या जो मैं नहीं हूं, उसका एलान करना तो गलत है न? इसलिए अभी चार ककार मैंने मान लिए हैं। पर केश तब रखाऊंगा जब पूरा सरदार हो जाऊंगा।"

वह भक्तिभाव से बोला—"आप बिलकुल ठीक ही फ़रमाते हैं। आप हम लोगों से कहीं ऊंचे सरदार हैं। हम लोग तो पांचों ककार रखकर ही अपने को पूरा सरदार समझते हैं। पर आप ही सच्चे सरदार हैं।"

और वह प्रसन्न होकर चला गया। आचार्यश्री गेस्ट हाऊस लौट आये और दूसरे दिन वापस जबलपुर चल पड़े।

❑ ❑

आचार्यश्री अपने साधक-साधिकाओं की ध्यान से संबंधित जिज्ञासाओं का तो समाधान करते ही थे, पर उसके ही साथ जो साधक या साधिकाएं व्यक्तिगत जीवन के संबंध में भी पत्रों द्वारा उनका मार्गदर्शन चाहते थे, उन्हें भी निराश नहीं करते थे।

उदयपुर से कु. रोशन जाल ने प्रेम और विवाह के संबंध में उनका मार्गदर्शन चाहा था। उसके माता-पिता उसका विवाह करना चाहते थे पर वह किसी अन्य से प्रेम करती थी।

आचार्यश्री ने इस संबंध में उसे लिखा—

प्यारी रोशन,
प्रेम!

तेरा पत्र पढ़कर आनंदित हूं।
यह भी मुझे ज्ञात है कि उस दिन तू मिलने आई, तो चुप क्यों रह गई थी?
लेकिन मौन भी बहुत कुछ कह देता है।
और शायद शब्द जो नहीं कह पाते हैं, वह मौन कह देता है।
प्रेम और विवाह के संबंध में तूने पूछा है।
प्रेम अपने में पूर्ण है।
वह और कुछ भी नहीं चाहता है।
विवाह कुछ और की भी चाह है।
लेकिन पूर्ण प्रेम कहां है?
इस पृथ्वी पर कुछ भी पूर्ण नहीं है।
इसलिए प्रेम, विवाह बनना चाहता है।
यह अस्वाभाविक भी नहीं है।
लेकिन उपद्रवपूर्ण तो है ही।
क्योंकि प्रेम आकाश की मुक्ति है और विवाह पृथ्वी का बंधन है।
प्रेम से कोई तृप्त हो सके, तो ठीक है।
अन्यथा, विवाह से कौन कब तृप्त हुआ है?
लेकिन जीवन से भागना कभी मत।
पलायन आत्मघात है।
जीवन को जीना उसकी सफलताओं में भी और असफलताओं में भी।
हार और जीत सभी जरूरी हैं।
फूल और कांटे—सभी पर चलकर ही प्रभु के मंदिर तक पहुंचा जाता है।
और परमात्मा से कभी भी कुछ मत मांगना।
क्योंकि मांग और प्रेम में विरोध है।
प्रेम तो बस, देता ही है।
और जो प्रेम सब दे देता है—स्वयं को भी वही प्रार्थना बन जाती है।

रजनीश के प्रणाम
20-6-69 प्रभात

पुनश्च—जब मैं अजमेर आऊं, तू भी आ जाना। तेरे प्रश्न ऐसे हैं कि सामने बैठेगी, तभी आसानी से उत्तर दे सकूंगा, क्योंकि, तब बिना कहे भी बहुत कुछ कह दिया जाता है।

कुछ ही दिन पश्चात् उन्हें पूना से बिन्दो और नीलम के विवाह का निमंत्रण मिला जिसके साथ पत्र में इस अवसर पर उनका आशीर्वाद मांगा गया था और विवाह के अवसर पर पूना आने का अनुरोध किया गया था।

आचार्यश्री ने तुरन्त उत्तर दिया—

प्यारी नीलम,

प्यारे बिन्दी

प्रेम!

तुम प्रेम के मंदिर में प्रवेश करोगे और मैं उपस्थित नहीं रह सकूंगा,
इससे मन बहुत दुःखता है।
लेकिन, मेरी शुभकामनाएं तो वहां होंगी ही।
और, हवाओं में तुम उनकी उपस्थिति अनुभव करोगे।
तुम्हारा जीवन प्रेम के आकाश में स्वतंत्रता का जीवन बने, यही
प्रभु से मेरी कामना है।
क्योंकि, अकसर प्रेम की आड़ में परतंत्रता आ जाती है और प्रेम मर जाता है।
प्रेम के फूल तो केवल स्वतंत्रता की क्यारियों में ही खिलते हैं।
इसलिए, तुम अपने विवाह को विवाह मत बनने देना।
तुम उसे प्रेम ही रहने देना।
विवाह के नाम पर प्रेम की कितनी कब्रें बन गई हैं?
तुम एक-दूसरे को बांधना मत, वरन् एक-दूसरे को मुक्त करना।
क्योंकि प्रेम मुक्त करता है। और जो बांधता है, वह प्रेम नहीं है।
वहां सबको मेरे प्रणाम।

रजनीश के प्रणाम
26-6-69

❑ ❑

कई अन्य पत्रों का भी उत्तर देने के बाद उसी रात आचार्यश्री दिल्ली चल दिए। वहां लाला सुंदरलाल ने उनके दो प्रवचनों का आयोजन किया था।

❑ ❑

ज्योतिष के अंधविश्वास से मुक्ति

आचार्यश्री जब भी देहली जाते, प्रायः सेठ गोविंददास के निवास स्थान पर ठहरते थे। पर वह उनके अंध ज्योतिष-विश्वास को बरदाश्त नहीं कर पाते थे।

पिछली बार जब वह दिल्ली आये थे तो सेठजी ने उन्हें स्वयं स्टेशन पर लेने आये थे। जब वह कार द्वारा उनके निवास स्थान के निकट पहुंचे थे, तो सेठजी ने घड़ी देखकर ड्राइवर से कहा था—''आज ट्रैफिक कम होने के कारण हम लोग घर कुछ जल्दी आ गये। तुम तीस मिनट गाड़ी को इधर-उधर घुमाते रहो। हम लोग ठीक आठ बजे घर में प्रवेश करेंगे।'' उन्होंने खीजते हुए कहा था—''लगता है आप गृह-प्रवेश का समय ज्योतिषी से पूछकर आये हैं।''

उन्होंने उत्तर दिया था—मैं हमेशा घर से जब कभी बाहर जाता हूं, तब ज्योतिषी से समय पूछ कर ही ठीक उसी समय घर से निकलता हूं। ज्योतिषी ग्रह-नक्षत्रों की गति देखकर ही मेरे उत्तर या दक्षिण यात्रा करने का समय निश्चित करता है।

उन्होंने कहा था—''सेठ जी! सभी ग्रह-नक्षत्र हमसे लाखों-करोड़ों मील दूर हैं। इस अंतरिक्ष में हमारी जैसी जाने कितनी पृथ्वी हैं? क्या आप समझते हैं कि इतनी दूर घूमते ग्रह-नक्षत्रों को पृथ्वी पर चलने वाले सेठ गोविन्ददास का खयाल रहता है कि वह उन्हें कब अनिष्ट से बचायें। यह महज मनुष्य का अहं है कि वह समझता है कि सभी ग्रह नक्षत्र उसके लिए ही उसके चारों ओर घूम रहे हैं।''

वह दबी जबान से बोले थे—''आप शायद ठीक कहते हैं। पर मैं फिर भी कोई रिस्क नहीं लेना चाहता। और उन्होंने उत्तर दिया था—''आप मेरे तर्क का उत्तर तर्क से न देकर केवल उसे टालने का प्रयास कर रहे हैं।'' सेठजी ने कहा था—इस प्रश्न पर तर्क करने से कोई लाभ ही नहीं। मैं किसी भी दशा में कोई रिस्क लेना ही नहीं चाहता। हजारों वर्षों से ग्रह-नक्षत्रों की गति की गणना करके जब ज्योतिषी सूर्य-ग्रहण, चन्द्र-ग्रहण का ठीक-ठाक समय बतला सकते हैं, तो उनकी बात को स्वीकार न करने का कोई प्रश्न ही नहीं उठता।''

उन्होंने कहा था—हिरोशिमा या नागासाकी में अणुबम से जो लाखों स्त्री-पुरुष एक साथ मरे, उनमें विभिन्न आयु के स्त्री-पुरुष और बच्चे थे। क्या सभी की जन्मपत्री एक-सी थी? फिर सभी की मृत्यु एक साथ कैसे हुई?

सेठजी मौन रहे थे। उन्होंने कोई उत्तर नहीं दिया। उन्होंने घड़ी देखकर कहा था—''आपके ज्योतिषी ने यदि गृह-प्रवेश का समय ग्यारह बजे निकाला होता तो क्या आप मुझे तीन घंटे इधर-उधर घुमाते रहते?''

सेठजी ने उत्तर दिया था—''तीन घंटे के लिए आपको किसी अतिथि गृह में ठहरा देता। पर आधा घंटा तो बात करते निकल जाएगा। दस मिनट तो बीत चुके हैं।''

उन्होंने कहा था—''पर आप देहली से बाहर यात्रा करने पर ही मुहूर्त दिखवाया करते थे, आज मुझे रिसीव करने और मेरे घर में प्रवेश करने का मुहूर्त आपने किस लिए निकलवाया?''

वह कुछ हिचकते हुए बोले थे—''मैंने मुहूर्त आपके लिए निकलवाया था। मैं चाहता हूं—

आपकी यह देहली यात्रा सफल, व आनंददायक हो और शांति से गुजर जाये।" और उन्होंने उत्तर दिया था—"मेरी सफलता तो इसी में है कि मेरे प्रवचनों से लोगों में प्रतिक्रिया हो, तिलमिलाहट हो। उनकी नींद टूटे। वह मेरे ऊपर जूते-चप्पल फेंकें। यदि यह कुछ भी नहीं होता तो मैं समझता हूं कि मेरा बोलना निरर्थक रहा। मैं यह चाहता ही नहीं कि लोग ऊपर-ही-ऊपर मेरी बात सुनकर उसे तुरन्त भूल जायें। पर मैं देखता हूं कि लोगों की नींद बहुत गहरी है। शिक्षित लोग भी संस्कारों और परम्पराओं के दायरे से बाहर नहीं निकलना चाहते। अब यही लीजिए—आप जैसा वरिष्ठतम संसद सदस्य, साहित्यकार और विद्वान भी मेरे सम्पर्क में आने के बावजूद अभी तक ज्योतिषियों के चक्कर में पड़ा हुआ है। उसे भविष्य से भय लगता है। मैं तो अभय का शंखनाद फूंक रहा हूं। एक दिन मृत्यु तो होनी ही है। और मृत्यु भी इस शरीर की होनी है। वह तो उत्सव की घड़ी होगी।"

सेठ गोविंददास लज्जित होकर बोले थे—"आप कहते तो ठीक हैं। बुद्धि को अपील भी करती है यह बात। पर जीवन भर की आदत एक साथ तो छूटती नहीं। अब वह ज्योतिषी मेरे परिवार से शुरू से संबद्ध हैं। वह मेरा कार्यक्रम जानकर स्वयं मुहूर्त निकालकर ले आता है। और कई बार उसकी भविष्यवाणियां सत्य भी हुई हैं। अगर उसे अपने से दूर करता हूं तो उस बेचारे को इधर-उधर भटकना होगा।" उन्हें अच्छी तरह याद है, उन्होंने कहा था—"आपसे तर्क करना ही व्यर्थ है। पर मैं सोच रहा हूं, अगली बार दिल्ली आऊंगा तो कहीं और रुकूंगा।"

सेठ गोविंददास तुरंत विह्वल होकर बोले थे—"यह हरगिज नहीं हो सकता। मेरे यहां आपको कोई असुविधा हो तो कृपया बताएं।"

उन्होंने हंसकर उत्तर दिया था—"आपके महल जैसे वातानुकूलित निवास में जहां आप और आपकी पत्नी प्रेम से मेरी हर सुविधा का ध्यान रखते हैं, कष्ट होने का प्रश्न ही नहीं। पर आपके यहां रुककर आपके ज्योतिषी से मैं आतंकित हूं। अब मैं आपके यहां से कहीं भी जाऊंगा, तो वह ज्योतिषी हर बार मुहूर्त निकालेगा। और मैं समय में बंधना नहीं चाहता। मेरे लिए समय है ही नहीं।"

इसी बीच गाड़ी सेठजी के भव्य पोर्टिको में आकर खड़ी हो गई थी। कार से उतरते हुए सेठ जी ने कहा था—मैं आपको विश्वास दिलाता हूं कि आपके इधर-उधर जाने के लिए मैं मुहूर्त नहीं निकलवाऊंगा। पर देहली आकर आप कहीं और नहीं रुक सकते। मेरा यह सौभाग्य आप मुझसे छीनें नहीं।

और इस बार देहली आकर आचार्यश्री ने सेठ गोविंददास को अपने देहली कार्यक्रम की सूचना नहीं भेजी थी। वह लाला सुंदरलाल के साथ ठहरे थे। वह सेठजी पर जानबूझ कर चोट करना चाहते थे।

पर दूसरे दिन सुबह ही जब समाचार-पत्रों में आचार्यश्री के रात्रि-प्रवचन का समाचार प्रकाशित हुआ, सेठ गोविंददास का तुरन्त फोन आया—"मैं जानता हूं, आप मुझसे रुष्ट हैं। मैं बिना ज्योतिषी से पूछे सीधे आपके ही पास आ रहा हूं। ठहरना आपको मेरे ही साथ है। मैं लाला सुंदरलाल को समझा-बुझाकर उनसे क्षमा मांग लूंगा।"

और पौन घंटे बाद ही सेठजी, लाला सुंदरलाल के निवास पर आ पहुंचे। पंद्रह-बीस लोग पहले ही से आचार्यश्री से मिलने के लिए आये हुए थे। चर्चा-परिचर्चा-ज्योतिष के संबंध में ही चल रही थी। सेठ गोविंददास का प्रणाम स्वीकार कर चर्चा आगे बढ़ाते हुए आचार्यश्री ने कहा—"यह सेठ गोविंददास हैं। आप सभी इनसे भली-भांति परिचित हैं। आप बुद्धिमान हैं, विचारशील हैं, साहित्यकार हैं, वरिष्ठतम संसद सदस्यों में से एक हैं, मेरे प्रेमी मित्र भी हैं, पर अपने संस्कारों और

अंधविश्वासों से मुक्त नहीं हो पाते। इन्हें ज्योतिष पर अगाध विश्वास है। घर से निकलते हैं तो ज्योतिष से मुहूर्त पूछकर निकलते हैं। और इसके बावजूद भी ऐसा नहीं है कि यह दुर्घटनाओं या आपदाओं से बच जाते हों। जो होना है वह तो होकर ही रहता है।''

फिर इनका ज्योतिषी इन्हें समझा देता है कि आपकी घड़ी सुस्त रही होगी। मुहूर्त के सही समय का पालन नहीं हो पाया होगा। या फिर वह समझाता है कि बड़ा अनिष्ट तो टल गया। मैंने मुहूर्त निकाला था और जो आपके साथ हुआ वह संभावित अनिष्ट से बहुत कम है। और यह भी मन को वैसा ही समझा लेते हैं। इतने मुहूर्त और ज्योतिष का पालन करने के बावजूद आपको युवा पुत्र का विछोह हुआ। वरिष्ठतम कांग्रेसी संसद सदस्य होते हुए भी, यह मंत्री नहीं हो पाए, क्योंकि मंत्री होने के लिए चालाकी, चापलूसी और जोड़-तोड़ की राजनीति की जरूरत है। यह सीधे सच्चे भले आदमी हैं और यही राजनीति में इनकी अयोग्यता है। अब ज्योतिषी लाख मुहूर्त निकाले, इनके स्वभाव को तो बदल नहीं सकता। और अच्छा है यह मंत्री नहीं हुए। मंत्री होकर यह और दुःखी हो जाते।

यह ध्यान भी कर रहे हैं, शांत भी हो रहे हैं, पर आनंदित नहीं हैं। और आनंदित इसीलिए नहीं हो पाते कि पूरी तरह संस्कारों से मुक्त नहीं हो पाते। पंडित-पुरोहित या ज्योतिषी यह हमारी निजता को, स्वतंत्रता को खंडित कर हमारी डेस्टिनी, प्रारब्ध पहले से निश्चित कर देते हैं। विवेक से चुनाव का हमें अवसर नहीं देते। एक भय की धारा में हमें कैद कर देते हैं। विचारों की जंजीरों से हमें कैद कर देते हैं। आत्मा की स्वतंत्रता का अपहरण कर हमें गुलाम बना देते हैं। हमें संदेह नहीं उठाने देते, विचार नहीं करने देते और उससे पहले ही हमसे कहा जाता है विश्वास करो। बिना विचार किये ऐसा महज अंधविश्वास होता है, जो मात्र भटकाता है।

ग्रह, नक्षत्र, पृथ्वी सभी अपनी गति से घूम रही हैं। गणना कर यह ज्ञात किया जाता है कि कब ग्रहण पड़ेगा, कब धूमकेतु उदय होगा? ग्रहों का पृथ्वी पर प्रभाव होता है, इससे मैं इनकार नहीं करता। पृथ्वी के साथ आंशिक रूप से पृथ्वीवासियों के भी शारीरिक या मानसिक स्वास्थ्य पर भी प्रभाव हो सकता है। पर यह प्रभाव मनुष्यों पर एक समान होगा। किसी निश्चित मुहूर्त में निकलने पर न किसी व्यक्ति का लाभ होता है और न हानि। सौ में से दो-चार बार संयोग से जब उनकी बात सत्य हो जाती है तो वह ज्योतिष की सफलता की डींग हांकने लगते हैं। मनुष्य भी उनसे चमत्कृत होकर सहज विश्वासी हो जाते हैं। पर सौ में पंचानबे बार जब उनकी भविष्यवाणी गलत होती है तो उनके पास बहानों की एक लम्बी फेहरिस्त है। अनुष्ठान के पालन में हुई वह किसी भी त्रुटि का हवाला दे देते हैं। अनुष्ठान कराए ही इसलिए जाते हैं ताकि एक तो उनसे उनका आर्थिक लाभ हो और दूसरे उन्हें उनके द्वारा निकल भागने का बहाना मिल जाए।''

दो क्षण रुककर आचार्यश्री ने कहा—भारत के लगभग सभी राजा-महाराजाओं और सम्राटों के दरबार में एक राजज्योतिषी अवश्य रहता था। ज्योतिषी से मुहूर्त पूछकर ही वह युद्ध करने जाते थे। शुभ मुहूर्त में ही मंदिर बनाए जाते थे। शुभ मुहूर्त में ही मंदिर के देवता की मूर्ति में प्राण-प्रतिष्ठा की जाती थी। पर इतिहास साक्षी है कि जब मुसलमानों का आक्रमण हुआ तो शुभ मुहूर्त में क्षत्रियों द्वारा प्रारम्भ किये युद्धों में वह बराबर पराजित होते गये। सैकड़ों साल देश गुलाम रहा। गुलामी के मूल में शंकराचार्य का यह सिद्धांत कि—''संसार माया है, और ब्रह्म ही एक मात्र सत्य है'', कम जिम्मेदार नहीं है। जब संसार असत्य है, राजपाट असत्य है, हार-जीत, माया और भ्रम है, और जब सब कुछ कर्मों के अनुसार ही होता है फिर संघर्ष करने की आवश्यकता क्या? फिर हिन्दुओं के चार वर्णों में केवल क्षत्रिय ही युद्ध करते थे। समाज के तीन वर्गों को युद्ध से दूर रखा गया। गुलामी आनी

ही थी। रही-सही कसर जैन और बौद्ध दर्शन के अहिंसा सिद्धान्त ने पूरी कर दी। चूंकि युद्ध में हिंसा होती है, इसीलिए लोग मन से युद्ध से विमुख हो गए। संसार को माया, भ्रम समझने के कारण, भारत में विज्ञान का जन्म न हो सका। यहां बारूद-तोप और बंदूकें नहीं बनीं। बाबर या क्लाइव ने निर्णायक युद्ध अपनी कूटनीति और तोपों के बल पर ही जीते।''

फिर वह कुछ रुककर बोले—''अहिंसा का पालन करना मनुष्यता का धर्म है। किसी की हत्या न करना या आक्रमण न करना उचित है। पर कोई हमारा अस्तित्व ही मिटाना चाहे तो आत्मरक्षा करना हिंसा नहीं है। गांधीजी ने भी यह जानकर कबाइली लोगों के काश्मीर पर आक्रमण के समय इसीलिए भारतीय फौजों को आशीर्वाद दिया था। भगवान कृष्ण ने इसीलिए गीता में अर्जुन से कहा था—मोह, त्याग और युद्ध कर।''

आचार्यश्री का प्रवचन एक घंटे तक चलता रहा। सभी मंत्र मुग्ध होकर उनके प्रवचन का एक-एक शब्द पी रहे थे।

प्रवचन के बाद व कुछ एकान्त होने पर सेठ गोविंददास ने आचार्यश्री से अपने साथ चलने का आग्रह करते हुए कहा—''मैं जानता हूं कि आपने इस बार मुझे दिल्ली आने की सूचना क्यों नहीं दी? पर आप निश्िंचत रहें, मैं आपके लिए अब ज्योतिषी से मुहूर्त नहीं निकलवाऊंगा। मैंने सुंदरलाल जी से आज्ञा ले ली है। आपको मेरे ही यहां रहना है।''

आचार्यश्री मुस्कुराकर बोले—''मेरे लिए तो मुहूर्त नहीं निकलवाएंगे, पर अपने लिए? अपने बाबत अब आपका क्या विचार है?''

सेठ गोविंददास हंसकर बोले—''एक दिन ऐसा आएगा जरूर, जब मैं संस्कारों और अंधविश्वासों से मुक्त हो जाऊंगा। आपने उनकी जड़ें तो हिला ही दी हैं। शेष मेरी साधना और संकल्प पर निर्भर है।''

और पंद्रह मिनट बाद आचार्यश्री सेठजी के साथ उनके निवास स्थान की ओर चल पड़े।

❑ ❑

राजनीति भ्रष्टाचार रहित और धर्म सापेक्ष कैसे हो ?

केन्द्रीय सरकार के एक मंत्री आचार्यश्री से बहुत प्रभावित थे। उन्होंने अपने मित्र सेठ गोविन्ददास से आग्रह कर उनसे एकान्त में मिलने की इच्छा व्यक्त की। सेठ गोविन्ददास काफी समय से आचार्यश्री से जुड़े थे एवं उनके बहुत ही निकट थे। यद्यपि वह महात्मा गांधी के प्रशंसक थे पर इसके बावजूद आचार्यश्री की गांधीवाद की आलोचना को उन्होंने अन्यथा न लेते हुए स्पष्ट रूप से कहा था—गांधीवाद पर विचार करने से हिचक तो होनी ही नहीं चाहिए। आचार्यश्री जो तर्कपूर्ण आलोचना करते हैं, उससे वही विचलित होता है जो सच्चा गांधीवादी नहीं है। गांधीजी जब स्वयं सत्य को ही जीवन में सबसे अमूल्य मानते थे तो सत्य से परहेज क्यों। गांधीजी ने समय परिस्थिति के अनुसार उस समय जैसा उचित समझा, किया और उससे पूरे देश को लाभ हुआ। हो सकता है, बदली परिस्थतियों में वह नियम वह सिद्धान्त बेमानी हो गये हों। यदि गांधीजी आज होते तो क्या उन पर पुर्नविचार नहीं करते ?

गांधीजी पर एक पुस्तक लिखने से पूर्व संदर्भ ग्रंथों के बाबत उन्होंने आचार्यश्री से परामर्श लिया था। वह जानते थे कि आचार्यश्री ने देश-विदेश में गांधीजी पर प्रकाशित सभी पुस्तकों का गहन अध्ययन किया है ?

इसलिए जब इस बार आचार्यश्री देहली पधारे तो मंत्रीजी की इच्छा के अनुसार उन्होंने उन्हें आचार्यश्री के अपने निवास पर पधारने की सूचना फोन द्वारा दे दी।

सेठजी ने दोनों की भेंट एक पृथक् कक्ष में आयोजित की। मंत्रीजी के अनुरोध पर वह भी उस वार्तालाप में सम्मिलित हुए।

औपचारिक बातचीत के बाद उन मंत्रीजी ने प्रश्न किया—"आप प्रायः राजनीतिज्ञों की बहुत आलोचना करते हैं। आप उन्हें भ्रष्ट एवं अवसरवादी मानते हैं। पर सभी राजनीतिज्ञ तो भ्रष्ट नहीं हैं। गांधीजी, पंडित नेहरू, सरदार पटेल, आचार्य नरेन्द्र देव, जयप्रकाश नारायण, मालवीयजी, टंडनजी, लोहियाजी, शास्त्रीजी व अन्य कई राजनीतिज्ञ तो बहुत ईमानदार एवं बेदाग छवि के हैं। फिर आपकी आलोचना कहां तक उचित है ?"

आचार्यश्री ने उत्तर दिया—"जो सत्ता में नहीं होता, वह राजनीतिज्ञ ईमानदार होता है। वह विरोधियों की आलोचना कर अपने पाक-साफ व्यक्तित्व के कारण ही चुनाव जीतता है। पर सत्ता मिलते ही, चूंकि उसे शासन-तंत्र की शक्ति पाकर पकड़े जाने का भय नहीं होता, अतः वह अगले चुनाव का खयालकर अपने समर्थकों, नाते-रिश्तेदारों और पार्टी को लाभ पहुंचाने के लिए भ्रष्टाचार को डगर पर चल पड़ता है। भ्रष्टाचार से स्वयं मुक्त होकर भी यदि कोई भ्रष्टाचार को प्रोत्साहन देता है, या अपने रिश्तेदारों, मित्रों और पार्टी को अपनी शक्ति की सहायता से लाभ पहुंचाता है, तो भी अप्रत्यक्ष रूप से वह स्वयं भ्रष्ट न होकर भी, भ्रष्टाचार का पोषक है। असल में इसका मूल कारण है कि राजनीति में धर्म का अब कोई स्थान नहीं रहा। राजनीतिक धार्मिक व्यक्ति नहीं है। अथवा राजनीति धर्मनिरपेक्ष है। धर्म से मेरा अर्थ हिन्दू-मुसलमान के संप्रदायों से नहीं। वस्तुतः

पूरे विश्व में धर्म एक ही है, संप्रदाय पचासों हैं। मेरे देखने पर, धर्म निरपेक्ष होने का अर्थ है, सत्य से, प्रेम से, जीवन से तथा ज्ञान से निरपेक्ष हो जाना। कोई भी राजनीति यदि धर्म से निरपेक्ष होगी, तो वह मनुष्य के अंतस में गहरा प्रवेश नहीं कर सकती। इसीलिए वह दु:ख और पीड़ा से भर जाता है। मनुष्य जाति के इतिहास में कोई भी देश स्वतंत्र होकर इस प्रकार पतित नहीं हुआ और यह दुर्घटना इसलिए हुई, क्योंकि धर्म, राजनीति से पृथक् कर दिया गया और केवल लोकसभा या विधानसभा में पहुंच जाना ही राजनीति नहीं है। राजनीति के भीतर अर्थ भी है, शिक्षा भी है, और समाज, कला और विज्ञान भी है। जीवन को बदलने की, जीवन को चलाने की व उसे निर्मित करने की सक्रिय सत्ता का नाम राजनीति है। यह इस देश का दुर्भाग्य रहा है कि हजारों वर्षों से धर्म और राजनीति का संबंध टूट गया। दोनों ने एक-दूसरे की तरफ पीठ कर ली। धार्मिक आदमी को लगता था कि ''कोई नृप होए हमें का हानी।'' धर्म को हजारों वर्षों से राजनीति ने धर्म-निरपेक्ष बना दिया। धर्म को राजनीति से पृथक हो जाने के कारण ही, हमारा देश हजारों वर्षों तक गुलामी भोगता रहा। देश के धार्मिक लोगों ने, संतों ने गुलामी को हटाने के लिए कोई प्रयास ही नहीं किया। और राजनीति धर्म को इसलिए अस्वीकार करती है क्योंकि इसमें उन्हें सुविधा है। राजनीतिज्ञ के सामने जब धर्म के प्रतीक खड़े हो जाते हैं तो उसके नीचे गिरने की आसानी कम हो जाती है। उस पर एक अंकुश लग जाता है, क्योंकि धर्म ऊपर उठने की चुनौती है। धर्म एक आह्वान है कि मनुष्य को ऊंचे से ऊंचे शिखर पर चढ़ना है। वस्तुत: धर्म यदि आकाश है तो राजनीति है एक पृथ्वी। धर्म यदि जीवन की आत्मा है तो राजनीति उसका शरीर है। राजनीति से विहीन धर्म भी मर जाता है और धर्म के बिना राजनीति भी एक सड़ा शरीर रह जाता है। क्योंकि धर्म ही प्राण है, धर्म ही चेतना है। धर्म व्यक्ति को बदलता है, उसका रूपान्तरण करता है। जबकि समूह का मनोविज्ञान विध्वंसक होता है। इसलिए जो राजनीतिज्ञ सही अर्थों में धार्मिक थे वह भ्रष्ट नहीं थे। भ्रष्ट वही राजनीतिज्ञ होता है जिसके जीवन में धर्म नहीं होता। धर्म तो एक दर्पण है जिसमें व्यक्ति को अपनी कमजोरी, अपनी कुरूपता प्रतिक्षण दिखाई देती है। इसलिए राजनीतिज्ञ खुश है कि उसका धर्म से कोई संबंध नहीं है। और जो कमजोर धार्मिक भी होगा, वह हमेशा उन चीजों से भयभीत रहता है, जिनसे उसकी कमजोरी प्रकट होने का डर हो। इसलिए कमजोर धार्मिक व्यक्ति भी राजनीतिज्ञ से हमेशा डरता है। क्योंकि उसे मालूम है कि यदि उसके हाथ में सत्ता आई तो उसकी सारी धार्मिकता बह जाएगी और उसकी कमजोरी प्रकट हो जाएगी। बुरा आदमी केवल शक्ति मिलने पर उघड़ता है धन पास न हो तो धन को गाली दी जा सकती है। पर जब धन आसपास हो तो उसका उपयोग करने का मन होने लगता है। फिर धन को गाली देना मुश्किल हो जाता है।

बुद्ध-महावीर जैसे सच्चे धार्मिक, जिनके हाथ में सत्ता थी उन्होंने राज्य को लात मार दी। राज्य का, धन का त्यागकर दिया। उनके अंदर कोई बल तो रहा ही होगा त्याग करने का। लेकिन जिनके हाथ में राज्य नहीं होता, वह लोग भयभीत धार्मिक व्यक्ति हैं। आप देखें, स्वतंत्रता से पहले गांधीजी के पीछे चलने वाले सभी लोग अच्छे लगते थे। उनके अंदर त्याग की भावना थी। वह जेल गए। उन्होंने कठिनाइयां सहीं। वह जब गांवों में, शहरों में पूर्ण स्वतंत्रता का नारा देते थे, तो लोगों को उनमें भी एक अच्छे व्यक्ति के दर्शन होते थे। यह लोग कमजोर, अच्छे आदमी थे। सत्ता मिलते ही, शक्ति आते ही उनकी कमजोरी प्रकट हो गई। वह साधारण व्यक्ति से भी बुरे व्यक्ति साबित हुए। और उसका एक ही कारण था कि भीतर सच्चाई नहीं थी। सच्चाई ऊपर से ओढ़ी गई थी। भीतर वासनाओं से भरा एक काला आदमी था। खादी के सफेद कपड़े ऊपर से ओढ़े थे। इसलिए दुनिया के सारे कमजोर धार्मिक आदमी हमेशा राजनीति से भयभीत रहे हैं। इसी प्रकार राजनीतिक सच्चा धार्मिक होने से डरता

है। इसलिए मैं कहता हूं कि धर्म और राजनीति के बीच की यह खाई जब तक पाटी नहीं जाती, अच्छी और स्वस्थ दुनिया का निर्माण संभव नहीं है। आज राजनीतिज्ञ एक विक्षिप्त व्यक्ति की तरह महत्वाकांक्षा से ग्रस्त है। उसके जीवन में कोई ऊंचा उद्देश्य नहीं है। केवल एक मात्र कुर्सी का उद्देश्य है। मनुष्य के जीवन का उद्देश्य या मंजिल जब तक धर्म नहीं होता, तब तक अच्छे परिणाम की आशा करना व्यर्थ है। जिस प्रकार बिना धर्म के राजनीति नपुंसक और व्यर्थ है, उसी प्रकार मेरा यह भी मानना है कि बिना राजनीति के धर्म भी जीवन का रूपान्तरण नहीं कर सकता है। यदि जिन्दगी को बदलना है, तो शिक्षा बदलनी होगी, अर्थ व्यवस्था बदलनी होगी, तमाम कानून और नियम बदलने होंगे। गांधीजी पहले धार्मिक आदमी थे, जिन्होंने राजनीति से भागने की कमजोरी जाहिर नहीं की। हां, सत्ता से वह दूर भागे, यह उनकी थोड़ी-सी कमजोरी थी। यदि गांधी जी इस कमजोरी से उबर गए होते तो आज हिन्दुस्तान का भाग्य कुछ दूसरा होता। तब लोगों को देश भर में उपवास करके गांधी पर जोर डालना चाहिए था कि आपको सत्ता ग्रहण करनी ही होगी। हम किसी और को सत्ता नहीं देना चाहते। पर सारे देश ने महात्मा कहकर उन्हें महिमा मंडित कर दिया।''

मंत्रीजी बड़े मनोयोग से आचार्यश्री को सुन रहे थे। सेठ गोविन्ददास भी यह सब कुछ सुनकर अभिभूत थे। इतनी गहराई से उन्होंने कभी इस विषय पर सोचा ही नहीं था। वह पूरे प्रवचन को टेप कर रहे थे।

कुछ देर बाद मंत्रीजी ने पुनः प्रश्न किया—''तो यह पूर्ण धार्मिक आदमी कहां से आएं? और उन्हें राजनीति में प्रतिष्ठित कैसे किया जाए?''

आचार्यजी ने तुरंत उत्तर दिया—''मेरा सारा प्रयास मात्र यही है कि लोग धार्मिक हों। हिन्दू, मुसलमान, ईसाई या पारसी संप्रदाय में होने से कोई धार्मिक नहीं हो जाता। कर्मकांड से कोई धार्मिक नहीं होता। व्यक्ति धार्मिक होता है—अपने रूढ़िग्रस्त, परम्परावादी चित्त बदलने से, ध्यान के द्वारा विवेक के जागृत होने से। स्वयं को पहिचानने से। पूरे देश में ऐसे एक लाख व्यक्ति भी तैयार हो जाएं और उनके परामर्श से शिक्षा की, अर्थ की व्यवस्था में तब्दीली लायी जाए, विषय और कानून बदले जाएं, तभी राजनीतिज्ञ देश को आगे ले जा सकता है?''

इस विषय पर फिर मंत्रीजी को कोई और प्रश्न ही नहीं सूझा, कुछ देर इधर-उधर की बातचीत के बाद चर्चा समाप्त हो गई।

चलने से पूर्व मंत्रीजी ने आग्रह कर, विपसना ध्यान और शवास न सीखते हुए, आचार्यश्री के निर्देशन में ही दोनों ध्यान किए। उन्हें बहुत शांति मिली।

❑ ❑

दूसरे ही दिन आचार्यश्री वापस जबलपुर लौट गए।

❑ ❑

युवक-क्रांति-दल का उद्‌घाटन

जबलपुर में जून, 69 में युवक-क्रांति-दल के उद्‌घाटन समारोह के अवसर पर, आचार्यश्री ने कहा—

प्रिय आत्मन!

मैं आज युवक क्रांति दल के पहले अधिवेशन में आप सभी प्रेमी मित्र को सम्बोधित करते हुए बहुत आनंदित हूं। पर सबसे पहले आप यह समझें कि मैं युत्रक किसे कहता हूं ? युवक होने का संबंध आयु से नहीं है। ऐसा मन, जो सदा सीखने को तत्पर है, जो स्वयं को रूपान्तरित करने को तैयार है, जिसे जानने का कोई अहंकार नहीं है—कि वह जो यह जानता है कहीं युवा है। पूरा देश अंधविश्वासों में जकड़ा है। परम्परा और संस्कारों की जंज़ीरों में कैद है। अपनी धारणाओं के जाल में फंसा है। हजारों वर्षों से यह देश इसलिए परतंत्र है क्योंकि देश में युवक नहीं हैं। यह बूढ़ों का देश है, जो केवल अपने इतिहास को अपने गौरवपूर्ण अतीत को मात्र दोहराता है। जैसे लोगों के पास आत्मा है ही नहीं। उनका साहस न जाने कहां खो गया है ?

युवक वह है, जो पुरानी धारणाओं, परम्पराओं और अंधविश्वासों के विरुद्ध क्रांति करने को उत्सुक है। जो किसी बात को मानने से पूर्व, उस पर संदेह करता है, विचार करता है, अपनी खोज करता है। उस कसौटी पर युवक बूढ़े भी हो सकते हैं और बूढ़े भी युवा। लेकिन ऐसा कभी-कभी ही होता है कि बूढ़े युवा हों। हां, अकसर युवा लोग बूढ़े होते अधिक दिखाई देते हैं। युवा होने का अर्थ है, चित्त की एक जीवंत दशा, लिविंग स्टेट ऑफ मांइड। बूढ़े होने का अर्थ है—चित्त की मरी हुई दशा। वह जीवंन का उत्साह, जीवन का आनंद और संगीत जो ह्रदय की वीणा पर होना चाहिए, वह नहीं है। आंखों में , प्राणों में, रोम-रोम में जो साहस से जीने की अदम्य लालसा होनी चाहिए, वह हममें नहीं है। जीवन को जीने से पहले ही हम उदास हो जाते हैं। जीवन को जानने से पूर्व ही हम जिज्ञासा की हत्या कर देते हैं।''

दो-तीन बोध कथाओं से अपनी बात को स्पष्ट करते हुए आचार्यश्री ने कहा—''भारत के युवक में जीवन के अज्ञात शिखरों को छूने की कोई आकांक्षा नहीं दिखाई देती। वास्तविकता यह कि हजारों सालों से भारत में युवक हैं ही नहीं। हजारों सालों से यह बूढ़ों का देश है। हम इतने बूढ़े हो गए हैं कि हमारी जड़ें जीवन के रस को नहीं खींचतीं और न हमारी शाखाएं जीवन के आकाश में फैलती हैं और न हमारी शाखाओं में जीवन के पक्षी बसेरा करते हैं, और न हमारी शाखाओं में जीवन का सूरज उगता है और न जीवन का चांद चांदनी बरसाता है। सिर्फ धूल जमती जाती है, जड़ें सूखती जाती हैं, पत्ते कुम्हलाते जाते हैं, फूल पैदा नहीं होते, फल नहीं आते।

सभी लोग सांस रोके आचार्यश्री का विद्रोही प्रवचन सुन रहे थे। कुछ लोगों के मन में शंका भी उठ रही थी कि आचार्यश्री देश को हजारों वर्षों से बूढ़ा कह रहे हैं ? हमारे देश ने राणाप्रताप, शिवाजी, छत्रसाल, गुरु गोविंदसिंह, रणजीतसिंह, तात्याटोपे, सुभाष चंद्र, भगतसिंह और चन्द्रशेखर आजाद जैसे वीर पैदा किए हैं। स्वामी दयानंद, विवेकानंद, स्वामी रामतीर्थ जैसे समाज सुधारक और विचारक पैदा किये हैं। क्या यह सारे युवक नहीं थे ? क्या भारत ने इन हजारों वर्षों में 1857 या 1942

की क्रांतियां नहीं की हैं ? पर सभी धैर्य से प्रतीक्षा कर रहे थे कि कब आचार्यश्री अपनी बात को स्पष्ट करते हैं ?

कुछ रुककर आचार्यश्री ने फिर कहना आरम्भ किया—शारीरिक दृष्टि से कहने को हमारे पास युवक हैं, पर युवक जिसे मैं एक मानसिक दशा मानता हूं, वैसे युवक हमारे पास नहीं हैं। अगर युवक हमारे पास होते तो हमारा देश गुलाम नहीं होता। हमारे देश में गरीबी नहीं होती, शोषण नहीं होता। हमारे देश में इतनी गंदगी और इतनी सड़ांध नहीं होती। इतनी छुआछूत, इतनी असमानता न होती, या तो हमने गुलामी और दरिद्रता मिटा दी होती या खुद मिट गये होते। युवक हमारे पास होते तो इतना पाखंड और इतना अंधविश्वास न पलता हमारे देश में। करोड़ों लोग बिना कुछ काम किये, बिना श्रम किये, लोगों को मूर्ख बनाकर, उन्हें नर्क का भय दिखाकर मुफ्त की हलुवा-पूड़ी खा रहे हैं। यज्ञों में अमूल्य घी और सामग्री स्वाहा कर रहे हैं। और मजा यह कि हमारे युवक ही इन यज्ञों के लिये चंदा इकट्ठा कर रहे हैं। अगर युवक होते तो देश की अमूल्य संपति को इस प्रकार नष्ट करने के अपराध में, साधु बने क्रिमिनल्स को अदालत के कटघरे में खड़ा कर देते। यह लोग पवित्र अपराधी हैं, क्योंकि कानून उन्हें अपराधी नहीं मानता। देश में हजारों वर्षों से यज्ञ हो रहे हैं, साधु नीति की शिक्षा दे रहे हैं पर देश का वातावरण कितना पवित्र है, यह सभी जानते हैं। यूरोप या अफ्रीका में जहां यज्ञ नहीं होते, वहां की हवा यहां से अधिक स्वच्छ है। किसी शहर या गांव में कहीं से निकल जाओ, हर जगह आप नाक दबाने को विवश हो जायेंगे। लाखों उपदेशों, नीति-प्रवचनों के बावजूद इस देश में बलात्कार, व्यभिचार, हत्या, डकैती, लूट, शोषण सभी देशों से कहीं बढ़-चढ़कर हैं। अगर इस देश में युवक होता तो कभी की क्रांति हो गई होती। जिस स्पिरिट, जिस चेतना का नाम युवक होता है, वह चेतना पैदा ही नहीं हुई मुल्क में। एक जर्मन विचारक काउन्ट कैसर ने भारत भ्रमण करने के बाद एक पुस्तक भारत वर्ष के बारे में लिखी, जिसमें एक जगह उसने लिखा है कि—''हिन्दुस्तान एक अमीर देश है, जहां गरीब आदमी रहते हैं।'' पहले तो मैं भी इस बात का मतलब समझ नहीं पाया। फिर दुबारा जब गौर से पढ़ा, तो समझ में आया कि वह हम सभी पर व्यंग्य कर रहा है। उसके कहने का मतलब है कि हिन्दुस्तान के पास जवानी नहीं है, जो कि देश के छिपे हुए धन को प्रकट कर दे और देश को धनवान बना दे। देश में धन छिपा है। धन जमीन में गड़ा रह जाता है और बूढ़ा मर जाता है। देश जवान हो तो गरीब होने का कोई कारण नहीं। करोड़ों, अरबों का सोना जो धार्मिक स्थलों में या धार्मिक व राजनीतिक लोगों के पास है, यदि यह रिजर्व बैंक में जमा कर दिया जाए तो देश धनी हो सकता है। देश की गरीबी मिट सकती है। उसे कहीं से फिर कर्ज लेने की कोई आवश्यकता ही नहीं। पर यहां का जवान आदमी भी श्रम नहीं करता, भीख मांगता है। पूरा देश दुनिया के आगे भीख का कटोरा लिए खड़ा है। इस देश में ब्राह्मण हजारों सालों से इसीलिए पूजे जाते रहे क्योंकि उन्होंने श्रम करके कुछ पैदा नहीं किया, उन्होंने भीख मांगी। उन्हें देखकर राजनेता भी अब भिखारी हो गये हैं।

भिक्षा वृत्ति बड़ी धार्मिक वृत्ति है। पैदा करने में हिंसा होती है, श्रम करना पड़ता है, राम नाम के जाप में व्यवधान पड़ता है। पर राम और अल्लाह के नाम पर भीख मांगे जाओ। जब हमें भगवान ने पैदा किया है तो हमारी रोटी, कपड़े का इंतजाम भगवान करें। जिसने चोंच दी है वही चुग्गा देगा। हम अपनी चोंच को हिलाते सारी दुनिया से भीख में चुग्गा मांगेंगे और फिर उन्हें गालियां देंगे कि तुम भौतिकवादी हो, नास्तिक हो और हम आध्यात्मिक लोग हैं। पैदा करना, श्रम करना यह सब भौतिक काम है, खाना और भोगना आध्यात्मिक काम है। श्रम तो हीन आत्माएं करती हैं और भोग महात्मा करते हैं। और हमें अपनी इस स्थिति पर शर्म भी नहीं आती। मान-

अपमान से तटस्थ हम स्थितप्रज्ञ लोग हैं। हम सारा अपमान चुपचाप झेल जाते हैं। अद्भुत है हमारी सहिष्णुता।

स्वामी रामतीर्थ के अमेरिका के दो संस्मरणों को सुनाते हुए उन्होंने कहा—स्वाभिमानी लोग भीख मांगने की अपेक्षा मर जाना अधिक पसंद करते हैं। पर ऐसा साहस तभी आता है जब चेतना युवा हो। जब संघर्ष करने की लगन हो। अपनी भुजाओं पर भरोसा हो। मुझे कहने में कोई हिचक नहीं कि हमारा अध्यात्म भी बूढ़ा हो गया है। हमारा अध्यात्म हमें वृद्ध, कायर और आलसी होने की कीमिया सिखाता है। हमारे पास ऐसी आध्यात्मिक तरकीबें हैं कि युवा व्यक्ति भी तुरंत बूढ़ा हो जाए। भारत को अब एक युवा अध्यात्म चाहिए। पुरानी कीमिया है—जीवन पर नहीं, मौत पर ध्यान रखो; जीवन की नहीं, मोक्ष की खोज करो; इस पृथ्वी की नहीं, परलोक की फिक्र करो। गुलाब के पौधे के सामने खड़े होकर फूलों की नहीं, कांटों की गिनती करो। दो दिनों के बीच एक रात नहीं, दो रातों के बीच जब तक एक दिन को देखने का दृष्टिकोण विकसित नहीं होता, तब तक देश में क्रांति नहीं हो सकती। बूढ़े का जिंदगी को देखने का ढंग है—दुखद को देखना, मौत और कांटों को देखना। लेकिन जीवन में हंसता हुआ सूरज है, खिलते हुए फूल और संगीतमय झरने हैं, गाते हुए पक्षी और गुनगुनाती हुई हवा है। अमृत बिखेरती चांदनी और सोना बरसाती धूप भी है। अगर जवान होना है, युवा होना है तो जीवन के इसी सकारात्मक पक्ष को देखना। कुछ दिन पहले भावनगर में एक तेरह साल की लड़की मुझसे आकर पूछने लगी—मुझे आवागमन से छुटकारे का मार्ग बताइये। जहां तेरह साल की लड़की बूढ़ी है, जो जीवन से छूटने का उपाय पूछ रही है, जिसके जीवन में अभी बसंत नहीं आया, वीणा नहीं बजी और जीवन से बाहर जाने का द्वार पूछने लगी, तो यह निश्चित है—उसके दिमाग में यह जहर माँ-बाप ने, गुरुओं ने, शिक्षकों ने भरा होगा। अब जीवन भर वह बूढ़ी ही जियेगी। युवा होने पर वह बूढ़ी ही बनी रहेगी। यदि युवा होना है तो जवानी की कुरूपता से लड़ना है। जीवन को कुरूप बनाने वालों के विरुद्ध विद्रोह करना है। जवानी को तमाशबीन नहीं, जवानी को क्रियाशील होना चाहिए। युवा को सृजन में, श्रम में व्यस्त रहना ही चाहिए। मूर्ख, बुद्धिहीन, भ्रष्ट, अपराधी और बूढ़े लोग देश को नेतृत्व दे रहे हैं और युवा खड़े उनकी जयजयकार कर रहे हैं। जड़ता धर्म गुरु बनकर बैठी है। जवानी जितना संघर्ष करती है, जितना लड़ती है, उतनी निखरती है। लेकिन इस देश में तो यदि किसी युवक का दुर्घटनावश किसी युवती से प्रेम भी हो गया तो वह प्रेम विवाह नहीं करेगा। अगर उसे पिता डांट कर कहें—मूर्ख, फलाने सेठ लड़की की शादी कर दहेज में दो लाख और एक कार दे रहा है, और फिर कुजात से शादी कर क्या कुलकंलक बनेगा? और कुल दीपक, कुल की ज्योति जलाने के लिए प्रेम से तौबा कर लेंगे। अब लड़की गले में पत्थर बांधकर कुएं में कूदे या जहर खाए, उनकी बला से। युवा जैसे एक मिट्टी का लौंदा है। उसका जैसे कोई व्यक्तित्व है ही नहीं।

तो पहला सूत्र है—जीवन के प्रति आशा भरा दृष्टिकोण। युवा मस्तिष्क, अंध विश्वास शोषण और हर कुरूपता के प्रति विद्रोह और तीसरा सूत्र है संघर्ष। पर संघर्ष यदि गलत के लिए है तो जीवन कुरूप हो जाता है। जवानी विकृत हो जाती है। संघर्ष तो चोर-लुटेरे भी करते हैं। लेकिन जब संघर्ष जीवन के लिए होता है तो जवानी सुंदर, स्वस्थ और सत्य और प्रकाशवान होती है। हम जिसके लिए लड़ते हैं, अंततः वही हो जाते हैं। श्रेष्ठ के लिए लड़ो, तुम भी श्रेष्ठ हो जाओगे।''

पूरा सभा-भवन काफी देर तक तालियों से गूंजता रहा। कुछ रुककर आचार्यश्री ने फिर कहना शुरू किया—यहां मेरे पास ऐसे ही युवा जुड़ रहे हैं। उनके अंदर कुछ कर गुजरने का संकल्प है।

एक तीव्र जिज्ञासा है। अंधविश्वासों और शोषण के विरुद्ध जो संघर्ष के लिए तैयार हैं। जो जीवन दांव पर लगाने को सन्नद्ध हैं। मैं नगर-नगर व शहर-शहर जाकर इस युवा शक्ति का आह्वान कर रहा हूं। सोये हुए लोगों को होश में ला रहा हूं। जो मैं कर रहा हूं, वही काम आप में से प्रत्येक को करना है। एक दिया जलता है तो उसके सान्निध्य में पचास दिए जलते हैं। प्रभु भी उन्हीं की सहायता करते हैं जो अपनी सहायता आप करते हैं।

कई बोध कथाओं और उदाहरणों से आचार्यश्री ने विषय को रोचक और बोधगम्य करते हुए एक घंटे तक प्रवचन दिया।

अंत में प्रवचन का समापन करते हुए आचार्यश्री ने कहा—

मैं अनुगृहीत हूं कि आपने मेरे प्रवचन को इतने प्रेम और शांति से सुना—अंत में मैं आपके अंदर बैठे हुए प्रभु को प्रणाम करता हूं। मेरे प्रणाम स्वीकार करें।

और दोनों हाथ जोड़कर आचार्यश्री उठ खड़े हुए।

उसी रात आचार्यश्री नारगोल ध्यान-शिविर का शुभारम्भ करने गुजरात चल पड़े।

❑ ❑

नारगोल में फिर साधना शिविर: हिम्मत भाई और झवेरी भाई आचार्यश्री की शरण में

नारगोल शिविर में इस बार साधक-साधिकाओं की संख्या डेढ़ गुनी हो गई। आयोजकों ने इस बार व्यवस्था भी पहिले से कहीं अधिक बेहतर की थी। सदैव की भांति ध्यान प्रवचन और सत्संग में डूबकर लोग मस्त हो रहे थे और उनके पास एक या दो मिनट मौन बैठकर वापस चले जाते थे। कोई-कोई उनके चरण-स्पर्श कर रोने लगता था, कोई शक्तिपात के द्वारा उछल पड़ता था। कोई अपनी व्यक्तिगत समस्या बतालाकर उसका समाधान चाहता था, और कोई उनसे अपनी जिज्ञासा शांत करता था। किन्तु इस बार जो सज्जन आचार्यश्री से मिलने आये, उन्होंने अपनी जेब से नोटों का बंडल निकालकर आचार्यश्री के चरणों में रखते हुए कहा—"आचार्यश्री, मुझ जैसे पापी की यह भेंट स्वीकार कर मुझे कृतार्थ करें। मैं एक जुआरी और माया-मोह से घिरा पापी व्यक्ति हूं। आज ही रेस में यह रु० 54, 000/- जीते थे। रेस में घोड़ा लगाने से पहले मैंने भाव किया था कि यदि मैं जीता तो वह धनराशि आपके चरणों में समर्पित कर दूंगा। पर यह पापी और लोभी मन फिर से बदल न जाए, इसीलिए कार भगाता सीधे आपके ही पास आ रहा हूं। कृपया ऐसा आशीर्वाद दें जिससे मेरा उद्धार हो जाए।"

आचार्यश्री हिम्मतभाई जोशी को प्रेम से उठाते हुए व उसके मस्तक पर हाथ रखकर मुस्कुराते हुए बोले—"हिम्मत भाई! हिम्मती बनो, संकल्पवान बनो। उद्धार तुम स्वयं ही करने में सक्षम हो। जो भी हो रहा है, उसे होने दो। बस तटस्थ दर्शक बने चुपचाप देखते रहो। जो भी घटे उसे सहज भाव से स्वीकार कर लो। शुभ भाव तुम्हारे अंदर जागने लगे हैं। सिर्फ सुबह-शाम एक घंटा ध्यान में डूबना है। शेष जो होना है, आपने आप होगा।"

और हिम्मत भाई जोशी को एक विद्युत जैसा झटका लगा। शक्तिपात के कारण उनका रोम-रोम एक अनिर्वचनीय आनंद और पुलक से ओत-प्रोत हो गया। वह प्रफुल्लित, उल्लसित और आनंदित होकर अपने स्थान पर लौट गए।

इसी प्रकार यह कार्यक्रम एक घंटे तक चला। सबसे अंत में मिलनेवाले थे—मणिक भाई झवेरी। जबलपुर से आए हुए मास्टर भीखमचंद आचार्यश्री को उनका परिचय देते हुए बोले—"आप हैं गुजरात के सबसे बड़े रत्न निर्माता व विक्रेता मणिक भाई झवेरी। आप संकोच के कारण मिलने से घबड़ाते थे। मेरे आश्वस्त करने पर ही यह आपसे कुछ निवेदन करना चाहते हैं।"

आचार्यश्री मुस्कुराकर झवेरी भाई को बैठने का संकेत करते हुए बोले—"आप अपनी समस्या निःसंकोच बतायें। शरमायें या झिझकें नहीं।"

झवेरी भाई संकोच से डरते हुए मारवाड़ी मिश्रित हिन्दी गुजराती में बोले—"आपसे निवेदन करते हुए मुझे डर लगता है। मैं आपसे कुछ ऐसा निवेदन करना चाहता हूं जो मैं जानता हूं मुझे करना उचित नहीं है। पर मैं एक सांसारिक और दुःखी प्राणी हूं। चूंकि आप सभी की समस्याओं

का समाधान करते हैं इसलिए भीखम भाई से आश्वासन पाकर ही, मैं अपनी समस्या का निदान पूंछने आया हूं। मेरा पुत्र केमिकल इंजीनियर है। उसने एक चट्टान विशेष के पत्थरों को रासायनिक परिवर्तन से नीलम बना दिया है। इस प्रकार बनाये और तराशे गये नीलम विदेशी बाजार में बिकने लगे हैं। मैंने पिछले 2-3 वर्षों में करोड़ों-अरबों की कमाई की है। पर अब इसकी भनक लोगों को देश में भी लग गई है। मैं चाहता हूं, सरकार अपना आयकर, ड्यूटी आदि जो कुछ भी लेना चाहे, मुझसे लेकर मेरा पिंड छोड़े। पर लोग मुझे बरबाद करने पर तुले हैं। वह मेरा मान-सम्मान-धन सभी कुछ छीनना चाहते हैं। आप कृपया मेरा मार्ग निर्देशन करें।''

मास्टर भीखमचंद, झवेरी भाई के इस मसले को इससे पूर्व ही आचार्यश्री को बतला चुके थे। आचार्यश्री दो क्षण रुककर झवेरी भाई को बेधक दृष्टि से देखते हुए बोले—''झवेरी भाई ! मैं न अर्थ विशेषज्ञ हूं और न सरकार का मध्यस्थ। और मैं यह भी जानता हूं कि आप सभी अर्थ विशेषज्ञों और सरकारी बिचौलियों से पहले ही बात कर चुके होंगे। यदि मैं गलत नहीं समझ रहा तो आप मेरी सिफारिश चाहते हैं कि मैं प्रधानमंत्री से कहकर आपको खास रियायत दिलवा दूं। यों मैं किसी की सिफारिश कभी किसी से करता नहीं हूं। पर आपका समर्पण भाव देखकर मैं सोचता हूं कि प्रधानमंत्री से भेंट होने पर यह अवश्य कहूंगा कि जो व्यक्ति देश को धनवान बनाने के लिए अपनी सूझ-बूझ से विशिष्ट पत्थरों को रत्नों में बदलने का हुनर ईजाद करे उसे सम्मानित किया जाना चाहिए। यदि अपने उत्साह और व्यस्तता में वह कानून की कुछ अनिवार्य औपचारिकताओं का निर्वाह न कर सका हो तो उसके स्वेच्छापूर्वक समर्पण को देखते हुए उसके साथ सहानुभूतिपूर्वक व्यवहार किया जाना चाहिए।''

झवेरी भाई आचार्यश्री के चरणों से लिपटते हुए कातर कंठ से बोले—''आप दया और करुणा के सागर मेरे भगवान् हैं। आपने मेरा उद्धार कर दिया। आप जो कुछ कहें मैं आपकी सेवा करने के लिए तैयार हूं।''

सुनते ही आचार्यश्री की भावभंगिमा एक साथ परिवर्तित हो गई। वह सभ्यता से बोले—''सेठजी! मैं सिफारिशी नहीं हूं। आपने आश्वासन मिलते ही सेवा करने की पेशकश कर ही दी। मैंने सिफारिश की बात आपसे किसी सेवा चाहने के लिए नहीं कही थी। मैं उन परम्परावादी साधु-महात्माओं जैसा नहीं हूं, जो दिखाने के लिए धन-सम्पति की निंदा करते हुए उसे माया या कीचड़ कहते हों पर अंदर-ही-अंदर उसकी कामना करते हों। मेरे देखे धन जीवन में इसलिए सर्वाधिक महत्त्वपूर्ण है क्योंकि बिना धन प्राप्त किए बगैर धन की व्यर्थता को बोध नहीं होता। यदि तुम्हें भूखा, प्यासा हीरों की खान में बंद कर दिया जाए, तो तुम्हारे लिए पानी और भोजन ही हीरों से अधिक मूल्यवान हो जाएंगे। जीवन से अधिक मूल्यवान संसार में और कुछ भी नहीं। आपके व्यक्तिगत धन-दोहन या संग्रह से मेरी कोई दिलचस्पी नहीं। मेरी दिलचस्पी केवल इस बात में थी कि देश को समृद्धिशाली बनाने के लिए जिस बुद्धि ने कुछ अलौकिक कार्य किया है वह लालफीताशाही के पंजे में कुंठित न हो जाए। उसकी ऊर्जा अन्य कल्याणकारी कार्यों में लगे। पर मुझे यही आश्चर्य है कि बेइंतहा दौलत पाकर आपको निजी रूप से कौन-सा सुख मिल गया? क्या आपको शांति मिल गई? क्या रात में आप चैन से सोते हैं? क्या आपको अभय मिल गया?'' झवेरी भाई पुनः आचार्यश्री के चरण पकड़कर बोले—''मुझे क्षमा करें आचार्य जी! मैं एक तुच्छ सांसारिक प्राणी हूं। मुझे बात तक करने का शऊर नहीं। मैं इसीलिए आपसे निवेदन करने में भी डरता था। मैंने अभी तक जीवन में केवल लेन-देन की ही भाषा सीखी है। मैं जानता हूं, आप और.....और साधु महात्माओं से अलग हटकर कुछ विशिष्ट हैं। मेरी आसक्ति ने मेरी रातों की नींद, सुख-चैन सभी कुछ छीन लिया है। आप मेरी

नादानी समझकर मुझे क्षमा करें। जब मैं आपकी शरण में आ गया हूं तो आप मुझे निराश न करें। आपके प्रवचन सुनकर ही मुझे कुछ क्षणों को शांति मिलती है। पर पीछे से मन फिर अशांत हो जाता है।''

आचार्यश्री तुरंत पिघल गये। झवेरी भाई को अपने चरणों से उठाते हुए बोले—''उठो झवेरी भाई! गिड़गिड़ाओ मत। यह धन-दौलत तुम्हें इसीलिए मिली है ताकि तुम देश के कल्याण और समृद्धि का द्वार बन सको। पर व्यक्तिगत रूप से तुम्हें धन की व्यर्थता का भी बोध हो सके, कि धन सम्पत्ति पाकर सुख और आनंद मिलने के स्थान पर अशांति, अनिद्रा और बेचैनी ही हाथ लगती है। सुबह-शाम ध्यान में डूबोगे तो शांति अपने आप उतरनी प्रारम्भ हो जाएगी। आस्तित्व ने तुम्हें एक अवसर दिया है, उसका सदुपयोग कर लो।''

आचार्यश्री दस मिनट तक बोलते रहे और झवेरी भाई उनका एक-एक शब्द पीते रहे। यह ध्यान शिविर भी अन्य शिविरों की भांति सफलतापूर्वक सम्पन्न हुआ। ध्यान और प्रेम में साधक कुछ और गहरे डूबे। गुजरात के अन्य नगरों में प्रवचन देते हुए एक सप्ताह का कार्यक्रम पूरा होने पर आचार्यश्री सर्वधर्म सम्मेलन में भाग लेने दिल्ली चल पड़े।

❑ ❑

परम्परा से मुक्ति और अदम्य साहस

सर्वधर्म सम्मेलन, दिल्ली में सायं प्रवचन के बाद जब आचार्यश्री रात्रि गेस्ट-हाऊस में पहुंचे तो उन्हें ढूंढ़ती हुई उनकी एक अनन्य साधिका महिला युवा प्रोफेसर आईं। आते ही उसने आचार्यश्री के चरण छुये और आचार्यश्री ने लॉन में ही सभी के सामने उन्हें अपने वक्ष से लगाकर उसके मस्तक का चुम्बन लिया। फिर वह उन्हें अपने कमरे में ले आए। रात वह महिला उनके साथ कमरे में ही सोई। वह सीधी उनसे भेंट करने पटना से आई थी।

सुबह उन्हें चाय और नाश्ता सर्व किया गया। इसके बाद प्रवचन में वह महिला भी आचार्यश्री के साथ गईं। वहां से लौटने पर यह देखकर कि उस महिला का सामान दूसरे कमरे में शिफ्ट कर दिया गया है, वह रोने लगी।

आचार्यश्री के पूछे जाने पर उस महिला ने रोते हुए बताया—''मेरा सामान आपके कमरे से हटा दिया गया है, इससे मैं बहुत अपमानित महसूस कर रही हूं।''

जब संयोजक को बुलाकर पूछा गया तो वह बड़ी अजीब मुद्रा में बोले—''यह हमारी संस्था के नियमों के विरुद्ध है कि रात्रि में स्त्री और पुरुष एक कमरे में सोयें। फिर आप लोग विवाहित भी नहीं हैं। कल रात में मेरी जानकारी के बिना ऐसा हो गया। सुबह जब मुझे मालूम हुआ तो मुझे बहुत क्षोभ हुआ। मेरे लिए अन्य विरोधियों को उत्तर देना कठिन हो जाएगा।''

आचार्यश्री मुस्कुराकर बोले—''क्या आप अपनी संस्था के ऐसे लिखित नियम मुझे दिखा सकते हैं ? यदि ऐसे कोई नियम थे तो आपको मुझे पहले बताना चाहिए था। मैं सम्भवत: आपका निमंत्रण स्वीकार ही नहीं करता। फिर जब यह महिला मेरे साथ मेरे कमरे में रहना चाहती है और मुझे कोई आपत्ति नहीं है तो आपको इसमें क्या तकलीफ है ?''

संयोजक धृष्टता से बोले—''मेरी संस्था का यह अलिखित नियम है। नैतिकता का भी यही तकाजा है। अगर आप जैसे प्रवचन देनेवाले संत ही समाज के इन सामान्य नियमों का पालन नहीं करेंगे तो जनता क्या सोचेगी ? उस पर क्या प्रभाव पड़ेगा ?''

आचार्यश्री मुस्कुराकर बोले—''मैंने अपने संत होने का दावा किया ही कब है ? आप मुझे चरित्रवान नहीं मानते, मत मानिए। मैं चरित्रवान होने का दावा भी नहीं करता। पर आप लोग चरित्र की जो परिभाषा करते हैं उसके अनुसार वह नेता चरित्रवान हैं जो गुंडों से बंदूक के बल पर बूथ कैप्चरिंग कराके इलेक्शन जीतता है। जो पार्टी फंड के नाम पर करोड़ों चंदा लेकर उसे अपनी तिजोरी में रखता है और उसके एवज में कोटे, परमिट और लाइसेंस देता है। आपकी दृष्टि में ब्लैक मार्केट करनेवाला सेठ भी चरित्रवान है जो चीजों में मिलावट करता है, टैक्स की चोरी करता है, जनता का शोषण करता है। आप उसे भी चरित्रवान कहते हैं, जो हत्याएं कराता है, या करता है, पर पकड़ा नहीं जाता। आपको और समाज को चाहिए था कि इस भद्र और शिक्षित महिला का सम्मान करते जो प्रेम के वशीभूत होकर बदनामी की कोई भी चिंता न कर मेरे साथ रात कमरे में रहना चाहती है। आपने इसकी आंखें देखीं ? इनमें क्या आपको वासना दिखाई देती है ? आप लोग शुद्ध प्रेम समझ ही नहीं सकते। मैं आपका स्थान स्वयं छोड़ रहा हूं और जहां भी रहूंगा मैं इस महिला के साथ ही रहूंगा। कृपया इसका सामान भी मंगवा दीजिए।''

यह कहते हुए आचार्यश्री उठ खड़े हुए। लाला सुंदरलाल आचार्यश्री और उस महिला को अपने साथ अपने घर ले गए।

पंर आचार्यश्री के जाने के बाद इस घटना को लेकर दूसरे दिन अखबारों में आचार्यश्री को यथाशक्ति बदनाम करने की चेष्टा की गई। हिन्दू महासभा के कार्यकताओं द्वारा इस संबंध में पैम्फलेट भी वितरित किये गए।

एक पत्रकार आचार्यश्री का भी इंटरव्यू लेने आया। आचार्यश्री उससे मुस्कुराकर बोले— ''अगर तुम्हारे पत्र में मेरी बात ज्यों-की-त्यों छापने का साहस हो, मैं तभी इंटरव्यू दे सकता हूं।''

उस पत्रकार ने अपने संपादक से फोन पर बात की और नकारात्मक उत्तर पाकर चुपचाप वापस चला गया। उसके जाने पर आचार्यश्री के एक प्रेमी मित्र ने झिझकते हुए कहा— ''पर आप इस बात को इतना तूल क्यों दे रहे हैं? इस तरह जब आपका चरित्रहनन किया जाएगा, तो कोई आपको कैसे संत कहेगा? हम लोगों को भी प्रतिवाद करने में कठिनाई होगी।''

आचार्यश्री मुस्कुराकर बोले—''लोग मुझे कुछ भी कहें, कुछ भी समझें, यह उनका अपना चुनाव है। मैं तो जो हूं, सो हूं। आपकी तकलीफ मैं अच्छी तरह समझता हूं। पर मेरा मार्ग तो कांटों और चुनौतियों का मार्ग है। मैं सभी शास्त्रों का खंडन करता हूं, राजनीतिज्ञ और तथाकथित पंडितों और पुरोहितों के विरुद्ध बोलता हूं, अतीत के महापुरुषों के अधूरे व्यक्तित्त्व की बात डंके की चोट पर कहता हूं। जिसे सत्य मानता हूं, मुझे किसी लांछना या बदनामी का कोई भय नहीं हैं।'' फिर दो क्षण रुककर बोले—

''मुझे गौतम बुद्ध के समय की एक घटना याद आ रही है। उन्होंने एक युवा वेश्या को दीक्षा दी थी। गौतम के विरोधियों ने काफी धनराशि का लालच देकर उस स्त्री को इस बात के लिए तैयार कर लिया कि वह हर सुबह अस्त-व्यस्त वस्त्रों में आश्रम से निकलकर नगरवासियों को यह बताये कि उसने रात बुद्ध के साथ अभिसार किया था। धीमे-धीमे पूरे नगर में बुद्ध की बदनामी होने लगी। उनके शिष्यों ने गौतम बुद्ध से कहा कि वह इस असत्य का प्रतिवाद क्यों नहीं करते? पर बुद्ध मौन रहे। धीमे-धीमे काफी भिक्षु उनका साथ छोड़कर जाने लगे। एक रात उस वेश्या को अपने किए पर बहुत पश्चात्ताप हुआ और वह रात भर रोई। दूसरे दिन उसने गौतम के विरोधियों से साफ-साफ कह दिया कि वह अब उनका साथ नहीं देगी और सबको सब कुछ सच-सच बता देगी। षडयंत्र खुलने के डर से उन लोगों ने उसकी हत्या कर उसका शव रात्रि के अंधकार में उसी की कुटी में पहुंचा दिया और शहर भर में दूसरे दिन यह अफवाह फैला दी कि गौतम ने ही बदनामी के डर से उसकी हत्या करवा दी है। गौतम बुद्ध के बचे शिष्यों ने फिर उनसे प्रतिवाद करते हुए निवेदन किया। उन्होंने उत्तर दिया—''जो सत्य है वह समय आने पर स्वयं प्रकट होगा। जो लोग साथ छोड़ गए, अच्छा हुआ। जिन्हें मुझ पर और सत्य पर विश्वास नहीं, श्रद्धा नहीं, उनका चला जाना ही ठीक है। केवल गिने-चुने शिष्य उनके साथ रह गए। तीन या चार दिन बाद एक मदिरालय में उनके विरोधी नशे में गौतम बुद्ध को नीचा दिखाने के लिए अपनाये गए हथकंडों के बाबत शेखी हांक रहे थे, उस वेश्या को रास्ते से हटाने की बात कह रहे थे, यह सुनकर शराबखाने में बैठे कुछ युवक उन्हें पकड़कर दंडाधिकारी के सामने ले गए। उन लोगों ने अपना अपराध स्वीकार कर लिया। गौतम बुद्ध के पास पहले से अधिक भीड़ उमड़ पड़ी।''

आचार्यश्री का वह शंकालु प्रेमी उनके चरणों पर गिरकर रोते हुए बोला—''मैं आपकी परीक्षा में असफल हो गया हूं। मैं आपके सान्निध्य में रहने का पात्र नहीं हूं, मुझे क्षमा करें।''

आचार्यश्री उसे उठाते हुए बोले—"मेरे पास प्रेम और क्षमा के अतिरिक्त और कुछ है ही नहीं। पर तुम सभी मुझसे प्रतिवाद करने के लिए कहते हो। पर मेरी बात कोई धैर्य से सुनने और छापने को तैयार कहां है ? मैं कुछ भी कहूं, वह उसका वही अर्थ लेगें, जो वह लेना चाहते हैं। उन्होंने अपनी आंखों पर जिस रंग का चश्मा चढ़ा रखा है, उन्हें पूरा संसार उसी रंग का दिखाई देगा। मैं सारी लांछनाओं, सारे आरोपों को जब सहर्ष स्वीकार कर रहा हूं, तो तुम्हें भी अगर मेरे साथ रहना है तो बहुत कुछ सहने के लिए तैयार होना चाहिए। गहन प्रेम में दो धड़कते हृदयों का मिलन मैं सबसे बड़ा पुण्य और महानतम घटना मानता हूं। प्रेम ही परमात्मा है जिसने प्रेम नहीं किया वह संसार का सबसे अभागा व्यक्ति है।"

और आचार्यश्री मौन हो गए।

उसी रात वह जमशेदपुर चल पड़े, जहां श्री मणिकांत ठाकुर उनकी प्रतीक्षा कर रहे थे। कच्ची श्रद्धा वाले फालतू लोगों को अपने से दूर करने का आचार्य श्री का यह कारगर नुस्खा था। 'संभोग से समाधि' प्रवचनमाला द्वारा भी परम्परावादी नैतिक मान्यतावाले लोग उनसे अलग हो गए थे, पर उससे अधिक लोग जुड़े भी थे। आचार्यश्री जो कहते थे, वही करने का उनमें साहस भी था। वह स्पष्ट कहते थे—"मैं लोगों की अपेक्षाएं पूरी करने के लिए नहीं हूं। मैं स्वच्छंद अपने छंद से जीता हूं और चाहता हूं प्रत्येक अपने स्वभाव के अनुसार खिले। जमशेदपुर चलते हुए उन्होंने उस महिला का रिज़र्वेशन अपने ही कूपे में कराया। वह लोगों की आलोचनाओं से ज़रा भी विचलित नहीं हुए थे, वह स्थितप्रज्ञ जो थे।"

❑ ❑

विभिन्न स्थानों से जीवन जागृति केन्द्र के सक्रिय कार्यकर्ता आचार्यश्री को संत्सग और प्रवचन के लिए आमंत्रित कर रहे थे।

श्री मणिकांत ठाकुर ने ५ जुलाई, से ७ जुलाई, ६९ तक जमशेदपुर में श्री महेन्द्र पारिख ने १९ जुलाई को बम्बई में , व नानालाल भट्ट ने २०, २१, २२ जुलाई को आचार्य को मद्रास आमंत्रित किया, जहां हजारों लोगों ने आचार्यश्री के अमृत प्रवचन का आनंद लिया और ध्यान में प्रवृत्त हुए।

दिनांक २१-७-६९ को रात्रि ८ बजे जबलपुर, भोपाल, इंदौर, ग्वालियर, रायपुर रेडियो स्टेशन से आचार्यश्री की 'कुछ और चाहिए' विषय पर वार्ता प्रसारित हुई जिसे देश भर में फैले आचार्यश्री के प्रेमियों और मित्रों ने बड़े प्रेम और शांति से सुना। 'युगान्तर' पत्रिका के द्वारा रजनीश प्रेमियों को इस वार्ता की सूचना पहले ही मिल गई थी। इस वार्ता के द्वारा भी अनेक नये लोगों को आचार्य रजनीश के बारे में अधिक-से-अधिक जानने की उत्सुकता हुई।

आचार्यश्री जब जबलपुर में रहते थे, तो कहीं-न-कहीं, किसी-न-किसी संस्था के निमंत्रण पर उनका प्रवचन कहीं-न-कहीं होता ही रहता था। प्रात: ध्यान के प्रयोग तो होते ही रहते थे। प्रतिदिन अपने निवास पर आचार्यश्री पचासों जिज्ञासुओं और साधकों से मिलकर उनकी शंकाओं का समाधान करते हुए ध्यान में गहरे उतरने के लिए प्रेरित करते थे। इसी बीच समय निकालकर वह पत्रों का उत्तर भी देते थे। अध्यात्म, विज्ञान, मनोविज्ञान, दर्शन के भी वह नये-नये ग्रंथों का अध्ययन भी करते रहते थे। उनका पुस्तकालय दिन-पर-दिन और विशाल होता जाता था। उसमें नेपाल से लाए गये हस्तलिखित ग्रंथ भी सम्मिलित थे और कुछ तिब्बती लामाओं से मिले बौद्ध-धर्म और दर्शन के भोजपत्रों पर लिखे ग्रंथ भी थे।

इतनी सारी व्यस्तताओं के बीच भी वह अध्ययन के लिए समय निकाल ही लेते थे। कुछ घंटों में ही वह चार-पांच मोटी-मोटी पुस्तकें उलट-पलटकर इधर-उधर से पढ़ते थे और रख देते थे। कोई भी पुस्तक हाथ में लेकर वह आंख बंद कर एक मिनट के लिए ध्यानस्थ होते थे और उसके बाद पुस्तक खोलकर उसके तेजी से पृष्ठ पलटते जाते थे। उन्हें लगता था कि यह तो वह पहले ही पढ़ चुके हैं। यह तो उन्हें मालूम ही था। पिछले जन्मों में उन्होंने जो भी पढ़ा था, वह उनके समुचित कोष से तुरंत चेतन में आ जाता था। वह जैसे उस ज्ञान को दोहरा रहे थे। हां, पश्चिम का साहित्य पढ़ने में उन्हें अवश्य कुछ समय लगता था पर उनका सौ प्रतिशत मस्तिष्क उस पुस्तक के मर्म को कुछ ही क्षणों में आत्मसात कर लेता था।

❑ ❑

आचार्यश्री बड़ौदा में

आंमंत्रण पर आचार्यश्री 13 अगस्त, 69 को बड़ौदा पधारे। जीवन जागृति केन्द्र, बड़ौदा ने दिनांक 14-869 से दिनांक 17-8-69 तक उनकी 'तमसो मा ज्योतिर्गमय' प्रवचनमाला का आयोजन किया था। 'युक्रांत' व 'ज्योतिशिखा' पत्रिकाओं द्वारा आचार्यश्री के आगमन की खबर सभी को हो गई थी। अत: बम्बई, अहमदाबाद, पूना, भावनगर, जूनागढ़ व आजोल से कई प्रेमी मित्र आचार्यश्री के दर्शन एवं उनके प्रवचनों का अमृतपान करने बड़ी संख्या में आए हुए थे।

औपचारिक स्वागत सत्कार के बाद प्रवचनमाला का प्रारम्भ करते हुए आचार्यश्री ने कहा— ''हमें अपने भीतर के अंधेरे का कोई पता नहीं, अपने अचेतन मन के नर्क का कोई पता नहीं। और जिस दिन भीतर के इस अंधकार का पता लगता है, उसी दिन रोम-रोम प्रकाश मांगता है। और तभी उपनिषद् के ऋषि की प्रार्थना—**तमसो मा ज्योतिगर्मय** फलित होती है। यों सभी प्रार्थनाएं व्यर्थ हैं। वह मांगें हैं हमारी। पर असहाय अवस्था में जब कोई पुकार प्राणों के रोम-रोम से की जाये तो वह निश्चित ही फलित होती है।''

इस सूत्र में बाहर के अंधकार से प्रकाश में ले चलने की बात नहीं की गई है, जैसाकि कई नासमझ समझते हैं। यह काम तो चार आने का दिया या मोमबत्ती भी कर सकती है। जो लोग ऐसा समझते हैं, उन्हें अंदर के अंधकार का पता ही नहीं। हमारे मन में जन्म-जन्म की स्मृतियां हैं—सभ्यता के प्रारम्भ से लेकर मनुष्य के सभ्य होने तक। इसमें आदि मानव के भय, दमित काम, क्रोध, हिंसा, द्वेष सभी अंधकारों का नर्क समाया हुआ है। जो साधक अपनी अंर्तयात्रा कर भीतर प्रवेश करता है, उसे अंधकार से होकर गुजरना होता है। इस अंधकार से लड़कर वह इसके पार नहीं जा सकता। पर ध्यान मार्ग के यात्री के लिए इन सभी अंधकारों से बढ़कर है—अहंकार का अंधकार। जो श्रम-साधना करते हैं उनका अहंकार और प्रगाढ़ हो जाता है और जब तक अहंकार विसर्जित नहीं होता, प्रकाश नहीं मिल सकता। इसलिए असहाय होकर समर्पण करते हुए ऋषि प्रार्थना करता है—मुझे अहंकार के अंधकार से प्रकाश की ओर ले चल। और अंदर अंधेरे में मृत्यु का भी भय है। अपने खो जाने का डर है। निपट अकेलापन है अंदर। शून्य अंतरिक्ष जैसी खामोशी और मौन है। अपने अकेलेपन से बहुत घबड़ाता है मन। पर अज्ञात के अंधेरे में ही वह वृक्ष है, जिसकी जड़ें अज्ञात अंधकार में हैं। मृत्यु के अंधकार को अमृत बनाने की कला ही ध्यान है।''

आचार्यश्री ने डेढ़ घंटे के प्रवचन में इन सूत्रों को कई बोध कथाओं से समझाया।

सांयकाल भी प्रात: के प्रवचन को और विस्तार देते हुए आचार्यश्री ने कहा—''आदिम भय हमारे अचेतन में बैठा है। अचेतन से गुजरते हुए काम, क्रोध, लोभ के भयावने पशु दिखाई देते हैं। हमने सभ्यता का मुखौटा लगाकर अपना जो असली रूप कई पर्तों में ढक रखा है वह अपने नंगेपन में प्रकट होता है। इसीलिए भयभीत मनुष्य ने दल बनाये, कबीले और संगठन बनाये। धर्म या संप्रदाय बनाए। पर धर्म ने भय से मुक्त करने के स्थान पर मनुष्य को कल्पित नर्कों का भय दिखाकर और भयभीत बना दिया। नर्क की ईजाद अपराधी चित्तवालों की ही कल्पना है। भयभीत लोगों के समूह ने ही युद्ध किये हैं, नरसंहार और बलात्कार किये है। क्योंकि भीड़ धार्मिक

नहीं विध्वंसक होती है। इसी भय के कारण असुरक्षा की भावना जन्म लेती है। इससे बचने के लिए ही व्यक्ति धन इकट्ठा करता है, मकान बनवाता है। प्रतिस्पर्द्धा के जाल में फंसकर उसकी वासनाएं अनंत विस्तार लेती जाती हैं। और आज स्थिति यह है कि हिन्दू, मुसलमान से भयभीत है। मुसलमान हिन्दू से भयभीत है। एक राष्ट्र दूसरे राष्ट से भयभीत है। इस भय ने ही परमाणु अस्त्रों को जन्म दिया है, जिसके फलस्वरूप आज पूरी पृथ्वी विनाश के कगार पर खड़ी है। आज रूस और अमेरिका ने इतने अधिक परमाणु अस्त्र बनाये हैं कि यह पृथ्वी एक बार नहीं तीन सौ बार नष्ट हो सकती है। आज आवश्यक है लोगों को इस भय से मुक्ति मिले। और भय से इस मुक्ति का एक मात्र उपाय है—ध्यान।''

15 अगस्त मनायें या नहीं ?

15 अगस्त की सायं प्रश्नोत्तर प्रवचन का कार्यक्रम था। पहला ही प्रश्न किया गया—''हम लोग 15 अगस्त मनायें या नहीं ?''

आचार्यश्री ने तुरन्त उत्तर देते हुए कहा—''सवाल जीवन के क्रियाकांडों से है, चाहे वह धार्मिक हो या राजनीतिक। जो अंतर्भाव से उठे वही ठीक है। अगर आपको आजादी का आनंद, अंदर से अनुभव होता है तो जरूर मनायें उत्सव। पर यदि ऐसा नहीं है तो उत्सव मनाना भी एक झूठ होता है, वह उत्सव भी मरा हुआ होता है। उसमें उल्लास और आनंद नहीं होता। वह मात्र लीक पीटना होता है, एक परम्परा का मात्र पालन करना होता है। और मैं तो कहता हूं, आज क्या, आप प्रतिदिन, प्रति क्षण आनंद मनायें। आपका पूरा जीवन ही उत्सवमय हो जाये।''

दो क्षणों के लिए रुककर आचार्यश्री ने कहा—''प्रत्येक को जीवन में पूरी स्वतंत्रता होनी चाहिए, जिससे वह अपने स्वभाव के अनुसार खिल सके। बाहर से यदि स्वतंत्रता मिल भी जाती है तो भी व्यक्ति जब तक अपनी गुलाम वृत्ति से मुक्त नहीं होता, तब तक वह परतंत्र ही है। आप अपना रोजाना का जीवन देखें। पति-पत्नी को गुलाम समझता है, पत्नी नौकर को गुलाम समझती है। नौकर अछूत को गुलाम समझता है। बड़ा काश्तकार मजदूर को गुलाम समझता है। गुलामी की प्रथा इस देश से गई कहां है ? हम चौबीस घंटे दूसरों को गुलाम बनाने में लगे हैं। कोई धन का गुलाम है, कोई पद या लिप्सा का गुलाम है। वास्तविकता यही है कि आदमी को गुलाम होना अच्छा व सुविधापूर्ण लगता है। क्योंकि गुलामी में कोई दायित्व या जिम्मेदारी नहीं होती। गुलाम होना एक सुविधापूर्ण स्थिति है। फिर सोने की जंजीरें हमें और प्रीतिकर लगती हैं। स्त्रियां जो सोने-चांदी के आभूषण पहनती हैं। यह वास्तव में उनकी सोने की जंजीरें हैं, बेड़ियां है, जिसे वह खुश-खुश पहनती हैं। उतारने को तैयार नहीं होतीं। पुरुष की गुलामी जैसे स्वीकार कर ली है उन्होंने। और धर्म के अखाड़ों व आश्रमों में यह गुलामी दूसरे ढंग से चल रही है। शिष्य गुरु के चरण दबा रहा है, उस पर छत्र डुला रहा है। और राजनीति में मंत्री के आगे-पीछे चलते चमचों की फौज देखो। वह अपनी दुमें हिला रहे हैं। यह सभी मानसिक गुलामी का प्रतीक है। जब तक हम इस मानसिक गुलामी से मुक्त नहीं हो जाते, तब तक स्वतंत्रता पूरी नहीं होती।

और पूरे समाज में बड़े-बड़े लोग आज भी बचकाने खेल-तमाशों में रुचि रखते हैं। हर साल रामलीलाएं होती है। धनुप तोड़ने और रावण मारने का नाटक किया जाता है। मंत्रीजी रामलीला का उद्घाटन करते हैं। हर साल करोड़ों रुपये इस घिसे-पिटे नाटक में व्यर्थ फूंक दिये जाते हैं। यूनीवर्सिटी में कनवोकेशन समारोह भी एक बच्चों जैसा नाटक है। बड़े-बड़े दिग्गज, बुद्धिजीवी भी कौवों की तरह काले-काले गाउन लटकाकर और जोकर जैसी टोपी पहनकर

हर साल एक नाटक दोहराते हैं। इसी तरह स्वतंत्रता दिवस समारोह भी एक बच्चों जैसा नाटक है, जो हर साल दोहराया जाता है। स्वतंत्रता के लिए पहले यह जरूरी है कि भीतर स्वतंत्रता के नए आयाम खुलें। आज भी देश में पहले से ज़्यादा गोलियां चलाई जाती हैं। दफ्तरों और अदालतों में भ्रष्टाचार पहले से अधिक बढ़ गया है। गांवों में फसाद पहले से ज़्यादा होने लगे हैं। चोरी, डाके, बलात्कार पहले से अधिक होते हैं। देश में गरीबी और बेकारी बढ़ी है। भिखारियों और वेश्याओं की संख्या में बढ़ोत्तरी हुई है। रोज-रोज साम्प्रदायिक दंगे होते हैं। प्रांत और भाषा के नाम पर सार्वजनिक सम्पत्ति की होली जलाई जा रही है। इस सबके बावजूद, यदि आपकी संवेदनशीलता कहती है कि आप उत्सव मनायें, तो आप जरूर उत्सव मनाइए। आपको रोकता कौन है? रोम जल रहा था और नीरो वायलिन बजाकर मस्त हो रहा था।

मेरे देखने में आजादी का अर्थ है—''व्यक्ति की गरिमा स्थापित हो। पर इस देश में व्यक्ति का कोई मूल्य नहीं। हम साक्षेप में जीते हैं। इस देश में राजनेता ही सब कुछ है। वह कहने मात्र को जनता के सेवक हैं, पर हैं शासक ही। आज भी समाचारपत्रों में इन्हीं को केन्द्र बिन्दु बनाकर खबरें छपती हैं। बाकी देश में जैसे कुछ और है ही नहीं।''

इतना कहकर आचार्यश्री रुके। वह कुछ और कहना चाहते थे तभी एक व्यक्ति ने खड़े होकर दूसरा प्रश्न कर दिया।

—आपने पिछले प्रवचन में कहा था कि सत्य जानकर लोग मौन हो जाते हैं। पर आप तो निरंतर बोले ही जा रहे हैं।

आचार्यश्री ने उत्तर दिया—''किसने कहा कि लोग सत्य जानकर मौन हो जाते हैं? आपने अधूरी बात ही सुनी। मैंने कहा था—सत्य को जानकर अधिकतर लोगों को बोलना व्यर्थ लगता है? वह सोचते हैं, जो वह कहेंगे उसे समझेगा कौन? और जो समझ भी गये उनमें से अंतर्यात्रा पर कितने लोग चल सकेंगे? जब बुद्ध को बुद्धत्व प्राप्त हुआ तो वह इसी कारण एक सप्ताह तक मौन रहे। फिर कथा कहती है कि देवताओं ने उनसे निवेदन किया कि आपने जो अनुभव किया है, उसे कृपया दूसरों को बांटें। कम-से-कम वह लोग तो, जो जरा से अटके हैं, आपके वचनों से मुक्त हो सकते हैं। और फिर बुद्ध मरने के पूर्व तक निरन्तर बोलते ही रहे। जिसने सत्य का अनुभव कर आनंद पाया है वह भरे मेघ की तरह होता है। वह बरसकर हलका होना चाहता है।''

दो क्षण का विराम देकर आचार्यश्री ने कहा—''आपकी कठिनाई मैं समझ रहा हूं। मैंने यह भी कहा था कि सत्य कहते ही असत्य हो जाता है। उसे शब्दों में व्यक्त करने का कोई उपाय नहीं। पर इसके साथ मैंने यह भी कहा था कि शब्दों के द्वारा उसे इंगित किया जा सकता है। मौन को कितने समझ सकते हैं? अब आपने मुझसे प्रश्न किया और मैं चुप ही रहूं तो आपसे संवाद कैसे होगा? आप समझेंगे कैसे? आपको आपकी ही भाषा में उत्तर देना मेरी विवशता है।''

तीसरा प्रश्न किया गया—''हम मौन की भाषा समझने के लिए क्या करें?''

आचार्यश्री ने उत्तर दिया—''आप बस अंदर से खाली हो जाएं। आपके मन में शब्दों, विचारों और परम्पराओं का कचरा भरा है। उसको बाहर फेंककर आप कोरे कागज की तरह हो जायें। जानने का अहंकार गिरा दें। जब अंदर जगह खाली होगी तभी उस शांत-शून्य और मौन में परमात्मा उतरता है। मैंने सुना है, युनीवर्सिटी के एक विद्वान प्रोफेसर, झेन गुरु से मिलने उनके झोपड़े पर गए और मिलते ही उन्होंने पूंछा—बतायें, सत्य क्या है? झेन गुरु बोला—थोड़ा विश्राम करें, चाय पियें। खड़े-खड़े जल्दी में कभी सत्य नहीं मिलता।''

और अंदर जाकर उस सद्‌गुरु ने स्वयं चाय बनाई। वह चाय की केतली और प्याली लेकर आया। प्रोफेसर की प्याली में वह केतली से चाय उड़ेलता ही गया, यहां तक कि चाय नीचे गिरने लगी। प्रोफेसर चिल्लाया—यह क्या कर रहे हैं आप? आप देखते नहीं, प्याली में जगह नहीं है, वह ऊपर तक भर गई है और आप फिर भी चाय उड़ेलते जा रहे हैं। वह फकीर मुस्कुराकर बोला—आप अब भी नहीं समझे? आपके भीतर की प्याली भी शब्दों से लबालब भरी है। मैं सत्य बताऊं भी तो उसकी दुर्दशा इसी चाय की तरह होगी। जाइये, पहले खाली होकर आइये।

डेढ़ घंटे तक यह प्रश्नोत्तर प्रवचनमाला इसी प्रकार चलती रही। आचार्यश्री के हाथ जोड़ते हुए उठ खड़े होते ही हाल में कई मिनट तक तालियां बजती रहीं। यह कर्तल-ध्वनि इस बात का प्रमाण थी कि जिज्ञासुओं ने आचार्य श्री द्वारा दिए उत्तरों को कितना अधिक पसंद किया है।

बड़ौदा से फिर आचार्यश्री अहमादाबाद पधारे; जहां प्रेमी-मित्रों द्वारा उनका हार्दिक स्वागत किया गया और दूसरे दिन जब वह कचहरी में सनातन-धर्म सभा द्वारा दायर किये गए मुकद्दमे में सम्मन के प्रत्युत्तर में उपस्थित हुए तो लगभग 500-600 प्रेमी मित्र उनकी जयजयकार कर रहे थे, जब कि विरोधियों की संख्या कठिनता से 20-25 थी।

❑ ❑

अहमदाबाद की अदालत में मुकद्दमा

अहमदाबाद की अदालत में आचार्यश्री के विरुद्ध केस चल रहा था। आरोप यह लगाया गया था कि उन्होंने अपने प्रवचन के द्वारा हिन्दुओं की धार्मिक भावनाओं पर आघात किया है। उन दिनों गांधी जी के आश्रम में रोज रामकथा का पाठ, विनोबा भावे द्वारा किया जाता था। सीता-हरण के अवसर पर जब राम ने लक्ष्मण से सीता के आभूषण पहचानने को कहा तो लक्ष्मण ने उत्तर दिया कि वह केवल उनके पैरों में पहने हुए आभूषण ही पहचान सकते हैं।

गांधीजी ने विनोबा से पूछा था—''भगवान राम सीता के आभूषणों को क्यों नहीं पहचान पाये? और लक्ष्मण भी केवल पैरों में पहनने वाले आभूषण ही क्यों पहचान पाये?''

विनोबाजी ने उत्तर दिया था—''सीता इतनी सुंदर थीं कि जब वह भगवान राम के पास होती थीं तो वह केवल उनका चेहरा देखते रह जाते थे। उनके आभूषणों पर उनकी दृष्टि ही नहीं जाती थी। और लक्ष्मण चूंकि सीता के पीछे चलता था और चूंकि उसने 14 वर्षों का ब्रह्मचर्य व्रत लिया था इसलिए वह केवल मां सीता के चरणों पर ही दृष्टि रखता था।''

गांधीजी ने इस स्पष्टीकरण से प्रसन्न होकर विनोबाजी को आचार्य की पदवी से सम्बोधित किया था और उस दिन से विनोबाजी आचार्य विनोबा कहे जाने लगे थे।

आचार्यश्री ने अपने एक प्रवचन में इस प्रसंग का उल्लेख करते हुए कहा था—यह स्पष्टीकरण केवल विनोबाजी की अपनी ईजाद है। वह नीतिवादी हैं। उनकी दृष्टि में बड़े भाई की पत्नी मां के बराबर होती है। पर इस स्पष्टीकरण से लक्ष्मण का चरित्र उदात्त नहीं होता। इसका अर्थ है कि लक्ष्मण सीता को चरणों से ऊपर देखने से डरते थे कि कहीं उनका ब्रह्मचर्य व्रत भंग न हो जाये? कौन बेटा अपनी मां को पूरा नहीं देखता? वह तो मां के स्तनों से दूध तक पीता है। विनोबाजी के स्पष्टीकरण से सिद्ध होता है कि लक्ष्मण, सीता के प्रति अपनी भावनाओं का दमन कर रहे थे। जब राम केवल सीता का चेहरा ही देखते रह जाते हैं तो देवर के लिए, जिसे भारतीय समाज में दूसरा वर भी कहा जाता है, यह किस प्रकार संभव था कि वह अपनी भाभी का चेहरा न देखे। कभी सीता का चेहरा देखकर लक्ष्मण को अपने आप से भय लगा होगा कि यदि भविष्य में उन्होंने उनका चेहरा देखा तो मन मैला हो सकता है। इसलिए अपनी भावनाओं का दमन कर उन्होंने संकल्प लिया कि वह उन्हें पैरों से ऊपर नहीं देखेंगे।

आचार्यश्री के इस प्रवचन के बाद अहमदाबाद के कुछ कांग्रेसियों ने आचार्यश्री पर यह मुकद्दमा दायर किया कि आचार्यश्री ने लक्ष्मणजी के बारे में उक्त वक्तव्य देकर उनकी धार्मिक भावनाओं पर आघात किया है।

सम्मन मिलने पर कोर्ट में उपस्थित होकर आचार्यश्री ने विटनेस बॉक्स में खड़े होकर ईश्वर के नाम पर या गीता पर हाथ रखकर शपथ लेने से स्पष्ट इनकार करते हुए कहा—''ईश्वर के नाम जो झूठ का नाटक अदालतों में रोज चल रहा है, उसकी शपथ लेकर बयान देना ही निरर्थक है। मैं ईश्वर के अतिरिक्त किसी और के नाम पर शपथ ले सकता हूं क्योंकि मैं कभी झूठ नहीं बोलता।''

मजिस्ट्रेट आचार्य से बोला—"आप जब सत्यवादी हैं तो फिर ईश्वर के नाम पर शपथ लेने में आपको क्या आपत्ति है ?"

आचार्यश्री ने उत्तर दिया—"ईश्वर एक कल्पना है, धर्मों की गढ़ी हुई झूठी कहानी है। किसने देखा है ईश्वर? कौन दिखा सकता है उसे? इसलिए सत्यवादी होने के कारण ही मैं उसके नाम पर शपथ नहीं ले सकता। उसके नाम पर शपथ लेना ही झूठ बोलने की शुरुआत होगी। मैं अपनी शपथ खाकर ही बयान शुरू कर सकता हूं और यदि मेरा झूठ बोलने का इरादा है तो ईश्वर की शपथ लेकर मैं झूठ ही बोलूंगा। क्या माननीय जज महोदय और वकील साहिबान अपने हृदय पर हाथ रखकर ईमानदारी से यह स्वीकार करने का साहस करते हैं कि वह सत्य के प्रति समर्पित हैं ? क्या वह केवल सच ही बोलते हैं ? सत्य का आचरण करते हैं। और आचार्य विनोबा भावे के जिस वक्तव्य पर यह मुकद्दमा दायर किया गया है, मैं सत्य और न्याय के नाम पर यह मांग करता हूं कि सम्मन भेजकर विनोबा जी को इस अदालत में बुलाया जाये ताकि मैं उनसे क्रॉस क्वेश्चन कर सकूं। मूल कथा में उन्होंने जो नीतिवादी कथा जोड़ी है, उसकी सत्यता के बावत प्रश्न पूछकर वास्तविकता प्रकट कर सकूं और जब तक सम्मन भेजकर विनोबाजी को बुलाया नहीं जाता, मैं भी किसी अन्य पेशी पर यहां आना निरर्थक समझता हूं।" कोर्ट में यह पहला मामला था जब आचार्यश्री ने बिना ईश्वर की शपथ लिए अपना बयान दिया।

आचार्यश्री के व्यक्तित्व के सम्मुख जज साहब या वकीलों को उन्हें टोकने का साहस नहीं हुआ। चूंकि जज साहब यह जानते थे कि विनोबाजी को सम्मन भेजने से उन्हें शासन का व्यर्थ कोप का भाजन बनना होगा इसलिए उन्होंने दायर मुकद्दमा खारिज कर दिया।

❑ ❑

उसी शाम जयंतीभाई ने उनके सार्वजनिक प्रवचन का आयोजन किया। सभा में लगभग बीस हजार लोग उन्हें सुनने आये। सभा आशा से अधिक सफल रही। प्रेमी मित्रों के आग्रह पर आचार्यश्री ने दूसरे दिन प्रात: ध्यान भी करवाया। रक्षा-बंधन का त्यौहार निकट था। आचार्यश्री ने सभी बहनों को वचन दिया था कि जबलपुर रहने तक वह कहीं भी जायें पर राखी के दिन गाडरवारा अवश्य आयेंगे। अत: उसी रात वह सीधे गाडरवारा चल पड़े।

❑ ❑

रक्षाबंधन का त्यौहार परिवार के बीच

आचार्यश्री जब तक जबलपुर रहे, प्रत्येक दीवाली और रक्षाबंधन का त्यौहार, वह परिवार के बीच गाडरवारा में ही मनाते थे। यह वचन उन्होंने रोती हुई मां और छोटी बहनों को दिया था। अपने वचन की रक्षा के लिए ही वह पहले तो इन दिनों बाहर जाने का कार्यक्रम बनाते ही नहीं थे और इन पर्वों के पूर्व यदि कहीं बाहर प्रवचन के लिए जाते थे, तो ठीक त्यौहार के दिन प्रत्येक दशा में परिवार के बीच अवश्य पहुंच जाते थे।

परिवार की पुरानी कपड़े की दूकान में, जो एक बड़े हॉल में थी, रक्षा-बंधन का उत्सव धूमधाम से मनाया जाता था।

सबसे पहले बाबूलाल जी (दद्दा जी) को, रजनीश की बुआ राखी बांधती थीं। फिर अमृतलाल और शिखरचंद राखी बंधवाते थे। बुआ के अलावा भी दूर रिश्ते की या आस-पड़ोस की स्त्रियां भी जिन्हें श्री बाबूलाल और उनके भाई, बहनें मानते थे, तीनों भाइयों को राखी बांधती थीं। राखी बंधवाई का नेग देने बाबूलालजी थैली लेकर बैठ जाते थे।

इसके बाद आचार्यश्री राखी बंधवाने बैठते थे। रसा कुमारी, स्नेह, नीरू और निशा बारी-बारी से राखी बांधती थीं। रोली चावल का तिलक लगाती थीं। उनके मनपंसद कलाकंद से उनका मुंह मीठा कराती थीं। आचार्यश्री सभी बहनों के चरण छूते थे।

सन् 69 के रक्षाबंधन के अवसर पर आचार्यश्री की तीसरी बहन नीरू तिलक करने और राखी बांधने के बाद विनोद से बोली—"दादा! इस बार राखी बंधवाई मैं आपके हाथों से लूंगी। हर बार की तरह आपकी ओर से दद्दा जी या विजय भैया से नेग लेना अच्छा नहीं लगता।"

आचार्यश्री मुस्करा कर बोले—"तो नीरू तू घाटे में रहेगी। तेरे संन्यासी दादा के पास तो सिवा आशीर्वाद के कुछ और है नहीं।" फिर वह अपने पिता से मुस्कुरा कर बोले—"दादा! इस बार नीरू को रुपये देने की कोई आवश्यकता नहीं। यह केवल मेरा आशीर्वाद लेगी।"

बाबूलालजी पूर्ववत नीरू को नेग देते हुए बोले—"तू नेग लेने से मतलब रख। तुझे कौन देता है, इसकी चिंता क्यों करती है? तेरा दादा जब रुपये-पैसे को हाथ से छूता नहीं तो व्यर्थ की जिद क्यों करती है?"

नीरू ने दद्दा जी से चुपचाप रुपये ले लिए। जब तिलक करने और राखी बांधने का नम्बर निशा का आया। तो इससे पहले कि आचार्यश्री, निशा के पैर छूते निशा ने पहले ही झुककर आचार्यश्री के चरण-स्पर्श करते हुए कहा—"दादा! आप मुझे केवल आशीर्वाद दें।"

निशा के पैर छूते देखकर सब स्तब्ध रह गये। निशा की मां बोली—"बहन भले ही छोटी हो, पर हमारे यहां लड़की के पैर पिता और बड़े भाई दोनों पूजते हैं। तूने उसके पैर क्यों छू लिए?"

निशा ने उत्तर दिया—"मां! यह पुराने-जमाने की बातें हैं। जब दादा संन्यासी हैं तो भला वह कन्यादान क्या करेंगे? फिर संन्यासी के चरण-स्पर्श कर आशीर्वाद लेने में हर्ज क्या है?"

मां को इस तर्क के आगे कोई उत्तर देते न बना। निशा के बाद फुफेरी और ममेरी बहनों ने और फिर आस-पड़ोस की हमउम्र लड़कियों ने भी राखी बांधते हुए तिलक किया। दद्दाजी सभी को अपनी थैली से नेग देते गए।

दूसरे दिन जबलपुर आकर पता चला कि लाला सुंदरलाल का दिल्ली से दो बार फोन आ चुका है। रात्रि उनका फिर फोन आया। लालाजी अनुरोध करते हुए बोले—" आपकी व्यस्तता मैं जानता हूं। रात-दिन भ्रमण और खानपान की असुविधा से मेरी प्रार्थना है कि आप कुछ विश्राम भी लें। श्रीनगर में डल झील पर ध्यान शिविर तो सत्रह सितम्बर से प्रारम्भ हो रहा है। सारी तैयारियां भी पूरी हो गई हैं। पर मेरी प्रार्थना है—आप 8 व 9 सितम्बर तक दिल्ली आ जायें तो मैं दस तारीख का आपका रिजर्वेशन करा लूं। मैंने अरविंद से पूछ भी लिया है, आठ तारीख के बाद आपके एक-दो स्थानीय कार्यक्रम हैं। वह स्थगित भी हो सकते हैं। मेरी हार्दिक इच्छा है कि एक सप्ताह पूर्व काश्मीर चलकर आपके साथ पहलगांव, चंदनवाड़ी, सोनमर्ग और गुलमर्ग घूम लिए जाएं। आचार्यश्री भी काश्मीर में यह सभी दर्शनीय स्थान देखना चाहते थे। पर उनके कहने से पूर्व ही आमत्रंण आ गया। उन्होंने सादगी से उत्तर दिया—ठीक है, आप इस तारीख का रिजर्वेशन करा लीजिए। मैं दिल्ली नौ तारीख को आ रहा हूं।

❑ ❑

पठानकोट से कार द्वारा श्रीनगर आते हुए वह रास्ते भर प्रकृति का सौंदर्य और बर्फ की चोटियों को निहारते रहे। रास्ते में उन्होंने झेलम का उद्‌गम बैरी बाग देखा, केसर की क्यारियां देखीं। सेब, बादाम और अखरोट से लदे वृक्षों के साथ चिनार और सफेदों को बादलों से बात करते देव जैसे ऊंचे वृक्षों को देखकर उन्हें बहुत आनंद आया। श्रीनगर पहुंचकर आचार्यश्री लालाजी के साथ डल झील में एक सुंदर हाउसबोट में रुके। शिकारे पर उन्होंने चार चिनार, हजरत बल और झेलम के सात पुल देखे। नगीन लेक में उन्होंने ड्राइविंग और तैरने का आनंद लिया। दूसरे दिन उन्होंने शालीमार निशात बाग और चश्मेशाही देखी। अगले दिन गुलमर्ग का गोल्फ मैदान और क्वांरा प्राकृतिक सौंदर्य पीते हुए घोड़ों पर बैठकर वह खिल्लनमर्ग गये और बच्चों की तरह किलकते हुए स्लेज से बर्फ फिसलने का आनंद लिया। काश्मीर में प्रकृति की सुंदरता में वह सारी थकान भूल गए। चौथे दिन वह पहलगांव चल दिए। उन्हें यह स्थान कम्यून बनाने के लिए बहुत उपयुक्त लगा। घोड़ों पर चंदनबाड़ी में उन्होंने बर्फ पर स्लेज का फिर आनंद लिया। वहां बर्फ का पुल उन्हें बहुत अच्छा लगा। सूरज डूबने से पूर्व वह डाक बंगले लौट आये।"

❑ ❑

आचार्यश्री काश्मीर में

आचार्यश्री पहलगांव में जिस डाक बंगले में रुके थे वह कलकल वेग से बहती नदी के किनारे था। सामने ही बर्फ का मुकुट पहिने नगराज हिमालय खड़ा था। नदी के किनारे ज़मीन से पानी के कई छोटे-मोटे चश्मे निकल रहे थे।

डाक बंगले के चौकीदार से उन्होंने कब्रिस्तान का रास्ता पूछा और टहलते हुए कब्रिस्तान में पहुंचकर एक-एक कब्र को ध्यान से देखने लगे। लाला सुंदरलाल उन्हें आश्चर्य से देख रहे थे। कुछ ही देर बाद आचार्य श्री उल्लसित होकर दो कब्रों की ओर संकेत करते हुए बोले—''इन कब्रों के पास कुछ देर बैठकर ध्यान कीजिए, यह मोज़ेज़ और ईसामसीह की कब्रें हैं।''

लाला सुन्दरलाल आश्चर्य से बोले—''आपने इतनी कब्रों में इन दो पुरानी कब्रों को खोज कैसे लिया? और आप किस आधार पर कह रहे हैं कि यह मोज़ज्ज़ और ईसा की कब्रें हैं?''

आचार्यश्री ने उत्तर दिया—''मुसलमानों की सभी कब्रों के पैर मक्का से उलटी ओर होते हैं। यहां जितनी भी कब्रें हैं, उन सभी का सिरहाना उन दोनों कब्रों के सिरहाने से उलटा है। फिर अनेक ग्रंथों में इस बात का उल्लेख है कि ईसा प्रसिद्ध होने से पूर्व भी पहलगांव आये थे। उन्होंने कई बौद्ध मठों में ध्यान की विभिन्न प्रक्रियाएं सीखी थीं। फिर क्रूस पर चढ़ाये जाने के बाद उनके शिष्य उनके शरीर को एक गुफा में ले गए। बाइबिल के अनुसार गुफा से उनका शरीर अदृश्य हो गया। ऐसा लगता है जैसे यहूदी प्रशासन ने ईसा को यहूदी जनता को दिखाने के लिए ही क्रूस पर चढ़ाया था। ज़ब भीड़ उन्हें क्रूस पर चढ़ता देख वापस चली गई तो उनके शरीर को एक ग़ुफा में ले जाया गया। बाइबिल से इस बात की पुष्टि होती है कि जब एक सिपाही ने जीसस के शरीर को दूसरी करवट किया तो खून बहने लगा पर यदि जीसस उस समय तक मर चुके थे तो खून निकलने का प्रश्न ही नहीं उठता, क्योंकि मुर्दे के बदन से खून निकलता ही नहीं। मरते ही खून पानी बन जाता है। कहा जाता है कि ईसा अपने लोगों और अपने समाज से इतने क्षुब्ध हो गए थे कि वह पहलगांव आकर ही रहने लगे, जहां 112 वर्ष की अवस्था में उनकी मृत्यु हो गई। कहा यह जाता है कि उनका उपचार कर उनके शिष्य उन्हें चुपके से पहलगाँव से आए। पहलगांव का अर्थ होता है—गड़रियों का गांव, और आपको जानकर आश्चर्य होगा कि मेरे कस्बे गाडरवारा का भी यही अर्थ है। वहां भी पुराने किले के ऊपर एक पत्थर लगा था जिसमें ईसा के वहां आकर कुछ दिन ठहरने का उल्लेख था और फिर आपने काश्मीरी लोगों की नाक पर ध्यान दिया है? उनकी नाक ठीक यहूदियों की तरह है। जिस कबीले के गुम होने का उल्लेख यहूदी और ईसाई दोनों करते हैं कश्मीरवासी उसी खोये हुए कबीले के लोग हैं जिन्होंने बाद में इस्लाम स्वीकार कर लिया।''

कुछ देर बाद फिर आचार्य श्री बोले—यहूदी गर्वनर पाइलेट स्वयं क्राइस्ट से सहानुभूति रखता था। इसीलिए यहूदी समाज को दिखाने के लिए उसने उन्हें शुक्रवार के ऐसे दिन क्रूस पर चढ़ाया जिसके अगले दिन यहूदियों का अवकाश होता है। इतिहास कहता है कि क्रूस पर चढ़ाए लोग तीन-दिन जीवित रहते थे। फिर क्राइस्ट ने तो भारत आकर कई साधनायें की थीं। ऐसा लगता है कि उनके शरीर को देश के बाहर पहुँचाए जाने में पाइलेट ने ही गुप्त रूप से

सहायता की थी। इन दोनों क़ब्रों पर मोशा और जीसस के नाम खुदे हैं। अरबी में मोज़ेज़ को मोशा और जीसस को येशू कहा जाता है। जीसस शब्द का सरल रूप येशु ही है।

फिर आचार्य श्री कुछ देर मौन जीसस की कब्र के सामने बैठे रहे जैसे उन्हें श्रद्धांजलि दे रहे हों। लाला सुन्दरलाल भी आंख बंद कर आचार्य श्री के पीछे बैठ गए।

दूसरे दिन श्री नगर आकर ज्ञात हुआ कि मुख्यमंत्री शेख अब्दुल्ला ने मिलने के लिए अगले दिन शाम 5 बजे का समय दिया है। आचार्य श्री, शेख अब्दुल्ला से मस्ता बाबा के साथ दिल्ली में ही मिल चुके थे और शेख अब्दुल्ला ने तब मस्ता बाबा के प्रति बहुत सम्मान प्रदर्शित किया था। इधर-उधर की औपचारिक बातों के बाद शेख अब्दुल्ला बोले—''मेरे सचिव ने बताया है कि आप काश्मीर में अपने आश्रम या कम्यून के लिए जमीन खरीदना चाहते हैं, पर आप जानते हैं—हमारे सूबे के कानून के मुताबिक दूसरे सूबे के लोग यहां एक इंच ज़मीन भी नहीं खरीद सकते।''

आचार्यश्री ने कहा—''आप चाहें, तो सब कुछ कर सकते हैं। मैं अपने निजी प्रयोग के लिए नहीं, आश्रम के लिए ज़मीन चाहता हूँ। आश्रम बनने पर देश-विदेश के लाखों पर्यटक यहां आयेगे। आपके सूबे की आमदनी बढ़ेगी। फिर आप मुझे और मेरे उद्देश्य को पिछले कई वर्षों से जानते हैं। मुझे किसी धर्म विशेष से कोई लेना-देना नहीं है। मेरी कम्यून में हर सम्प्रदाय के लोग रहेंगे।''

शेख अब्दुल्ला अड़ियल लहजे में बोले—''मैं आपको पहले से जानता हूँ, तभी तो आपसे और अधिक डर है। चूँकि आप राजनीतिज्ञ न होकर जिस प्रकार के व्यक्ति हैं, इसलिए मुझे और मेरे सूबे को आपसे और भी अधिक डर लगता है।''

आचार्य श्री ने टोकते हुए कहा—''आप शायद भूल रहे हैं मुझे, आपसे सालों पहले मस्ता बाबा ने मिलवाया था और तब आपने मस्ता बाबा को यह भरोसा दिलाया था कि जरूरत पड़ने पर आप मेरी पूरी मदद करेंगे।''

शेख अब्दुल्ला ने दो टूक उत्तर दिया—मुझे मस्ता बाबा के बाबत सब कुछ अच्छी तरह याद है। पर वो शख्स बहुत खतरनाक था और आप उससे अधिक खतरनाक हैं, और आपका परिचय मुझे मस्ता बाबा ने दिया था इसलिए और भी मैं आपको काश्मीर की नागरिकता नहीं दे सकता। और न यहां स्थाई रूप से रहने के लिए ज़मीन दे सकता हूँ।

आचार्य श्री को याद आया, मस्ता बाबा के जिन भक्तों ने उनके सामने उन्हें हर प्रकार की सहायता देने का आश्वासन दिया था उनमें से अधिकतर झूठे और कायर निकले। बात करने पर उनमें से अधिकतर खीसें निपोरते हुए कहते थे—आप तो बुद्ध ठहरे। आपको किस बात की कमी? आप जो चाहें हो सकता है। पर मैं तो सांसारिक आदमी हूँ और फिर आजकल बाजार मंदा चल रहा है।

आचार्य श्री को याद आया उन्होंने उलट कर कहा था—खबरदार मेरे बुद्ध होने के बाबत एक शब्द मत कहें। मैं केवल हाँ या नहीं में उत्तर सुनना चाहता हूँ।

उनका मन हुआ, उन्हीं कायरों की तरह वह शेख अब्दुल्ला को भी डपट दें। जब शेख ने मस्ता बाबा को आश्वासन दिया था तब पं. नेहरू भी जीवित थे और पंडितजी मस्ता बाबा के भक्त थे। पंडितजी को खुश करने के लिए ही जैसे अब्दुल्ला ने आश्वासन दिया था। पर आज पण्डितजी नहीं थे इसीलिए शेख अब्दुल्लाह को केंचुल बदलते देर नहीं लगी।

फिर भी तर्क करते हुए व शेख अब्दुल्ला को कायल करने के लिए उन्होंने कहा—''यह

बड़े ताज्जुब की बात है कि मस्ता बाबा के प्रशंसक होते हुए भी आप इस तरह की बातें कर रहे हैं।''

शेख अब्दुल्ला बेशर्मी से ढीठ होकर बोले—''हम राजनीतिज्ञ लोग किसी के एडमाइरर नहीं होते। हम लोग केवल अपने आप की तारीफ करते हैं। चूँकि काश्मीर का एक बड़ा अमीर तबका मस्ता बाबा को मानता था, उनकी इज्जत करता था इसलिए मुझे भी उन्हें इज्जत देनी पड़ती थी। उनके आने पर मैं अपने सभी जरूरी काम छोड़कर उन्हें हवाई अड्डे पर लेने आता था, उनका इस्तकबाल करता था, उन्हें उसी इज्जत से विदा करता था। पर मैं जानता था कि वह एक खतरनाक शख्सियत हैं। और चूँकि उन्होंने आपका मुझसे परिचय कराया था इसलिए जब तक मैं कुर्सी पर हूँ आपको काश्मीर में बसने की इजाजत नहीं दे सकता। हां, जब आपका जी चाहे आप सैलानी की तरह यहां आयें, घूमें-फिरें और लौट जायें।'' शेख से और कुछ कहना-सुनना व्यर्थ था।

आचार्य श्री उनसे नमस्कार करते हुए बोले—''अच्छा शेख साहब इजाजत दें। आपने कुछ भी न करके भी कम-से-कम बड़ी साफगोई से यह साबित कर दिया कि पॉलीटीशियन के लिए वचन, वायदा और विश्वास यह सब वाहियात बातें हैं। अच्छा जनाब, बहुत-बहुत शुक्रिया!'' और शेख साहब खिसियाये से उन्हें जाते देखते रहे। मुलाकात समाप्त हो गई।

राजभवन से लौटकर जब लाला सुंदरलाल ने आचार्य श्री से शेख अब्दुल्ला से क्या बातचीत हुई, इस बारे में उत्सुकता प्रकट की तो आचार्यश्री सहज स्वर से बोले—इन सभी राजनीतिज्ञों से कोई आशा करना ही व्यर्थ है। मैं मिलने से पूर्व ही जानता था कि शेख अब्दुल्ला कम्यून के लिए भूमि देने के लिए राजी नहीं होंगे, फिर भी चूँकि उन्होंने मस्ता बाबा के साथ मिलने पर मुझे हर सहायता देने का आश्वासन दिया था, इसलिए मैं केवल यह चाहता था कि इनका चेहरा एक्सपोज हो जाय। यही किस्सा गुजरात में हुआ, जहां महाराजा भावनगर कम्यून के लिए एक बड़ा भूखण्ड दान देना चाहते थे पर मोरारजी देसाई के हस्तक्षेप से रजिस्ट्रार उसे दबाकर बैठ गए। मैंने उनसे आग्रह किया कि वह रजिस्ट्री के आवेदन-पत्र को अस्वीकार ही कर दें ताकि उच्च न्यायालय में उसकी याचिका दायर की जा सके। पर वह यह जानते हैं कि उच्च न्यायालय में उनका चेहरा एक्सपोज हो जाएगा इसलिए उन्होंने कार्यवाही को ठंडे बस्ते में डाल दिया है।

फिर कुछ सोचकर बोले—यह बाधायें ऐसे काम में आना स्वाभाविक है पर फिर भी मुझे विश्वास है कि कुछ-न-कुछ प्रबन्ध हो ही जाएगा। जो अस्तित्व कराना चाहता है मुझसे, वह होकर रहेगा।

लाला सुंदरलाल आश्चर्य से आचार्य श्री को देखते रह गए जिनके चेहरे पर निराशा, हताशा था अवसाद कहीं भी नहीं था। उनका चेहरा प्रात:कालीन सूर्य की तरह दृढ़ संकल्प, आशा और विश्वास से जगमगा रहा था।

❑ ❑

साधना शिविर—श्रीनगर

यों तो हिमालय की गोद में अनेक सुरम्य घाटियां हैं, पर चारों ओर हिम मुकुट पहने डल, नगीना और वूलर जैसी मनोरम झीलों वाली श्री नगर (कश्मीर) की केसरिया घाटी को प्रकृति ने जो सौंदर्य दिया है, मानव के कुशल संयोजन के साथ मिलकर वह चौगुना हो गया है।

विशाल डल झील की उमड़ती मुस्कुराती लहरों पर डोलते हाउस वोट में विहार करना नवविवाहित युगलों का एक सुन्दर सपना है। जहां वह प्राय: मधुयामिनी मनाने आते हैं।

आचार्यश्री रजनीश ने इस बार श्रीनगर की सुरम्य वादी में इस साधना शिविर का आयोजन किया था। यह शिविर 17-9-1969 से 2-10-1969 की अवधि में पूरे एक पखवारे के लिए आयोजित किया गया था। साधक बम्बई, गुजरात, दिल्ली, लुधियाना व जम्मू से आए हुए थे।

काश्मीर में बंसत ऋतु सितम्बर में ही होती है। इसी मौसम में वृक्ष लाल-लाल पुष्पों से लद जाते हैं। बादाम, अखरोट, चिलगोजे भी इन्हीं दिनों पकते हैं। रंग-बिरंगे लाखों-करोड़ों पुष्पों से पूरी घाटी रंगीन हो जाती है। सफेदे के प्रहरी जैसे खड़े लम्बे-लम्बे वृक्ष हवा में शराबी से झूमते हैं। चिनार के विशाल वृक्ष लाल-लाल फूलों से भर जाते हैं। प्रकृति के निकट साहचर्य में सभी शिविरार्थी अत्यंत आनन्दित थे। 17-9-1969 को आचार्यश्री ने 'महावीर मेरी दृष्टि में' प्रवचन माला का शुभारम्भ करते हुए कहा—

मेरे प्रिय आत्मन!

मैं देख रहा हूं कि इन सुन्दर फूलों और फलों की घाटी में आकर आप सभी बहुत आनन्दित हैं। चारों ओर बर्फ से ढकी सफेद चोटियां हैं। सुगन्धित हवा बह रही है। चटकती हुई कलियां आपको हंसने का आमंत्रण दे रही हैं। मैं चाहता हूं कि यह आनन्द की रसधारा आपके मन प्राणों को भिगो दे।

आज मैं महावीर पर चर्चा प्रारम्भ कर रहा हूं। मैं महावीर का अनुयायी नहीं हूं। मैं महावीर का प्रेमी हूं। वैसे ही जैसे कृष्ण का, क्राइस्ट का, बुद्ध का, लाओत्से का, तथा किसी अन्य बुद्ध का। दुनिया में दो तरह के लोग होते हैं—अनुयायी या विरोधी। न अनुयायी समझ पाता है और न विरोधी। अनुयायी अनुगमन में बंध जाता है और विरोधी विरोध के कारण रुद्ध हो जाता है और प्रेम किसी को बांधता नहीं है, मुक्त करता है। महावीर से प्रेम करते हुए कृष्ण से, क्राइस्ट से बुद्ध से भी प्रेम किया जा सकता है।

महावीर की चर्चा के लिए सुनना, मात्र बहाना है। जैसे खूंटी पर कपड़ा टांगने का प्रयोजन होता है, तो खूंटी कोई भी काम दे सकती है। ठीक उसी प्रकार ज्योति के स्मरण में महावीर भी काम दे सकते हैं। बुद्ध भी, कृष्ण भी, और क्राइस्ट भी। स्मरण उस ज्योति का है जो हमारे दिए में ही जल सकती है। स्मरण, प्रेम मांगता है अनुसरण नहीं। महावीर के स्मरण में महावीर का स्मरण नहीं है बल्कि उस तत्त्व का स्मरण है जो महावीर में प्रकट हुआ है। और उस तत्त्व का स्मरण आ जाये, तो वह तत्काल आत्म-स्मरण बन जाता है। महावीर की पूजा से आत्म-स्मरण नहीं आता, क्योंकि पूजा आत्मविस्मरण का उपाय है।

हम सभी एक अवसर हैं जिनमें ज्योति प्रकट हो सकती है। लेकिन अभी हुई नहीं है।

करोड़ों बुझे हुए दीयों को जलने का कोई खयाल आता ही नहीं। किन्तु एक जले हुए दिए के निकट स्मरण आ सकता है। महावीर, बुद्ध या कृष्ण का मेरे लिए इससे ज्यादा कोई और प्रयोजन नहीं कि उनके जले हुए दिए की लपट एक बार फिर हमारी आंखों तक पहुंच जाये। और फिर हम वही आदमी नहीं रह सकते हैं क्योंकि हमारी भी एक नई सम्भावना का द्वार खुल जाता है।

महावीर स्वयं में बहुत विशिष्ट हैं, असाधारण हैं। और हम सभी साधारण से असाधारण हो सकते हैं। सांसारिक की तरह असाधारण तक पहुंचने के लिए कोई सीढ़ियाँ नहीं है। साधारण से ही एक छलांग में असाधारण हुआ जा सकता है। और असाधारण ऊंचा या नीचा नहीं होता। बड़ा और छोटा जहां तक है वहां तक दिया है। ज्योति बड़ी और छोटी नहीं होती इसलिए महावीर की, कृष्ण की, क्राइस्ट की, नानक की, कबीर की, बुद्ध की कोई तुलना ही नहीं। ज्योति या तो होती है या नहीं होती है। और निराकार में खो जाने की क्षमता छोटी ज्योति की उतनी ही है जितनी बड़ी ज्योति की। और निराकार में खो जाना असाधारण हो जाना है।''

आचार्यश्री का प्रवचन एक घंटे तक चला और उसके बाद ध्यान प्रारम्भ हो गया।

विपसना ध्यान कराने के बाद आचार्यश्री ने कहा कि अब आप लोग भोजन के बाद प्रकृति का निकट से निरीक्षण करें। देखें पर्वतों को, झील को, तो उनमें पूरी तौर से डूब जायें। परमात्मा के सत्यम, शिव, सुन्दरम् तीन रूप हैं। वही सत्य है और वही सुन्दर है। और फूलों की वादी में कण-कण में सौंदर्य है। इस सौंदर्य से एकाकार हो जायें। इसको अपने हृदय की वीरान घाटियों में उतर जाने दें। इसे ध्यान ही बना लें। अब हम लोग भोजन के बाद दोपहर 3.00 बजे शिकारों में सैर करते हुए चार चिनारों के पास इकट्ठे होंगे'' और प्रातःकालीन सभा समाप्त हो गई।

डल झील के बीच में एक छोटा-सा द्वीप उभर आया था और उस द्वीप में सैकड़ों वर्ष पुराने चार-चिनार के विशाल वृक्ष थे। दोपहर सभी साधक चार-चिनारों की छाया में एकत्रित हुए। आचार्यश्री वृक्ष के नीचे एक फोल्डिंग चेय. पर विराजमान हुए और उनके आस-पास साधक एक दरी पर बैठे हुए थे। एक घंटे सभी लोग आचार्यश्री के सान्निध्य में मौन बैठे रहे। इस गहन मौन के अंत में आचार्यश्री ने सामूहिक शक्तिपात किया। जो भी साधक अहंकार शून्य दशा में थे उनका सर्वांग उस शक्तिपात से नहा गया। उन्हें लगा, जैसे एक विद्युतधारा उनकी गर्दन, कंधों और मेरुदण्ड को कंपित करती हुई ऊपर से नीचे की ओर प्रवाहित हो रही है।

एक घंटे के मौन के बाद आचार्यश्री ने जिज्ञासुओं की शंका का समाधान भी किया।

चार चिनार से लौटकर जब आचार्यश्री शिकारे से हाउसबोट की ओर चले तो उनके साथ वाले शिकारे में केवल लाला सुंदरलाल थे। कुछ दूर चलने पर शिकारा चलाने वाला अधेड़ गुल मोहम्मद ने कहा—''आप लोग दिल्ली और बम्बई से आ रहे हैं साब! सुना है, दिल्ली और बम्बई में तो जन्नत है।''

लाला सुंदरलाल ने उत्तर दिया—''भाई गुल मुहम्मद! जन्नत दिल्ली और बम्बई में नहीं, जन्नत तो यहां तुम्हारे काश्मीर में है। जन्नत तो हाउसबोट और इस शिकारे की सैर में है। दिल्ली और बम्बई में तो बहुत भीड़भाड़, शोर-शराबा, धूल-धुआं और गंदगी है।''

गुल मुहम्मद उदासी से बोला—काहे का जन्नत साब! यही पहाड़ियां, यही झील, यही शिकारा, मैं तो इस सबको देखते-देखते बहुत ऊब गया हूं। दिल्ली और बम्बई में सुना है साब, बड़ी ऊंची-ऊंची महल जैसी आलीशान बिल्डिगें हैं। बम्बई में समुन्दर के किनारे हर शाम सुनता हूं जन्नत उतर आती है। वहां साब फिल्म वाले लोग रहते हैं। मैंने फिल्म में देखी है बम्बई। बड़ी खूबसूरत है। अल्लाह की दुआ से और आपकी मेहरबानी से एक बार बम्बई देख पाता तो मेरी किस्मत खुल जाती।''

लाला सुंदरलाल गुल मुहम्मद को देखते रह गए। उनकी समझ में नहीं आया कि उसको क्या उत्तर दें।

उनकी दशा देखकर आचार्यश्री मुस्कुराते हुए बोले—''लाला जी! आप चौंकते क्यों हैं? यह तो हमारा मन है, यह पुनरुक्ति से ऊब जाता है। इस बेचारे की पूरी जिन्दगी इसी झील में गुजरी है। झील, पहाड़ों और दरख्तों के प्रति इसकी संवेदना जैसे मर गई है। तभी तो पुराणों के आख्यान में कि देवता भी स्वर्ग से ऊबकर पृथ्वी पर जन्म लेने को उत्सुक रहते हैं। एक बार यह दिल्ली, बम्बई देख लेगा, वहां की असलियत, वहां की समस्याओं और भागदौड़ से परिचित होगा, इसे तीसरे-चौथे दिन ही लगेगा कि इसका असली स्वर्ग झील और शिकारे में ही है। वहां से लौटकर फिर काश्मीर इसे जन्नत लगेगा। अभी उसका मन तुलना कर रहा है जो उसने फिल्मों में देखा है, उसी को देखकर इसे बम्बई स्वर्ग लग रही है।''

गुल मुहम्मद बोला—''ब्राबा, मैं आपकी पूरी गुफ्तगू तो समझा नहीं। सिर्फ थोड़ी ही बात समझा। क्या आप ऐसी मेहरबानी नहीं कर सकता कि मुझे कभी बम्बई का दीदार हो जाये।''

आचार्यश्री, लालाजी की ओर मुड़कर बोले—''यहां से चलने के पूर्व आप इसे बम्बई का वापसी टिकट उपलब्ध करा दें। यह भी बेचारा एक बार असली जन्नत देख ले।''

तुरन्त लाला सुन्दरलाल ने सहमति में सिर हिलाते हुए गुल मोहम्मद से कहा—''हम चलने से पहले तुम्हारे लिए बम्बई के वापसी टिकट का इंतजाम कर देंगे। तुम्हें गाड़ी पठानकोट से मिल जाएगी पर बम्बई में तुम्हारे रुकने का कोई ठिकाना है?''

खुशी में झूमता गुल मोहम्मद कृतज्ञता से झुकता हुआ बोला—''आपका बहुत-बहुत शुकरिया जनाब। यह गुलाम आपका अहसान ज़िन्दगी भर नहीं भूलेगा और हमारा बिरादर लोग है बम्बई में। उसने पता दिया है अपना। किसी बड़े होटल में मुलाजिम है, उसी के डेरे पर रुक जाएगा।''

अगले दिनों महावीर पर चर्चा के दौरान आचार्यश्री ने कहा—''महावीर को समझने के लिए सहानुभूतिपूर्वक खोज की दृष्टि आवश्यक है, शास्त्रीय बुद्धि की नहीं। सत्य का, मौन का, आत्मा का अनुभव सबसे अधिक गहरा अनुभव है। एक साधारण प्रेम का अनुभव भी यदि किसी व्यक्ति को हुआ हो तो भी उसकी समझ में नहीं आता कि क्या कहूं, कैसे कहूं? मोक्ष और आत्मा का अनुभव तो शब्दों के द्वारा व्यक्त कर पाना ही कठिन है। भाषा असमर्थ हो जाती है उसे व्यक्त करने में। जब भी कोई सत्य को उपलब्ध होता है तो सभी इन्द्रियां उसे व्यक्त कर पाने में असमर्थ हो जाती हैं क्योंकि वह अनुभव निःशब्द का निर्विचार का है। महावीर के निकट जिन्होंने भी उन्हें समझा, मौन में निःशब्द समझा होगा। पर इसके साथ कुछ गणधर भी थे जो समझते नहीं थे, वह केवल महावीर के शब्दों को लिपिबद्ध करते रहे। जो समझने वाले थे वह गहन मौन में चले गए। तभी लाओत्से ने कहा कि सत्य लिखते ही असत्य हो जाता है। शब्द मात्र उस सत्य के कुछ संकेत देते हैं। इसीलिए बुद्ध, महावीर और कृष्ण ने कोई पुस्तकें या शास्त्र नहीं लिखे। उन्होंने करुणा करके बोलकर संकेत दिए उस सत्य के। उन्होंने लिखने का नहीं बोलने का माध्यम चुना, क्योंकि सुनने वाला सामने बैठा होता है। शब्द सुनने के साथ-साथ वह बोलने वाले के हाव-भाव देखता है। उसकी आंखों में झांककर देखता है। बहुत कुछ जो शब्द नहीं कह पाते, आंखें कह देती हैं।''अगर मैं कुछ कह रहा हूं तो आप मुझे देख रहे हैं, मेरी आंखें देख रहे हैं। मेरी पीड़ा, मेरी तड़प, मेरी मुसीबत देख रहे हैं कि कुछ ऐसा है जो कहा नहीं जा सकता। उस तरह शायद थोड़ा समझ में आ जाये, लेकिन किताब में केवल अक्षर होते हैं, शब्द होते हैं। इसीलिए वेद, उपनिषद् या बुद्ध, महावीर के वचन उनके बहुत

बाद संगृहीत किये गए। जिन्होंने मौन में समझा और अनुभव किया था वह सैकड़ों वर्षों तक उसे उसी प्रकार सम्प्रेषित करते रहे। लेकिन जब ऐसी प्रतिभा के लोग खोने लगे तो उन वचनों को लिपिबद्ध किया गया।

लेकिन साधु और मुनि लोग तो महावीर के मार्ग के सम्बन्ध में शास्त्र खोले बैठे हैं। यदि शास्त्र खो जाएं, तो इन पंडितों, मुनियों के हिसाब से तो महावीर ही खो जाएंगे। पर इतनी कीमती अनुभूतियां अस्तित्व में कभी खोती नहीं। अस्तित्व में कभी कुछ नहीं खोता। जो मैं बोल रहा हूं वह अस्तित्व में ध्वनि तरंगों के रूप में सुरक्षित रहता है और आज नहीं तो कल विज्ञान ऐसा यंत्र खोज ही लेगा, जो किसी भी काल की ध्वनि-तरंगों को ग्रहण कर, उन्हें प्रस्तुत कर सके और ध्वनि तरंगों से भी सूक्ष्म अनुभूति की तरंगे हैं और वह भी आकाश में सुरक्षित रहती हैं। ऐसा व्यक्ति जिसे जब भी कभी सत्य की अनुभूति होती है वह अनुभूति की उन तरंगों को ग्रहण कर सकता है और महावीर के अंतर्जगत को अनुभूति की तरंगों द्वारा जानकर ही मैं यह चर्चा कर रहा हूं।

तुरन्त एक साधक ने प्रश्न किया—"आपने अभी कहा कि महावीर के सम्बन्ध में जैन शास्त्र प्रमाणित ग्रंथ नहीं है, और आप अपनी अनुभूति के द्वारा ही अपनी अंतर्दृष्टि से महावीर के अंतर्जीवन का उनकी अनुभूतियों का उल्लेख कर रहे हैं तो क्या आप किसी भी व्यक्ति के जीवन की व्यक्तिगत गुह्य बातें बता सकते हैं, ताकि आपकी प्रामाणिकता समझी जा सके?"

भगवान श्री ने उत्तर दिया—"यदि कोई तुम्हारे बाह्यजीवन की गुह्य घटनाओं को बता भी दे तो उससे यह भी पक्का कहां होता है कि वह महावीर के जीवन के सम्बन्ध में जो भी बताएगा, वह ठीक है। सामने मौजूद होने पर तो बाह्यजीवन की घटनाओं में उतरना, बड़ी साधारण-सी बात है। कोई भी अच्छा ज्योतिषी या टेलीपैथिस्ट यह बता सकता है। किसी के बाह्यजीवन को जान लेना कोई अर्थ नहीं रखता।"

असल में किसी के बाह्यजीवन से अंतर्जीवन का कोई सम्बन्ध होता ही नहीं। क्राइस्ट, महावीर, बुद्ध सभी का बाह्यजीवन पृथक्-पृथक् है, पर सभी बुद्ध पुरुषों का अंतर्जीवन एक है। इसीलिए बाह्यजीवन को देखने वाले लोग मुश्किल में पड़ जाते हैं, और मैं महावीर के सम्बन्ध में ठीक कह रहा हूं या गलत, इसकी जांच करने का न कोई अर्थ है और न यह सम्भव है। अर्थ केलव एक है कि वैसे अंतर्जीवन में उतरा जा सकता है या नहीं? और मेरी जांच-पड़ताल का भी कोई अर्थ नहीं है क्योंकि मैं इसलिए नहीं कह रहा हूं कि मैं कुछ सिद्ध करना चाहता हूं। मैं तो इसलिए कुछ कह रहा हूं कि तुम जहां हो, वहां से सरक कर किसी दूसरी दिशा में गति कर सको। यदि सारी बातचीत तुम्हें अंतर्दशा में गति देने वाली बन जाती है तो काफी प्रमाण हो गया। और जिस दिन भी तुम्हें स्वयं सत्य की अनुभूति होगी केवल तभी तुम प्रामाणिक रूप से जान सकोगे कि मेरी अनुभूति महावीर के अंतर्जगत के सम्बन्ध में ठीक थी या नहीं?

यह मामला इतना जटिल है कि मैं अंतस के प्रयोगों के लिए कहूं तो तुम्हें ठीक वही दिखाई पड़े जो मुझे दिखाई पड़ता है, लेकिन यह पक्का है कि तुम्हें जो भी दिखाई पड़ेगा तुम इतना अवश्य अनुभव कर सकोगे कि जो कुछ मैं कह रहा हूं वह मुझे दिखाई पड़ रहा होगा। दूसरे, तुम यह भी अनुभव कर सकोगे कि जो कुछ मैं कह रहा हूं उसके पीछे जो दृष्टि है, वह तुम्हें कुछ भी दिखाई पड़े तो फौरन तुम्हारी समझ में आ जाएगा कि वह क्या बचा है? मेरा मात्र प्रयोजन यह है कि मेरी बात से तुम्हें बेचैनी पैदा हो जाये और तुम मुझसे प्रमाण पूछने की बजाय, प्रमाण की तलाश में खुद निकल जाओ। बात झूठ भी हुई तो भी तुम वहां जाओगे, जहां पहुंचना चाहिए और बात यदि सच हुई तो तुम वहां पहुंचोगे ही। मेरे लिए बुद्ध, महावीर, क्राइस्ट इन

सभी का इतना मूल्य इस बात का है कि जो भटक रहे हैं, उनकी भटकन समाप्त हो जाये और एक दिन वह वहां पहुंच जाएं जहां कोई भी महावीर कभी पहुंचता रहा है।''

और यह प्रवचनमाला, प्रश्नोत्तर के साथ-साथ 2 अक्टूबर तक चली। इसके ही साथ नियमित ध्यान भी चलता रहा।

❑ ❑

एक दिन दोपहर सभी साधक दोपहर में निशात बाग में गए हुए थे। वहां आचार्यश्री ने कहा—''सभी लोग अलग-अलग घूमते अपनी-अपनी पंसद का कोई भी एक खिला हुआ फूल चुन लें। बस मात्र उसी फूल को देखते रहना है। उस पर त्राटक ध्यान करना है। बाद में भी इस अभ्यास को जारी रखना है। ध्यान उस दिन पूरा होगा जिस दिन तुमसे फूल बात करने लगे। वह जीवन्त हो जाये। उसमें तुम्हें उस चैतन्य की झलक दिखाई पड़ने लगे।''

एक दिन वूलर लेक के किनारे घूमते हुए आचार्यश्री ने देखा कि आकाश बिलकुल साफ है। उसमें दूर-दूर तक कहीं बादलों का कोई पता नहीं है। उन्होंने साधकों से कहा—''आप लोग पृथ्वी पर लेट कर खुली आंखों से बिना पलक झपकाये 15 मिनट तक केवल आकाश देखते रहें और महसूस करते रहें कि आंखों की राह से आकाश तुममें प्रवेश कर रहा है। आंखों में आंसू आयें, उन्हें गिरने दें पर पलक न झपकायें। आंसू गिरने के बाद बिना पलक झपकाये देखना बहुत आसान हो जाएगा। बस पहले दो मिनट पूरे संकल्प से बिना पलक झपकाये गुजारने हैं। फिर 15 मिनट बाद आंखें मूंदे हुए अपने अंदर उतर आये आकाश को महसूस करें।''

एक दिन रात्रि के समय उन्होंने कहा—''आंखे बंद कर बैठ जायें। अपने आस-पास जो भी शोर, जो भी आवाजें सुनाई दें, यह समझें कि सभी मिली-जुली ध्वनियों के प्रपात के नीचे खड़े आप ध्वनियों में स्नान कर रहे हैं। जिसे यह प्रयोग कठिन लगे वह आंखें बंद कर बैठा हुआ सभी ध्वनियों को कानों से नहीं नाभि से सुनने का प्रयास करे, क्योंकि नाभि तुम्हारे शरीर का केन्द्र है और सबसे अधिक संवेदनशील है। यह मत समझें कि आपके कान सुनते हैं। कान तो यंत्र मात्र है। कान के पीछे जो चेतना है, सुनती तो वह है। फिर सभी ध्वनियों में धीमी-से-धीमी सन्नाटे की अनाहत ध्वनि को सुनने का प्रयास करें।''

प्रश्न किए जाने पर उन्होंने बताया—''कि यह सभी तंत्र के प्रयोग हैं, और बहुत कीमती हैं। कोई भी प्रयोग यदि पूरे संकल्प और निष्ठा से किया जाये तो शून्य या निर्विचार की स्थिति सहज ही उपलब्ध हो सकती है।''

दो अक्टूबर को प्रात: प्रवचन के बाद आचार्यश्री ने शिविर समाप्त होने की घोषणा की।

❑ ❑

गांधी जन्म शताब्दी के अवसर पर शहीद स्मारक भवन में आचार्यश्री को सेठ गोविन्द दास ने आमंत्रित करते हुए उसमें सम्मलित होने के लिए व्यक्तिगत रूप से पत्र भी लिखा था। उनका दिल्ली से फोन भी आया था और आचार्यश्री ने चार अक्टूबर को जबलपुर आना और पांच तारीख के समारोह में सम्मलित होना स्वीकार कर लिया था। दो अक्टूबर को सेठ गोविन्द दास स्वयं दिल्ली में व्यस्त थे और चूंकि गांधी जन्म-शताब्दी का कार्यक्रम पूरे सप्ताह भर चलना था अत: पांच अक्टूबर को सार्वजनिक सभा का आयोजन किया गया था।

दो अक्टूबर को सायंकाल आचार्यश्री एयरलाइन्स द्वारा दिल्ली आ गये और ट्रेन द्वारा जबलपुर चल पड़े।

❑ ❑

गांधीवाद की आलोचना

आचार्यश्री, श्रीनगर से 3 अक्टूबर को ही वापस जबलपुर लौटे थे। दो घंटे विश्राम के बाद वह डाक लेकर बैठ गए। जो पत्र उत्तर देने योग्य थे या जिनका उत्तर लिखना था, उन्हें छांटकर उन्होंने अगल रख दिया। शेष पत्र पढ़-पढ़कर वह रद्दी की टोकरी में फेंकते गए। सैकड़ों पत्र थे। उन्हें निपटाते हुए दो घंटे बीत गए।

तभी अरविंद कुमार के साथ नगर कांग्रेस कमेटी के पदाधिकारियों ने प्रवेश किया। वह लोग गांधी जन्म शताब्दी के अवसर पर शहीद स्मारक भवन में होने वाली सभा में आचार्यश्री को निमंत्रित करने आए थे।

आचार्यश्री ने औपचारिक निमंत्रण स्वीकार करते हुए यह अनुरोध अवश्य किया कि उन्हें सभी वक्ताओं के बाद बोलने को कहा जाये। आयोजकों ने यह शर्त सहर्ष स्वीकार कर ली।

आचार्यश्री फिर पत्रों में खो गए।

5 अक्टूबर को शहीद स्मारक भवन में न केवल हाल खचाखच भरा था वरन हाल के बाहर भी लगभग दो हजार की भीड़ थी। यह भीड़ इसलिए अधिक थी, क्योंकि कार्यक्रम में यह भी घोषित किया गया था कि आचार्यश्री सबसे अंत में गांधीजी पर बोलेंगे। भीड़ इकट्ठी करने के लिए ही आचार्यश्री को निमंत्रित किया गया था। इस सभा में मध्यप्रदेश सरकार के एक उपमंत्री के साथ कई एम. एल. ए. व अन्य कांग्रेसी भी आए हुए थे।

गांधी जी के चित्र पर माल्यार्पण के बाद सभा शुरू हुई। जहां महात्मागांधी की जय, पं. नेहरू की जय और भारत माता की जय के नारे लग रहे थे, वहां इसके ही साथ रजनीश के प्रेमी मित्रों और जनता द्वारा आचार्य रजनीश की जय के नारे भी लगाए जा रहे थे।

सेठ गोविन्द दास तथा मध्य प्रदेश सरकार के उपमंत्री स्वयं आचार्य रजनीश के प्रशंसक थे और उन्हीं के अनुरोध पर आचार्य रजनीश को भी आमंत्रित किया गया था। स्थानीय एम. एल. ए. ने उन्हें टोका भी था कि आचार्यश्री गांधी जी की आलोचना भी कर सकते हैं। पर उपमंत्री महोदय ने उनकी बात हंसकर उड़ा दी थी और कहा था—उनके आने से हाल में तिल रखने की जगह नहीं मिलेगी वरना तुम्हारी सभा में आयेंगे कितने लोग? और फिर गांधीजी का व्यक्तित्व इतना विराट है कि वह यदि थोड़ी-बहुत आलोचना कर भी दें तो उससे क्या फर्क पड़ता है? सूरज पर थूको तो थूक अपने ही ऊपर गिरता है।

गांधीजी पर स्थानीय नेताओं, एम. एल. ए., सेठजी व उपमंत्री आदि के भाषणों को लोग जैसे-तैसे पीते रहे। सभी के भाषणों में वही पिटी-पिटाई बातें रिकॉर्ड की तरह दोहराई जा रही थीं—गांधीजी राष्ट्रपिता हैं। उन्होंने हमें स्वतंत्रता दिलाई। वह सत्य, अहिंसा, प्रेम और बंधुत्व की मूर्ति थे। उन्होंने गरीब के दर्द को समझा था इसीलिए पूरा जीवन उन्होंने एक लंगोटी और एक धोती में काट दिया।

इन भाषणों से ऊबकर भीड़ में से कोई चिल्लाया—यह पिटी-पिटाई बातें हम बहुत सुन चुके। हम आचार्य रजनीश को सुनने आए हैं। भीड़ का रुख देखकर उपमंत्री महोदय ने अपना भाषण शीघ्रता से समाप्त किया।

जब आचार्य रजनीश बोलने के लिए खड़े हुए तो हाल तालियों से गूंज उठा—''आचार्यश्री ने कहा—''जहां तक गांधी जी के व्यक्तित्व का प्रश्न है, मैं उनकी सरलता, सच्चाई, ईमानदारी, प्रेम और साहस इन सभी गुणों की प्रशंसा करता हूं। गांधीजी को बहुत आदर देता हूं, पर गांधी जन्म शताब्दी के अवसर पर आवश्यकता इस बात की है कि गांधीवाद पर विचार किया जाये। पर गांधीवादी घबड़ाता है क्योंकि उसे डर है कि गांधीवाद पर विचार करने पर उसके 20 वर्ष का कलिख भरा इतिहास सामने आएगा। उसने गांधीवाद का अनुगमन करते हुए खादी अपनाई है, वह राष्ट्रीय पर्वों पर दिखाने के लिए चरखे पर सूत कातता है, गांधीजी की जय-जयकार करता है। हर बात पर गांधीजी की दुहाई देता है, पर उसका आचरण दोषपूर्ण और पाखण्डपूर्ण है। गांधीवाद के नाम पर उसने जनता को बेवकूफ बनाकर उसका शोषण किया है। अपनी तिजोरियां भरते हुए देश को गरीब किया है।'' पूरा सभागार तालियों की गड़गड़ाहट से गूंज उठा। कांग्रेसियों के चेहरे सफेद हो गए। आचार्यश्री ने आगे कहा—''डॉ. राममनोहर लोहिया ने अपनी मृत्यु-शैय्या पर कहा था कि मेरे देश की आत्मा सड़ गई है। क्योंकि जिस देश में विचार करना अवरुद्ध हो जाता है उस देश की आत्मा सड़ जाती है, क्योंकि जीवन का प्रवाह ही विचार का प्रवाह है। हम आज गांधीजी के विचारों पर विचार करने से घबड़ाते हैं। गांधीवाद पर आंखें मूंदकर विश्वास करने की बात करते हैं पर आप आंखें खोलकर देखिए, गांधीजी के शिष्यों का दोहरा चरित्र है। वह अपने को पक्का गांधीवादी कहते हैं, गांधीजी की जय-जयकार करते हैं पर दूसरी ओर वह देश में टेक्नोलॉजी ला रहे हैं। बड़े-बड़े उद्योग-धंधे स्थापित कर रहे हैं। बड़े-बड़े बांध, बिजलीघर बना रहे हैं। गांधी जी के सर्वोदय व कुटीर उद्योगों के विचारों का यह खुले आम मखौल उड़ाना है। पर एक ओर हम अपने को गांधीवादी भी कहते हैं, तो दूसरी ओर फौज खड़ी करके युद्ध भी लड़ रहे हैं। हमने चीन और पाकिस्तान से युद्ध लड़े हैं। क्या यही गांधीजी की अहिंसा है?''

मोरारजी देसाई कहते हैं कि आध्यात्मिक व्यक्ति को गांधीजी की आलोचना नहीं करना चाहिए। उसे तटस्थ रहना चाहिए। पर शायद मोरारजी भाई ने इतिहास नहीं पढ़ा। आदि शंकराचार्य ने शास्त्रार्थ किए। जैन, बौद्धों की भयंकर आलोचना की उन्होंने। बुद्ध और महावीर भी ब्राह्मण-धर्म की सतत् आलोचना करते रहे। स्वामी दयानंद ने सनातन धर्म की आलोचना की। प्रोटेस्टेंट ईसाई, कैथोलिक ईसाइयों की रूढ़ियों की आलोचना करते रहे। आलोचना से अध्यात्म का विकास होता है। कबीर ने कहा है—'निंदक नियरे राखिए आंगन कुटी छवाय।' पर मुरारजी भाई का वश चले तो सारे आलोचकों के मुंह पर स्थाई रूप से टेप चिपकवा दें। आलोचना से तिलमिला जाते हैं वे। क्योंकि सबसे पहले लोग उनके स्वमूत्र पीने की ही आलोचना करने लगते हैं। स्वस्थ आलोचना सच्चे लोकतंत्र की आत्मा होती है। आलोचना से आध्यात्मिक व्यक्ति तो कुंदन की तरह निखर कर सामने आता है। मुरारजी भाई चरखा कातते हैं। हमेशा खादी पहनते हैं। भले ही उनकी खादी 100 रुपये मीटर की हो। खादी बाजार से सस्ती बिके इसलिए खादी बोर्ड को सरकार सब्सिडी देती है। खादी की खातिर जनता से एक प्रकार का टैक्स लिया जाता है। देश की जनसंख्या जिस तरह तेजी से बढ़ी है और बढ़ रही है उसके पहनने की समस्या चरखा या हाथ से चलने वाले करघे पूरी नहीं कर सकते। मिल का बना कपड़ा सस्ता और टिकाऊ है। जनता को सस्ता कपड़ा मिले इसलिए कपड़ा मिलों का चलाया जाना आवश्यक है। आज के युग में कोई भी स्वावलम्बी नहीं हो सकता। कोई गांव अपनी हर आवश्यकता की पूर्ति नहीं कर सकता। गांधीजी का ग्रामोउद्योग देश को दरिद्र बनाता है। चेतना को जितनी चुनौती मिलती

है, उतनी ही चेतना श्रेष्ठ से श्रेष्ठतम होती है। आवश्यकता से आविष्कार होता है। आदिवासी सभ्य संसार के सम्पर्क से कटकर स्वालम्बी होकर जीते हैं। कोई चुनौती नहीं होती उनके सामने, इसलिए आदिवासी कोई वैज्ञानिक पैदा नहीं कर सके। गांधीजी बैलों से खेती करने की हिमायत करते हैं पर बढ़ी आबादी का पेट बैलों से होने वाली खेती से नहीं भर सकता। जब देश स्वतंत्र हुआ तो कुछ ही वर्ष पहले अकाल में लाखों मर चुके थे। अन्न आयात करना पड़ता था। नेहरु जी अपने को लाख गांधीवादी कहते रहे हों पर व्यवहार में गांधीवाद के विरुद्ध उन्होंने टेक्नोलॉजी को, विज्ञान को अपनाया। उन्होंने ट्रैक्टर्स द्वारा खेती करवाई। कीटनाशकों व रासायनिक खादों का प्रयोग किया। पन्द्रह वर्ष के परिश्रम के बाद अन्न के क्षेत्र में देश तभी स्वावलम्बी हुआ। पर इस सब के बावजूद हर कांग्रेसी गांधीजी और गांधीवाद की पूजा करता है। यह पाखण्ड नहीं तो और है क्या?'' तालियों की गड़गड़ाहट के बाद उन्होंने कहा—

''गांधीवाद पर आलोचना करने से गांधीजी का महत्त्व कम नहीं होता, उनका व्यक्तित्व खण्डित नहीं होता। हर बड़े-से-बड़ा व्यक्ति भी कुछ गल्ती कर सकता है। गांधीजी होते तो मेरे तर्क सुनकर उन पर विचार करते, मुझे धन्यवाद देते। इस शताब्दी वर्ष में गांधीजी को लेकर सभाएं होंगी, भाषण होंगे, पुस्तकों का विमोचन होगा। गांधीजी के नाम पर सब कुछ होगा पर उन पर विचार नहीं होगा। केवल उनकी प्रशंसा होगी। गांधीजी पर विचार कर, प्रशंसा से हम उन्हें बड़ा नहीं बना सकते और न उनकी निंदा करने से उन्हें छोटा बना सकते हैं। गांधीजी पर विचार करने पर देश की आत्मा को गति मिल सकती है।

गांधीजी जीवन भर अहिंसा की बात करते रहे। पर अपनी बात मनवाने के लिए वह आमरण अनशन की घोषणा करते थे। यह आत्महिंसा का दूसरा रूप है। दूसरे पर अनुचित दबाव डालना कि वह आपकी बात स्वीकार कर ले, अप्रत्यक्ष हिंसा है। आमरण अनशन सूक्ष्म हिंसा है। सताना मात्र हिंसा है। अब चाहे आप दूसरों को सतायें या अपने आपको सतायें। फिर जीवन भर गांधीजी गीता को मां कहते रहे और गीता में कृष्ण अर्जुन से बार-बार कहते हैं—तू व्यर्थ का मोह छोड़ अपने क्षत्रिय धर्म का, स्वधर्म का पालन कर, धनुष उठा और युद्ध कर। यदि तूने युद्ध से पलायन किया तो कायर कहलायेगा। भगोड़ा कहा जायेगा। पर चूंकि हम गांधीजी के विचारों पर या गांधीवाद पर विचार ही नहीं करते, इसलिए यह विरोधाभास हमें दिखाई नहीं देता।''

सभी बड़े आश्चर्य से आचार्य रजनीश की बातें सुन रहे थे। उनका एक-एक शब्द पैने तीर की तरह समस्त धारणाओं को धराशाई कर रहा था। यद्यपि गांधी भक्तों को बुरा भी लगा पर उनमें से कुछ की बुद्धि, यह स्वीकार कर रही थी कि आचार्यश्री जो कह रहे हैं वह सत्य है। सत्य कड़ुवा होता है, पर केवल इसीलिए क्या सत्य कभी बोला ही नहीं जाए। यह कैसे सम्भव है? सत्य के खोजी को सत्य का सामना तो करना ही चाहिए। पर आयोजकों के चेहरे सफेद थे। सेठ गोविन्द दास व उपमंत्री परेशान होकर माथे का पसीना पोंछ रहे थे।

आचार्यश्री कुछ रुककर बोले—''छोटा व्यक्ति छोटी भूल करता है। महान् पुरुष, जो गलती करते हैं वह पूरे राष्ट्र को प्रभावित करती है, उसका नुकसान करती है, और उस पर अगर विचार न किया जाये तो वह गलती बार-बार होती है।

गांधीजी द्वारा हिन्दू मुस्लिम एकता की बात कहते ही बहुत बड़ी गलती हो गई। भारत में ईसाई, पारसी, बौद्ध, जैन और अन्य धर्मावलम्बी भी थे पर हिन्दू मुस्लिम एकता की बात कहते ही यह जातियां ही मुख्य हो गईं। मुस्लिम जानते थे गांधीजी एकता की लाख बात कहें पर पहले वह हिन्दू हैं। वह गीता को मां कहते हैं। हिन्दी को राष्ट्र भाषा बनाना चाहते हैं। रामराज्य

लाना चाहते हैं। परिणाम यह हुआ कि मुसलमान हिन्दुओं से और दूर होते गये। गांधीजी हिन्दू मुसलमान एकता की बात जितने जोर से कहते थे, उतनी ही हिंसा और अधिक भड़कती थी। हिन्दुस्तानियों ने नेहरूजी के समय यही भूल दोहराते हुए हिन्दी चीनी भाई-भाई का नारा दिया। इसीलिए चीन ने देश पर आक्रमण कर भूमि हड़प ली। इसीलिए पाकिस्तान बना। देश में इतनी हिंसा हुई। वास्तव में देश को एक ऐसे व्यक्तित्व की आवश्यकता थी, जो हिन्दू मुसलमान या ईसाई न होकर केवल भारतीय होता।

इस बिन्दु को कई उदाहरणों से आचार्यश्री ने स्पष्ट किया। आचार्यश्री के दो टूक तर्क सुनकर कई गांधीवादियों का नशा हिरन हो गया और उन्हें महसूस हुआ कि वाकई उन्होंने आचार्यश्री को निमंत्रित कर बहुत बड़ी भूल की है। आचार्यश्री का धाराप्रवाह भाषण जारी था। ''गांधीजी ने 'सादा जीवन—उच्च विचार' तथा 'स्वावलम्बन' का पाठ पढ़ाया। पर स्वावलम्बी व्यक्ति आत्मकेन्द्रित और अहंकारी हो जाता है। वह समाज से कट जाता है। हर काम स्वयं करने के चक्कर में अपनी ऊर्जा अनावश्यक कार्यो में व्यय करता रहता है पर कला, संस्कृति और विज्ञान का जन्म विश्राम के क्षणों में होता है। ब्राह्मणों को रोजी-रोटी कमाने के दायित्व से मुक्त कर इसलिए विश्राम दिया गया था ताकि वह विश्राम के क्षणों में विचार कर सकें। उन्होंने विश्राम के क्षणों में ही वेद, उपनिषद्, ज्योतिष और गणित दिया। राजाओं में से विश्राम के क्षणों में ही राम, कृष्ण, बुद्ध और महावीर हुए। वास्तव में स्वावलम्बन अहंकारी चित्त की घोषणा है। आत्मनिर्भर होने के चक्कर में ही हिन्दुस्तानी कूपमंडूक हो गया। उसने विदेश की यात्रायें नहीं की। वह विज्ञान को जन्म नहीं दे सका। वह देश में बारूद या तोप नहीं बना सका। फलस्वरूप उसे गुलाम बनना पड़ा। अपनी जरूरतें कम करके अपनी चादर में ही पैर फेलाने की वृत्ति से भारत दीन हीन और दरिद्र बना रहा। चादर के बाहर पैर फेलने से पैरों को सर्दी लगती है। चादर बड़ी करते ही चुनौती मिलती है। आवश्यकता आविष्कार की जननी होती है। स्वावलम्बन का नारा बढ़ती आबादी को भूखों मारने का उपाय है। मैं इसीलिए कहता हूं कि उच्च विचार के लिए अर्थात् जीवन का उच्च स्तर बनाया जाना भी आवश्यक है।

गांधीवाद ने दरिद्र को महिमा मंडित करते हुए उसे दरिद्रनारायण बनाकर उसका सम्मान किया। इसका फल यह हुआ कि लोग दरिद्रता को ही सम्मान समझकर अपने में संतुष्ट रहे। उन्होंने पूंजी कमाने का यत्न नहीं किया। 'सादा जीवन उच्च विचार' ने देश की प्रगति रोक दी। स्त्रियों के रूप में देश की आधी आबादी खाना बनाने में अपनी ऊर्जा व्यर्थ नष्ट करती है।

आचार्यश्री की बातें सुनकर एक गांधीवादी ने चिल्लाकर कहा—''एक महान संत के विरुद्ध इस प्रकार का विपवमन विकृत मानसिकता का परिचायक है।''

शिव प्रताप सिंह ने उन गांधीवादी महोदय से प्रश्न किया—''क्या आप बता सकते हैं कि आचार्यश्री ने कौन-सी बात गलत कही है?''

वह सज्जन कुतर्क करते हुए बोले—''तर्क से कुछ भी सिद्ध किया जा सकता है। गांधी जी का व्यक्तित्व तर्क से परे है। वह हमारे राष्ट्रपिता हैं। उनके बारे में विचार करना ही गलत है।''

यह बात इतनी जोर से कही गई थी कि उसे सुनकर आचार्यश्री ने तुरन्त उत्तर दिया—''किसी के विचारों की हत्या करना चाहो, वह बहुत सरल उपाय है। उसकी पूजा करना आरम्भ कर दो। हिन्दुओं ने बुद्ध और महावीर को अवतार मानकर उनकी पूजा शुरू कर दी और हिन्दुस्तान से बौद्ध और जैन धर्मों का प्रचार-प्रसार रुक गया। हम लोगों ने हर दफ्तर, हर अदालत, हर

थाने में गांधीजी के चित्र टांग दिए हैं। गांधीजी के चित्र में उठी हुई पांच उंगलियां देखकर चपरासी कहता है देखो—गांधी बाबा स्वयं कह रहे हैं कि कम-से-कम पांच दो। गांधीजी कहते थे कि पूंजीपतियों का आपके सत् आचरण से स्वयं हृदय परिवर्तन होगा पर बिड़लाजी का हृदय-परिवर्तन तो नहीं हुआ पर उनकी पूंजी 33 से 330 करोड़ हो गई। और बिड़लाजी जैसे सभी पूंजीपति जिनका गांधीवादी सिद्धान्तों से लाभ हुआ है, पक्के गांधीवादी हैं। उन जैसे लोग ही गांधीजी की आलोचना सुन ही नहीं सकते जिन्होंने गांधीजी के नाम की आड़ में रिश्वतें खायी हैं। अवैध सम्पत्ति या उच्च पद हथियाये हैं, वह गांधी पर इसीलिए विचार करने को राजी नहीं हैं क्योंकि इससे उनकी पोल खुलती है। उनके न्यस्त स्वार्थों पर चोट होती है इसलिए उन्होंने गांधी को मारने के लिए गांधी की मूर्ति और चित्र की पूजा शुरू कर दी है, जिससे लोग गांधी के विचारों की हत्या करते रहें और गांधी को पूजते रहें। और कुछ देर पूर्व मैं कह रहा था कि दरिद्र को गांधीजी ने दरिद्रनारायण बनाकर महिमामंडित कर दिया। अब दरिद्र अपनी दरिद्रता से प्रसन्न है। वह क्यों पूंजी कमाने की फिक्र करे? वह अपने आप में संतुष्ट है। उसके अहं को पोषण मिल रहा है। इसीलिए गांव का आम आदमी अपना जीवन स्तर ऊंचा न उठा सका। अछूत को हरिजन कहकर गांधीजी ने महिमा मंडित कर दिया। उन्हें मंदिरों में प्रवेश दिलवा दिया। पर हरिजन को मंदिर प्रवेश से लाभ क्या हुआ? आंदोलन के द्वारा वह ब्राह्मणों के चंगुल से मुक्त हुए थे, कि मंदिर प्रवेश के बाद वह फिर से ब्राह्मणों के चंगुल में फंस गए। अछूत समस्या को मिटाना था तो छूत-अछूत नाम की संज्ञा मिटाकर रोटी-बेटी का सम्बन्ध स्थापित करके उनकी आर्थिक स्थिति को ऊंचा उठाने से ही स्थिति में सुधार हो सकता था।

गांधीजी ने ऐसे असम्भव आदर्श हमारे सामने रख दिए, जिनका साधारण जन पालन कर ही नहीं सकता था। गांधीजी व्यावहारिक जीवन में स्वयं उनका पालन नहीं कर पाते थे। पूर्ण अहिंसा का पालन तभी हो सकता है, जब मन, वचन, कर्म से किसी का हृदय न दुखाया जाए। ब्रिटिश सरकार से भारत छोड़कर चले जाने का आग्रह, सत्याग्रह, आमरण अनशन यह सभी हिंसा के सूक्ष्म रूप हैं। इसका परिणाम यह हुआ कि अहिंसा सीखकर लोग हिंसा का दमन करते रहे, और जब देश का बंटबारा हुआ, साम्प्रदायिक दंगे हुए, इसी दबी हिंसा का एक साथ विस्फोट हुआ। गांधीजी नीति, दमन सिखाते रहे। गांधीवादी इसीलिए सत्ता मिलते ही दमित वासनाओं की पूर्ति के लिए पागल कुत्ते से दौड़ पड़े। उनके सारे आदर्श एक झटके में बह गए। इसलिए मैं कहता हूं कि आज देश के कल्याण और उत्थान के लिए गांधीवाद पर विचार करने की बहुत अधिक जरूरत है क्योंकि गांधीवाद से देश का अब तक जितना नुकसान हो चुका है, अब आगे और न हो।''

आचार्यश्री का एक घंटे का प्रवचन समाप्त होने पर काफी देर तक तालियां बजती रहीं। तभी भीड़ में से कोई फुसफुसा कर बोला—''देख लेना! यह सत्य लोग बरदाश्त नहीं कर सकेंगे, कोई सिरफिरा एक दिन आचार्यश्री को गोली मार दे तो कोई आश्चर्य नहीं होगा।''

नरेन्द्र ने कहा—''यह कोई नई बात नहीं होगी। समाज ने सुकरात और मीरा को जहर का प्याला दिया। सरमद और मंसूर के सर कलम करवाए, क्राइस्ट को क्रूस पर चढ़वाया। पर मरकर सभी लोग अमर हो गए क्योंकि सत्य का कभी कत्ल नहीं किया जा सकता।''

डॉ. विजलानी ने हंसते हुए कहा—आचार्यश्री गांधीजी के बहुत बड़े प्रसंसक हैं। वह उनकी सत्य के प्रति अटूट निष्ठा की भूरि-भूरि प्रशंसा करते हैं। पूरे देश को जिस भांति उन्होंने जगाया इसके लिए उनके हृदय में गांधीजी के लिए बहुत आदर है पर वह गांधीवादी के विरुद्ध हैं।

स्वतंत्रता के बाद गांधीवादी सत्ता पाकर जिस तरह भ्रष्ट और बेईमान हो गए—उनका कहना है कि यह गांधीवाद की असफलता का द्योतक है। पर आचार्य रजनीश का भाषण सुनकर सभी कांग्रेसी और गांधीवादियों के चेहरे फक्क पड़ गए थे। सेठजी व उपमंत्री महोदय बेहद परेशान थे क्योंकि उन्हीं के आग्रह पर आचार्यश्री को आमंत्रित किया गया था।

आखिर तेज तर्रार स्थानीय एम. एल. ए. ने माइक पर चिल्लाते हुए कहा—''आप लोग पूज्य बापूजी को इतनी देर से गालियां देता सुन रहे हैं और तालियां पीट रहे हैं, आपको शर्म आनी चाहिए।''

भीड़ में से कोई चिल्लाया—गालियां गांधीजी को नहीं आप जैसे गांधीजी के नकली अनुयाइयों के लिए हैं और उनकी सही आलोचना की गई है।

उस व्यक्ति को टोकते देखकर कई कांग्रेसी चिल्लाए—''यह रजनीश का चेला है। उसे बिठाओ! चुप कराओ!''

भीड़ में काफी शोर-शराबा होने लगा। आखिर आचार्यश्री ने माइक पर आकर कहा—''आप लोगों ने मेरी बातें जितनी शांति से सुनीं, एम. एल. ए. साहब को भी उतनी ही शांति से फिर सुनिए। हालांकि मेरा भाषण सभा का अंतिम भाषण था, और धन्यवाद के बाद सभा समाप्त ही हो जानी चाहिए थी, पर फिर भी एम. एल. ए. साहब मेरी बातों के सम्बन्ध में जो भी तर्क देते हैं उन्हें आप शांति से सुनें। मैं फिर उनका उत्तर देने को तैयार हूं।''

भीड़ में फिर शोर-शराबा होने लगा। कांग्रेसी अध्यक्ष ने उपमंत्री महोदय के कान में समझाया—''एम. एल. ए. साहब जो कुछ भी कहेंगे, आचार्यश्री उसका खण्डन और भी तीखी भाषा में करेंगे और अगर उनको दुबारा उत्तर देने को आमंत्रित नहीं किया गया तो भीड़ स्टेज जला देगी। आप इसका प्रतिवाद पत्रों में कीजिए या कल फिर दूसरी मीटिंग आयोजित कीजिए।''

एम. एल. ए. ने दुबारा बोलने का प्रयास किया पर शोर करती आधी जनता उठ खड़ी हुई। अध्यक्ष ने भीड़ को नियंत्रित करने का बहुत प्रयास किया पर शोर बढ़ता ही गया। शोर न थमने पर आचार्यश्री ने सिंह गर्जना करते हुए कहा—''मैं गांधी जी के खिलाफ नहीं, गांधीवाद के खिलाफ बोल रहा हूं। यदि गांधीवाद सही है, तो गांधीजी के अनुयाई सत्ता मिलते ही इतने भ्रष्ट, बेईमान और चरित्रहीन क्यों हो गये? इस जनतंत्र में प्रत्येक को संविधान ने बोलने की स्वतंत्रता दी है। गांधी के नाम पर आप मेरे बोलने की स्वतंत्रता का गला नहीं घोंट सकते। यदि आपमें साहस है तो मेरे दिये तर्कों का तर्कपूर्ण उत्तर क्यों नहीं देते?'' पर शोर-शराबे के कारण सभा विसर्जित हो गई।

विरोध करने वालों का स्वर धीमा पड़ गया। पर इस सभा के बाद कॉमर्स कॉलेज के प्रो. सुशील दिवाकर, श्री राजबली, प्रो. महेश दत्त (भू. पू. संसद सदस्य) व श्री गणेश प्रसाद नायक ने कुछ दिनों बाद, आचार्यश्री के प्रवचन के प्रत्युत्तर में दूसरी सभा होने की घोषणा की।

दूसरे दिन अजित कुमार ने आचार्यश्री से कहा—''यदि आप अनुमति दें तो मैं कॉलेज के 100-200 छात्रों को लेकर उनकी सभा में हंगामा खड़ा कर दूं।''

आचार्यश्री मुस्कुरा कर बोले—''पागल हुए हो! उनकी सभा में वैसे ही 30-40 लोगों से अधिक नहीं आयेंगे। 100-200 लोगों की भीड़ ले जाकर तुम उनकी सभा को व्यर्थ में महत्त्व-पूर्ण बना दोगे। और फिर उन्हें भी अपनी बात कहने का पूरा अधिकार है। तुममें से कोई टेपरिकॉर्डर लेकर जाना और वहां होने वाले भाषणों को टेप कर लेना। उन्हें सुनकर अगली सभा में मैं उनका खंडन कर दूंगा।''

आचार्यश्री का अनुमान बिलकुल ठीक था। उस सभा में केवल तीस-चालीस व्यक्ति ही थे। जिनमें से अधिकतर कांग्रेस के ही कार्यकर्ता थे। वहां जो भी भाषण हुए, उनमें आचार्यश्री के तर्कों का किसी ने कोई उल्लेख न करते हुए उनकी व्यक्तिगत आलोचना की। किसी ने उन्हें धर्म विरोधी, नीति विरोधी और नास्तिक बताया, किसी ने उनकी वेशभूषा और दाढ़ी पर टिप्पणी की, किसी ने सेक्स संबंधी उनके विचारों को समाज को भ्रष्ट करने वाला बताया।

अजित कुमार ने एक लेख में सभी का उत्तर देते हुए उसे स्थानीय समाचारपत्र में प्रकाशित कर दिया।

दो तीन दिनों तक स्थानीय पत्र-पत्रिकाओं में आचार्यश्री के भाषण को लेकर चर्चा-परिचर्चा चलती रही। अधिकांश समाचारपत्रों ने आचार्यश्री के भाषण को काफी तोड़-मरोड़कर विकृत ढंग से प्रस्तुत करते हुए उसकी आलोचना की। दो एक कुछ स्वतंत्र समाचारपत्रों ने गांधीवाद पर विचार किए जाने की आवश्यकता पर बल देते हुए आचार्यश्री द्वारा उठाए गये बिन्दुओं का आंशिक समर्थन किया। धीमे-धीमे चर्चा स्वतः शांत हो गई।

8 अक्टूबर को रोटरी क्लब के अधिवेशन में मुख्य अतिथि के रूप में आचार्यश्री ने सम्बोधित किया।

12 अक्टूबर को आचार्यश्री का प्रवास पुनः प्रारम्भ हो गया। 13 व 18 अक्टूबर को दिल्ली में तथा 14 अक्टूबर से 17 अक्टूबर तक जालन्धर में सत्संग आयोजित था। सत्संग में प्रेमी मित्रों के बीच ही आचार्यश्री ध्यान कराते हुए उनकी शंकाओं का समाधान करते थे। स्थानीय संस्थाओं द्वारा आमंत्रित किए जाने पर वह यथासम्भव प्रत्येक को समय देते थे। उनके रात-दिन के व्यस्त कार्यक्रम को देखकर सभी आश्चर्य करते थे।

20 अक्टूबर को जबलपुर लौटने पर आचार्यश्री के प्रेमी मित्रों द्वारा शहीद स्मारक भवन में पुनः आचार्यश्री के सार्वजनिक प्रवचन का आयोजन किया गया। इस अवसर पर आचार्यश्री ने 5 अक्टूबर को दिये गए भाषण के सम्बन्ध में स्थानीय समाचारपत्रों द्वारा तोड़-मरोड़कर पक्षपात ढंग की गई रिपोर्टिंग को प्रेस के नाम पर बदनुमा धब्बा बताते हुए अंत में कहा—''समाचारपत्र वाले सरकार के हाथों बिके हुए लोग हैं। या तो अधिकतर समाचारपत्रों के स्वामी ही कांग्रेसी हैं, या जो नहीं भी हैं वह भी गांधीजी के चेलों से सरकारी विज्ञापन पाते हैं। कम दामों पर आयातित कागज पाते हैं। यदा-कदा सरकारी दावतें उड़ाते हैं। इस गांधी शताब्दी में यदि वह सत्य का गला घोंटना भी चाहते हैं तो उन्हें ऐसा करने से कोई कैसे रोक सकता है? पर जिन लोगों को सत्य की प्यास है, जो सत्य के अमृत को चखना चाहते हैं वह आज भी पहले से भी अधिक संख्या में यहां उपस्थित हैं।''

और यह प्रकरण भी मैं अपने बहुत से मित्रों द्वारा मिले पत्रों के कारण ही एक बार संक्षिप्त रूप से उठाकर उसे समाप्त कर देना चाहता हूं। जो लोग असत्य में जी रहे हैं, सत्य को सहन करना स्वाभाविक रूप से उनके लिए कठिन है।

और पांच मिनट में यह प्रकरण समाप्त कर आचार्यश्री 'सत्य के प्रति सच्ची प्यास' विषय पर सामान्य चर्चा करने लगे।

श्री मथुराप्रसाद मिश्र के आमंत्रण पर उन्हें कल ही दिल्ली जाना था, क्योंकि उन्होंने आचार्यश्री का प्रवचन व जार्ज फर्नाण्डीस से उनकी भेंटवार्ता, आयोजित कर रखी थी।

रात में विश्राम करने से पूर्व आचार्यश्री डायरी लिखने बैठ गये। आज वह वर्षों बाद डायरी लिख रहे थे।

❑ ❑

आचार्यश्री की डायरी के कुछ पृष्ठ

मैं सरिता के प्रवाह की प्रकार गतिवान हूं। मैं कल भी था, आज भी हूं और कल भी रहूंगा। न मेरा कोई जन्म है और न मृत्यु। बहते-बहते सागर में विलीन होकर, मैं ही वाष्प का बादल बनकर पर्वतों पर बरसता हूं और बर्फ बन जाता हूं। दिवाकर की ऊष्मा से पिघल कर बहने लगता हूं। यह क्रम अनवरत अनादि काल से जारी है।

मेरे लिए तो यह यथार्थ होते हुए भी सपने जैसा ही है। यह सभी सोये-सोये मूर्च्छित बेहोश लोगों की बस्ती है। लोग अपनी गुलामी की जंजीरों को आभूषण समझकर पहने हुए हैं। कोई उनसे मुक्त नहीं होना चाहता। लोग स्वयं ही हिंसा, ईर्ष्या, बैर, क्रोध, वासना और अहंकार के बीज बोते हैं और जब पौधे बड़े होकर पीड़ाओं के शूल और दुःख के कड़वे फल लगते हैं तो लोग कहते हैं, इस दुःख के जिम्मेदार वह नहीं दूसरे हैं।

इनकी मूर्च्छा को कृष्ण, बुद्ध, महावीर, लाओत्से जैसे अनेकानेक बुद्ध पुरुष नहीं तोड़ सके। उनके प्रेम और करुणा के संदेशों को भुलाकर दो महायुद्धों के भीषण नरसंहार को झेलने के बाद भी इन पागलों ने परमाणु अस्त्रों का इतना बड़ा जखीरा जमा कर रखा है कि पूरी पृथ्वी एक बार नहीं सात सौ बार नष्ट हो सकती है। परमाणु परीक्षण कर, जंगल काटकर, मिलों कारखानों से निरंतर जहरीली गैसें विसर्जित कर, यह प्रकृति के पर्यावरण का संतुलन नष्ट कर आत्मघात करने पर उतारू हैं। पश्चिम ने बुद्धि और विज्ञान विकसित किया था पर ह्रदय खो दिया था और पूरब ने बुद्धि और विज्ञान की उपेक्षा कर संसार को असार समझते हुए दरिद्रता और गुलामी को अपनी नियति मान लिया था। दोनों अधूरे थे, अपंग थे। प्रेम के नाम पर व्यापार चल रहा था।

इन विसंगतियों को देखकर मानवता और पृथ्वी को बचाने के लिए ही मुझे करुणावश महाशून्य से पृथ्वी पर जन्म लेने के लिए बाध्य होना पड़ा। मेरी चेतना ने अनुभव किया था कि लोगों के अंधविश्वासों, मूढ़ताओं, और मूर्च्छा के लिए समाज के कुछ चुने हुए धर्माचार्य और राजनीतिज्ञ ही असली सूत्रधार थे। शोषण के चक्र को बदस्तूर जारी रखने के लिए उनका न्यस्त स्वार्थ था कि जनता मूर्च्छित रहे। उन्होंने इसके लिए कर्मवाद, स्वर्ग-नर्क और मायावाद के थोथे टोटकों की ईजाद की थी और उन्हें आम जनता के दिल-दिमाग में इस तरह इंजेक्ट कर दिया था और उन्होंने सब कुछ भाग्य के भरोसे छोड़कर अपनी स्थिति को स्वीकार कर लिया था। मेरी चेतना ने अनुभव किया था कि बुद्ध, महावीर और ईसा के बाद, पुरोहितों ने ही धर्म पर कब्जा जमाकर उनकी क्रांति की धार को भोथरा बना दिया।

मैंने इसीलिए एक प्रेम पूर्ण साधारण दम्पति की कोख से जन्म लिया। बचपन से ही मैंने पुरोहितवाद, अंधविश्वास और परम्पराओं पर चोट करनी शुरू कर दी। धर्म जो संगठन के रूप में सम्प्रदाय बन गये थे, राजनीति जो अंधी महत्त्वाकांक्षा की दौड़ में बेलगाम होकर अस्त्र-शस्त्रों को संग्रह करने की होड़ में मानवता को विनाश की ओर लिए जा रही थी, मैंने दोनों पर जमकर प्रहार करने शुरू किये। मैंने विश्वास के स्थान पर संदेह करने को कहा, जिससे वह अंधविश्वासों के गर्त में गिरने से बच सकें।

काम कठिन और असंभव जैसा था। पर जिस अस्तित्व की मर्जी से मैंने पृथ्वी पर जन्म लिया था, उसी अस्तित्व की रहस्यमयी बुद्ध चेतनाएं मेरी सहायता कर रही थीं। मेरे पूर्व जन्म के संगी साथियों ने मेरे साथ या उससे आगे पीछे जन्म लिया था ताकि वह मेरी सहायता कर सकें और स्वयं भी मुक्त हो सकें। ध्यान और प्रेम का बोया बीज अंकुरित होकर वृक्ष बनता गया और मैं जन साधारण की मूर्च्छा तोड़ने नगर-नगर, गांव-गांव क्रांति का शंखनाद करता घूम रहा हूं। मैं अनुभव करता हूं राजनीति पर अंकुश रखने के लिए धर्म आवश्यक है और शिक्षा, समाज, अर्थ सभी क्षेत्रों में जब तक आमूलचूल परिवर्तन न किया जाय मनुष्य को संतुलित बनाना, असम्भव है। मनुष्य का मन भोग और त्याग की अति पर अटक गया है, दोनों के मध्य संतुलन साधना ही असली कला है। तंत्र दो अतियों के मध्य रुकने को कहता रहा। पर लोगों ने न समझा, न सुना। लोग बुद्ध के मध्यम मार्ग को भूल गये। कृष्ण के फलाकांक्षा रहित कर्म को भूल गये। मैं जानता हूं समूह को, भीड़ को नहीं बदला जा सकता। वह तो विनाश और विध्वंस में उत्सुक है। मैं इसलिए एक-एक व्यक्ति को होश से भरकर उसका अंतर का दीप जला देना चाहता हूं, ताकि इसे जलता देख, दूसरों को भी अपना दिया जलाने की प्रेरणा मिल सके। पर मैं देख रहा हूं बुद्धिवादी, बुद्धि की कारागार में कैद हैं और हृदय पक्ष को मानने वाले अंधविश्वास और परम्परागत उपलब्धियों के गर्व से अहंकारग्रस्त हैं। दोनों के अहंकार को गिराने के लिए मैं नई-नई विधियां देना चाहता हूं। में जानता हूं हर व्यक्ति का व्यक्तित्व भिन्न है। एक ही मार्ग से सबका रूपान्तरण सम्भव नहीं है। मैं इसीलिए अब तक प्रचलित सभी मार्गों के जंग लगे लौह कपाट खोलकर, सभी मार्गों के खतरों से सावधान करते हुए मनुष्य के रूपान्तरण के लिए सभी तालों की चाभियां लोगों को सौंप देना चाहता हूं।

मेरे पास समय कम है और काम जटिल है, दुरूह है। लोग कामना से मुक्त नहीं होना चाहते। मेरे पास भी लोग मुक्ति की कामना से इकट्ठे हुए हैं। वह मुझसे चमत्कारों की आशा रखते हैं। वह मूढ़ तो परमात्मा से भी प्रार्थना करते समय संसार के सुख ही मांगते हैं। इन मूर्खों को कोई झुनझुना चाहिये ही। मैंने भी इन्हें आनंद प्राप्त करने का झुनझुना थमा दिया है। सुख और दु:ख का मध्य बिंदु ही आनंद है, जहां सुख-दु:ख दोनों छूट जाते हैं। उस शून्य स्थिति को मुक्ति कहो, शून्य कहो, आनंद कहो एक ही बात है।

काफी लाग मुझसे नाराज हैं। जगह-जगह मेरा विरोध होता है। पर ज्यों-ज्यों विरोध होता है, मेरी बात और अधिक लोगों तक पहुंचती है। मेरे लिए मान-सम्मान, निंदा, स्तुति, अच्छा-बुरा, झूठ और सच, प्रेम और घृणा में कोई फर्क नहीं। यह एक ही सिक्के के दो पहलू हैं। पूर्ण सत्य में सब कुछ समाहित है। पर लोग अधूरे सत्य को पकड़ने के आदी हैं। पर पूर्ण सत्य का साक्षात्कार किये वगैर आदमी अधूरे सत्य में ही जीते हुए, मात्र भटकता है। यह बात नहीं कि मुझसे पहले अन्य बुद्ध पुरुष यह जानते नहीं थे। पर उन्होंने जान-बूझकर अर्द्धसत्य ही उद्घाटित किया, क्योंकि पूर्ण सत्य का साक्षात्कार बहुत खतरनाक था। उसे लोग बरदाश्त नहीं कर सकते थे। उससे लोगों के उखड़ जाने का भय था। पर आज मनुष्य बुद्धिमान है। उस अधूरे सत्य से उसे बहलाया नहीं जा सकता। दीमक लगे समाज के इस वटवृक्ष को केवल तभी बचाया जा सकता है, जब जड़ से उसका निदान किया जाये। मैं यही करने में जुटा हूं।

मैं जानबूझ कर ऐसे विषय चुनता हूं जिससे लोग चौंकें, उनकी मूर्च्छा टूटे। मैंने 'संभोग से समाधि' की बात की, तो मुझसे जुड़े नीतिवादी और परम्परावादी मुझे छोड़ गये। पर जितने लोगों ने मुझे छोड़ा, उससे सौ गुने अधिक लोग जुट गये। अब मैंने गांधीवाद पर आलोचना

की तो देश की बड़ी जनसंख्या जो गांधीजी को भगवान समझती थी, एक साथ उखड़ गई। चारों ओर से विरोध हुआ। इस विरोध के कारण ही मेरी बात अधिक-से-अधिक लोगों ने सुनी। गांधीजी अधूरे सत्य में जी रहे थे, इसलिए जब मैंने पूर्ण सत्य का साक्षात्कार कराया तो लोग हतप्रभ रह गये। और सत्य की धार के आगे झूठ टिक नहीं सकता। यह मेरी विवशता है कि मुझे ऐसे उपाय करने पड़ रहे हैं।

मैं जानता हूं इसके लिए मेरी कभी भी हत्या की जा सकती है। पर मैं तो मृत्युंजय हूं। मृत्यु मेरे लिए अमृत है। मेरे शरीर के न रहने से जो चिनगारी मैंने लगाई है वह दावानल बनकर रहेगी। शरीर का मुझे मोह नहीं।

आज काफी लिख लिया है। शेष फिर....कभी।

—रजनीश

❑ ❑

समाजवादी नेता जार्ज फर्नाण्डिस से भेंटवार्ता

आचार्यश्री अब तक अध्यात्म से भिन्न, राजनीति, शिक्षा, सेक्स, परिवार जातिवाद तथा कला और संस्कृति आदि विषयों पर अनेक विचार व्यक्त कर चुके थे। वह युवकों का पूरे देश में एक क्रांति के लिए आह्वान कर रहे थे। उनके बारे में समाचारपत्रों में पढ़कर तथा उनकी दो चार पुस्तकें पढ़कर जार्ज फर्नाण्डिस ने उनसे बातचीत करने की इच्छा से उन्हें एक पत्र लिखकर मिलने का समय मांगा था। आचार्यश्री ने सहर्ष उन्हें भेंट करने एवं वार्ता के लिए मथुरा प्रसाद जी द्वारा आज रात्रि का समय दिया था।

जार्ज ने उन्हें प्रणाम कर औपचारिक बातों के बाद उनसे पहला प्रश्न किया—''यह जो समस्यायें हैं, और जिनको आप इतने साफ और स्पष्ट रूप में व्यक्त कर रहे हैं, इनसे बाहर जाने का जो रास्ता है—क्रांति का जो पहलू है उसके बारे में आप क्या सोच रहे हैं?''

आचार्यश्री ने उत्तर दिया—''पहली बात तो यह है कि इस मुल्क को क्रांति का रास्ता न मिलने का कारण, क्रांति के लिए हमारी बहुत जल्दबाजी है। अभी तो हमारी समस्यायें ही बहुत साफ और स्पष्ट नहीं हैं, जिनका हम समाधान खोजें। यदि कोई समस्या ठीक से स्पष्ट हो जाये तो पचास प्रतिशत समाधान तो उसके स्पष्ट हो जाने से ही हो जाता है और बाकी समाधान को, क्रांति को उसकी छाया की तरह आना पड़ता है।''

इस देश की पहली तकलीफ है कि सारा माइंड कन्फ्यूज्ड है। जिसको हम समस्या कहते हैं वह समस्या है ही नहीं। और जिसकी हम कोई बात नहीं करते, वही वास्तविक समस्या है। फिर जिन समाधानों की हम बात कर रहे हैं उनका उन समस्याओं से न कोई तालमेल है और न सम्बन्ध। और हमारी पुरानी आदत है कि हम तैयार समाधानों पर अधिक ध्यान देते हैं। कोई समस्या खड़ी होती है तो पहले लोग गीता में शास्त्रों में समाधान खोजते हैं। पर मनुष्य अभी भी बदला नहीं है। आज भी लोग मार्क्स और गांधी की बातों में समाधान खोजते हैं। लेकिन हमारा दिमाग वहीं-का-वहीं है। वह दूसरों में समाधान खोजने वाला है।

मैं पूरे मुल्क में मित्रों से यही कह रहा हूं कि बिना संदेह के, बिना विचार के हर विश्वास, अंधविश्वास बन जाते हैं। यों मैं सीधा क्रांति के लिए कुछ भी नहीं कर रहा हूं पर क्रांति करने का आधार बना रहा हूं। जिन अंधविश्वासों और मूढ़ताओं में पूरा समाज जकड़ा है, मैं उनमें एक वैचारिक क्रांति उत्पन्न कर रहा हूं। उन्हें जड़ों से मुक्त करने का प्रयास कर रहा हूं ताकि सही सोच पैदा हो, जो समस्याओं को जान सके और उनका समाधान भी स्वयं खोज सके।

कुछ रुककर आचार्यश्री ने जार्ज से प्रश्न किया—''क्या आपको यह नहीं लगता कि भारत का साम्यवादी भी उन्हीं जड़ों से बंधा है, जिन ज़ड़ों से भारत का अशिक्षित पोंगा पंथी बंधा हुआ है। असल में वह भी बिना तर्क, बिना संदेह, मार्क्स और लेनिन पर उसी तरह अंधश्रद्धा करता है जैसे लोग शास्त्रों को पकड़े हुए है? अब गीता हो या दासकेपीटल हो, उससे क्या अंतर पड़ता है?''

आचार्यश्री कुछ रुके और यह प्रतीक्षा की कि शायद जार्ज कुछ कहें। पर उन्हें मौन देखकर आचार्यश्री ने अपनी बात जारी रखते हुए कहा—"कम्युनिस्ट शासन ने व्यक्ति के विचार स्वातंत्र्य की कीमत पर रोटी दी है। वहां अधिक अमीर लोग हजारों में होंगे। पर स्टालिन ने तो कम-से-कम दस लाख लोगों की हत्यायें कराई हैं। लाखों साइबेरिया के कांसेंट्रेशन कैम्पस में बंदी कर दिये गए। उनसे गुलामों की तरह काम लिया गया। मजदूरों की हड़ताल-स्वतंत्रता छीन ली गई। इसी का परिणाम है कि चेखव, तुर्गनेव, टॉलस्टॉय, दोस्तोवस्की और गोर्की जैसे साहित्यकार रूस क्रांति के बाद पैदा न कर सका। असली कारण यही था कि वहां समय से पहले क्रांति हो गई। क्रांति से पूर्व वहां विचार का जन्म नहीं हुआ था। उन्होंने अपनी समस्याएं ठीक प्रकार से समझी नहीं थीं।"

आचार्यश्री के एक क्षण रुकने पर जार्ज ने कहा—"मैंने शिक्षा, राजनीति, कला-संस्कृति के सम्बन्ध में तो आपके प्रवचनों को पढ़ा है पर देश में छुआछूत और हरिजन-समस्या के सम्बन्ध में आप क्या सोचते हैं?"

आचार्यश्री ने तुरन्त उत्तर दिया—"गांधीजी अछूत को हरिजन कहने लगे। उन्होंने उसे मंदिर में प्रवेश दिलवाया। पर इससे अछूतों को लाभ क्या हुआ? बीमारी का कुछ भी नाम रखो पर इससे क्या बीमारी समाप्त हो जाती है? जिन लोगों ने एक बड़े वर्ग को अछूत बनाया वह तो दोषी थे ही, पर जिन लोगों ने अछूत बनना स्वीकार कर लिया वह भी कम दोषी नहीं थे। उन्होंने कर्मव्यवस्था, जातिव्यवस्था चुपचाप स्वीकार कर ली। और बड़े मजे की बात है कि शूद्रों में भी बड़ी जाति का शूद्र छोटी जाति के शूद्र की लड़की से विवाह नहीं करता। वह भी अपने भीतर वही छोटे-बड़े का जाल फैलाए हुए है। उसने अपनी स्थिति से उबरने के लिए कोई विद्रोह नहीं किया। और आज भी कौन-सा विद्रोह है उसके भीतर? वह मंदिर में प्रवेश मांग रहा है। जिस पंडित पुरोहित ने उसे कर्मजाल के चक्कर में अछूत बने रहने को विवश किया, उसका शोषण किया, उसे गुलाम से बदतर बनाया, तो क्या मंदिर प्रवेश से उसकी समस्याओं का अंत हो जायेगा? उसे यदि विद्रोह करना है तो वह स्पष्ट घोषणा कर सकता है कि वह किसी हिन्दू के घर में नहीं घुसेगा। मैला साफ नहीं करेगा, किसी मंदिर में नहीं घुसेगा।"

जार्ज ने कहा—वह ऐसा करेगा तो क्या वह मर नहीं जाएगा?

आचार्यश्री ने तुरन्त उत्तर दिया—"एक बार वह मरने की तैयारी दिखा दे तो हिन्दू ही मर जायेगा। हिन्दू उसके बिना जी नहीं सकता एक हफ्ते भी। उसमें मरने की हिम्मत नहीं है, इसीलिए वह मरी हुई हालत में है। हमें समस्याओं की जड़ों में जाना चाहिए, पर हम पत्तों पर ही रुक जाते हैं। पर मैं यह नहीं कह रहा हूं कि हरिजन मिटे नहीं। जरूर मिटे, पर जो हरिजन को मिटाने चला है वह भी हरिजन के नाम से उसकी पहचान बनाए रखना चाहते हैं। अब आप इसी तरह हिन्दू-मुसलमान की समस्या को लीजिए। गांधीजी ने हिन्दू मुसलमान को एक करने की, भाई-भाई बनाने की पूरी चेष्टा की पर इस एक करने की चेष्टा ने ही पाकिस्तान बनवाया। उन्होंने कभी यह नहीं कहा कि कोई न हिन्दू है न मुसलमान। सभी केवल मनुष्य हैं। वह स्वयं अपने को हिन्दू मानते रहे। रामराज्य लाने की बात करते रहे। गीता को मां मानते रहे। हिन्दी को राष्ट्रभाषा मानते रहे। अब भला मुसलमान उनके भाई-भाई की बात का विश्वास कैसे करता? उन्होंने हमेशा कहा हिन्दू-को-हिन्दू रहना चाहिए, मुसलमान को मुसलमान रहना चाहिए, पर भाई-भाई बनकर रहना चाहिए। दुश्मनी की जड़ यही है—हिन्दू का हिन्दू होना और मुसलमान का मुसलमान होना। बुनियादी बात यह है कि कोई जन्म से हिन्दू या मुसलमान होकर पैदा नहीं होता। भाई-भाई कहने की जरूरत ही नहीं थी, भाई-भाई तो हम हैं।"

कुछ रुककर और यह प्रतीक्षा करके कि जार्ज कुछ कहें, उनके मौन रहने पर आचार्यश्री ने कहा—

अभी कलकत्ते में कुछ मित्रों ने सर्वधर्म सम्मेलन किया और मुझसे कहा आप उसमें बोलें। मैंने कहा—मैं नहीं बोलूंगा। क्योंकि पहले मैं यह मानूं कि सब धर्म अलग हैं और फिर मैं यह समझाऊं भी कि वह एक हैं—ऊपर से ही अलग दिखाई देते हैं। नहीं, मैं तो कहता हूं—धर्म अगर है तो एक है। नहीं तो धर्म बगैरह नहीं है। हिन्दू, मुसलमान, जैन, ईसाई यह सब पागलपन है। इनका धर्म से कोई सम्बन्ध नहीं है। यह सभी सम्प्रदाय हैं।

तो मैं जो आपसे कह रहा हूं फर्नाण्डीस जी, वह यह कि अगर हमारे सामने समस्या पूरी तरह साफ न हो तो समस्या को सुलझाने वाले भी उसकी बुनियादी जड़ों में वहीं उलझे रहते हैं, जहां से समस्यायें पैदा हुई हैं।''

जार्ज फर्नाण्डीस ने कहा—''मुझे आपकी यह बात नहीं जंचती कि अछूत स्वयं अछूत बनना पसंद करता है। पिछले पांच हजार वर्ष के हिन्दू समाज ने मनुस्मृति से लेकर अब तक हरिजन को अलग अछूत बनाकर रखा है और फिर उसका आर्थिक पहलू है। वह काम नहीं करेगा तो खायेगा क्या? जिसके हाथों में सत्ता रही उसने लोगों को दास बनाकर निम्नतम काम करने के लिए विवश किया। आर्थिक रूप से उसे ऊपर उठने नहीं दिया। उसकी शिक्षा नहीं हुई। अब जो समाज में यह दरार पड़ गई है इसे पाटा जाना चाहिए या नहीं?''

आचार्यजी ने कहा—''जो दरारें पड़ गई हैं, उनकी ठीक आखिरी जड़ तक अगर आप नहीं जाते हैं तो दरारों को ऊपर से पाट देने से कुछ हल नहीं होगा। दरारें फिर पड़ जायेंगी। ठीक उस जगह न पड़ें, बगल की जमीन पड़ जायें। गरीब सिर्फ हिन्दुस्तान में ही नहीं रहे। सारी दुनिया में लोग गरीब रहे। लेकिन शूद्र केवल हिन्दुस्तान में पैदा हुआ, जबकि हिन्दुस्तान में कभी धार्मिक सत्ता भी नहीं रही। ईसाई और मुसलमान देशों में तो धार्मिक सत्ता रही, लेकिन वहां भी शूद्र पैदा नहीं हुआ। इसका कारण यह है कि इस मुल्क के माइंड में कर्मफल का सिद्धान्त ठूंसा गया और शूद्र उससे राजी हो गया। शूद्र होना उसके पिछले जन्मों के बुरे कर्मों का फल मान लिया गया। इसलिए शुद्र होने का कारण आर्थिक, सामाजिक या ऐतिहासिक नहीं है। अब गांधी जैसे आदमी शूद्र मिटाना चाहते हैं, पर कर्म के सिद्धान्त से इंच भर हटने को तैयार नहीं। उनका सारा प्रयास ऊपर-ऊपर से दरार को पाटना है। पांच हजार वर्ष के इतिहास में शूद्र ने जो नर्क भोगा वह उसकी कर्म सिद्धान्त की स्वीकृति थी। बुद्ध और महावीर ने भी शूद्र मिटाना चाहे पर दोनों चूंकि कर्म सिद्धान्त मानते थे, इसलिए शूद्र को मिटाने में असफल हुए। आप उसके लिए आरक्षण करें, शूद्र की लड़की से विवाह करें, उसके लिए मन्दिर खोलें, उसे आर्थिक सहायता दें, यह सिर्फ ऊपर-ऊपर की लीपा-पोती है। हालांकि मैं मना नहीं करता कि ऐसा न किया जाये, लेकिन इसके कोई गहरे परिणाम आने वाले नहीं हैं। जब तक कर्म सिद्धान्त पर चोट नहीं की जाती, सारे विश्वासों को जड़ से मिटाकर नये विचार का जन्म नहीं होता, पूरी क्रान्ति नहीं होती, तब तक समस्या, समस्या ही बनी रहेगी। अब आप अंतर्जातीय विवाह को लीजिये। यह जो थोड़ी बहुत एरेन्जड मैरिज होती हैं, हिन्दू लड़की की मुसलमान लड़के से, शूद्र की ब्राह्मण से, और अखबारों में इसकी बड़ी पब्लीसिटी होती है, यह भी दरार को ऊपर से पाटने का प्रयास है। मां-बाप जब तक अपने लड़के-लड़की की शादी करते रहेंगे, यह समस्या सुलझने की नहीं। इसके लिए जरूरी है कि मुल्क में यह हवा पैदा की जाये कि कोई लड़का या लड़की बिना प्रेम के विवाह करने को राजी नहीं होंगे। बिना प्रेम के विवाह करना निहायत

जलालत है। अगर यह बात एक बार सबकी समझ में आ जाये कि मेरा प्रेम होगा तभी विवाह करूंगा तो फिर प्रेम यह कब देखता है कि कौन हिन्दू है, कौन मुसलमान, और कौन अछूत? हिन्दुस्तान में जातियों को बनाये रखने में अरेन्जड मैरिज की डिवाइस काम में लायी गई है। इसने दहेज आदि कई विकृतियों को जन्म दिया है। जाति-पांति को बनाये रखने के लिए ही हिन्दुस्तान ने यह तरकीबं निकाली कि सेक्स की भावना का जन्म होने से पहले ही कम उम्र में मां-बाप विवाह कर दें जिससे प्रेम पैदा ही न हो सके और अब भले ही बाल-विवाह खत्म भी हो गये हैं पर शादी की बात अब भी मां बाप ही तो तै करते हैं। ज्योतिषी तय करता है। आर्थिक स्थिति तै करती है।''

आचार्यश्री के चुप होते ही श्री फर्नाण्डिस ने कहा—ठीक है, यह तो सामाजिक स्तर की बात हुई, लेकिन जो आर्थिक पहलू है, जैसे गरीबी का मामला है उसमें आपकी बताई मानसिक क्रान्ति क्या प्रभाव लायेगी?

आचार्यश्री ने उत्तर दिया—''दुनिया में पिछले 200-300 वर्षों में जो आर्थिक क्रान्ति हुई है, वह मौलिक रूप से कुछ मानसिक मूल्यों के बदलने से पैदा हुई है। फ्रेन्च रिवोल्यूशन ने जैसे ही इक्वटी, या समता का नारा दिया तो एक खयाल पैदा हुआ कि आदमी समान हो सकता है। तब हमने सोचना शुरू किया कि अर्थतन्त्र कैसे बदला जाये? गरीबी में एक तकलीफ है, हर व्यक्ति गरीबी से छूटना चाहता है। यह मानवीय स्वभाव है। लेकिन यह क्रान्ति नहीं है। फ्रांस या रूस की क्रान्ति से यह खयाल पैदा नहीं हो सका कि गरीबी एक सामाजिक तन्त्र का परिणाम है। अगर पूरा तन्त्र नहीं बदलता तो यह हो सकता है कि जो 'अ' अमीर है, वह गरीब हो जाये और जो 'ब' गरीब है वह अमीर हो जाये। लेकिन कोई गरीब रहेगा और कोई अमीर रहेगा और यह तन्त्र जारी रहेगा। अब भारत में हर मनुष्य में एक ही आत्मा की बात स्वीकार की गई है। मनुष्य-मनुष्य को समान माना गया है, पर भारत में गरीबी सबसे अधिक है। असल में भारत में सामाजिक तन्त्र की धारणा ही विकसित नहीं हुई। हमारे यहां सारा जिम्मा एक व्यक्ति का है। हिन्दुस्तान के सारे पंडित, पुरोहित और शिक्षक पिछले पांच हजार सालों से यही समझा रहे हैं कि संसार माया है, सोना मिट्टी का ढेला है। सबसे ऊंचा लक्ष्य मोक्ष है। अपना लोक-परलोक बनाओ। सबके चक्कर में क्या पड़ना? कोई राजा हो, उससे हमें क्या लेना-देना? न कोई किसी का संगी है न साथी। अब अगर पूरा तन्त्र नहीं बदलता तो अधिक-से-अधिक यही हो सकता है कि मैं अमीर हो जाऊं और दूसरा गरीब हो जाये। लेकिन गरीबी नहीं मिट सकती। इसलिए भारत में व्यक्ति की धारणा की जगह समाज की धारणा होना जरूरी है। समाजवाद की बातें हो रही हैं, पर समाज की धारणा नहीं है। हम समाजवाद का नारा तो लगाते हैं पर समाज की धारणा हमारे हृदय में, मन-प्राणों में नहीं है। जब तक समाजवाद यह रिलीजस शक्ल न ले तब तक समाजवाद सफल नहीं हो सकता। अब आप लोग 20 वर्षों से समाजवाद का नारा दे रहे हैं, मजदूर के बोनस भत्ते उसके हक की लड़ाई लड़ रहे हैं पर हुआ क्या? आन्दोलन दिन पर दिन खण्डित हो रहा है, कमजोर हो रहा है, क्योंकि आप समाजवाद की बात ऊपर से थोप रहे हैं। भारत के भीतरी मन में व्यक्ति की धारणा हटाकर, समाज की धारणा व्यक्ति के मन प्राणों में उतारने की दिशा में शायद नहीं के बराबर काम किया गया है या कुछ भी नहीं किया गया है। समाजवाद दूसरे देशों में सफल हो सकता है। जहां व्यक्ति की धारणा न होकर समाज की धारणा हो। चीन में कन्फ्यूशस ने व्यक्ति को महत्त्व न देकर समाज की धारणा पर बल दिया। चीन के दिमाग में कन्फ्यूशस का बहुत प्रभाव है। इसके लिए समाजवाद वहां जड़ें जमा गया क्योंकि यह बात उनकी धारणा से मेल खाती थी।''

जार्ज फर्नाण्डीस बड़े ध्यान से आचार्यश्री की बातें सुन रहे थे। वह भारत में स्वयं समाजवाद के ध्वजावाहक रहे थे। पर इसके सफल न हो पाने के कारण उन्होंने इतनी गहराई से कभी सोचा ही नहीं था।

उन्होंने बीच में आचार्यश्री को टोकते हुए कहा—''पर गरीबी मिटाने की बात?''

आचार्य जी ने उत्तर दिया—गरीबी मिटाने की बात मुझे अभी इतनी महत्त्वपूर्ण नहीं मालूम होती। मुझे मूल्यवान यह लगता है कि हिन्दुस्तान के चित्त को समाज की धारणा उपलब्ध हो जाये तो फिर समाजवाद तो एक सेकण्ड में आ सकता है। यदि धारणा उपलब्ध नहीं तो वह नहीं आ सकता। समाजवाद की धारणा उपलब्ध नहीं, तो वह नहीं आ सकता। समाजवाद की धारणा हमने पश्चिम से लाकर थोप दी है, हिन्दुस्तान में वह है ही नहीं। उसी तरह देश में लोकतन्त्र इसलिए सफल नहीं हो पा रहा है क्योंकि हिन्दुस्तान के चित्त के भीतर लोकतन्त्र की भावना, राष्ट्र की धारणा, मन-प्राणों में बैठी नहीं है। अभी भी लोग राजा-महाराजा और अंग्रेज के राज्य की बात करते हैं।

जार्ज फर्नाण्डीस ने कहा—मैं यह तो समझ गया पर आप जो इतना सोचते हैं तो इसको कार्यरूप देने के लिए आप क्या कर रहे हैं?

आचार्यश्री ने स्पष्ट उत्तर देते हुए कहा—''मैं अभी तो सीधे रूप से कुछ भी नहीं कर रहा हूं। एक आदमी कुछ कर भी नहीं सकता है। अभी तो मैं जगह-जगह अपनी बात स्पष्ट कर रहा हूं। अभी तो मेरी चेष्टा जीवन के विविध पहलुओं पर अपनी बात स्पष्ट करने की है। जिन मित्रों को लगेगा कि कुछ करने जैसा है, वह सब आगे आयेंगे और कार्य करेंगे। अगर यह बातें ठीक-ठीक स्पष्ट हो जायें तो आगे का काम ज्यादा कठिन नहीं है। और ऐसा भी नहीं है कि मुल्क के बाकी अधिक लोगों को इसके लिए राजी न किया जा सके। देश के कुछ विचारशील लोगों को, एक विचारशील वर्ग को ही इसके लिए तैयार करने की आवश्यकता है, शेष काम तो अपने आप पीछे हो लेंगे। आप जैसे कुछ आगे आयेंगे और इन कार्यों को आगे बढ़ायेंगे। जीवन चूंकि अनेक पहलुओं का जोड़ है इसलिए मैं जीवन के हर पहलू पर अपने विचार दे रहा हूं। जिन मित्रों को जिस दिशा में रुचि हो, उस दिशा में काम करेंगे। मेरी स्वयं की सक्रिय रूप से किसी भी क्षेत्र में भाग लेने की अभी तो कोई मंशा नहीं है, क्योंकि मैं किसी एक काम में उलझ कर शेष मसलों पर जो विचार दे सकता हूं, उससे वंचित नहीं होना चाहता।''

और आचार्यश्री मौन हो गये। जार्ज फर्नाण्डीस हाथ जोड़ते हुए उठ खड़े हुए और विनम्रता से बोले—''आपसे भेंट कर मुझे हार्दिक प्रसन्नता हुई और मुझे एक नयी दिशा मिली। कृपया जब दिल्ली पधारें तो अपने कार्यक्रम की सूचना मुझे अवश्य देने की कृपा करें। आपसे भेंट करना मेरा सौभाग्य होगा।''

आचार्यश्री भी उठ खड़े हुए और उन्हें हाथ जोड़ते हुए प्रेमपूर्ण बिदाई दी और जार्ज फर्नाण्डिस लौटते समय रास्ते भर इस विश्व के सर्वाधिक विवादास्पद व्यक्तित्व के सम्बन्ध में ही सोचते रहे कि यह शख्स केवल आध्यात्मिक सद्गुरु ही नहीं, सर्वश्रेष्ठ विचारक, चिंतक और क्रान्तिकारी भी है। समस्या की जड़ में जाकर उन्होंने जो समाधान सुझाये थे, वह चौंकाने वाले थे। अभी तक किसी ने इतनी गहराई से कभी विचार नहीं किया था। रूसो और मार्क्स ने समानता का जो उद्घोष किया था, उसे फ्रेंच रेवोल्यूशन व रूसी क्रान्ति में असली जामा पहनाया गया था। पर उन क्रांतियों ने क्या सचमुच समानता स्थापित की थी? उन्हें महसूस हो रहा था कि इस व्यक्ति ने उन सब कमियों और खामियों पर ही चिन्तन करते हुए जो समाधान प्रस्तुत किया है, वह बेजोड़ था।

वह सोचते रहे जिस समाजवादी आन्दोलन को वह आगे बढ़ा रहे हैं, उसके लिए उन्हें जो कार्यकर्ता मिले हैं उनमें से अधिकतर लोग पद लोलुप और भ्रष्ट हैं। वह जातिवाद और अंधविश्वासों के दायरे में कैद हैं। क्रान्ति के लिए नि:स्वार्थ और जान हथेली पर रख कर काम करने वाले जब तक समर्पित कार्यकर्ता तैयार नहीं होते, तब तक क्रान्ति की बात करना ही व्यर्थ है। शायद यह शख्स ठीक सोचता है कि जब तक मानसिक स्तर पर एक विचारशील वर्ग विकसित नहीं किया जाता, तब तक क्रान्ति के बारे में विचार करने से लाभ क्या?

और उसी रात्रि आचार्यश्री जबलपुर लौट आये।

❑ ❑

प्रेमी मित्रों के बीच, जबलपुर में

अब कमला नेहरू नगर स्थित आवास ही आचार्यरी का हेड क्वार्टर था। बढ़े हुए कार्य को देखने के लिए दो के स्थान पर तीन सचिव हो गये थे। दो सविचों का सारा समय टेलीफोन एटेन्ड करने व आचार्यश्री के दर्शन को आने वाले सैकड़ों जिज्ञासुओं और साधकों की मुलाकात आचार्यश्री से कराने में ही निकल जाता था। तीसरा सचिव अर्थात् अजीत कुमार और उर्मिला उनकी लाइब्रेरी, उनकी डेस्क और उनके कार्यक्रमों आदि की व्यवस्थित करते थे।

संध्या को जब आचार्यश्री लान में आराम कुर्सी पर बैठे थे, आठ-दस लोग भेंट करने के लिए आये और उनके चरण-स्पर्श कर सामने पड़ी कुर्सियों पर बैठ गये। औपचारिक बातचीत के बाद साधना शिविरों की बात चल पड़ी। एक साधक विनम्रतापूर्वक बोला—''प्रभु श्री! आपकी कृपा से इस बीच मैं ध्यान की गहराई में उतरने लगा हूं। कुंडलिनी भी कुछ जागृत हुई है। अब तो यह देखना है कि समाधि कब लगती है?'' आचार्यश्री हंसकर बोले—''भाई, कुंडलिनी यदि जागती है तो पूरी की पूरी जागती है। कुछ-कुछ नहीं जागती। और जब जागती है तो बताने की भी जरूरत नहीं होती।'' फिर दो क्षण रुककर आचार्यश्री बोले—''तुम्हारी तैयारी पूरी हो, तुम्हारी प्यास लपट बन गई हो और संकल्प दृढ़ हो तो समाधि तो अभी और यहीं लग सकती है। देर तो तुम्हारी ओर से है। द्वार तो तुम्हीं बन्द किये बैठे हो। बहुत से मित्र समझते हैं कि साधना शिविर में मैं जो ध्यान करा देता हूं, वह उनके रूपान्तरण के लिए काफी है। पर उतना यथेष्ट नहीं है। मैं बार-बार कहता रहा हूं कि ध्यान शिविरों के बाद भी प्रतिदिन कम-से-कम एक घण्टा सुबह और शाम ध्यान के लिए देना है। और जैसे गर्भवती मां को अपने गर्भस्थ शिशु का, सारे कार्यकलाप करते हुए सतत् स्मरण बना रहता है, उसी प्रकार ध्यान की स्मृति या सुरति जब तक पूरे जीवन पर नहीं फैल जाती, पूरा होश जागृत नहीं होता, तब तक समाधि फलित नहीं हो सकती।''

दूसरे साधक ने प्रश्न किया—''ध्यान तो मैं प्रतिदिन करता हूं, पर साधना शिविर से एक अद्‌भुत ऊर्जा मिलती है। आपके द्वारा कराए गये ध्यान में जो घटित होता है, वह घर पर नहीं हो सकता?''

आचार्यश्री ने उत्तर दिया—''वह साधना-शिविर की सम्मिलित ऊर्जा का परिणाम है। आप लोगों की इसी भावना को खयाल में रखते हुए समुद्र के किनारे द्वारका में साधना शिविर बहुत शीघ्र आयोजित किया जा रहा है। आप लोग अभी से तैयार रहें।''

द्वारका में साधना शिविर शीघ्र लगने का समाचार सुनकर सभी आनंदित हो उठे।

पहला साधक बोला—''आप देखियेगा, इस बार द्वारका में पिछले शिविर से डेढ़ गुने साधक होंगे। मेरे चार-पांच मित्र साधना शिविर में चलने के लिए तैयार बैठे हैं। मेरे अन्य मित्र भी ऐसा ही कहते हैं और फिर द्वारका पुरी घूमने का आकर्षण अलग से रहेगा।''

आचार्यश्री बोले—गुजरात के मित्रों का भी यही अनुमान है। वहां के शिक्षित समाज में बहुत जागरूकता है। महाराष्ट्र पास होने से काफी मित्रों के वहां जुड़ने की सम्भावना है। फिर भी इसकी तैयारी में एक दो महीने लग जाना स्वाभाविक है।

तभी एक अन्य युवक ने प्रश्न किया—''आचार्यश्री ! आप बराबर कहते हैं कि प्रेम अपेक्षा-रहित होना चाहिए। पर व्यवहारिक जीवन में अपेक्षा समाप्त करना बहुत कठिन है। में दिन भर दूकान में काम करता हूं, शाम घर लौट कर यदि मैं पत्नी से साफ-सुथरे घर और एक प्याली चाय की अपेक्षा करता हूं, रात में भोजन की अपेक्षा करता हूं तो इसमें गलत क्या है ? मैं पत्नी की भी तो अपेक्षाएं पूरी करता हूं और हम दोनों में प्रेम भी है।''

आचार्यश्री मुस्कुरा कर बोले—''मुरारी, तुम इसे समझ ही नहीं पाये। तुम दोनों में समझ है, इसीलिए दोनों एक दूसरे की अपेक्षाएं बिना कहे पूरी कर देते हो। पर मान लो किसी दिन तबियत खराब होने के कारण वह तुम्हारे कपड़े न धो सके, खाना न बना सके, और तुम्हें उसकी तबियत खराब होने की बात का पता भी न हो तो तुम क्रोध करोगे या नहीं ? इसी तरह मान लो तुम्हें व्यापार में घाटा हो जाये और तुम्हारी पत्नी पहले की तरह तुमसे सुन्दर वस्त्र और आभूषणों की मांग करती रहे तो दु:ख, तनाव प्रारम्भ होगा या नहीं ? पर यह छोटी-छोटी बातें तो बहाना हैं। वास्तविकता यह है कि पति-पत्नी कुछ वर्षों तक साथ रहते-रहते एक दूसरे से ऊब जाते हैं। इन छोटी-छोटी बातों का बहाना लेकर वह अपनी घृणा को, ऊब को व्यक्त करते हैं। एक दूसरे पर झूठे दोषारोपण करते हैं। पति झांकता रहता है कि पत्नी किसी पुरुष से हंसकर बात तो नहीं कर रही। पत्नी ताकती रहती है कि पति किसी अन्य स्त्री में रस तो नहीं ले रहा है ? दोनों एक दूसरे के मालिक बनना चाहते हैं। पर प्रेम तो स्वतन्त्रता देता है। मुक्ति देता है। आनन्द देता है। उसमें अधिकार जताने की भावना होती ही नहीं। वह तो बेशर्त होता है। पश्चिम ने नारी को स्वतन्त्रता दी। वहां प्रेम-विवाह विकसित हुए। पर सही अर्थों में प्रेम विकसित नहीं हुआ। विवाह से पूर्व जिसे वह प्रेम कहते हैं वह केवल देह का आकर्षण होता है। नब्बे या पंचानबे प्रतिशत मामलों में ऐसा ही होता है। पर जब धीरे-धीरे देह का आकर्षण कम होने लगता है, दोनों एक दूसरे से ऊब जाते हैं और तलाक हो जाता है। भारत में बाल विवाह की जो व्यवस्था रखी गयी थी, उसका उद्देश्य मात्र इतना था कि प्रेम जैसी खतरनाक चीज उत्पन्न होने ही न पाये। सेक्स की समझ आने से पूर्व ही विवाह कर दिया जाये। क्योंकि प्रेम से स्वतन्त्रता आती है। युवक विद्रोह करते हैं, सामाजिक परम्पराओं के विरुद्ध, धार्मिक रूढ़ियों के प्रति। यह दोनों पद्धतियां दो अतियां हैं, दो छोर हैं। दोनों के कुछ फायदे हैं, पर नुकसान अधिक है। बिना प्रेम के विवाह एक मूढ़ता है। अंधे कुएं में गिरने के समान है। पर प्रेम-विवाह से पूर्व यदि प्रेम के पुष्प को खिलने का अवसर दिया जावे, अपेक्षा रहित हार्दिक प्रेम को पुष्पित पल्लवित होने का मौका दिया जाये तो एक प्रेम पूर्ण समाज बन सकता है। जीवन में उल्लास और उत्सव हो सकता है।''

कुछ रुककर आचार्यश्री ने कहा—''जिन्दगी में छोटी-छोटी बातें भी बड़े प्रभाव पैदा करती हैं। तुम यहां आते हो तो अपेक्षा करते हो कि मैं कहूं—आओ बैठो। और अगर तुम्हारे आने पर मैं तुम्हें बैठने को भी नहीं कहूं, तो तुम नाराज हो जाओगे। तुम्हें दु:ख होगा और जहां हम इतनी भी अपेक्षा करते हैं, वहीं बंधन खड़ा हो जाता है, परतंत्रता आ जाती है। हमारा सुख किसी दूसरे पर आश्रित हो जाता है। फिर किसी के विचार बदलने की तो अपेक्षा करना बहुत बड़ी बात है। फिर हम स्वतन्त्र कैसे हो सकते हैं ?''

अभी कुछ दिनों पहले एक बड़े नगर से एक युवा और युवती दोनों मेरे पास आये और कहने लगे कि आप अनुमति दें तो हम लोग विवाह कर लें। दोनों के माता-पिता मेरे परिचित थे। मैंने अपनी स्वीकृति दे दी। विवाह की तिथि तै हो गई। पर जब पिछली बार मैं उस नगर

में गया तो वह युवती फिर मिली और उसने कहा कि वह अब उस युवक से विवाह न करेगी। वह तो हर बात में हां कर देता है। कुछ भी कहो 'हां' कर देता है। यह कोई व्यक्तित्व है? मैं समझती हूं, वह पति होने योग्य नहीं है। यह है मनुष्य का चित्त? और अगर पति-पति हो जायेगा, स्त्री का विरोध करने लगेगा, तो स्त्री कहेगी-यह व्यक्ति मुझे प्रेम नहीं करता। मेरी हर बात का विरोध करता है। वह पति होने योग्य नहीं है। बिना स्वीकृति के प्रेम नहीं पैदा होता। रास्ता यही है कि जो जैसा है, उसे ही स्वीकार करें। समझ लें यह ऐसा ही है। इसका स्वभाव ही ऐसा है, और उसे प्रेम करें, जो जैसा है उसमें उससे विपरीत की अपेक्षा न करें। आपकी यह स्वीकृति हो सकता है, उसे पागल होने से बचा लें, क्योंकि नब्बे प्रतिशत पागल तो प्रेम न मिलने के कारण होते हैं। और अगर आप उसे स्वीकार करने में असमर्थ हैं, तो अच्छा यही है, कि उसे अकेला छोड़ दें। उस पर थोपें नहीं अपने को। यह सीधी हत्या है उसकी। सारी मनुष्यता की विकृति और तनाव का यही कारण है। और फिर भी यदि कोई पागल होता है, तो उसे बचा कौन सकता है? उसे बचाने की हम जो कोशिश करते हैं, उससे तो पागलपन और बढ़ता है। फिर कोई अपने निर्णय से पागल हो, आत्महत्या करे, यह उसका चुनाव है। वह भी इसके विकास का एक क्रम है। हो सकता है, पागल हो जाने वाला इतना संवेदनशील रहा हो, कि हम जिस कुरूप दुनिया को सहते चले जाते हैं, वह न सह सका हो। दुनिया की बेवकूफियों में अपने को एडजस्ट न कर पाया हो। और इस दुनिया में जो पागल नहीं है, वह भी किन पागलों से कम हैं? कोई धन के पीछे पागल है, कोई वासना के पीछे, और कोई पद, सम्मान के पीछे पागल है।''

इतना कह कर आचार्यश्री मौन हो गये। दो-तीन मिनट पूर्ण निःस्तब्धता रही।

तभी वह साधक, जिसने आगामी साधना-शिविर के सम्बन्ध में पूछा था, पुनः बोल पड़ा— ''प्रभु श्री! इस आगामी शिविर का नाम क्या होगा?''

आचार्यश्री मुस्कुरा कर बोले—'मैं मृत्यु सिखाता हूं' यह उस साधना शिविर का नाम होगा। जो साधक मेरे साथ मृत्यु में छलांग लगाने को तैयार हों, वही उस शिविर में आयें। जब तक कोई कुछ जोखिम नहीं उठाता, अपना सर्वस्व दांव पर नहीं लगाता, तब तक वह समाधि में नहीं पहुंच सकता। समाधि भी एक प्रकार की मृत्यु है। इन दोनों में केवल इतना ही भेद है कि समाधि में होश जागृत रहता है। मेरे देखे, जीवन को जानने का, जीवन को पहचानने का द्वार भी मृत्यु है। मैं इसे जीवन की कला भी कह सकता हूं, लेकिन कहूंगा नहीं, क्योंकि आप जीवन के प्रति अति मोह से भरे हुए हैं। मैं इसलिए कहता हूं, मृत्यु की कला, ताकि आप सन्तुलन पर आ जायें। आप मरना सीख लें, तो जीवन और मृत्यु बराबर खड़े हो जायें। वे दाएं और बाएं पैर बन जायें। परम जीवन में न जन्म है, न मृत्यु। मृत्यु का घेरा मृत्यु से भयभीत होने में है। जो मृत्यु को स्वीकार कर लेता है, उसे गले लगा लेता है, तो मृत्यु पराजित हो जाती है। मृत्यु को गले लगाने वाला मृत्युंज्य हो जाता है।

तभी तीन-चार नवागंतुकों ने आकर आचार्यश्री के चरण स्पर्श किये।

वह उन्हें अपनी सभा का मुख्य अतिथि बनाने के लिए स्वीकृति लेने आये थे।

❑ ❑

अगले दिन प्रातःकाल आचार्यश्री का किशोरावस्था का मित्र सुखराज आचार्यश्री से भेंट करने आया। वह आजकल नगर पालिका गाडरवारा का अध्यक्ष था। आते ही सुखराज ने उनके

चरण स्पर्श किये। आचार्यश्री ने सुखराज को हृदय से लगाते हुए कहा—"तू पैर मत छुआ कर, तू तो मेरा मित्र है।"

सुखराज अंदर ही अंदर प्रेम से भींगता शिकायत करता बोला—"भइया! आपसे शिकायत है कि वायदा करने पर भी आप कभी मेरे डेरे पर नहीं आते। नर्मदा किनारे सतधारा में मैंने छोटी-सी कॉटेज बनवाई है। बहुत सुंदर स्थान है। आप वहां आकर बहुत आनंदित होंगे।"

आचार्यश्री हंसकर बोले—"मैं तो तुझसे मिलकर ही आनंदित हूं। पर जब मेरा वायदा है कि मैं तेरे डेरे पर एक दिन आऊंगा, फिर तू धैर्य क्यों नहीं रखता?"

कुछ देर इधर-उधर की बातों के बाद आचार्यश्री बोले—"सुखराज! अब तो तू नगर अध्यक्ष है, हम लोग जिस स्कूल में पढ़े हैं, कुछ उसकी उन्नति के लिए कर। हाईस्कूल में विज्ञान की प्रयोगशाला नहीं है, कुछ उसके लिए कोशिश कर।"

सुखराज ने उत्तर दिया—"हाथी गेट वाले प्राइमरी स्कूल की तो हालत पहले से काफी सुधार दी है, पर यह प्रयोगशाला वाली बात मेरे वश में नहीं। कुछ आप ही किसी से दान दिलवा दें तो बिल्डिंग बन जाये। बाकी काम मैं दौड़-धूप कर करा लूंगा।"

आचार्यश्री कुछ सोचकर बोले—"कल्याण जी अपने कुछ मित्रों के साथ मेरा गाडरवारा का घर और सक्कर नदी देखने में उत्सुक हैं। मैं कल बम्बई जा रहा हूं। उससे कहूंगा तो वह अपनी म्यूजिकल पार्टी लेकर गाडरवारा आ जायेगा, बिना किसी फीस के। तू कल्याण जी नाइट का प्रबंध संभाल सके तो उनके टिकटों की बिक्री से स्कूल की बिल्डिंग भी बन जायेगी और म्युजिक पार्टी के किराये का खर्च भी निकल आयेगा।"

सुखराज हर्षित व उल्लसित होकर बोला—"मैं सारा आयोजन 'ए वन' कर दूंगा, आप उनसे तारीख लेकर मुझे फोन कर दीजिये।"

उसी रात आचार्यश्री बम्बई व गुजरात के दौरे पर रवाना हो गये। तीसरे दिन उन्होंने फोन पर सुखराज को बताया कि वह 20 दिन बाद कल्याण जी का पूरा ग्रुप अपने साथ लेकर गाडरवारा आ रहे हैं। तू अभी से तैयारियों में लग जा। और उसी क्षण से सुखराज वृहद् तैयारियों में जुट गये।

❑ ❑

कल्याणजी-आनंदजी व फिल्मी सितारे गाडरवारा में

आचार्यश्री और फिल्मी कलाकारों के स्वागत के लिए इस बार पूरे गाडरवारा की जनता उमड़ पड़ी थी। स्टेशन से शहर तक तीन मील लम्बे मार्ग पर कई स्वागत द्वार बनाये गए थे। सड़क के दोनों ओर हाथों में पुष्प लिए उनके स्वागत में स्त्री-पुरुष व युवकों की भीड़ उनकी प्रतीक्षा में पलक पाँवड़े बिछाये हुए थी।

विभिन्न पत्रिकाओं, पुस्तकों और अपने ओजस्वी क्रांतिकारी भाषणों के द्वारा आचार्य रजनीश पूरे देश में युवा पीढ़ी द्वारा युग पुरुष बन गये थे। जो भी उनके ध्यान शिविर से ध्यान करके लौटा था, वह तो उन्हें अपना मुक्तिदाता, अपना भगवान मानता था। जबलपुर से जब क्रांति लौटकर घर आती थी तो अपने यशस्वी भाई की गौरवगाथा रस ले-लेकर सुनाती थी। आचार्यश्री के बचपन के कई मित्र, सुखराज व कनछेदी तथा उनके कई चचेरे, मौसेरे और खानदान के भाई भी उनके रंग में पूरी तरह रंग गये थे। उन सभी का विश्वास था कि रजनीश के रूप में भगवान ने ही अवतार लिया है। पर आम जनता के लिए आचार्य श्री नये नहीं थे। उनका मुख्य आकर्षण फिल्मी कलाकार ही थे।

जब बम्बई से आने वाली हावड़ा मेल स्टेशन पर रुकी तो—आचार्य श्री जिंदाबाद, आचार्य रजनीश की जय, कल्यानजी आनंद जी जिंदाबाद, महेन्द्र कपूर जिंदाबाद—से पूरा स्टेशन गूँज उठा। स्टेशन का पूरा प्लेटफार्म गुलाब व गेंदे के फूल से अटा पड़ा था। बैण्ड ने स्वागतम की धुन से सभी की अभ्यर्थना की। गाड़ी रुकते ही आचार्य रजनीश प्रथम श्रेणी के डिब्बे से दोनों हाथ जोड़े मुस्काते हुए नीचे उतरे। उनके साथ कल्यानजी आनंदजी, महेन्द्र कपूर, कमल बारौत, फिल्मी गीतकार इंदीवर, कल्याणी मित्रा, डांसर चंचल तथा बाबला का पूरा ग्रुप था। बम्बई से फर्स्ट क्लास की बोगी रिज़र्व होकर आई थी। स्वागत करने वालों में जिला नरसिंहपुर के कलक्टर, एस.पी. व अन्य उच्चाधिकारी भी सम्मलित थे। सभी अतिथियों को खुली जीप में बिठाया गया। पहली जीप में आचार्य श्री अपने परिवार और कल्यानजी आनंदजी के साथ बैठे थे। पीछे 19 अन्य जीपों में उनकी पार्टी के सदस्य बैठे। सभी जीपें फूलों से सजायी गई थीं। स्टेशन का पूरा प्लेटफार्म पुष्पमय हो रहा था। सभी अतिथि गुलाब मालाओं से ढक दिये गए थे। जुलूस का पूरा मार्ग पुष्पों से ढका था। जुलूस के आगे बाकायदा बैण्ड धुनें बजाता चल रहा था। गाडरवारा ऐसी शोभा यात्रा पहली बार देख रहा था।

गाडरवारा में सबसे अधिक आनंदित आचार्य श्री के माता-पिता थे। उनके पिताजी, रजनीश की नानी का एक-एक शब्द सत्य होते देख रहे थे। उन्हें सब कुछ सपना जैसा लगता था। अपने जिस पुत्र को वह शैतान, उपद्रवी, नाकारा और व्यर्थ समझते थे, आज उसे पूरे देश में पूज्य देखकर वह विस्मयविमूढ़ होने के साथ आनंद सागर में गोते लगा रहे थे। शम्भूबाबू ठीक कहते थे, आँखें सारी दुनिया को देखती हैं पर अपने-आपको नहीं देख पातीं। जो बहुत निकट होता है, उसके गुणों का अहसास उसके साथ रात दिन रहने वाले को कहां हो पाता है!

अतिथियों को नगर की श्रेष्ठतम हवेली, काबरा हाउस में ठहराया गया। श्री राधा कृष्ण काबरा की संगमरमर की हवेली एक उद्यान के बीच, ऐसी लगती थी मानों नई नवेली सुंदरी हरे वस्त्र पहने हो।

आचार्य श्री के बचपन के मित्र सेठ सुखराज पूरे कार्यक्रम के संयोजक थे।

गाडरवारा के इतिहास में वह सबसे बड़े कार्यक्रम का आयोजन कर रहे थे। शहर के सबसे बड़े मैदान में जबलपुर से टेन्ट वालों को बुलाकर पंडाल बनाने का ठेका दिया गया था।

हाईस्कूल के प्रांगण में, लम्बा×चौड़ा शामियाना तीन दिनों के रात दिन परिश्रम से खड़ा किया गया था। दो बड़े जेनरेटर मंगाये गये थे। गैस के हंडों का प्रबन्ध अलग था। पुलिस बड़ी मुस्तैदी से अपनी ड्यूटी दे रही थी। भीड़ को रोकने के लिए बल्लियों की बाड़ लगायी गई थी।

पंडाल में फिल्मी कलाकारों के आ जाने पर कल्याणजी आनंदजी, सेठ सुखराज से बोले—''भई, आज सर्दी बहुत है। बम्बई में तो इतनी सर्दी पड़ती नहीं। हम लोगों के कपड़े सर्दी नहीं बचा पा रहे हैं, भई, कुछ करो ना।''

सेठ सुखराज को और कुछ न सूझा तो उन्होंने रिजर्व में रक्खे गैस के हंडे, स्टेज के नीचे रखवा दिये, और सूखे बादाम ऑफर किये।

❑❑

बहुत बड़े मंच पर आरकेस्ट्रा पार्टी के पीछे दाईं ओर एक बड़ी कुर्सी पर आचार्य श्री बैठे हुए थे। उनके चेहरे पर पर्याप्त प्रकाश था जिससे सभी लोग उनके दर्शन कर सकें।

सेठ सुखराज ने सभी का स्वागत करते हुए कहा—

मेरे प्रिय नगरनिवासियो!

यह हमारे नगर का सौभाग्य है कि रजनीश जैसे विराट व्यक्तित्व ने अपने जन्म के लिए इस पिछड़े कस्बे व यहां के एक निम्न मध्य परिवार का ही चयन किया। अंधविश्वासों, असत्य और सड़ी-गली परम्पराओं के विरुद्ध आचार्यश्री ने प्राइमरी स्कूल में प्रवेश लेते ही संघर्ष शुरू कर दिया था। यह मेरा ही सौभाग्य है कि मुझे बचपन से उनका साथ मिला है। मैं उनकी सभी प्रकार की शैतानियों में उनका सहयोगी और साथी रहा हूँ।

जब मग्गाबाबा, और बंसी वाले जैसे सिद्ध संतों ने इनके चरणों का स्पर्श कर अपने को सौभाग्यशाली माना, हमने तब भी उन्हें पहचाना नहीं। अब जब पूरा देश उनके ओजस्वी और क्रांतिकारी विचारों से प्रभावित है, अब जब लाखों लोगों ने उनके साधना शिविरों में भाग लेकर ध्यान करते हुए उस विराट अस्तित्व की झलकें पाई हैं, हमने तब भी उन्हें नहीं पहचाना, और इसमें आप लोगों का भी कोई दोष नहीं है, क्योंकि पुरानी कहावत है—''घर का जोगी जोगड़ा, आन गाँव का सिद्ध।''

आज फिल्मी दुनिया के मशहूर संगीतकार श्री कल्यान जी व कविवर इंदीवर, पार्श्वगायक श्री महेन्द्र कपूर और कमल बारोतजी, नृत्यांगना चंचल जी, बाबला आरकेस्ट्रा पार्टी के साथ यहां उपस्थित हैं, वह सभी हमारे रजनीशजी के प्रेमी मित्र हैं। उनके दीवाने हैं। यह छोटा-सा नगर अपने सीमित साधनों में इतनी मशहूर हस्तियों को आमंत्रित करना गवारा नहीं कर सकता था, और यह सभी कलाकार बिना पारिश्रमिक लिए केवल प्रेम भाव से यहां पधारे हैं। आप सभी की ओर से मैं उनका हृदय से स्वागत करता हूँ, उनका अभिनंदन करता हूँ।

पूरा पंडाल तालियों की गड़गड़ाहट से गूंज उठा—''आचार्य रजनीश जिंदाबाद, कल्यान जी आनंदजी जिंदाबाद'' के नारे गूंज उठे। सभी का फूलमालाओं से स्वागत किया गया। सभी को स्मृति-चिह्न भेंट किये गये।

फिर आचार्य श्री के बचपन के दूसरे मित्र सोनी व कनछेदी सुरुल उनके पिता दद्दाजी को मंच पर ले आये। नानी मां और आचार्य श्री की माताजी, कनछेदी के बहुत आग्रह पर भी मंच पर नहीं आईं। पर सेठ सुखराज ने कमल बारोट द्वारा उनका माल्यापर्ण कराया। उसने उन दोनों के चरणों का श्रद्धापूर्वक स्पर्श किया। दद्दाजी के मंच पर आते ही सभी ने उनका तालियां बजाकर स्वागत किया।

सेठ सुखराज ने कहा—''आप सभी आचार्य श्री के पिता श्री बाबूलालजी से अच्छी तरह परिचित हैं। यह सीधे, सरल, ईमानदार और निश्छल स्वभाव के गृहस्थ हैं। हम सभी के बहुत आग्रह पर वह अत्यंत संकोच से ही यहां पधारे हैं। अब कल्यानजी भाई आदरणीय दद्दाजी को माल्यार्पण करेंगे। और श्री महेन्द्र कपूरजी जो आपके पुराने चहेते गायक हैं, वह आचार्य श्री को माल्यार्पण करेंगे। अब आप लोग फिर एक बार तालियाँ बजाकर उनका स्वागत करें।

फिर पूरा सभाभवन तालियों की गड़गड़ाहट से गूँज उठा। कल्यानजी, व महेन्द्र कपूर दोनों ने पुष्पमाला पहनाते हुए दद्दाजी व आचार्य श्री के भी चरण-स्पर्श किये।

आचार्य श्री अपनी कुर्सी पर मुस्कुराते हुए पूरा खेल साक्षी भाव से देख रहे थे। वही इस खेल के सूत्रधार थे। उनसे बोलने का आग्रह किया पर उन्होंने मौन साध लिया।

फिर माइक कल्यानजी ने अपने हाथ में लेकर कहा

प्रभु प्यार में पागल मनुआ, गावै अटपट बानी
जा वानी को गा के मीरा, व्है गई प्रेम दिवानी
चखो जो अमरित मैंने प्यारो, मैं भी गयो हिराय
पंथ प्रेम को विकट निरालो, जामै दुइ न समाय
सुख में दुख जा दिन सों जान्यौ, दुख ही गयौ हिराय
हर दुख अब मीठौ लागै, कैसे तुम्हें बतायें ?

और उन पक्तियों को सुनकर उन्होंने आचार्य श्री को गुलाब के फूलों का एक बड़ा गुलदस्ता भेंट किया। आरकेस्ट्रा का धीमा व मधुर संगीत फिजाओं में बिखर रहा था। तालियों की आवाज थमते ही, उक्त पंक्तियों को महेन्द्र कपूर और कमल बारोट ने अपने मधुर स्वर में गाकर और नशीला बना दिया।

इसके ठीक बाद कमल बारोट ने गज़ल गुनगुनाते हुए तान छेड़ी—

दिल में यूं दर्द उठा है शायद
उनके होठों पै गिला है शायद
अश्क पलकों में लरज़ उठे हैं
दिल उन्हें भूल गया है शायद
फर्श मरमर पै ये हंसता चेहरा
फूल पत्थर पै खिला है शायद
रुखे-रंगी पै उदासी क्यूँ है
हुस्न कुछ सोच रहा है शायद
इन पतंगों की हकीकत क्या है
रौशनी को यह पता है शायद !

कमल बारोत ने दो फिल्मी गीत भी प्रस्तुत किये। गज़ल बहुत सराही गई। इसके बाद चंचल के चपल, दिलकश और मोहक नृत्य ने तो जैसे सभी को दीवाना बना दिया। तालियाँ काफी देर तक बजती रहीं।

महेन्द्र कपूर ने कबीर का एक भजन और एक गज़ल गाई। फिर कमल बारोट और महेन्द्र कपूर ने मिलकर सहगान प्रस्तुते किया। खुशनुमा रात गीतों से महकती रही। स्वर फिज़ा में घुलकर उसे और रंगीन और नशीला बनाते रहे। आचार्य श्री के सान्निध्य में प्रेम और आनंद का जैसे कोई सागर लहरा रहा था। आरकेस्ट्रा की धुनें, दिलों को देर रात तक भिगोती रहीं। रात बारह बजे महफिल तभी समाप्त हुई, जब जनता ने जी भरकर पार्श्वगायकों से अपने मनपसन्द फिल्मी नग्मे नहीं सुन लिये और चंचल का तीसरी बार नृत्य नहीं देख लिया।

❑❑

काका और नत्थू के अपने-अपने दुःख

दूसरे दिन प्रातःकाल एकान्त में उनके चाचा अमृतलाल बोले—''आप ठीक कहते थे, विवाह होने के बाद, सब कुछ वही हुआ, जिसकी आपने भविष्यवाणी की थी।''

आचार्यश्री हँसकर बोले—''यह आप-आप का चक्कर छोड़ो। मैं तुम्हारे लिए वही रजनीश हूँ। मुझे 'तुम' सुनना ही अच्छा लगता है। 'तुम' में अपनापन और अधिक प्राण हैं।''

अमृतलाल दुःखी स्वर से बोले—''मेरी कविता से मेरी पत्नी को बहुत चिढ़ है। एक दिन उसने मेरी कविता की दोनों नोटबुक जला दी। खूब झगड़ा हुआ। कलह हुई। वह रोज ताने देती है। मैं घर दूकान के कोल्हू के बीच बुरी तरह पिस गया। मेरा व्यक्तित्व खंड-खंड हो गया। अब तो मैं सोच रहा हूँ कि किसी दिन घर छोड़कर जैन साधु बन जाऊँ। पर फिर सोचता हूँ कि जैन साधु बनकर मैं कविता कैसे लिख सकूँगा? कविता तो बिना प्रेम के नहीं लिखी जा सकती?''

आचार्यश्री आनंद लेते हुए बोले—''पर आप धार्मिक भजन तो लिख सकते हैं। भगवान महावीर से प्रेम करते हुए प्रेमपूर्ण भजन लिखने का अवसर तो रहेगा ही।''

—''भगवान के प्रति मेरे मन में कोई प्रेम नहीं। मैं तो वही लिखना चाहता हूँ जो मेरे हृदय में हो।''

आचार्यश्री ने कहा—''आपका हृदय तो अब मर चुका। आपने स्वयं विवाह कर, अपने हृदय का गला घोंट दिया। आपने अपनी रुचि बताकर, अपनी जैसी ही कोई प्रेम से परिपूर्ण लड़की चुनी होती तो शायद यह स्थिति नहीं होती। परिवार, समाज, धर्म यह सभी प्रेम के दुश्मन हैं। यह चाहते ही नहीं कि प्रेम का पौधा विकसित हो। प्रेम अंकुरित होने से पूर्व ही वह प्रेम की हत्या कर देना चाहते हैं। पर सबसे बड़ी त्रासदी यह है कि शिक्षित होते हुए भी आपने साहस नहीं किया। विद्रोह नहीं किया, और अब आप संसार छोड़ने की बात करने लगे। पर घर-परिवार छोड़ जहां भी जाओगे, खाना, कपड़ा और जरूरत की हर चीज की आवश्यकता, आश्रम में भी घर ही बनायेगी। यह घर ही एक चुनौती है। अब इसी को समग्र स्वीकार कर संघर्ष कीजिये। पर उदास और मरे मन से नहीं। अगर संकल्प पक्का हुआ तो अभी भी बहुत कुछ हो सकता है।''

अमृतलाल सिर झुकाये सुनते रहे, और बाहर चल दिये।

तभी उन्हें सामने दूकान पर नत्थू दिखाई दिया। उसने दूकान से ही आवाज लगाई—''रजनीश भैया नमस्ते।''

आचार्यश्री टहलते हुए नत्थू की दूकान पर पहुँच गये, देखा--दूकान पर कोई भी ग्राहक नहीं है। दूकान भी उन्हें उजड़ी और बेरौनक लगी। मुस्कुराकर बोले—''लगता है नत्थू काका, काम कुछ ढीला चल रहा है।''

नत्थू अब लगभग वृद्ध हो चला था। रुआंसे स्वर में बोला—''कुछ न पूछो भैया जी, जब से आप जबलपुर चले गये, इस बेचारे नत्थू का सहारा ही छिन गया। अब ग्राहक नहीं के बराबर आते हैं। सिर्फ लोगों के मरने का इंतजार रहता है कि कोई सूतक हो तो शायद इस

नत्थू को लोग याद करें। पर अब सूतक में भी पूरा खानदान सिर नहीं मुंडाता। लोग अंग्रेजी बाल कटवाने लगे हैं। सिर तो अब क्रिया-करम करने वाला ही मुंडाता है। जब खाली बैठे-बैठे जी बहुत ऊब जाता है तो छोटे-छोटे बच्चों को ही लेमनचूस देकर, बहला-फुसला कर मुफ्त ही उनका सिर मूंड देता हूँ। उस्तरे की धार कुंद नहीं होती और हाथों को भी तसल्ली मिलती है।''

आचार्यश्री मुस्कुरा कर बोले—''यह सब तुम्हारी इस अफीम की लत की वजह से है। पर यह बताओ गुजर कैसी रही है?''

नत्थू एक आह भर कर बोला—''रजनीश भैया, और सब तो जैसे-तैसे चल ही रहा है, पर इस सरकार ने बड़ा जुल्म ढा रखा है। पहले अफीम बाज़ार में आसानी से मिल जाती थी। पर अब सरकार ने दूकानों पर और खरीदने वालों के लिए भी लाइसेंस जरूरी कर दिया है। लाइसेंस से भी नपी-तुली खुराक मिलती है। अब उससे गुजर कैसे हो? तुम्हारी तो भैया, ऊपर तक पहुँच है। अब तुम्हीं मेरी मदद कर सकते हो, और यह मेरी अकेले की तकलीफ है नहीं। इस देश में मेरी तरह लाखों लोग अफीम के शौकीन हैं। तुम बनाकर सभी का संगठन भैया कर एक पार्टी बना दो। हम लोग आंदोलन करेंगे। इन्कलाब—जिंदाबाद करेंगे। यह सरकार पलट देंगे।''

नत्थू की बात सुनकर आचार्यश्री हँसकर बोले—''तुम तो काका, मुझे अफीमचियों का लीडर बनाना चाहते हो? पर इस तरह सरकार बदलना हँसी-खेल नहीं है। एक तो सभी अफीमचियों को इकट्ठा करना ही मुश्किल है। वह इकट्ठे हो भी गए, तो आंदोलन कर वह नई मुसीबतें खड़ी करेंगे। इसलिए यह खयाल दिल से निकाल दो। आंदोलन और सरकार पलटना, अफीमचियों के बस की बात नहीं।''

नत्थू निराश होकर बोला—''भैया! मुझे तो तुमसे बड़ी उम्मीदें थीं। अब तुम्हीं इंसाफ करो? मैंने किसी का आज तक क्या कोई नुकसान किया है? कोई अपराध किया है? हां, यह मैं मानता हूँ कि बिना मर्जी के नशे में कुछ लोगों के सिर ज़रूर मूँड़ दिये हैं। पर उनके बिगड़ने पर उनसे कोई पैसा भी नहीं लिया है, और ज़माने की बेइंसाफी देखो भैया! लोग उलटे मेरी दूकान से साबुन उठा ले गये हैं, शीशा और क्रीम की शीशियां चुरा ले गये हैं। गाली-गलौच करते आये हैं मेरे साथ। पर मुझे किसी से कोई शिकायत नहीं। मैं अपनी दुनिया में मस्त हूँ। मेरे लिए कुछ तो करो भैया!''

आचार्यश्री नत्थू की पीठ थपथपा कर बोले—''तुम कहते तो ठीक हो, पर इस बारे में कुछ भी किया जाना एक मुश्किल काम है। पर फिर भी मैं अपनी ओर से पूरी कोशिश करूँगा।''

और आचार्यजी दूकान से बाहर आ गये, उन्हें यह सोचकर ही बड़ी पीड़ा हुई—लोग जैसे एक मूर्छा में जी रहे हैं। सपने देखने को ही वह जीवन समझ बैठे हैं, और जो लोग नशा नहीं करते, उन्हें हर धर्म, स्वर्ग मोक्ष और ईश्वर के सपने दिखाता है। उनकी बुद्धि जागृत ही नहीं होने देता। मार्क्स ने तभी ठीक कहा है—कि धर्म भी अफीम का एक नशा है। पर हर पार्टी भी धर्म की तरह समूह को जोश दिलाकर उनका होश खो देती है। वह भी सिर्फ सपने देते हैं, वायदे देते हैं, जो पूरे करने के लिए नहीं होते, जनता को बेबकूफ बनाने के लिए होते हैं।

तभी कई लोगों ने उन्हें प्रणाम करते हुए आकर घेर लिया

डॉ० सुंदरलाल: डी० लिट०, एम०एल०ए०

सुंदरलाल हजार हथकंडे करने के बावजूद हाईस्कूल पास न कर सका। उसने स्कूल छोड़कर राजनीति में भाग लेना शुरू कर दिया। उसने एम.एल.ए. और एम.पी. के चुनाव में रात दिन सख्त मेहनत की। उसी वर्ष वह युवा कांग्रेस का अध्यक्ष बना दिया गया। अगले वर्ष वह नगरपालिका का सदस्य चुन लिया गया। धन और तिकड़म के जोर से वह एक-एक कर राजनीति की सीढ़ियां चढ़ता गया।

इस बार जब आचार्यश्री गाडरवारा आये तो उनके पिता ने बताया कि तुम्हारा डॉक्टर सुंदरलाल अब एम.एल.ए. बन गया है। अपने पैड पर सुनहरे अक्षरों में उसने डॉ. सुंदरलाल डी.लिट. छपवा लिया है। भोपाल तक सभी लोग उसे आदर से डॉक्टर साहब कहकर ही बुलाते हैं। कनछेदी सुकुल ने बताया कि वह सामाजिक और साहित्यिक सामारोहों में आदरपूर्वक अध्यक्षता के लिए बुलाया जाता है और धड़ल्ले से स्पीच देता है। उसे डी.लिट. की उपाधि तुमने ही तो दी थी।

आचार्य श्री मुस्कुरा कर बोले—''उसने राजनीति की लाइन बिलकुल सही चुनी। वह राजनीति के अतिरिक्त कहीं और सफल हो ही नहीं सकता था। देख लेना, वह एक दिन एम.पी. और मिनिस्टर बन जायेगा। पैसे और तिकड़म के बल पर लोग क्या कुछ हासिल नहीं कर लेते? वह मेरे द्वारा बनाया गया फर्जी डी.लिट. है, पर सेठ गोविन्ददास को तो जबलपुर युनिवर्सिटी ने डी.लिट. की मानक उपाधि दी है। यद्यपि सेठ गोविन्ददास, सुंदरलाल से अधिक बुद्धिमान और पैसे वाले हैं। उनके पिता ब्रिटिश राज के सेवक थे पर बदलती हवा देखकर सेठ गोविन्ददास कुछ महीनों के लिए जेल जाकर स्वतंत्रता सेनानी बन गये। स्वतंत्रता के बाद से वह बराबर एम.पी. हैं। पैसे देकर अध्यापकों से उन्होंने नाटक लिखवाये और 104 नाटकों के रचयिता होने के कारण वह हिन्दी साहित्य के दूसरे जार्ज बर्नाड शॉ कहे जाते हैं।

उन्होंने राज्यपाल और शिक्षामंत्री से सिफारिश कर अपने आदमी को जबलपुर युनिवर्सिटी का वाइस चांसलर बनवा दिया और दूसरे ही वर्ष वाइस चांसलर ने डी.लिट. की मानक उपाधि देकर उन्हें सम्मानित किया पर ऐसे लोग जीवन भर अपने आप को धोखा देते रहते हैं। पद के रहते झूठा सम्मान उनके अहंकार के गुब्बारे को फुलाता जाता है। ऐसे लोग व्यक्तिगत जीवन में बहुत दुखी रहते हैं। न ठीक से खा सकते हैं और न सो सकते हैं। रात दिन भयभीत और तनावग्रस्त रहते हैं। ब्लडप्रेशर, हाइपरटेंशन, गैस, डिसेन्ट्री, एसीडिटी, पेप्टिक अलसर न जाने कितनी बीमारियां उन्हें घेरे रहती हैं? कोई उन्हें प्रेम नहीं करता, उनका व्यक्तिगत जीवन शुष्क रेगिस्तान होता है।''

तभी कल्याणजी आनंदजी आचार्यश्री से मिलने आ गये, और उन्हें प्रणाम कर वहीं बैठ गये। आचार्यश्री ने कल्याणजी आनंदजी से कोई जोक सुनाने को कहा। कल्याण जी आनंदजी एक के बाद दूसरा लतीफा सुनाते गये और लोग हँसते-हँसते लोट-पोट होने लगे।

❑❑

साईं बाबा के भक्तों द्वारा उपद्रव

दिसम्बर की कड़ी सर्दी होने के बावजूद संगीत समारोह में गाडरवाारा की जनता के अतिरिक्त, आस-पास के कस्बों, करेली, नरसिंहपुर और पिपरिया के के लोगों के अलावा जिला नरसिंहपुर के कलक्टर, एस.पी. व जज से लेकर द्वितीय श्रेणी के अधिकारी तक सपरिवार आये थे। सेठ सुखराज ने रेलवे विभाग से व्यापारिक संबंध होने के कारण, इस विभाग के अधिकारियों को सादर आमंत्रित किया था। इस समारोह से सेठ सुखराज का स्थान पूरे नगरवासियों व अधिकारियों के बीच एक साथ बढ़ गया। उन्होंने इस समारोह की तैयारियों में पूरे दो सप्ताह कठोर श्रम किया था। आस-पास के गांवों, कस्बों और जबलपुर से उन्होंने दो ट्रक भरकर गेंदे के फूल इकट्ठे किये थे और अपने बालसखा व फिल्मी कलाकारों के स्वागत में रेलवे स्टेशन से लेकर सभी के ठहरने के स्थान तक फूलों का गलीचा बिछा दिया था। काफी पुष्प नगर निवासियों को भी बाँट दिये गये थे ताकि वह अतिथियों पर पुष्प वर्षा कर सकें। फिल्मी कलाकारों को सेठ सुखराज ने भेंट देने-के लिए भेड़ाघाट के मूर्ति शिल्पियों से आचार्य श्री की प्रतिमाएं बनवाकर भेंट की थीं।

पर गाडरवारा छोटा-सा कस्बा था। फिल्मी कलाकर उनके लिए अजूबा थे। सिनेमा हाल में फिल्म तारिकाओं का स्वागत वह सीटी बजाकर या पैसे फेंककर ही करते थे। जहां भी फिल्मी स्टार रुके थे, वहां कुछ शोहदों व साईं बाबा के भक्तों द्वारा अश्लील हरकतें की गईं; फिकरबाजियां की गईं। पुलिस भी कुछ देर से पहुँची वहां। गाडरवारा में उन दिनों साईं बाबा के भक्त भी काफी थे। चूँकि आचार्यश्री साईंबाबा को मदारी और ढोंगी कह चुके थे, अत: उनके भक्त उनसे बहुत नाराज़ थे। पंडाल में तो पुलिस के चौकस प्रबन्ध के कारण उनका कुछ वश न चला, पर समारोह के दूसरे दिन आचार्यश्री के कुछ अन्य प्रेमी मित्र जो बम्बई से उनके साथ आये थे, व प्राइमरी स्कूल में रुके हुए थे उन्होंने वहां आचार्यश्री के विरोध में नारे लगाये व कलाकारों पर फ़िक्रे कसे।

आचार्यश्री के निवास-स्थान की छत पर उसी दोपहर उनके प्रेमी मित्रों की जो गोष्ठी हो रही थी, उसमें भी इन लोगों ने काफी हुड़दंग मचाया। विवश होकर गोष्ठी बीच ही में समाप्त करनी पड़ी।

कल्यानजी-आनंदजी, आचार्यश्री के प्रेमी व अनन्य प्रशंसक थे। वह उनका गृहनगर देखने के इच्छुक थे। वह हृदय से चाहते थे कि आचार्यश्री के नगर में कुछ ऐसा किया जाये जिससे नगरवासी आनंदित हों, व उनका कुछ लाभ हो। उन्होंने रेल किराये के अतिरिक्त कोई धनराशि स्वीकार नहीं की थी। टिकटों से जो धनराशि प्राप्त हुई, ख़र्च काटकर लगभग बीस हजार की राशि, हाईस्कूल के नये विज्ञान-कक्ष की इमारत बनवाने के लिए दान में दे दी गई।

कई फिल्मी कलाकार तो कार्यक्रम समाप्त होते ही जबलपुर चले गये थे। दूसरे दिन शाम आचार्यश्री भी कल्याणजी आनंदजी के साथ जबलपुर चल दिए।

❑❑

तारण-तरण जयंती में उपद्रव तथा तटस्थता का दर्शन

फिल्मी जगत में, भौतिक सुविधाओं से ऊबे जो पढ़े-लिखे सिनेमा कलाकार, संगीतकार जो पार्श्वगायक शान्ति की खोज में आचार्य श्री के सम्पर्क में आये, वह उन्हीं के होकर रह गये। महीपाल तो जीवन जागृति केन्द्र के सक्रिय कार्यकर्ता थे, वह कुछ वर्षों से 'ज्योतिशिखा' त्रैमासिक पत्रिका का भी संपादन कर रहे थे। महीपाल के बाद कल्याणजी आचार्यश्री के सम्पर्क में आये। उन्हें हरिप्रसाद चौरसिया ने आचार्यश्री के संगीत प्रेम और पागल बाबा के बारे में विस्तार से सब कुछ बताया था। उनके माता-पिता व पूरा परिवार आचार्य श्री का भक्त था और उनके घर में आचार्यश्री के आडियो कैसेट नित्य बड़े प्रेम से सुने जाते थे।

आचार्य श्री तीन सप्ताह के प्रवास के बाद जबलपुर लौटे थे। अगले दिन तारण-समाज द्वारा सन्त तारण की जयन्ती मनाई जा रही थी जिसमें प्रवचन के लिए आचार्य श्री भी आमन्त्रित थे। गाडरवारा से कल्याणजी अपने माता-पिता, महेन्द्र कपूर, इन्दीवर, कमल बारोट, कल्याणी मिश्रा तथा चंचल, आचार्यश्री के साथ ही जबलपुर आये थे। इसी बीच तारण समाज के संयोजक आचार्यश्री के पास आये। उन्होंने सभी फिल्मी कलाकारों को भी अगले दिन समारोह में अतिथि के रूप में सम्मिलित होने का अनुरोध और आग्रह किया। यह ज्ञात होने पर कि वहाँ आचार्य श्री का प्रवचन भी आयोजित है, सभी ने सहर्ष आने की स्वीकृति दे दी।

तारण समाज ने लाउडस्पीकर द्वारा फिल्मी कलाकारों के भी जयन्ती में सम्मलित होने का प्रचार कर दिया। अगले दिन स्टेडियम में बेहिसाब जनसमूह उमड़ पड़ा।

बढ़ती भीड़ को बेकाबू होते देखकर महेन्द्र कपूर ने गाना आरम्भ कर दिया। शोर कुछ कम अवश्य हुआ पर पीछे से भीड़ बराबर धक्का दे रही थी। तभी कवि इन्दीवर ने अपना गीत आरम्भ किया पर शोर होने के कारण वह गीत बंद कर बीच ही में बैठ गये। जब कमल बारोट गाने के लिए खड़ी हुईं तो भीड़ काबू से बाहर हो गई। मंच पर बैठे फिल्मी कलाकारों को सुरक्षा घेरे में हाल में ले जाया गया। मंच सूना हो गया था। आचार्य श्री मंच पर चुपचाप खड़े थे। तभी भीड़ के धक्कों से मंच हिलने लगा। मंच को हिलता देख शिव और अजीत ने दौड़कर आचार्य श्री को आग्रह पूर्वक हाथ पकड़कर मंच से नीचे उतारा और भीड़ को चीरते हुए उन्हें हाल में ले गये। तभी एकाएक बिजली भी चली गई। भीड़ शोर करते हुये फरनीचर तोड़ने लगी।

बिजली आने पर आचार्यश्री अपने निवास पर आकर डाक देखकर उत्तर देने वाले पत्रों को छांटने में लग गये। व्यर्थ के 70% पत्रों को वह फाड़कर फेंकते जाते थे। तभी आचार्यश्री की कुशल जानने अपने मित्रों के साथ शिव ने आकर प्रणाम किया और समारोह की चर्चा छेड़ दी। आचार्यश्री मुस्करा कर बोले—''यह सब तो चलता ही रहता है, जो भी हुआ ठीक हुआ। उसकी फ्रिक में क्यों पड़े हो ? जो स्मृतियों के सिवा कहीं है भी नहीं। जो बीत गया, उसे बीत जाने दो।''

आचार्य को व्यस्त देख कर कुछ देर बैठकर शिव अपने मित्रों के साथ वापस चला गया। रास्ते में शिव के मित्र ने कहा—

''आचार्यश्री पर मीटिंग के शोर-शराबे, दंगा-फसाद का कुछ प्रभाव ही नहीं हुआ। पत्र पढ़ने में ऐसे तल्लीन थे, जैसे कुछ हुआ ही न हो।''

दूसरा मित्र बोला—''इसी को वर्तमान में जीना कहते हैं।''

शिव ने कहा—''यही तटस्थता है। भगवान श्री तटस्थ भाव से जो हुआ, उसके मात्र साक्षी थे। आपने देखा नहीं कि आचार्यश्री स्टेज पर निर्भय अकेले ही खड़े थे। सभी लोग डरकर आगामी किसी दुर्घटना की आशंका से हाल में चले गये थे। मैं आचार्यश्री से बहुत अधिक आग्रह न करता तो वह स्टेज से उतरने वाले नहीं थे। इसलिए तो उनके सान्निध्य में मुझे सदैव ''अभय'' का अनुभव होता है।''

उनके मित्र ने कहा—''यह हरकत आचार्यश्री के विरोधियों ने गुंडों को धन देकर जानबूझकर करवाई है जिससे वह उन्हें बदनाम कर सकें।''

शिव ने उत्तर दिया—''इन हरकतों से आचार्यश्री की लोकप्रियता कम न होकर बढ़ती ही अधिक है, यह बात वह बेवकूफ समझते ही नहीं, और न कभी समझ सकेंगे।''

और आचार्यश्री के बारे में ही बातचीत करते हुए रास्ता न जाने कब कट गया, पता ही न चला।

❑❑

रजनीश-साहित्य का प्रसार

जीवन जागृति केन्द्र द्वारा, आचार्यश्री के प्रवचनों के कई संकलन प्रकाशित हो चुके थे। मराठी में पुंगलियाजी ने अनुवाद कराते हुए पाँच पुस्तकें तैयार कर दी थीं। 'साधना पथ' और 'क्रान्ति बीज' व 8 अन्य पुस्तकों का अनुवाद गुजराती में भी हो गया था और उसके प्रकाशित संस्करण स्टाल पर मौजूद थे। हिन्दी में अब 'सिंहनाद,' 'अमृतकण,' 'अहिंसादर्शन,' 'मिट्टी के दीए', 'पथ के प्रदीप,' 'मैं कौन हूँ,' 'कुछ ज्योतिर्मय क्षण,' 'नये मनुष्य के जन्म की दिशा,' 'सूर्य की ओर उड़ान,' 'प्रेम के पंख,' 'सत्य के अज्ञात सागर का आमन्त्रण,' 'अज्ञात की ओर' 'संभोग से समाधि' 'सम्भावनाअें की आहट' व 'नये संकेत' भी प्रकाशित हो चुके थे। इन पुस्तकों का मूल्य एक रुपये से लेकर चार रुपये पचास पैसे तक था। साधना शिविर के स्टाल पर इन पुस्तकों के साथ 'युक्रान्त' व 'ज्योतिशिखा' के नये पुराने अंक भी साधकों के आकर्षण के केन्द्र रहते थे। स्टाल खुलते ही रजनीश साहित्य की बिक्री हाथों-हाथ हो जाती थी। कई साधक साधिकाएँ पुस्तकों की कई प्रतियां इसलिए खरीदते थे, ताकि अपने मित्रों को भेंट दे सकें।

कहीं-कहीं स्टाल पर 'ज्योतिशिखा' त्रैमासिक के सम्पादक महीपाल स्वयं नये सदस्य बनाते दीख जाते थे। 'युक्रान्त' के सम्पादक व आचार्यश्री के सचिव अरविंद कुमार, अजित कुमार व सह सम्पादक आलोक कुमार पाण्डेय भी प्राय: स्टाल पर मिल जाते थे।

जून 70 तक 'सत्य का सागर,' 'शून्य की नाव,' 'प्रभु की पगडंडियाँ' तथा 'सत्य की पहली किरण' भी प्रकाशित हो गई। अब आचार्य श्री के प्रव्चनों के आडियो कैसेट भी प्रचुरता से उपलब्ध थे और साधक-साधिकाएँ उन कैसेट्स को भी बड़े प्रेम से खरीदते थे। कैसेट सुनना कुछ लोगों का व्यसन हो गया था। बिना कैसेट सुने उन्हें नीद ही नहीं आती थी। पर एक साधना शिविर में आचार्य श्री ने कहा, 'मैं जो कुछ कह रहा हूँ, वह केवल सत्य का संकेत मात्र है। सत्य कहते ही असत्य हो जाता है। इसलिए मेरे प्रेमी मित्र, मेरे शब्दों के पीछे उस मौन का अनुभव करने का प्रयास करें। ज्यों-ज्यों लोग ध्यान की गहराइयों में उतरेंगे, उन्हें मेरे मौन में ही स्वत: सभी प्रश्नों का उत्तर मिलना प्रारम्भ हो जायेगा। शब्द कहीं पहुंचाते नहीं, अटकाते हैं। पर फिर भी निष्फल होकर शब्दों का सहारा लेना पड़ता है। इसलिए आप लोग शब्दों को पकड़ करं न बैठ जायें। इशारे को समझ कर अपनी अंतरयात्रा पर निकल जायें।

व्यसन के रूप में प्रवचनों के केसेट सुनने वालों के लिए यह चेतावनी एक सबक थी। आचार्य श्री अगले ही दिन द्वारका शिविर का शुभारम्भ करने गुजरात चल पड़े।

❑❑

द्वारका साधना-शिविर
(मैं मृत्यु सिखाता हूँ)

पुष्कर भाई गोकाणी ने द्वारका के समुद्र तट के निकट चार दिवसीय साधना शिविर आयोजित किया था। इसमें भाग लेने लगभग ढाई सौ साधक-साधिकाएं इकट्ठे हुए थे। सभी के रुकने की व्यवस्था एक बड़े हाल में की गई थी। वहाँ से कुछ दूर सागर तट की रेत पर ही साधक ध्यान करते थे। वहीं एक तख्त पर गद्दा और श्वेत धवल चादर बिछाकर आचार्य श्री के लिए छोटा-मंच तैयार किया गया था।

इस शिविर का नाम रक्खा गया था—'मैं मृत्यु सिखाता हूँ।'

28 अक्टूबर, 1969 को साधना शिविर का उद्‌घाटन करते हुए आचार्यश्री ने कहा—

मेरे प्रिय आत्मन!

जिसे हम जान लेते हैं, उससे हम मुक्त हो जाते हैं और जिसे हम जान लेते हैं, उसे हम जीत भी लेते हैं। मृत्यु के सम्बन्ध में पहली बात, मैं आपसे यह कहना चाहूँगा कि मृत्यु से अधिक असत्य और कुछ भी नहीं है। लेकिन मृत्यु ही सत्य मालूम होती है। और ऐसा प्रतीत होता है कि सारा जीवन मृत्यु से घिरा हुआ है। मृत्यु के भय ने समाज बनाया है, राष्ट बनाए हैं, परिवार बनाए हैं, मित्र इकट्ठे किये हैं। मृत्यु के भय ने धन इकट्ठे करने की दौड़ दी है। मृत्यु के भय ने पदों की आकांक्षा दी है और सबसे बड़ा आश्चर्य यह है कि मृत्यु के भय ने हमारे भगवान और हमारे मन्दिर भी खड़े कर दिये हैं। इसीलिए मृत्यु को सत्य मानकर हमने जो भी जीवन की व्यवस्था की है, वह असत्य हो गई है। जब तक मृत्यु का भय है, तब तक जीवन सत्य नहीं हो सकता है। जीवन को केवल वे ही जीत सकते हैं, जिसके सामने से मृत्यु की छाया विलीन हो गई है।

हम कितना भी भुला रखें मृत्यु को, पर वह भूली नहीं जाती। रोज कहीं-न-कहीं मृत्यु घटित होती है, रोज कोई-न-कोई मरता है, और हमारे जीवन की सारी नींव हिल जाती है। जब हम किसी की मृत्यु पर रोते हैं, तब हम सिर्फ उसकी मृत्यु पर ही नहीं रोते, अपनी मृत्यु की खबर पर भी रोते हैं। हमारे सामने भी अपने मरने की सम्भावना प्रकट हो जाती है और ऐसे जब तक हम मृत्यु से घिरे रहेगें, तब तक कैसे जी सकेंगे? तब तक जीना असम्भव है। तब तक जीवन का जो परम सत्य है—परमात्मा, उसके मन्दिर के द्वार पर भी हम नहीं पहुँच सकते।

मृत्यु के भय ने जो एक तरह के मन्दिर निर्मित किये हैं, वह परमात्मा के मन्दिर नहीं हैं। परमात्मा के द्वार की घंटियाँ सिर्फ उनके लिए बजती हैं, जो सब तरह के भय से मुक्त होकर अभय हो जाते हैं।

हम असल में इतना डरते हैं मृत्यु से, कि उसी डर के कारण आत्मा अमर है, इसको भी दोहराते रहते हैं, और हमें यह भ्रम है शायद बार-बार दोहराने से वह सच हो जायेगा। लेकिन दोहराने से कोई बात सच नहीं हो सकती है। मृत्यु को जानना पड़ेगा, उसका साक्षात्कार करना पड़ेगा, उससे पहिचान करनी पड़ेगी। मृत्यु की भेंट से आँखें बन्द कर लेने से, मरघट गाँव या

शहर के बाहर बनाने से, मृत्यु को देख कैसे सकेंगे? इसीलिए हम अकेले से बहुत डरते हैं। जब हम अकेले रह जाते हैं, तो मृत्यु का ही डर पकड़ लेता है। किसी का साथ हो तो डर कम लगता है। पर एक बार मृत्यु को अच्छी तरह जान लो, उससे पहचान कर लो तो सिर्फ उसे जानने मात्र से मृत्यु मिट जाती है।

ध्यान मरने की एक प्रक्रिया है। पूरे ध्यान में हम वहीं पहुँच जाते हैं, जहाँ मरा आदमी पहुँचता है। अन्तर केवल इतना है कि मरा हुआ आदमी बेहोश पहुँचता है और ध्यान में हम होश में पहुँच जाते हैं। मरे हुए आदमी को पता नहीं होता है कि क्या हो गया, कैसे हो गया। ध्यान में व्यक्ति होशपूर्वक यह महसूस करता है कि वह मात्र शरीर नहीं है। वह शरीर का साक्षी हो जाता है। जैसे कच्चे नारियल में खोल और गिरी बिना टूटे अलग नहीं हो पाती। बिना मरे मृत्यु का बोध नहीं होता। पर जैसे सूखे नारियल से गरी बिना टूटे निकल आती है क्योंकि सूखने से गिरी सिकुड़ जाती है, भीतर के खोल से अलग हो जाती है। इसी तरह ध्यान में सिकुड़ने से या अन्दर प्रवेश करने से शरीर और आत्मा में दूरी दृष्टिगत होती है।

आचार्य श्री ने ईसा, सुकरात, मंसूर, और सरमद का उदाहरण देते हुए और हँसते हुए मृत्यु का स्वागत करने की बोधकथाएँ सुनाते हुए अपनी बात को स्पष्ट किया।

तीस मिनट के प्रवचन के बाद आचार्यश्री ने कहा—'इन तीन दिनों में मृत्यु के आमने-सामने आप कैसे खड़े हो सकते हैं, उसकी ही प्रक्रिया पर मैं सारी बात करूँगा। इन तीन दिनों में मैं आशा करूँगा कि बहुत से लोग मरना जान लेगें, मर सकेंगे। और अगर मर सकें इस तट पर, और यह तट बहुत अद्‌भुत है, इस तट पर कृष्ण के पैर पड़े हैं, जिसने अर्जुन से कहा था कि तू फ्रिक्र मत कर, डर मत, मरने-मारने से जरा भी मत डर, क्योंकि मैं तुझसे कहता हूँ कि न कोई मरता है, न कोई मारता है न कोई कभी मरा है, न कोई कभी मर सकता है। और जो मरता है, और जो मर सकता है, वह मरा ही हुआ है, और जो नहीं मरता है और नहीं मारा जा सकता है, उसके मरने का कोई उपाय नहीं है, वही जीवन है।

जिस तट पर उस कृष्ण के पैर पड़े हैं, उस पर हम अचानक आज इकट्ठे हुए हैं। इस रेत ने उस कृष्ण को आते और जाते देखा है। लोगों ने समझा होगा-कृष्ण मर ही गए। हम जो मरने को ही सत्य जानते हैं, उनके लिए सब मर जाते हैं। इस सागर ने, इस रेत ने नहीं जाना कि वह मर गये। इस आकाश ने, इन चाँद-तारों ने नहीं जाना कि वह मर गए। जीवन में कहीं भी मृत्यु की कोई लहर ही नहीं है, लेकिन हम सबों ने यही जाना कि वह मर गए। हम सब इसीलिए ऐसा जान लेते हैं, क्योंकि हमको अपने ही मरने का खयाल सवार है। हम मरने से इतना अधिक डरते हैं, इसका केवल एक ही राज है—स्वानुभव का अभाव। जब हम मरते हैं, तब बेहोश हो जाते हैं, इसलिए मृत्यु अपरिचित रह जाती है। अत: जरूरी है कि हम अपनी स्वेच्छा से मौत में उतरें। एक बार जो मृत्यु के दर्शन कर लेता है, वह मृत्यु से मुक्त हो जाता है।

मृत्यु से न तो मुक्त होना है और न मृत्यु को जीतना है, केवल मृत्यु को जानना है। जानना ही मुक्ति बन जाता है। मृत्यु का मन्त्र ज्ञान ही मृत्यु को विलीन कर देता है और तब अनायास ही हम पहली बार जीवन से सम्बंधित हो जाते हैं। ....ध्यान में भी हमें सब छोड़कर मर जाना है और सिर्फ उतना ही रह जाये—मैं जानता हुआ द्रष्टा मात्र रह जाऊँ। भीतर तो मृत्यु घटित हो जायेगी। इन तीन दिनों के निरन्तर प्रयोग में अगर आपने अपने को छोड़ा और मरने की हिम्मत दिखाई, तो वह घटना घट जायेगी जिसे समाधि कहते हैं। ....हाँ, तो सभी मृत्यु के ध्यान के लिए तैयार हो जायें। पहला चरण है ....शरीर को एकदम शिथिल छोड़

देना है। शरीर से सारी शक्ति को भीतर खींच लेना है। सिर्फ भाव करने मात्र से सारी शक्ति अन्दर वापस लौट आती है।.........

ध्यान प्रयोग का दूसरा चरण है—शान्त और शिथिल हो जाना। श्वास इतनी शांत हो जाये कि पता ही न चले कि श्वास चल रही है या नहीं। धीरे-धीरे श्वास एक बिन्दु पर जाकर ठहर जाती है। एक क्षण को ठहर जाये, तो उसी क्षण में आत्मा और शरीर के बीच अनन्त फासला दिखाई पड़ जाता है। जब श्वास बिलकुल मध्य में ठहर जाती है, तो दिखाई पड़ जाता है—कि शरीर अलग, मैं अलग।'

ध्यान का तीसरा चरण है—मन का शान्त और शून्य हो जाना इसलिए विचारों को भी शिथिल छोड़ देना है।

और अन्तिम चरण है—शरीर शून्यता, श्वास शून्यता और विचार शून्यता के साक्षी रहना। चौथे चरण में दस मिनट तक मौन में पड़े रहेंगे। जैसे-जैसे मैं सुझाव देता जाऊँ आप अपने अन्दर शरीर के, श्वास के, विचार के शिथिल होने का भाव सघन करते जायें।

सभी लोग आँखें बन्द कर रेत पर मौन बैठ जायें या लेट जायें।

❑ ❑

21 अक्टूबर, 69 को आचार्यश्री ने साधकों द्वारा किये गए अनेक प्रश्नों के उत्तर दिये। उन्होंने बताया कि अगर मृत्यु होशपूर्वक हो तो अगला जन्म लेते ही होशपूर्वक गर्भ-चुनने की स्वतन्त्रता होती है, अन्यथा जो लोग बेहोश मरते हैं, वह अपनी वासनाओं को पूरा करने के लिए किसी भी शरीर में प्रवेश कर जाते हैं। उन्होंने बताया कि शरीर को जलाने की इसलिए व्यवस्था की गई, ताकि आत्मा, अपने शरीर को जलते हुए देख ले और अगली बार शरीर का मोह न पकड़े। तिब्बत के वारदो ध्यान प्रयोग के बारे में बताते हुए उन्होंने कहा कि यह प्रयोग उन मरते हुए साधकों को कराया जाता था जो जीवन में ध्यान में गहरे उतरे हों। तभी उन्हें मरते समय वह सुनाई पड़ेगा जो उन्हें कहा जा रहा है। वारदो ध्यान प्रयोग में समझाया जाता था कि वह जिस अशरीरी योनि में प्रवेश करने जा रहा है उससे भयभीत न हो, और उसे परा-जगत के रहस्य बताये जाते थे।..........

जागृत व्यक्ति, होश में मरने वाला व्यक्ति, उचित व चुने गर्भ की प्रतीक्षा सैकड़ों, हजारों वर्ष करता था। तभी बुद्ध और महावीर जैसे अतिमानव जन्म लेते थे।

उन्होंने पिछले जन्मों की स्मृति के ध्यान प्रयोग के भी कुछ सूत्र बतलाते हुए कहा कि जाति-स्मरण से व्यक्ति को यह बोध होता है कि पिछले जन्मों में उसने कैसी मूढ़ताएं की हैं। उसे दिखाई पड़ेगा—धन-संग्रह करने में, भोग में, अहंकार में उसने केवल पीड़ा पाई, दुःख पाये। फिर व्यक्ति उस मूढ़ता से वैसे ही नहीं जी सकता जैसे पिछले जन्मों में जिया था। पिछले जन्मों की स्मृति में लौटने से बोध होता है। संसार मिथ्या और माया दिखाई देता है। पर इसमें भी सिर्फ साक्षी बने रहना है। पिछले जन्म से तादाम्य नहीं जोड़ना है, रस नहीं लेना है।

21 अक्टूबर की रात्रि प्रवचन में उन्होंने बताया कि जो व्यक्ति स्वयं में परमात्मा को नहीं जानता है वह 'सर्व' में भी उसे कभी नहीं जान सकता। जो अपने भीतर प्रवेश करता है, वह भीतर पहुँचते ही पाता है कि वह सबके भीतर पहुँच गया है। ...... जिस दिन 'मैं' के भीतर उतर जायेंगे, उस दिन 'मैं' भी मिट जाता है और 'तू' भी। उस दिन 'सर्व' ही शेष रह जाता है। उसे अद्वैत भी कहते हैं। यह अनुभव ही परमात्मा का अनुभव है। बस केवल एक चेतना का असीम सागर रह जाता है।

साधक को सबसे बड़ा खतरा मानसिक प्रक्षेपण से है। वह मूर्ति में भगवान की कल्पना करने लगे तो कल्पना के सघन होते ही मूर्ति में भगवान दिखाई देने लगता है। यह जगत के प्रत्येक पदार्थ में भगवान की कल्पना करे तो मानसिक प्रक्षेपण से यह भी दिखाई देने लगता है। लेकिन यह भ्रमजाल में जीना है, सत्य में उतरना नहीं है। दो एक दिन यह कल्पना करना बन्द हो, सपने की तरह सब कुछ विलीन हो जायेगा। इस भ्रम से जीवन का कोई रूपान्तरण नहीं होता।

अंतस में उतरने पर दिखाई देता है कि तेजी से घूमती चेतना के कारण ही 'मैं' का भ्रम होता है, जैसे कोई मशाल तेजी से घुमाई जाये तो आग का एक वृत्त दिखाई देने लगता है।

विज्ञान मानता है कि वस्तुत: कोई पदार्थ ठोस नहीं है। तेजी से घूमते विद्युत कण ही ठोस दिखाई देते हैं। सभी पदार्थ तेजी से घूमती हुई ऊर्जा का फल है। ठीक ऐसे ही चित्त की ऊर्जा के तेजी से घूमने के कारण ही 'मैं' का बोध होता है। विज्ञान पदार्थ के पास जाता है तो पदार्थ विलीन हो जाता है और धर्म 'मैं' के पास जाता है तो 'मैं' विदा हो जाता है।

और यह शरीर ही मन्दिर है। ध्यान में प्रवेश ही मन्दिर में प्रवेश है। पर विभिन्न सम्प्रदायों ने, मनुष्य की कल्पना ने जो भगवान बनाये हैं, उनसे मुक्त होना है। जब तक भगवान अलग-अलग हैं, मन्दिर अलग-अलग हैं, प्रार्थनाएँ अलग-अलग हैं, शास्त्र अलग-अलग हैं, तब तक एकता नहीं हो सकती। झगड़े की जड़ है, घर-घर में पैदा किया गया अलग-अलग परमात्मा। मन्दिरों में जाना व्यर्थ है, पर उन्हें हटाने की कोशिश भी उतनी ही व्यर्थ है। मुहम्मद ने यह कहा था कि मूर्ति में भगवान नहीं है, पर उन्होंने यह नहीं कहा था कि मूर्ति तोड़ देने से भगवान मिलता है। सारा अस्तित्व ही परमात्मा का मन्दिर है। लेकिन हिन्दू, मुसलमान और ईसाई की राजनीति इतनी गहरी है कि मन्दिर, मस्जिद या गिरजे को परमात्मा का प्रतीक बनने ही नहीं देते यह लोग। वह स्थान तो उनकी दूकान हैं। उनका सारा धन्धा वहीं से चलता है। वहीं से उपद्रवों की 'मिसचीफ' की योजनाएं बनायी जाती हैं, कि उनकी कल्पना के ईश्वर न मानने वालों को कैसे मिटाया जाये। पूजा घरों के साथ जो भी व्यर्थ है उसको मिटाना जरूरी है। सारे पूजाघर, प्रार्थना, प्रेम और ध्यान के मंदिरों के रूप में रहें, तभी परमात्मा की, सत्य की खोज हो सकती है, तभी विवाद मिट सकते हैं, शान्ति हो सकती है।

भूत-प्रेत के बारे में पूछे जाने पर उन्होंने बताया कि साधारण मनुष्य तुरन्त गर्भ में प्रवेश कर जन्म ले लेते हैं। पर श्रेष्ठ आत्माओं की तरह निकृष्ट आत्माओं को भी निकृष्ट गर्भ की प्रतीक्षा करनी पड़ती है। श्रेष्ठ मृतात्माएँ देव योनि में और निकृष्ट मृतात्माएँ प्रेत योनि में उचित मनचाहे गर्भ की प्रतीक्षा करती हैं। श्रेष्ठ आत्माएँ बिना शरीर के आनंदित रहती हैं पर प्रेतात्माएँ बिना शरीर दुखी रहती हैं, क्योंकि अपनी वासनाएँ पूरी नहीं कर पाती हैं। अत: किसी कमजोर मन:स्थिति वाले मनुष्य के शरीर में जब वह भयभीत होता है, यह मृतात्माएं प्रवेश कर जाती हैं। चूँकि भय से आत्मा सिकुड़ जाती है, अत: उनके प्रवेश के लिए मार्ग मिल जाता है। श्रेष्ठ आत्माएँ भी कभी-कभी किसी शुभ कृत्य को सम्पन्न करने के लिए किसी के शरीर में प्रवेश कर जाती हैं।

प्रवचन के बाद आचार्य श्री ने फिर रात्रि ध्यान के लिए सुझाव देना आरम्भ कर दिया।

❑ ❑

30 अक्टूबर के प्रवचन में आचार्य श्री ने प्रात: के प्रवचन में साधकों के मृत्यु, निद्रा स्वप्न, सम्मोहन से सम्बन्धित उनके प्रश्नों के उत्तर देते हुए कहा—

''मृत्यु उन शत्रुओं में से है, जो नहीं है, और प्रतीत होती है। मृत्यु का न होना, जान लेना ही मृत्यु पर विजय है। जो मृत्यु से लड़ेगा, या डरेगा वह हार जाएगा, जो मृत्यु को बोधपूर्वक जान लेगा वह जीत जाएगा। क्योंकि मृत्यु मात्र शरीर की होती है। आत्मा तो जर्जर शरीर छोड़, नये वस्त्रों की तरह नया शरीर प्राप्त कर लेती है।''

निद्रा के सम्बन्ध में उन्होंने कहा—

''निद्रा में भी हम वहीं पहुँचते हैं, जहाँ ध्यान में पहुँचते हैं, लेकिन जो सबसे बड़ा अन्तर है कि नींद में हम बेहोश होते हैं, और ध्यान में जागृत होते हैं। नींद में स्वप्न होते हैं। संसार होता है, दु:ख-सुख होते हैं, पर ध्यान में सिवाय होश के और कुछ नहीं होता, लेकिन नींद के बाद भी शरीर में ताज़गी आती है। और ध्यान के बाद भी यही होता है। जो गहरी नींद नहीं लेता वह दिन भर अशान्त और परेशान रहता है। पश्चिम में आज जो अशान्ति है, बैचेनी है, उसके मूल में मात्र यही कारण है कि मनुष्य की नींद अस्त-व्यस्त हो गई है। सोने के लिए व्यक्ति को नींद की गोलियां लेनी होती हैं। जिन मुल्कों में नास्तिकता होगी, भौतिकता होगी, वहाँ लोगों की नींद कम हो जायेगी। रूस और चीन में पुलिस जो सबसे बड़ी सजा देती है वह यही है कि व्यक्ति को सोने मत दो। उसे बराबर तेज रोशनी के नीचे रक्खो। आज अमेरिका में जो योग का इतना महत्त्व बढ़ा है, उसका भी एक मात्र कारण यही है कि वह विश्रामपूर्ण स्वाभाविक नींद चाहते हैं। शान्ति चाहते हैं।...........''

गहरी नींद का मतलब है कि आदमी कहीं ऐसी जगह चला जाता है, जो सपने देखने की मशीन पकड़ ही नहीं पाती। उसी अंतराल में मनुष्य चैतन्य में परमात्मा में प्रवेश कर जाता है। जब तब अहंकार रहता है, नींद नहीं आती। जैसे ही हम मिटते हैं, अपने को भूल जाते हैं, वैसे ही नींद आ जाती है। नींद असम्भव है, मैं के रहते, और 'मैं' के रहते ही परमात्मा में भी प्रवेश असम्भव है। लेकिन आप गहरी नींद में परमात्मा के पास बेहोश पहुँचते हैं। आपको उन क्षणों का कोई ज्ञान नहीं होता। कोई स्मृति नहीं रहती। लेकिन ध्यान में आप होशपूर्वक परमात्मा में प्रवेश करते हैं। गीता में भगवान कृष्ण कहते हैं कि जब सब सोते हैं, तो योगी जागता है। इसका यह अर्थ नहीं, योगी सोता नहीं। वह और सभी से गहरी नींद सोता है। पर एक बार जागकर वह नींद में भी होशपूर्वक रहता है और एक बार ध्यान के द्वारा अंतस में प्रवेश कर जाये तो वह फिर नींद में भी बेहोश नहीं रहता। गहरी नींद में अंतस प्रवेश के क्षण एक मिनट, दो मिनट, पाँच मिनट, और अधिक-से-अधिक पन्द्रह मिनट होते हैं, जब सारे स्वप्न विलीन हो जाते हैं। इन मिनटों में ही जो रस मिलता है, ऊर्जा मिल जाती है, उससे हम दिन भर ताजा रहते हैं।

कुछ रुककर आचार्य श्री बोले—एक मित्र ने पूछा है कि आत्म सम्मोहन और ओटो-हिप्नोसिस में क्या अन्तर है?

इन दोनों में वही अन्तर है जो नींद और ध्यान में है। नींद प्राकृतिक रूप से आती है, और आत्म सम्मोहन, प्रयत्न से लाई हुई निद्रा या बेहोशी है। स्वस्थ शरीर आज्ञाकारी होता है। अस्वस्थ शरीर आज्ञा मानना छोड़ देता है, इसलिए सम्मोहन द्वारा उसे आज्ञा में लाया जाता है। हमारी सौ में से पचास से अधिक बीमारियाँ झूठी हैं। केवल मानसिक हैं। दिवालिया आदमी बाजार जाने की हिम्मत नहीं जुटा पाता, इसलिए बीमार बनकर चारपाई पर लेट जाता है। स्त्रियाँ पति का प्रेम पाने के लिए बीमारी जबरदस्ती अपने ऊपर ओढ़ लेती हैं। वह जानती हैं, बीमार होने पर पति खयाल करता है। पास बैठता है। सहानुभूति से बात करता है। बच्चा माँ का ध्यान

पाने के लिए भी बीमारी में रस लेने लगता है। काफी रोगी इसीलिए ठीक ही नहीं होना चाहते। वह अपनी बीमारी का हाल रस ले लेकर सुनाते हैं। ऐसी ओढ़ी हुई झूठी बीमारियों को सम्मोहन द्वारा ठीक किया जाता है। रोगी को अचेत कर, रोग का कारण ढूंढ़ा जाता है। इसलिए शरीर में जहां-जहां झूठे काँटे गड़े हैं, वहाँ हिप्नोसिस का उपयोग लाभप्रद है। आपके बहुत से तनाव आपके गढ़े हुए झूठे तनाव हैं। इसीलिए मैं आपसे कहता हूँ, यह भाव करें—कि शरीर शिथिल हो रहा है। विचार शिथिल हो रहे हैं। आप आत्मसम्मोहन के द्वारा तनाव से मुक्त होकर शिथिल हो जाते हैं।.........

ध्यान में शरीर, श्वास या विचार शिथिल करने का जब आप भाव करते हैं, यह आत्म सम्मोहन है। पर भाव बन्द करते ही आप जाग जाते हैं। एक झूठी धारणा को दूसरी झूठी भावना की धारणा से काट दिया जाता है। फिर आपके जागते ही ध्यान शुरू होता है। हिप्नोसिस की प्रारम्भिक जरूरत इसीलिए है कि आप उलटी हिप्नोसिस में चले गये हैं। यूँ समझें, एक झूठे काँटे को निकालने के लिए दूसरे झूठे काँटे का प्रयोग किया जाता है। इसी तरह जिन्दगी में न मालूम हमने क्या-क्या हिप्नोसिस बना रखे हैं और उनको हम पैदा किये चले जाते हैं। जितनी ब्रह्मचर्य की बातें होती हैं, उतने ही व्यभिचारी और कामुक लोग समाज में पैदा होते हैं। क्योंकि समाज यदि काम की निन्दा करेगा तो समाज का चित्त कामुक हो जायेगा। ऐसी उलटी हिप्नोसिस को हिप्नोसिस द्वारा तोड़ना बहुत जरूरी हो जाता है।

सम्प्रदायों ने, पुरोहितों ने, अपने न्यस्त स्वार्थों के कारण ईश्वर, स्वर्ग नर्क के सम्बन्ध में भी आपको हिप्नोटाइज किया है। उन्होंने काल्पनिक ईश्वर, स्वर्ग-नर्क आपके मन में उत्पन्न कर दिये हैं। इसलिए इस भाषा में पूछना ही व्यर्थ है कि ध्यान से ईश्वर मिलता है या नहीं? यह पूछना ही गलत है किसको मिलेगा? कौन मिलेगा? जो "है" वह है। जिस दिन आपका सम्मोहन टूटेगा, जिस दिन ध्यान में आप जायेंगे, आप पाएंगें, कि न कुछ खोया है न कहीं गए हैं, न कुछ मिटा है, न कुछ मरा है। जो है वह पहले से था। जागते ही कहीं भी जाने की दौड़ने की यात्रा समाप्त हो जायेगी। परमात्मा आपकी तरह कोई व्यक्ति नहीं है। वह आपको मिलेगा, और आप उसको नमस्कार करेंगे। अगर कहीं ऐसा कोई परमात्मा मिल जाये तो समझना वह आपको बनाया हुआ झूठा प्रक्षेपण, हिप्नोसिस है।........

सारे हिप्नोसिस से लौट जाना है, वापस उस जगह खड़ा हो जाना है, जहाँ कोई निद्रा नहीं, जहाँ कोई सम्मोहन नहीं, ज़हाँ हम पूरी तरह जाग गये हैं, वह समग्र के एक होने का अनुभव है। इसी अनुभूति का नाम परमात्मा है।

अब आप लोग इस समय के ध्यान के लिए तैयार हो जायें। फासले से बैठ जायें।.........

❑ ❑

"उठ जाग मुसाफिर भोर भयो, अब रैन कहां जो सोवत है?
जो सोवत है सो खोवत है, जो खोवत है वो रोवत है"

किसी अलमस्त साधक की प्रभाती से, सुबह साढ़े चार बजे ही शिविर में जागरण हो गया। लोग नित्य क्रिया से निवृत्त होकर शीघ्र-से-शीघ्र स्नान कर लेना चाहते थे, ताकि सागर का सूर्योदय देखने के बाद प्रातः प्रवचन में समय से पहुँच सकें। पोरबन्दर से आये भाई विवेक सागर ने स्थानीय कार्यकर्ताओं की सहायता से साढ़े चार बजे ही अंगीठी सुलगवा कर चटपट चाय बनाकर, 'चाय गरम' का नारा बुलन्द करते हुए बेड टी सर्व करना प्रारम्भ कर दिया। कुछ

लोग दिशा-मैदान के लिए लोटा लेकर बाहर चले गये। कुछ लोग खुले नलों में स्नान कर रहे थे, ताकि बाथरूम में महिलाएँ सुविधा से स्नान कर सकें।

कुछ लोग चाय की चुस्कियाँ लेते हुए बातें कर रहे थे, कुछ टूथपेस्ट कर रहे थे। कुछ लोग मस्ती में भजन गुनगुना रहे थे। कुछ प्रातः भ्रमण कर लौट आये थे, और स्नान की तैयारी कर रहे थे। हाल में फर्श पर पड़े बिस्तर लपेट कर रख दिये गये थे। अधिकांश की अटैचियाँ खुली पड़ी थीं। कोई साधिका अपने केश संवार रही थी। पांच-साढ़े पाँच तक सागर का सूर्योदय देखने आधे लोग सागर तट पर जा पहुँचे थे।

मस्त बयार चल रही थी। सागर पर सूर्य निकलने से पूर्व सुनहरी लालिमा पूर्व दिशा में अबीर बिखेरने लगी थी। पक्षी चहचहा रहे थे। मछुओं ने अपनी नावें लहरों के हवाले कर दी थीं। सभी को प्रतीक्षा थी कि दूर क्षितिज से कब सूरज का लाल गोला समुद्र से निकलते हुए देखें। शनैः शनैः पूरब दिशा प्रतिक्षण लाल होती गई, और सागर के गर्भ से सूरज का गोला धीमे-धीमे ऊपर आता गया। उगते सूरज को देखकर कुछ लोग तालियां बजाने लगे। कुछ मस्ती में नृत्य करने लगे। कई लोग कैमरों के बटन दबाकर इस स्वार्गिक दृश्य को कैमरे में कैद कर लेना चाहते थे।

सूर्योदय देखकर छः बजे सभी लोग शिविर की ओर लौट चले। साढ़े छः बजे से आचार्य श्री का प्रातः प्रवचन प्रारम्भ होने वाला था।

सवा छः बजे सभी लोग रेत पर अपना स्थान ग्रहण कर चुके थे। कुछ लोग छः बजे ही अग्रिम पंक्ति में पहले से आकर बैठ गये थे ताकि आचार्य श्री को निकट से देखते हुए उनके प्रवचनों को सुन सकें।

ठीक छः बजकर पच्चीस मिनट पर आचार्य श्री पधारे। वह दोनों हाथ जोड़े हुए सिर झुकाकर सभी को प्रणाम करते हुए तख्त पर जाकर बैठ गये।

संयोजक ने सभी से बैठ जाने का अनुरोध करते हुए कहा—"आप सभी ने आज सागर तट पर भगवान भुवन भास्कर के उदय होने का स्वर्गीय आनन्द लिया है। प्रकृति का निकट साक्षात्कार ही प्रभु का साक्षात्कार है। आपकी प्यास और सच्ची लगन ही आपको इस निर्जन तट पर ले आई है। मैं आप सभी का स्वागत करता हूँ। आचार्य श्री के प्रवचन के पूर्व भजन होगा इसके बाद पूज्य आचार्यश्री का प्रवचन और प्रातःकाल का ध्यान। ध्यान के बाद आप सभी लोग नाश्ता करेंगे। उसके बाद डेढ़ घण्टे का अन्तराल होगा। जिन मित्रों की जो शंकाएँ या प्रश्न हों वह कृपया लिखकर मुझे दे दें। आज या कल आचार्य श्री उनका समाधान करेंगे। दोपहर का प्रवचन एक बजे समाप्त होगा। उसके बाद आप लोग दोपहर का भोजन कर दो घण्टे विश्राम करें। ठीक चार बजे हम लोग पुनः यहाँ एकत्रित होंगे।"

इसके बाद कबीर का भजन हुआ और फिर आचार्य श्री ने प्रातः का प्रवचन आरम्भ किया।

प्रातः के प्रवचन और ध्यान के बाद नाश्ते में मटर चूड़ा और चाय का प्रबन्ध था। नाश्ते के बाद कुछ लोग सागर स्नान के लिए चल पड़े। कुछ लोग कपड़े धोने और सुखाने में लग गये। कुछ लोग नारियल के वृक्षों से सट कर बैठ गये और एकटक सागर की लहरों का उतार-चढ़ाव देखते हुए ध्यान मग्न हो गये। कोई-कोई रेत पर चित्त लेट गया।

शिविर के प्रवेश द्वार पर पुस्तकों के स्टाल पर भी लोग काफी उत्सुक थे। लगभग प्रत्येक ने आचार्य रजनीश की हिन्दी, अंग्रेजी, गुजराती और मराठी पुस्तकें खरीदीं। 'युक्रान्त' और 'ज्योतिशिखा' का वार्षिक चन्दा देकर कई लोगों ने उनके पिछले अंक भी खरीदे। 'ज्योति शिखा' के सम्पादक मण्डल में से दुर्लभ भाई खेताणी भी इस शिविर में आये हुए थे।

कुछ लोगों ने मनसुखभाई को पुनः घेर लिया और उनसे आचार्य श्री के जीवन के अन्य प्रसंग सुनाने का आग्रह करने लगे। पर अधिकांश लोगों में कल रात्रि ध्यान के समय आचार्य श्री के सानिध्य में होने वाले शक्तिपात की चर्चा ही प्रमुख थी।

प्रदीप भाई, मनसुख भाई और सेठ रामदास इस शिविर में भी सम्मिलित होने बड़े उत्साह से आये थे। तीनों ने एक अलग छोटे से कमरे में अपने बिस्तरे लगाये थे। सागर तट पर लगे इस अनूठे शिविर में तीनों बहुत आनंदित थे। अधिक-से-अधिक मौन रहते हुए तीनों एकटक सागर, नारियल के वृक्षों और सूर्योदय की मस्ती लूट रहे थे। तीनों ने गुजराती व हिन्दी में प्रकाशित आचार्य श्री की पुस्तकों के कई सेट मित्रों को भेट देने के लिए खरीदे थे।

❑ ❑

30 अक्टूबर को अपने प्रवचन में अंधविश्वासों पर बोलते हुए आचार्य श्री ने कहा—

''मैं आपसे यह नहीं कहता कि आप अंधविश्वास तोड़ेंगे आप एक अंधविश्वास छोड़ेगें तो दूसरा अंधविश्वास पकड़ लेगें। मैं तो आपसे अंधविश्वासी चित्त को बदलने की बात कहता हूँ। अंधविश्वासी चित्त बहुत जटिल और चालाक होता है। तर्क पूर्ण वैज्ञानिक चित्त उतना ही सरल होता है। आइंस्टीन से एक बार किसी ने पूछा था— कि वैज्ञानिक और अंधविश्वासी व्यक्ति में अन्तर क्या है? उसने उत्तर दिया था कि अंध विश्वासी व्यक्ति से अगर सौ सवाल पूछो तो वह एक सौ एक उत्तर देने की तैयारी दिखलायेगा, जब कि वैज्ञानिक सौ में से अठ्ठानबे के बारे में साफ कह देगा कि वह उनके बारे में कुछ नहीं जानता। शेष दो का भी उत्तर देगा तो कहेगा— केवल इतना ही जानता हूँ अभी तक, लेकिन यह अंतिम नहीं है, कल बदल भी सकता है।''

अब अंध विश्वासी आदमी, जिसे सामने पड़े पत्थर के बारे में कुछ ज्ञात नहीं, वह परमात्मा के बारे में बात करते ही छुरेबाजी कर देगा। कहेगा—हमारा परमात्मा ठीक है—तुम्हारा परमात्मा गलत है। उसके लिए पत्थर भी हिन्दू और मुसलमान है। और ध्यान रहे, जितनी चीजों में हम विचार करने को तैयार ही नहीं, जितनी चीजों के बारे में हम सन्तुलन खोकर मरने-मिटने को तैयार हो जायें, वह सारी चीजें अंध-विश्वास हैं। अंधविश्वासी झगड़े से सिद्ध करना चाहता है कि मैं ठीक हूँ। उसके पास और कोई उपाय नहीं है। वह छाती पर तलवार लेकर खड़ा हो जाता है और कहता है, उसे ठीक मानो, नहीं तो वह गर्दन काट देगा। पर गर्दन काटने से कभी क्या कोई ठीक हुआ है? अंध विश्वासी के पास न विचार है, न प्रमाण है, न कोई दिशा है। उसके पास है तो लट्ठ है। जो उसकी बात नहीं माने वह उसकी खोपड़ी तोड़ सकता है और सारी दुनिया में यही हो रहा है। धर्म गुरु यही कर रहे हैं और यही बुद्धिमान राजनेता भी कर रहे हैं। रूस ठीक है या अमरीका, यह हाइड्रोजन बम से तय होगा। तय करने का कोई दूसरा उपाय नहीं। यह भी वैसी ही नासमझी है। मार्क्स ठीक है या गलत यह हाइड्रोजन बम से तय होगा। यह विचार से तय होना चाहिए। लेकिन विचार के लिए आदमी मुक्त नहीं हो पाया है।

तो ध्यान रहे, मेरा ज़ोर अंधविश्वास की ज़ंजीरें तोड़ने में नहीं है, मेरा ज़ोर उस अंध विश्वासी चित्त को तोड़ने में है, जो इन ज़ंजीरों को पैदा करता है। अगर वही चित्त बना रहा, तो एक ज़ंजीर टूटेगी और वह दूसरी नई ज़ंजीर बना लेगा और पुरानी ज़ंज़ीर ज्यादा सुन्दर और मजबूत होती है।..........

इसलिए यदि अंधविश्वासी चित्त को तोड़ना है तो विचारवान बनें, और बनाएं। सोचें, खोजें, जिज्ञासा करें और जो ठीक अनुभव में आये, उस बारे में साहस से कहें कि यह मेरा

अनुभव है। और जरूरी नहीं कि मेरा अनुभव ठीक हो। कुछ भ्रम हो सकता है। जो और लोग खोज में लगे हैं, उनसे उनका अनुभव पूछें। जब हजारों प्रयोगों से किसी चीज की पुष्टि होती है तभी वैज्ञानिक किसी नतीजे पर पहुँचता है।

तो खोज के लिए, सत्य जानने के लिए जिज्ञासा के साथ अनंत धैर्य चाहिए। धर्म के क्षेत्र में जो भी व्यक्ति, गुरु खोज रहा है, वह व्यक्ति अंधविश्वासी बन कर रहेगा। वह गुरु इसलिए खोज रहा है, जिससे उसे खोज न करनी पड़े। गुरु ने ईश्वर खोज लिया, काफी है। अब गुरु शक्तिपात कर दें, मन्त्र दे दें। यह अंधविश्वासी चित्त की पकड़ है। इसलिए मैं आपसे यह नहीं कहता कि मेरी बात मानो। मैं तो केवल इतना कहता हूँ, मेरी बात ध्यान पूर्वक सुनो, उस पर विचार करो, खोज पर निकल जाओ, सत्य, मांगने से नहीं, स्वयं खोज करके जानने से मिलेगा। ईश्वर या ज्ञान या मोक्ष कोई रेडीमेड चीज नहीं है कि तैयार मिल जाए। यह तो पूरे जीवन की आहुति और पूरे जीवन के श्रम और साधना का फल बनती है। साधना पौधे की तरह है, परमात्मा का अनुभव फल की तरह है।

प्रवचन समाप्त होने पर एक साधक ने प्रश्न किया—''तो क्या मूर्ति में ईश्वर नहीं है? हज़ारों वर्षों से मंदिरों में जो पूजा होती है, इसके पीछे जो आचार-विचार हैं क्या वह केवल अंध विश्वास हैं?''

आचार्यश्री ने उत्तर दिया—''मूर्ति में ईश्वर होता तो आक्रमणकारी उन मूर्तियों को तोड़ नहीं सकते थे। मूर्ति तोड़ने वालों को जब उसके अन्दर बैठा तथा-कथित ईश्वर अपना बोध नहीं करा सका तो फिर मूर्ति को ईश्वर कहना मात्र आत्म सम्मोहन है। पर मैं यह भी नहीं कहता कि मूर्तियां तोड़ी जाएं। जिस दिन जिस व्यक्ति को संसार के कण-कण में ईश्वर दिखाई देता है, उस दिन मूर्ति में भी ईश्वर प्रकट हो जाता है। जिन लोगों ने मन्दिर बनाए थे, उनका छोटा दरवाजा और ऊंचा शिखर इसीलिए रक्खा था ताकि घण्टे की ध्वनि-तरंगें, पवित्रता और ध्यान का वातावरण तैयार कर सकें। मन्दिर के पास आने मात्र से व्यक्ति की भाव दशा बदल जाये। जिन लोगों ने योग के द्वारा शरीर के चक्रों का, चेतना के सक्रिय बिन्दुओं का पता लगाया था, उन्होंने दोनों नेत्रों के बीच आज्ञा चक्र पर चंदन लगाने का इसलिए नियम बनाया था ताकि वह चक्र शीतल हो सकें। तिलक लगाना, आज्ञाचक्र को सक्रिय किये जाने की विधि मात्र थी। किसी प्रज्ञावान गुरु के चरण स्पर्श करना या उसके द्वारा दोनों हाथों को मस्तक पर रखते हुए आशीर्वाद देना अर्थपूर्ण था। हाथ या पैरों के द्वारा शरीर की विद्युत शक्ति प्रवाहित होती है। शिष्य जब गुरु के चरण स्पर्श करता था तो गुरु की ऊर्जा, उसकी विद्युत, उसके हाथों को स्पर्श कर उसे ऊर्जा देती थी। पर समय के प्रवाह में इन बातों के अर्थ खो गये। तमाम बातें रूढ़ियाँ और अंधविश्वास होकर रह गये। इसलिए मैं यह हरगिज नहीं कहता कि पुरानी सभी बातें व्यर्थ हैं, ढकोसला हैं। मैं मात्र इतना कहता हूँ कि जो भी सामने आये, उस पर विचार करो, उसकी खोज करो, उसे अनुभव में लाओ।''

दूसरा प्रश्न किया गया—''विचार करने या खोज करने में तो बहुत समय लगता है। पर कुछ चीजें ऐसी भी तो हैं, जिन पर एक क्षण में ही विचार करने पर पता चल जाता है कि वह अंधविश्वास है। जैसे तिब्बती साधु कभी नहाते ही नहीं। उनके शरीर से भयंकर दुर्गन्ध आती है। क्या न नहाना अंधविश्वास नहीं है?''

आचार्य श्री मुस्कुरा कर बोले—''स्वच्छ रहना, सफाई से रहना यह आपने जीवन भर के अनुभव से जाना है। यह कोई तात्कालिक निर्णय नहीं है और यह आपका नहीं, अधिकतम लोगों

की यह खोज का परिणाम है। पर तिब्बत में वर्ष में बारह महीने बर्फ पड़ती है। वहां शरीर से पसीना ही नहीं आता। वहां न धूल है और न कीटाणु। इसलिए तिब्बत में रहने वालों के लिए स्नान का नियम बनाने की आवश्यकता थी ही नहीं। पर जो बौद्ध साधु, भारत जैसे गर्म देश में आकर भी स्नान नहीं करते, वह निश्चित ही मूढ़ हैं। न नहाना, स्पष्ट ही उनकी रुग्ण चित्त-दशा का प्रतीक है।''

भोजन की घंटी बज गई थी और दोपहर का समय समाप्त हो गया, और इसी दिनचर्या से चार दिवसीय ध्यान-साधना शिविर सफलतापूर्वक समाप्त हो गया।

□□

चौपाटी पर बहना, मिटना, ध्यान

लोगों को ध्यान कराते, जगाते पूरे माह भ्रमण के दौरान प्रवचन करते, आचार्य श्री बम्बई पधारे।

25 नवम्बर, 1969 को बिरला क्रीड़ा केन्द्र, चौपाटी, बम्बई में आचार्य श्री ने एक सर्वथा नये ध्यान-प्रयोग का शुभारम्भ किया जो बाद में 'बहने मिटने ध्यान, नाम से विख्यात हुआ।'

इस ध्यान को आरम्भ कराते हुए भूमिका स्वरूप आचार्य श्री ने कहा—''ध्यान का अर्थ है, पूर्ण समर्पण, अपने को पूरी तरह परमात्मा के हाथों में छोड़ देना। अपने को मिटा देना, खो देना। जैसे कोई लहर अपने को छोड़कर बिखर जाये। लहर खो जाय तो सागर ही है। ध्यान का यह नया प्रयोग करने से पूर्व यह अच्छी प्रकार समझ लें, कि ध्यान कोई क्रिया नहीं है, जो आपको करनी है। ध्यान है सब क्रियाओं को छोड़ देना, सब अभ्यास छोड़ देना। ध्यान है बस रह जाना, जैसे हम हैं, जो हम हैं, और कुछ भी न करना। ध्यान शब्द को इसीलिए समझाना बहुत कठिन है। कोई अभ्यास होता तो शब्द से बताया जा सकता था लेकिन ध्यान का थोड़ा-सा अनुभव खयाल में ले आना आसान है तो हम तीन छोटे से प्रयोग करेंगे ताकि आपको भीतर से खयाल आ सके कि ध्यान का भाव क्या है।

जो पहला प्रयोग है, उसे बस समझना ही है। भीतर प्रयोग करना है। मैं इधर कहूँगा, उधर आप पाँच मिनट उसका प्रयोग करेंगे।—एक तो सभी मित्र थोड़े-थोड़े फासले पर बैठ जायें, कोई किसी को स्पर्श न करे। फिर आँख आहिस्ते से बन्द कर लें। केवल पलकें गिरा दें। आँख पर जोर न डालें। शरीर ढीला छोड़ दें, किसी तरह का कोई तनाव न रहे।

अब भीतर मैं सिर्फ एक कल्पना करने को कहता हूँ, ताकि खयाल आ सके कि ध्यान का मतलब क्या है। पहाड़ों के बीच एक नदी बही जा रही है। पहाड़ी नदी है। ज़ोर का प्रवाह है, ज़ोर की लहरें हैं। भीतर देखें कल्पना में, कि दो पहाड़ों के बीच एक नदी तेजी से बही जा रही है। देखें। जैसे एक मुर्दा बहता है, नदी में। वह हाथ पैर हिला ही नहीं सकता, एक लकड़ी के तख्ते की तरह बहता है। आप बहना शुरू कर दें, सिर्फ बहे जायें, बहे जायें।''

हमने अपने को नदी में छोड़ दिया है और नदी भागी जा रही है, और हम उसमें बहे जा रहे हैं। कहीं पहुँचना नहीं है.........किसी किनारे पर नहीं जाना है...........कोई मंज़िल नहीं है। इसलिए सिर्फ बहना है। मैं पाँच मिनट के लिए चुप हो जाता हूँ। ठीक से जान लें कि बह जाने का क्या अनुभव है, क्या प्रतीति है?

चार मिनट मौन रहकर आचार्यश्री ने फिर कहा—''एक सूखे पत्ते की तरह अपने को नदी में बहने दें। बहते जायें, बहने के साथ ही एक अनुभव होगा—समपर्ण का। ''लेट गो'' का एक अनुभव होना शुरू हो जायेगा।''

''अब आँख खोल लें, और पांच मिनट का दूसरा प्रयोग समझ लें। ध्यान है समर्पण, अपने को खो देना, मिट जाना, ध्यान में हमारा होना ही बाधा है। जैसे कोई वृक्ष फल दे और वह गिर जाये। जैसे एक बीज नम जमीन पर गिरकर टूटे और मिट जाये। तो दूसरा प्रयोग हम मिटने की दिशा में करेंगे।''

''आंखें आहिस्ता से बन्द कर लें। शरीर शिथिल छोड़ दें। कल्पना में देखें—आपके सामने

एक चिता जल रही है। आग की लपटें तेज होती जा रही हैं। ठीक से देखें। चिता में आग की लपटें ऊपर आकाश की ओर भागी जा रही हैं। अब दूसरी बार खयाल से देखें कि इस चिता को आप देख ही नहीं रहे हैं, इस चिता पर आप चढ़े हुए हैं और आपका ही शरीर जल रहा है। अपने ही शरीर को चिता पर जलते हुए देखें। आपके मित्र-प्रियजन चिता के चारों और खड़े हैं और आपका शरीर जल रहा है। थोड़ी ही देर में सब राख हो जायेगा, लकड़ी भी और आप भी। पाँच मिनट तक अपने ही शरीर को चिता में जलकर राख होते हुए देखें, ताकि मिटने का बोध खयाल में आ सके। एक दिन चिता तो जलनी है। उस पर आपको चढ़ना ही है तो आज अपने मन के सामने अपनी चिता पर अपने को जलते हुए देख लें। लकड़ियां नहीं, आप ही जल रहे हैं। देखें आग की लपटें बढ़ती ही जा रही हैं।''

''थोड़ी देर में आग बुझ जायेगी, सिर्फ राख रह जायेगी। मित्र परिजन विदा हो जायेंगे। मरघट खाली सुनसान हो जायेगा। देखें.......साफ लपटों को, और अपने को चिता पर जलते हुए देंखे। आपको कुछ करना नहीं है। जलने में क्या करना है। जल जाना है। मिट जाना है। पाँच मिनटों के लिए अपने को चिता पर चढ़ा हुआ जलता देखते रहें। सब शान्त हो जायेगा।''

आचार्य श्री के सुझावों में जैसे एक हिप्नोसिस प्रभाव था। पर हिप्नोसिस सुझावों से व्यक्ति अचेत हो जाता है। पर साधकों का होश, चैतन्य जागृत था। आचार्य श्री उन्हें हिप्नोटाइज नहीं कर रहे थे। उनकी वाणी के सम्मोहन में अधिकतर साधक वास्तव में अपने को चिता में जलते और मिटते देखते रहे। उनका चैतन्य, साक्षी, जागृत था। वह स्वयं अपने आप को मिटता हुआ देख रहे थे। ध्यान से पूर्व आचार्य श्री ने अपने प्रवचन में कहा था—यह बहुत कीमती ध्यान का प्रयोग है। गौतम बुद्ध अपने साधकों से कहते थे कि पहले तीन महीने मरघट में सिर्फ चिताओं को देखो और अनुभव करो कि मुर्दा नहीं, तुम्हारा ही शरीर जल रहा है। एक बार मृत्यु का बोध होने से मृत्यु का भय विलीन हो जाता है। जीवन में सबसे बड़ा भय मृत्यु का है। यह भय निकल गया तो अभय का जन्म होता है। और फिर जब यह बोध होता है कि शरीर तो अनेक बार अनेक जन्मों में जला है, पर जो चैतन्य है, जो आत्मा है, वह वस्त्रों की तरह केवल शरीर बदलती है।

कुछ देर बाद आचार्यश्री की शान्त व दृढ़ आवाज फिर गूँजने लगी—''इस मिट जाने के अनुभव को ठीक से स्मरण रख लेना। लपटें बढ़ती जा रही हैं, शरीर जल रहा है। आप मिटते जा रहे हैं। कुछ ही देर में सब धुंआ हो जायेगा, सिर्फ राख रह जायेगी। मरघट शान्त हो जायेगा। जरा भी अपने को बचाने की कोशिश न करें। छोड़ दें, अपने को लपटों में, ताकि सब मिट जाय, राख हो जाय। इसे बहुत साफ देख लें, ताकि ध्यान में यह सहयोगी हो सके। क्योंकि ध्यान भी एक तरह की मृत्यु ही है।''

बीच-बीच में कहते-कहते कुछ क्षणों को आचार्यश्री मौन हो जाते थे, ताकि साधक इस अनुभव को मौन शान्ति में प्रगाढ़ कर सकें। जब उन्हें लगता था कि साधकों का चित्त फिर विचारों से घिर सकता था वह सुझाव देना फिर प्रारम्भ कर देते थे।

कुछ देर बाद आचार्यश्री की आवाज़ फिर गूँजने लगी—

''बस जल जाना है.......मिट जाना है। लपटें भागी चली जा रही है। सब मिटता जा रहा है। नदी में बहते हुए तैर कर बचने का भी उपाय था पर यहाँ तैर कर भाग जाने का भी कुछ उपाय नहीं है। शरीर जल रहा है। लपटें सब कुछ जलाये दे रही हैं। देखें.......... बस धुआँ रह जायेगा, राख रह जायेगी। सब विदा हो जायेगें, मरघट सुनसान हो जायेगा।''

पाँच मिनट समाप्त होने पर आचार्य श्री ने कहा—''अब धीरे-धीरे आँखें खोल लें और तीसरे प्रयोग को समझें और उसे करें। जो मित्र लेट गये थे, उठ कर बैठ जायें।''

''बहने और मिटने के अनुभव को आपने समझ लिया और तीसरी बात आपको समझनी है, तथाता, 'सचनेस'। यह तीसरी बात उन दोनों से ज्यादा आगे ले जाने वाली है।''

''तथाता का अर्थ है, जो है, हो रहा है, हम उससे राजी हैं, सर्व स्वीकार का भाव। रास्ते पर कभी-कभी वाहनों की आवाजें आ रही हैं। रास्ते पर आवाजें आती ही हैं। पक्षी शोर कर रहे हैं, वह शोर करते ही हैं। समुद्र की लहरें किनारों से टकरा कर शोर कर रही हैं, वह और कर ही क्या सकती हैं। जो भी हो रहा है, वैसा ही हो रहा है, जो होता है। तथाता का मतलब है कि विरोध का कोई कारण नहीं है। जैसा है, वैसा है। घास हरी है, आकाश नीला है। कौवे चिल्ला रहे हैं, कारों का हॉर्न बज रहा है, पक्षी शोर कर रहे हैं। लहरें शोर कर रही हैं। इस होने की स्थिति से हम राजी हो गये हैं। न हम चाहते हैं कि कारें हॉर्न न बजायें, पक्षी और लहरें शोर न करें। जगत ऐसा ही है—हमारा कहीं कोई विरोध नहीं है, और अपने सम्बन्ध में भी ध्यान रखना भीतर, कि ऐसा है। पैर में चींटी काट रही हैं, दर्द हो रहा है, इसमें कुछ विरोध नहीं है। ऊपर से धूप आ रही है और पसीना बह रहा है। धूप आयेगी तो पसीना बहेगा ही। इसमें कुछ करना नहीं है। इसे स्वीकार कर लेना है। जैसे ही हम सब कुछ भीतर से स्वीकार कर लेते हैं, हमारा विरोध चला जाता है। तभी भीतर से कुछ शोर होना शुरू हो जाता है, जो सदा अशान्त रहा है। वह अशान्त इसलिए रहा है, कि उसने चाहा है कि ऐसा हो। मन चाहेगा, धूप न लगे, पसीना न बहे, चींटी न काटे, और जिसे ध्यान में जाना है, उसे ऐसी आकांक्षा या कोई भी आकांक्षा बाधा बन जाती है। तो पाँच मिनट तक हमें कुछ करना नहीं है। आहिस्ते से आँखें बन्द कर लें। शरीर को ढीला, शिथिल छोड़ दें, और तीसरे प्रयोग में उतरें।''

''हमे कुछ करना नहीं है, जो हो रहा है—आस-पास उससे सिर्फ राजी हो जाना है। चीजें ऐसी हैं...........चीजें ऐसी हैं ही। जगत ऐसा है ही। बच्चा-बच्चा है, बूढ़ा-बूढ़ा है। पक्षी आवाज़ कर रहे हैं, वह निरन्तर आवाज़ करते ही हैं। कहीं धूप पड़ रही है, कहीं छाया है। ऐसा होता ही है। हमारा कहीं किसी से कोई विरोध नहीं है। न हम कुछ बदलना चाहते हैं, न मिटाना चाहते हैं। जैसा है, वैसा है। कौवे, कॉव-कॉव कर रहे हैं—कारों के हॉर्न बज रहे हैं, लहरें शोर कर रही हैं। पॉच मिनट के लिए सभी से राजी होकर विरोध छोड़ दें।...... हम शत्रु की तरह नहीं, मित्र की तरह हैं, समस्त के प्रति।''

पांच मिनट तक तथाता का प्रयोग इसी प्रकार चलता रहा। कुछ देर मौन रहकर बीच-बीच में आचार्य श्री तथाता के भाव को प्रगाढ़ करने के लिए कहते रहे।

पाँच मिनट के बाद पुनः आचार्यश्री ने कहा—अब धीरे-धीरे आँखें खोल लें। ध्यान के सम्बन्ध में दो-तीन बातें समझें, फिर हम ध्यान के लिए बैठेंगे।

एक तो बहना, तैरना नहीं। हम जीवन भर तैरते हैं, बहते नहीं। परमात्मा तैरने से नहीं, बहने से मिलता है। प्रयास से नहीं, कुछ न करने से ही उसकी अनुभूति होती है। जो भी बहने को राजी है, वह सागर तक पहुँच ही जायेगा। नदी स्वयं ले जायेगी सागर तक। तैरने वाला तो केवल एक किनारे से दूसरे किनारे पर पहुँचता है। नदी स्वयं अपने साथ तुम्हें सागर तक पहुंचा देती है। जीवन स्वयं परमात्मा की तरफ जा रहा है, अगर हम अपने को न टोकें, कोई बाधा खड़ी न करें, तो स्वयं परमात्मा के पास पहुँच ही जायेंगे।

''दूसरा है मिटने का अनुभव। हम जीवन भर अपने को बचाने की कोशिश में लगे हैं

कि किसी तरह अपने को बचा लें। हम बचने वाले नहीं हैं, और जो बचने वाला है उसे बचाने की कोई जरूरत ही नहीं है। जिसे हम बचाने की कोशिश में लगे हैं, वह मिटने वाला है। हमारी कोई भी कोशिश काम नहीं आयेगी। वह मिट ही जायेगा।

जो मरने को तैयार है, वह जीवन का अधिकारी है। क्योंकि जो मरने से भयभीत न रहा, उसके लिए सब द्वार खुल जाते हैं। मृत्यु के भय के कारण हम सारे दरवाजे बन्द कर भीतर छिप कर बैठ गये हैं। लेकिन जिन दरवाज़ों से मृत्यु आती है, उन्हीं से जीवन भी आता है। शत्रु के भय से दरवाजे बन्द कर दिये हैं हमने, पर मित्र भी तो उसी दरवाज़े से आयेगा। इसलिए मित्रों का आना बन्द हो गया है। जो मिटने को राजी हो जाता है वह सारे दरवाजे खुले छोड़ देता है। जो ठीक से मरना सीख जाता है, वह जीने की कला भी सीख जाता है।

और तीसरी बात मैंने कही कि चीजें जैसी हैं, आप लड़ें मत उनसे। जीवन को शत्रुता से न लें। हम पूरे जीवन के साथ दुश्मनी में खड़े हो गये हैं। इससे जीवन बदल नहीं जाता, सिर्फ हम टूट जाते हैं। जो जैसा है, उसे वह वैसे ही स्वीकार कर लें।

जीवन जो जैसा है, उसे परिपूर्णता में ही स्वीकार कर लेने पर जीवन की गहराई उपलब्ध होती है। फूल और कांटे हमें दोनों ही समान रूप से स्वीकार हों। अगर कोई अन्दर से अशान्त है, दुःखी है तो अपने अशान्त होने या दुःखी होने में वह जैसे ही राजी होता है कि शान्ति के द्वार खुलना शुरू हो जाते हैं। परिपूर्ण स्वीकृति से ही क्रान्ति आती है। इन तीनों बातों को ध्यान में रखना क्योंकि अब जब हम ध्यान में जाएंगे तो इन तीनों का ही प्रयोग करके गहरे उतर जाना है। अब इन तीनों प्रयोगों को एक-एक कर एक ही बार में करना है। सभी मित्र कुछ स्थान छोड़कर बैठ जायें, ताकि कोई ध्यान करते-करते अपने से नीचे गिर जाये तो दूसरे को बाधा न पहुँचे। आँखें बन्द कर लें, शरीर शिथिल छोड़ दें और पहाड़ों के बीच बहती नदी की धारा में अपने को बहने के लिए छोड़ दें।''

पन्द्रह मिनट ध्यान कराने के बाद आचार्य श्री ने सोने से पूर्व भी ध्यान करने का सुझाव देते हुए सुबह का ध्यान प्रयोग समाप्त किया।

इस नये ध्यान प्रयोग से साधकों ने एक नई ताज़गी, अद्भुत शान्ति और अपार आनन्द का अनुभव किया।

❑ ❑

गुजरात और महाराष्ट्र के लम्बे दौरे से जब आचार्य श्री जबलपुर लौटे, तो उसके दूसरे दिन अपने निवास में जब वह प्रेमी मित्रों के बीच चर्चा कर रहे थे, तो डॉ. बिजलानी ने अनुरोध करते हुए कहा—

''आप इतने लम्बे और व्यस्त दौरे से लौटे हैं, और आपने एक दिन भी विश्राम नहीं किया। यहाँ आते ही आप पुनः व्यस्त हो गये। मेरा अनुरोध है, क्यों न दो-तीन दिनों के लिये कान्हा फारेस्ट चला जाये। वहाँ डाक बंगले में रिजर्वेशन करा लेंगे। प्रकृति के निकट सहचर्य्य में एक पिकनिक-सा हो जायेगा।''

आचार्य श्री मुस्कुरा कर बोले—''वैसे मैं कभी थकता नहीं। और मैं कर ही क्या रहा हूँ? बस आनंद बांट रहा हूँ। सूरज कभी थकता नहीं। नदी बहने से रुकती नहीं। पशु-पक्षी, पौधे, वृक्ष सभी निरन्तर कुछ कर रहे हैं। बस एक मनुष्य ही थक जाता है, और उसके थकने पर निद्रा विश्राम अपने आप दे देती है। पर फिर भी कान्हा वन चलने का आपका सुझाव अच्छा है। वहाँ दो-तीन दिनों के लिए उत्सव मनाने में हर्ज ही क्या है?''

डॉ. बिजलानी ने हर्षित होकर उसी दिन भाग-दौड़कर डाकबंगले में रिजर्वेशन कराया। अन्य आवश्यक प्रबंध करने के बाद आचार्य श्री दूसरे ही दिन कान्हा वन चल दिये। यह सरकार द्वारा संरक्षित वन था। पशु, पक्षी उस अरण्य में उन्मुक्त विचरण करते थे। रास्ते भर वन को निर्दोष कंवारे सौंदर्य को पीते दो मित्रों के साथ आचार्य श्री सांझ होते डाकबंगले पहुंच गये जो झील के किनारे एक छोटी-सी पहाड़ी पर स्थित था। डाकबंगले के अन्य सूट में राजस्थान व गुजरात राज्यपरिवार के लोग रुके हुए थे। उनमें भावनगर के राजा भी थे। वह आचार्यश्री के प्रवचनों को सुन चुके थे। उन्हें देखते ही पहिचान गये। सभी लोगों ने उनके चरण-स्पर्श किये। आग्रह पूर्वक चाय पिलाई। सभी से शीघ्र छुटकारा पाकर आचार्यश्री आराम कुर्सी पर बैठे हुए जंगल के सन्नाटे में खो गये। आसमान में चांद निकल रहा था। बांस वन व वृक्षों से टकराती हवा एक अद्‌भुत संगीत उत्पन्न कर रही थी। यह सन्नाटे का संगीत था। आचार्य श्री को सन्नाटे पर पढ़ी एक कविता याद हो आई। केवल उसकी आरम्भिक पंक्तियाँ—

सन्नाटा, संगीत की धुनें निकालता है
सन्नाटा, गीत की लहरें उछालता है
सन्नाटा जागता है
सन्नाटा सोता है
हाँ, क्योंकि सन्नाटा अकेला होता है।

निपट अकेला होना, एकान्त, मौन ही परमानंद है। केवल अनाहद का शाश्वत संगीत सन्नाटे के रूप में ही गूंजता रहता है।

डॉ. बिजलानी ने उन्हें डिस्टर्ब नहीं किया और न किसी को डिस्टर्ब करने दिया। उन्होंने स्वयं भी मौन और सन्नाटे का भरपूर आनन्द लिया। एक घंटा इसी प्रकार निकल गया।

उस रात्रि भोजन के नाम पर आचार्यश्री ने केवल एक गिलास दूध और एक सेब लिया। रात्रि के समय चांदनी रात में उन्होंने महाराजा भावनगर की जीप में वन भ्रमण का कार्यक्रम स्वीकार करते हुए कई हिंसक पशु देखे। उस दिन 'सिंह' भी दिखाई दिया। महाराज भावनगर बोले—हम लोग तीन दिनों से सिंह देखने को तरस गये थे। आज लगता है सिंह स्वयं आचार्यश्री के दर्शन करने आया था। आचार्यश्री मौन रहे। उन्होंने कोई उत्तर नहीं दिया। दो दिन कान्हा वन विहार का आनन्द लेकर आचार्यश्री जबलपुर लौट आये। जीवन जागृति केन्द्र जबलपुर द्वारा पूर्व निश्चित कार्यक्रम उनकी प्रतीक्षा कर रहे थे।

❑❑

जूनागढ़ में पुनः साधना शिविर

जबलपुर व उसके आसपास के नगरों में सात-आठ दिन आचार्य श्री विभिन्न कार्यक्रमों में व्यस्त रहे। सात दिसम्बर को वह जूनागढ़ चल पड़े।

मगनभाई तन्ना तथा डॉ. हेमन्त द्वारा जूनागढ़ में 9 दिसम्बर, से 12 दिसम्बर 69 के बीच चार दिनों का ध्यान शिविर आयोजित किया गया था। ध्यान के लिए एक घनी अमराई के बीच खाली स्थान था। चारों ओर पक्षी चहक रहे थे।

प्रातः व सायं आचार्यश्री का एक-एक घण्टे का प्रवचन व उसके पश्चात् 15-15 मिनट के ध्यान प्रयोग रक्खे गये थे। दोपहर आचार्य श्री के सान्निध्य में एक घण्टे का मौन का कार्यक्रम था। ध्यान शिविर आरम्भ करते हुए आचार्य श्री ने कहा—

''मेरे प्रिय आत्मन''

इस शिविर में मैं काफी नये साधकों को देखकर अत्यन्त आनंदित हूँ और आपका सभी का हृदय से स्वागत करता हूँ। पिछले कई साधना शिविरों में ध्यान सूत्रों की चर्चा मैं विस्तार में कर चुका हूँ। नये साधकों के लिए मैं उन्हें संक्षेप में दोहराना आवश्यक समझता हूँ। पर यह पुराने मित्रों के लिए भी इसलिए लाभदायक है, कि हो सकता है कि कुछ लोगों के खयाल से कुछ बातें निकल गई हों।

''सबसे पहली मुख्य बात है कि आपके अन्दर सत्य को पाने की, परमात्मा को पाने की गहन प्यास हो। वह प्यास लपट बन जाये। आप के मन, प्राण उसको पाने के लिए आतुर हो जायें। दूसरी बात है, जीवन के प्रति और ध्यान के प्रति एक आशा भरा दृष्टिकोण और अनंत धैर्य। क्योंकि कुछ न पाने की आकांक्षा में ही वह मिलता है। कोई भी आकांक्षा या चाह भी वासना है, भले ही वह शुभ को पाने के लिए हो। प्रत्येक प्रकार की चाह को मिटाकर शून्य हो जाना है। निर्भय हो जाना है। उधार ज्ञान, जो चाहे शास्त्रों का हो, या परम्परा का हो, उससे मुक्ति पाकर कोरे कागज की तरह हो जाना है। शिविर में बात कम-से-कम करना है। जहाँ तक बने, मौन रहें। एकान्त में चले जायें। भूत और भविष्य को छोड़कर वर्तमान में जियें। पद, मर्यादा, धन, धर्म, जाति इन तीन दिनों के लिए सब कुछ भूल जायें। सारे द्वंद्व, संघर्ष छोड़कर, सर्व स्वीकार का भाव अपनायें। प्रभु ने आपको जैसा बनाया है, उसी से सन्तुष्ट होकर उसके प्रति अपार कृतज्ञता और अहोभाव से भर जायें। अधिक-से-अधिक प्रकृति के संसर्ग में रहें। उसके सौन्दर्य में डूब जायें। उसे देख विस्मय की भावना से भर जायें। सत्यम्, शिवम्, सुन्दरम् इन तीन में से किसी एक को जो लगे आपके लिए सुगम है, जीने का प्रयास करें। या तो शुभ कार्य करें, या किसी कला, या सृजन के किसी कार्य में डूब जायें। कुछ न हो तो बागवानी करें। या सत्य को साधें। तीनों में से एक को साध लिया तो शेष दो अपने आप सध जाते हैं। नये साधक ध्यान सूत्रों पर विस्तार से पिछले 'युक्रान्त' या 'ज्योतिशिखा' के अंकों में प्रकाशित मेरे पूर्व प्रवचनों को पढ़ कर सारी बातें हृदयंगम कर लें।''

कुछ रुककर आचार्यश्री ने फिर बोलना प्रारम्भ किया—''हमारा शरीर ही मन्दिर है। आत्मा ही उसकी मूर्ति है। इसलिए शरीर की उपेक्षा नहीं करनी है। शरीर स्वस्थ रहेगा तभी ध्यान हो

सकता है। इसलिए ध्यान से पूर्व अच्छा है थोड़ा-सा व्यायाम करें। सम्यक् व्यायाम और सम्यक् आहार। भोजन अधिक न करें। अधिक भोजन आलस्य लाता है। उसके पचाने में ही शरीर की सारी ऊर्जा खर्च हो जाती है। पर इसका अर्थ भूखा रहना नहीं है। इसका अर्थ केवल इतना ही है कि आवश्यकता से अधिक भोजन न करें। सम्यक् विश्राम और निद्रा भी शरीर के स्वस्थ रहने के लिए आवश्यक है। शरीर के स्वस्थ रहने के साथ मन को भी शुद्ध करना आवश्यक है। इसलिए जहाँ तक हो सके, पाप पूर्ण विचारों का विस्मरण और विधायक अनुभूतियों का स्मरण करें और ध्यान के समय मनोग्रंथियों का रेचन करें। बिना अपेक्षा शुभ कार्य करें। अपनी वासना और क्रोध से लड़ना नहीं है। केवल साक्षी भाव से उन्हें देखें और आपको आश्चर्य होगा कि वासना और क्रोध की ऊर्जा ही करुणा और प्रेम में परवर्तित हो जायेगी।

भाव शुद्धि के लिए आवश्यक है, सद् का सम्पर्क, सद् की आकांक्षा, सद् की तलाश, और प्रकृति का अधिक-से-अधिक सान्निध्य। बैर को त्यागकर मैत्री भावना का प्रसार करें। पहले प्रकृति के अणु-अणु से, फलों से, वृक्षों से मैत्री स्थापित करें, फिर अपने आस-पास मैत्री और प्रेम प्रसारित करें। करुणा के भाव को विकसित करें।

इतना सब करने से और यह समझने से कि मैं मात्र शरीर नहीं हूँ, शरीर शून्यता का भाव विकसित होगा। उठते, बैठते चलते-फिरते, खाते-पीते बराबर साक्षी भाव से देखते रहें कि शरीर चल रहा है, शरीर खा रहा है।

अन्दर जो चैतन्य है, जो आत्मा है, वह न चलती है, न खाती है, न मरती है। अपने भावों, विचारों को साक्षी भाव से देखते रहें। उससे विचार शून्यता और भाव शून्यता विकसित होगी। प्रातःकाल और सोने से पूर्व अपने संकल्प को सघन करें, और अपने मन को आदेश दें कि हम ध्यान को उपलब्ध हो के रहेंगे।

गौतम बुद्ध ने अपने साधकों के लिए सम्यक् स्मरण, सम्यक् स्मृति, सम्यक् विवेक और सम्यक् होश का उल्लेख किया है। प्रत्येक बिन्दु पर मैं बाद में विस्तृत विवेचन करूँगा।

इस सम्बन्ध में जो अन्तिम व आवश्यक बात मुझे कहनी है वह है उधार ज्ञान के भ्रम से छुटकारा। हमारा जानना ही हमारी बेड़ी है। जो हमने अभी तक समाज से, शिक्षा से जाना है, उस जानने में हमारा कोई अनुभव नहीं है। हमारा सारा ज्ञान उधार का है। माँ-बाप ने कहा- हम हिन्दू हैं, मुसलमान हैं, ईसाई हैं, हमने मान लिया। उन्होंने कहा—ईश्वर है, हमने मान लिया। हमने स्वयं कोई अनुभव नहीं किया। बिना गुड़ खाये जैसे मिठास का बोध नहीं होता, वैसे ही बिना अनुभव किये उधार ज्ञान से सत्यानुभूति नहीं होती। शून्य होने के लिए हमें कोरी स्लेट हो जाना है। बच्चे-सा सहज और सरल हो जाना है। इस जानने से ही हमें पद का, धन का, ज्ञान का अहंकार उत्पन्न होता है। बिना अहंकार को नष्ट किये उससे मिलन नहीं होता। इसलिए प्रारम्भ में ही सर्वात्म समर्पण करना है। ध्यानी गुरु या अस्तित्व के प्रति समर्पित होना है।

जनक और अर्जुन जैसे लोग सुनने मात्र से मुक्त हो जाते हैं। पर ऐसे लोग हजारों में एक होते हैं। इसीलिए जब सुनने से न हो तो मन का उपयोग करते हुए मनन किया जाये। मन से दो प्रतिशत लोग मुक्त होते हैं। शेष सभी को मन के साथ शरीर भी साधना में लगाना होता है। मैंने इसीलिए संक्षेप में इन सभी आवश्यक सूत्रों का उल्लेख किया। साधना में अनंत धैर्य की आवश्यकता है। लोग जन्मों में उसे पाते हैं। पर यदि प्रगाढ़ संकल्प है, गहरी प्यास है, कुछ पाने की वासना नहीं है, तो वह कभी भी घटित हो सकता है। सत्य के प्रकाश को यह चर्मचक्षु सह नहीं सकते। इसके लिए साधना से तृतीय नेत्र खुलने का उल्लेख किया गया है। उस विराट

से साक्षात्कार के लिए पहले अपना पात्र तैयार करना है। कूड़े-कर्कट भरे पात्र में यदि अमृत भी गिरा तो वह भी विष बन जायेगा।''

यह साधना सूत्र अगर खयाल में रहें, तभी ध्यान की सार्थकता है। ध्यान से नाभि केन्द्र जागृत होगा। अभय का भाव उत्पन्न होगा। सबसे बड़ा भय, मृत्यु का भय है, और एक बार जब यह बोध हो जाये, कि मृत्यु शरीर की होती है, आत्मा अजर और अमर है तभी रूपान्तरण होता है। गौतम बुद्ध को वृद्ध रोगी और मुर्दे को देखकर ही बोध हुआ था। इसीलिए वह साधकों से कहते थे—पहले श्मशान में जाकर मुर्दे को चिता पर जलते हुए देखो। बराबर तीन माह तक श्मशान में जलते मुर्दे को देखकर केवल यही भाव करो कि चिता पर मुर्दा नहीं, तुम जल रहे हो। तुम्हारा शरीर जल रहा है। अभय केवल तभी उपलब्ध होता है। इसके लिए मैं बहने मिटने का ध्यान अलग से कराऊंगा।

''अब सभी मित्र, सुबह के ध्यान के लिए तैयार हो जायें। पहले संकल्प और फिर विपसना ध्यान............।''

सभी साधक श्वास के साक्षी बन गए।

❑❑

सक्रिय ध्यान का प्रारम्भिक प्रयोग

आचार्यश्री ने कुंडलिनी की चर्चा करते हुए बताया—

''कुछ न करना ही ध्यान है। ध्यान के द्वारा मन से अमन की यात्रा करना है। मन, विचार के सहारे जीता है। कुछ न करते हुए मन में हज़ारों कल्पनाएं, वासनाएं नृत्य करती रहती हैं। समाज के प्रतिबन्धों के कारण यदि हम कामवासनाओं का दमन करते हैं, या क्रोध दबाते हैं, तो शरीर में अनेक मनोग्रंथियाँ बन जाती हैं। ध्यान की 108 विधियों में शरीर शुद्धि, विचार शुद्धि और भाव शुद्धि पर बल दिया गया है। शरीर शुद्धि का यही तात्पर्य है कि हम मनोग्रंथियों को विसर्जित करें। अपना सारा मवाद निकाल कर बाहर कर दें। हमारी सबसे बड़ी ऊर्जा काम-शक्ति है। उसी से सृजन होता है। यह नीचे की ओर बहती है। इसी ऊर्जा के प्रवाह को कुंडलिनी ध्यान द्वारा हमें ऊपर की ओर मोड़ देना है। यह कुंडलनी शक्ति हमारी नाभि के नीचे जननेन्द्रिय के कुछ ऊपर सर्पिणी की तरह कुंडडिनी मारे सुप्त पड़ी है। इसी को इस ध्यान द्वारा जगाने का प्रयास करना है। यह शरीर के सात चक्रों का बेधन करते हुए सहस्रास तक अर्थात सिर पर जहाँ चोटी रखी जाती है, वहां तक जाती है। यह काम से राम तक की यात्रा है। तभी समाधि फलित होती है। ध्यान पूरा होता है।''

फिर आचार्य ने सक्रिय ध्यान की विधि समझाते हुए बताया—

ध्यान के पहले चरण में आपको श्वास अपनी पूरी शक्ति से बाहर फेंकनी है, और उतनी ही शक्ति से अन्दर लेनी है। श्वास ही शरीर और आत्मा का सेतु है। तो श्वास-बीच में कहीं रोकना नहीं है। बस दस मिनट तक केवल श्वास जोर से लेना है और छोड़ना है। आँसू आये, आने दीजिये। कुछ भी हो, होने दीजिए। पर श्वास का क्रम टूटना नहीं है। सतत् श्वास लेने और फेंकने से एक तो अशुद्ध वायु बाहर निकलेगी और अधिक-से-अधिक ऑक्सीजन अंदर जायेगी। दूसरे सोई पड़ी कुंडलिनी पर निरन्तर चोट होने से वह धीमे-धीमे गतिशील होगी। दूसरे चरण में श्वास जोर से लेना है, पर जोर से छोड़ना नहीं है। इस बार जो अंदर से बाहर आना चाहे, उसे आने दो। रोने का मन हो, खुलकर रोयें। हँसने या नाचने का मन हो, हँसे, नाचें, उछलें, कूँदें, हुंकार भरें। यदि क्रोध रोका है तो क्रोध निकलने दें। अपने काल्पनिक शत्रु को मुक्कों से पीटें, दाँत पीसें। दबा काम बाहर निकलता हो, निकलने दें उसे। कुछ भी अन्दर रोकना नहीं है। अपना सारा मवाद निकाल कर बाहर फेंक देना है। पूरे ध्यान में सभी लोग आँख बन्द रखेंगे, जिनके पास रूमाल या पट्टी है, वह आँखों पर पट्टी बाँध लें। ध्यान करने से पूर्व सभी मित्र एक-एक गज के फासले पर खड़े हो जायें, ताकि किसी को ध्यान में बाधा न पड़े। फिर भी अगर कोई किसी से छू जाये या भिड़ जाये तो फिक्र नहीं करना है। संकोच, अहंकार, इन कल्मषों को मिटा देना है। इन दोनों प्रयोगों से जब शरीर अपने आप गति करता है, तब आप नहीं चलाते शरीर को। तो शरीर की आत्मा से पृथकता का आभास होता है। तीव्र श्वास से शरीर तो कांपता ही है, आत्मा के या चेतना के तन्तु भी काँपते लगते हैं। तीव्र और गहरी श्वास से ही शरीर की पृथकता का आभास होता है।

पहले दो चरणों में यह आभास होता है कि मैं मात्र शरीर नहीं हूँ। मात्र श्वास नहीं हूँ।

पर यह पता नहीं चलता कि आखिर मैं हूँ कौन? इसलिए तीसरे चरण में अपने आप से पूछना है, मैं कौन हूँ? जोर-जोर से पूछना है यह प्रश्न। यह प्रश्न मन की अतल गहराइयों में उतार देना है। मन की इससे पर्तें टूटना शुरू हो जाएंगी। अंदर मन कई उत्तर देगा, कहेगा-इससे क्या होगा? क्या करोगे जानकर? वह जो भी कहे, उससे राजी नहीं होना है। बस पूँछते ही जाना है। दस मिनट तक एक ही प्रश्न—मैं कौन हूँ? फिर सतत् अभ्यास से खुदाई करते-करते मन की गहनतम गहराई से ऊपर अपने आप मिल जायेगा उत्तर।

बस ध्यान के यह तीन चरण आपको करने हैं। चौथा चरण अपने आप होगा। अगले दस मिनट में कुछ करना नहीं है। बस शान्त होकर या तो बैठ जायें या चाहें तो शवासन में लेट जाएं। जो हो उसके साक्षी हो जाएं कुंडलिनी जागकर क्या करती है, बस उसे द्रष्टा की तरह देखते रहें।

पर ध्यान यह सोच कर मत करें कि कुछ घटित हो ही जाये। यह आप पर निर्भर है कि आपने ध्यान कितनी गहराई, ईमानदारी और शक्ति से किया। अगर आपने कुछ बचा कर रख लिया, अपने अहंकार या लज्जा से। अपना पूरा रेचन नहीं किया, "मैं कौन हूँ"—प्रश्न प्राणों की गहराई से नहीं किया तो जीवन भर ध्यान करोगे और कुछ भी घटित नहीं होगा। अगर ध्यान ईमानदारी से किया गया है तो हो सकता है किसी को इसी ध्यान में बहुत कुछ घट जाये।

बस साधक का ध्यान करने का संकल्प प्रगाढ़ होना चाहिए। दृढ़ संकल्प के साथ उसका दृष्टिकोण निराशा का नहीं, आशा का होना चाहिए। विधायक दृष्टिकोण और अनंत धैर्य से ही सफलता मिलती है।

इन तीन दिनों के ध्यान शिविर में आप भोजन भी संतुलित लें। इसका यह अर्थ नहीं कि भूखे रहें। पर अधिक भोजन लेने से आलस्य आता है, नींद आती है। सम्यक् या सन्तुलित आहार भी साधक के लिए बहुत आवश्यक है।"

शिविर में जहाँ तक बन सके, कम-से-कम बोलें। अगर हो सके तो इशारों में बात करें। यह स्मरण रखें कि जो भी घटता है, वह गहन मौन में घटता है। ध्यान, प्रवचन के अतिरिक्त जो खाली समय मिले, कहीं एकान्त में किसी वृक्ष के नीचे, या चट्टान पर चले जायें। फूलों को, वृक्षों को, पहाड़ियों को, सागर को पूरी प्रकृति को गहन आश्चर्य के भाव से देखें।

शिविर में भोजन की, सोने की या कोई भी व्यवस्था यदि कुछ त्रुटिपूर्ण भी हो तो उसे सहज स्वीकार करें। सर्व स्वीकार का भाव भी साधक के लिए बहुत आवश्यक है। यह मैंने साधना के कुछ मोटे-मोटे सूत्र आपको बताये हैं। इनको जितना व्यवहार में लाएंगे, उतना ही शीघ्र परिणाम होगा।

तो बस ध्यान के लिए तैयार हो जायें। सभी मित्र लगभग एक-एक गज फासले से खड़े हो जायें। काफी स्थान है। जो मित्र आँखों पर पट्टी बाँधना चाहें, पट्टी बाँध लें। पूरे ध्यान में सभी को आँखें बन्द रखनी हैं। पहले चरण में तीव्र व गहरी श्वास लेना और छोड़ना। दूसरे चरण में रेचन। तीसरे चरण में अपने आप से पूँछना—मैं कौन हूँ?

"हाँ, तो तीव्र और गहरी श्वास छोड़ना और लेना शुरू करें.......पूरी शक्ति लगा दें, श्वास लेने और छोड़ने में। ......धौंकनी बन जाने दो शरीर को। ....श्वास केवल श्वांस। और जोर से। ......कुछ बचाकर नहीं रखना है, और आचार्यश्री के निर्देशानुसार साधक ध्यान करने लगे।"

❑❑

अपने प्रवचनों में आचार्यश्री का मुख्य जोर इसी पर होता था—''जागो। तुम केवल सोये हो, बेहोश हो। सिर्फ जागोगे और तुम परमात्मा को उपलब्ध हो जाओगे। तुम परमात्मा ही हो जाओगे। आत्मा, परमात्मा का अंश है। बूँद सागर की खबर देती है और जागने का एकमात्र उपाय है ध्यान।''

अन्य साधना-शिविरों की प्रकार प्रात:काल आचार्यश्री प्रवचन के बाद संकल्प के बाद विपसना ध्यान करवाते थे। दोपहर में साधकों द्वारा पूछे गये प्रश्नों में से चुने हुए प्रश्नों का उत्तर देते थे या उनकी शंकाओं का समाधान करते थे। सांय चार बजे एक घण्टे तक साधक उनके सानिन्ध्य में मौन बैठते थे। उसके बाद वह कुंडलिनी कम सक्रिय ध्यान कराते थे।

रात्रि प्रवचन और ध्यान के बाद साधक विश्राम करने चले जाते थे। शिविर में कोई समाचार-पत्र नहीं आता था। न लोग रेडियो सुनते थे। सभी को आचार्यश्री के सान्निध्य में ही अद्‌भुत शान्ति और आनन्द मिलता था। शिविर के बाहर 'युक्रान्त' व 'ज्योतिशिखा' पत्रिका के अंक व आचार्यश्री के प्रवचनों की प्रकाशित पुस्तकों का स्टाल था। जहाँ विश्राम और भोजन के समय आठ-दस साधक-साधिकाएं बराबर दिखाई देते थे।

❑❑

आचार्यश्री का जन्म दिवस व विद्यार्थी-परिषद द्वारा उपद्रव

11 दिसम्बर, आचार्यश्री का जन्म दिवस था। जूनागढ़ में वह सर्किट हाउस में रुके हुए थे। प्रात:काल 5 बजे से ही प्रेमी भक्तों का फूलों के हार और गुलदस्तों के साथ सर्किट हाउस में आना प्रारम्भ हो गया। दिन भर उन्हें बधाइयाँ और शुभ कामनाएँ दी जाती रहीं। कुछ लोग विभिन्न प्रकार के उपहार भी लाये थे।

दोपहर बाद आचार्यश्री के निकट रहने वाले प्रेमियों में चर्चा चल पड़ी कि उन्हें बधाई किस प्रकार दी जाए?

शिव ने कहा—''वह तो साक्षात चैतन्य स्वरूप हैं। वह तो स्वयं भगवान हैं, जिनका न कभी जन्म हुआ और जिनकी न कभी मृत्यु होगी। वह शरीर नहीं हैं। वह सदा थे, सदा हैं और सदा रहेंगे, फिर उन्हें बधाई देने का औचित्य क्या? और अगर बधाई भी दी जाये तो कैसे दी जाये?''

शिव की बात पर सभी मौन हो गये। किसी को कोई उत्तर ही नहीं सूझा।

शाम 4 बजे शिव का आचार्यश्री के पास जाना हुआ।

आचार्यश्री मुस्करा कर बोले—''कहो शिव? कुछ कहना है?''

शिव बोला—'जी, लोग कहते हैं, आज आपका जन्म दिवस है?''

आचार्यश्री पूर्ववत मुस्कुराते हुए बोले—''देखो न? लोग कैसी-कैसी अफवाहें उड़ाते फिरते हैं।''

यह सुनकर वहाँ उपस्थित, जया, लक्ष्मी और स्वयं शिव भी हँसते-हँसते लोट-पोट हो गये। आचार्यश्री उसी तरह एक शैतान बच्चे की तरह मुस्कुराये जा रहे थे।

❑ ❑

12 दिसम्बर, 1969 को आचार्यश्री जूनागढ़ साधना शिविर में अपना अन्तिम संदेश दे रहे थे, तभी उनके निकट एक साथ कई पटाखे दागे गये। सभी लोग चौंककर इधर-उधर देखने लगे। आचार्यश्री सभी को अपने-अपने स्थान पर बैठे रहने का अनुरोध करते हुए बोले—''चिन्ता करने की कोई भी बात नहीं। सभी लोग शांति पूर्वक अपने-अपने स्थान पर बैठे रहें। आतिशबाजी के पटाखे छूटे हैं। कोई बम नहीं फूटा। और बच्चों का काम ही पटाखे दागना है। पर कुछ बड़ी उम्र के ऐसे भी लोग होते हैं, जो अन्दर से बच्चे रह जाते हैं।''

इतना कहकर उन्होंने अपना प्रवचन, जहां से छोड़ा था वहीं से प्रारम्भ कर दिया।

प्रवचन के बाद जब आचार्यश्री भाव-विह्वल प्रेमियों से घिरे कार की ओर धीमे-धीमे बढ़ रहे थे, तो पटाखे दागने वाले उन्हीं शरारती छात्रों द्वारा धक्के दिये जाने लगे, जिससे आचार्यश्री कार तक पहुँचने से पूर्व नीचे गिर जायें। उनके प्रेमियों ने उनके चारों ओर एक लौह शृंखला खड़ी करके व स्वयं धक्के झेलते हुए आचार्यश्री को कार तक पहुँचाया। संकरे मार्ग व भीड़

के कारण कार बहुत धीमे-धीमे आगे बढ़ रही थी। ऐसे में उन पर कोई आक्रमण भी कर सकता था। आचार्यश्री सदा की भाँति मुस्कुराते हुए दोनों हाथ जोड़े हुए खिड़की के बाहर सभी को प्रणाम करते हुए निर्भय जा रहे थे। •

शिविर के आयोजक डॉ. हेमन्त ने कहा—"यह छात्र विद्यार्थी परिषद के सदस्य हैं। यहां आर.एस.एस. का बड़ा जोर है। सनातन धर्म के उकसाने पर ही यह छात्र उपद्रव कर रहे हैं।"

विश्रामगृह में जब शिव पहुँचा तो आचार्यश्री मुस्कुराते हुए लक्ष्मी और जया से सामान्य वार्तालाप कर रहे थे।

शिव किसी अनहोनी आशंका से काँपते हुए बोला—"प्रभु श्री, मुझे लगता है, आप चारों ओर खतरों से घिरे हैं। कभी भी कुछ हो सकता है? हम लोग बहुत व्यथित और चिंतिंत हैं। आप हमें यह सब सहने की शक्ति दें।"

प्रभु श्री मुस्कुरा कर बोले—"शिव! घबड़ाओ मत। तुम्हें शक्ति अवश्य मिलेगी।" शिव बोला—"क्या ऐसी दुनिया कभी नहीं बन सकेगी, जिसमें भला आदमी शान्ति से जी सके?"

प्रभु श्री उसी तरह मुस्कुराते हुए बोले—"ऐसी दुनिया बनाने के लिए ही हमें प्रयत्न करना है। क्यों नहीं बन सकती ऐसी दुनिया? और यह दुनिया पहले से तो अच्छी हुई है। मुझसे तो सुकरात बड़ा उदार था। जीसस तो बहुत माइल्ड था। दो हजार साल पहले की दुनिया होती तो मुझे कभी का मार दिया गया होता। आदमी पहले से अच्छा हुआ है। सूली लगते समय जीसस से सहानुभूति रखने वाले आठ-दस लोग भी खोजने पर मुश्किल से मिले थे। मैं जैसा बोलता हूँ, उसके बावजूद हजारों लोग मुझसे इतना प्रेम करते हैं। इतनी शान्ति और ध्यान से सुनते हैं।"

फिर वह कुछ रुक कर बोले—

"और मेरी मीटिंग में व्यवधान डालने की जो कोशिश होती है, जो विरोध होता है, इसमें जरा भी घबड़ाने की बात नहीं। 1921 तक गाँधीजी को बहुत कम ख्याति मिली थी। तभी काशी विश्वविद्यालय के शिलान्यास के समय गाँधीजी को बोलने के लिए पाँच मिनट का समय मिला। उनके बोलने पर एनीबेसेन्ट और मालवीयजी तक ने उनका विरोध किया, क्योंकि वह सभी के विरुद्ध बोलते थे। पर उसके बाद तीन वर्षों में ही गाँधीजी इतने विख्यात हो गये कि उन्हें लाखों लोग सुनते थे। इसलिए मैं कहता हूँ—घबड़ाने की कोई बात नहीं। विरोध भी होना ही चाहिए।"

तभी हाँफते हुए डॉ. हेमन्त आ गये। अनुरोध करने लगे—"कृपया, कल की मीटिंग कैंसिल करने की अनुमति दें। वह बदमाश छात्र कुछ भी कर सकते हैं।"

शिव और जया जोश से बोले—"डॉक्टर साहब! मीटिंग किसी हालत में कैंसिल नहीं होगी।"

आचार्य श्री मुस्कुरा कर बोले—"कल की कल देखी जायेगी। आज तो अब विश्राम किया जाये।" और इतना कहकर वह मसहरी के अन्दर चले गये। सभी लोग तुरन्त उनके शयनकक्ष के बाहर आ गये।

❑ ❑

प्रात:काल फिर उसी स्थान पर विशाल जनसमूह को सम्बोधित करने आचार्यश्री समय से पहुँच गये। जैसे कल कुछ हुआ ही नहीं था। उनके 40 मिनट के प्रवचन के बाद सैकड़ों छात्रों ने उन्हें आटोग्राफ के लिए घेर लिया पर कल वाले विद्यार्थी परिषद के वही छात्र फिर पीछे से धक्के लगाने लगे। रजनीश प्रेमियों की विशाल भीड़ के सम्मुख उनका और कुछ करने

का साहस नहीं था। पर सभी रजनीश प्रेमी इसके लिए पहले से तैयार थे। लोग उनके चरण स्पर्श कर रहे थे। उन्हें चूम रहे थे। उनसे गले मिल रहे थे। बीसियों कैमरे उनकी छवि को कैद करने का प्रयास कर रहे थे। इस बीच कुछ भी हो सकता था। पर आचार्यश्री दोनों हाथ जोड़े मुस्कुराते हुए सभी को प्रणाम कर रहे थे। उनके स्थान पर कोई और होता तो कल की घटना को देखते हुए प्रात:काल पुन: बोलने का साहस ही नहीं करता। पर आचार्यश्री तो सामान्य लोगों से हटकर कोई और ही थे। जिन्हें चुनौतियों से जूझने का हमेशा से व्यसन रहा था।''

जूनागढ़ से अहमदाबाद आकर और वहां दो दिन रुकते हुए आचार्यश्री जबलपुर लौट आए। दो दिनों बाद ही उनका पश्चिमी भारत का दौरा प्रारम्भ हो गया।

□□

भावनगर में सत्संग

आचार्यश्री ने 1970 का नव वर्ष अकोला के सत्संग से प्रारम्भ किया। भाई ओंकार प्रसाद मिश्रा ने 4 जनवरी से 6 जनवरी तक सत्संग के अन्तर्गत ध्यान व प्रवचन आयोजित किये थे।

10 जनवरी को उनका भाव नगर में प्रवचन हुआ। महाराज, भावनगर श्री वीरभद्र सिंह उनके प्रवचन से बहुत प्रभावित हुए। उन्होंने आचार्यश्री से भावनगर और रुकने का बहुत आग्रह किया। डायरी देखकर आखिर उनके आमंत्रण पर उन्होंने 17 जनवरी से 19 जनवरी तक का समय दिया। भावनगर से पूना होते हुए वह बम्बई लौट आये। बम्बई में 15 जनवरी को ईश्वर भाई ने प्रवचन आयोजित कर रक्खे थे। भावनगर से 20 जनवरी को प्रात: पूना लौटने का वायदा कर आचार्यश्री बम्बई से पुन: भावनगर चल पड़े।

महाराजा ने आचार्यश्री के प्रवचनों का वृहत आयोजन किया था संयोग से महाराज कच्छ भी उनके अतिथि थे, जो आचार्यश्री के प्रवचनों से पहले ही से प्रभावित थे।

महाराजा ने आचार्यश्री का हार्दिक स्वागत किया। महल की अतिथिशाला में उनका स्वागत करते हुए महाराजा भावनगर हाथ जोड़कर बोले—"मैंने जीवन में बहुत से साधु-संतों और राजनीतिज्ञों को सुना है, पर आपका प्रवचन सभी से अलग है। आपके तीखे तर्क पुराने संस्कारों और परम्पराओं को ध्वस्त करते हुए बुद्धि को नये आयाम में तो ले ही जाते हैं, साथ ही हृदय को भी उद्वेलित कर देते हैं।"

महाराजा कच्छ ने भी अपने मित्र का समर्थन करते हुए कहा—"आपकी वाणी में जैसे एक सम्मोहन है। आपके यहां के कार्यक्रम की सूचना पाकर ही मैं खिंचा चला आया।"

आचार्यश्री मुस्कुरा कर बोले—"कृपया मेरी प्रशंसा न कर मेरी आलोचना करें तभी बेहतर रहेगा। मैंने जो अनुभव किया है, जो आनंद पाया है, वही मैं सभी को बाँट देना चाहता हूँ। पर कुछ लोग हैं, जिन्हें असत्य ही प्रीतिकर लगता है।"

तभी महारानी ने आचार्यश्री से फल लेने का आग्रह किया, और फलाहार के पश्चात् आचार्यश्री विश्राम करने चले गये।

❑ ❑

भावनगर में महाराजा के महल में ही सायं आचार्यश्री का प्रवचन हुआ, जिसमें हजारों की भीड़ थी। सबेरे ध्यान के समय पहले दिन 60-70 लोग ही थे। पर प्रतिदिन यह संख्या दुगुनी होती गई। तीसरे दिन तो ध्यान-प्रयोग में दो सौ लोगों ने भाग लिया।

उसी दिन ध्यान के बाद दोपहर आचार्य श्री अतिथि गृह के बरामदे में सोफे पर बैठे थे। पास ही महाराजा भावनगर व अन्य प्रेमी मित्र भी बैठे थे। तभी किसी ने महाराजा से प्रश्न किया—"आप भावनगर एक महीने बाद लौटे हैं। कहाँ गये हुए थे आप?"

महाराजा सरलता से बोले—"मैं आसाम गया था, वहाँ मैंने जंगली-पशुओं की जंगल में उन्मुक्त विचरण करते शूटिंग भी की और शिकार भी किया। फिर कुछ दिन मध्य प्रदेश में इसी तरह मध्य प्रदेश के जंगलों की सैर करता रहा।"

उन्हीं मित्र ने तुरन्त कहा—''एक ओर आप जंगली पशुओं का शिकार कर प्राणियों की हिंसा करते हैं तो दूसरी ओर ध्यान में भी भाग लेते हैं। क्या आपको इसमें कोई विरोध नहीं दीखता?''

महाराजा से उत्तर देते न बना। उन्हें असमंजस में देख आचार्यश्री मुस्कुरा कर बोले—''जो व्यक्ति जंगली पशुओं का शिकार करता है, वह मनुष्य का शिकार करने से बच जाता है।''

सभी लोग हँस पड़े। इतने में एक युवा लड़की ने आकर आचार्यश्री के चरण स्पर्श कर पूछा—''मैं नियमित रूप से ध्यान करती हूँ। मेरी सगाई भी हो चुकी है। अब माता-पिता विवाह करना चाहते हैं। मैं समझती हूँ—ध्यान और सांसारिक जीवन दोनों साथ-साथ नहीं चल सकते। कृपया आप मेरा मार्गदर्शन करें।''

आचार्य श्री ने उत्तर दिया—''ध्यान तो तू विवाह करने के बाद भी कर सकती है। संसार को छोड़ के जायेगी कहाँ? रहना तो संसार में ही है। हाँ, अगर तेरी मर्जी के विरुद्ध विवाह हो रहा हो तो तू उस जगह हरगिज विवाह मत करना।''

❑ ❑

एक सरकारी ठेकेदार ने कुछ संकोच से कहा—''मैं पी.डब्लू.डी. का ठेकेदार हूँ। ठेके के सभी टेण्डर रिश्वत देकर ही पास होते हैं। काम पूरा हो जाने पर यदि रिश्वत न दो तो पेमेन्ट रुक जाती है। काम में इन्जीनियर लोग पचास खामियाँ निकाल देते हैं। मैं जानता हूँ, रिश्वत देना और लेना दोनों पाप है। आप कृपया मेरा मार्ग दर्शन करें।''

आचार्यश्री ने तुरन्त उत्तर दिया—''तुम रिश्वत देते रहो और ठेके लेते रहो। समाज की यह प्रथा तुम्हारे रिश्वत न देने से बन्द होने वाली नहीं। जब तक समाज से यह व्यवस्था जड़ से समाप्त न हो जाये मैं आपको खोखला आदर्श मानने की सलाह हरगिज नहीं दे सकता।''

वह आचार्यश्री के चरण स्पर्श कर खुश-खुश विदा हुए। और आचार्यश्री एक घंटे तक प्रेमी मित्रों की समस्याओं का समाधान करते रहे।

❑ ❑

रात्रि भोजन के समय आचार्यश्री से, महाराजा कच्छ हाथ जोड़कर बोले—''आपका कार्यक्रम बहुत व्यस्त रहता है। आप एक स्थान पर अपना आश्रम या कम्यून बनाकर रहें तो प्रेमी मित्रों को बहुत सुविधा हो जाये।''

आचार्यश्री हँसकर बोले—''मैं गुजरात में सागर तट पर ही कम्यून बनाना चाहता हूँ। किसी उपयुक्त स्थान की तलाश चल रही है। जब अस्तित्व चाहेगा, कम्यून बन ही जायगा। पर मैं इसके लिए जरा भी उद्विग्न नहीं हूँ।''

आचार्यश्री को कच्छ आने का आमंत्रण देते हुए महाराजा हाथ जोड़कर बोले—''आप शीघ्र ही कच्छ पधारने की कृपा करें। यदि वहां का वातावरण आपको कम्यून के लिए उपयुक्त लगे तो बताइयेगा। मैं हर सहायता करने के लिए सदैव प्रस्तुत हूँ।''

महाराजा भावनगर ने भी सहयोग देने की पेशकश की। कच्छ आने का आमंत्रण स्वीकार करते हुए आचार्यश्री ने कहा—''कुछ समय पूर्व गुजरात सरकार ने भी कम्यून के लिए भूमि देनी चाही थी।'' बात काटकर महाराजा भावनगर मुस्कुरा कर बोले—''वह सारा प्रकरण हम लोग अच्छी प्रकार जानते हैं। पिछले वर्ष राजकोट में स्वयं गुजरात सरकार आपको 750 एकड़

भूमि दे रही थी। ग्यारह मंत्रियों में इस संबंध में सहमति भी हो गई थी। पर उसी दिन सांयकाल गाँधी जन्म शताब्दी के अवसर पर प्रवचन देते हुए आपने गाँधीवाद की सतर्क बखिया उधेड़ दी। सभी कांग्रेसी हक्के-बक्के रह गये। और मुझे मालूम है—दूसरे दिन उन्हीं ग्यारह मंत्रियों में से दो या तीन मंत्रियों ने आपसे मिलकर कहा भी था कि आश्रम के लिए भूमि मिलने के बाद आप गांधीजी के बाबत कुछ वक्तव्य देते तो अच्छा था। आपने हँसकर कहा था—मैं आप लोगों की विवशता समझता हूँ। मेरे वक्तव्य के कारण अब आपकी सरकार मेरी कम्यून के लिए भूमि नहीं दे सकती, आप यही तो कहना चाहते हैं। पर इसमें झिझकने की बात क्या? आपने स्पष्ट कहा था कि आप सत्य के साथ कोई समझौता नहीं कर सकते।''

आचार्यश्री हँसकर रह गये। उन्होंने कोई उत्तर नहीं दिया। इतने में महारानी भावनगर आचार्यश्री से अनुरोध करती हुई बोलीं—''आप कम-से-कम प्रत्येक वस्तु चख तो लें। मैं अच्छी तरह देख रही हूँ कि आप कुछ भी तो नहीं ले रहे? आचार्यश्री मुस्करा कर बोले—आप लोग प्रत्येक वस्तुत ले रहे हैं, समझिये वह मैं ही ले रहा हूँ।''

और डिनर के बीच औपचारिक्र वार्ता चल पड़ी।

❑ ❑

पंडित सुंदरलाल से मुलाकात

भावनगर से जबलपुर लौटकर, जब अगले सप्ताह आचार्यश्री एक कार्यक्रम में दिल्ली गये, तो उनके प्रवचन के बाद मथुराप्रसादजी ने उनकी भेंट पं. सुंदरलाल से कराई।

आचार्यश्री ने स्वयं खड़े होकर श्री सुंदरलाल का स्वागत किया। पं. सुंदरलाल, आचार्यश्री के स्वागत से अभिभूत होकर बोले—"आप कृपया मुझे संकुचित न करें। मैं आपके क्रांतिकारी प्रवचनों को सुनकर ही आपके दर्शनों को आया था।"

आचार्यश्री उन्हें हृदय से लगाते हुए बोले—"सुंदरलाल जी, मैं आपका स्वागत नहीं कर रहा हूं। में आपके अंदर के उस क्रांतिकारी का स्वागत कर रहा हूं जिसने ब्रिटिश राज्य को चुनौती देते हुए 'भारत में ब्रिटिश राज्य' के नाम से इतिहास ग्रंथों की रचना कर उस सत्य को उद्‌घाटित किया, जिसे लोगों को जबान पर लाने का साहस नहीं होता था।"

पंडितजी गद्‌गद् होकर बोले—"आपके लिए इसका मूल्य है, इसीलिए आप इसकी प्रशंसा कर रहे हैं, पर शायद आपको स्वतंत्र भारत की इस सरकार का यह मजाक ज्ञात नहीं कि मेरे इतिहास ग्रंथ को जिस ब्रिटिश राज्य ने जब्त करते हुए प्रतिबंधित कर दिया था और मुझपर तथा पुस्तक के मुद्रक, प्रकाशक पर जो मुकद्दमा चलाया था, वह अब भी हाईकोर्ट में पेंडिंग है।"

आचार्यश्री आश्चर्यचकित होकर बोले—"वाकई पंडितजी, यह आपके साथ ही नहीं, यह स्वयं सत्य के साथ बहुत बड़ा मज़ाक है। देश के स्वतंत्र होने पर, स्वतंत्र भारत की सरकार का यह दायित्व था कि वह आपका और आपके इतिहास ग्रंथ का यथोच्ति सम्मान करती। मुकद्मा तुरन्त खारिज कर दिया जाता और ब्रिटिश राज्य के काले कारनामों को अंजाम देने वालों के विरुद्ध मुकद्दमा कायम किया जाता।"

अब तक आचार्यश्री और पंडित सुंदरलाल दोनों आराम से बैठ गये थे और अतिथेय द्वारा चाय व फलाहार आ गया था। पंडितजी को फलों का जूस देते हुए आचार्यश्री बोले—"मैं जब हाईस्कूल में पढ़ता था तभी मेरे चाचा छिपाकर "भारत के ब्रिटिश राज्य" के तीनों वाल्यूम लाये थे। मैंने तीन दिनों में ही तीनों वाल्यूम समाप्त कर दिये थे और आपके प्रति सम्मान से भर गया था। तभी आपसे मिलने की बहुत इच्छा हुई थी। आपने ब्रिटिश समाचार पत्रों और दस्तावेजों द्वारा ही यह बखूबी सिद्ध किया था कि 1857 का विद्रोह, केवल चंद राजाओं और नवाबों का गदर न होकर देश की जनता द्वारा सुनियोजित ढंग से छेड़ा गया स्वतंत्रता संग्राम था और विद्रोह दवा देने पर ईस्ट इंडिया कंपनी ने भारत की जनता पर जो अत्याचार किये वह चंगेज़ खां और नादिर शाह द्वारा किये गए जुल्मों और अत्याचारों से कहीं बढ़कर थे।"

पंडित सुंदरलाल आंखें बंद किये हुए जैसे अतीत में कहीं खो गये थे। दोनों कुछ देर तक मौन बैठे रहे। दो तीन मिनट बाद पंडितजी आंखें खोलकर बोले—"आपके साथ मौन बैठे रहने में भी कितना आनंद है? आपने समग्र जीवन में जिस क्रांति की बात की है, मैं उससे शत-प्रतिशत सहमत हूं। आज आजादी के बाद भी देश की जो हालत है, उसका तकाजा है कि लोगों में चेतना जागृत की जाये, उनका रूपान्तरण किया जाये। मैं इसीलिए आपसे ध्यान प्रयोगों के बारे में बात करने ही यहां आया हूं।"

आचार्यश्री उन्हें शिथिल ध्यान के प्रयोगों के संबंध में बतलाने लगे। 10-15 मिनट बाद आचार्यश्री बोले—''पंडित जी! आपने यह तो बताया ही नहीं कि आप पर चलने वाला मुकद्दमा अभी तक किन परिस्थितियों में समाप्त नहीं हुआ? क्या आपको अब भी कोर्ट जाना पड़ता है?''

पंडित जी हंसकर बोले—''नहीं-नहीं! ऐसी कोई बात नहीं। मुझे कोर्ट तो जाना ही नहीं पड़ता, बल्कि सरकार स्वयं चाहती है कि मुकद्दमा खारिज कर दिया जाये। पर हाईकोर्ट के मान्य न्यायाधीशों का मत है कि नियमानुसार मामले को फाइल करना इतना आसान नहीं है क्योंकि जब से मुकद्दमा शुरू हुआ है, आठ न्यायाधीश, बारह एडवोकेट बदल चुके, और जिन-जिन न्यायाधीशों ने जो-जो नोट और टिप्पणियां लगाई हैं, सभी का अध्ययन कर मामला सुलटाना आसान नहीं हैं, क्योंकि फाइल अच्छी-खासी मोटी हो गई है। और आप मज़ाक देखिये कि पुस्तक के प्रकाशक, मुद्रक और वितरक तीनों की मृत्यु हो चुकी है। केवल चार अभियोगियों में मैं ही जिंदा बचा हूं। अब शायद उन्हें मेरे मरने का इंतजार है, ताकि मुकद्दमा खुद-ब-खुद समाप्त हो जाये।''

पंडितजी की खोखली हंसी के प्रत्युत्तर में आचार्यश्री गम्भीर होकर बोले—''ऐसी लचर न्याय व्यवस्था पर वाकई हंसने का नहीं रोने का मन होता है। और इस देश की अदालतों में ऐसे हजारों लाखों मुकद्दमें पेंडिंग हैं। बिना मुकद्दमा शुरू हुए हजारों लोग जेलों में सड़ रहे हैं। और हो सकता है मुकद्दमा शुरू होने पर वह निरपराधी घोषित हों। पर चूंकि वह बेचारे जमानत नहीं दे सकते इसलिए उन्हें जेलों में सड़ना पड़ रहा है। देश के स्वतंत्र होने पर आम लोगों की आशाओं और आकांक्षाओं के अनुरूप कुछ भी तो नहीं हुआ। केवल कुर्सियों पर बैठने वाले लोग बदल गये। सड़कों और पार्कों के नाम बदल गये। झंडा बदल गया पर डंडा वैसा ही चल रहा है।''

आचार्यश्री की इस अंतिम बात पर पंडित सुंदरलाल भी हंस पड़े। बाहर दरवाजे से उनके सचिव को झांकते देखकर पंडितजी उठते हुए बोले—''अच्छा अब आज्ञा दीजिये। आपसे भेंट करने बाहर कुछ और लोग भी प्रतीक्षा कर रहे हैं। आपसे भेंट कर मुझे आत्मिक शांति और आनंद मिला। आपकी पुस्तकें मैं पढ़ता ही रहता हूं। जब भी पत्र लिखूं कृपया उत्तर अवश्य दीजियेगा।''

आचार्यश्री ने उन्हें विदा करते हुए कहा—''पंडितजी! मुझे आपके पत्रों की प्रतीक्षा रहेगी। आप आश्वस्त रहें आपका कोई भी पत्र अनुत्तरित नहीं रहेगा।''

और पंडित जी दरवाजे के बाहर निकल गये।

❑ ❑

इंदिरा जी से भेंट

दूसरे दिन अपना प्रवचन वह जैसे ही समाप्त कर गेस्ट हाउस में पहुंचे, उन्हें मैडम प्रधानमन्त्री का संदेश मिला कि कृपया अमुक समय पर अमुक फोन नम्बर पर उन्हें सम्पर्क करने का कष्ट करें।

उस समय फोन करने पर प्रधानमन्त्री के सचिव ने फोन तुरन्त इंदिरा जी के फोन से कनेक्ट कर दिया। मैडम फोन पर प्रणाम करने के बाद बोलीं—''मैं बहुत दिनों से स्वयं आपके दर्शन करना चाहती थी। आज संयोग से मुझे आपके दिल्ली आने की सूचना मिली। मैं आपसे भेंट करने स्वयं आपके पास आती, पर आप जानते हैं कि मैं कितनी विवश हूं। यदि आपको असुविधा न हो, तो मेरा अनुरोध है कि आप कृपया 2 घण्टे बाद आने का कष्ट करें। डेढ़ घण्टे बाद मेरा सेकेट्री कार लेकर आपके पास पहुंच रहा है। इसे मेरा आदेश नहीं, कृपया व्यक्तिगत निवेदन समझें।''

आचार्यश्री रजनीश ने उत्तर दिया—''मैं आपके पास आ रहा हूं, आपसे तभी बात होगी।'' आचार्यश्री उनकी विवशता भलीभांति समझते थे। उनके स्वयं आने से उनके विरोधियों व पत्रकारों को उनके विरुद्ध व्यर्थ का विवाद खड़ा करना आसान बात थी। उन्हें इंदिरा जी की दृढ़ता और संकल्प शक्ति से प्रेम था।

ठीक सवा घण्टे बाद ही प्रधानमन्त्री हाउस से कार लेकर सचिव उपस्थित हो गया। पन्द्रह मिनट बाद आचार्यश्री इन्दिरा जी से भेंट करने उनके निवास पर पहुंचे।

आचार्यश्री के आने की सचिव द्वारा सूचना मिलते ही मैडम ने अपने कक्ष से बाहर निकल कर स्वयं उनका स्वागत किया और उनके चरण स्पर्श किये।

आचार्यश्री गम्भीरता से बोले—''मेरी पंडितजी से जो भी बात हुई। वह काव्य, दर्शन, ध्यान और अध्यात्म पर ही अधिक हुई हैं। राजनीति के सम्बन्ध में मेरी उनसे बहुत कम बातें हुईं। मैं जानता हूं, आपने मुझे किसी खास मकसद से याद किया है। कृपया याद करने का मंतव्य स्पष्ट करने का कष्ट करें।''

मैडम धीरे से खांस कर बोलीं—''मैंने धर्म, शिक्षा, राजनीति और नारी पर आपके प्रवचनों की रिपोर्टिंग पढ़ी है। मैं आपके क्रांतिकारी विचारों से बहुत प्रभावित हूं। उन्हें अमल में भी लाना चाहती हूं। जानती हूं, उनसे देश का और देश वासियों का कल्याण होगा, पर उनका क्रियान्वन मुझे कठिन लगता है। मेरे मंत्रि परिषद् के कई वरिष्ठ मन्त्री पुरातन पंथी हैं। मैं जानती हूं वह इनका विरोध करेंगे। उनको समर्थन करने वाले लोग भी काफी हैं। कृपया मेरा मार्गदर्शन करें।''

आचार्यश्री मुस्कुरा कर बोले—''जिस बात को आपकी अंतरात्मा सत्य मानती है और यदि वह देश के लिए शुभ है, तो उसे क्रियान्वित करने के लिए दृढ़ संकल्प की आवश्यकता है। सत्य की राह में जो भी बाधा बने, उस बाधा से जूझने के लिए आपमें साहस होना ही चाहिए। जिन मंत्रियों के विचार सड़ी-गली परम्पराओं का अनुसरण करते हैं, वह हर क्रान्तिकारी परिवर्तनों का विरोध निश्चित रूप से करेंगे। आप संभवत: संतति-विरोध के सम्बन्ध में सोच रही हैं। चीन में उसे सख्ती से लागू किया गया। यूरोपीय देशों की प्रगति का यही राज है! आपकी सारी

पंचवर्षीय योजनाएं इसीलिए व्यर्थ सिद्ध होती हैं, क्योंकि 10 वर्षों में देश की आबादी में अभूतपूर्व वृद्धि हो जाती है। यही रफ्तार जारी रही, तो सन् 2000 तक देश की आबादी 100 करोड़ से अधिक होगी। उनके खाने, उनके पहनने, उनके रहने की समस्याएं तो विकट होगीं ही, उनमें से आप कितनों को नौकरी दे सकेंगी, रोजगार दे सकेंगी? देश और अधिक गरीब होगा। विदेशों से भी आप कब तक कितनी भीख मांगेंगी? जो देश भीख देगा तो देश आर्थिक रूप से उसका परतन्त्र हो जायेगा। मैं जानता हूं आपकी कैबिनेट में सबसे बड़ी बाधा खड़ा करने वाले मुरार जी देसाई हैं। यदि आप उन्हें मन्त्रिमडल से नहीं निकाल सकतीं, तो अच्छा है आप स्वयं त्याग पत्र दे दें। आप जैसे प्रतिभाशाली और योग्य महिला को यह शोभा भी नहीं देता कि वह ऐसे मूढ़ और मूर्खों के साथ काम करे, जो सभी समस्याओं के सामने शीर्षासन कर रहे हैं। या तो आप ऐसे लोगों से पीछा छुड़ायें या स्वयं त्यागपत्र दे दें। कुछ-न-कुछ तो आपको करना ही चाहिए। आपका दायित्व है कि आप अशिक्षा, अंध विश्वास और सड़ी हुई परम्पराओं को ध्वस्त कर देश को समृद्ध बनाएं। देश में नई-से-नई टेक्नोलॉजी लायें।''

मैडम चलते-चलते आचार्यश्री के कानों में फुसफुसा कर बोलीं—''आपने जो कहा है, मैं उस बारे में कुछ-न-कुछ जरूर करूंगी।''

लगभग 15 मिनट तक विभिन्न समस्याओं पर बातें होती रहीं और फिर मैडम प्रधानमन्त्री ने आचार्यश्री को ससम्मान विदा किया। जो कार उन्हें लेने आई थी वह उन्हें छोड़ने के लिए तैयार खड़ी थी।

उसी रात्रि आचार्यश्री अमृतसर चल पड़े। जहां से उन्हें फिर दिल्ली लौटना था।

❑ ❑

अमृतसर में पुनः सत्संग और प्रश्नोत्तर

जीवन जागृति केन्द्र के अध्यक्ष श्री चमन लाल अग्रवाल ने आचार्यश्री को अमृतसर, सत्संग के लिए आमंत्रित किया था। दिल्ली से जब आचार्यश्री 28 जनवरी को अमृतसर पहुंचे तो स्टेशन पर उनका भव्य स्वागत किया गया।

इस अवधि में सदैव की भांति आचार्यश्री सुबह-शाम प्रवचन देते थे। दोपहर में अपने प्रेमी मित्रों से मिलकर उनकी ध्यान-सम्बन्धी, समस्याओं का समाधान करते थे। जो प्रश्न जिज्ञासा और गहरी प्यास से सम्बन्धित होते थे, आचार्यश्री केवल उन्हीं प्रश्नों का उत्तर देते थे।

दिनांक 31-1-70 को अमृतसर में अपने अमृत प्रवचन के बाद आचार्य रजनीश ने लोगों से सीधे ही प्रश्न आमन्त्रित किये और कहा—''लोग एक-एक कर कुछ भी पूछ सकते हैं।''

श्री हरिकिशन दास अग्रवाल ने पूछा—धार्मिक व्यक्ति का जीवन कैसा होता है?

आचार्यश्री ने तुरन्त उत्तर दिया—''धार्मिक व्यक्ति का स्वयं का कोई जीवन होता ही नहीं। वह 'स्व' के मिटने से ही धर्म को उपलब्ध होता है। वह स्वयं नहीं जीता। उसमें प्रभु ही जीता है। वह तो बस प्रभु का माध्यम, एक खाली बांस की पोंगरी भर रह जाता है। उसके प्रकार नहीं होते, खण्ड नहीं होते। वह अखण्ड और एकरस होता है। जैसे किसी सागर का पानी कहीं से भी लेकर चखो, उसका स्वाद हमेशा खारा ही होता है। धार्मिक व्यक्ति के जीवन में व्यावहारिक व परमार्थिक दो खण्ड नहीं होते। क्योंकि जहां खण्ड है, वहां धर्म नहीं। खण्डित चित्त अधर्म है, एक रोग है। धार्मिक व्यक्ति का जीवन अखण्ड होता है। धार्मिक व्यक्ति को जानना है तो सोचें मत। केवल वर्तमान में उसे देखकर जियें। उसके साथ नदी में बहें। तट पर रहते युगों बीत गये। तुम्हारे अन्दर कोई संगीत नहीं फूटा, तुम्हारे प्राण कभी आकुल नहीं हुए, क्योंकि तुमने नदी में कूदने का साहस नहीं जुटाया। अपने को मिटाने को तैयार नहीं हुए। फिर यह प्रश्न भी तुमने बाहर की परिधि से ही पूछा है। धर्म के वर्तुल में, धर्म-सी नदी में प्रवेश करते ही प्रश्न स्वतः गिर जाते हैं। क्योंकि धार्मिक अनुभूतियां, अद्वैत हैं। अनुभूति अखण्ड है, जबकि बुद्धि अपनी सीमा में प्रत्येक विषय को खण्ड-खण्ड कर देती है।''

दूसरे कोने से प्रश्न पूछा गया—आपका धर्म, आपका इष्ट, आपका पथ-प्रदर्शक कौन है? किस धर्म से प्रेरणा लेकर आप उपदेश करते हैं?

आचार्यश्री ने उत्तर दिया—''मेरा कोई पथ-प्रदर्शक नहीं है। मुझे अपनी आंख मिली है। अपनी चेतना मिली है, अपनी आत्मा मिली है। भटकता हूं। रास्ता भूल जाता हूं, लेकिन उसी से चलता हूं। क्योंकि भटकूंगा तो सीखूंगा। गिरूंगा तो उठूंगा। छोटा-सा दिया है, सूरज नहीं है, चार कदम तक उसकी रोशनी पड़ती है। उसी को लेकर चलता हूं। जब चार कदम चल लेता हूं, तब तक रोशनी और चार कदम आगे चली जाती है, तब फिर चार कदम चल लेता हूं। और ध्यान रहे कि दिया ही हाथ में रखा जा सकता है। सूरज को हाथ में रखने का कोई उपाय नहीं है। सूरज के पास जाते ही हाथ जल जायेगा, सब कुछ जल जायेगा। हर आदमी को अपना-अपना दिया मिला है। सवाल यह है कि हम उसका उपयोग करते हैं या नहीं? ऐसा तो नहीं है कि दूसरे के सूरज को देख रहे हों और अंधे हो रहे हों। क्योंकि ऐसा यदि है तो आप सूरज को पांच मिनट देखेंगें, तो बाद में दिया नहीं दिखाई देगा।''

राम और कृष्ण के कन्धों पर इतने लोग चढ़ गये हैं, कि वो भी उतारना चाहते होंगे। हम कोई कृपा नहीं कर रहे हैं राम और कृष्ण पर। हम सवारी कर रहे हैं उनके ऊपर। छाती पर चढ़े हुए हैं उनकी। नहीं, अपने अतिरिक्त कोई मार्ग नहीं। व्यक्ति स्वयं अपना मार्ग.है। और जब यह कहते हैं कि परमात्मा सबके भीतर है, तो मेरे परमात्मा को किसी दूसरे के परमात्मा से पथ-प्रदर्शन लेने की जरूरत क्या है?

लाभ किसी राम के नाम के दोहराने से नहीं, लाभ तो इस स्मरण से मिलेगा कि ये भी राम है। आंख भीतर ले जाती है, और मार्ग दर्शक बाहर ले जाता है। मार्ग दर्शक बाहर है।''

इस अवसर पर अमृतसर में आर्य समाजी और सनातन धर्मियों ने पहले से ही ऐसे प्रश्न तैयार कर रखे थे, जिनका उत्तर सुनकर आचार्यश्री को घेरा जा सके। उन्हें निरुत्तर किया जा सके। पर उनके उत्तर से वह स्वयं निरुत्तर हो रहे थे।

अगला प्रश्न किया गया—

क्या वेद का मार्ग कल्याणकारी है?

आचार्यश्री ने उत्तर दिया—

''असल में सत्य की दिशा में, परमात्मा की दिशा में कोई मार्ग ही बंधा हुआ, सीमित या सोचा हुआ नहीं है, परमात्मा की दिशा में जो मार्ग जाता है वह आकाश में उड़ते हुए पक्षियों की भांति है, जिनके पैरों के कोई चिह्न नहीं छूट जाते। जमीन पर चलने वाली यात्रा नहीं यह, जहां पगडंडियां बन जाती हैं। रास्ते बन जाते हैं। इसलिए, कई लोग जो परमात्मा तक पहुंचते हैं, कोई लकीरें नहीं छोड़ जाते, जिन पर आप चल सकें। आपको अपना रास्ता स्वयं खोजना पड़ता है। जैसे पक्षियों को हर बार अपना रास्ता स्वयं खोजना होता है।

परमात्मा जीवन की प्रक्रिया है। वह जीवन है, वह रोज नया होता है। रोज प्रकट होता है। कल हमने जैसा उसे पाया था, आज वैसा नहीं पायेंगे। हर युग को अपना धर्म खोजना होता है। सब धर्म बासी पड़ जाते हैं, सब आउट ऑफ डेट हो जाते हैं और अगर हम उन्हीं पर चलते जाते हैं, तो भटक जाते हैं।

नृत्य और नर्तक एक हैं। परमात्मा और प्रकृति दो नहीं हैं, कि वह कहीं बैठता है, और हम वहां पहुंच जायेंगे। स्रष्टा और सृजन दो नहीं हैं। सृजन और स्रष्टा एक ही हैं। और इसीलिए प्रतिक्षण परमात्मा सृजन कर रहा है और प्रकट हो रहा है। नृत्यकार की तरह। वह जीवन में सब तरफ फैला है। सब तरफ वही है। अगर 'एवरीवेयर' जाना हो तो रास्ता नहीं होगा। परमात्मा का घर तो 'एवरीवेयर' है। उसका घर कहीं नहीं है, क्योंकि सब कहीं उसी का घर है। नहीं, कोई रास्ता उसके घर तक नहीं ले जाता, या कहें कि सभी रास्ते उसके घर तक ले जाते हैं, और ऐसा भी है कि कोई मार्ग उस तक नहीं जाता। आपको कहीं जाने की जरूरत ही नहीं है। वह आपके अन्दर ही है। आपके पास ही है। मार्ग की जरूरत ही नहीं रहेगी। मार्ग उसे बोलते हैं, जो हमसे दूर हो, फासले पर हो। अगर आपके और मेरे बीच फासला हो, तो रास्ता बन सकता है और अगर आपके और मेरे बीच फासला नहीं, तो रास्ता कैसे बनेगा?

उस तक पहुंचना हो तो मार्ग की नहीं विस्फोट की जरूरत है। आंखें खोलें, और जानने की जरूरत है, वह यहीं मौजूद हैं। अभी और यहीं। कल की जरूरत नहीं, परसों की भी जरूरत नहीं, वो सदा मौजूद है।

परमात्मा के सम्बन्ध में हमने भी कुछ खोया नहीं, सिर्फ स्मरण खोया है। कहीं जाना नहीं, जागना है। कहीं पहुंचना नहीं, सिर्फ होश में आना है। मार्ग की बात ही व्यर्थ है। मतलब

बस जानने का, होश में भर आने का है। सुबह नींद से जागने के लिए हिन्दू, मुसलमान, ईसाई या बौद्ध तरकीब लगाने की जरूरत नहीं। सबके जागने की विधि एक ही है।''

अगला प्रश्न किया गया—''आपकी श्रद्धा गीता, रामायण और महाभारत और उपनिषदों में है?''

आचार्यश्री ने उत्तर दिया--''मेरी श्रद्धा मुझमें है। आपकी श्रद्धा आपमें होनी चाहिए। जिसकी स्वयं पर श्रद्धा नहीं, वही दूसरे पर श्रद्धा रखता है। धर्म का सम्बन्ध श्रद्धा से नहीं, आत्म-श्रद्धा से है। कृष्ण से पूछें, आपकी श्रद्धा किसमें है, तो कहेंगे मेरी श्रद्धा मुझमें है। तो हम पागल हैं। सच तो यह है कि वेद के ऋषि इसीलिए ज्ञान को उपलब्ध हुए क्योंकि उन्होंने अपने पर भरोसा किया। जिनका अपने पर भरोसा नहीं है, वो तो वहीं मर गया। दूसरे के पैरों से नहीं चला जा सकता। न ही दूसरे की आंख से देखा जा सकता है। मेरी श्रद्धा आपकी आंखों में हो, तो क्या होगा? मेरी श्रद्धा मेरी आंखों में हो तो ही मेरी आंखें देख सकती हैं, और अगर आपकी आंखों में मेरी श्रद्धा है तो मैं कैसे देख सकूंगा?

श्रद्धा है मोक्ष। अगर दूसरे पर चली जाये तो आदमी अंधा हो जाता है, और अगर अपने पर आ जाये तो द्वार खुल जाता है। मैं आत्मिक श्रद्धा के लिए कहता हूं। अपने पर श्रद्धा करके, जरूर उस जगह पर पहुंच जायेंगे, जहां कृष्ण पहुंचे हैं, जिस जगह पर उपनिषद् के ऋषि पहुंचे हैं। वह अपने पर श्रद्धा रखकर वहां पहुंचे हैं।

लेकिन एक अनुशासित श्रद्धा का अजीब जाल चल रहा है। वह कहते हैं, अपने पर नहीं, फलाने पर श्रद्धा करो। किसी उधार श्रद्धा में फंस कर जो दूसरे की आंख का सहारा लेता है वह भटक जाता है। सब श्रद्धाएं भटकाती हैं सिवाय आत्मिक श्रद्धा के। इसलिए हमारे धर्म, जिन्हें हम धर्म कहते हैं दूसरे पर श्रद्धा सिखलाते हैं। क्योंकि कारण है कुछ। पंडित, पुरोहित या गुरु यदि कहें कि अपने पर श्रद्धा करो, तो फिर उन सबकी जरूरत क्या रह जायेगी? सारा धन्धा चलता है इसी बात का कि फलाने पर श्रद्धा करो। किसी ने अगर स्वयं पर श्रद्धा कर ली तो उसका भगवान से सीधा सम्बन्ध हो जाता है। बीच के दलालों की जरूरत ही नहीं रह जाती। जो अपने पर से श्रद्धा शुरू करेगा वो अन्त में परमात्मा से श्रद्धा पर पहुंच जायेगा। जिसको दूसरे पर श्रद्धा होगी वो बाहर जायेगा। वह भीतर जा ही नहीं सकता। धर्म का मार्ग अंधे होने का मार्ग नहीं, आत्मिक स्मरण का, अंदर जाने का मार्ग है।''

दो क्षण रुककर आचार्यश्री ने कहा—''विवाद से आदमी को कौन-सा सत्य मिल गया? क्या जिन्दगी में, इस सत्य धर्म और परमात्मा की दुनिया में कुश्ती या दंगल लड़ना होगा? सत्य को खोजने के लिए साधना करनी होती है। अपनी ही गहरी खुदाई करनी होती है। परमात्मा उन्हीं को मिलता है, जो विनम्र भाव से सब शास्त्र, शब्द, और सिद्धान्त छोड़कर उसके द्वार पर जाते हैं। परमात्मा को जानना हो तो समर्पण चाहिए, द्वार चाहिए। मिट जाना चाहिए। जिनकी मिटने की तैयारी है, वही सत्य को पा सकते हैं।

नीत्शे ने कहा है—''मुझे कभी कोई हरा नहीं सका क्योंकि मैं सदा से हारा हुआ था।''

लाओत्से ने कहा है—''मुझे कभी किसी भवन से निकाला नहीं जा सका' क्योंकि मैं वहीं बैठता था जहां लोग जूते उतारते हैं।''

आप लोग यदि प्रश्न किसी गहरी जिज्ञासा से कर रहे हैं, यदि उन प्रश्नों पर आपकी जीवन मृत्यु निर्भर है, तभी मेरे उत्तर आप तक गहरे उतर कर आपका रूपान्तरण कर सकते हैं। और यदि आपके प्रश्न मानसिक खुजलाहट हैं, यदि आपके अन्दर मात्र कौतूहल या कुश्ती लड़ने

का भाव है, तो उत्तर देने में मुझे कोई रुचि नहीं है। मैं यहां वाद-विवाद करने नहीं आया हूं। कुश्ती के दंगल में दो-दो हाथ करने का मेरा कोई उद्देश्य नहीं है। मैं स्वीकार कर लूंगा कि मैं हार गया। क्योंकि तर्क वेश्या की तरह होता है। उससे कुछ भी सिद्ध किया जा सकता है। भले ही तर्क से कोई सिद्ध कर दे कि ईश्वर नहीं है, पर जिसने ईश्वर की अनुभूति की है, वह सारे तर्क अस्वीकार कर केवल इतना कहेगा—''ईश्वर है, क्योंकि मैंने उसका अनुभव किया है। तुम्हें भी उसका अनुभव करना है तो मेरे साथ यात्रा करो। मेरे साथ कदम-से-कदम मिलाकर चलो। मैं उसे दिखा नहीं सकता। तर्क से समझा नहीं सकता। पर महसूस करा सकता हूं।''

आचार्यश्री के पैने तर्कों और सारगर्भित दो टूक उत्तरों को सुन कर विरोधी उखड़ गये और आचार्य रजनीश जिन्दाबाद के नारों से पूरा पंडाल गूंज उठा।

श्री सरदारी लाल सहगल ने पूछा—''परमात्मा को प्राप्त करने का कौन-सा मार्ग है? उसे पाने के लिए हम क्या करें?''

आचार्यश्री ने उत्तर दिया—''परमात्मा की यात्रा आकाशगामी है।

परमात्मा की दिशा में जो जाता है वो आकाश में उड़ते हुए पक्षियों की भांति है, जिसके पैरों के कोई चिह्न नहीं छूट जाते। जो लोग परमात्मा तक पहुंचते हैं, कोई लकीरें नहीं छोड़ जाते, जिन पर आप चल सकें। आपको अपना रास्ता फिर खोजना पड़ता है, जैसे पक्षियों को अपना रास्ता खोजना होता है। मेरा जोर मानने के लिए नहीं जानने के लिए है। विश्वास में मेरी वृत्ति नहीं है। जो मानता है, वो अंधा हो जाता है। जानना हो तो मानने की लकीर से ऊपर उठना होगा। जानने के लिए निग्रह चित्त चाहिए। यह न कहें कि सत्य ऐसा है। यदि आप पहले से मानते हैं कि सत्य ऐसा है तो फिर आप सोचेंगे कैसे? निर्दोष चित्त में ही सत्य की छवि बनती है। चित्त दर्पण की तरह खाली हो, तभी सत्य को देख सकते हो। यदि चित्त फोटो की प्लेट की तरह हुआ तो जो शक्ल आपके चित्त में आ जायेगी, आप उसे ही पकड़ लेंगे। हिन्दू चित्त में पहले ही से रामायण या गीता बसी है। ईसाई के चित्त में बाइबिल बसी है। एक बार चित्त में गीता या बाइबिल का एक्सपोजर हो गया, तो चित्त जीवन भर उसे ही पकड़े रहता है। निर्दोष और पक्षपातहीन चित्त ही सत्य को जान सकता है।

परमात्मा जीवन की प्रक्रिया है। वह रोज नया होकर ही प्रकट होता है। हर युग को अपना धर्म खोजना पड़ता है। सब धर्म बासी पड़ जाते हैं, सब 'आउट ऑफ डेट' हो जाते हैं और अगर हम उन्हीं पर चलते हैं तो भटकते हैं। परमात्मा और प्रकृति दो नहीं हैं। वो किसी व्यक्ति की तरह कहीं बैठा नहीं है। वह सर्वव्यापक है, हर जगह है। कहीं जाना हो तो कोई मार्ग या रास्ता हो सकता है। इसलिए आपको कहीं जाने की जरूरत नहीं, वह आपके पास ही खड़ा हुआ है। मार्ग की जरूरत तब होती है, जब फासला हो, कहीं जाना हो। परमात्मा और हमारे बीच जब कोई फासला ही नहीं है, तो कहीं जाने की कोई जरूरत ही नहीं है। कोई मार्ग नहीं, उस तक पहुंचने के लिए। जिस दिन बुद्ध को ज्ञान हुआ तो पूछे जाने पर उन्होंने बताया कि मिला कुछ भी नहीं, क्योंकि जो आज मुझे मिला, वो सदा से मिला ही हुआ था। मिला कुछ भी नहीं, सिर्फ एक भ्रम खो गया। जो था, वो था। जो मैं नहीं जानता था, तब भी था, अब मैं जानता हूं, तब भी है।''

फिर श्री हरिकिशन दास अग्रवाल ने प्रश्न किया—''ध्यान किसे कहते हैं? उसे करने की क्या विधि है?''

आचार्यश्री ने उत्तर दिया—''निर्विचार चेतना ही ध्यान है। विचारों के प्रति जागना ही एकमात्र

विधि है। विचारों का सतत् प्रवाह है मन। इस प्रवाह के प्रति मूर्च्छित होकर हम उनसे तादात्म्य स्थापित कर लेते हैं। बस जागें और विचारों को देखें। तटस्थ होकर, साक्षी होकर। विचारों से रिक्त चित्ताकाश ही स्वयं की भौतिक स्थिति है। यही समाधि है। ध्यान है विधि, और समाधि है उपलब्धि। लेकिन ध्यान के सम्बन्ध में सोचें मत। ध्यान के सम्बन्ध में विचारना भी विचार है। ध्यान को सोचें मत, चखें, उसमें डूबें। मन का काम है सोना और सोचना। जागने में उसकी मृत्यु है। और ध्यान है जागना। विचार नहीं, दर्शन, बस वही मूलभूत सूत्र है। मन है द्वार संसार का, और ध्यान है द्वार मोक्ष का।''

डिग्री कॉलेज के एक प्राध्यापक ने प्रश्न किया—

''युवक इतने अनुशासनहीन और विद्रोही क्यों हो गये हैं? पुरानी पीढ़ी से नई पीढ़ी कुछ सीखना क्यों नहीं चाहती? युवक हिंसक और विद्रोही हो गये हैं। इसका उपाय क्या है?''

आचार्यश्री ने उत्तर देते हुए कहा—''नई और पुरानी पीढ़ी का संघर्ष जीवन की अनिवार्यता से पैदा हुआ है। उसे रोका नहीं जा सकता। उसे समय पूर्व पार करना होगा। यह संघर्ष परिवर्तन जैसा नहीं, यह क्रांति जैसा संघर्ष है। फिर संघर्ष का कारण नई पीढ़ी नहीं, पुरानी पीढ़ी है। नई पीढ़ी तो जीवन की धारा है, और इसमें जब पुरानी पीढ़ी रुकावट डालती है तो संघर्ष पैदा होता है। पुरानी पीढ़ी अनुभव से, अतीत से बोलती है। पुरानी पीढ़ी के पास जो भाषा है वह धर्म के आधार पर विश्वास के आधार पर बनी थी। पर नई पीढ़ी की भाषा विज्ञान की भाषा है। वह संदेह करता है, तर्क करता है। थोपे गये अनुशासन को मानने से इनकार करता है। अनुशासन के लिए तो विश्वास चाहियें। वहां संदेह या तर्क के लिए कोई स्थान नहीं। शिक्षा संस्थाओं में अनुशासन जैसी चीज ब्रिटिश शासन ने जारी की थी जिनका उद्देश्य फरमाबरदार क्लर्कों या छोटे अफसरों की भर्ती से था, जो आंखें मूंद कर उनके आदेशों का पालन करते रहे हैं।

पुलिस और फौज के लिए अनुशासन आवश्यक है। छात्रों को पुलिस या फौज जैसा नहीं बनना है। आप कहेंगे बिना अनुशासन के तो उच्छृंखलता और बढ़ेगी। पर मैं कहता हूं यदि शिक्षा पद्धति में आमूलचूल परिवर्तन किया जाये, छात्रों के संदेह का निराकरण किया जाये, उनमें स्वतंत्र विचार और तर्क विकसित किया जाये तो अपने आप आत्म अनुशासन का जन्म होगा।

गुरु और शिष्य के बीच आज संवाद खो गया है। गुरु केवल वही पढ़ा रहा है जो कोर्स की पुस्तकों में लिखा है। वह एक मशीन की तरह जो किताबों में लिखा है, वही दोहरा रहा है। गुरु शिष्य का संगीतात्मक संबंध खो गया है। अधिकतर शिक्षक और गुरु स्वयं छात्रों जैसे हैं। जो छात्राओं से प्रेम करते हैं, पार्टी पॉलिटिक्स में हड़ताल में छात्रों का सहयोग लेते हैं। अब छात्रों में यदि प्रेम श्रद्धा के फूल नहीं खिलते तो इसका दोषी कौन है?

यदि हमारी समझ में विज्ञान और धर्म की भाषा के बीच का फासला आ जाये, तो उस संघर्ष की प्रारम्भिक भूमिका समझ में आ सकती है। हजारों सालों से यह सिखाया गया कि जो बताया जागे उस पर विश्वास करो। यह सिखाया गया कि जो संदेह करता है वह भटक जाता है। लेकिन पिछले तीन सौ वर्षों से विज्ञान ने यह बताया है कि जो संदेह करता है वही पाता है। विज्ञान का सारा विकास संदेह का विकास है। विज्ञान ने अब यह सिद्ध कर दिया है कि संदेह करने वाले लोग नहीं भटकते, विश्वास करने वाले लोग भटकते हैं। विज्ञान सदा भविष्योन्मुख है जबकि धर्म अतीत की ओर उन्मुख है। संदेह ले जाता है भविष्य में और धर्म ले जाता है अतीत में। इसलिए धर्म की भाषा प्राचीनतम है और विज्ञान की भाषा नवीनतम। पश्चिम में पिछले 100 वर्षों में और हमारे देश में पिछले 20 वर्षों से एक घटना घटी है कि पुराने फार्मूले, पुरानी

तरकीबें, पुराने सूत्र, जिससे विश्वास कारगर होता है, अब व्यर्थ हो गये हैं। इस व्यर्थता के कारण एक खाई खड़ी हो गई है। पुरानी पीढ़ी कहती है—जो पहले था पूर्व में था अतीत में या वही ठीक था। वापस लौट आओ। जो बताया जाये उसे ध्यान से पढ़ो। गुरुओं का सम्मान करो। तर्क मत करो। पर यह भ्रान्त धारणा है। जीवन में कभी वापस लौटना होता ही नहीं। जीवन है सदा आगे। नई पीढ़ी अब पीछे वापस नहीं लौट सकती, उसे जितना शीघ्र स्वीकार कर लिया जाये उतना ही शुभ है। दुनिया में कभी वापस लौटना होता ही नहीं। इतिहास का चक्र हमेशा आगे की ओर घूमता है, पीछे नहीं लौटता। जो क्षण बीत गया, बीत गया। न अब वो क्षण रहा, और न हम उस क्षण में वापस लौट सकते हैं।''

आचार्यश्री ने कई दृष्टान्तों से अपनी बात को बोधगम्य बनाते हुए कहा—''चीजों को पीछे लौटाने की आकांक्षा से एक जिद हो गई है नई पीढ़ी में। जिद ने संघर्ष को जन्म दिया है।''

नई पीढ़ी पुरानी पीढ़ी की तरफ वापस नहीं जा सकती, लेकिन पुरानी पीढ़ी ही समझ पूर्वक नई पीढ़ी के निकट आ सकती है। नई पीढ़ी संदेह के द्वारा स्वतंत्र विचार का विकास करना चाहती है। अनजानी अपरिचित राहों की खोज करना चाहती है, नये रास्तों की खोज में भूल-चूक भी हो सकती है। पर स्वयं खोज कर अनजान रास्तों पर चलने से ही आत्मा पैदा होती है। एक नये व्यक्तित्व का जन्म होता है।

आचार्यश्री के मौन हो जाने पर दूसरे साधक ने प्रश्न किया—''क्या धर्म और विज्ञान में विरोध है?''

आचार्यश्री ने उत्तर दिया—''विज्ञान पदार्थ की खोज करता है और धर्म चेतना की। विज्ञान और धर्म वस्तुतः एक ही सिक्के के दो पहलू हैं। दोनों में से एक को जानना, अधूरा रह जाना है। पश्चिम ने विज्ञान में प्रगति की। उनका भौतिक जीवन समृद्धिशाली हो गया। विज्ञान ने खोज करके मनुष्य के हाथ में अपरिसीम शक्तियों की रहस्य की कुंजियां दे दी हैं, पर उस उपलब्ध शक्ति से कुछ भी शुभ नहीं हुआ है। हथियारों की दौड़ प्रारम्भ हो गई है। इससे समाज में अशांति आ गई है। विज्ञान केवल संसार की खोज करता रहा पर उसने अपने को जानने का कोई प्रयास नहीं किया। यह ऐसा ही है कि सारे जगत में तो प्रकाश हो पर अपना ही घर अंधेरा रह जाये। अपने को न जानने से जीवन दुःख में परिणत हो जाता है। एक अंधी चाह अतृप्ति और अशांति पैदा करती है। अकेली शक्ति, शांति के अभाव में आत्मघातक है। इसलिए जिन्होंने विज्ञान की खोज की है वे भौतिक रूप से समृद्धशाली व शक्तिशाली हो गये हैं, पर इसके ही साथ वह अशांत और संताप ग्रस्त हैं। आणुविक हथियारों से पूरी मनुष्य जाति के अस्तित्व और इस पृथ्वी को भी एक खतरा हो गया है। आत्मज्ञान के अभाव में अज्ञान के हाथों में शक्ति होने से शुभफल फलित नहीं हो सकता।

अब तक विज्ञान और धर्म में, संसार और अध्यात्म में जो विरोध रहा है, उसका परिणाम अशुभ ही हुआ है। जिन्होंने मात्र धर्म का अनुसंधान किया है वे शांत हो गये हैं, पर अशक्त और दरिद्र है। अब तक पूर्ण सत्य की पूरी और अखंड साधना नहीं हुई है में शक्ति और शांति को अखंडित रूप में देखना चाहता हूं। विज्ञान और धर्म के सम्मिलन से ही एक पूर्ण मनुष्य का एक पूर्ण संस्कृति का जन्म होगा। मनुष्य न तो मात्र शरीर ही है, न मात्र आत्मा ही। वह दोनों का सम्मिलन है। इसलिए उसका जीवन किसी एक पर ही आधारित हो तो अधूरा हो जाता है।''

तीसरे साधक ने प्रश्न किया—"युवा पीढ़ी का भविष्य क्या है ? वह क्या करे आखिर ?"

आचार्यश्री ने उत्तर दिया—"युवा पीढ़ी विद्रोह और क्रान्ति चाहती है। पर उनका आक्रोश फिजूल की चीजों के तोड़ने में लगा है। वह बसें जला रहे हैं, फर्नीचर तोड़ रहे हैं। इसी शक्ति का सृजनात्मक उपयोग करना है। हिन्दुस्तान में बहुत चीजें तोड़ने की हैं। इसी झगड़े के पीछे लाखों कत्ल किये गये, जमीन की बंटवारा हुआ, और यह आग अभी थमी नहीं है। इसलिए इन सम्प्रदायों को तोड़ देने की जरूरत है जो मनुष्य-मनुष्य के बीच घृणा का प्रसार करते हैं। जिस दिन इस देश में हिन्दू और मुसलमान नहीं होंगे, ईसाई, बौद्ध, जैन और सिख नहीं होंगे केवल भारतवासी ही रहेगा, उसी दिन सच्चा धर्म भी हो सकता है। इस क्रान्ति के लिए युवा पीढ़ी तैयार हो जाये तो बीस या चालीस साल बाद यह पता लगाना मुश्किल होगा कि कौन हिन्दू है कौन मुसलमान, कौन ईसाई है कौन जैन?

युवक को क्रान्ति करना है तो समाज की रूढ़ियों को ध्वस्त करने की जरूरत है। मां बाप की मर्जी से नहीं, दहेज के लालच से नहीं, युवा पीढ़ी को संकल्प करना होगा, केवल उससे विवाह करने का, जिसे वह प्रेम करते हों, भले ही वह किसी जाति, या सम्प्रदाय का मानने वाला हो।

धर्म का काम लड़ाना नहीं है। एक कवि की परमात्मा की खोज का नाम धर्म है। धर्म तो बुनियादीरूप से व्यक्तिगत बात है। इसलिए धर्म को संगठनों की कोई जरूरत नहीं। पर धर्म में राजनीति का प्रवेश हो गया है। धर्म के नाम पर राजनीति चल रही है। मंदिर, मस्जिद के नाम पर जितनी हत्यायें और खून-खराबा हुआ है, इतना किसी और नाम से नहीं हुआ। अब तक दुनिया में नास्तिकों ने न इतने मकान जलाये हैं, न इतनी औरतों की इज्जत लूटी है, और न इतना खून-खराबा किया है। इसलिए स्पष्ट है कि इस दुनिया में आस्तिक ही सबसे बड़े पापी हैं। इन आस्तिकों में सच्चा आस्तिक कोई भी नहीं है। जो सच्चा आस्तिक होता है, वह परमात्मा के प्रेम से इतना भर जाता है कि उसे प्रत्येक मनुष्य अपने जैसा ही दिखाई देता है, कोई मुसलमान या ईसाई नहीं रह जाता। अगर एक धार्मिक समाज पैदा करना है तो युवा पीढ़ी को चाहिए कि वह घृणा फैलाने वाले झूठे धर्मों को तोड़े।

इस देश में गरीबी को तोड़ना है। गरीबी ही सब तरह के पापों की जन्मदात्री है। भ्रष्टाचार तभी मिट सकता है, जब गरीबी को तोड़ दिया जाये। पर यहां प्रत्येक व्यक्ति अपनी-अपनी गरीबी को ही दूर करने में लगा है, पर समाज की गरीबी को मिटाने की किसी को फिक्र नहीं है। पूरे समाज से गरीबी मिटाई जा सकती है पर हमें अपनी व्यक्तिवादी दृष्टि बदलनी होगी। हिन्दुस्तान की पूरी दृष्टि व्यक्तिवादी रही है। अपना मकान बना लेना है, अपनी खेत की सिंचाई कर लेनी है, अपना स्वर्ग खोज लेना है। समाज का कन्सेप्ट अगर खयाल में आ जाये, अगर व्यक्ति यह समझने लगे कि हमारा जीवन इकट्ठा है, हमारे दुःख-सुख समाज के हैं, तो एक क्रान्ति घटित हो सकती है। यह असम्भव है कि पूरा गांव बीमार हो और एक आदमी स्वस्थ रह सके। यदि चारों तरफ मरघट हो, गरीबी हो, तो अपनी अलग बगिया लगाकर कोई अमीर भी सुखी नहीं हो सकता। पर मुझे तो यहां अमीर भी गरीब जितना ही दुःखी दिखाई देता है। पर यह कंसेप्ट भी गलत है कि यदि कुछ अमीर खत्म कर दिए जायें तो गरीबी मिट जायेगी। रुस में यह प्रयोग इसीलिए असफल रहा। वहां के समस्त अमीर मिटा दिये गए पर गरीबी नहीं मिटी। शासक वर्ग के रूप में एक नया अमीर वर्ग खड़ा हो गया। जरूरत इस बात की है कि देश में पहले पूंजी बढ़ाई जाये। समृद्धि लाई जाये। जब काफी पूंजी होगी देश में तभी बंटवारे

के बाद गरीबी खत्म हो सकती है। समाज में जो विद्रोह के लक्षण प्रारम्भ हो गये हैं, यह शुभ है। यह विद्रोह अगर गलत रास्ते पर है, फिर भी मैं इसका स्वागत करता हूं। विद्रोह या क्रांति के न होने से मैं विद्रोह होना अधिक शुभ मानता हूं। यदि आज वह गलत रास्ते पर है तो कल ठीक रास्ते पर भी आ सकता है।''

आचार्यश्री फिर रुककर बोले—''लेकिन मैं देखता हूं कि देश में अभी युवा पीढ़ी पैदा ही नहीं हुई है। युवा पीढ़ी के पैदा होने का अर्थ है एक सृजनात्मक विद्रोह। यदि लड़ने के पहले, कुछ शुभ बनाने की आकांक्षा, योजना या प्रेरणा नहीं है तो विद्रोह करने का अर्थ क्या रह जाता है? इस बारे में तीन सूत्र बहुत आवश्यक हैं। साधुओं-संन्यासियों ने हमारे मनों में यह जहर भर दिया है कि जीवन व्यर्थ है, संसार असार है। संसार से भाग जाओ। जिन्हें संसार से भागना है वह संसार पर खाने-पीने का बोझ क्यों डालते हैं? जो संसार से भाग गये हैं, किसी गांव या शहर की सीमा में उन्हें घुसने ही न दिया जाये। देश में दो करोड़ से अधिक लोग कुछ न करते हुए समाज पर बोझ बने उसे केवल भटकाने का काम कर रहे हैं। हमें जीवन की नहीं, मोक्ष की खोज है। भारत युवा चित्त में यह बात स्पष्ट रूप से बैठ जानी चाहिए कि जीवन में ही परम आनंद की सम्भावना है और जो जीवन के रस में जितना गहरा उतरता है, वह उतना ही परमात्मा के निकट पहुंचता है। जीवन और परमात्मा में कोई विरोध नहीं है। जीवन क्या, संसार छोड़ने की बकवास से पूरे देश का चित्त उदास है, जीवन में आनन्द और रस नहीं है जबकि परमात्मा तो परमानंद है।''

उसी रात आचार्यश्री दिल्ली चल पड़े।

दिल्ली से उदयपुर, अजमेर होते हुए आचार्यश्री का अगला कार्यक्रम भोपाल में था। भोपाल से उन्हें बम्बई जाना था।

❑ ❑

बच्चन जी मिलकर कृतार्थ हुए

आचार्यश्री प्रातः दिल्ली पहुंचे। सदैव की भांति लाला सुन्दरलालजी और शांतिपालजी उन्हें स्टेशन पर लेने आये हुए थे। आचार्यश्री लालाजी के घर पहुंचे। लोगों को उनके यहां ठहरने की पूर्व सूचना थी। यहां भी प्रभु श्री से मिलने वालों की भीड़ लग गई। वह प्रत्येक से अत्यन्त प्रेम से मिले।

शिव प्रताप सिंह ने बच्चनजी से भेंट का आयोजन कर रखा था। दोपहर भगवान श्री से भेंट करने बच्चनजी आये। प्रणाम करते हुए उन्होंने अपना परिचय देते हुए कहा—''मैं बच्चन हूं। आपके दर्शन करने की बहुत दिनों से उमंग थी।''

फिर उन्होंने 'मधुशाला' की प्रति भगवान श्री को भेंट करते हुए कहा—''पुरानी परम्परा है कि संत महापुरुष के पास जायें तो कुछ लेकर जायें। वैसे तो 40-50 किताबें हो गई हैं, पर यह लोकप्रिय अधिक हुई।''

भगवान श्री ने भेंट स्वीकार कर मुस्कुराते हुए कहा—''मैं मधुशाला ही नहीं आपकी कई काव्यकृतियां पढ़ चुका हूं। पर परम्परा की बात एक कवि के मुख से अच्छी नहीं लगती। लीक छोड़ तीनों चलें, सायर, सिंह, सपूत। और मुझे प्रसन्नता है कि आपने जीवन में भी कुछ लीक से हटकर किया है। पर मैं पुस्तक की छोटी-सी भेंट से सन्तुष्ट होने वाला नहीं। मैं तो सर्वस्व लेता हूं। क्या अपने 'मैं' को दे सकते हो?''

बच्चनजी समझ गये 40-50 किताबें प्रकाशित होने की बात कहकर उन्होंने अनजाने ही अपने अहंकार का प्रदर्शन कर दिया है। विनम्रता से बोले--''मैं मानता हूं, हम सभी साहित्यकार 'मैं' से ग्रस्त हैं। न चाहते हुए भी अचेतन में बैठा 'मैं' अनजाने ही प्रकट हो जाता है। अपने इस 'मैं' की भेंट दे सकूं, इससे बढ़कर मेरा और क्या सौभाग्य होगा?''

आचार्यश्री ने मुस्कुराते हुए कहा—''कलाकार चूंकि सृजन का आनंद लेता है—सौंदर्य की अनुभूति करता है इसलिए वह अपने अंतस के 'मैं' के बहुत निकट होता है। पर मन का 'मैं' ही उसमें अवरोध बन जाता है। यही उसका कारागार बन जाता है।''

बच्चनजी बहुत सावधानी से बोले—''पर साहित्यकार भी तो एक आम इनसान है। उसकी भी तो सांसारिक आवश्यकताएं होती हैं, आकांक्षाएं होती हैं। अधिकतर धन और यश ही उसे सृजन के लिए प्रेरित करते हैं। आप मीरा, कबीर और अन्त में संत-कवियों का उदाहरण दे सकते हैं, जिन्हें धन और यश की भी कामना नहीं थी। पर ऐसे लोग तो अपवाद हैं।''

आचार्यश्री स्नेह से बोले—''आप भी तो वह अपवाद हो सकते हैं। आपने हिन्दी में 'उमरखैयाम' को गाया, तो उमरखैयाम जैसे सूफी क्यों नहीं हो सकते? बस 'मैं' को मिटाने की ही तो बात है। 'मैं' आपसे आपका वही 'मैं' मांग रहा हूं।''

बच्चनजी एक सांस लेकर बोले—''व्यक्ति जो चाहता है, क्या वह सब कुछ मिल ही जाता है? और उसका क्या खेल है? यह तो वही खिलाड़ी जाने। वह जैसा खिला रहा है, हम वैसा ही खेल रहे हैं।''

आचार्यश्री ने कहा—''खेल को खेल समझ कर ही खेलना अच्छा है। पर जब खिलाड़ी

यह समझने लगता है कि 'मैं' खेल रहा हूं, तब वह खिलाड़ी की भावना छोड़कर उसमें अपनी कामना को सम्मिलित कर देता है, फिर वह खेल कहां रह जाता है? यह कामना ही बाधा है। और मैं तो कहता हूं कि मोक्ष पाने या परमात्मा को पाने की कामना भी बाधा बन जाती है।''

बच्चनजी मौन रहे। फिर कुछ रुककर भगवान श्री ने कहना शुरू किया—''बीज अपनी क्षमता नहीं पहचानता। एक बीज से एक वृक्ष बनता है। एक वृक्ष में फिर हजारों बीज लगते हैं। एक बीज से एक पूरा जंगल खड़ा हो जाता है। एक बीज में अनंत संभावनाएं छिपी हैं। बस जरूरत है, उसे मुलायम मिट्टी मिले। पानी और प्रकाश मिले। वायु मिले। चेतना का बीज ध्यान में अंकुरित होता है। ध्यान ही उसकी जमीन है। संकल्प ही प्रकाश है। साधना वायु है। पर लोग तुच्छ पाकर सन्तुष्ट हो जाते हैं। जो विराट हमारे अन्दर ही छिपा है, उसे जानने का प्रयास ही नहीं करते।''

आचार्यश्री लगभग 15 मिनट बच्चनजी से चर्चा करते रहे।

चलते हुए बच्चनजी रजनीशजी की ओर देखते हुए बोले—''आचार्यश्री! यद्यपि मैं कोई ज्योतिषी नहीं हूं। पर फिर भी आपके बारे में एक भविष्यवाणी करना चाहता हूं।'' आचार्यश्री मुस्कुरा कर बोले—''आपको जो कहना है, नि:संकोच कहें।'' बच्चनजी ने कहा—''यू आर ए ट्रेजिक परसन एण्ड यू विल भी क्रूसीफाइड।'' और इतना कहते-कहते बच्चनजी की आंखें भर आईं।

आचार्यश्री ने कोई उत्तर नहीं दिया। केवल मुस्कुराते रहे।

इतने में 20-25 छात्राओं के साथ डॉ. त्रिपाठी ने प्रवेश किया। बच्चनजी को विदा करने के बाद, आचार्यश्री जैसे ही बैठे, डॉ. त्रिपाठी उन्हें झुककर प्रणाम करते हुए बोले—''आज हम लोग शान्ति दिवस मना रहे हैं। सायंकाल एक सभा का भी आयोजन है। क्या आप उसके लिए कुछ समय दे सकेंगे?''

आचार्यश्री ने उत्तर दिया—''आपके उस शान्ति दिवस में राजनेता और राजनीतिक संत होंगे। मुझसे पूछो, तो सारी अशान्ति की जड़ ये ही लोग हैं। पर ऊपर से यह लोग शान्ति का ढोल उतने ही जोर से बजाते हैं। मनुष्य जाति के पांच हजार वर्षों के इतिहास में लगभग साढ़े चौदह हजार युद्ध लड़े गये हैं। इन युद्धों के जनक राजनेता थे। पुरोहित थे। भारतवर्ष में लाखों बौद्ध भिक्षु मार दिये गये, या पड़ोसी देशों में पलायन कर गये। यूरोप में क्रूसेड हुए। कैथोलिक और प्रोटेस्टेंट ईसाइयों में कई बार खूनी जंगें हुईं। महमूद गजनवी, गोरी, चंगेज़ खां, तैमूर लंग अब्दाली, और औरंगजेब द्वारा इस्लाम, जिसका शाब्दिक अर्थ शान्ति है, तलवार के बल पर फैलाया गया। यह पंडित, मौलवी ही देश में खूनी साम्प्रदायिक दंगे कराते रहे। शान्ति की बात कहना ही महज नाटक है। नागासाकी और हीरोशिमा में एटमबम गिराने वाले भी राजनतिज्ञ थे। लाखों को एक क्षण में मौत की नींद सुलाने वालों ने यू. एन. ओ. बनाई है। एक ओर वह विश्व शान्ति का डंका पीटते हैं, दूसरी ओर वह अब भी एटम और हाइड्रोजन बमों का परीक्षण कर रहे हैं। अगर विश्वशान्ति लानी है तो सारे आणविक शस्त्रों का नष्ट किया जाना ही एक मात्र विकल्प है। भाषण देने, नारे लगाने और प्रस्ताव पास करने से शान्ति नहीं हो सकती। जब तक प्रत्येक व्यक्ति अशान्त है, उद्विग्न है, दु:खी है, तब तक अशान्ति तो रहेगी ही। मैं इसलिए बराबर कहता हूं कि पहले व्यक्ति का रूपान्तरण हो, जो केवल ध्यान द्वारा सम्भव है। पहले व्यक्ति के अन्दर जो हिंसक पशु बैठा है, उसका रूपान्तरण हो। जब तक व्यक्ति का मन अशान्त है, उसमें हिंसा है, उसका विस्फोट होता ही रहेगा। ऊपर से थोपे गये नीति विषयक उपदेशों से रूपान्तरण की बात कहना बिलकुल बचकानी बातें हैं।''

सभी छात्राएं मंत्रमुग्ध होकर सर्वथा नई बातें सुन रही थीं, जो आज से पहले इस संदर्भ में उन्होंने कभी नहीं सुनी थीं। कुछ रुककर आचार्यश्री ने फिर अपनी अधूरी बात पूरी करते हुए कहा—''ऐसी सभाओं में गांधीजी की अहिंसा का उल्लेख जोर-शोर से किया जाता है, और कहा जाता है—उनकी अहिंसा की नीति से ही देश आजाद हुआ है। पर यह कहना इतिहास के तथ्यों को तोड़-मरोड़ कर सत्य से इनकार करना है। सन् 42 का आन्दोलन जब हिंसक होने लगा, सरकारी दफ्तरों को जलाने के बाद जब तोड़-फोड़ हुई, हिंसा हुई, तो गांधीजी यह आन्दोलन वापस लेना चाहते थे। हालांकि और सभी नेताओं के दबाव के कारण आन्दोलन वापस नहीं लिया गया। सन् 42 के देशव्यापी हिंसक आन्दोलन ने ही अंग्रेजों को सोचने पर विवश किया। फिर द्वितीय महायुद्ध में भी उलझे रहने के कारण इंग्लैंड की हालत स्वयं विषम हो रही थी। ऐसे ही समय वहां लेबर पार्टी की उदार सरकार बनी। इटली के स्थान पर चर्चिल, ब्रिटेन का प्रधानमंत्री बना रहता, तो स्वतन्त्रता एक दिवा-स्वप्न होती। पर मैं गांधीजी के महत्त्व को अस्वीकार नहीं करता। उन्होंने पूरे देश में असहयोग आन्दोलन से जो एक चेतना जगाई, जिस जागृति को उन्होंने गांव-गांव में फैलाया, वह निश्चित ही प्रशंसनीय है। पर उनका अहिंसा का प्रयोग एक असफल प्रयोग था। अगर कांग्रेस गांधीजी की अहिंसा की पक्षधर थी, फिर स्वतन्त्रता मिलने पर फौजों को सजाने की जरूरत क्या थी? अगर अहिंसा प्रभावी थी, तो साम्प्रदायिक दंगों को रोकने के लिए फौज और पुलिस का प्रयोग क्यों किया जाता है?''

''पर आप भी तो महावीर की अहिंसा की प्रशंसा करते हैं'' डॉ. त्रिपाठी ने शंका व्यक्त की।

आचार्यश्री ने उत्तर दिया—महावीर की और गांधीजी की अहिंसा में मौलिक भेद है। महावीर अहिंसा को तप का प्रमुख आधार मानते हैं। तप करने और ध्यान करने के बाद, अंत:करण के रूपान्तरण के बाद प्रेम, अहिंसा का जन्म होता है। गांधीजी की अहिंसा, नीतिपरक अहिंसा है, जो ऊपर से थोपी गई शिक्षा मात्र है। इसीलिए उसके प्रयोग सफल नहीं हुए। पर जैनियों ने भी महावीर की अहिंसा का स्थूल अर्थ लिया। किसी का हृदय न दुखाया जाये और जीव हत्या न की जाये, केवल मात्र अहिंसा इसे ही समझा जाने लगा। गांधीजी ने भी अहिंसा का यही अर्थ लिया। पर महावीर की अहिंसा का अर्थ था—इस प्रकार हो जाना, कि दूसरों को तुम्हारी उपस्थिति का पता ही न चले। 'मैं' को मिटा देना। दूसरे हमारी उपस्थिति का अनुभव करें, यह विचार मात्र ही हिंसा है। महावीर सारे संसार के प्रति तटस्थ हो गये थे।

पर देश, काल परिस्थिति के अनुसार मैं समझता हूं कि जो प्रेम की, अहिंसा की भाषा को समझने के लिए तैयार नहीं है, और आक्रमण करने को तैयार हैं, तो उसके प्रत्युत्तर में आत्मरक्षा के लिए की गई हिंसा भी अहिंसा है।''

डॉ. त्रिपाठी ने पूछा—''तो आपकी दृष्टि में क्या पूरा-का-पूरा गांधीवाद ही गलत है? क्या उसकी देश को कोई भी देन नहीं है?''

आचार्यश्री मुस्कुरा कर बोले—''क्या आप नहीं देख रहे कि आज देश में गांधी के मानने वाले क्या कर रहे हैं? अगर गांधीजी के अनुयाइयों का आन्तरिक रूपान्तरण हुआ होता तो उनके ही शिष्य जो आज मन्त्री, एम. पी. और एम. एल. ए. बने हुए हैं, भ्रष्ट न होते। उनके शिष्य स्वयं गांधीवाद को कितना मान रहे हैं। चूंकि गांव-गांव, नगर-नगर में गांधीजी पूजे जाते हैं, इसीलिए उनके अनुयायी भी सबसे पहले गांधीजी की जय बोलते हैं। उनकी मूर्ति और चित्र पर फूलमालाएं चढ़ाते हैं? कोई काम प्रारम्भ करने के पूर्व उनकी समाधि पर पुष्पहार चढ़ा देते

हैं। पर वह जो कुछ करते हैं—क्या वही गांधीवाद है? गांधीजी ने चरखा और कुटीर उद्योगों की वकालत की थी। दिखाने में साल में दो-चार दिन, कुछ मिनटों के लिए वह भी चरखा चलाते हैं, पर इसके बाद वह कपड़ा मिल का उद्घाटन करते हैं। अहिंसक आन्दोलनों को कुचलने के लिए पुलिस से लाठियां और गोलियां चलवाते हैं। कहने को वह खादी पहनते हैं। पर उनकी खादी अस्सी और सौ रुपये मीटर होती है। उनकी सादगी का यह हाल है कि वह एयरकंडीशन्ड कारों में सफर करते हैं। भव्य बंगलों में रहते हैं। आप स्वयं देखें, गांधीवादी का पालन उनके ही अनुयाइयों द्वारा किया जा रहा है या नहीं?

चरखा, इस बढ़ी हुई जनसंख्या के लिए सस्ते कपड़े उपलब्ध नहीं कर सकता। बैलों से खेती करके हम इतना अन्न नहीं उपजा सकते कि हमारा पेट भर सके। बिना बड़े-बड़े कारखाने लगाये देश आत्म निर्भर नहीं बन सकता। पंडित नेहरू भी व्यवहारिक रूप में गांधीवाद को व्यर्थ समझते थे। तभी उन्होंने बड़े-बड़े कारखाने लगवाये। ट्रैक्टर और आधुनिक टेक्नोलॉजी से खेती कराने का शुभारम्भ किया। अगर देश गांधीवाद पर चले तो वह नंगा और भूखा रहेगा। गरीब और पिछड़ा हुआ रहेगा। विपन्न और दीन-हीन बना रहेगा।

गांधीजी ने दरिद्र को दरिद्र नारायण कहकर गरीबी को इतना महिमामंडित कर दिया कि गरीब, गरीबी से उबरने का प्रयास करना ही छोड़ दे।

पर मैं यह भी नहीं कहता कि गांधीजी गलत व्यक्ति थे। व्यक्तिगत रूप से गांधीजी की सत्य के प्रति निष्ठा और उनका सत्यवादी होना ही उन्हें महिमामंडित करने के लिए पर्याप्त है। उन्होंने सारे देश को एकजुट किया, संगठित किया, उन्हें स्वतन्त्रता के लिए प्रेरित किया, यह कोई छोटी बात नहीं है। पर वास्तविकता यह है कि वह स्वप्नदर्शी थे। इनका दर्शन, उनके कुछ विचार त्रुटिपूर्ण हैं। उनके त्रुटिपूर्ण विचारों पर यदि निष्पक्षता से मनन नहीं होगा तो बड़ा नुकसान होने की सम्भावना है। आप हर दफ्तर, थाना और अदालत में देखिये। हर जगह गांधी का चित्र लटका है। पर उसी चित्र के नीचे खुले आम रिश्वत चलती है। असत्य का आचरण होता है, न्याय का गला घोंटा जाता है। इसका एक मात्र कारण है कि गांधीजी सन्त नहीं थे। उन्होंने अंतरयात्रा नहीं की थी। वह केवल नीतिवादी थे। इसलिए गांधीवाद के व्यक्ति का रूपान्तरण नहीं हुआ।

मैं इसीलिए कहता हूं कि शान्ति-शान्ति चिल्लाने से, सभा करने, या प्रस्ताव पास करने से, या गांधीजी का नाम मन्त्र की तरह दोहराने मात्र से शान्ति नहीं आ सकती। हम क्यों अशान्त हैं? एक बार इसे समझ कर, बोध पूर्वक, अगर अपनी अंतरयात्रा पर निकल जायें, शान्ति तभी आयेगी।''

इतना कहकर आचार्यश्री मौन हो गये। डॉ. त्रिपाठी, छात्राओं सहित संतुष्ट और सहमत होकर वापस चले गये।

❑ ❑

दिनकरजी फिर मिले

दिनकरजी जब भी आचार्यश्री से भेंट करने आते, आचार्यश्री उन्हें बात करने से पहले टोकते—''देखो भाई दिनकर, कुछ काव्य-संबंधी बात ही कहना। मैं आपकी बीमारी या परिवार के बारे में बात नहीं करना चाहता।''

दिनकर कहते—''पर मैं चौबीस घंटे एक कवि बनकर ही तो नहीं जी सकता। मेरी भी तो समस्याएं हैं।'' आचार्यश्री उन्हें टोकते हुए कहते—''पर मैं एक कवि से भेंट कर रहा हूं। मैं दिनकर को ही जानता हूं। रामधारी सिंह से मिलने की मेरी कोई भी इच्छा नहीं है। वह राज्य सभा का सदस्य है। अपनी राजनीतिक समस्याओं और महत्त्वाकांक्षाओं के बाबत वह, अच्छा है, राजनीतिज्ञों से बात करे। मैं राजनीति से घृणा करता हूं, और मैं राजनीतिक बातें सुनना पसंद नहीं करता हूं।''

दिनकर जी मैत्रेयजी का मुंह देखते हुए विवशता से कहते—''अच्छा मैं राजनीति से संबंधित कोई बात नहीं करूंगा। पर मेरी जो पारिवारिक या स्वास्थ्य-संबंधी समस्याएं हैं, मैं उन पर तो बात कर ही सकता हूं।''

आचार्यश्री मुस्कुरा कर कहते—''मैं उनके बाबत भी कुछ सुनना नहीं चाहता। आपको डाइबिटीज है और आप मिठाई खाना बंद नहीं कर सकते। और मिठाई क्या, कोई भी परहेज करना नहीं चाहते। आपके पास संकल्प नाम की कोई चीज है ही नहीं। 'हुंकार' के कवि को मैं इतना संकल्पहीन देखता हूं तो मुझे तकलीफ होती है। कथनी और करनी में इतना फर्क क्यों है? और अपनी पारिवारिक समस्याओं के लिए गांधीजी की तरह आप स्वयं जिम्मेदार हैं। आपने अपने व्यक्तित्व के आगे अपने किसी पुत्र के निजत्व के फूल को खिलने ही नहीं दिया। आपने उन्हें निरन्तर दबाकर रखा। अब क्रिया की प्रतिक्रिया होना स्वाभाविक है। मैं उसमें कर क्या सकता हूं? जो आपने बोया है आपको वही काटना होगा।

आप मेरे पास आये हैं तो जीवन के मूल्यों के बावत, सौंदर्य के बाबत कुछ बात कीजिये। जीवन के शाश्वत सत्य के संबंध में चर्चा कीजिये। और आपसे मैं सच धताऊं, जब कभी मैत्रेय जी आपकी कोई नई प्रकाशित काव्य-पुस्तक मेरे पास छोड़ जाते हैं तो आपके बारे में याद करने के बाद मेरी उसे छूने की भी हिम्मत नहीं होती।

दिनकरजी की शक्ल देखने लायक होती। वह थककर कहते—''आप कुछ भी कहें, मैं उसका बुरा नहीं मानता। क्योंकि मैं जानता हूं कि आप मुझसे स्नेह करते हैं। और आप उन सभी की पारिवारिक समस्याएं चुटकी बजाते हल कर देते हैं जिन्हें आप स्नेह करते हैं। मैं अपने दोनों लड़कों से बहुत परेशान हूं। दोनों में से कोई भी मेरी बात सुनता ही नहीं। उनसे जो भी कहो, वे उसका उलटा करते हैं। मैं उन्हें आपके पास भेज दूंगा, आप ही उन्हें समझा दीजियेगा।''

आचार्यश्री कहते—''मैं उनसे मिल तो लूंगा। पर उनकी बात सुनकर यदि मुझे लगा कि दोषी आप हैं तो क्या आप अपना दोष स्वीकार कर उनके रास्ते से हट जायेंगे?''

दिनकरजी से जबाब देते न बनता।

□ □

दस आज्ञाएं-एक खेल

साधना शिविरों में साधक प्रायः पूछते थे—"आचार्यश्री! कृपया आज्ञा दें, हम जीवन में किन नियमों का पालन करें, जो साधना में सहायक हों।"

और आचार्यश्री मुस्कुरा कर कहते थे—मैं तुम्हें सभी नियमों और अनुशासन से मुक्त करता हूं। नियम होते ही इसलिए हैं कि उन्हें तोड़ा जाये। मन का यही स्वभाव है कि वह थोपे गये नियमों और अनुशासन को किसी दूसरे रास्ते से तोड़ने का प्रबन्ध कर लेता है। और अगर तुमने संकल्पपूर्वक नीति और नियमों का पालन किया तो तुम अपने मनोवेगों का दमन करोगे। नई मनोग्रंथियों का सृजन करोगे। जबकि मैं दमित मनोग्रंथियों के रेचन पर ही जोर दे रहा हूं। ध्यान करना है, तो बस सहज सरल हो जाओ। सुख-दुःख जो भी मिले, उसमें ही राजी हो जाओ। दुःख से राजी होते ही फिर दुःख भी दुःख नहीं रह जाता। हमेशा दृष्टिकोण आशावादी हो। जड़-चेतन सभी के प्रति प्रेम से भर जाओ। प्रकृति के अधिक-से-अधिक सान्निध्य में रहो और सूर्योदय हो या सूर्यास्त, अमावस की रात में सितारों से भरा आसमान हो या खिलती हुई चांदनी, उसे देखो, और प्रकृति के रहस्यों के प्रति आश्चर्य के भाव से भर जाओ। सदा ताजे फूल की तरह खिले हुए प्रमुदित रहो। पर यह नियम या अनुशासन नहीं है। यह ध्यान के सहज सरल सूत्र हैं। जीने की एक शैली है। ध्यान करते-करते दुर्गुण और असत् वृत्तियां स्वतः समाप्त होने लगती हैं। अंदर से एक आत्म-अनुशासन का जन्म होता है। ध्यान में डूबा व्यक्ति फिर दुराचार तो कर ही नहीं सकता। हिंसा और क्रोध फिर बचते ही नहीं। इन ऊर्जाओं का रूपान्तरण हो जाता है। क्रोध, करुणा में बदल जाता है। कामवासना प्रेम में परिवर्तित हो जाती है।

पर परम्परावादी साधक पहले से धारणा बनाये बैठे थे कि बिना नियम और अनुशासन के ध्यान कैसा? वह आज्ञा चाहते थे, निर्देश चाहते थे। वह जिस धर्म में पले, बड़े हुए थे, उसमें प्रारम्भ से ही सिखाया गया था—यह करो। यह मत करो। यही समाज ने, शिक्षा ने सिखाया था। यह ठीक है, यह गलत। यह करना पाप है, और यह करना पुण्य है।

हिन्दुओं के सामने मर्यादा पुरुषोत्तम राम का चरित्र था। नीति, मर्यादा, के पालन के लिए उन्होंने राजसिंहासन छोड़ दिया। सीता का परित्याग कर दिया। शास्त्रों और धर्माचार्यों ने उन्हें आचरण दिया था। यह बात और कि इस धर्माचरण के बावजूद भ्रष्टाचार, दुराचार, हिंसा बढ़ी ही अधिक थी, कम नहीं हुई थी।

यहूदी, मूसा द्वारा दी गई दस आज्ञाओं का पालन करते थे। मूसा को यह दस आदेश परमात्मा से मिले थे। ईसाई या मुसलमानों के लिए भी जो कुछ बाइबिल या कुरान में लिखा था उसका आचरण करना ही धर्म के मार्ग पर चलना था। एक ओर इस्लाम प्रेम, शांति और भाईचारे का संदेश देता था पर काफिरों का कत्ल करना उनके लिए सबाब था। ईसाईयों ने प्रेम के नाम पर प्रभु का राज्य फैलाने के लिए ही उपनिवेश स्थापित किये थे, लोगों का शोषण किया था। दो-दो महायुद्ध लड़े थे। और बौद्ध धर्म में तो हजारों नियम थे। पर वह नियम अलंकार की प्रकार थे। उनका आचरण कितने लोग करते थे?

आचार्यश्री तो केवल ध्यान द्वारा मूर्च्छा दूर करने की, जागने की बात कह रहे थे। जागरण

होते ही जब संसार स्वप्नवत लगने लगता है, जब चाह खो जाती है तो जो कुछ होता है, ठीक ही होता है। जागा हुआ व्यक्ति कोई गलत काम कर ही नहीं सकता। फिर वह मन का मालिक होता है। इन्द्रियां उसकी गुलाम हो जाती हैं।

पर साधक किसी भी भांति आचार्यश्री का पीछा छोड़ने को तैयार नहीं थे। उन्हें इसी संबंध में अनेक पत्र मिलते थे।

और जब पटना युनिवर्सिटी में अंग्रेजी विभाग के प्रवक्ता डॉ. रामचन्द्र प्रसाद ने जो उनके अनन्य प्रेमी थे उनसे अत्यंत आग्रहपूर्वक मूसा की ही भांति दस आज्ञाएं देने का अनुरोध किया तो हंसते हुए आचार्यश्री ने उन्हें पत्र लिखा—

प्रिय रामचन्द्र प्रेम!

मेरी दस आज्ञाएं (Ten Commandents) पूछी हैं। बड़ी कठिन बात है, क्योंकि मैं तो किसी भी भांति की आज्ञाओं के विरोध में हूं।

फिर भी एक खेल रहेगा, इसलिए खेलता हूं।

1. किसी की आज्ञा कभी मत मानो, जब तक कि वह स्वयं की ही आज्ञा न हो।
2. जीवन के अतिरिक्त और कोई परमात्मा नहीं है।
3. सत्य स्वयं में है, इसलिए उसे और कहीं मत खोजना।
4. प्रेम प्रार्थना है।
5. शून्य होना सत्य का द्वार है। शून्यता ही साधन है, साध्य है, सिद्धि है।
6. जीवन है, अभी और यहीं।
7. जियो और जागे हुए।
8. तैरो मत, बहो।
9. मरो प्रतिपल, ताकि प्रतिपल नये हो सको।
10. खोजो मत। जो है—है। रुको और देखो।

रजनीश के प्रणाम

डॉ. रामचन्द्र प्रसाद, विभागाध्यक्ष (अंग्रेजी), पटना विश्वविद्यालय पटना।

इन दस आज्ञाओं का पत्र 'ज्योतिशिखा' के जून, 70 के अंक में भी प्रकाशित हुआ। उसके बाद आचार्यश्री से लोगों ने नियम और अनुशासन के बाबत पूछना ही छोड़ दिया।

❑ ❑

बच्चन जी को पत्र

अपने निवास जबलपुर में आचार्यश्री लॉन में इजीचेयर पर बैठे हुए थे, तभी शिव आया और उन्हें प्रणाम कर एक ओर बैठ गया। अन्य लोगों के उठ जाने पर आचार्यश्री ने कहा— ''क्या बात है शिव? लगता है, कुछ कहना चाहते हो?''

शिव ने कहा—''बच्चनजी आपसे मिलने जबलपुर आना चाहते हैं। आप आज्ञा दें, तो उन्हें दो सप्ताह बाद आने के लिए लिख दूं। मैंने अरविन्दजी से मालूम किया है, अभी फिलहाल दो सप्ताह बाद आपका कहीं बाहर जाने का कार्यक्रम निश्चित नहीं हुआ है।''

आचार्यश्री हंसकर बोले—''बच्चन प्रतिभाशाली और समर्थ कलाकार हैं। वह क्या चाहते हैं?''

शिव ने उत्तर दिया—''बच्चनजी मुझसे आपके बारे में कह रहे थे—कि वह आपके प्रवचनों से बहुत प्रभावित हैं। उनका खयाल है कि आपने पूरे देश की नब्ज पर हाथ रखा है। आपके बोलने में ऊर्जा की एक लहर-सी उठती है। आपके विचारों को फैलाने के लिए वह चाहते हैं एक संगठन बने।''

आचार्यश्री मुस्कुरा कर बोले—''जीवन जागृति केन्द्र का मित्र-मण्डल यही सब कुछ तो कर रहा है। मैं कोई संगठन नहीं बनाना चाहता। संगठन के लिए नियम, अनुशासन चाहिए। एक विधान चाहिए। व्यवस्था चाहिए। और मैं इन सभी के विरुद्ध हूं।''

फिर कुछ रुककर बोले—''बच्चन को लिख दो, वह आ जायें।''

शिव कुछ संकोच से बोला—''बच्चनजी ने आपको पत्र भी लिखा है। 'मधुशाला' स्वीकार करते समय आपने कहा भी था कि 'मधुशाला' पढ़कर आप अपनी सम्मति भेजेंगे।''

''आचार्यश्री मुस्कुरा कर अंदर से कलम-कागज मंगाकर, तुरन्त बच्चन को पत्र लिखने लगे।''

उन्होंने लिखा—

मेरे प्रिय प्रेम!

ऐसा कहां होता है, कि दो व्यक्तियों में मिलन हो पाए?

इस पृथ्वी पर तो नहीं ही होता है न?

संवाद असंभव ही प्रतीत होता है।

लेकिन कभी-कभी असम्भव भी घटता है।

उस दिन ऐसा ही हुआ।

आपसे मिलकर लगा कि मिलन भी हो सकता है, और संवाद भी और शब्दों के बिना भी।

और आपके आंसुओं से मिला उत्तर।

उन आंसुओं के प्रति में अत्यन्त अनुगृहीत हूं।

ऐसी प्रतिध्वनि तो कभी-कभी ही होती है।

'मधुशाला' देख गया हूं। फिर-फिर देख गया हूं।
गीत गा सकता, तो जो मैं गाता वही उसमें गाया गया है।
संसार को भी आनंद से स्वीकार कर सकें, ऐसे संन्यास को ही मैं संन्यास कहता हूं।
क्या सच ही संसार और मोक्ष एक ही नहीं हैं?
अज्ञान में द्वैत है। ज्ञान में तो बस एक ही है।
आह! प्रेम और आनंद के जो गीत गा-नाच न सके, वह भी क्या धर्म है?

रजनीश के प्रणाम

शिव के जाने के बाद आचार्यश्री ने कुछ अन्य प्रेमी मित्रों के पत्रों के उत्तर दिये, और दूसरे ही दिन आचार्यश्री उदयपुर चल पड़े।

❑ ❑

स्टेशन पर नमाज

अजमेर स्टेशन पर जब तीसरे पहर गाड़ी रुकी तो उन्होंने देखा कि डिब्बों के बाहर कुछ लोग प्लेटफार्म पर चटाई बिछाकर नमाज पढ़ रहे हैं। वह भी प्लेट फार्म पर उतर कर नीचे आ गये। उन्होंने देखा, कुछ ही दूरी पर एक बुर्जुग मुसलमान ने चटाई प्लेटफार्म पर बिछाकर पहले अपनी घड़ी देखी फिर गार्ड के डिब्बे की ओर मुंह कर नमाज पढ़ने लगे।

वह कुछ देर नमाज पढ़ते थे और फिर आंखें खोलकर गार्ड के डिब्बे की ओर देख लेते थे कि कहीं वह झंडी तो नहीं दिखा रहा है?

आचार्यश्री ने उनका मुंह, जो गार्ड के डिब्बे की ओर था, दूसरी ओर घुमाते हुए कहा— ''आप बीच-बीच में नमाज पढ़ते हुए आंख खोलकर गार्ड के डिब्बे की ओर क्यों देखते हैं? आप दूसरी ओर मुंह कर नमाज पढ़ें। गाड़ी जाती है तो जाये। अल्लाह का नाम लेते वक्त अगर आप गाड़ी के जाने की चिंता में हैं तो प्लेटफार्म पर नमाज पढ़ने आये ही क्यों? वह सज्जन बुरी तरह चौंक गये। इतने में गार्ड ने व्हिसिल बजाकर हरी झंडी दिखाई, वह सज्जन फुर्ती से उठकर खड़े हो गये और दरी समेटकर डिब्बे की ओर भागे। आचार्यश्री मुस्कुराते हुए पास खड़े अपने डिब्बे में चढ़ गये। उन महाशय का डिब्बा आगे निकल गया था। संयोग से आचार्यश्री के डिब्बे का हैंडिल ही उनके हाथ आया। जब हांफते हुए वह डिब्बे में आ गये तो मुस्कुराकर आचार्यश्री बोले—मैं आपको नमाज पढ़ते हुए ध्यान से देख रहा था। नमाज जरूर पढ़ रहे थे आप, पर आपकी आंखें बराबर गार्ड की ओर लगी थीं। कान सीटी की आवाज की ओर लगे थे। आप अपने डिब्बे में भी तो नमाज पढ़ सकते थे।''

वह सज्जन अटकते गले से बोले—''डिब्बे में दरी बिछाने और सिजदा में झुकने की इतनी जगह नहीं होती।''

आचार्यश्री पूर्ववत् मुस्कुराते हुए ही बोले—''नमाज की खास बात केवल झुकना है। झुकने का अर्थ ही है कि मैं अहंकार का विसर्जन करता हूं। मैं अपना 'मैं' मिटा रहा हूं। पर आप प्लेटफार्म पर नमाज पढ़कर पूरी ट्रेन को यह दिखाना चाहते थे कि आप सबसे बड़े धार्मिक हैं। यदि वाकई आप धार्मिक थे तो आपको ट्रेन छूट जाने की चिंता होनी ही नहीं चाहिये थी। वगैर पूरी नमाज पढ़े आपको दरी लपेट कर भागना ही नहीं चाहिये था। खुदा की इबाबत में यदि इनसान अपने-आपको भूल नहीं पाता, अपने में डूब नहीं जाता तो ऐसी इबादत से फायदा क्या। ट्रेन छूटती थी तो छोड़ देना चाहिये था उसे।''

कुछ देर वह सज्जन चुप रहे फिर गला खखार कर बोले—आप बिलकुल दुरुस्त फरमाते हैं, हम अल्लाह के गुनहगार बंदे है।

आचार्यश्री मुस्कुराकर बोले—आप सभी लोगों की नहीं, केवल अपनी बात कीजिये। क्या आपने अकबर बादशाह की वह कथा सुनी है, जब एक बार शिकार पर तीसरे पहर वह जंगल में ही कालीन बिछाकर नमाज पढ़ने लगे। इतने में भागती हुई एक गंवार देहातिन, जो कहीं देख रही थी, नमाज पढ़ते हुए बादशाह से टकराकर गिर पड़ी।

बादशाह फौरन क्रोध से आगबबूला होकर बोले—''तू क्या अंधी है? क्या तुझे यह दिखाई

नहीं दिया कि मैं पाक परवरदिगार की नमाज में झुका हुआ था। उन्होंने अपने साथ के सेवकों को हुक्म दिया—इस औरत को गिरफ्तार कर लो। इसे इसकी सजा भुगतनी होगी।''

वह औरत बिना भयभीत हुए फौरन बोली—ऐ! बादशाह! मैं तो अपने प्रेमी को खोजने, उसकी याद में सब कुछ भूलकर तुझसे टकरा गई। उसके प्रेम की याद में तू मुझे दिखाई नहीं दिया। यह तेरी कैसी नमाज है, जो तुझे नमाज पढ़ते मेरे टकराने का होश रहा और अपने अल्लाह को भूल कर तू मुझसे नाराज हो गया। प्रेम से की गई पूजा में तो शांति आती है, क्रोध नहीं आता।

और बादशाह ने शर्मिंदा होकर उस औरत से माफी मांगी और उसे फौरन छोड़ दिया।

वह मुसलमान सज्जन शर्मिंदा होकर बोले—आप कोई भी हों लेकिन जनाब हैं, वाकई कोई पहुंचे हुए फकीर। आज आपने सचमुच मेरी आंखें खोल दीं। मैं आपका तहे दिल से शुक्रगुजार हूं। अगले स्टेशन पर वह सज्जन अपने डिब्बे में चले गये।

गुजरात और महाराष्ट्र में आचार्यश्री के प्रेमियों की संख्या सर्वाधिक थी। अधिकतर साधना-शिविर भी गुजरात और महाराष्ट्र के प्रेमी मित्र ही बार-बार आयोजित कर रहे थे। उनके प्रवचनों की हिन्दी, अंग्रेजी, मराठी व गुजराती में पुस्तकें बम्बई से ही प्रकाशित हो रही थीं।

अहमदाबाद, जूनागढ़ व बम्बई से सैकड़ों पत्रों में यह आग्रह रहता था कि अब आचार्यश्री स्थाई रूप से बम्बई में ही निवास करें। वहां उनके लिए फ्लैट का व प्रतिदिन प्रातः व सायं नियमित रूप से प्रवचन देने का सारा आयोजन मित्रों ने कर रखा था। उदयपुर में रात्रि प्रवचन के बाद आचार्यश्री अवसर मिलते ही डाक लेकर बैठ गये। कई पत्रों का उत्तर देने के बाद, उन्होंने बम्बई से ही प्राप्त अनसूइया बहिन को उत्तर देते हुए लिखा था।

प्यारी अनुसूइया,
प्रेम!

लिखा है तूने, कि तू टूट-सी गई है।
अच्छा हो कि बिलकुल ही टूट जा, मिट ही जा।
जो है, वह तो सदा ही है, लेकिन जो हुआ है, वह तो टूटेगा ही।
होना, मिटाने की तैयारी है।
और इसलिए स्वयं को बचाना ही मत।
जो बचाता है वह नहीं बचता है।
और जो मिट जाता है, वह उसे पा लेता है। वो तो मिटने और बनने के बाहर है।
लेकिन तू स्वयं को बचाने में लगी है।
इसलिए तो टूटना अखरता है।
लेकिन बचाने को है भी क्या?
और जो बचाने योग्य है, वह तो बचा ही हुआ है।

रजनीश के प्रणाम

17-2-1970

अन्तिम पत्र श्री जयंतभाई नारगोल का था। उन्होंने जयंत भाई को लिखा—

मेरे प्रिय मित्र,
प्रेम!

आनन्द को चाहो ही मत।
क्योंकि यह चाह ही आनन्द के मार्ग में बाधा है।
जीवन को जिओ। चाह के किनारे में बांधकर नहीं।
लक्ष्य को मंजिल को ध्यान में रखकर नहीं।
जियो उन्मुक्त।
जियो पल, पल।
क्योंकि खोने को कुछ भी नहीं है और पाने को भी कुछ भा नहीं है।
और जिस क्षण ऐसे ही रहोगे, उसी क्षण जीवन में सब कुछ मिल जाता है।
लेकिन भूलकर भी भगवान के द्वार पर भिखारी होकर मत जाना।
सब लुटाते हुए जाना।
क्योंकि वह द्वार भिखारियों के लिए कभी नहीं खुलता है।

रजनीश के प्रणाम

17-2-1970

उस दिन आचार्यश्री ने 10 पत्रों के उत्तर दिये।

□ □

जूनागढ़ : महिला-सभा में प्रवचन

27 फरवरी, 1970 को महिला-सभा में 'नारी और शान्ति' विषय पर वार्ता के लिए जब आचार्यश्री दोनों हाथ जोड़ते हुए सभा भवन में पधारे और कुर्सी पर आसीन हो गये तो उनका स्वागत करते हुए श्रीमती जयवंती ने कहा—

मैं बहुत उलझन में थी कि परमात्मा मानकर रात-दिन जिनकी लीलाएं सुन रही हूं और जीवन चरित्र पढ़ रही हूं, वे सच में कभी थे या नहीं?

लेकिन आपको देखकर बहुत आश्वस्त हुई हूं। और जिनको मानने में मुझे संदेह होता था, उनके प्रति भी पूरा प्रेम जाग रहा है। क्योंकि अब तो कृष्ण, राम, मोहम्मद, जीसस, बुद्ध, लाओत्से, महावीर और गांधी उन सबने अपनी पूर्णता को पाने के लिए एक ही शरीर खोज लिया है। कुछ पंक्तियां आपको समर्पित कर रही हूं।

कृष्ण का समग्र से प्रेम और आनंद पूर्ण संगीत।
राम की विनम्रता।
मोहम्मद का साहस।
जीसस का भोलापन और सरलता।
बुद्ध की प्रगाढ़ शांति।
लाओत्से का जीवन रस
महावीर की शांति
और गांधी की सत्यपिपासा, और न जाने क्या क्या,
किस-किस का?
सब, सबसे प्रभावित हो रहा है।
वह मेरे रजनीश हैं। वह मेरे रजनीश हैं।

और आचार्यश्री के गले में पुष्पहार डालते हुए वह उनके चरणों में झुक गईं।

औपचारिक स्वागत के बाद संयोजक मंडल का स्वागत के प्रति आभार व्यक्त करने के बाद आचार्यश्री ने कहा—

''पुराने शास्त्र कहते हैं कि जब लड़की क्वांरी हो तो पिता उसकी रक्षा करे, जब वह वृद्ध हो जाये, तो बेटे उसकी रक्षा करें। लेकिन किसी भी स्थिति में उसका अपना कोई अस्तित्व स्वीकार नहीं किया गया है, और जिसके पास अपना कोई व्यक्तित्व न हो वह शांति का आधार कभी नहीं बन सकता। जीवन में शांति की उपलब्धि अपने व्यक्तित्व को पाने से होती है। यद्यपि पुरुष ने ही नारी का व्यक्तित्व छीना है, पर पुरुष ही नारी के अशांत होने से हजार गुना अशांत हो गया है। लेकिन उसे पता नहीं चलता कि उसने व्यक्तित्व छीना है, इसलिए इतनी अशांति है। बिना व्यक्तित्व मिले नारी कभी तृप्त नहीं हो सकती, फूल की तरह प्रफुल्लता से खिल नहीं सकती। हजारों वर्षों तक नारी को इसीलिए शिक्षा नहीं दी गई, सिर्फ इसलिए कि शिक्षित होते ही वह अपने पैरों पर खड़े होने का प्रयास करेगी। शिक्षित पुरुष और अशिक्षित नारी के बीच

इतना बड़ा फासला पैदा हो गया कि धीमे-धीमे नारी की स्थिति एक दासी जैसी हो गई है। नारी को पुरुष मात्र एक सम्पति समझता है। पति या स्वामी का अर्थ ही मालिक होता है। हजारों सालों से पत्नी, पति को लिखे पत्र में 'आपकी दासी' लिखती है। पुरुष बहुत प्रसन्न हो रहा है। पर नारी की नासमझी समझना मुश्किल है। दासी और मालिक के संबंध शांतिपूर्ण, आनंन्दपूर्ण और प्रेमपूर्ण नहीं हो सकते। गुलाम और मालिक के बीच हमेशा एक तनाव रहता है। तनाव है, तो अशांति होगी, बेचैनी होगी, एक संघर्ष होगा।

पति-पत्नी के संबंध इसीलिए कलह से भरे हुए हैं। चूंकि यह स्थिति हजारों साल से चल रही है इसलिए स्वाभाविक मालूम होती है। नारी को अशांति और कलह के लिए जिम्मेदार समझ लिया गया है। अब जो पुरुष शांति की खोज में जाते हैं वह पत्नी से मुक्त हुए बिना नहीं रह पाते। पत्नी से भागकर ही पुरुष संन्यासी होता है। पर स्त्री इसके लिए जिम्मेदार नहीं, इसके लिए जिम्मेदार वह व्यवस्था है, जिसने नारी को व्यक्तित्व न देकर उसे पुरुष की दासी बनाया है।

पर पुरुष की बराबरी करने का पश्चिम की नारी ने जो तरीका अपनाया है वह बचकाना और प्रकृति के प्रतिकूल है। पुरुष जैसे कपड़े पहनकर ऊंची एड़ी की सैंडिल पहनकर पुरुष जितनी लम्बी होने का प्रयास करना या पुरुषों की तरह सिगरेट या शराब पीना, या पुरुषों की तरह गालियां बकना, यह सारे उपाय बेहूदे और व्यर्थ हैं। समकक्ष या समान होने का यह अर्थ हरगिज नहीं है कि स्त्रियां पुरुषों जैसी हो जायें। पुरुषों जैसा विकास पुरुषों के रास्ते पर चलकर नहीं, स्त्री अपना विकास प्रकृति द्वारा स्वाभाविक गुणों को विकसित करके ही कर सकती है। इसलिए स्त्री को अपने स्वाभाविक गुणों के विकास के लिए पुरुष जैसी शिक्षा की भी कोई आवश्यता नहीं है। यदि स्त्रियों को गणित में, तर्क में, व्यायाम, फिजिक्स, या केमेस्ट्री में ठीक पुरुषों की तरह ही शिक्षित किया जाये, तो अनिवार्य रूप से उनकी स्त्रियोचित कोमलता, प्रेम, करुणा यह सब खो जायेगी। जो बहुत तर्कनिष्ठ होगा, उसके भीतर काव्य खो जायेगा, कविता मर जायेगी। क्योंकि काव्य तर्क मुक्त है। आज जो शिक्षा दी जा रही है, वह सारी शिक्षा पुरुष के लिए तैयार की गयी है, और स्त्री को भी उसी सांचे में ढाला जा रहा है। इसीलिए युनिवर्सिटी से पढ़कर जब कोई लड़की बाहर आती है तो स्त्रीगुण तत्त्व अनिवार्य रूप से थोड़े कम हो जाता है। थोड़ा इससे उलटा सोचें तो बात आसानी से समझ में आ जायेगी। कोई नगर ऐसा हो जहां की सारी शिक्षा स्त्री के लिए ईजाद की गई हो। जहां संगीत, नृत्य की शिक्षा दी जाती हो, होमसाइंस, नर्सिंग और चित्रकला सिखाई जाती हो, और अगर उसमें बहुत दिनों से अशिक्षित पुरुषों को शिक्षा दी जाये तो कुछ अरसे में वे पुरुष स्त्री व्यक्तित्व के हो जायेंगे। पुरुषों में जो पुरुष तत्त्व होता है वह कम हो जायेगा।''

कुछ रुककर आचार्यश्री ने कहा—''मेरी अपनी दृष्टि ऐसी है कि प्रकृति ने स्त्री और पुरुष की रचना में बुनियादी भेद बहुत सोच समझकर किया है। स्त्री को मां बनना है इसलिए प्रकृति ने उसे कोमलता, दयालुता और प्रेम दिया है। आकर्षण सदैव दो विपरीत ध्रुवों में है। यदि स्त्री और पुरुष दोनों एक जैसे ही होते तो उनमें आकर्षण भी संभव नहीं था।

इसलिए इसी बुनियादी भेद को ठीक से समझकर ही स्त्री और पुरुष दोनों को अलग-अलग दिशाओं में शिक्षित किये जाने की आवश्यकता है। चूंकि आज स्त्री को शिक्षित करते समय यह बुनियादी भेद छोड़ा जा रहा है इसलिए आज की शिक्षित नारी भी शिक्षित पुरुष के साथ मिलकर एक सुखी परिवार चलाने में सफल नहीं हो पा रही है।

मुझे लाखों लोगों से मिलने और हजारों परिवारों के बीच रहने का जो अनुभव है, उसके आधार पर मैं अच्छी तरह जानता हूं कि बाहर क्लब, बाजार या सिनेमा में जो युगल प्रेम बर्ताव करते दिखाई देते हैं, वह उनका नकली चेहरा है। घरों के अंदर उनमें कलह, झगड़े, अशांति और टकराव है। और पति-पत्नी के बीच की यह अशांति बच्चों में भी प्रवेश कर जाती है। इस अशांति का प्रभाव पूरे घर के वातावरण और समाज पर पड़ता है।''

अपनी बात को कई दृष्टान्तों से विस्तार में स्पष्ट करते हुए आचार्यश्री ने कहा—''आज पुरुष घर से भागा-भागा क्लबों या मित्रों के बीच समय गुजारना चाहता है। घर उसके लिए विश्राम, शांति की छांव नहीं दे पाता। वह घर, ठीक से भोजन भी नहीं करता, क्योंकि चौका और रसोई टूट रही है। वह होटलों की शरण लेता है। उसकी चेष्टा है कि वह घर में कम-से-कम रहे। और दूसरी और पत्नी घर में अकेली सब काम करते हुए, बच्चों की साज-संभाल करते हुए थक कर ऊब रही है। वह घर की चारदीवारी में परेशान राह देखती है, कि पति कब घर में आये और वह उस पर अपना क्रोध निकाले। इसलिए वह पति के घर में घुसते ही उस पर टूट पड़ती है। इस प्रकार घर का बुनियादी ढांचा ही कुरूप और विकृत हो गया है।''

कुछ रुककर आचार्यश्री ने कहा—''पुरुष और स्त्री के बीच प्रेमपूर्ण मैत्री तभी स्थापित हो सकती है, जब स्त्री को अपना व्यक्तित्व मिले। पुरुष उसके कार्यों को उचित सम्मान दे। बराबरी का व्यक्तित्व दे। घर में लड़के और लड़की में अंतर न समझा जाये। नारी भी अपने नारी होने के अर्थ को ठीक से समझ सके और नारी होने के अर्थ भी ठीक से उपलब्ध हो जायें। प्रकृति ने पुरुष को क्रियात्मक, विधायक व्यक्तित्व दिया है और स्त्री को 'पैसिव' निषेधात्मक व्यक्तित्व दिया है। पुरुष इसीलिए प्रेम में पहल करता है। स्त्री के प्रति अपना प्रेम प्रकट करता है। स्त्री आक्रमण नहीं, केवल प्रतीक्षा करती है। और बड़ी हैरानी की बात है, कि स्त्री कभी प्रेम में पहल करे, केवल प्रतीक्षा न करे, तो कोई स्त्री भी इसे पसंद नहीं करती। स्त्री उसी पुरुष की ओर आकर्षित होती है जो उसे अलंघ्य, गौरीशंकर शिखर-सा मजबूत हर फासले पर पुकारता दृष्टिगत हो। पेसीविटी या निष्क्रियता, शक्तिहीनता नहीं है। एक झरना, कठोर चट्टानों पर गिरता है। जो चट्टानें कठोर, टूटने को राजी नहीं जान पड़तीं, कुछ वर्षों में चटक जाती हैं, टूट जाती हैं, और काफी समय बाद तो रेत बन जाती हैं। पुरुष की जीत भले ही पहले होती हो, पर अंतिम जीत स्त्री की होती है, क्योंकि वह धैर्य से प्रतीक्षा करती है।

पर आज स्त्री भी पुरुष जैसी शिक्षा पाकर आक्रामक हो रही है। अपने मूल स्वभाव से च्युत हो रही है और इसके घातक परिणाम आज सामने आ रहे हैं। रोज-रोज तलाक हो रहे हैं, परिवार टूट रहे हैं, बच्चों का व्यक्तित्व खंडित हो रहा है, अशांति बढ़ रही है। स्त्री, पुरुष जैसा बनने के प्रयास में अपने स्वाभाविक व्यक्तित्व की विनम्रता, मधुरता, प्रेम और करुणा खोती जा रही है। बच्चों को मां का स्वाभाविक प्रेम नहीं मिल रहा है। इसीलिए बच्चे भी अशांत और हिंसक हो रहे हैं।''

आचार्यश्री ने भेड़ियों के बीच दस साल तक पलने वाले लड़के की कथा का दृष्टान्त देते हुए कहा—''बच्चा जिस वातावरण में रहता है वैसा ही हो जाता है। पर यह हमारा दुर्भाग्य है कि संसार में न पुरुष प्रेम को ठीक से समझता है और न स्त्री। प्रेम सीखने की भी एक बहुत बड़ी व्यवस्था और सुविधा की आवश्यकता है। जो प्रेम करता है वह ईर्ष्या कर ही नहीं सकता। पर स्त्री और पुरुष दोनों में ईर्ष्या का जहर, प्रेम के मीठे फल को भी जहरीला बना देता है। पुरुष, सक्रिय एक्टिव स्वभाव के कारण अहंकारी हो गया है और स्त्रियां पेसिव स्वभाव के कारण

ईर्ष्यालु हो गई हैं। कोई भी स्त्री किसी स्त्री से मिलती है तो सबसे पहले उसे उसे स्त्री के वस्त्र और आभूषण दिखाई देते हैं। उस स्त्री में बैठा व्यक्ति दिखाई नहीं देता। यह उसके ईर्ष्या के बिन्दु हैं।

दो स्त्रियां बहुत कम प्रेम से रह पाती हैं। सास-बहू से ईर्ष्या करती है क्योंकि उसका बेटा उससे अधिक प्रेम करता है। बहू-सास के प्रति ईष्यालु है, क्योंकि उसका पति, मां को अधिक चाहता है। और ईर्ष्या ही जिनके जीवन का आधार बन गई है, उनसे प्रेम की संभावना बहुत कम हो जाती है। ईर्ष्या भय को जन्म देती है। पत्नी हमेशा डरती है कि पति किसी दूसरे स्त्री को भर नजर देख न ले। इसलिए वह पति को भयभीत करती रहती है। पुरुष स्त्री से डरा हुआ, घबराया हुआ रहता है। इसीलिए दोनों के बीच एक मुक्त और सहज संबंध नहीं रह गया है। घर अशांत हो गया है। शांति के फूल तो बहुत सहजता से खिलते हैं। जहां ईर्ष्या नहीं है, जहां समझ है, जहां प्रेम है, जहां भय नहीं है, अभय है। जहां एक दूसरे को समझने की चेष्टा है। जहां एक दूसरे से दु:ख-सुख और पीड़ा को भी, एक दूसरे की कमजोरी को भी एक दूसरे से सहानुभूति रखने की क्षमता है। पुरानी शिक्षा ने हमें ऐसे आदर्श दिये हैं जिनके कारण हम विक्षिप्त हुए चले जाते हैं। कोई सुंदर स्त्री सामने जा रही हो तो उसे देख कर पुरुष को अच्छा लगना या कोई सुंदर पुरुष सामने से जा रहा हो तो किसी स्त्री को उसे अच्छा लगना आश्चर्यजनक नहीं, सहज और स्वाभाविक है। दो क्षण देख लेने में कोई पाप नहीं है। पर हमारी शिक्षा ने उसे अपराध बना दिया है। इन घटनाओं से हम तुरन्त, क्रोधित हो जाते हैं। ईर्ष्या से भर जाते हैं। इस नासमझी ने न जाने कितने पारिवारिक जीवन नष्ट कर दिये हैं।''

कई दृष्टान्तों से आचार्यश्री ने विषय का समापन करते हुए कहा—''प्रेम, स्त्री की आत्मा है। अगर वह प्रेमपूर्ण नहीं है, तो वह अधूरी है। उसे हजार बीमारियां घेर लेगीं। वह निरन्तर दु:खी और परेशान रहेगी। हिस्टीरिया की आम बीमारी का कारण, उसका प्रेमपूर्ण न होना, प्रेम को प्राप्त न करना ही है। स्त्री के जीवन में यदि प्रेम का फूल खिलता है, तो सारी बीमारियां विदा हो जाती हैं। उसके व्यक्तित्व में एक उमंग, तरंग और शान्ति छा जाती है। उसे एक आत्मा उपलब्ध होती है और उसका व्यक्तित्व एक सुगन्ध से महक उठता है।

पर आज स्त्री ने अपनी सृजनात्मकता खो दी है। यदि पुरुष ने स्त्री को गुलाम बनाया है तो पुरुष के दोषी होने के साथ वह स्त्री भी दोषी है, जिसने स्वयं पुरुष की दासी होना या छाया बनना स्वीकार कर लिया है। इसलिए आवश्यकता इस बात की है, कि पुरुष और स्त्री दोनों मिलकर यह समझें, कि शान्त परिवार के लिए स्त्री को एक गरिमामय व्यक्तित्व मिले। उसकी शिक्षा-व्यवस्था पुरुषों से भिन्न इस प्रकार की हो, जिससे उसके स्वभाव के अनुसार प्रेम, करुणा, मातृत्व, काव्य, संगीत व सृजनात्मक प्रतिभा का जन्म हो।

पर यह बड़े आश्चर्य की बात है, कि सृजनात्मकता के क्षेत्र में स्त्रियां केवल इसलिए पिछड़ गयी हैं कि क्योंकि वह अपने अन्दर झांक कर अपनी प्रतिभा को नहीं देखतीं, वह प्राय: बाहर की ओर ही उलझी रह जाती हैं। वस्त्र, गहने, कपड़े, सौन्दर्य प्रसाधन, सजा हुआ घर यह सब ही उनके आकर्षण का केन्द्र बिन्दु रहते हैं। इसलिए दुनिया में सभी प्रसिद्ध शिल्पकार, वास्तुकार, चित्रकार संगीतकार, अधिकतर पुरुष ही हुए हैं। यह बहुत ही हैरत की बात है कि काव्य और संगीत छोड़ भी दें पर काव्य शास्त्र में भी जितनी खोजें हुई हैं, वह पुरुष ने ही की हैं। सभी बड़े-बड़े होटलों में हेड बाबर्ची पुरुष ही है। किसी स्त्री को कोई रसोइया रखने को राजी नहीं है। इसका कारण केवल यह है कि उसने अपनी सृजनात्मक क्षमता खो दी है। वह

केवल पिछले को दोहराये चली जा रही। जिस तरह कल घर सजाया था, उसे बस साफ कर रही है। बच्चे का सृजन भी केवल एक विवशता में कर रही हैं। वह भी उसकी प्रसन्नता नहीं रह गयी है। इसलिए पश्चिम में या तो स्त्रियां सौंदर्य रक्षा के लिए गर्भपात करवा देती हैं, या बच्चे के पैदा होते ही दूध सूखने का इन्जेक्शन लगवा लेती हैं। जहां हमारे देश में हम लोग जनसंख्या से परेशान हैं, फ्रान्स की परेशानी इसकी उलटी है। वहां की स्त्रियां सर्वाधिक शिक्षित हैं। इसलिए अधिकतर मां बनने को राजी नहीं हैं। इसलिए वहां भी जनसंख्या तेजी से गिर रही है।

तो अन्तिम बात मैं कहना चाहता हूं, कि स्त्रियां सृजनात्मक क्षमता विकसित करें। सृजन होता है आनन्द से। स्त्रियां अपनी ईर्ष्या, अपनी पुरुष जैसी होने की महत्त्वाकांक्षा से इतनी अशान्त और दुःखी हैं कि उनके अन्दर कला का स्वाभाविक विकास भी अवरुद्ध हो गया है। और दुःखी व्यक्ति केवल विध्वंस करना चाहता है, सृजन नहीं।''

आचार्यश्री ने सभी का अनुग्रह व्यक्त करते हुए व सभी को प्रणाम करते हुए अपना प्रवचन समाप्त किया।

❑ ❑

महिलाओं ने यह बोधगम्य प्रवचन बहुत पसन्द किया। उसने उन्हें एक नई प्रेरणा दी। बड़ौदा आदि अन्य नगरों में प्रवचनों द्वारा ध्यान व प्रेम का संदेश देते हुए आचार्यश्री 5 मार्च को ध्यान शिविर का शुभारम्भ करने राजकोट पहुंचे, जहां के प्रेमी मित्रों ने उनका हार्दिक व भव्य स्वागत किया।

❑ ❑

साधना-शिविर, राजकोट शून्य के पार

(कर्म, ज्ञान और भक्ति का विवेचन)

राजकोट में 6 मार्च व 9 मार्च, 1970 की अवधि में जो साधना-शिविर आयोजित किया गया उसको नाम दिया गया—'शून्य के पार।'

पहले दिन 'कर्म, ज्ञान, भक्ति व मन का खेल' विषय पर बोलते हुए आचार्यश्री ने कहा—''मेरे प्रिय आत्मन! अंधेरी रात हो, तो सुबह की आशा होती है। आदमी भी एक अंधेरी रात है और उससे भी सुबह की आशा की जा सकती है।''

आदमी एक बीज है, और उसमें विकास की अनन्त सभावनाएं हैं। पर साधारण व्यक्ति यों तो बीज ही बना रहता है या कांटा भरा एक छोटा-सा पौधा बनकर रह जाता है। वह वृक्ष नहीं हो पाता। उसमें फूल और फल नहीं लग पाते। इसलिए विचारशील मनुष्य सोचता है कि वह कौन-सा मार्ग है, जिससे वह वृक्ष बन सके। पुष्पित और पल्लवित होकर एक छायादार पूर्ण वृक्ष हो सके। जिसे होने के बाद उसकी कोई आकांक्षा शेष न रह जाये। पर यह मार्ग कोई बंधा बंधाया राजमार्ग नहीं है। यह मार्ग आकाशगामी है। जिस मार्ग से चलकर कृष्ण, बुद्ध या क्राइस्ट कोई पद-चिह्न नहीं छोड़ते, हजारों सालों से विचारशील आदमी यह महसूस करता आया है कि जीवन अर्थहीन है। वासनायें तृप्त नहीं होतीं। सब कुछ पाकर भी एक रिक्तता रहती है। ऊब पैदा होती है। इसलिए उसने चिन्तन के द्वारा तीन रास्तों का पता लगाया है। इन तीन रास्तों में ही दुनिया के जाने हुए सभी मार्ग समाहित हो जाते हैं। यह तीन रास्ते हैं—ज्ञान, भक्ति और कर्म। यह तीनों रास्ते, रास्ते होने के कारण महत्त्वपूर्ण नहीं हैं। महत्त्वपूर्ण इसलिए हैं, क्योंकि मन की तीन पर्तें, तीन केन्द्र है। पहली परिधि कर्म की है। बिना काम किये रहना बहुत मुश्किल है। इसलिए अगर किसी आदमी के पास कोई काम न हो तो वह बेकाम का काम ढूंढ़ लेता है। एक बार अखबार पढ़ने के बाद उसे दोबारा तिबारा पढ़ने लगता है। कोई दूसरा ताश खेलने को न हो, तो अकेला ही ताश खेलने लगता है। मन के बाहर की परिधि हमेशा कार्य की मांग करती है। इसलिए एक रास्ता कर्म का बन गया है। इस मार्ग ने कर्मकाण्ड को जन्म दिया है। पूजा, तपस्या, यज्ञ, आसन, योग, सेवा हमने पच्चीसों तरह के काम विकसित किये हैं—परमात्मा तक पहुंचने के लिए। लेकिन सभी काम मन की आकांक्षाओं की वृद्धि करते हैं। इसलिए कोई भी काम परमात्मा तक नहीं पहुंच सकता है। मन के ऊपर उठे बिना सत्य तक नहीं पहुंचा जा सकता। काम करते हुए हमेशा करने वाला 'मैं' मौजूद रहता है। 'मैं' का अहंकारकर्ता भाव ही हमें भटका देता है। मन उस जिन्न की तरह है, जिसे हमेशा काम चाहिए। जब शरीर थककर सो जाता है तो भी मन सपनों में लग जाता है। यदि किसी ने संचय किया है तो मन सपने में भोग करता है। यदि किसी ने उपवास किया है, तो मन सपने में स्वादिष्ट भोजन करता है। तो भीतर की अन्तर्यात्रा पर पहले आदमी ने मन की परिधि पर कार्य को जाना, इसलिए उसने कर्मकाण्ड विकसित किया।

उसने सोचा कि वह उन्हें करके परमात्मा को पा लेगा। पर इन कामों से सिर्फ मन तृप्त होता है। कुछ देर के लिए फिर वह उनसे ऊब जाता है। पहले आदमी भगवान की मूर्ति के

सामने आरती करता था, पूजा करता था उससे ऊपर उठकर उसने भूखे को भोजन देना, व रोगियों की सेवा करना शुरू किया। यह काम पहले कर्मों से बेहतर थे। पर यह भी मन की आकांक्षा के प्रसार थे। उनसे भी सत्य नहीं मिलता। मैं का भाव मजबूत होता है। इन सेवा करने वालों के लिए दुनिया में भूखे लोग, गरीब और बीमार लोगों का रहना बहुत जरूरी है। अगर यह लोग ही न रहें, तो वह सेवा किनकी करेगा?''

आचार्यश्री ने एक छोटी-सी बोध-कथा सुनाते हुए कहा कि एक पिता अपने बेटे को हमेशा समझाया करता था कि भगवान ने तुम्हें इसलिए बनाया है कि तुम औरों की सेवा करो। उसका बेटा बुद्धिमान और तार्किक था। उसने कहा कि मैं आपकी बात को ठीक से समझ गया लेकिन यह बतायें कि भगवान ने दूसरों को किसलिए बनाया है? आप कहेंगे कि लोगों की सेवा के लिए, जिसमें मैं भी आता हूं। अगर सबको सबकी सेवा के लिए बनाया है तो सेवा किसकी की जाये? सेवा करना अगर पुण्य है तो सेवा करवाना फिर पाप होना चाहिए। किसी के पाप पर निर्भर पुण्य, पुण्य कैसे हो सकता है? पिता कोई उत्तर दे ही नहीं सकता इसलिए कर्म का मार्ग केवल बाहर ही हो जाता है। उनका व्यक्तित्व बहिर्मुखी है वह भीतर नहीं देख सकते। उनकी चेष्टा केवल परिधि पर और अधूरी है।

कर्म के बाद ज्ञान मार्ग को स्पष्ट करते हुए आचार्यश्री ने कहा—''मन की, कर्म के बाद दूसरी पर्त विचार की है। वह हर समय विचार करता रहता है। सोचता रहता है। बिना सोचे वह जिन्दा नहीं रह सकता है। मन की दूसरी जरूरत की पूर्ति ही ज्ञान मार्ग है। मन सोचता है कि शास्त्र पढ़ो, शुभ विचार करो, संग्रह करो, और खाली समय में इनकी जुगाली करते रहो। विचार के बाहर कैसे छलांग लगे? इस पर भी विचार ही करता है। धन के सम्बन्ध में न सोचकर वह तब धर्म के सम्बन्ध में, ईश्वर के सम्बन्ध में सोचता है। स्वर्ग और मोक्ष के सम्बन्ध में सोचता है। कर्म करने वाले सोचते नहीं। सोचने वाली वह ऊर्जा कर्म में लग जाती है और सोचने वाले लोग यानि विचारक या चिंतक कर्म नहीं करते। विचार भी सूक्ष्म रूप से कर्म का ही एक सूत्र है। इसलिए ज्ञान मार्ग भी मन की तृप्ति का एक रास्ता है। जिससे कभी कोई कहीं पहुंचता नहीं। तो मन, लम्बी यात्रा पर भटका देता है। इसलिए दार्शनिक या फिलासोफर उलझनें सुलझाते नहीं, उन्हें उलझा देते हैं। तर्क से गलत सही सिद्ध हो जाता है।

विचार की मजबूरी है कि वह पुरानी वाली चीजों का जोड़ है जिसे उसने आज तक कभी नहीं जाना है, अनुभव नहीं किया, इस अज्ञात के सम्बन्ध में विचार सोच ही नहीं सकता। विचार में मौलिकता होती ही नहीं। सत्य है अज्ञात। परमात्मा है अनजाना और अबूझ। उसे विचार से जानेंगे कैसे? इसलिए मैं कहता हूं कि सोचना भी कर्म का एक रूप है। कर्म में शरीर भागीदार होता है। और सोचने में मन विचार एक मानसिक कर्म है।

और तीसरा रास्ता है भाव का। वह मन का केन्द्र है। भाव अत्यन्त सूक्ष्म है। भाव तभी पहचान में आता है, जब वह विचार बन जाता है, और जब तक कार्य न बन जाये, तब तक दूसरे उसे नहीं जान सकते। भाव अति सूक्ष्म मन है। तो जो लोग और गहरे में गये, उन्होंने तीसरा रास्ता भाव का और भक्ति का जाना।

वह कहते हैं कि कर्म छोड़ो, विचार भी छोड़ो, और भाव में प्रेम में लीन हो जाओ। पर भाव भी मन की ही भावदशा है। भाव चाहे प्रेम का हो या घृणा का, शत्रुता का हो या मित्रता का। बाहर भी भाव करने वाला मन ही है। भाव दशा में हम प्रक्षेपण कर लेते हैं। एक भ्रम खड़ा कर लेते हैं। आत्म-सम्मोहित हो जाते हैं। सम्मोहन में सम्मोहित व्यक्ति का कार्य विचार

बंद होकर भाव रह जाता है, और भाव बिलकुल अंधा होता है। उससे सम्मोहित दशा में जो भी सुझाव दिये जायें वह वैसा ही अनुभव करने लगता है। उसके हाथ में अंगारा भी रखकर कहो, कि वह बर्फ का टुकड़ा है, तो वह बर्फ जैसी ठंडक ही हथेली पर महसूस करता है। उसकी हथेली जलती नहीं। भाव दशा में कृष्ण का भक्त कृष्ण को देख सकता है। क्राइस्ट को मानने वाला क्राइस्ट के दर्शन करता है। इसलिए भक्त कहता है कि विचार मत करो, संदेह मत करो, केवल डूबो भाव में। जो कहा जाये उस पर आंख मूदकर विश्वास करो। सम्मोहित होना है तो सर्मपण कर केवल आदेश का पालन करो। तुलसी ने ठीक कहा है—**जाकी रही भावना जैसी, प्रभु मूरत देखी तिन तैसी**। इसलिए जिसकी कल्पना शक्ति जितना ज्यादा प्रगाढ़ होगी, जो जितना कम विचारशील होगा उसके ही लिए भक्ति आसान मार्ग है। हजारों साल पहले व्यक्ति सहज और सरल था। अधिक बुद्धिमान और तार्किक नहीं था। इसलिए उसके लिए भाव में डूबना सरल होता था।

पर आज के वैज्ञानिक युग में बुद्धि, तर्क और विचार ही मुख्य है। भाव में गहरे उतरना असम्भव हो गया है। कल्पित जगत में खो जाना समर्पित कर भाव जगत में डूबना असम्भव हो गया है। और अगर कोई मन के ऊपर उठना चाहे तो तीनों बातों के ऊपर उठना होता है। कर्म ज्ञान और भाव तीनों से ऊपर उठना होता है। लेकिन मैं आपसे यह नहीं कह रहा हूं कि आप कर्म और विचार बिलकुल छोड़ दें। कुछ करें ही न। कर्म, विचार और भाव, तीनों की अपनी-अपनी उपादेयता है। कर्म और विचार जहां तक अन्दर ले जा सकते हैं, जरूर ले जायें। पर कर्म और विचार से सत्य तक जाने की चेष्ठा न करें। कर्म से ही मनुष्य बाहर के जगत से सम्बन्धित होता है। कर्म से ही निर्माण और विध्वंस होता है। विचार से मनुष्य जगत के नियमों को, कार्य कारण की व्यवस्था को समझता है। इस समझ, इस ज्ञान से उसकी कर्म की शक्ति बढ़ जाती है। ज्ञान शक्ति बढ़ती है तो कर्म बढ़ता है। पश्चिम में बुद्धि व विज्ञान का तर्क व विचार का विकास हुआ, और इसलिए वहां के लोग सबसे अधिक कर्मठ और कर्मशील हो गये। पूरब भाव जगत से जुड़ा इसलिए कर्म कम हो गये। विचार विकसित न हो सका। विज्ञान का जन्म न हो सका।''

अपनी बात को और बोधगम्य बनाते हुए एक उदाहरण से उसे समझाते हुए, आचार्यश्री ने कहा—''अस्तित्व की तीन शाखायें हैं। कर्म की, विचार की, और भाव की। और अगर हम इन शाखाओं में भटकते रहे, तो हमें अस्तित्व की जड़ का पता ही न लगेगा। परमात्मा मूल है। हमें शाखाओं से उतरकर जड़ पर आना होगा। इसलिए कर्म, ज्ञान और भक्ति यह तीनों मार्ग नहीं, यह तीनों भटकाव हैं। फिर आप कहेंगे, कि हमें चौथा, पांचवा, छठवां कोई भी मार्ग बतायें। पर मैं कहता हूं कि परमात्मा तक जाने का कोई मार्ग ही नहीं। जो आदमी सभी मार्गों से नीचे उतर जाता है। केवल वही वहां पहुंचता है। अगर परमात्मा हमसे दूर होता तो हम किसी रास्ते से उस तक नहीं पहुंच सकते। अगर तुमको उसके पास पहुंचना है, तो उसके लिए कोई भी रास्ता मात्र भटकायेगा, कहीं पहुंचायेगा नहीं। बुद्ध को जिस दिन बोध हुआ, लोगों ने उनसे पूछा—आप वहां पहुंच गये? क्या आपने उसे पा लिया? बुद्ध ने उत्तर दिया—कि कैसे कहूं पा लिया। क्योंकि जिसे पाया हुआ था आज उसे पहचान लिया। पा नहीं लिया। फिर बुद्ध ने कहा—कि मैं किसी एक रास्ते से नहीं पहुंच सका। क्योंकि सभी रास्ते वहां पहुंचाते हैं। जहां मैं नहीं था। और यहां से मुझे वहां पहुंचना था, जहां मैं था ही। रास्ते वहां पहुंचा सकते हैं, जहां मैं नहीं हूं। अगर मैं वहां हूं, तो रास्ते की क्या जरूरत? इसलिये चीनी सन्त लाओत्से कहता है कि—

खोजो और तुम नहीं पा सकोगे। खोजो मत और पा लो। परमात्मा वहां है जहां हम हैं। परमात्मा हमारा स्वभाव है। उसे हम खो नहीं सकते, हम ही हैं वो। वहीं सांस ले रहा है, वही चेतन है, वही झांक रखा है। आंखों से वही देख रहा है, वही सुन रहा है। हम सो जायें तब भी वही जाग रहा है। अगर कर्म विचार और भाव तीनों शान्त हो जायें, तो उस क्षण में ही परम शून्य में, जब मन अमन हो जाता है केवल वही शेष रह जाता है। उपनिषद् उसे ही नेति-नेति कहते हैं। अर्थात् यह नहीं है, यह नहीं है, यह नहीं है। कर्म विचार भाव सबसे इनकार करते जाओ। प्रेम के गहरे क्षण में जब आप जाते हैं, कि कोई जो प्रेम करने को भी देख रहा है वही साक्षी ही चैतन्य है। इसलिए मैं कहता हूं कि ध्यान में गहराई से उतरकर अपने आपमें उतरो। अपनी ही अन्तर्यात्रा करो। ध्यान कोई कर्म नहीं है। कुछ न करना ही ध्यान है। जहां कुछ किया नहीं जाता जहां विचार भी गिर जाते हैं। बस एक निपट शून्य बचता है। जहां शरीर का बोध गिर जाता है, मैं समाप्त हो जाता है। जहां ज्ञाता और ज्ञेय दोनों खो जाते हैं, और केवल एक साक्षी रह जाता है, वही परमात्मा हैं।''

कर्म, ज्ञान, भक्ति और साक्षी का इतना अधिक तर्क पूर्ण विवेचन सुनकर राजकोट निवासी अभिभूत हो गये। कई धार्मिक जिज्ञासुओं और बुद्धिजीवियों ने कर्म, ज्ञान और भक्ति के सम्बन्ध में साधु महात्माओं के अब तक जो उपदेश सुने थे उन्हें लगा, वह केवल भ्रम पूर्ण और भटकने वाले थे।

नौ मार्च को अन्तिम प्रवचन देने के बाद उसी रात आचार्यश्री ने बम्बई को प्रस्थान किया। 10 मार्च ईश्वर भाई ने बम्बई में सत्संग के लिए उन्हें आमंत्रित कर रखा था। 15 व 16 मार्च, 1970 को जबलपुर में प्रवचन देते हुए वह दिल्ली चल पड़े, जहां लाला सुंदरलाल उनकी आतुरता से प्रतीक्षा कर रहे थे।

❑ ❑

ठाकुर से अंतिम भेंट

आचार्यश्री का सामान बांधा जा रहा था। दिल्ली चलने की तैयारी लगभग पूरी हो चुकी थी। तभी मिलने के लिए ठाकुर आया। उनका पुराना क्लासफेलो और मित्र, जिसे उन्होंने मरने से बचाया था।

आचार्यश्री मुस्कुरा कर बोले—''कैसे हो ठाकुर? आज सालों बाद तुम्हारा चेहरा देख रहा हूं। पत्नी-बच्चे सब आनंद में तो हैं?''

ठाकुर बोला—''यदि मैं उस दिन सचमुच धुआंधार चलकर चट्टान से नर्मदा में कूद गया होता तो अच्छा होता।''

आचार्यश्री हंसकर बोले—''अभी भी कुछ नहीं बिगड़ा। मैं इसी वक्त तुम्हारे साथ धुआंधार चलने को तैयार हूं। पर रास्ते से लौटना मत।''

वह तुरन्त घबड़ाकर बोला—''नहीं! नहीं! मेरे कहने का यह मतलब नहीं था। मैं तो सिर्फ यह कह रहा था कि विवाहित जीवन, पत्नी से चखचख, बच्चों की कें-कें, पें-पें, यह जिन्दगी भी मौत से बदतर है।''

आचार्यश्री बोले—''मैं यही तो कह रहा हूं, कि जब तुम्हारी जिन्दगी मौत से बदतर है तो उससे बदतर मौत को गले लगाने से हिचक कैसी? मैं अब भी तुम्हारी पहले जैसी सहायता करने को तैयार हूं।''

ठाकुर रुआंसा होकर बोला—''अब तो सांप-छछूंदर जैसी स्थिति हो गई है। न निगलने बनता है और न उगलते। लगता है अब तो मौत और जिन्दगी के बीच में ही डोलते रहना है।''

आचार्यश्री गम्भीर होकर बोले—''एक रास्ता है जो जीवन और मौत दोनों से परे है। तुम अखबारों में जरूर मेरे प्रवचनों और ध्यान के बारे में पढ़ते रहे होगे। पर कभी तुमने पास आने की हिम्मत नहीं की, क्योंकि तुम एक कायर इनसान हो। तुम जिन्दगी और मौत दोनों से डरते हो। अभय का भी एक मार्ग है, जो स्वयं खोजना होता है। घर परिवार में रहते हुए भी अभय और आनंद दूर नहीं है। उपाय केवल एक है ध्यान। अपने आप में डूबो। जो कुछ हो रहा है उसके साक्षी बन जाओ, एक तटस्थ दर्शक की भांति। पूरा जीवन एक खेल बना लो।''

ठाकुर रोने लगा। आचार्यश्री ने उसकी पीठ सहलाते हुए अपने पुराने मित्र को ध्यान की उन विधियों के संबंध में बताया, जिससे अभय को उपलब्ध हुआ जा सकता है।

□ □

समाजवाद से सावधान

'समाजवाद से सावधान' विषय पर बोलते हुए दिल्ली के एक सभागार में आचार्यश्री ने कहा—''इधर पिछले सौ वर्षों से पूरी दुनिया में समाजवाद का गुणगान, उसका प्रचार बहुत धूम-धड़ाके से किया जा रहा है। उसी का परिणाम है कि आज समाजवाद के विरोध में बोलने का किसी को साहस नहीं होता। लेकिन मनुष्य जाति के इतिहास में, भीड़ ने हमेशा बड़े-बड़े झूठ ही स्वीकार किये हैं और वह उन्हीं में जीती है। समाजवाद, पूंजीवाद के विरोध में शत्रु की तरह खड़ा हुआ है। लेकिन समाजवाद कुछ भी हो पूंजीवाद की सन्तान है। सामंतवाद की व्यवस्था से पूंजीवाद का जन्म हुआ और अगर पूंजीवाद ठीक से विकसित हो तो उससे समाजवाद पैदा हो सकता है। समाजवाद ठीक से पैदा हो, तो उससे साम्यवाद पैदा हो सकता है। साम्यवाद ठीक से पैदा हो तो उससे अराजकतावाद पैदा हो सकता है। लेकिन ठीक से विकसित हो तब। बच्चा नौ महीने के स्थान पर पांच माह बाद ही गर्भ से बाहर आ जाये तो मुर्दा पैदा होगा जिन्दा नहीं। रूस पूंजीवाद देश नहीं था। वहां औद्योगिक क्रान्ति पैदा नहीं हुई। काफी पूंजी पैदा नहीं हुई थी इसलिए वहां पर समाजवाद पैदा हुआ तो मुर्दा समाजवाद। समाजवाद को लाने के लिए उन्होंने एक करोड़ लोगों की हत्यायें कीं। वहां पूंजीवादी एक करोड़ क्या एक लाख भी नहीं थे। हां, हत्या उन लोगों की की गई, जिनके लिए समाजवाद लाना था। और एक करोड़ लोगों की हत्या के बाद भी रूस एक गरीब मुल्क है। अब वहां पर समाजवाद मरा-मरा-सा है। पिछले दस वर्षों से वह धीमे-धीमे पूंजीवाद की तरफ बढ़ रहा है। चीन में माओत्सेतुंग का विरोध है। रूस रोज पूंजीवादी हो रहा है।''

कुछ रुककर आचार्यश्री ने कहा—''पूंजीवाद हमारे मन में सिर्फ एक गाली की तरह आता है, एक निन्दा की तरह, बिना यह जाने हुए कि पूंजीवाद ने मनुष्य के लिए क्या किया है? पूंजीवाद, पूंजी उत्पन्न करने की व्यवस्था का नाम है। पूंजीवाद ने ऐसी पूंजी जमीन पर पैदा की है, जो जमीन, खदान या आसमान से नहीं निकली। सम्राटों, राजाओं और सामन्तों ने पूंजी को लूटा था। गरीबों का शोषण किया था। हम सोचते हैं, कि इस तरह पूंजीवाद ने पूंजी का शोषण किया। पर पूंजीवाद ने पूंजी निर्मित की है। और एक बार जब काफी पूंजी निर्मित हो जाये, तभी उसका बंटवारा हो सकता है। पूंजी निर्मित न हो, तो बंटवारा किसका होगा? आज देश में बिना पूंजी निर्माण के उसके बंटवारे की बात की जा रही है। अगर आज हम बंटवारा करेंगे तो गरीबी ही हिस्से में आयेगी? सभी के बीच पूंजी बंटना जरूर चाहिये, पर बंटने के पूर्व पहले पर्याप्त पूंजी तो हो। पूंजीवाद पूंजी पैदा करता है और समाजवाद उसे बांटता है। पैदा करना पहला कदम है और बांटना उसके बाद का। अगर आज हमारा देश समाजवाद की बात करता है तो बांट में हमारे हिस्से में सिर्फ गरीबी आयेगी।

और फिर दुनिया में सारे लोगों ने मिलकर पूंजी पैदा नहीं की है। बहुत थोड़े से लोगों ने पूंजी पैदा की है। कोई एक राकफेलर, फोर्ड, टाटा या बिड़ला जैसे ही चंद लोग पूंजी पैदा करते हैं। यह कुछ लोगों के मस्तिष्क के बुद्धि-कौशल, और संपत्ति को पैदा करने की कला का परिणाम है। सारी दुनिया या पूरा हिन्दुस्तान संपत्ति पैदा क्यों नहीं कर सकता? हमारी संस्कृति

संपत्ति विरोधी है, जीवन और संसार को माया या असार समझती है। उसके लिए मोक्ष पाना, स्वर्ग पाना ही सब कुछ है। पूंजी केवल श्रम से पैदा नहीं होती। यदि ऐसा होता तो गरीब आदिवासी या अफ्रीकी सबसे अधिक श्रम करते हैं। पर संपत्ति पैदा नहीं होती। पूंजीवाद ने संपत्ति को पैदा करने के लिए मनुष्य की जगह मशीन को लाने की कोशिश की है। मनुष्य के हाथ से संपति पैदा नहीं हो सकती। उसका श्रम अपना ही पेट नहीं भर सकता। बुद्ध, महावीर के समय देश की आबादी दो करोड़ थी। पिछले 150 वर्षों में दुनिया की आबादी में जैसे एक्सप्लोजन हुआ है। आज साढ़े तीन अरब लोग दुनिया में हैं। और ये लोग पूंजीवादी व्यवस्था के कारण ही जीवित हैं। पूंजीवाद, ट्रैक्टर नये-नये बीज, रासायनिक खाद लाया, जिससे कम श्रम में आठ गुना बीस गुना अनाज पैदा हो रहा है। मशीन मनुष्य से हजार गुना काम कर सकती है। मनुष्य की सम्भावनायें सीमित हैं, और मशीन की अनंत। मशीन ने मनुष्य को गुलामी से मुक्त किया है। संपत्ति का ढेर लगाया है। अब उसके पीछे कोड़ा लेकर उसे दास बनाकर कोई उससे हड्डी तोड़ काम नहीं लेता। पर समाजवाद ने एक झूठी और भ्रामक बात कहना शुरू की है कि पूंजी श्रमिक पैदा करता है। श्रमिक संपत्ति पैदा करने का बहुत गौण हिस्सा है। और आज नहीं तो कल श्रमिक व्यर्थ हो जायेगा। सारी आटोमैटिक मशीनें तैयार हो रही हैं। श्रमिक की कोई जरूरत ही नहीं रहेगी। वह एक गैर-जरूरी हिस्सा है। जरूरी हिस्सा है—उत्पादक बुद्धि, प्रोडक्टिव माइंड। लेकिन समाजवाद ने एक भ्रम पैदा किया है कि संपत्ति मसल्स से पैदा हुई है। झूठी है यह बात, संपत्ति मस्तिष्क से पैदा हुई है। और अगर जिद में समाजवाद ने श्रम को, मसल्स को, मस्तिष्क के ऊपर बिठा दिया तो प्रोडक्टिव मस्तिष्क विदा हो जायेगा और मसल्स पूरी दुनिया को हजार साल पहले की गरीबी और भुखमरी में ले जायेगा। सारी संपत्ति मस्तिष्क की ईजाद है। पूंजीवाद, संपत्ति का शोषण नहीं करता, संपत्ति पैदा करता है। और जब पैदा हुई संपत्ति दिखाई पड़नी शुरू होती है, तो हजारों लाखों आंखों में ईर्ष्या का कारण बनती है। समाजवाद के प्रभाव के कारण आदमी को समान समझना मनुष्य की जन्मजात ईर्ष्या है, उनके प्रति जो सफल हैं, समृद्ध हैं।'' सभी लोग आश्चर्य से पूंजीवाद और समाजवाद की एक ऐसी नई और सतर्क व्याख्या पहली बार सुन रहे थे जो उन्होंने पहले कभी नहीं सुनी थी। न इस संबंध में उन्होंने कभी गम्भीरता पूर्वक विचार किया था।

आचार्यश्री ने अपनी बात को आगे बढ़ाते हुए कहा—''मनुष्य जाति के बड़े हिस्से ने न तो ज्ञान पैदा किया है, न संपत्ति पैदा की है, न शक्ति पैदा की है। लेकिन कुछ चालाक लोगों ने यह अच्छी तरह समझ लिया है कि मनुष्य जाति की एक बड़े हिस्से की ईर्ष्या को संपत्ति, ज्ञान और बुद्धि के विरुद्ध जगाया जा सकता है। रूस और चीन में जो क्रांति हुई, वह इसी ईर्ष्या का परिणाम है। हिन्दुस्तान में भी समाजवाद इसी ईर्ष्या का परिणाम है। और ध्यान रहे, ईर्ष्या से कोई समाज निर्मित नहीं होता। ईर्ष्या से समाज का किया गया रूपान्तरण फलदायी सुखदायी और मंगलदायी नहीं होता। ईर्ष्या से हम किसी व्यवस्था को तोड़ तो सकते हैं, पर नई व्यवस्था का सृजन नहीं कर सकते हैं। ईर्ष्या क्रियेटिव नहीं, डिस्ट्रक्टिव है। कुछ बड़े मकान बनते हैं तो आसपास कई झोंपड़े और कुछ दूकानें अपने आप बन जाती हैं। आप बड़े मकान मिटा दें झोपड़े, दूकानें अपने आप विदा हो जायेंगे। जिनके पास छोटे मकान है, झोपड़े हैं, सुख-सुविधाएं कम हैं, यह दु:खद बात है। उनको भी सुविधामय अच्छे मकान निश्चित ही चाहिये। लेकिन अच्छे सुविधायुक्त मकानों का सुविधा सूत्र यह हरगिज नहीं है, कि बड़े मकान मिटा दिये जायें। पूरी दुनिया की बढ़ी हुई आबादी का पेट, पूंजीवाद, अर्थात् एक मस्तिष्क ही भर रहा है। बेकारों

को नौकरी दे रहा है। यदि पूंजीपति मिटाया गया तो मजदूर भी ज्यादा दिन बचेगा नहीं। हमारी कोशिश तो यह होनी चाहिये कि छोटा मकान बड़ा मकान कैसे हो?''

खुशचेव ने अपने पद से विदा होने के पूर्व कहा था—कि रूस के सामने आज सबसे बड़ा सवाल यह है कि रूस का युवा वर्ग काम करने को तैयार नहीं है। वह आलस्य में लिथार्जी में वापस लौट रहा है। स्टालिन ने जो काम कराया वह जबर्दस्ती था। वह काम, दंड के भय से कर रहा था। अब यह भय जैसे ही कम हुआ, काम बंद होने लगा है। पूंजीवाद ने एक इंसेंटिव पैदा किया है, एक प्रेरणा पैदा की है व्यक्ति के भीतर, कि वह संपत्ति पैदा करे। पूंजीवाद के विदा होते ही यह आकर्षण भी विदा हो जायेगा। हां, एक शर्त है अगर पूंजीवाद पूरी तरह विकसित हो जाए और समाजवाद सहज रूप में पैदा हो तो यह घटना नहीं घटेगी। आने वाले पचास वर्षों में अमेरिका समाजवाद की ओर कदम उठायेगा और रूस पूंजीवाद की तरफ बढ़ेगा। अमेरिका में आज अतिरिक्त संपत्ति पैदा हो रही है इसलिए व्यक्तिगत मालकियत व्यर्थ होती जा रही है। एक गांव में पानी के लिए एक ही कुआं हो तो पानी पर भी किसी की मालकियत हो सकती है। पर अगर घर-घर में तो मालकियत की बात ही खत्म हो जाती है।

कई उदाहरण देते हुए व उक्त बिंदुओं की विस्तृत व्याख्या करते हुए आचार्यश्री ने कहा—''आज हिन्दुस्तान में पूंजीवाद प्राथमिक अवस्था में है। इसके लिए आवश्यक है कि पूंजी की बनती हुई व्यवस्था को सब तरह का सहयोग मिले। अगर पचास वर्षों में इस देश में पूंजीवाद ठीक से विकसित हो तो समाज में अमेरिका जैसी ही अपार सम्पति पैदा होगी, और फिर समाजवाद भी इसके पीछे-पीछे अपने आप आ जायेगा। जैसे सामंतवाद की व्यवस्था जब चरम बिंदु पर पहुंच गई तो पूंजीवाद अपने आप आया। आज समाजवादी जिस शाखा पर बैठे हैं, उसी को काट रहे हैं। वे खुद तो गिरेंगे, साथ में लेकर सबको डूबेंगे। पर आज समाजवाद की आड़ में राज्यवाद खड़ा है। आज समाजवाद के नाम पर देश में रूस जैसा स्टेट कैपिटलिज्म में आ रहा है। सरकारी नियंत्रण में जो उद्योग चल रहे हैं, उनमें बराबर घाटा हो रहा है। राजनीति में लगे लोग उनसे व्यक्तिगत लाभ उठा रहे हैं। उनमें उनके अकर्मण्य भाई-भतीजों की फौज भरी है। पर यह समाजवाद कहां है? समाज के हाथ की संपत्ति राज्य के हाथ में चली गई है। और जिनके हाथ में राजनीतिक सत्ता होती है, वे वैसे ही उसकी शक्ति में मदान्ध हो जाते हैं। धन की शक्ति भी यदि राज्य के हाथ में पहुंच जाये तो वह निरंकुश हो जाता है। स्टालिन, हिटलर या माओ की तरह उन्हें सत्ता से हटाने के लिए कुछ भी नहीं किया जा सकता। पूरा राष्ट्र नपुंसक हो जाता है। राजनीतिक और आर्थिक पकड़ को मजबूत करने के लिए फिर वैचारिक स्वतंत्रता का भी दमन किया जाता है। रूस और चीन में यही हो रहा है। वहां व्यक्ति के पास न संपति है, न राजनीतिक और वैचारिक स्वतंत्रता है। उसके पास काम करने की कोई प्रेरणा नहीं है, केवल भयवश ही वह बस काम को धकेल रहा है। इससे उत्पादन गिर जाता है। पूरे देश की छाती पर पचास-सौ लोगों का छोटा-सा ग्रुप हावी हो जाता है। इसलिए ध्यान रहे, राज्य की शक्ति उत्पादन निरंतर कम करती है, बढ़ाती नहीं है। समाजवाद एक बड़ी भ्रामक बात समझा रहा है कि व्यक्ति की कोई कीमत नहीं है। समाज एक कोरा काल्पनिक नाम है। समाज तो व्यक्तियों का जोड़ है। और जहां व्यक्ति शक्तिहीन है, तो उससे जुड़कर बना हुआ समाज भी शक्तिशाली नहीं हो सकता। इसलिए व्यक्ति के मूल्य को खोना खतरनाक है। व्यक्ति को मिटा कर जो समाजवाद आता है, उससे बहुत सावधान रहने की जरूरत है।''

दो क्षण रुककर फिर आचार्यश्री ने कहा—मैं इसलिए बार-बार कहता हूं कि पूरे विश्व

में समाजवाद के नाम पर जो कुछ चल रहा है, वह राज्य पूंजीवाद है, जिसकी अपेक्षा व्यक्ति पूंजीवाद सभी अर्थों में कहीं अधिक श्रेष्ठ है। व्यक्ति पूंजीवाद में प्रत्येक व्यक्ति को राजनीतिक, आर्थिक और वैचारिक स्वतंत्रता होती है। उसको अपनी प्रतिभा के आधार पर विकसित होने का अवसर मिलता है। काम के प्रति उसमें स्वत: प्रेरणा और उत्साह होता है। फिर जब कुछ अतिरिक्त सम्पत्ति पैदा होगी तो समाजवाद अपने आप आयेगा। इसलिए आज अमेरिका में एक मामूली आदमी का स्तर, रूस के धनी-से-धनी व्यक्ति से भी बढ़कर है।

लेकिन आज पूंजीवाद डरा हुआ है। वह नारों, झुंडों और भीड़ से घबरा रहा है। वह घबड़ा कर मान रहा है कि ठीक है, समाजवाद। हम मजदूरों की मांगों को स्वीकार करते हैं, पर पहले काम तो करो। आज अमेरिका या यूरोप के मजदूर का आर्थिक स्तर, रूसी मजदूर के स्तर से बीस गुना बदतर है।

पूंजीवाद के पास अपने को जिंदा बनाये रखने के लिए कोई तर्क नहीं है, दर्शन नहीं हैं। इसलिए वह तो अपने आप मरेगा। मैं चाहता हूं, पूंजीवाद के पास अपना दर्शन हो, अपना तर्क हो, वह समझे, और समझाये कि उसने विश्व में आबादी को जिंदा बनाये रखने के लिए, करोड़ों को काम दिया है, उनकी बेकारी दूर की है, उन्हें गुलामी के बंधन से मुक्त किया है। मनुष्य की जगह मशीन को लाने का कार्य किया है। समाज के हित में पूंजी का उत्पादन किया है। अगर पूंजीवाद ठीक से जी सका, अपना तर्क और दर्शन विकसित कर सका, तभी उसके गर्भ से सच्चे समाजवाद का जन्म संभव है।''

इस प्रवचन को सुनने के लिए जार्ज फर्नाण्डिस व कुछ अन्य समाजवादी नेता भी आये हुए थे। आचार्यश्री के प्रवचन को वह शांति से सांस रोके पीते रहे। उनके अन्दर एक नया विचार मंथन शुरू हो गया। और वह सोचते-सोचते ही सभा स्थल से विदा हुए।

पत्र-पत्रिकाओं में इस विचारोत्तेजित प्रवचन की खूब चर्चा-परिचर्चा हुई। दूसरे दिन आचार्यश्री बम्बई चल पड़े। जहां से दूसरे ही दिन त्रिदिवसीय ध्यान शिविर का शुभारम्भ करने उन्हें अमरावती जाना था।

❑ ❑

प्रेमी मित्रों को पत्र

जीवन जागृति केन्द्र बम्बई के कार्यालय में ही, जबलपुर से भी आई डाक को छांटकर आचार्यश्री उत्तर देने के लिए कई पत्रों को अपने साथ लाये थे।

अमरावती में तीन दिनों के सत्संग के दौरान दूसरी रात्रि आचार्यश्री काफी दिनों से प्राप्त पत्रों के उत्तर लिखने बैठ गये।

मोदीनगर से सुश्री सुधा ने लिखा था—मैं नियमित रूप से आपके प्रवचन पढ़ती हूं। आपके साधना-शिविर में भाग लेकर ध्यान सीखना चाहती थी। पति से कहा तो वह टाल गये। कहने लगे—ध्यान-वियान बेबकूफी है। वह कहीं घर से बाहर भी नहीं ले जाते। घर गृहस्थी के पिंजड़े में कैद बेबस, बस घर पर ही थोड़ा-बहुत ध्यान कर लेती हूं। आप कृपया मार्ग दर्शन दें।

आपके दर्शन की प्यासी सुधा

आचार्यश्री ने लिखा—

प्यारी सुधा,
प्रेम!

तुम्हारा पत्र मिला है।
मैं जानता हूं कि नारी की गुलामी गहरी है।
क्योंकि मूलत: वह मानसिक है।
लेकिन, फिर भी निराश होने का कोई कारण नहीं है।
बिना लड़े जीने से, लड़कर हारना भी कहीं ज्यादा महत्त्वपूर्ण है।
और फिर विद्रोह का आनंद जीत में नहीं, विद्रोह में ही है।
जीत मिले तो भी वह गौण है।
और जो सफलता को सुनिश्चित करके ही संघर्ष में उतरता है, वह विद्रोही कभी भी नहीं हो सकता है।
वह लक्षण तो प्रतिगामी का है।
विद्रोह है असुरक्षा।
लेकिन, असुरक्षा की स्वतंत्रता सुरक्षा के पिंजड़ों में बंद पक्षी कैसे जान सकते हैं?
पिंजड़े में भी आकाश है, लेकिन क्या सच ही वह आकाश है?

रजनीश के प्रणाम
31-03-1970

लुधियाना से आये कुसुम के पत्र का उत्तर देते हुए उन्होंने लिखा—

प्यारी कुसुम,
प्रेम!

खोज, खोज, और खोज। इतनी कि अंतत: खोजते-खोजते स्वयं ही खो जाओ। बस वही बिंदु उसके मिलन का है।

इधर मैं मिटा, उधर वह हुआ। मैं के अतिरिक्त और कोई दीवार न कभी थी, न है। असंग को आशीष।

रजनीश के प्रणाम

8-4-1970

राजकोट से रेखा गिरवर दास ने काफी लम्बा पत्र लिखा था। पूरे तीन पृष्ठों का। उसने अपने पच्चीस प्रश्नों का उत्तर देने का आग्रह किया था।

आचार्यश्री ने उत्तर देते हुए लिखा—

प्यारी रेखा,
प्रेम!

तेरा पत्र मिला है।

उसमें तूने जो प्रश्न पूछे हैं, उनके उत्तर के लिए मुझे महाभारत से भी बड़ी किताब लिखनी होगी, और फिर भी तुझे उत्तर नहीं मिलेंगे। क्योंकि कुछ प्रश्न ऐसे हैं, जिनके उत्तर दूसरे से मिल ही नहीं सकते हैं। उनके उत्तर तो स्वयं के जीवन से ही खोजने पड़ते हैं। और कुछ प्रश्न ऐसे हैं कि जिनके उत्तर हैं ही नहीं, क्योंकि वह प्रश्न ही गलत है। ऐसे प्रश्नों के उत्तर कभी नहीं मिलते हैं।

हां—खोजते-खोजते अंततः प्रश्न जरूर गिर जाते हैं। और कुछ प्रश्न ऐसे हैं, जो प्रश्न तो सही हैं लेकिन उनके उत्तर नहीं है। उन्हें तो अंतस में गहरे उतर कर ही जाना जा सकता है।

रजनीश के प्रणाम

08-04-1970

बम्बई की सुश्री गुणा को उन्होंने लिखा—

प्यारी गुणा,
प्रेम!

स्वप्न भी सत्य हैं। क्योंकि जिसे हम सत्य कहते हैं, वह भी स्वप्न से ज्यादा कहां है? खुली और बंद आंख से ज्यादा अंतर भी क्या हो सकता है? इस बात को ठीक से समझ ले, क्योंकि तब दोनों के ही पार उठा जा सकता है।

और दोनों के पार ही मार्ग है।

क्योंकि दोनों दृश्य है और दोनों के पार वह है जो कि दृष्टा है। ईश्वर बाबू को प्रणाम।

बच्चों को आशीष।

रजनीश के प्रणाम

8-04-1970

चंडीगढ़ से श्रीमती माया देवी जैन ने अपने पत्र के अंत में लिखा था—कई वर्षों से ध्यान कर रही हूं, पर 'मैं' नहीं गिरता। सारे प्रयास व्यर्थ हुए हैं। निर्विचार होने के लिए भी सभी प्रयास करके थक गई। कृपया मार्ग दर्शन देने का कष्ट करें।

आचार्यश्री ने उत्तर देते हुए लिखा—

प्रिय माया जी,
प्रेम!

कभी-कभी जल्दी हो देरी बन जाती है। प्यास के साथ प्रतीक्षा भी जोड़ें। जितनी गहरी प्रतीक्षा हो, उतनी ही शीघ्रता होती है।
बीज बो दिया है, अब छाया में बैठें और देखें कि क्या होता है?
बीज टूटेगा, अंकुर भी बनेगा, लेकिन जल्दी तो नहीं की जा सकती है।
प्रत्येक बात के लिये समय भी तो चाहिये न?
श्रम करें जरूर, पर फल परमात्मा पर छोड़ दें।
जीवन में कुछ भी व्यर्थ नहीं जाता है। और सत्य की ओर उठाया हुआ कदम तो कभी भी नहीं।
लेकिन कभी-कभी अधैर्य जरूर बाधा बन जाता है।
प्यास के साथ वह आता भी है। लेकिन प्यास को बचा लें और उसे विदा दें दें। प्यास और अधैर्य को एक समझने की भूल न करें।
प्यास में खोज है, लेकिन दौड़ नहीं है। अधैर्य दौड़ है। लेकिन खोज नहीं है।
प्यास में बांट है लेकिन मांग नहीं, अधैर्य में मांग है लेकिन बांट नहीं।
प्यास में शांत रुदन है। अधैर्य में अशांति और छीना-झपटी है।
और सत्य के लिये आक्रमण नहीं किया जा सकता है।
वह मिलता है, लड़ने से नहीं, हारने से।
उसे जीतने की कला सब भांति हार जाना ही है।
मधु को प्रेम।

रजनीश के प्रणाम
10-04-70

कु. भारती भूपत राय झवेरी, जामनगर (गुजरात) के पत्र का उत्तर देते हुये आचार्य श्री ने लिखा-

प्यारी भारती,
प्रेम।

तेरा पत्र पाकर आनंदित हूँ।
जीवन में ठहराव के ऐसे क्षण भी आते हैं।
नये मोड़ों के पूर्व ऐसा होना स्वाभाविक है।
इसलिए चिंतित मत होना।
शांति से प्रतीक्षा कर और साक्षी रह।
धारा स्वत: ही फिर बहेगी।
हां, नये रास्तों पर, नये सागरों के लिए।
उसे चेष्टा से मत बहाना।
क्योंकि, चेष्टा सब कुछ कृत्रिम कर देती है।
जीवन में जो भी सत्य है, शुभ है, सुन्दर है, वह सभी सहज है।
लेकिन फिर मन कहता है जल्दी करो-जल्दी करो।

उसकी जल्दी और भी देरी करा देती है।
तू जल्दी में मत पड़ना।
कुछ करना ही मत।
अपनी ओर से मिट ही जा।
और फिर जो होता है, उसे होने दे।
नये जन्म के लिए पुराने की मृत्यु आवश्यक है।
अज्ञात अतिथि के लिए ज्ञान को बिदा होना ही पड़ता है।

रजनीश के प्रणाम
10-04-70

प्यारी वकुल,
प्रेम!

तेरे पत्र मिले हैं।
जीवन से लड़ मत।
लड़कर सिर्फ टूटा ही जा सकता है।
जीतने का वह उपाय नहीं है।
जीवन जैसा है और जो लाता है उसे स्वीकार कर।
आनंद और धैर्यता से।
और अतीत को भूल
जो नहीं है, वह अब नहीं है।
और उसके लिए वर्तमान को नष्ट करना पागलपन है।
जीना है तो वर्तमान ही द्वार है।
मरना हो तो अतीत ही उपयोगी है।
वर्तमान को जी, उसकी समग्रता में तेरा ही अतीत भूलेगा।
अन्यथा वह प्रेत की भांति पीछा करता है।
और भविष्य का भी विचार मत कर।
क्योंकि वह अतीत की प्रतिध्वनि से ज्यादा नहीं है।
जाग और जी, और देख, वर्तमान हाथ से निकल कर जा रहा है।
आंसू पोंछ और ठीक से देख।
आंसू भरी आंखों से कोई देखना भी चाहे, तो ठीक से कैसे देख सकता है?
सबको प्रणाम

रजनीश के प्रणाम
10-04-70

शिमला के श्री पुष्पराज शर्मा को उन्होंने लिखा—

मेरे प्रिय,
प्रेम!

अर्थ (मीनिंग) की खोज ही अनर्थ है।

अर्थ की खोज ने ही अर्थ हीनता (मीनिंगलेस) तक पहुंचा दिया है।
अर्थ नहीं है, ऐसा जो जान लेता है, वह परम अर्थ को उपलब्ध हो जाता है।
क्योंकि फिर अर्थहीनता संभव ही नहीं है। और अनर्थ भी।
फिर तो जो है, अर्थ ही है।
या नहीं भी है, तब भी भेद नहीं है।
असल में फिर तो जो है, है। जो नहीं है, नहीं है। और अन्यथा का प्रश्न ही नहीं उठता है।
और तुमने पूछा है कि प्रयोजन मुक्त होने की बात जरा खोलकर समझाऊँ।
समझोगे तो वह बात कभी भी खुल न पायेगी।
क्योंकि समझने की संभावना प्रयोजन के साथ है।
समझने में लगते ही क्यों हो?
और देखो-बात खुलकर सामने खड़ी है न?
सब खुला है और साफ है, उसे देखे कौन?
समझने की चेष्टा में उलझन है।
जानने की चेष्टा में ही अज्ञान है।
न समझो, न जानो।
फिर वह छिपेगा ही कैसे जो कि है-(दैट विच इज) ?
सत्य सदा निर्वस्त्र है, सामने है, साफ है।

रजनीश के प्रणाम
10-04-70

श्री मथुरा मिश्र, पटना के पत्र का उत्तर देते हुए आचार्य श्री ने लिखा—

प्रिय मथुरा प्रसाद,
प्रेम!

आपका पत्र मिला है।
यह जानकर आनंदित हूं कि मां की मृत्यु से आपको स्वयं की मृत्यु का खयाल आया है।
मृत्यु के बोध से ही अमृत की उपलब्धि की संभावना है।
मृत्यु की चोट सदा गहरी है, लेकिन मनुष्य का मन चालाक है और उसे टाल भी जाता है।
अब टालना मत। स्वयं को समझाना मत।
किसी भी भांति की सांत्वना आत्मघातक है।
मृत्यु के घाव को ठीक से बनने देना।
जागना और इस घाव के साथ जीना।
लेकिन, कठिनाई के बिना क्रांति भी तो नहीं है। मृत्यु है। सदा साथ है।
लेकिन हम उसे विस्मरण किये रहते हैं।
मृत्यु रोज है, प्रतिपल है।
लेकिन, हम उसके प्रति बेहोश बने रहते हैं।
और इस कारण ही हमें इस जीवन का भी कोई पता नहीं चलता है।
मृत्यु से बचने में मनुष्य जीवन से भी चूक जाता है।

क्योंकि वह दोनों एक ही सिक्के के दो पहलू हैं।
क्योंकि वह दोनों एक ही गाड़ी के दो चाक हैं।
और जो उन दोनों को ही जान लेता है, उसके लिए वे दोनों एक ही हो जाते हैं।
इस एकता का नाम ही अस्तित्व है।
और उस अस्तित्व में होना ही मुक्ति है।

रजनीश के प्रणाम
10-04-70

त्रिदिवसीय सत्संग के बाद आचार्यश्री फिर बम्बई लौट गये।

13 अप्रैल से 18 अप्रैल तक बम्बई के क्रॉस मैदान में ईश्वर भाई शाह ने आचार्य श्री की प्रवचन माला आयोजित की थी। इन प्रवचनों को 20 से 25 हजार समूह बड़े प्रेम और शांति से सुनता था। मैदान के बाहर कारों स्कूटरों को खड़े रखने का स्थान मिलना तक मुश्किल था। काफी लोग तो कारों में बैठे-बैठे ही आँखें बंदकर प्रवचन का आनंद लेते थे। 18 अप्रैल की रात्रि महावीर जयंती समारोह में भाग लेने आचार्य श्री कलकत्ता चल पड़े।

❑ ❑

कलकत्ता : महावीर-जयन्ती समारोह में

श्री जुगमिंदर दास जैन ने 19 अप्रैल 70 को आयोजित महावीर जयंती समारोह में आचार्यश्री को प्रवचन के लिये आमंत्रित किया था।

18 अप्रैल की रात्रि ही वायुयान द्वारा आचार्यश्री कलकत्ता पहुंच गये। हवाई अड्डे पर स्वागत के लिये कई लोग प्रतीक्षारत थे। वायुयान से उतरते ही उन्हें पुष्प मालाओं से लाद दिया गया।

कलकत्ता में वह पुन: उन्हीं सेठजी के अतिथिगृह में ठहराये गये, जहां वह पहले भी दो बार रुके थे।

कुछ देर विश्राम करने के बाद आचार्यश्री ने आतिथेय सेठजी से पूछा—''क्या बात है सेठजी, इस बार आप कुछ उदास लगते हैं। कोठी में इस बीच आपने नया कुछ नहीं बनवाया? इस बार सदैव की भांति आपने मुझसे कोठी की नई साज-सज्जा दिखाने के लिए आग्रह नहीं किया?''

सेठजी उदास होकर बोले—''क्या बताऊँ आचार्यजी, अब मेरी आंखों के सामने बिराणी ने मुझसे भी बड़ी और शानदार कोठी खड़ी कर ली है। मेरे रात-दिन की नींद उड़ गई है। अब तो जब तक उससे ऊँची कोठी न बन जाये, शांति कैसे मिले?''

आचार्यश्री हंसकर बोले—''लगता है आपने ध्यान जारी नहीं रक्खा? अगर ध्यान करते रहते तो यह वेदना आपको परेशान नहीं करती। इसी कलकत्ता में न जाने आपसे बड़ी कितनी कोठियां हैं, पर उन्हें देखकर आपको ईर्ष्या नहीं होती।''

तब तक उनकी पत्नी और उनका परिवार आचार्यश्री के पास इकट्ठा हो गया था। उनकी पत्नी बोली—''यही बात मैं इतने महीनों से समझा रही हूं पर इनकी समझ में नहीं आती। हमारे सौभाग्य से आज आप आ गये हैं तो मुझे विश्वास है कि इन्हें सुबुद्धि आ जायेगी।''

एक बोधकथा से आचार्य श्री बात शुरू करते हुए बोले—''एक वणिक को भगवान ने दर्शन देकर उससे वर मांगने को कहा। बहुत सोच समझ कर उसने कहा-भगवान ऐसी कृपा करें कि मेरे चाहने से ही मेरी नई-नई तिजोरियां खाली न रहें बस निरन्तर भरती ही रहें, और जितना कुछ मेरे पास हो वह मेरे पड़ोसियों से दुगुना ही रहे।

भगवान ने उत्तर दिया—तुझसे एक वर ही मांगने को कहा था। अत: पहली मांग तो पूरी होगी। पर तेरे पड़ोस वालों के पास तुझसे हर चीज दुगुनी हो जायेगी। तू एक करोड़ मांगेगा तो उनके पास दो करोड़ हो जायेंगे। और यह कहकर भगवान अंतर्ध्यान हो गये।

वह सेठ तो वर मांगकर बहुत पछताया। जो वरदान उसे मिला था, उससे उसे कोई प्रसन्नता नहीं हुई। फिर उसने अपने मित्रों को यह वेदना बतलाई। उन मित्रों में एक वकील था।

वह मुस्कुराकर बोला—मेरे दिमाग में एक तरकीब आई है। यदि आप पड़ोसी को बरबाद करना चाहते हैं, तो जैसा मैं कहता हूं आप वैसा ही वर भगवान से मांगते जायें। पहले आप भगवान से वर मांगें कि मेरी एक आंख फूट जाये। पहले तो एक आंख फूटने का वर मांगना उन्हें पागलपन लगा फिर जैसे ही खयाल आया कि उनकी एक आंख फूटते ही पड़ोसी की दोनों आंखें

फूट जायेंगी, उन्होंने तुरन्त ही एक आंख फूट जाने का वर मांगा। तुरन्त ही वह काने हो गये और पड़ोसी अंधा हो गया। फिर वकील की राय पर उन्होंने लंगड़े होने का वरदान मांगा। वह लंगड़े हो गये और पड़ोसी के दोनों पैर टूट गये। वह पीठ और हाथ के बल घिसटने लगा। फिर वकील की राय पर ही तीसरा वर उन्होंने मांगा कि मेरे घर के आगे दो कुएं खुद जायें। पड़ोसी के घर के आगे चार कुएं खुद गये। और दूसरे दिन घिसटते हुए जब पड़ोसी घर के बाहर निकल कर अंधा होने के कारण कुएं में गिरकर मर गया तो सेठ बहुत प्रसन्न हुआ।''

कथा का प्रभाव सेठजी के चेहरे पर देखकर आचार्यश्री ने पूछा—''सेठजी, आप कह रहे थे कि आपके सीने पर जैसे कुछ बोझ-सा रखा हुआ है, क्या उस भार में कुछ कमी आप महसूस कर रहे हैं?''

सेठजी ने उत्तर दिया—''आचार्यजी, आपके आते ही मेरा कुछ बोझ तो हलका हो ही गया था। धीमे-धीमे सब कुछ ठीक हो जायेगा। आखिर घाव के भरने में कुछ समय तो लगता ही है।''

आचार्यश्री मुस्कुरा कर बोले—''यह महज आपकी धारणा है कि आपके अंदर घाव है। यह मन बड़ा चालबाज है। इसका सुख दूसरों के दु:खों पर आधारित है। आपके पड़ोसी के घर में आग लग जाये तो इसका घाव फौरन ठीक हो जायेगा। पर एक घाव ठीक होगा, तो दूसरा घाव टीस देने लगेगा। आपका कोई मित्र आपसे बड़ी फैक्ट्री खड़ी कर लेगा, उसे आपसे अधिक मुनाफा हो जायेगा, तो आपके नये घाव उत्पन्न हो जायेंगे। मन का स्वभाव कभी भी तृप्त न होना है। जो एक बार मन के स्वभाव को ठीक प्रकार से जान ले, वह मन के पार हो जाता है। पर दूसरे के दु:खों पर आधारित सुख केवल मृग मरीचिका है।''

सेठ जी तुरन्त बोले—''पर मैंने तो कभी सोचा ही नहीं कि मेरे पड़ोसी दु:खी हों। न मैंने उनके प्रति कभी कोई दुर्भावना ही रक्खी।''

आचार्य श्री ने उत्तर दिया—''उनकी अपने से बड़ी कोठी देख आपको दु:ख हो रहा है। यह ईर्ष्या है। आप पड़ोसी के प्रति सद्‌भावना से नहीं दुर्भावना से भरे हैं। जरा जाकर हंसकर सच्चे मन से उसे बधाई दीजिये। आप देखेंगे कि आपकी ईर्ष्या समाप्त हो गई। और फिर मैं आपको दोष नहीं दे रहा। आपकी क्या, सभी संसारिक व्यक्तियों की यह वृत्ति है। अभी आपका पड़ोसी आपकी कोठी को देख-देख कर खुश होगा। फिलहाल कुछ दिनों तक हो सकता है कि वह प्रसन्न रहे, पर जैसे ही कोई तीसरा व्यक्ति उससे बड़ी बिल्डिंग बनायेगा, तो आपकी तरह वह भी उदास और दु:खी हो जायेगा। और आप सभी ने उस अंधे और लंगड़े की कथा जरूर सुनी होगी कि एक लंगड़ा, अंधे के कंधे पर बैठकर भीख मांगता था। लंगड़ा अंधे को रास्ता बताता था और अंधा लंगड़े को कन्धे पर ढोता था। रात तक उतनी भीख मिल जाती थी कि दोनों का पेट भर जाये। पर कुछ दिन बाद दोनों में झगड़ा होने लगा। अंधा कहने लगा मैं तुम्हारा बोझ कंधों पर ढोता हूँ, इसलिये परिश्रम मेरा अधिक है। मुझे भीख का 2/3 भाग अधिकमिलना चाहिये। लंगड़ा बोला—मैं तुम्हें रास्ता दिखाता हूँ। मौके की जगह ले जाता हूं। जिससे मिलने की आशा होती है, उसके आगे गुहार लगाता हूँ। इसलिये मेरा काम तुझसे कहीं अधिक बड़ा है। अधिक हिस्सा तो मुझे मिलना चाहिये। दोनों में इतना झगड़ा हुआ कि मारपीट हो गई। पर दोनों ही भगवान के भक्त थे। उन दोनों की पीड़ा देख भगवान ने प्रकट होकर उनसे वर मांगने को कहा। अब भगवान समझते थे कि लंगड़ा अपना पैर मांगेगा और अंधा आँखें। पर भगवान यह सुनकर आश्चर्यचकित रह गये, जब लंगड़े ने मांगा कि इस अंधे की टांगें टूट जायें। अंधे ने मांगा कि लंगड़े की आंखें चली जायें। हमारी दशा भी उसी लंगड़े और अंधे जैसी है। हम

अपना सुख, अपना आनंद नहीं खोजते, हम दूसरे को दु:खी देखना चाहते हैं। और जो दूसरे को दु:खी देखना चाहता है, दूसरा भी उसी तरह उसे दु:खी देखना चाहता है। परिणाम यह होता कि दोनों दुखी हो जाते हैं।''

सेठजी आचार्यश्री के चरणों को स्पर्श करते हुए बोले—''आपने मेरी आंखें खोल दीं आज। अब मुझे समझ आ गई। मेरी अशांति मिट गई।

उस रात विश्राम करने के बाद दूसरे दिन प्रात: महावीर जयन्ती पर आचार्यश्री का प्रवचन डेढ़ घंटे तक हुआ। उन्होंने जैन समाज को अंध विश्वासों, परम्पराओं संस्कारों और शास्त्रों से मुक्त होकर महावीर की तरह उन्हें सत्य की यात्रा पर चल पड़ने का आह्वान किया। सभी पुराने मित्रों ने एक-एक कर आचार्यजी से भेंट की। इस बार जब आचार्य जी कलकत्ते से रवाना हुए तो उनके प्रेमियों की संख्या पहले से लगभग दुगुनी हो गई थी।

❑ ❑

2, 3, 4 व 5 मई को नारगोल में साधना शिविर का आयोजन था। वहाँ 1500 साधकों के रहने की व्यवस्था थी पर जब 2,000 मित्रों के पत्र शिविर के लिये आ चुके थे तो उस शिविर को स्थगित कर दिया गया, क्योंकि बिना सूचना भी 400-500 मित्र तो निश्चित रूप से आते और 2500 साधकों के रुकने, खाने-पीने की समस्या विकट हो जाती।

18 व 19 मई को नवसारी व 20, 21, 22 मई को सूरत में आचार्यश्री सत्संग के लिये गये। 24 मई को जब वह बम्बई आये तो अमृतसर के मित्रों के पुन: आग्रह पर वह पुन: वहा पधारे जहां चारों दिन उनके प्रवचनों का आयोजन किया गया था। अमृतसर की अन्य संस्थाओं के अनुरोध पर आचार्य ने सभी को थोड़ा-थोड़ा समय दिया।

इसी व्यस्त कार्यक्रमों के बीच वह अपने प्रेमी मित्रों के पत्रों के उत्तर भी बराबर भेजते रहें और वापस जबलपुर आ गये।

❑ ❑

प्रो० दया से अंतिम भेंट

उस दिन कलकत्ता के काफी धनाढ्य परिवार आचार्यश्री के स्वागत के लिए उपस्थित थे। उन्हें नरगिस के महकते हारों से ऊपर से नीचे तक लाद दिया गया था। पूरा ऐरोड्रम उस दिन नरगिस के फूलों से महक रहा था। उसी वापिसी फ्लाइट से प्रो. दया बम्बई जा रहा था।

प्रो. दया ने जब आचार्यश्री का अभूतपूर्व स्वागत कलकत्ते के धनाढ्य वर्ग द्वारा किये जाते देखा तो वह अपना जाना स्थगित कर भीड़ को चीरते हुए आचार्यश्री के निकट से नितकटतम् होने का प्रयास करने लगा था।

भीड़ पर यह प्रभाव डालने के लिए कि वह आचार्यश्री के कितने निकट है, उसने उन्हें आदर से अपने हृदय से लगा लिया था। आचार्यश्री को शिष्टतावश उसका परिचय संयोजकों व उपस्थित विशिष्ट व्यक्तियों से कराना पड़ा था। यही प्रोफेसर दया चाहता भी था।

जब तक आचार्यश्री कलकत्ते रुके, वह उनके सामने नहीं आया, पर उनके पीछे से वह जिन परिवारों में अपने गुणों के कारण अपनी पैठ बना रहा था, वह आचार्यश्री की प्रशंसा करते हुये थकता नहीं था।

जब आचार्यश्री जबलपुर लौटकर आये तो पन्द्रह दिनों तक उन्हें प्रो. दया का एक लम्बा पत्र मिला।

उस पत्र में आचार्यश्री का आभार व्यक्त करते हुए प्रो. दया ने लिखा था—"आप मुझसे हमेशा कहा करते थे कि दया तेरा बाकी जीवन कैसे गुजरेगा? और मैं कहता था उससे अच्छा ही गुजरेगा क्योंकि अब मेरे पास अनुभव है, पहिले से अधिक सम्पर्क हैं। पर आप मेरी बात का विश्वास नहीं करते थे। आपने कलकत्ते में मेरा परिचय जिन विशिष्ट लोगों से करा दिया है, मैं उसी सर्किल में अब यह जन्म क्या, अगला जन्म भी मजे से बिता सकता हूँ।

एक परिवार मुझे दस परिवारों से मिलाता है। कोई मेरे ज्योतिष ज्ञान पर मुग्ध है। मैं किसी को केवल रेस के घोड़े का नंबर या सट्टे का नंबर बताता हूं। कोई मेरे शतरंज के खेल पर फिदा है। मैं किसी को ताश लगाने की ट्रिक सिखाता हूं। स्त्रियों के बीच में सेक्स स्पेशलिस्ट के नाम से मशहूर हूं। मैं जीवन को भरपूर उसकी समग्रता के साथ जी रहा हूँ। मौत कभी भी आये, मुझे उसका कोई खौफ नहीं।

डॉ. बिजलानी और शिव जो पत्र पढ़ते हुये आचार्यश्री के चेहरे पर बदलते भावों को प्रतिक्षण आश्चर्य से देख रहे थे, पूछ ही बैठे—"किसका पत्र है? मैंने आपको पत्र पढ़ते हुए इस भाव मुद्रा में आज पहिली बार देखा है"

आचार्यश्री ने संक्षेप में प्रो. दया के बारे में बताते हुये कहा—यह प्रोफेसर दया पूरा जोरबा है, और इसीलिये मैं इसे चाहता हूं। यह जीवन को पूरी समग्रता से जी रहा है। बेफ्रिक, मस्त, आनंदित। पर बेचारा अधूरा है। काश! यह अपनी बुद्धि का प्रयोग करते हुए अचेतन के पार अतिचैतन्य में प्रवेश कर पाता। यह अत्यंत विद्वान और प्रतिभाशाली है। एक बार इस अभागे

को ध्यान का स्वाद लग जाये, यदि एक बार इसकी ऊर्जा, ऊर्ध्वगामी हो जाये तो चमत्कार हो सकता है। यह शख्स बुद्ध हो सकता है। जोरबा दि बुद्धा।''

और आचार्यश्री हंस पड़े। जैसे ढेर सारे नरगिस के फूल खिल पड़े हों। उन्हें कलकत्ता वासियों द्वारा पहिनाये नरगिस के फूलों की याद हो आई। उन्हें गाडरवारा के आंगन में लगाये मधुकामिनी के झाड़ की याद आ गई। कुचवाड़ा के तालाब के किनारे फूलती मधुमालती की याद आ गई।

❑ ❑

नारगोल शिविर-1970

मई 70 में नारगोल में आयोजित शिविर केवल इसीलिये स्थगित किया गया था क्योंकि शिविर में 750 साधकों के रहने खाने पीने की व्यवस्था की गई थी पर शिविर से पूर्व ही 1500 साधकों ने शिविर में सम्मलित होने के लिये पत्रों द्वारा सूचना भेजी थी।

अत: इस बार जब जून 70 में पुन: शिविर आयोजित किया तो लगभग 1500-1600 साधक-साधिकाएं, गर्जते उफनते सागर के किनारे, सरू वृक्षों की छाया में आचार्य श्री की आतुरता से प्रतीक्षा कर रहे थे।

प्रात:काल के प्रवचन के बाद 'सक्रिय ध्यान' प्रारम्भ कराते हुए आचार्य श्री ने कह

मेरे प्रिय आत्मन!

बहुत आशा और संकल्प से भरकर आज का प्रयोग करें। जानें कि कुछ होगा ही। जैसे सूर्य निकला है ऐसे ही भीतर भी प्रकाश फैलेगा। जैसे सुबह फूल खिले हैं, ऐसे ही आनंद के फूल भीतर भी खिलेंगे। जो पूरी आशा से चलता है, वह पहुंच जाता है, और जो पूरे प्रयास से पुकारता है, उसे मिल जाता है। जो मित्र खड़े हो सकते हों, खड़े होकर ही प्रयोग को करेंगे। जो मित्र खड़े हैं, और उनके आसपास जो लोग बैठे हैं, वे थोड़ा हट जाएंगे, ताकि कोई गिरे तो किसी के ऊपर न गिर जाये। खड़े होने पर बहुत जोर से क्रिया होती है। पूरा शरीर नाचने लगेगा, आनंद मग्न होकर। इसलिये आस-पास जगह छोड़ दें।

ध्यान के द्वितीय चरण के करने से मनोग्रन्थियाँ विसर्जित होती हैं। मन से अमन की ओर यात्रा प्रारम्भ होती है। सरलता और सहजता आती है।

तीसरे चरण में 'मैं कौन हूं' प्रश्न भी अंदर चोट करने वाला है। यह प्रश्न हमने अपने आप से आज तक किया ही नहीं। इसलिये उसकी चोट अंदर किसी ज्ञात सक्रिय केन्द्र पर न पड़कर अज्ञात स्थान पर पड़ती है। 'मैं कौन हूं' प्रश्न सबसे आधारभूत, अस्तित्व की गहराई का प्रश्न है। 'मैं' प्रश्न मुझे वहाँ ले जायेगा, जहाँ मैं जन्म-जन्मों के पहले था। इसकी चोट कुंडलिनी का जो गहरा केन्द्र है, वहीं पर होती है। श्वास की चोट 'बॉडी एनर्जी' पर और 'मैं कौन हूं' की चोट 'माइंड एनर्जी' पर होती है। और चूंकि यह ध्यान मेरी उपस्थिति में हो रहा है, तो उसके सूक्ष्म शरीर, 'एस्ट्रल बॉडी' पर भी चोट लगती है। काफी लोगों के एक साथ ध्यान करने से पूरा वातावरण सूक्ष्म विद्युत तरंगों से भर जाता है। और वह भी आपके स्थूल और सूक्ष्म शरीरों पर प्रभाव डालता है। यह दोनों ही चोट आपकी कुंडलिनी शक्ति को जागृत करती हैं। कुंडलिनी शक्ति के जागते ही अनूठे अनुभव होना प्रारम्भ हो जाते हैं, क्योंकि कुंडलिनी के साथ सभी जन्मों के अनुभव जुड़े हुए हैं।

और चौथा चरण ही ध्यान का सबसे महत्वपूर्ण चरण है। मौन प्रतीक्षा में जीते जी मर जाने में ही परम शून्य में कुछ घटित होता है। सब कुछ शून्य होने पर भीतर चेतना का जलता दिया, साक्षी बना सब कुछ देखता है। भीतर एक अदभुत शांति, आनंद का अवतरण होता है। कुछ न करना ही

ध्यान है। शेष तीनों चरण, ध्यान में गहरे उतरने की तैयारी मात्र है। पर कुछ घटित तभी होता है जब पूरे संकल्प से, पूरी शक्ति से मन प्राणों से ध्यान का प्रत्येक चरण किया जाये।''

फिर आचार्यश्री ने इस नये ध्यान को किस प्रकार करना है, उसके चारों चरणों को समझाते हुए इसके महत्त्व पर प्रकाश डालते हुए कहा—''पहले चरण में श्वास की चोट से कुंडलिनी जागृत होती है। जिस व्यक्ति का जो चक्र सक्रिय है, कुंडलिनी के जागरण से वही केन्द्र सर्वाधिक प्रभावित होगा। जो व्यक्ति मस्तिष्क से अधिक काम लेता है, उसका सिर ध्यान के बाद कुछ भारी होगा। जो भावुक हैं, उसके हृदय के श्वास चक्र पर चोट लगेगी। जो कामुक है, हो सकता है, चोट लगने से उसकी कामोत्तेजना बढ़ जाये। इसलिये जो होता है, होने दें। उससे प्रभावित होकर प्राण-प्रण से श्वास लेते रहें और छोड़ते रहें।''

ध्यान शुरू होते ही ऐसा लगा जैसे पागलों का समूह उछल-कूद करते हुए चीख चिल्ला रहा हो। पर सभी साधक आंखें बंद किये अपना ही ध्यान कर रहे थे। उन्हें दूसरों से कुछ लेना देना नहीं था। कोई दूसरे को स्पर्श तक नहीं कर रहा था। कोई-कोई साधक तो चीखते हुए हवा में चार फुट उछल गया। अधिकतर लोगों ने आंखों पर पट्टी बांध रक्खी थी।

आचार्य श्री बराबर सुझाव दे रहे थे।

''पूरी शक्ति से प्राणों के अंदर के रुके आवेगों को बाहर आने दें। रोकें नहीं। बाधा खड़ी न करें बीच में। सभी मित्र आंखें बंद किये हैं। कोई देख नहीं रहा कि आप क्या कर रहे हैं ? अपने अंहकार में सिकुड़ें नहीं, संकोच मत करें। सभ्यता के बंधनों के कारण, न आप खुलकर हँस सके हैं और न रो सके हैं। क्रोध आया, आपने उसे रोक लिया। जो रोका है उसे बाहर निकाल दें, पूरी शक्ति लगा दें।

और आचार्यश्री बराबर सुझाव देते रहे। दस मिनट बाद आचार्य श्री ने सुझाव दिया—अब तीसरे चरण में प्रवेश करें। चीखना-चिल्लाना बंद कर, सभी मित्र अपने भीतर पूरी शक्ति से पूछना प्रारम्भ करें, मैं कौन हूँ ? मैं कौन हूँ ? श्वास गहरी रहे, और पूरे प्राणों के भीतर प्रश्न करते ही जायें, मैं कौन हूं ?-मैं कौन हूँ ? कौन हूं मैं ? अंदर से कोई भी उत्तर आये, उसे स्वीकार न करें।

कोई-कोई साधक जोर से चिल्लाकर पूछने लगे—मैं कौन हूँ, मैं कौन हूँ ? कुछ लोग रोने लगे। कोई चीखने-चिल्लाने लगा और दस मिनट तक आचार्यश्री बारबार उसी तरह के सुझाव देते रहे।

फिर तीसरे चरण के बाद आचार्यश्री ने सुझाव देते हुए कहा—अब सभी मित्र पूछना छोड़ दें। गहरी श्वास लेना बंद कर दें। जो जहाँ जिस स्थिति में हैं वहीं 'फ्रीज' हो जाये। खड़ा है तो खड़ा रहे। एक हाथ ऊपर है, तो हाथ ऊपर ही रहने दें। मुंह खुला है, तो खुला रहने दें। दस मिनट के लिए जैसे मर जायें। सब तूफान शांत हो गया है। गहन मौन में जो घटे उसके साक्षी हो जायें।

पर अंदर ही अंदर देखते रहें, जो कुंडलिनी जाग गई है। उसे अपना काम करने दें। प्रतीक्षा करें। जो होता है होने दें। कुछ न भी हो रहा हो तो चिंता की कोई बात नहीं। आपके श्रम में, प्रयास में कुछ कमी रही होगी। कल फिर ध्यान को पूरी शक्ति लगाकर करें।

और ध्यान समाप्त हो गया।

❑ ❑

अन्य साधना शिविर की ही प्रकार सुबह व रात्रि, आचार्यश्री के प्रवचनों के साथ विभिन्न ध्यान प्रयोग चलते रहे। दोपहर भोजन के बाद आचार्यश्री के सान्निध्य में सभी लोग एक घंटे मौन में बैठते

थे। प्रश्नोत्तर चर्चा में आचार्यश्री ने साधकों की शंकाओं का भी समाधान किया। व्यक्तिगत रूप से साधकों से पृथक्-पृथक् भेंट कर उनकी समस्याओं के उन्हें हल भी सुझाये।

शेष समय साधक समुद्र के किनारे सरू व नारियल के वृक्षों के तने से टिककर समुद्र को देखने में गुजार देते।

इस शिविर के साधकों के बीच, आचार्यश्री का नया सक्रिय ध्यान ही चर्चा का विषय रहा जिसका नया नामकरण उन्होंने 'जैट ध्यान' रक्खा। नारगोल से आचार्यश्री सीधे जबलपुर चल पड़े।

❑ ❑

करुणा बरस गई

नर्मदा के किनारे, सतधारा एक सुरम्य प्राकृतिक स्थल है, जहाँ पर्वतों से टकराने के कारण नर्मदा सात धाराओं में बंट जाती है। सेठ सुखराज को रेलवे विभाग से पत्थर की गिट्टियों का ठेका मिला था। उन्होंने सतधारा के जंगल में ही आवास, दफ्तर के लिये कुछ कमरे व गैरेज बनवा लिये थे। चार सौ मजदूर नर्मदा के किनारे पहाड़ियों को ब्लास्ट से उड़ाकर हथौड़ियों से तोड़कर गिट्टी बनाते थे, जिन्हें 5 ट्रक निरन्तर ढो-ढो रेलवे साइट पर पहुँचाते थे।

एक शाम सुखराज करेली से आये कुछ मित्रों के साथ मौज मस्ती मना रहे थे। सभी लोग जंगल के बीच खुले स्थान में कुर्सियों पर बैठे व्हस्की का आनंद ले रहे थे। तभी आचार्यश्री के बालसखा सुखराज मस्ती में झूमते हुए बोले—''यारो! हम लोग तो पीकर मदमस्त होते हैं पर मेरा यार रजनीश तो बिना पिये ही हर वक्त मस्ती में चूर रहता है।''

तभी करेली से आया उनका मित्र बोला—''सुखराज भाई, तुम अपने यार की इतनी बातें करते हों, पर नाम प्रसिद्धि मिल जाने के बाद तुम्हारा यार कभी तुमसे मिलने एक बार भी इस जंगल में आया?''

सुखराज ने उत्तर दिया—''वह आयेंगे, एक दिन जरूर आयेंगे यहाँ। उन्होंने मुझसे वायदा किया है कि जबलपुर छोड़ने से पहिले वह दर्शन जरूर देंगे। उन्होंने जो कहा है उसे निभाया जरूर है। उनका किया वायदा पक्का होता है। ठोस चट्टान की तरह।''

तभी कार का हॉर्न बजा। सुखराज ने झूमते हुए जैसे ही नजर आवाज की ओर घुमाई, देखा—आचार्यश्री की सफेद फियेट कार, जिसके दोनों बाजुओं में नीली धारियाँ पड़ी थीं, सामने खड़ी है, और उसका दरवाजा खोलकर आचार्यश्री नीचे उतर रहे हैं।

सुखराज सहित सभी मित्र इस चमत्कार से आश्चर्यचकित होकर हड़बड़ा कर उठकर खड़े हो गये।

सुखराज लड़खड़ाते कदमों से आचार्यश्री की ओर बढ़ते हुए बोले—''भैया आप? बिना सूचना, बिना खबर दिये एकाएक कैसे आ गये? मैं आपको सतधारा में कब से बुला रहा था और आज आप आये भी तो मैं किस हालत में हूँ। आप देख ही रहे हैं। मुझे अपने पर शर्म आ रही है। आप मुझे माफ करें भैया।''

आचार्यश्री सुखराज को गले लगाते हुए उनकी पीठ थपथपाते हुए बोले—''तुम मुझे याद कर रहे थे तो मुझे आना ही पड़ा। पर शर्म और माफी की क्या बांत? अरे शराब ही तो पी रहे हो ऋषिगण और देवता भी सोमरस पीते थे, इसमें बुराई क्या है? तुम लोग अपना कार्यक्रम जारी रक्खो।''

और वह सहज भाव से वहीं पड़ी कुर्सियों में से एक पर बैठते हुए बोले—''तुमसे सतधारा आने का वायदा किया था, इसलिये उसे पूरा तो करना ही था। आज रात मैं यहीं रुकूँगा। निकलंक की बारात सागर जा रही है। मैं तुम्हारे साथ आज रात रुकर सुबह सागर चल पड़ूँगा! तुम सभी को सुबह बारात में सागर चलना है। पूरी रात पड़ी है, इतमीनान से तैयारी कर लेना।''

सुखराज मस्ती में झूमते हुए बोले—"मेरे धन्य भाग जो आप पधारे। मेरे ये मित्र कुछ देर पहिले ही मुझे ताना दे रहे थे कि आप कभी मेरे पास यहाँ आये? और मैं कह रहा था कि यार ने वायदा किया है तो आयेगा जरूर।"

आचार्यश्री एक जोक सुनाते हुए बोले—"आप लोग जरा भी संकोच न करें। अपनी व्हिस्की जारी रक्खें। व्हिस्की का असली नशा तब होता है जब एक के दो-दो दिखाई दें।"

और एक के बाद दूसरा जोक सुनाकर आचार्यश्री ने वातावरण सामान्य व स्वाभाविक बना दिया। पर सुखराज पहिला जोक सुनकर ही उठकर अंदर चल दिये थे। आचार्यश्री के साथ क्रांति भी आई थी। उन्होंने अंदर जाकर पत्नी से कहकर आचार्यश्री के लिए फलों का रस निकलवाया। रात्रि भोजन व सुबह नाश्ते के लिये सामान लेने जीप करेली रवाना की। पर मन ही मन वह सोचते जा रहे थे कि इतनी गर्मी और उमस है और यहाँ जंगल में न बिजली है न जेनेरेटर। भैया रात में मच्छरों की वजह से कैसे सो पायेंगे?

खातिरदारी करते हुए वह मन ही मन प्रार्थना कर रहे थे-"हे भगवान! मेरी लाज रख। कुछ ऐसा चमत्कार कर कि मेरी इज्जत बच जाये। मेरे प्यारे यार को इस गर्मी और उमस में, मच्छरों के कारण कहीं सारी रात जागते न गुजारनी पड़े।

सुखराज़ की पत्नी ने रात्रि भोजन में विविध व्यंजन बनाये। हालांकि क्रांति लाख समझाती रही कि भैया, यह सब कुछ नहीं लेंगे। वह केवल बिना चुपड़ी दो चपातियां दाल और एक सब्जी के साथ ही लेंगे। पर जब औपचारिक डिनर सर्व हुआ तो सुखराज और उनकी पत्नी उनसे सब कुछ जरा-जरा चखने का बहुत आग्रह करने लगे।

आचार्यश्री मुस्करा कर बोले—"वाह! खाऊँगा क्यों नहीं? इतने प्रेम से सब कुछ बनाया है तो हर चीज खाऊँगा।"

यह कहते हुए वह डोंगे से चम्मच द्वारा कटोरी में खीर या सब्जी लेते और सुखराज व उनके मित्रों को अपने हाथ से खिलाते हुए पूछते—"क्यों स्वादिष्ट है न? लो मजे से आनंद लो। आज हर चीज बहुत स्वादिष्ट बनी है।"

सुखराज या उनकी पत्नी उनसे जब स्वयं लेने का आग्रह करते तो वह अपनी कटोरी रखकर कोई चुटकुला सुनाना शुरू कर देते। गरज यह कि वह सबको खिलाते रहे और स्वयं क्रांति के कहे अनुसार उन्होंने केवल दाल व सब्जी से दो चपातियाँ लीं। रात्रि भोजन के बाद जब सुखराज के मित्र एक-एक कर विदा हो गये, और खुले में बिछे पलंग पर आचार्यश्री बैठ गये। तभी एकाएक साफ खुले आकाश में बादल घिर आये और ठंडी-ठंडी हवा बहने लगी। सुखराज ने मन-ही-मन भगवान को धन्यवाद दिया। उनकी प्रार्थना सुन ली गई थी।

आचार्यश्री सुखराज को टोकते हुए बोले—"सुखराज! सब कुछ कैसा चल रहा है?

सुखराज ने उत्तर दिया—"आप देख तो रहे हैं, ठेकेदारी जोर-शोर से हो रही है। एक फिल्म बनाने की भी सोच रहा हूँ। स्क्रिप्ट राइटर आजकल यहीं रुका हुआ है।"

आचार्यश्री मुस्करा कर बोले—"यह सब कुछ तमाशा कब तक चलायेगा?"

सुखराज ने उत्तर दिया—"बस भैया! यह आखिरी ठेका है। इस टेंडर को पूरा कर दूँ। फिर काम बंद कर दूँगा। फिर जो कुछ कहोगे आप, वही करूँगा। बस यह काम दो-चार महीने में खत्म हो जायेगा।"

तभी सुखराज की पत्नी बोलीं—"दो-चार महीने में कैसे खत्म होगा? परसों ही तो नया ठेका लेकर आये हो। मैं तो समझती हूं, दो साल से पहिले काम खत्म ही नहीं हो सकता।"

आचार्यश्री रहस्यात्मक स्वर में बोले—"नहीं, सुखराज ठीक कहता है। दो-महीने में काम खत्म ही हो जायेगा।" फिर सुखराज की ओर गहरी दृष्टि से देखते हुए बोले-' फिल्म बनायेगा? पर यह कोई अक्लमंदी का तो काम है नहीं।

मिसेज सुखराज बोलीं—"अब आप ही इन्हें समझाइये। फिल्म के चक्कर में कई बार बम्बई जा चुके हैं। मैं तो देख रही हूँ इधर कमा रहे हैं और उधर उड़ा रहे हैं।"

आचार्यश्री मुस्काये। फिर बोले—"उड़ने से आदमी हलका हो जाता है। यह तोंद बढ़ाकर सेठ बन रहा है। ध्यान करेगा तो ठीक हो जायेगा।

ठंडी-ठंडी हवा बहने से कुछ सर्दी हो चली। आचार्यश्री पलंग पर लेट गये।

क्रांति बोली—"अब भैया को सोने दो, सुबह जल्दी चल देना है।"

सुखराज अंदर जाकर कम्बल ले आये। आचार्यश्री को कम्बल उढ़ाते हुए बोले—"जंगल में रात और ठंडी हो जायगी। आप कम्बल ओढ़ लें।"

आचार्यश्री सुखराज को रोकते हुए बोले—"कम्बल ओढ़ाना मत! मैं ऐसे ही ठीक हूँ। मुझे हलकी सर्दी में उघाड़े में ही आनंद आता है। जा, तू भी जाकर सो जा। अब छेड़ना मत।"

और वह आँखें बंद कर लेट गये।

सुबह नाश्ते के बाद जब सामान कार में रक्खा जाने लगा, तो आचार्यश्री ने सुखराज से पूछा—"क्यों, तू साथ नहीं चल रहा है? मैंने रात ही कहा था, तुझे मेरे साथ ही चलना है।"

सुखराज ने उत्तर दिया—"आपके साथ मेरा शेखर जा रहा है। मैं आपके पीछे-पीछे दो घंटे बाद चलूंगा। बारात चढ़ने से पहिले पहुंच जाऊँगा। मुझे दो-चार छोटे-मोटे काम निपटाने हैं।"

आचार्यश्री कार में बैठने से पूर्व दो क्षण रुके। फिर सुखराज को देखते हुए बोले—"चार बजे से पहिले सागर हर स्थिति में आ जाना। और दो घंटे बाद नहीं, एक घंटे बाद ही चल देना।"

कार में बैठने के बाद और गाड़ी स्टार्ट होने से पूर्व अपने आग्रह को फिर दोहराया आचार्यश्री ने।

पर सुखराज ने आचार्यश्री के आग्रह को गम्भीरता से नहीं लिया। उन्होंने समझा कि आचार्यश्री ने केवल इसीलिये शीघ्र रवाना होने को कहा है, जिससे वह समय से पूर्व सागर पहुँच जायें। उनका स्क्रिप्ट राइटर दम लगाये न जाने किस खोह में छिप गया था। वह तीन घंटे बाद लौटा। और आचार्यश्री के जाने के तीन घंटे बाद वह जीप पर रवाना हो सके। पर आचार्यश्री का कथन उनकी समझ में तब आया जब पाँच मिनट बाद ही जीप, सामने आती बस से टकरा गई। बस 15 फुट नीचे पुल से गिरी। चारों ओर चीख-पुकार होने लगी। मरा कोई नहीं। काफी लोग घायल हो गये। सुखराज भी घायल हुए। शायद आचार्यश्री को यह पूर्वाभास हो गया था कि दो घंटे बाद दुर्घटना का योग है। सुखराज बिस्तरे पर चोटें सहलाते यही सब सोचते रहे।

और जब सुखराज साढ़े चार बजे तक सागर नहीं पहुँचे तो आचार्यश्री ने अमित से पूछा-"सुखराज नहीं आया अभी तक? लगता है झंझट में फंस ही गया। और अब वह आयेगा भी नहीं। आना होता तो अब तक आ चुका होता।"

और दो माह बाद ही सतधारा में नर्मदा का पानी रात एकाएक ऐसा चढ़ा कि सेठ सुखराज के पाँचों ट्रक, दफ्तर सभी कुछ बह गया। कुछ ऊँचाई पर बने घर के कमरे ही सुरक्षित थे। जिस स्थान पर आचार्यश्री का पलंग बिछाया था, नर्मदा उस स्थान को छूकर ही उतर गई। नर्मदा मैया ने जो सुख वैभव सुखराज को दिया था, वह एक रात में बहा ले गई। अपने किनारे चट्टानों को ब्लास्ट द्वारा तोड़े जाने की सजा प्रकृति ने उन्हें निर्ममता से दी थी। तभी उन्हें याद आया—

''आचार्यश्री ने कहा था, दो-एक महीने में काम खत्म ही हो जायेगा। और फिर फिल्म में पैसा उड़ाने की बात सुनकर भी आचार्यश्री ने कहा था—उड़ने से आदमी हलका हो जाता है। यह तोंद बढ़ाकर सेठ बन रहा है। ध्यान करेगा तो ठीक हो जायेगा।''

तभी उन्हें लगा जैसे उनके अंदर से आचार्यश्री की आवाज गूंजी—''सुखराज! तू इस घटना से क्या वाकई दु:खी है? नर्मदा मैया ने जो दिया था, वापस ले लिया। अब तू निर्भार हो गया। उड़, अब अपने पंखों को तौल।''

और सुखराज खिलखिला कर हँस पड़े। बोले—''वाह यार! खूब गच्चा दिया।''

उनकी पत्नी बोली—''आपकी तबियत ठीक तो है? आप इस घटना को किस रूप में लेते हैं?''

सुखराज बोले—''अपुन तो मौज मनायेंगे। नर्मदा मैया ने जो दिया था वापस ले लिया। अपना था क्या? पर फिर भी इतना तो बचा ही है कि मजे से गुजर हो जाये। हम लोग जिंदा बच गये, क्या यह कम है? चल खाना बना, आज गरीबों-भिखारियों को दावत ही दे दूँ।''

और उनकी पत्नी अपने पति की असाधारण स्थिति को देख, बिना विवाद किये भोजन बनाने रसोई में चली गई।

❑ ❑

पत्रों द्वारा संदेश

साधना शिविरों, प्रवचनों एवं सत्संग के कार्यक्रमों के बाद, आचार्यश्री जब भी जबलपुर लौटते थे, प्रेमी मित्रों के ढेर सारे पत्र उन्हें प्रतीक्षा रत मिलते थे। एक दिन वह पत्रों की केवल छंटाई करते थे। कुछ प्रश्नों में केवल प्रशंसा होती थी। कुछ में गालियां होती थीं या आक्रोश होता था। ऐसे पत्रों को आचार्यश्री फाड़कर फेंक देते थे। जिन पत्रों में ध्यान के लिये जिज्ञासा और प्यास होती थी, जिसमें प्रेमी मित्र अपना पूरा प्रेम उड़ेल कर उन्हें समर्पित भाव से लिखते थे आचार्यश्री केवल उन्हीं का उत्तर देते थे।

आचार्य श्री ने अपने दर्शन, अपने मार्ग या ध्यान के संबंध में कभी भी कोई पुस्तकें नहीं लिखीं, पर पत्रिकाओं में उनके लेख प्रकाशित होते रहे। पुस्तकों में उनके प्रवचनों को ही संगृहीत किया गया है। पर प्रेमी मित्रों और जिज्ञासुओं को लिखे पत्रों में उन्होंने जैसे हृदय खोलकर रख दिया। उनमें एक ओर प्रेम और मस्ती है तो दूसरी ओर साधना के मार्ग में आने वाली कठिनाइयों के प्रति दिशा निर्देश हैं। गहन और सूक्षम दार्शनिक गुत्थियों का सहज और सरल हल है जो पुस्तकों से नहीं, अनुभव से प्रसूत है।

ब्रिजलाल गिरधरलाल महुवा (सौराष्ट्र) ने अपने पत्र में कुंडलिनी जागरण की सूचना देते हुए आगे मार्ग दर्शन मांगा था। आचार्यश्री ने लिखा—

मेरे प्रिय,
प्रेम।

आपका पत्र पाकर आनंदित हूँ।
कुंडलिनी के जागने पर ऐसा ही होता है।
ध्यान सहज हो जाता है और आनंद की अनायास ही वर्षा होने लगती है।
प्राण प्रकाश के सागर में तैरने लगते हैं।
और आत्मा पातालों की गहराई और आकाशों की ऊँचाई छूने लगती है।
फिर अभी तो प्रारम्भ ही है।
आगे और बहुत कुछ होगा।
प्रतीक्षा करें
मैं तो सदा साथ ही हूं।
इसलिये किसी भांति का भय न करना।
मृत्यु भी आती मालूम हो तो भी आनंदमग्न नाचते रहना।
निश्चय ही नई समस्यायें खड़ी होंगी।
लेकिन, समाधि के समक्ष वे वैसे ही विलीन हो जाती हैं, जैसे कि सूर्योदय पर रात्रि की छायायें।
जो चाहते थे, वह हो गया है।
जो मांगा था वह मिल गया है।
अब उसे बहुमूल्य हीरे की भांति सम्हालना।
उसे बाजार में मत ले जाना।

उसके सम्बन्ध में हर किसी से बात मत करना।
उसे छिपाकर रखना।
छिपाकर रखने से वह वैसे ही बढ़ता है जैसे कि पृथ्वी के गर्भ में छिपा बीज बढ़ता है।
वहां सबको प्रणाम।

रजनीश के प्रणाम

सूरत से श्री बाबू भाई ने लिखा था—''पारिवारिक-संघर्ष ध्यान के लिये अधिक समय नहीं देते। अजीब द्वन्द में फंसा हुआ हूँ।'' पत्र काफी लम्बा था। आचार्य श्री ने उन्हें उत्तर देते हुये लिखा।

मेरे प्रिय,
प्रेम!

आपका पत्र पाकर आनंदित हूँ।
प्रकाश पैदा हो तो ही अंधकार, संघर्ष भी पैदा होता हैं।
शुभ पैदा हो तो अशुभ की चुनौती भी मिलती है।
इसलिए ही समस्त इतिहास द्वन्द का इतिहास है।
लेकिन, विकास का कोई और मार्ग नहीं है।
विकास अर्थात संघर्ष।
विकास अर्थात द्वन्द।
इसलिए, द्वन्द से भय न करें।
संघर्ष से मुख न मोड़ें।
युद्ध के तल ही बदलते हैं युद्ध नहीं।
जैसे कि मैं अब तक चले आये युद्धों के विरोध में हूँ।
क्योंकि, अब नये तलों पर, अब नये आयाम में युद्ध करना है।
पुराने युद्ध भी अब व्यर्थ हो गये हैं।
अब उनसे भी युद्ध करना है।
शरीर के तल पर नहीं अब चेतना के तल पर संघर्ष होना है।
क्योंकि, मनुष्यता की भावी छलांग अब उसी भूमिका में हो सकती है।
राम भी युद्ध में है।
कृष्ण भी।
बुद्ध, महावीर भी।
मुहम्मद, जीसस भी।
बीज जैसे भूमि से लड़ता है अंकुर होने को—
ऐसे ही उनका भी युद्ध है।
मनुष्यता के बीज को वृक्ष तक पहुंचाने का संकल्प ही विपरीतगामी शक्तियों से युद्ध बन जाता है।
आलोक की कामना ही अंधकार से युद्ध है।
अमृत की अभीप्सा ही मृत्यु से युद्ध है।
और इसलिए ही जब कोई भी आलोक पुंज बनता है तभी युद्ध का त्वरा बढ़ जाती है।

रजनीश के प्रणाम
9.6.70

कुसुम (लुधियाना) को पत्र का उत्तर देते हुये आचार्य श्री ने लिखा—

प्यारी कुसुम,
प्रेम!

द्वार तो खुलेंगे ही।
लेकिन खटखटा-जोर से, पूरी शक्ति से।
अपने को जरा भी बचाना नहीं है।
दांव ही लगाना है तो पूरा लगा।
समग्र।
सम्पूर्ण। दांव लगाने वाला भी दांव के पीछे न बचे।
दांव के साथ वह भी दांव पर हो, तभी द्वार खुलते हैं।
स्वयं को पूरा दिये बिना, प्रभु को पाना नहीं है।
इसे ठीक से समझ लेना है।
फिर तो घटना एक क्षण में ही घट जाती है।
क्योंकि प्रभु की यात्रा सीढ़ियों की यात्रा नहीं है।
वह क्रमिक नहीं है, वह तो छलांग जैसी है।
बस उसमें एक ही कदम काफी है।
वह अक्रमिक है।
इसलिए तो वह अभी और यहीं घट सकती है।
कपिल को प्रेम।
असंग को आशीष।

रजनीश के प्रणाम

उदखेड (अमरावती) के विजय कुमार ने अपने लम्बे पत्र में लिखा था कि मेरे घरवाले मेरे मंदिर न जाने, और मेरा ध्यान व उपवास का उपहास उड़ाते हैं कि मैं कैसा आस्तिक हूँ? क्या धर्म का अर्थ केवल मंदिर जाना और देवता के आगे झुकना ही है? आचार्यश्री ने उत्तर देते हुये लिखा।

मेरे प्रिय,
प्रेम! -

तुम्हारा पत्र पाकर आनंदित हूँ।
धर्म का जन्म से कोई सम्बन्ध नहीं है।
और जो ऐसा सम्बन्ध बताते हैं, वे धर्म को हड्डी मांस मज्जा से ज्यादा मूल्यवान नहीं मानते हैं।
धर्म शरीर की बात ही नहीं है।
और जन्म शरीर का है।
धर्म आत्मा का स्वभाव है।
और आत्मा जन्म है, न मृत्यु है।
इसलिए स्वयं को खोजो, स्वरूप को खोजो वहीं धर्म है।

और जन्म से सम्बन्ध जानने वाले बन्धनों (जैन, बौद्ध, हिन्दू, मुसलमान, ईसाई आदि) से बचो।

धर्म के मार्ग में धर्मों से ज्यादा बड़ी बाधा और कोई नहीं है।
धर्मों को विदा दो, ताकि धर्म आ सके।
धर्म अनाम है।
जो अनाम है उसे नाम की भी आवश्यकता नहीं है।

उपवास का अर्थ अनशन नहीं है।
उपवास का अर्थ है—स्वयं के निकट वास
स्वयं के पास रहो—जरूर रहो।
लेकिन भूखे मरने को उपवास न समझ लेना।
नहीं तो स्वयं के पास नहीं, भोजन के पास ही रहोगे।

हां-यह हो सकता है कि कभी स्वयं में डूबे होने के कारण भोजन का स्मरण न हो लेकिन वह बात ही और है। ऐसे क्षणों को आयोजित नहीं किया जा सकता।

ऐसे क्षण तो आते है अनायास।
संयम साधना नहीं है।
साधो भी, तो उसे साध नहीं सकते।
क्योंकि संयम परोक्ष घटना है।
वह तो जागृत विवेक की छाया है।
जागो और तुम पाओगे की संयम आ गया है।
और जागे बिना संयम को लाना चाहा तो संयम के नाम से सिर्फ दमन को ही ले आओगे।
दमन भोग का शीर्षासन है।
वह उल्टा हो गया भोग ही है।
उसके पीछे मत आना।

न चाहिए भोगी चित्त, न चाहिए दमित चित्त, क्योंकि यह दोनों ही निद्राएं हैं, चाहिए जागृत चित्त।

क्योंकि जागृत चित्त स्वतंत्रता का द्वार है।

❑ ❑

मंदिर जरूर जाओ।
लेकिन इंट चूने के मंदिर में नहीं।
मंदिर है मन में, मंदिर है भीतर
वहीं जाना मंदिर में जाना है।

❑ ❑

घर के लोग तो बाधा बनेंगे ही।
बंधे हुये लोग किसी को अनबंध नहीं देख सकते हैं।
लेकिन, उन पर क्रोध न करना, वरन सदा दया करना।
वे दया के पात्र है, वे तुम्हें गालियां भी दें, तो सहना।

मूर्ख कहें, तो मजा लेना। गम्भीर मत हो जाना।
उनके कार्य कलापों को खेल ही मानना।
और जो तुम्हें ठीक लगे, सत्य लगे उस पर निर्भय बढ़ते रहना।

धर्म का मार्ग फूलों की सेज नहीं है जो काँटों को सहने की सामर्थ्य रखता है, वह अनंत के फूलों का हकदार भी हो जाता है। वहां सबको प्रणाम

रजनीश के प्रणाम

अश्वनी कुमार, मैहर, (सतना) ने लिखा था—शवासन में कभी-कभी एक अजीब-सा भय घेर लेता है, अपने मिट जाने मर जाने का। इस डर से ध्यान में पूरा डूब नहीं पाता। कृपया कोई उपाय बतायें।

आचार्यश्री ने लिखा—

मेरे प्रिय,
प्रेम!

बूंद मिटती है तो सागर हो जाता है।
बीज मिटता है तो वृक्ष हो जाता है7
मनुष्य मिटता है तो प्रभु हो जाता है।
इसलिए चाहा कि तुम मिटो क्योंकि मिटना ही होने का मार्ग है।
बचाना मत स्वयं को, अन्यथा मिटोगे।
मिटाना ताकि बच सको।
धर्म का यही सनातन नियम है।
असल में धर्म और प्रेम एक ही सत्य के दो नाम हैं।
इसलिए मेरा प्रेम भी वही करता है जो कि प्रेम ही कर सकता है।
सागर सामने है।
लेकिन भय के कारण आँखें हमारी बन्द हैं। हम तट पर ही पैर गड़ाकर खड़े हो गये हैं।
मैंने तुम्हें तट से धक्का दे दिया है।
और तुम्हें सागर में दूर गोता खाता देख प्रभु को धन्यवाद दे रहा हूँ।
भूलकर भी लौट मत आना।
अज्ञात की पुकार सुनना और आगे बढ़ना और आगे बढ़ते जाना।
ज्ञात को भूल ही जाना।
उसे पकड़कर रूक जाने के अतिरिक्त और कोई अज्ञात नहीं है।
अज्ञात की बाहों में स्वयं को छोड़ देना, क्योंकि उसके अतिरिक्त और कोई ज्ञान नहीं है।
सागर डुबोयेगा तो डूब जाना।
क्योंकि सागर से एक हुये बिना सागर को जाना भी कैसे जा सकता है?

रजनीश के प्रणाम
10-6-70

□ □

ओशो साहित्य
अजहूं चेत गंवार
गूंगे केरी सरकरा
होनी होय सो होय
नाम सुमिर मन बावरे
का सोवै दिन रैन
अकथ कहानी प्रेम की
संभोग से समाधि की ओर
मैं मृत्यु सिखाता हूं
ध्यान सूत्र
गहरे पानी पैठ
दीया तले अंधेरा
नहिं राम बिन ठांव
शिव-सूत्र
ज्योष विज्ञान
मन ही पूजा मन ही धूप
कहे कबीर मैं पूरा पाया
डायमंड बुक्स
X-30, ओखला इंडस्ट्रियल एरिया, फेज-2, नई दिल्ली-110020
फोन न. 41611861-66, 40712100,
ईमेल : Sales@dpb.in, Website: www.dpb.in

ओशो
सजिल्द प्रकाशन
अष्टावक्र महागीता
ताओ उपनिषद (भाग 1.6)

www.ingramcontent.com/pod-product-compliance
Lightning Source LLC
LaVergne TN
LVHW090221051026
849517LV00001B/149